ROAD ATLAS EUROPE

ii - xv	Route Planning
ii	Key to Map Pages
iii	Distance Map & Chart
iv-vi	Factfile and Motoring Information
vii	International Road Signs
viii - xv	Route Planning Maps 1:4 500 000
2 - 89	Road Maps 1:1 000 000

90 - 103	City Through Route Maps
90	Amsterdam, Barcelona, Beograd
91	Athina, Birmingham, Bonn
92	Berlin, Bucureşti, Dublin
93	Bruxelles, Edinburgh, Frankfurt
94	Budapest, Glasgow, Göteborg
95	Den Haag, Hamburg, Helsinki, İstanbul, København, Köln
96	Leipzig, Lisboa, London
97	Lyon, Madrid, Manchester
98	Marseille, Milano, München
99	Napoli, Oslo, Paris
100	Palermo, Praha, Roma
101	Rotterdam, Sevilla, Sofiya, Stockholm, Strasbourg, Torino
102	Toulouse, Valencia, Wien
103	Venezia, Warszawa, Zürich
104 - 131	Index to Place Names

Route Planning Maps / Planification des Routes / Planungskarten

Motorway	Autoroute	Autobahn	
Main road	Route principale	Hauptstrasse	
Secondary road	Route secondaire	Hauptstrasse - Einspurig	
Euro route number	Route européenne	Europastrasse	
Car ferry	Bac pour autos	Autofähre	
Railway	Chemin de fer	Eisenbahn	
International airport	Aéroport international	Internationaler Flughafen	

Road Maps / Carte Routière / Strassenkarten

Road Information / Classification des routes / Strassenklassifizierung
- Motorway / Autoroute / Autobahn
- Motorway - Toll / Autoroute à péage / Gebührenpflichtige Autobahn
- Motorway junction - full access / Echangeur d'autoroute avec accès libre / Autobahnauffahrt mit vollem Zugang
- Motorway junction - restricted access / Echangeur d'autoroute avec accès limité / Autobahnauffahrt mit beschränktem Zugang
- Motorway services / Aire de service sur autoroute / Autobahnservicestelle
- Main road - dual carriageway / Route principale à chaussées séparées / Hauptstrasse - Zweispurig
- Main road - single carriageway / Route principale à une seule chaussée / Hauptstrasse - Einspurig
- Secondary road - dual carriageway / Route secondaire à chaussées séparées / Zweispurige Nebenstrasse
- Secondary road - single carriageway / Route secondaire à seule chaussée / Einspurige Nebenstrasse
- Other road / Autre route / Andere Strasse
- Motorway / road under construction / Autoroute/route en construction / Autobahn/Strasse im Bau

Road Numbering / Numérotation des routes / Strassennumerierung
- E27 Euro route number / Route européenne / Europastrasse
- N9 Motorway number / Autoroute / Autobahn
- 12 Main road number / Route principale / Hauptstrasse
- 406 Secondary road number / Route secondaire / Nebenstrasse

Other Road Information / Renseignements supplémentaires sur les routes / Zusätzliche Strassen Informationen
- Road toll / Route à péage / Gebührenpflichtige Strasse
- Distance marker / Marquage des distances / Distanz-Markierung
- 10 Distances in kilometres (miles in GB/IRL) / Distances en km. (miles en GB/IRL) / Distanzen in Kilometern (Meilen in GB/IRL)
- Steep hill / Colline abrupte / Steile Strasse
- Mountain pass (Height in metres) / Col (Altitude en mètres) / Pass (Höhe in Metern)

Other Transport Information / Autres moyens de transport / Sonstige Transportmöglichkeiten
- International airport / Aéroport international / Internationaler Flughafen
- Car transport by rail / Transport des autos par voie ferrée / Autotransport per Bahn
- Railway / Chemin de fer / Eisenbahn
- Tunnel / Tunnel / Tunnel
- Funicular railway / Funiculaire / Seilbahn
- Car ferry / Bac pour autos / Autofähre
- Rotterdam Car ferry destination / Destination du bac pour autos / Autofähre-Bestimmungsort

Other Information / Renseignements supplémentaires / Zusätzliche Informationen
- Land below 100 metres / Terrain au dessous de 100 m / Gebiet unter 100 m.
- Summit (Height in metres) / Sommet (Altitude en mètres) / Berg (Höhe in Metern)
- Volcano / Volcan / Vulkan
- Canal / Canal / Kanal
- Lake / Lac / See
- River / Rivière / Fluss
- Dam / Digue / Damm
- Waterfall / Chute d'eau / Wasserfall
- International boundary / Frontière d'Etat / Landesgrenze
- GB Country abbreviation / Abréviation du pays / Regionsgrenze
- Urban area / Zone urbaine / Stadtgebiet
- 18 Adjoining page indicator / Indication de la page contiguë / Randhinweis auf Folgekarte

Mont Blanc Tunnel is closed for the foreseeable future.
Motorway and road numbering in Spain currently being modified.
Distances in Great Britain and Ireland are in miles.

Tunnel du Mont-Blanc : Fermé jusqu'à nouvel ordre
En Espagne, modifications en cours du numérotage routier.
Les distances en Grande-Bretagne et Irlande sont en miles.

Mont-Blanc-Tunnel bis auf Weiteres geschlossen.
Die Autobahn- und Strassen-Nummerierungen in Spanien werden momentan geändert.
Die Distanzen in Grossbritannien und Irland sind in Meilen angegeben.

City Maps / Plans de Ville / Stadtpläne

- 8 Motorway junction number / Numéro de l'échangeur autoroutier / Nummer der Autobahnauffahrt
- Urdorf Motorway junction name / Nom de l'échangeur autoroutier / Name der Autobahnauffahrt
- Parkland / Parc / Parkland
- 8 Main road junction number / Numéro de l'échangeur de la route principale / Nummer der Hauptstrassen-Einfahrt
- Pragerstr. Main road junction name / Nom de l'échangeur de la route principale / Name der Hauptstrassen-Einfahrt
- Woodland / Région boisée / Waldland

Country Identification / Désignation des Pays / Länderkennzeichen

Code	English	Français	Deutsch
A	Austria	Autriche	Österreich
AL	Albania	Albanie	Albanien
AND	Andorra	Andorre	Andorra
B	Belgium	Belgique	Belgien
BG	Bulgaria	Bulgarie	Bulgarien
BIH	Bosnia - Herzegovina	Bosnie Herzégovine	Bosnien-Herzegowina
BY	Belarus	Bélarus	Belarus
CH	Switzerland	Suisse	Schweiz
CZ	Czech Republic	République tchèque	Tschechische Republik
D	Germany	Allemagne	Deutschland
DK	Denmark	Danemark	Dänemark
E	Spain	Espagne	Spanien
EST	Estonia	Estonie	Estland
F	France	France	Frankreich
FIN	Finland	Finlande	Finnland
FL	Liechtenstein	Liechtenstein	Liechtenstein
FR	Faroe Islands	Iles Féroé	Färöer-Inseln
GB	United Kingdom	Grande-Bretagne	Grossbritannien
GR	Greece	Grèce	Griechenland
H	Hungary	Hongrie	Ungarn
HR	Croatia	Croatie	Kroatien
I	Italy	Italie	Italien
IRL	Ireland	Irlande	Irland
IS	Iceland	Islande	Island
L	Luxembourg	Luxembourg	Luxemburg
LT	Lithuania	Lituanie	Litauen
LV	Latvia	Lettonie	Lettland
MA	Morocco	Maroc	Marokko
MC	Monaco	Monaco	Monaco
MD	Moldova	Moldavie	Moldawien
MK	Macedonia (F.Y.R.O.M.)	Ancienne République yougoslave de Macédoine	Ehemalige jugoslawische Republik Mazedonien
N	Norway	Norvège	Norwegen
NL	Netherlands	Pays-Bas	Niederlande
P	Portugal	Portugal	Portugal
PL	Poland	Pologne	Polen
RO	Romania	Roumanie	Rumänien
RSM	San Marino	Saint-Marin	San Marino
RUS	Russian Federation	Russie	Russische Föderation
S	Sweden	Suède	Schweden
SK	Slovakia	République slovaque	Slowakei
SLO	Slovenia	Slovénie	Slowenien
TR	Turkey	Turquie	Türkei
UA	Ukraine	Ukraine	Ukraine
YU	Yugoslavia	Yougoslavie	Jugoslawien

Key to Map Pages

xii-xiii
Route Planning Maps
1: 4 500 000
0 50 100 150 200 km
42-43
Road Maps
1:1 000 000
0 10 20 30 40 50 km
City Through Route Maps
IS
58-59
57
60-61
56
62-63
FIN
54-55
S
N
50-51
52-53
64-65
xii-xiii
Helsinki
RUS
viii-ix
48-49
Oslo
46-47
Stockholm
EST
66-67
2-3
Göteborg
LV
Glasgow
Edinburgh
4-5
DK
44-45
68-69
LT
6-7
Dublin
København
BY
IRL
Manchester
Hamburg
72
GB
NL
42-43
70-71
PL
Birmingham
Den Haag
Amsterdam
Berlin
Warszawa
8-9
London
Rotterdam
10-11
D
Leipzig
UA
Bruxelles
Köln
B
Bonn
Praha
73
Frankfurt am Main
40-41
CZ
74-75
14-15
Paris
12-13
SK
MD
Strasbourg
Wien
Budapest
München
38-39
78-79
Zürich
36-37
CH
A
H
76-77
x-xi
F
RO
16-17
Lyon
SLO
HR
xiv-xv
Milano
Beograd
84
Venezia
București
Torino
34-35
BIH
22-23
YU
82-83
BG
18-19
Toulouse
80-81
Sofiya
Marseille
I
Istanbul
20-21
P
Barcelona
MK
Madrid
Roma
85
TR
32-33
86-87
AL
E
26-27
Lisboa
Napoli
24-25
Valencia
GR
30-31
Athina
Sevilla
28-29
88-89
Palermo

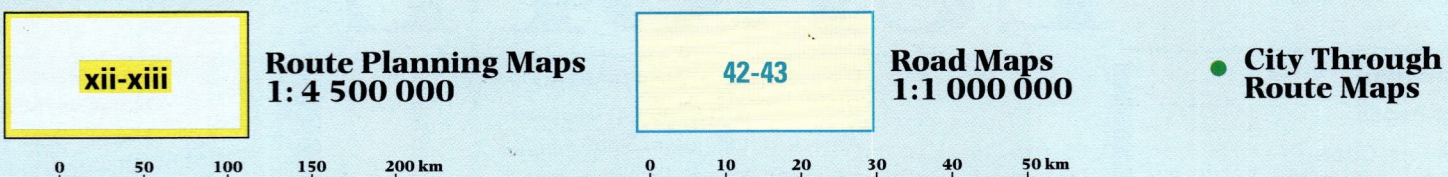

KM

880	1160	1220	1677	2274	1390	1730	1967	910	510	2690	1370	840	2520	1140	1280	1760	390	550	2300	260	760	2780	440	880	460	1190	1100	1410	210	1070	660	1620	2970	3230	**Amsterdam**
2600	2050	2360	2807	3404	3780	2430	3097	2310	3380	3570	3700	2400	2930	2490	3030	4180	2950	3550	4830	2930	3100	420	2990	2750	2740	4200	4100	1740	3190	3500	2700	3560	1690	**Ankara**	
2530	1810	2250	2847	3444	3470	2450	3137	2130	2940	3340	3460	2210	2970	2210	2750	3880	2600	3200	4530	2740	2880	1130	2770	2530	2530	3840	3750	1570	2810	3400	2470	3250	**Athina**		
1090	1760	2450	2927	3524	2740	1410	3217	1690	1110	2370	2720	1430	3770	1040	500	630	750	1560	1280	1350	2110	3060	1790	770	1340	2200	2110	2020	1410	660	1840	**Barcelona**			
850	660	560	1007	1604	1020	1490	1297	340	1090	2450	1000	590	1850	1010	1520	2350	1160	1170	3000	570	390	2290	290	1080	530	1810	1720	910	780	1660	**Berlin**				
970	1720	2300	2877	3424	2430	1540	3156	1540	560	2500	2410	1300	3670	1000	630	690	880	980	1230	1020	1800	3020	1480	710	1030	1620	1530	1990	860	**Bordeaux**					
660	1120	1340	1867	2494	1550	1520	2157	910	300	2480	1530	790	2710	930	1070	1550	220	390	2090	220	920	2650	600	680	410	1030	940	1370	**Bruxelles**						
1010	250	680	1127	1724	1920	1250	1417	570	1460	2210	1900	690	1970	1010	1530	2620	1200	1760	3240	1160	1290	1320	1200	1280	970	2400	2310	**Budapest**							
1500	2060	2280	2807	3324	2490	2360	3097	1860	1000	3320	2470	1690	3092	1770	1760	2220	1150	550	2870	1130	1860	3560	1540	1480	1350	500	**Dublin**								
1620	2150	2370	2817	3414	2580	2450	3107	1950	1090	3410	2560	1800	3660	1860	1850	2310	1240	640	2960	1250	1950	3650	1630	1570	1440	**Edinburgh**									
430	720	1100	1647	2244	1440	1280	1937	500	570	2240	1420	380	2490	720	1000	1820	230	800	2470	200	810	2320	490	570	**Frankfurt a.M.**										
280	1010	1550	2077	2674	2010	910	2367	930	510	1870	1990	570	2920	330	430	1400	490	930	2050	710	1380	2330	1060	**Genève**											
820	950	850	1297	1894	950	1680	1587	630	920	2640	930	780	2140	1200	1450	2170	630	990	2710	430	320	2560	**Hamburg**												
2230	1570	1940	2387	2984	3300	2260	2677	1890	2750	3150	3280	1980	2510	2020	2560	3690	2420	3010	4340	2510	2680	**Istanbul**													
1240	1040	970	2347	2364	630	2000	2057	740	1240	2960	610	1090	2610	1520	1770	2490	950	1310	3050	750	**København**														
500	910	1130	1597	2194	1380	1470	1887	700	490	2430	1360	570	2440	880	1000	1740	200	610	2360	**Köln**															
2230	3000	3530	4247	4844	3660	2690	4537	2910	1790	3650	3640	2700	5040	2300	1780	650	2130	2320	**Lisboa**																
1030	1510	1730	2177	2774	1940	1810	2467	1310	450	2770	1920	1160	3022	1220	1210	1670	600	**London**																	
420	930	1350	1877	2474	1580	1300	2167	730	340	2260	1560	530	2720	710	820	1590	**Luxembourg**																		
1690	2380	2930	3697	4204	3120	2040	3987	2310	1250	3000	3100	2050	4320	1670	1130	**Madrid**																			
710	1370	1980	2597	3194	2400	910	2887	1360	770	1870	2380	1010	3440	540	**Marseille**																				
300	820	1510	2087	2684	2150	590	2377	870	820	1550	2130	530	2930	**Milano**																					
2640	1978	1290	930	1045	1560	3780	1220	1910	3060	4740	2086	2280	**Moskva**																						
300	440	990	1437	2034	1720	950	1727	370	860	1870	1700	**München**																							
1830	1660	1490	3732	3135	540	2610	3442	1350	1850	3570	**Oslo**																								
1840	2030	2720	3617	4214	3590	960	3907	2250	2360	**Palermo**																									
580	1200	1620	2217	2814	1870	1400	2507	1000	**Paris**																										
670	320	620	1067	1664	1370	1290	1357	**Praha**																											
2087	1425	737	290	307	2902	2947	**Rīga**																												
890	1140	1830	2315	3064	2630	**Roma**																													
1860	1680	1470	3192	2595	**Stockholm**																														
2394	1732	1044	597	**Tallinn**																															
1797	1135	447	**Vilnius**																																
1350	690	**Warszawa**																																	
748	**Wien**																																		
Zürich																																			

Factfile & Motoring Information

COUNTRY IDENTIFICATION CAPITAL CITY NATIONAL FLAG	OFFICIAL LANGUAGE	CURRENCY	ELECTRICAL POWER	EMERGENCY NUMBERS	SPEED LIMITS	SEAT BELTS	PETROL AVAILABLE	BLOOD ALCOHOL LEGAL LIMIT mg/100ml
A — Austria — Wien	German	Austrian Schilling = 100 groschen	220 v	Police....133 Fire....122 Ambulance....144	Motorway....130 km/h Rural....100 km/h Town....50 km/h	Compulsory. Children under 12 and less than 1.5m tall must use special seat or seat belt.	Unleaded. Unleaded with additive.	50 mg
AL — Albania — Tiranë	Albanian	Lek	220 v	Police....244 45 Fire....233 33 Ambulance....222 35	Rural....50/80 km/h Town....30/50 km/h	Compulsory for front seat passengers. Children under 12 must not travel in front. Children under 3 must use special seat.	Leaded. Unleaded not freely available.	50 mg
AND — Andorra — Andorra la Vella	Catalan French Spanish	Peseta French Franc	220 v	Police....110 Fire....118 Ambulance....116	Rural....90 km/h Town....50 km/h	Compulsory. Children under 12 and less than 1.5m tall must use special seat or seat belt.	Unleaded. Unleaded with additive.	80 mg
B — Belgium — Bruxelles	French Dutch Flemish	Belgian Franc = 100 centimes	220 v	Police....101 Fire....100 Ambulance....100	Motorway....120 km/h Dual carriageway....120 km/h Rural....90 km/h Town....50 km/h	Compulsory. Children under 3 must not travel in front unless using special seat belt.	Unleaded. Unleaded with additive.	50 mg
BG — Bulgaria — Sofiya	Bulgarian	Lev	220 v	Police....166 Fire....160 Ambulance....150	Motorway....120 km/h Rural....90 km/h Town....50 km/h	Compulsory. Children under 12 must not travel in front.	Unleaded and leaded.	50 mg
BIH — Bosnia-Herzegovina — Sarajevo	Bosnian Serbian Croatian	Konvertibilna Marka = 100 pfennig	220 v	Police....92 Fire....93 Ambulance....94	Motorway....120 km/h Rural....80 km/h Town....60 km/h	Compulsory. Children under 12 must not travel in front.	Unleaded. Unleaded with additive.	50 mg
BY — Belarus — Minsk	Belarussian Russian	Belarus Rouble	220 v	Militia....02 Fire....01 Ambulance....03	Rural....90 km/h Town....60 km/h	Compulsory for front seat passengers.	Leaded. Unleaded rarely available.	0 mg
CH — Switzerland — Bern	German French Italian	Swiss Franc = 100 rappen/centimes	220 v	Police....117 Fire....118 Ambulance....117/144	Motorway....120 km/h Rural....80 km/h Town....50 km/h	Compulsory. Children under 7 must travel in back unless using suitable restraint.	Unleaded. Unleaded with additive.	80 mg
CZ — Czech Republic — Praha	Czech	Koruna (Crown) = 100 hellers	220 v	Police....158 Fire....150 Ambulance....155	Motorway....130 km/h Rural....90 km/h Town....50 km/h	Compulsory. Children under 12 and less than 1.5m tall must travel in back.	Unleaded and leaded.	0 mg
D — Germany — Berlin	German	Deutschmark = 100 pfennigs	220 v	Police....110 Fire....112 Ambulance....110	Motorway....130 km/h Rural....100 km/h Town....50 km/h	Compulsory. Children under 12 and less than 1.5m tall must use special seat or seat belt.	Unleaded. Unleaded with additive.	50 mg
DK — Denmark — København	Danish	Krone = 100 øre	220 v	Police....112 Fire....112 Ambulance....112	Motorway....110 km/h Rural....80 km/h Town....50 km/h	Compulsory. Children under 3 must use special seat.	Unleaded. Unleaded with additive.	50 mg
E — Spain — Madrid	Spanish Catalan Galician Basque	Peseta	220 v	Police....091/112 Fire....080/112 Ambulance....061/112	Motorway....120 km/h Rural....90 km/h Town....50 km/h	Compulsory. Children under 12 must use special seat in front, or must travel in back seat.	Unleaded. Unleaded with additive.	50 mg
EST — Estonia — Tallinn	Estonian	Kroon = 100 sents	220 v	Police....02 Fire....01/112 Ambulance....03	Motorway....110 km/h Rural....90 km/h Town....50 km/h	Compulsory for front seat passengers.	Unleaded and leaded.	0 mg
F — France — Paris	French	French Franc = 100 centimes	220 v	Police....17 Fire....18 SAMU/Ambulance....15	Motorway....130 km/h Dual carriageway....110 km/h Rural....90 km/h Town....50 km/h	Compulsory. Children under 10 must travel in back and use seat belt or child seat.	Unleaded. Unleaded with additive.	50 mg

Factfile & Motoring Information

COUNTRY IDENTIFICATION CAPITAL CITY NATIONAL FLAG	OFFICIAL LANGUAGE	CURRENCY	ELECTRICAL POWER	EMERGENCY NUMBERS	SPEED LIMITS	SEAT BELTS	PETROL AVAILABLE	BLOOD ALCOHOL LEGAL LIMIT mg/100ml
FIN Finland, Helsinki	Finnish Swedish	Markka = 100 penni	220 v	Police.........10022 Fire.................112 Ambulance......112	Motorway........120 km/h Rural..........80/100 km/h Town................50 km/h	Compulsory. Children must use seat belt or child seat.	Unleaded. Unleaded with additive.	50 mg
FL Liechtenstein, Vaduz	German	Swiss Franc = 100 rappen	220 v	Police...............117 Fire.................118 Ambulance......144	Motorway........120 km/h Rural................80 km/h Town................50 km/h	Compulsory. Children under 12 must travel in back.	Unleaded. Unleaded with additive.	50 mg
GB United Kingdom, London	English	Pound = 100 pence	240 v	Police..........999/112 Fire............999/112 Ambulance...999/112	Motorway..............70mph Dual carriageway....70mph Rural......................60mph Town......................30mph	Compulsory. Children under 3 must use special seat.	Unleaded. Unleaded with additive.	80 mg
GR Greece, Athina	Greek	Drachma	220 v	Police...............100 Fire.................199 Ambulance......166	Motorway........120 km/h Rural................90 km/h Town................50 km/h	Compulsory for front seat passengers. Children under 10 must travel in back.	Unleaded and leaded.	50 mg
H Hungary, Budapest	Hungarian	Forint = 100 fillér	220 v	Police...............107 Fire.................105 Ambulance......104	Motorway........120 km/h Dual carriageway..100 km/h Rural................80 km/h Town................50 km/h	Compulsory. Children less than 1.5m tall must use special restraint if travelling in front.	Unleaded and leaded.	0 mg
HR Croatia (Hvratska), Zagreb	Croat Serbo-Croat	Kuna = 100 Lipa	220 v	Police................92 Fire..................93 Ambulance........94	Motorway........130 km/h Rural..........80/100 km/h Town................50 km/h	Compulsory for front seat passengers. Children under 12 must travel in back. Children under 3 must use special seat.	Unleaded. Unleaded with additive.	50 mg
I Italy, Roma	Italian	Lira	220 v	Police...............113 Fire.................115 Ambulance......118	Motorway........130 km/h Dual carriageway..110 km/h Rural................90 km/h Town................50 km/h	Compulsory. Children under 12 and less than 1.5m tall must use special seat/restraint.	Unleaded. Unleaded with additive.	80 mg
IRL Ireland, Dublin	Irish English	Irish Punt = 100 pence	220 v	Police..........999/112 Fire............999/112 Ambulance...999/112	Motorway..............70mph Rural......................60mph Town......................30mph	Compulsory. Children under 12 and less than 1.5m tall must travel in back unless using special seat/restraint.	Unleaded. Unleaded with additive.	80 mg
IS Iceland, Reykjavík	Icelandic	Krona = 100 aura	220 v	Police...............113 Fire.................112 Ambulance......112	Rural (tarmac).......90 km/h Rural (untarred)....80 km/h Town..............30/50 km/h	Compulsory. Children must use special restraint.	Unleaded. Unleaded with additive.	50 mg
L Luxembourg, Luxembourg	Letze- burgesch	Luxembourg Franc = 100 centimes	220 v	Police...............113 Fire.................112 Ambulance......112	Motorway........120 km/h Dual carriageway..120 km/h Rural................90 km/h Town................50 km/h	Compulsory. Children under 12 or less than 1.5m tall must use special seat in front, and seat belt or special restraint in back.	Unleaded. Unleaded with additive.	80 mg
LT Lithuania, Vilnius	Lithuanian	Litas = 100 centas	220 v	Police................02 Fire..................01 Ambulance........03	Motorway........110 km/h Rural................90 km/h Town................60 km/h	Compulsory for front seat passengers.	Unleaded available in large towns. Leaded.	0 mg
LV Latvia, Riga	Latvian	Lat = 100 santims	220 v	Police................02 Fire..................01 Ambulance........03	Motorway........100 km/h Rural................90 km/h Town................50 km/h	Compulsory for front seat passengers.	Unleaded available in large towns. Leaded.	50 mg
MC Monaco, Monaco-ville	French	French Franc = 100 centimes	220 v	Police................17 Fire..................18 SAMU...............15	Toll motorway....130 km/h Motorway........110 km/h Rural................90 km/h Town................50 km/h	Compulsory. Children under 10 must travel in back and use seat belt or child seat.	Unleaded. Unleaded with additive.	50 mg
MD Moldova, Chişinău	Moldovan Romanian	Leu = 100 bani	220 v	Police...............902 Fire.................901 Ambulance......903	Rural................90 km/h Town................60 km/h	Compulsory for front seat passengers.	Leaded.	0 mg

Factfile & Motoring Information

COUNTRY IDENTIFICATION CAPITAL CITY NATIONAL FLAG	OFFICIAL LANGUAGE	CURRENCY	ELECTRICAL POWER	EMERGENCY NUMBERS	SPEED LIMITS	SEAT BELTS	PETROL AVAILABLE	BLOOD ALCOHOL LEGAL LIMIT mg/100ml
MK — Macedonia (F.Y.R.O.M.) Skopje	Macedonian	Macedonian Denar	220 v	Police.....92 Fire.....93 Ambulance.....94	Motorway.....120 km/h Rural.....80/100 km/h Town.....50/60 km/h	Compulsory for front seat passengers and if fitted in back. Children under 12 must travel in back.	Unleaded. Unleaded with additive.	50 mg
N — Norway Oslo	Norwegian	Norwegian Krone = 100 øre	220 v	Police.....112 Fire.....110 Ambulance.....113	Motorway.....90 km/h Rural.....80 km/h Town.....50 km/h	Compulsory. Children under 4 must use special restraints.	Unleaded. Unleaded with additive.	50 mg
NL — The Netherlands Amsterdam	Dutch	Guilder = 100 cents	220 v	Police.....112 Fire.....112 Ambulance.....112	Motorway.....120 km/h Dual carriageway.....100 km/h Rural.....80 km/h Town.....50 km/h	Compulsory. Children under 3 must travel in back. Children aged 3-12 may travel in front if in special seat.	Unleaded. Unleaded with additive.	50 mg
P — Portugal Lisbon	Portuguese	Escudo = 100 centavos	220 v	Police.....112 Fire.....112 Ambulance.....112	Motorway.....120 km/h Rural.....90/100 km/h Town.....50 km/h	Compulsory. Children under 3 must use special restraint.	Unleaded. Unleaded with additive.	50 mg
PL — Poland Warszawa	Polish	Zloty = 100 groszy	220 v	Police.....997 Fire.....998 Ambulance.....999	Motorway.....130 km/h Dual carriageway.....100 km/h Rural.....90 km/h Town.....60 km/h	Compulsory. Children under 10 may travel in front if in special seat.	Unleaded and leaded.	20 mg
RO — Romania București	Romanian	Leu = 100 bani	220 v	Police.....955 Fire.....981 Ambulance.....961	Motorway.....70/90 km/h Rural.....70/90 km/h Town.....60 km/h	Compulsory. Children under 12 must not travel in front.	Unleaded and leaded.	0 mg
RSM — San Marino San Marino	Italian	Lira	220 v	Police.....113 Fire.....115 Ambulance.....118	Motorway.....130 km/h Dual carriageway.....100 km/h Rural.....90 km/h Town.....50 km/h	Compulsory. Children over 3 and under 12 must use special seat/restraints.	Unleaded. Unleaded with additive.	80 mg
RUS — Russian Federation Moskva	Russian	Rouble	220 v	Police.....02 Fire.....01 Ambulance.....03	Express route.....110 km/h Rural.....90 km/h Town.....60 km/h	Compulsory for front seat passengers.	Unleaded unavailable (except Sankt Peterburg). Leaded.	0 mg
S — Sweden Stockholm	Swedish	Krona = 100 öre	220 v	Police.....112 Fire.....112 Ambulance.....112	Motorway.....90/110 km/h Rural.....70 km/h Town.....30/50 km/h	Compulsory. Children under 7 must use suitable restraint.	Unleaded. Unleaded with additive.	20 mg
SK — Slovakia Bratislava	Slovak	Koruna = 100 halierov	220 v	Police.....158 Fire.....150 Ambulance.....155	Motorway.....130 km/h Rural.....90 km/h Town.....60 km/h	Compulsory. Children under 12 and less than 1.5m tall must travel in back.	Unleaded limited availability. Leaded.	0 mg
SLO — Slovenia Ljubljana	Slovene	Tolar = 100 stotins	220 v	Police.....113 Fire.....112 Ambulance.....112	Motorway.....130 km/h Rural.....90 km/h Town.....50 km/h	Compulsory. Children under 12 and less than 1.5m tall must travel in back.	Unleaded. Unleaded with additive.	50 mg
TR — Turkey Ankara	Turkish	Turkish Lira	220 v	Police.....155 Fire.....110 Ambulance.....112	Motorway.....130 km/h Rural.....90 km/h Town.....50 km/h	Compulsory for front seat passengers.	Unleaded available in tourist areas. Leaded.	50 mg
UA — Ukraine Kiev	Ukrainian	Hryvnya = 100 kopiyok	220 v	Militia.....02 Fire.....01 Ambulance.....03	Motorway.....110 km/h Dual carriageway.....110 km/h Rural.....90 km/h Town.....60 km/h	Compulsory for front seat passengers. Children under 12 and less than 1.45m tall must travel in back.	Leaded. Unleaded rarely available.	0 mg
YU — Yugoslavia Beograd	Serbo-Croat	Dinar = 100 paras	220 v	Police.....92 Fire.....93 Ambulance.....94	Motorway.....120 km/h Rural.....80/100 km/h Town.....60 km/h	Compulsory for front seat passengers and if fitted in back. Children under 12 must travel in back.	Unleaded. Unleaded with additive.	50 mg

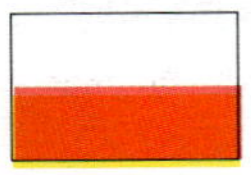

International Road Signs

INFORMATIVE SIGNS

Motorway		End of Motorway		Lane for Slow Vehicles	'Semi Motorway'	End of 'Semi Motorway'	European Route Number
Priority Road	End of Priority Road	Priority Over Oncoming Vehicles	One Way Street	One Way Street	No Through Road	Hospital	Parking	Pedestrian Crossing	Subway or Bridge for Pedestrians
First Aid Post	Information	Hotel/Motel	Restaurant	Mechanical Help	Filling Station	Telephone	Camping Site	Caravan Site	Youth Hostel

WARNING SIGNS

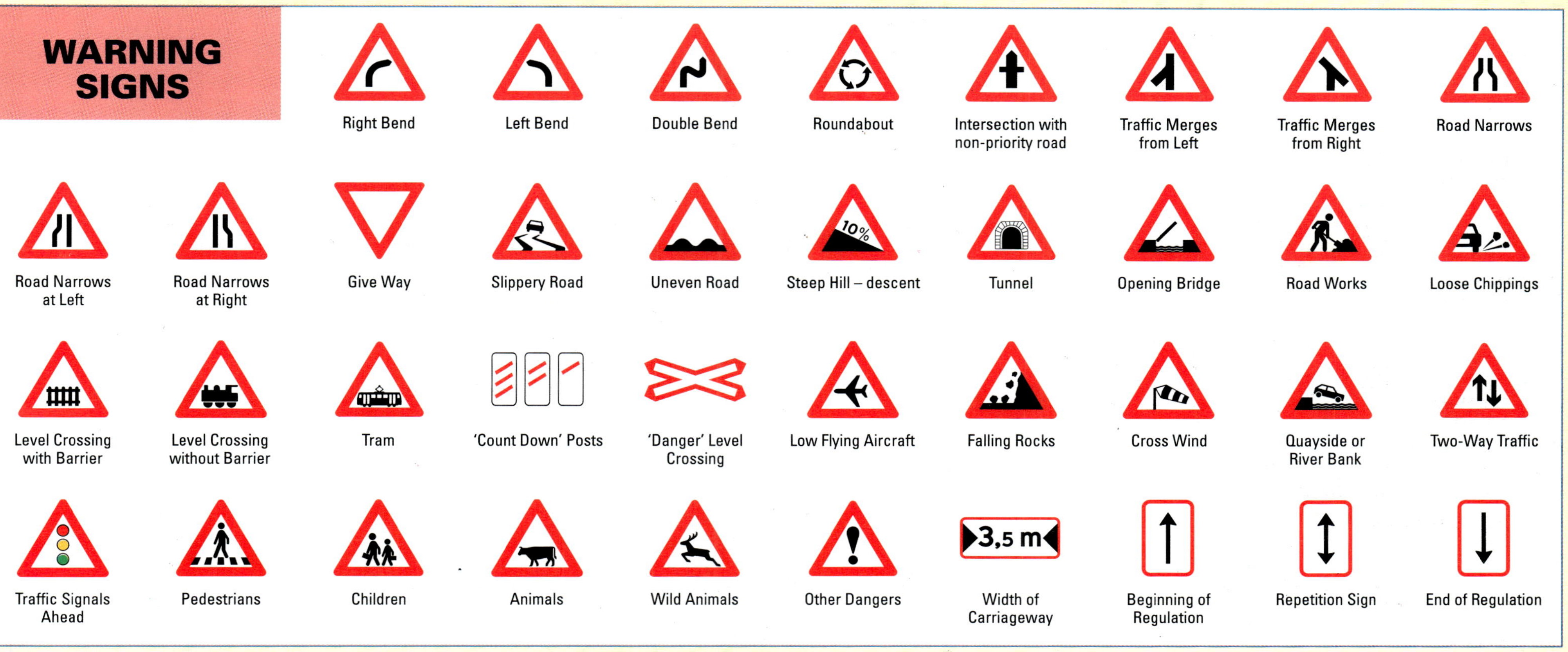

- Right Bend
- Left Bend
- Double Bend
- Roundabout
- Intersection with non-priority road
- Traffic Merges from Left
- Traffic Merges from Right
- Road Narrows
- Road Narrows at Left
- Road Narrows at Right
- Give Way
- Slippery Road
- Uneven Road
- Steep Hill – descent
- Tunnel
- Opening Bridge
- Road Works
- Loose Chippings
- Level Crossing with Barrier
- Level Crossing without Barrier
- Tram
- 'Count Down' Posts
- 'Danger' Level Crossing
- Low Flying Aircraft
- Falling Rocks
- Cross Wind
- Quayside or River Bank
- Two-Way Traffic
- Traffic Signals Ahead
- Pedestrians
- Children
- Animals
- Wild Animals
- Other Dangers
- Width of Carriageway
- Beginning of Regulation
- Repetition Sign
- End of Regulation

REGULATIVE SIGNS

- End of All Restrictions
- Halt Sign
- Customs
- No Stopping ("Clearway")
- No Parking/Waiting
- Priority to Oncoming Vehicles
- Use of Horns Prohibited
- Roundabout
- Direction to be Followed
- Pass this Side
- Minimum Speed Limit
- End of Minimum Speed Limit
- Cycle Path
- Footpath
- Riders Only
- All Vehicles Prohibited
- No Entry for All Vehicles
- No Right Turn
- No U-Turns
- No Entry for Motor Cars
- No Entry for All Motor Vehicles
- Lorries Prohibited
- Buses and Coaches Prohibited
- No Trailers
- Motorcycles Prohibited
- Mopeds Prohibited
- Cycles Prohibited
- No Entry for Pedestrians
- No Overtaking
- End of No Overtaking
- No Overtaking for Lorries
- End of No Overtaking for Lorries
- Laden Weight Limit
- Axle Weight Limit
- Width Limit
- Height Limit
- Maximum Speed Limit
- End of Speed Limit

1:4 500 000
0 100 200 km
0 50 100 miles
ATLANTIC
OCEAN
NORTH
SEA
FR
FAROE ISLANDS (FOROYAR) (Denmark)
Eysturoy
Vágar
Sandoy
Tórshavn
Suðuroy
Shetland Islands
Unst
Yell
Lerwick
Foula
Fair Isle
Orkney Islands
Kirkwall
Hoy
Cape Wrath
Thurso
Western Isles
Lewis
Stornoway
St Kilda
Harris
North Uist
Benbecula
South Uist
Barra
Little Minch
The Minch
Ullapool
Moray Firth
Elgin
Inverness
Peterhead
Skye
Portree
Rum
Coll
Tiree
Mull
Colonsay
Jura
Islay
Oban
Fort William
Ben Nevis
Grampian Mountains
Aberdeen
Dundee
Perth
Arbroath
Stirling
Firth of Forth
Glasgow
Edinburgh
Paisley
Greenock
Kintyre
Arran
Ayr
Kilmarnock
Hamilton
Southern Uplands
Berwick-upon-Tweed
Hawick
Galashiels
Dumfries
Stranraer
Carlisle
Solway Firth
Morpeth
Newcastle upon Tyne
South Shields
Sunderland
Durham
Hartlepool
Middlesbrough
Darlington
Workington
Isle of Man
DOUGLAS
Barrow-in-Furness
Kendal
Lancaster
Northallerton
Scarborough
GB
York
Bridlington
Blackpool
Preston
Southport
Bolton
Bradford
Leeds
Kingston upon Hull
Grimsby
IRISH SEA
Anglesey
Holyhead
Bangor
Liverpool
St Helens
Manchester
Huddersfield
Doncaster
Sheffield
Lincoln
Chester
Stockport
Stoke-on-Trent
Derby
Nottingham
Newark-on-Trent
Mansfield
Boston
Snowdon
Shrewsbury
Wolverhampton
Birmingham
Leicester
Peterborough
King's Lynn
Norwich
Great Yarmouth
Lowestoft
Coventry
Northampton
Cambridge
Bedford
Ipswich
Bury St Edmunds
Felixstowe
Colchester
Cardigan Bay
Aberystwyth
Fishguard
St George's Channel
Haverfordwest
Carmarthen
Swansea
Newport
Cardiff
Bristol Channel
Bristol
Bath
Gloucester
Cheltenham
Oxford
Swindon
Reading
Watford
Luton
St Albans
LONDON
Southend-on-Sea
Rochester
Canterbury
Ramsgate
Dover
Folkestone
Hastings
Brighton
Eastbourne
Worthing
Portsmouth
Southampton
Bournemouth
Poole
Weymouth
Dorchester
Lyme Bay
Salisbury
Winchester
Basingstoke
Barnstaple
Exmoor
Taunton
Exeter
Torquay
Plymouth
Start Point
Bodmin
Truro
Penzance
Land's End
Lizard Point
Isles of Scilly
English Channel
Guernsey
Jersey
St Helier
St Peter Port
Channel Islands
Cherbourg
Golfe de St-Malo
St-Malo
Brest
Morlaix
Quimper
Quimperlé
Lorient
Vannes
Rennes
St-Brieuc
Dinan
Fougères
Vitré
Laval
Mayenne
Le Mans
Alençon
Caen
Baie de Seine
Le Havre
Fécamp
Dieppe
Rouen
Évreux
Lisieux
Abbeville
Amiens
Beauvais
F
PARIS
Boulogne-Billancourt
Versailles
Chartres
Dreux
Étampes
Melun
Meaux
Marne-la-Vallée
Compiègne
Soissons
Reims
Châlons-en-Champagne
Bar-le-Duc
St-Dizier
Troyes
Verdun
Metz
Nancy
Lunéville
Épinal
Strasbourg
Saarbrücken
Saarlouis
Charleville-Mézières
Sedan
St-Quentin
Cambrai
Arras
Lille
Roubaix
Tournai
Calais
Dunkerque
Boulogne-sur-Mer
Oostende
Brugge
Gent
Kortrijk
Mons
Charleroi
Namur
Liège
BRUXELLES
B
Mechelen
Antwerpen
Dinant
Bastogne
L
LUXEMBOURG
Arlon
Trier
Wittlich
Maastricht
Aachen
BONN
Köln
Düsseldorf
Krefeld
Duisburg
Essen
Mönchengladbach
Eindhoven
Tilburg
Breda
's-Hertogenbosch
Nijmegen
Arnhem
Apeldoorn
Deventer
Dordrecht
Rotterdam
Delft
's-Gravenhage
Leiden
Haarlem
AMSTERDAM
Utrecht
Amersfoort
Zwolle
NL
Alkmaar
Den Helder
Harlingen
Leeuwarden
Drachten
Groningen
Assen
Emden
Enschede
Hengelo
Münster
Middelburg
Vlissingen
Waddeneilanden
Ostfriesische Inseln
Helgoland
Norden
Wilhelmshaven
Bremerhaven
Kristiansund
Molde
Ålesund
Stranda
Måløy
Florø
Sandane
Førde
Hoyanger
Sula
Bergen
Hardanger
Bømlo
Haugesund
Karmøy
Setesdal
Stavanger
Sandnes
Lindesnes
Smøla
Achill Island
Donegal Bay
Sligo
Tory Island
Malin Head
Coleraine
Londonderry (Derry)
Ballymena
Ballymoney
Lough Neagh
Belfast
Bangor
Newtownards
Armagh
Enniskillen
Omagh
Lisburn
Cavan
Dundalk B.
Drogheda
Longford
Athlone
Mullingar
Roscommon
Castlebar
Galway
Galway Bay
Loop Head
Ennis
Limerick
Tralee
Dingle B.
Killarney
Bantry Bay
Cork
Clonmel
Waterford
Wexford
Carnsore Pt.
Kilkenny
Carlow
Wicklow
Dun Laoghaire
DUBLIN
Naas
IRL
Rockall
Sleive Donard

GULF OF BOTHNIA
ÅLAND
Gulf of Finland
BALTIC SEA
Gulf of Riga
KATTEGAT
SKAGERRAK
Hanöbukten
Gotland
Öland
Bornholm (Denmark)
Gulf of Kaliningrad
Saaremaa
Hiiumaa
N
S
FIN
EST
RUS
LV
LT
BY
PL
DK
D
CZ
SK
A
H
UA
RO
xii
xiii
xiv
Trondheim
Östersund
Sundsvall
Hudiksvall
Gävle
Lillehammer
OSLO
Drammen
Karlstad
Örebro
Västerås
Uppsala
STOCKHOLM
Norrköping
Linköping
Jönköping
Göteborg
Borås
Halmstad
Helsingborg
Malmö
KØBENHAVN
Karlskrona
Kalmar
Visby
Turku
Tampere
Lahti
HELSINKI
Vyborg
Sankt-Peterburg
TALLINN
Tartu
Pärnu
Pskov
RIGA
Liepāja
Klaipėda
Šiauliai
Kaunas
VILNIUS
MINSK
Hrodna
Brest
Kaliningrad
Gdańsk
Gdynia
Szczecin
Koszalin
Bydgoszcz
Toruń
Olsztyn
Białystok
WARSZAWA
Poznań
Łódź
Lublin
Wrocław
Katowice
Kraków
Rzeszów
BERLIN
Hamburg
Bremen
Hannover
Rostock
Kiel
Lübeck
Magdeburg
Leipzig
Dresden
Erfurt
Chemnitz
Nürnberg
Würzburg
Frankfurt am Main
Stuttgart
München
Regensburg
PRAHA
Plzeň
Brno
Olomouc
Ostrava
WIEN
Linz
BRATISLAVA
BUDAPEST
Košice
Debrecen
Lviv
Aarhus
Aalborg
Odense

X
1:4 500 000
0 100 200 km
0 50 100 miles
ATLANTIC
OCEAN
BAY OF BISCAY
English Channel
Channel Islands
Guernsey
Jersey
St Peter Port
St Helier
Isles of Scilly
Land's End
Penzance
Plymouth
Bristol Channel
Bristol
Cardiff
LONDON
Southampton
Portsmouth
Brighton
Bournemouth
Exeter
Dover
GB
viii
Cherbourg
Le Havre
Caen
Rouen
Amiens
Calais
Lille
Dieppe
Brest
Quimper
Lorient
St-Malo
Rennes
St-Brieuc
Vannes
Nantes
St-Nazaire
Le Mans
Angers
Tours
Orléans
PARIS
Boulogne-Billancourt
Marne-la-Vallée
Chartres
Poitiers
Limoges
La Rochelle
Rochefort
Royan
Angoulême
Bordeaux
Arcachon
Toulouse
Montpellier
Perpignan
Clermont-Ferrand
Bourges
Vierzon
Biarritz
Bayonne
Pau
Tarbes
Lourdes
F
BERRY
POITOU
LIMOUSIN
AUVERGNE
GUYENNE
PYRÉNÉES
LANGUEDOC
BOURBONNAIS
MARCHE
SAINTONGE
MÉDOC
Golfe de St-Malo
Gulf of Gascony
ANDORRA LA VELLA
AND
A Coruña
Ferrol
Cabo Fisterra
Santiago
Lugo
Pontevedra
Vigo
Ourense
Oviedo
Gijón
Avilés
Costa Verde
Santander
Torrelavega
Bilbao
Donostia San Sebastián
Irún
Vitoria-Gasteiz
Pamplona
Logroño
Burgos
León
Ponferrada
Palencia
Valladolid
Zamora
Salamanca
Segovia
Ávila
MADRID
Alcalá de Henares
Guadalajara
Toledo
Aranjuez
Cuenca
Teruel
Soria
Zaragoza
Huesca
Lleida
Tarragona
Barcelona
Sabadell
Mataró
Girona
Figueres
Costa Brava
Reus
Tortosa
Castelló de la Plana
Valencia
Sagunto
Gandia
Dénia
Benidorm
Alicante
Elche
Murcia
Cartagena
Albacete
Ciudad Real
Puertollano
Linares
Jaén
Córdoba
Granada
Málaga
Marbella
Almería
Motril
Sevilla
Huelva
Cádiz
Jerez de la Frontera
Algeciras
Gibraltar (U.K.)
Ceuta (Spain)
Tanger
Strait of Gibraltar
Costa del Sol
Costa Blanca
Cabo de Palos
GULF OF CÁDIZ
Badajoz
Mérida
Cáceres
Plasencia
CORDILLERA CANTÁBRICA
Sierra de la Demanda
Sierra de Guadalupe
SIERRA MORENA
LA MANCHA
Sierra Nevada
E
MALLORCA
Palma
Manacor
Eivissa (Ibiza)
Formentera
Cabrera
ISLAS BALEARES (BALEARIC ISLANDS)
Porto
Braga
Viana do Castelo
Póvoa de Varzim
Matosinhos
Aveiro
Coimbra
Figueira da Foz
Viseu
Guarda
Covilhã
Leiria
Tomar
Santarém
Castelo Branco
Portalegre
Elvas
LISBOA
Cascais
Amadora
Setúbal
Évora
Beja
Faro
Lagos
Portimão
ALGARVE
P
MEDITE
ALGER
Blida
Médéa
Tipasa
Cherchell

LIGURIAN SEA
TYRRHENIAN
SEA
ADRIATIC SEA
IONIAN
SEA
CORSE
(CORSICA)
SARDEGNA
(SARDINIA)
SICILIA
(SICILY)
Golfo di Taranto
Golfo di Venezia
Golfo di Genova
Côte d'Azur
ROMA
Milano
Torino
Genova
Venezia
Firenze
Bologna
Napoli
Palermo
Bari
Cagliari
Catania
Messina
Pescara
Ancona
Verona
Trieste
Bolzano
Trento
Parma
Livorno
Pisa
Perugia
Foggia
Taranto
Lecce
Brindisi
Marseille
Nice
Lyon
Grenoble
Genève
Lausanne
BERN
Zürich
Basel
München
Stuttgart
Frankfurt am Main
Nürnberg
Innsbruck
Salzburg
WIEN
Graz
LJUBLJANA
ZAGREB
BUDAPEST
BRATISLAVA
PRAHA
SARAJEVO
BEOGRAD
TUNIS
Bizerte
Annaba
Constantine
Ajaccio
Bastia
Sassari
Olbia
Siracusa
Reggio di Calabria
Malta
VALLETTA
Isole Lipari
Split
Rijeka
NL
B
L
D
PL
CZ
SK
A
H
CH
SLO
HR
BIH
YU
I
TN
DZ
MC
ix
xiv

1:4 500 000
200 km
100 miles
Arctic Circle
IS
Ódáðahraun
REYKJAVÍK
Keflavík
Reykjanestá
Faxaflói
Breiðafjörður
Húnaflói
Akureyri
Sauðárkrókur
Grimsey
Eyjafjörður
Öxarfjörður
Rifstangi
Fontur
Straumnes
Horn
Ísafjörður
Bjargtangar
Hafursfjörður
Borgarnes
Snæfell
Bárðarbunga
Grímsvötn
Hvannadalshnúkur
Skaftárós
Vestmannaeyjar
Surtsey
Vík
Kötlutangi
Vesturhorn
Breiðdalsvík
Egilsstaðir
Seyðisfjörður
Borgarfjörður
N
S
FIN
GULF OF BOTHNIA
Nordkapp
Magerøya
Nordkynhalvøya
Porsangerhalvøya
Hammerfest
Sørøya
Seiland
Lopphavet
Varangerhalvøya
Vardø
Vadsø
Varangerfjorden
Kirkenes
Mys Nemetskiy
Laksefjorden
Tanafjorden
Porsangen
Svaerholthalvøya
Vanna
Kvænangen
Ringvassøy
Kvaløya
Tromsø
Senja
Andøya
Harstad
Narvik
Lofoten
Vesterålen
Vesterålen
Austvågøy
Moskenesøy
Værøy
Vestfjorden
Folda
Bodø
Saltfjo
Glomfjord
Mo i Rana
Sandnessjøen
Vega
Mosjøen
Brønnøysund
Vikna
Namsos
Namdalen
Frøya
Hitra
Smøla
Kristiansund
Molde
Trondheim
Steinkjer
Verdalsøra
Stjørdalshalsen
Røros
Støren
Løkken
Andalsnes
Stranda
Østerdalen
Gudbrandsdalen
Lillehammer
Gjøvik
Hamar
Elverum
Tynset
Rena
Torneträsk
Kebnekaise
Kiruna
Akkajaure
Gällivare
Jokkmokk
Hornavan
Uddjaure
Storuman
Sorsele
Arvidsjaur
Älvsbyn
Boden
Luleå
Piteå
Haparanda
Skellefteå
Robertsfors
Umeå
Holmsund
Vännäs
Lycksele
Vilhelmina
Dorotea
Åsele
Strömsund
Östersund
Storsjön
Hammerdal
Järpen
Brunflo
Bracke
Ånge
Sollefteå
Kramfors
Örnsköldsvik
Härnösand
Timrå
Sundsvall
Hudiksvall
Ljusdal
Bollnäs
Söderhamn
Sveg
Särna
Älvdalen
Mora
Siljan
Rättvik
Hede
Ivalo
Inarijärvi
Muonio
Kittilä
Sodankylä
Kemijärvi
Salla
Rovaniemi
Pello
Ylitornio
Tornio
Kemi
Kuusamo
Taivalkoski
Oulu
Muhos
Raahe
Kalajoki
Kokkola
Jakobstad
Nykarleby
Vaasa
Seinäjoki
Lapua
Kurikka
Kauhajoki
Alavus
Närpes
Oulujärvi
Kajaani
Kuhmo
Ylivieska
Haapajärvi
Kiuruvesi
Iisalmi
Siilinjärvi
Kuopio
Kallavesi
Pielinen
Lieksa
Nurmes
Joensuu
Pyhäselkä
Outokumpu
Orivesi
Varkaus
Pieksämäki
Jyväskylä
Keitele
Päijänne
Mikkeli
Savonlinna
Saimaa
Pihlajavesi
Imatra
Lappeenranta
Heinola
Tampere
Ylöjärvi
Valkeakoski
Pori
Murmansk
Severomorsk
Polyarnyy
Zapolyarnyy
Nikel'
Kola
Murmanskiy Bereg
Olenegorsk
Monchegorsk
Apatity
Kirovsk
Kovdor
Kandalaksha
Polyarnye Zori
Lovozero
Vozvyshennost' Keyvy
Terskiy Bereg
Umba
Kandalakshskiy Zaliv
Gorlo Belogo Morya
Zimniy Bereg
Kem'
Belomorsk
Onezhskaya Guba
Pomorskiy Bereg
Kostomuksha
Segezha
Medvezh'yegorsk
Petrozavodsk
Kondopoga
Onega
Severodvinsk
Arkhangel'sk
Novodvinsk
Dvinskaya Guba
Solovetskiye Ostrova
Pudozh
Kargopol'
Plesetsk
Mirnyy
Sortavala
Pitkyaranta
Lakhdenpokh'ya
Priozersk
Ladozhskoye
Podporozh'ye
Vytegra
Olonets
Suoyarvi
Sheltozero
Kanin Nos
Kaninskiy Bereg
Arctic Circle

MOSKVA
Sankt-Peterburg
HELSINKI
TALLINN
RIGA
VILNIUS
MINSK
KYIV
WARSZAWA
STOCKHOLM
OSLO
KØBENHAVN
BERLIN
PRAHA
RUS
EST
LV
LT
BY
UA
PL
D
DK
CZ
Gulf of Finland
Gulf of Riga
BALTIC SEA
KATTEGAT
Gotland
Öland
Bornholm (Denmark)
Saaremaa
Hiiumaa
ÅLAND
VÄNERN
ix
xiv
xv
xiii

ADRIATIC SEA
TYRRHENIAN SEA
LIGURIAN SEA
IONIAN SEA
MEDITERRANEAN SEA
CORSE (CORSICA)
SARDEGNA (SARDINIA)
SICILIA (SICILY)
Ionioi Nisoi (Ionian Islands)
Côte d'Azur
Golfo di Taranto
Golfo di Venezia
PRAHA
WIEN
BRATISLAVA
BUDAPEST
LJUBLJANA
ZAGREB
SARAJEVO
BEOGRAD
SKOPJE
TIRANË
ROMA
TUNIS
VALLETTA
Milano
Torino
Genova
Venezia
Bologna
Firenze
Napoli
Bari
Palermo
Catania
München
Stuttgart
Zürich
BERN
Innsbruck
Salzburg
Graz
Split
Dubrovnik
Malta
Tunis
Sfax
Kraków
Košice
CZ
PL
D
F
CH
A
SK
H
SLO
HR
BIH
YU
I
AL
MK
GR
TN
ix
xi
1:4 500 000
0 50 100 150 200 km
0 50 100 miles

BLACK SEA
Sea of Azov
AEGEAN SEA
Krytiko Pelagos
Marmara Denizi (Sea of Marmara)
KRYM (CRIMEA)
CARPATHIAN MTS
LUDOGORIE
DOBRUJA
MYSIA
Kyklades (Cyclades)
Dodekanisos (Dodecanese)
UA
MD
RO
BG
TR
RUS
CY
SYR
Kyïv
Zhytomyr
Bila Tserkva
Cherkasy
Kremenchuk
Poltava
Kirovohrad
Dnipropetrovs'k
Dniprodzerzhyns'k
Zaporizhzhya
Donets'k
Kryvyy Rih
Mykolayiv
Kherson
Odesa
Mariupol'
Berdyans'k
Melitopol'
Nikopol'
Taganrog
Novocherkassk
Simferopol'
Sevastopol'
Yevpatoriya
Kerch
Feodosiya
Krasnodar
Novorossiysk
Chişinău
Tighina
Tiraspol
Bălţi
Iaşi
Suceava
Bacău
Galaţi
Brăila
Braşov
Sibiu
Cluj-Napoca
Târgu Mureş
Ploieşti
Piteşti
Craiova
Bucureşti
Constanţa
Tulcea
Ruse
Varna
Burgas
Shumen
Dobrich
Pleven
Sliven
Stara Zagora
Plovdiv
Sofiya
Edirne
Istanbul
Bakırköy
Kadıköy
İzmit
Bursa
Eskişehir
Ankara
Zonguldak
Samsun
Sivas
Kayseri
Konya
Adana
Mersin
Tarsus
İskenderun
Antalya
Isparta
Denizli
Aydın
İzmir
Bornova
Manisa
Balıkesir
Kütahya
Uşak
Afyon
Çanakkale
Thessaloniki
Athina
Peiraias
Lefkosia
Lemesos
Larnaka
Rodos (Rhodes)
Kriti (Crete)
Irakleio
Chania
Lesvos (Lesbos)
Chios
Samos
Limnos
Evvoia (Euboea)
Hamah
Al Lādhiqīyah

2
1
2
3
4
5
6
B
C
D
E
F
G
H
I
GB
Sula Sgeir
Rona
Geallduig Mhor
Sule Skerry
Sule Stack
Mainland
Hoy
Pentland Firth
Island of Stroma
Dunnet Head
Cape Wrath
Strathy Point
Whiten Head
Butt of Lewis
Port Nis
Tolsta Head
Tiumpan Head
Stornoway
Eye Peninsula
Great Bernera
LEWIS
Scarp
Kebock Head
Summer Isles
Rubha Coigeach
Handa Island
Point of Stoer
THE MINCH
Greenstone Point
Rubha Reidh
Shiant Islands
Scalpay
South Harris
Pabbay
Berneray
Sound of Harris
LITTLE MINCH
Rubha Hunish
North Uist
Monach Islands
Balmartin
Lochmaddy
Benbecula
Vaternish Point
Dunvegan Head
Raasay
SKYE
Inner Sound
Scalpay
South Uist
Loch Sgioport
Cuillin Hills
Dalabrog
Lochboisdale
Eriskay
Sound of Barra
Barra
Castlebay
Vatersay
Sandray
Pabbay
Mingulay
Berneray
Sea of the Hebrides
Cuillin Sound
Canna
Rum
Soay
Sleat
Eigg
Muck
Sound of Arisaig
Arisaig
Mallaig
Knoydart
Moidart
Ardnamurchan
Coll
Tiree
Mull
Iona
Colonsay
Oronsay
Jura
Islay
Scarba
Kerrera
Lismore
Morvern
Loch Linnhe
Firth of Lorn
Sound of Jura
Bute
CAITHNESS
SUTHERLAND
Thurso
Wick
Durness
Tongue
Lairg
Dornoch
Dornoch Firth
Tain
Ullapool
Gairloch
Achnasheen
Dingwall
Black Isle
Moray Firth
Inverness
Nairn
Elgin
Forres
Lossiemouth
Tarbat Ness
NORTH WEST HIGHLANDS
Easter Ross
Loch Ness
Fort Augustus
Kyle of Lochalsh
Dornie
Glen Shiel
Glen Affric
Lochaber
Loch Arkaig
Loch Morar
Loch Shiel
Fort William
Ben Nevis
Glen Coe
Rannoch Moor
Loch Rannoch
Monadhliath Mountains
Cairngorm Mountains
Badenoch
Aviemore
Kingussie
GRAMPIAN MOUNTAINS
Forest of Atholl
Pitlochry
Loch Tay
Breadalbane
Oban
Inveraray
Loch Fyne
Loch Lomond
The Trossachs
Strath Earn
Perth
Crieff
Stirling
Falkirk
Dunfermline
Kirkcaldy
Edinburgh
Livingston
Glasgow
Paisley
Greenock
Dumbarton
Helensburgh
Hamilton
East Kilbride
Motherwell
Coatbridge
Airdrie
Cumbernauld
Kilmarnock
Lanark
Gigha
Kintyre
Campsie Fells
Pentland Hills
Firth of Forth

8
9
10
11
12
FØROYAR
FR
Tórshavn
Kalsoy
Viðareiði
Fugloy
Svínoy
Kunoy
Borðoy
Klaksvík
Eysturoy
Streymoy
Vágar
Mykines
Sørvágur
Miðvágur
Nólsoy
Hestur
Koltur
Skopun
Sandoy
Skálavík
Dalur
Skúgvoy
Stóra Dímun
Lítla Dímun
Sandvík
Tvøroyri
Froðba
Vágur
Suðuroy
Lopra
Sumba
Bergen
Esbjerg
SHETLAND ISLANDS
Unst
Yell
Fetlar
Out Skerries
Whalsay
Papa Stour
Foula
Muckle Roe
St Magnus Bay
Lerwick
Bressay
Isle of Noss
Scalloway
West Burra
Mousa
Sumburgh Head
GB
Fair Isle
Stonybreck
ORKNEY ISLANDS
Papa Westray
North Ronaldsay
Westray
Sanday
Eday
Stronsay
Rousay
Shapinsay
Mainland
Kirkwall
Stromness
Hoy
Flotta
Burray
South Ronaldsay
St Margaret's Hope
Pentland Firth
Island of Stroma
Pentland Skerries
Dunnet Head
Duncansby Head
Scrabster
Fraserburgh
Peterhead
Cruden Bay
Aberdeen
Stonehaven
Montrose
Arbroath
Forfar
Brechin
Kirriemuir
Dundee
St Andrews
Fife Ness
Isle of May
Bass Rock
North Berwick
Dunbar
Musselburgh
Dalkeith
Haddington
Lammermuir Hills
Eyemouth
St Abb's Head
Berwick-upon-Tweed
Holy Island (Lindisfarne)
NORTH SEA
Firth of Forth
Strathbogie
Mar
Banff
Macduff
Huntly
Keith
Inverurie
Ellon
Banchory
Aboyne
Alford
B
C
D
E
F
G
H
0 10 20 30 40 50 km
0 10 20 30 miles
5

4
1
2
3
4
5
B
C
D
E
F
G
6
7
8
GB
IRL
Colonsay
Oronsay
Jura
Islay
Gigha
Arran
Bute
Kintyre
Mull of Kintyre
Ailsa Craig
North Channel
Firth of Clyde
Inishtrahull Sound
Inishowen
Rathlin Island
Giant's Causeway
Coleraine
Londonderry (Derry)
Strabane
Omagh
Ballymena
Antrim
Larne
Carrickfergus
Belfast
Bangor
Newtownards
Lisburn
Craigavon
Portadown
Armagh
Newry
Lough Neagh
Ards Peninsula
Sperrin Mountains
Mourne Mountains
Dundalk (Dún Dealgan)
Dundalk Bay
Drogheda (Droichead Átha)
Navan (An Uaimh)
Balbriggan
Skerries
Swords
Lambay Island
Malahide
Howth
DUBLIN (BAILE ÁTHA CLIATH)
Dublin Bay
Dún Laoghaire
Bray (Bré)
Naas (An Nás)
Newbridge (Droichead Nua)
Wicklow Mountains
Wicklow
Wicklow Head
Arklow
Bog of Allen
IRISH SEA
Isle of Man
Point of Ayre
Ramsey
Ramsey Bay
Maughold Head
Peel
DOUGLAS
Castletown
Port Erin
Calf of Man
Stranraer
The Rinns of Galloway
Mull of Galloway
The Machars
Burrow Head
Luce Bay
Wigtown Bay
Kirkcudbright
Dumfries
Solway Firth
Galloway
Girvan
Ayr
Troon
Prestwick
Kilmarnock
Irvine
Ardrossan
Saltcoats
Greenock
Glasgow
Paisley
Motherwell
Hamilton
East Kilbride
Dumbarton
Helensburgh
Stirling
Falkirk
Livingston
Edinburgh
Dunfermline
Lockerbie
Moffat
Annan
Workington
Whitehaven
St Bees Head
Barrow-in-Furness
Isle of Walney
Ulverston
Fleetwood
Blackpool
Lytham St Anne's
Southport
Formby
Hoylake
Wallasey
West Kirby
Point of Ayr
Prestatyn
Rhyl
Llandudno
Colwyn Bay
Abergele
Conwy
Bangor
Caernarfon
Menai Strait
Anglesey
Holyhead (Caergybi)
Holy Island
Caernarfon Bay
Lleyn Peninsula
Pwllheli
Criccieth
Porthmadog
Harlech
Bardsey Sound
Snowdon

5
7
3
8
9
10
11
12
B
C
D
E
F
G
H
0 10 20 30 40 50 km
0 10 20 30 miles
Stavanger, Haugesund, Bergen
Göteborg, Kristiansand
Hamburg
IJmuiden
Rotterdam, Zeebrugge
Isle of May
Bass Rock
Dunbar
Lammermuir Hills
St Abb's Head
Eyemouth
Berwick-upon-Tweed
Holy Island (Lindisfarne)
Galashiels
Kelso
Hawick
Jedburgh
Cheviot Hills
GB
Kielder Water
Bamburgh
Alnwick
Amble
Morpeth
Ashington
Newbiggin-by-the-Sea
Blyth
Whitley Bay
Tynemouth
South Shields
Newcastle upon Tyne
Gateshead
Sunderland
Hexham
Durham
Peterlee
Hartlepool
Bishop Auckland
Darlington
Middlesbrough
Stockton-on-Tees
Redcar
Saltburn-by-the-Sea
Whitby
Robin Hood's Bay
Cleveland Hills
North York Moors
Scarborough
Filey
Flamborough Head
Bridlington
Bridlington Bay
Penrith
Kendal
Lancaster
Morecambe
Wensleydale
Ripon
Harrogate
York
Yorkshire Wolds
Preston
Blackburn
Burnley
Bradford
Leeds
Wakefield
Huddersfield
Halifax
Selby
Goole
Beverley
Kingston upon Hull
Holderness
Spurn Head
Grimsby
Cleethorpes
Scunthorpe
Doncaster
Barnsley
Rotherham
Sheffield
Manchester
Oldham
Bolton
Wigan
St Helens
Liverpool
Birkenhead
Warrington
Stockport
Macclesfield
Chester
Crewe
Stoke-on-Trent
Chesterfield
Mansfield
Nottingham
Derby
Lincoln
Lincolnshire Wolds
Louth
Skegness
Gainsborough
Newark-on-Trent
Grantham
Boston
The Wash
Spalding
King's Lynn
Hunstanton
Wells-next-the-Sea
Loughborough
Melton Mowbray
Burton upon Trent
Stafford
Wrexham
5

Islay
Jura
Arran
Bute
Gigha
Colonsay
Oronsay
Scarba
Luing
Kintyre
Mull of Kintyre
Campbeltown
Ailsa Craig
The Rinns of Galloway
Stranraer
Liverpool
Fleetwood
North Channel
Rathlin Island
Giant's Causeway
Coleraine
Ballymena
Larne
Antrim
Belfast
Bangor
Newtownards
Ards Peninsula
Lough Neagh
Craigavon
Armagh
Newry
Dundalk
Dundalk Bay
Londonderry
Strabane
Omagh
Enniskillen
Sperrin Mountains
Inishowen
Malin Head
Lough Swilly
Letterkenny
Tory Island
Bloody Foreland
Blue Stack Mts
Donegal Bay
Sligo
Sligo Bay
Ballina
Nephin Beg Range
Achill Island
Erris Head
GB
IRL
50 km
30 miles
B
C
D
E
F
G
1
2
3
4
5
6
7
8

H
J
K
L
M
N
2
3
4
5
6
7
IRISH SEA
DUBLIN (BAILE ÁTHA CLIATH)
Dún Laoghaire
Bray (Bré)
Drogheda (Droichead Átha)
Navan (An Uaimh)
Swords
Lucan
Leixlip
Naas (An Nás)
Newbridge (Droichead Nua)
Wicklow Mountains
Wicklow Head
Carlow (Ceatharlach)
Kilkenny (Cill Chainnigh)
Wexford (Loch Garman)
Waterford (Port Láirge)
Clonmel (Cluain Meala)
Cork (Corcaigh)
Limerick (Luimneach)
Ennis (Inis)
Galway (Gaillimh)
Galway Bay
Athlone (Baile Átha Luain)
Mullingar (An Muileann gCearr)
Tralee (Trá Lí)
Killarney (Cill Airne)
Macgillycuddy's Reeks
Iveragh
Dingle
Dingle Bay
Slieve Mish Mts
Beara
Bantry Bay
Dunmanus Bay
Shehy Mts
Boggeragh Mts
Nagles Mts
Knockmealdown Mts
Comeragh Mts
Monavullagh Mts
Galtee Mountains
Golden Vale
Ballyhoura Mts
Silvermine Mts
Slieve Bloom Mts
Slieve Aughty Mts
Slieve Bernagh
Slievefelim Mountains
Slieveardagh Hills
Blackstairs Mountains
Bog of Allen
Booley Hills
Derrynasaggart Mts
Mullaghareirk Mts
Glanaruddery Mts
Caha Mts
Slieve Miskish Mts
Burren
Aran Islands
Inishmore
Inishmaan
Inisheer
Connemara
Iar Connaught
Twelve Pins
Maumturk Mts
Partry Mts
Murrisk
Joyce's Country
Clew Bay
Clare Island
Inishturk
Inishbofin
Inishark
Slyne Head
Golam Head
North Sound
Cliffs of Moher
Hag's Head
Liscannor Bay
Loop Head
Kerry Hd
Mouth of the Shannon
Shannon
Brandon Head
Great Blasket I.
Valentia Island
Bray Head
Skellig Rocks
Bolus Head
Dursey Island
Dursey Head
Three Castle Head
Mizen Head
Cape Clear
Clear Island
Sherkin Island
Baltimore
Galley Head
Old Head of Kinsale
Kinsale Harbour
Courtmacsherry Bay
Seven Heads
Ballycotton Bay
Power Head
Knockadoon Head
Youghal Bay
Ardmore Bay
Mine Head
Helvick Head
Dungarvan
Hook Head
Saltee Islands
Ballyteige Bay
Carnsore Point
Greenore Point
Rosslare Harbour
St George's Channel
Lough Derg
Lough Corrib
Lough Mask
Lough Ree
Lough Ennell
Lough Owel
Lough Leane
Lambay Island
Ireland's Eye
Howth
Dublin Bay
Liverpool
Holyhead
Douglas
Fishguard
Strumble Head
St David's Head
Ramsey Island
Skomer Island
Milford Haven
Pembroke Dock
St Ann's Head
Swansea
Roscoff
Cherbourg, Roscoff
8

8
1
2
3
4
5
6
A
B
C
D
E
F
G
H
IRL
4
7
Dublin, Dún Laoghaire
Holyhead (Caergybi)
Holy Island
Anglesey (Môn)
Bangor
Caernarfon
Caernarfon Bay
Menai Strait
Llandudno
Colwyn Bay
Rhyl
Prestatyn
Point of Ayr
Birkenhead
Warrington
Runcorn
Chester
Wrexham (Wrecsam)
Northwich
Crewe
Stoke-on-Trent
Macclesfield
Llangollen
Oswestry
Shrewsbury
Telford
Wolverhampton
Dudley
Kidderminster
Bridgnorth
Lleyn Peninsula
Pwllheli
Tremadog Bay
Bardsey Island
Bardsey Sound
Barmouth
Dolgellau
Cadair Idris
Machynlleth
Aberystwyth
Cardigan Bay
Cambrian Mountains
Llanidloes
Newtown
Welshpool
Rhayader
Llandrindod Wells
Builth Wells
Knighton
Leominster
Worcester
Hereford
Great Malvern
Evesham
Cheltenham
Gloucester
Ledbury
Abergavenny
Monmouth
Black Mountains
Brecon
Brecon Beacons
Black Mountain
Mynydd Eppynt
Llandovery
Lampeter
Aberaeron
New Quay
Cardigan
Fishguard
Fishguard Bay
Strumble Head
St David's Head
St David's
St Brides Bay
Ramsey Island
Skomer Island
Haverfordwest (Hwlffordd)
Milford Haven
Pembroke
Tenby
Narberth
Carmarthen (Caerfyrddin)
Carmarthen Bay
Llanelli
Ammanford (Rhydaman)
Swansea (Abertawe)
Gower
Mumbles
Port Talbot
Neath (Castell-nedd)
Bridgend
Porthcawl
Merthyr Tydfil
Aberdare
Pontypridd
Caerphilly
Cardiff (Caerdydd)
Penarth
Barry
Newport (Casnewydd)
Cwmbran
Pontypool
Chepstow
St George's Channel
Rosslare
Cork
Bristol Channel
Bristol
Bath
Weston-super-Mare
Clevedon
Portishead
Keynsham
Chippenham
Trowbridge
Frome
Wells
Glastonbury
Bridgwater
Bridgwater Bay
Minehead
Exmoor Forest
Lynton
Ilfracombe
Barnstaple
Bideford
Bideford Bay
Lundy Island
Hartland Point
Bude
Tiverton
Taunton
Yeovil
Dorchester
Weymouth
Bill of Portland
Isle of Portland
Poole
Isle of Purbeck
St Alban's Head
Chesil Beach
Lyme Bay
Lyme Regis
Bridport
Sidmouth
Exmouth
Exeter
Crediton
Okehampton
Dartmoor
Tavistock
Teignmouth
Newton Abbot
Torquay
Paignton
Brixham
Dartmouth
Start Point
Start Bay
Salcombe
Prawle Point
Bolt Head
Plymouth
Saltash
Liskeard
Bodmin
Bodmin Moor
Launceston
Padstow
Newquay
St Austell
Truro
Falmouth
Redruth
Camborne
St Ives
Penzance
Land's End
Lizard Point
Mount's Bay
Isles of Scilly
St Martin's
St Mary's
St Agnes
Tresco
Hugh Town
Salisbury Pl
Shaftesbury
Blandford Forum
Wimborne Minster
Cranborne Chase
Warminster
Melksham
Devizes
Chipping Sodbury
Thornbury
Dursley
Stroud
Tewkesbury
Stourport-on-Severn
Droitwich
Bromsgrove
Redditch
Stafford
Bristol Channel
Guernsey, St Malo
Santander
Roscoff
Bilbao

5
10
11
12
A
B
C
D
E
GB
F
LONDON
Birmingham
Coventry
Leicester
Nottingham
Derby
Sheffield
Lincoln
Peterborough
Cambridge
Norwich
Great Yarmouth
Lowestoft
Ipswich
Colchester
Chelmsford
Southend-on-Sea
Northampton
Bedford
Luton
Oxford
Reading
Southampton
Portsmouth
Brighton
Hastings
Dover
Folkestone
Canterbury
Margate
Ramsgate
Maidstone
Bournemouth
Salisbury
Winchester
Guildford
Isle of Sheppey
Calais
Boulogne-sur-Mer
Dunkerque
Abbeville
Dieppe
The Wash
Foulness Point
North Foreland
South Foreland
Dungeness
Beachy Head
Selsey Bill
The Needles
St Catherine's Point
Strait of Dover (Pas de Calais)
Channel Tunnel
ENGLISH CHANNEL
LA MANCHE
Hoek van Holland
Oostende
Hamburg
Esbjerg
Le Havre
Cherbourg
Caen
15
0 10 20 30 40 50 km
0 10 20 30 miles
7
8
9
10
11
12

1 2 3 4 5 6
B
E
G
NORTH SEA
NORDSEE
0 10 20 30 40 50 km
0 10 20 30 miles
Newcastle upon Tyne
Kingston upon Hull
Esbjerg
Hamburg
GB
Norwich
Great Yarmouth
Lowestoft
Felixstowe
Harwich
Clacton-on-Sea
Margate
Ramsgate
Deal
Dover
Folkestone
9
Calais
Boulogne-sur-Mer
Dunkerque
Oostende
Brugge (Bruges)
Gent (Gand)
Antwerpen (Anvers)
BRUXELLES (BRUSSEL)
Lille
Charleroi
Namur
Mons
Den Helder
AMSTERDAM
Haarlem
Leiden
'S-GRAVENHAGE (DEN HAAG)
Rotterdam
Europoort
Dordrecht
Utrecht
Breda
Tilburg
Vlissingen
Middelburg
Arras
Abbeville
Cambrai
F
B
12

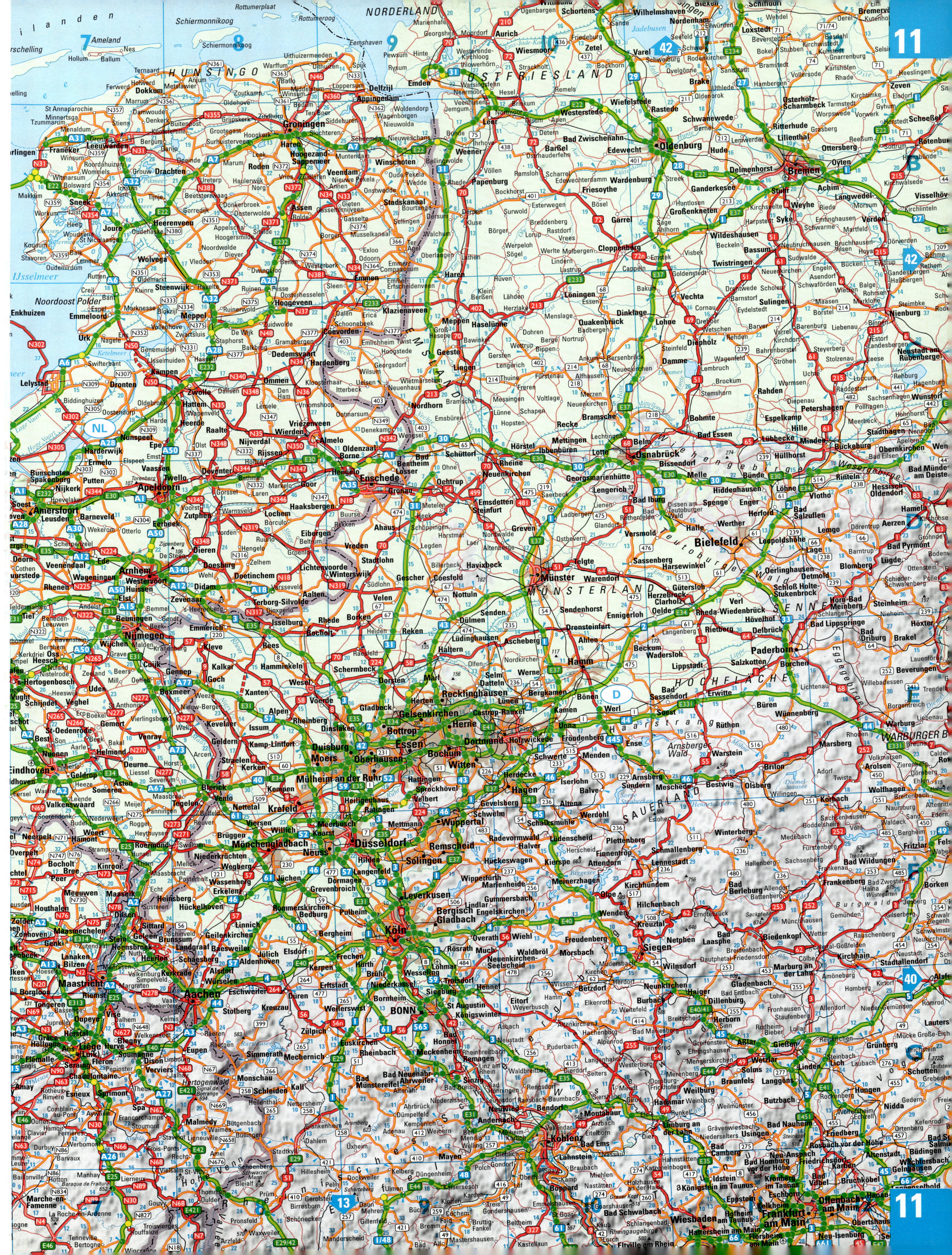
NORDERLAND
OSTFRIESLAND
HUNSINGO
IJsselmeer
Noordoost Polder
NL
D
MÜNSTERLAND
SAUERLAND
HOCHFLÄCHE
Groningen
Emden
Oldenburg
Bremen
Leeuwarden
Drachten
Assen
Emmen
Meppel
Zwolle
Kampen
Lelystad
Apeldoorn
Amersfoort
Deventer
Enschede
Almelo
Hengelo
Arnhem
Nijmegen
Osnabrück
Bielefeld
Münster
Paderborn
Hamm
Dortmund
Bochum
Essen
Duisburg
Gelsenkirchen
Recklinghausen
Düsseldorf
Wuppertal
Solingen
Mönchengladbach
Krefeld
Köln
Leverkusen
Bonn
Aachen
Maastricht
Eindhoven
Siegen
Koblenz
Wiesbaden
Frankfurt am Main
Hagen
Lingen
Nordhorn
Bad Essen
Lippstadt
Soest
Arnsberg
Ameland
Schiermonnikoog
Rottumeroog
Terschelling
7
8
9
10
13
42
40
1/48

PONTHIEU
Abbeville
Amiens
PICARDIE
SANTERRE
Albert
VERMANDOIS
St-Quentin
Cambrai
HAINAUT
THIERACHE
Laon
Soissons
Beauvais
VEXIN NORMAND
VEXIN FRANÇAIS
Compiègne
Senlis
Pontoise
TARDENOIS
Reims
Charleville-Mézières
Sedan
Rethel
PORCIEN
ARGONNE
Château-Thierry
Épernay
Châlons-en-Champagne
CHAMPAGNE POUILLEUSE
CHAMPAGNE HUMIDE
PARIS
Versailles
Marne-la-Vallée
Meaux
Coulommiers
Provins
Melun
Évry
Rambouillet
HUREPOIX
Chartres
BEAUCE
Étampes
Fontainebleau
GÂTINAIS
Sens
Troyes
Nogent-sur-Seine
Romilly-sur-Seine
St-Dizier
Vitry-le-François
Orléans
Montargis
Gien
Auxerre
AUXERROIS
PAYS D'OTHE
SOLOGNE
Romorantin-Lanthenay
Vierzon
Bourges
BERRY
Issoudun
Nevers
Cosne-Cours-sur-Loire
Collines du Sancerrois
Avallon
Terre Plaine
Autun
AUTUNOIS
Dijon
Beaune
Chalon-sur-Saône
Le Creusot
Chaumont
BOURGOGNE
CÔTE D'OR

L
D
CH
Luxembourg
Metz
Nancy
Strasbourg
Saarbrücken
Karlsruhe
Mannheim
Heidelberg
Frankfurt am Main
Wiesbaden
Mainz
Darmstadt
Kaiserslautern
Pforzheim
Baden-Baden
Freiburg im Breisgau
Mulhouse
Basel
Colmar
Belfort
Besançon
Épinal
Vesoul
Montbéliard
Zürich
Bern
Biel
Neuchâtel
La Chaux-de-Fonds
Solothurn
Aarau
Luzern
Schaffhausen
Winterthur
Bad Kreuznach
Worms
Speyer
Trier
Thionville
Verdun
Lunéville
Saint-Dié
Haguenau
Saverne
Sarrebourg
Offenburg
Lahr
Villingen
Donaueschingen
Tübingen
Calw
Arlon
Bastogne
Sedan
Toul
Pontarlier
Lörrach
Waldshut
Fribourg

ENGLISH CHANNEL
LA MANCHE
CHANNEL ISLANDS
Alderney
Guernsey
St Peter Port
Herm
Sark
Jersey
St Helier
Les Minquiers
Golfe de St-Malo
Baie du Mont-St-Michel
Cap de la Hague
Cherbourg
Octeville
Équerdreville-Hainneville
COTENTIN
Granville
Dinard
St-Malo
Dinan
Rennes
Cesson-Sévigné
Vitré
Fougères
Combourg
Lamballe
St-Brieuc
Plérin
Ploufragan
Guingamp
Lannion
Perros-Guirec
TRÉGORROIS
Morlaix
Roscoff
St-Pol-de-Léon
Landerneau
Brest
Le Relecq-Kerhuon
Guipavas
Plougastel-Daoulas
PAYS DE LÉON
Île d'Ouessant
Mer d'Iroise
Presqu'île de Crozon
Crozon
Douarnenez
Baie de Douarnenez
Quimper
CORNOUAILLE
Concarneau
Pte de Penmarch
Quimperlé
Lorient
Lanester
Hennebont
Île de Groix
Presqu'île de Quiberon
Quiberon
Belle-Île
Auray
Vannes
Golfe du Morbihan
Pontivy
Loudéac
Carhaix-Plouguer
Monts d'Arrée
Montagnes Noires
BRETAGNE
PENTHIÈVRE
Landes de Lanvaux
Redon
Châteaubriant
GRANDE BRIÈRE
Guérande
La Baule-Escoublac
St-Nazaire
Nantes
Rezé
St-Sébastien
Vertou
Bouguenais
Couëron
Orvault
La Chapelle-sur-Erdre
PAYS DE RETZ
Pornic
Baie de Bourgneuf
Île de Noirmoutier
Challans
Pte de Penhir
Cap de la Chèvre
Pte du Raz
Île de Sein
Île de Batz
Pte de Primel
Île de Bréhat
Cap Fréhel
Pte du Grouin
Îles Chausey
Rosslare
Cork
Plymouth
Weymouth
Poole
Portsmouth
Lizard Point
Falmouth Bay
St Mawes
Salcombe
Bolt Head
Start Point
Prawle Point
Dodman Point
Black Head
0 10 20 30 40 50 km
0 10 20 30 miles

7
8
9
10
BAIE DE SEINE
Le Havre
Caen
BESSIN
Bayeux
PAYS DE CAUX
Dieppe
Rouen
Amiens
Abbeville
Beauvais
Évreux
VEXIN NORMAND
VEXIN FRANÇAIS
PARIS
Versailles
Chartres
BEAUCE
PAYS D'OUCHE
SUISSE NORMANDE
BOCAGE
Alençon
Le Mans
Laval
Mayenne
Angers
ANJOU
BAUGEOIS
SAUMUROIS
MAUGES
SEGRÉEN
Saumur
Tours
TOURAINE
GÂTINE
Orléans
Blois
SOLOGNE
CHAMPAGNE BERRICHONNE
Vierzon
Châteauroux
Cholet
Châtellerault
Vendôme
Châteaudun
Lisieux
Fécamp
A
B
C
D
E
F
G

A
B
C
D
E
F
G
H
I
BOCAGE VENDÉEN
POITOU
Plaines et Seuil du Poitou
BRANDES
CONFOLENTAIS
AUNIS
ANGOUMOIS
SAINTONGE
DOUBLE
PÉRIGORD BLANC
PÉRIGORD
PÉRIGORD NOIR
ENTRE-DEUX-MERS
PAYS DE BORN
GRANDE LANDE
MARENSIN
ARMAGNAC
CHALOSSE
Île d'Yeu
Île de Ré
Île d'Oléron
Pertuis Breton
Pertuis d'Antioche
Bassin d'Arcachon
Les Sables-d'Olonne
La Roche-sur-Yon
Challans
Bressuire
Parthenay
Niort
Poitiers
Châtellerault
La Rochelle
Rochefort
Saintes
Cognac
Angoulême
Royan
Bordeaux
Libourne
Bergerac
Arcachon
Marmande
Agen
Mont-de-Marsan
Dax
Bayonne
Villeneuve-sur-Lot
0 10 20 30 40 50 km
0 10 20 30 miles
15
20

BRENNE
BOISCHAUT
BERRY
BOURBONNAIS
BRIONNAIS
Roannais
Monts du Beaujolais
COMBRAILLE
Plateau de Millevaches
Plateau de Gentioux
Massif du Cantal
PLANÈZE
SÉGALA DU QUERCY
CHÂTAIGNERAIE
ROUERGUE
GÉVAUDAN
Causse Méjean
Montluçon
Moulins
Vichy
Clermont-Ferrand
Roanne
Guéret
Ussel
Tulle
Brive-la-Gaillarde
Aurillac
St-Étienne
Le-Puy-en-Velay
Mende
Rodez
Millau
Albi
Cahors
Montauban
Alès
Nîmes
Montpellier
PETITE CAMARGUE

MASSIF CENTRAL
VELAY
GÉVAUDAN
Causse Comtal
Causse Méjean
Causse Noir
Causses
GARRIGUES
CAMARGUE
PETITE CAMARGUE
MINERVOIS
ROUSSILLON
LES ALBÈRES
AMPORDA
Côte Vermeille
Costa Brava
Golfe du Lion
Golfe d'Aigues-Mortes
Golfe de Roses
Monts du Vivarais
Monts de Vaucluse
Montagne du Luberon
Massif Diois
Alpes du Dauphiné
BARONNIES
BOCHAINE
Le Puy-en-Velay
Mende
Millau
Rodez
Alès
Nîmes
Avignon
Orange
Montpellier
Sète
Béziers
Agde
Narbonne
Perpignan
Figueres
Girona
Palafrugell
Palamós
Sant Feliu de Guíxols
Arles
Tarascon
Beaucaire
Aix-en-Provence
Marseille
Toulon
La Ciotat
Aubagne
Martigues
Salon-de-Provence
Cavaillon
Carpentras
Montélimar
Valence
Privas
Aubenas
Grenoble
Annonay
Tournon-sur-Rhône
Die
Manosque
Pertuis
Apt
F
E
0 10 20 30 40 50 km
0 10 20 30 miles
Alger, Annaba, Bejaïa, Skikda, Tunis
Alicante, Oran
Barcelona
Tangier
1 2 3 4 5 6
A B C D E F

Torino
Genova
Savona
Imperia
Sanremo
Ventimiglia
Menton
Monte-Carlo
Nice
Cannes
Antibes
Grasse
Fréjus
St-Raphaël
Hyères
Draguignan
Digne-les-Bains
Gap
Briançon
Cuneo
Asti
Alessandria
Tortona
Novi Ligure
Acqui Terme
Alba
Carmagnola
Pinerolo
Chieri
Moncalieri
Rapallo
Chiavari
Sestri Levante
Albenga
Alassio
Loano
Finale Ligure
Varazze
Arenzano
Golfo di Genova
Riviera di Ponente
Côte d'Azur
Îles d'Hyères
Massif des Maures
CORSE
Ajaccio
Bastia
Calvi
Corte
Porto-Vecchio
Propriano
Sartène
Bonifacio
Cap Corse
Capo Pertusato
Bouches de Bonifacio
Castagniccia
Nebbio
Aléria
Ghisonaccia
L'Île-Rousse
Saint-Florent
7
8
9
10
11
12
A
B
C
D
E
F
G
36
34
32

Golfe de Gascogne
Golfo de Gascuña
Côte d'Argent
Santoña
Laredo
Castro-Urdiales
Bilbao
Barakaldo
Gernika-Lumo
Durango
Ondarroa
Donostia-San Sebastián
Hondarribia
Irun
Hendaye
St-Jean-de-Luz
Biarritz
Bayonne
Anglet
Dax
Orthez
Pau
Oloron-Ste-Marie
Vitoria-Gasteiz
Pamplona (Iruñea)
Miranda de Ebro
Logroño
Estella
Tafalla
Calahorra
Tudela
Tarazona
Soria
Calatayud
Zaragoza
Huesca
Jaca
Ejea de los Caballeros
Teruel
Alcañiz
PAYS BASQUE
RIBERA NAVARRA
BÁRDENAS REALES
CINCO VILLAS
SOMONTANO
LOS MONEGROS
DESIERTO DE CALANDA
LLANOS DE
LA ALCARRIA
EL MAESTRAZGO
CONDADO DE TREVIÑO
Sierra de la Demanda
Sierra de Cebollera
Sierra del Moncayo
Sierra de Guara
Sierra de Albarracín
Sierra de Solorio
Sierra Ministra
Sierra de Gúdar
Embalse de Yesa
Embalse de Sotonera
Embalse de Mequinenza
E
16
23
26
27
1
2
3
4
5
6
A
B
C
D
E
F
G

ARMAGNAC
NEBOUZAN
LAURAGAIS
Monts de Lacaune
Montagne Noire
MINERVOIS
CORBIÈRES
Massif de l'Arize
Montagnes du Plantaurel
Pays de Sault
ROUSSILLON
CONFLENT
Golfe du Lion
Côte Vermeille
ANDORRA LA VELLA
AND
CONDADO
RIPOLLES
BERGEDA
Serra del Boumort
Serra de Cadí
Costa Brava
Costa Dorada
Costa del Azahar
Golf de Sant Jordi
BAIX EBRE
Toulouse
Blagnac
Colomiers
Muret
Castres
Mazamet
Carcassonne
Castelnaudary
Narbonne
Béziers
Agde
Limoux
Pamiers
Foix
St-Gaudens
Perpignan
Figueres
Girona (Gerona)
Lleida (Lérida)
Manresa
Terrassa
Sabadell
Badalona
Barcelona
L'Hospitalet de Llobregat
El Prat de Llobregat
Mataró
Castelldefels
Sitges
Vilanova i la Geltrú
El Vendrell
Tarragona
Reus
Valls
Cambrils de Mar
Salou
Tortosa
Amposta
Sant Carles de la Rapita
Vinaròs
Benicarló
Peñíscola
Vic
Manlleu
Ripoll
Olot
Berga
Solsona
Cervera
Tàrrega
Balaguer
Igualada
Vilafranca del Penedès
Granollers
Blanes
Lloret de Mar
Palamós
Sant Feliu de Guíxols
Palafrugell
Cap de Creus
Cadaqués
Cap Cerbère
Portbou
La Jonquera
Puigcerdà
La Seu d'Urgell
Sort
Tremp
Monzón
Fraga
Mequinenza
Genova
Mahon
Eivissa, Palma de Mallorca
0 10 20 30 40 50 km
0 10 20 30 miles
8
9
10
11
C
D
E
F
G
H
17
18

1
2
3
4
5
6
B
C
D
E
F
G
H
Cabo Ortegal
Pta da Estaca de Bares
Ortigueira
Viveiro
Cervo
Cabo Burela
Ribadeo
Luarca
Cudillero
Piedras Blancas
Pravia
Cabo Prior
Cabo Prioriño Grande
Ferrol
Gándara
Foxas
As Pontes de García Rodríguez
Serra da Faladoira
Serra do Xistral
Mondoñedo
Vegadeo
Castropol
Tapia de Casariego
Navia
A Caridad
Tineo
Salas
Grado
Belmonte
Illas Sisargas
Malpica
A Coruña (La Coruña)
A Baiuca
Pta Langosteira
Betanzos
AS MARIÑAS
BERGANTIÑOS
Carballo
Laracha
Cambre
Pta Roncudo
Corme-Porto
Camariñas
Muxía
Cabo Touriñán
San Roque
Ordes
Vilalba
Pastoriza
Rodrigas
A Fonsagrada
Grandas de Salime
Embalse de Salime
Cangas del Narcea
Santa Catalina de Armada
Corcubión
Cabo Fisterra
Fisterra
Santiago de Compostela
Lugo
Friol
Sobrado
Melide
Arzúa
Castroverde
O Cádabo
Paradela
Proba
O Corgo
Becerreá
San Román
Palacios del Sil
Villablino
Piedrafita de Babia
Serra de Outes
Muros
Noia
Padrón
A Ramallosa
Porto do Son
Sarria
Triacastela
As Nogais
Serra dos Ancares
Pedrafita do Cebreiro
Boiro
Rianxo
A Estrada
Silleda
Lalín
Embalse de Belesar
Vilagarcía de Arousa
Puebla del Caramiñal
Santa Eugenia
Cabo Falcoeira
Vilanova de Arousa
Cambados
O Grove
Illa de Salvora
Chantada
Monforte
Folgoso do Courel
Serra do Courel
Vega de Valcarce
EL BIERZO
Bembibre
Ponferrada
Cacabelos
Toral de los Vados
O Convento
Sanxenxo
Pontevedra
Montes de Testeiro
Serra do Suido
Carballino
Ourense (Orense)
Amoeiro
A Peroxa
Luintra
Xunqueira de Espadañedo
Castro Caldelas
Puebla de Trives
Manzaneda
O Barco
Rubiá
Puente de Domingo Flórez
Montes de León
Lucillo de Somoza
Astorga
Illa de Ons
Bueu
Moaña
Cangas
Redondela
Vigo
Illas Cíes
Nigrán
Baiona
Cabo Silleiro
Gondomar
Porriño
Ponteareas
Celanova
Allariz
Maceda
Sandiás
Vilar de Barrio
Serra do San Mamede
Embalse de Chandrexa de Queixa
Viana do Bolo
A Veiga
Serra do Eixe
Serra de la Cabrera
SANABRIA
Truchas
Castrocontrigo
Tui
Valença
O Seixo
Arrabal
A Guardia
Xinzo de Limia
A LIMIA
Verín
Sarreaus
Trasmiras
Castrelo do Val
Laza
Riós
A Gudiña
Puebla de Sanabria
Lubián
Hermisende
Caminha
Vila Praia de Âncora
Serra do Gerês
Serra do Larouco
Montalegre
Chaves
Vinhais
Bragança
Serra de Montezinho
Serra da Culebra
Alcañices
Viana do Castelo
Ponte de Lima
Arcos de Valdevez
Ponte da Barca
Serra Amarela
Vila Verde
Barcelos
Braga
Póvoa de Lanhoso
Vieira do Minho
Serra da Cabreira
TRÁS OS MONTES
Mirandela
Macedo de Cavaleiros
Vimioso
Miranda do Douro
Marinhas
Esposende
Apúlia
Póvoa de Varzim
Vila do Conde
Guimarães
Fafe
Celorico de Basto
Cabeceiras de Basto
Serra do Alvão
Vila Pouca de Aguiar
Murça
Vila Flor
Mogadouro
Serra de Mogadouro
Santo Tirso
Amarante
Vila Real
Serra do Marão
Sabrosa
Alijó
Carrazeda de Ansiães
Torre de Moncorvo
Freixo de Espada à Cinta
Leça da Palmeira
Matosinhos
Porto
Valongo
Gondomar
Penafiel
Vila Nova de Gaia
Espinho
Serra de Montemuro
Lamego
Peso da Régua
Tarouca
Almofala
Moimenta da Beira
Penedono
Meda
Figueira de Castelo Rodrigo
Hinojosa de Duero
ABADENGO
Lumbrales
Vitigudino
São João da Madeira
Oliveira de Azeméis
Serra de Arada
Castro Daire
Serra de Montemuro
Vila Nova de Paiva
Trancoso
Pinhel
Almeida
Vilar Formoso
Fuentes de Oñoro
Ciudad Rodrigo
Aveiro
Gafanha da Nazaré
Ílhavo
Vagos
Viseu
BEIRA ALTA
Mangualde
Celorico da Beira
Guarda
Fundão
Serra do Caramulo
Mortágua
Tondela
Nelas
Gouveia
BEIRA LITORAL
Praia de Mira
Praia da Tocha
Cantanhede
Agallas
Sierra de Gata
Sierra de Francia
24

7
8
9
10
11
12
0 10 20 30 40 50 km
0 10 20 30 miles
Golfe de Gascogne
Golfo de Gascuña
Plymouth, Portsmouth
Portsmouth
Avilés
Gijón
Oviedo
Mieres
Llanes
Santander
Torrelavega
Laredo
Castro-Urdiales
Bilbao
Barakaldo
Durango
Picos de Europa
Reinosa
Vitoria-Gasteiz
Miranda de Ebro
León
San Andrés del Rabanedo
La Robla
Burgos
Palencia
Benavente
Valladolid
Zamora
Tordesillas
Medina del Campo
Aranda de Duero
Salamanca
Segovia
Ávila
Collado Villalba
MADRID
Alcobendas
Alcalá de Henares
Torrejón de Ardoz
Pozuelo de Alarcón
Majadahonda
Guadalajara
Tierra de Campos
Tierra del Vino
La Armuña
La Lora
La Bureba
Valles de Cerrato
Sierra de Guadarrama
Montes de Vitoria
Condado de Treviño

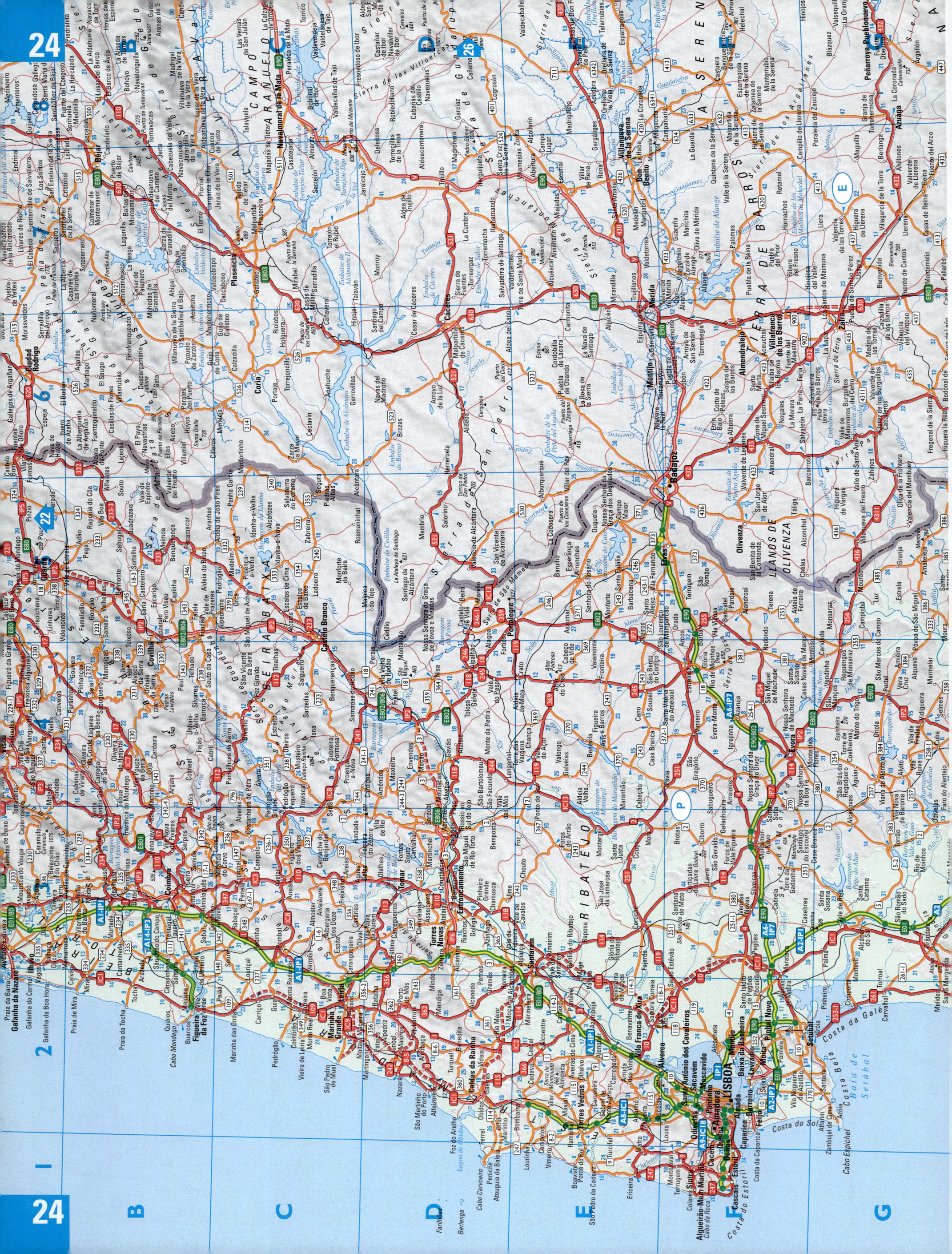
LISBOA
Badajoz
Mérida
Cáceres
Plasencia
Setúbal
Santarém
Évora
Elvas
Castelo Branco
Portalegre
Coimbra
Leiria

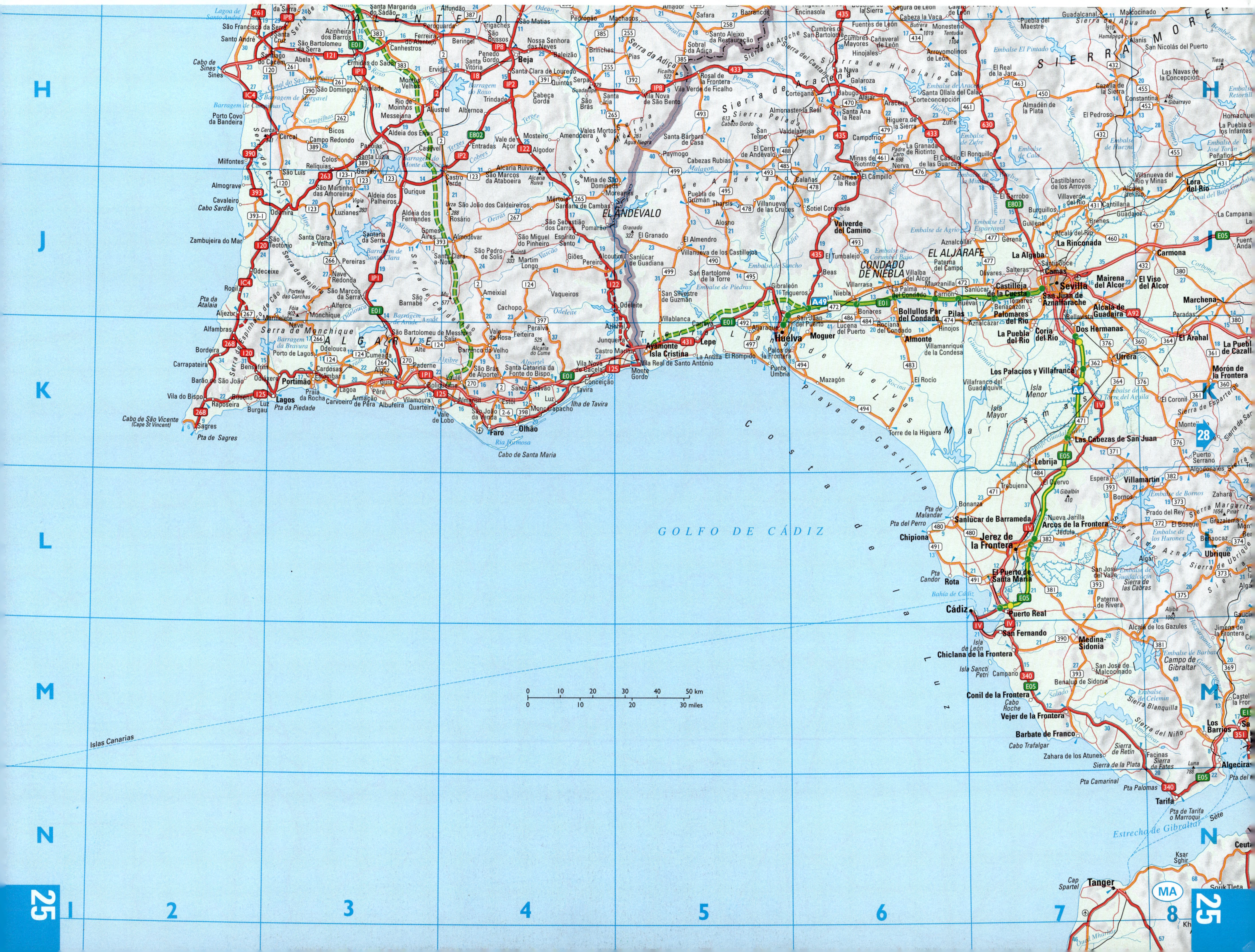

GOLFO DE CÁDIZ
Costa de la Luz
Playa de Castilla
Las Marismas
ALGARVE
EL ANDEVALO
CONDADO DE NIEBLA
EL ALJARAFE
SIERRA MORENA
Serra de Monchique
Sevilla
Huelva
Cádiz
Faro
Olhão
Portimão
Lagos
Sagres
Cabo de São Vicente (Cape St Vincent)
Jerez de la Frontera
El Puerto de Santa María
Puerto Real
San Fernando
Sanlúcar de Barrameda
Chipiona
Rota
Algeciras
Tarifa
Tanger
Estrecho de Gibraltar
Islas Canarias
Ayamonte
Isla Cristina
Lepe
Moguer
Beja
Dos Hermanas
Lebrija
Carmona
Cabo de Santa Maria
Cabo Trafalgar
H
J
K
L
M
N
1
2
3
4
5
6
7
8
0 10 20 30 40 50 km
0 10 20 30 miles

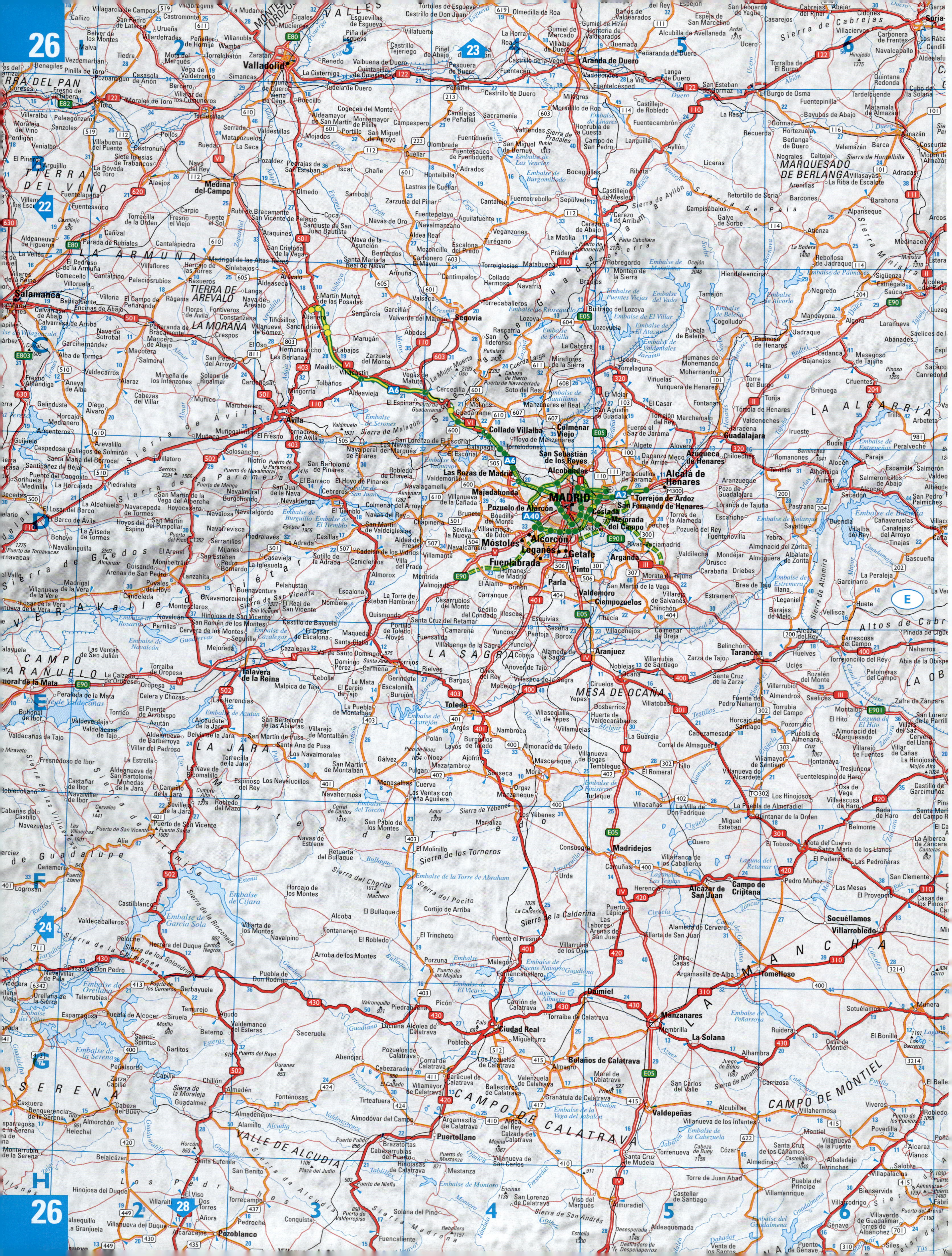
Valladolid
Aranda de Duero
Segovia
Ávila
Salamanca
Medina del Campo
Guadalajara
Alcalá de Henares
MADRID
Móstoles
Alcorcón
Leganés
Getafe
Fuenlabrada
Aranjuez
Toledo
Talavera de la Reina
Ciudad Real
Puertollano
Manzanares
Valdepeñas
Tomelloso
Daimiel
Alcázar de San Juan
Tarancón
Villarrobledo
TIERRA DEL VINO
LA ARMUÑA
TIERRA DE ARÉVALO
LA MORAÑA
MARQUESADO DE BERLANGA
LA ALCARRIA
CAMPO ARAÑUELO
LA JARA
MESA DE OCAÑA
LA SAGRA
LA MANCHA
CAMPO DE CALATRAVA
CAMPO DE MONTIEL
VALLE DE ALCUDIA
LA SERENA
Sierra de Guadarrama
Sierra de Gredos
Sierra de Ayllón
Montes de Toledo
Sierra Madrona

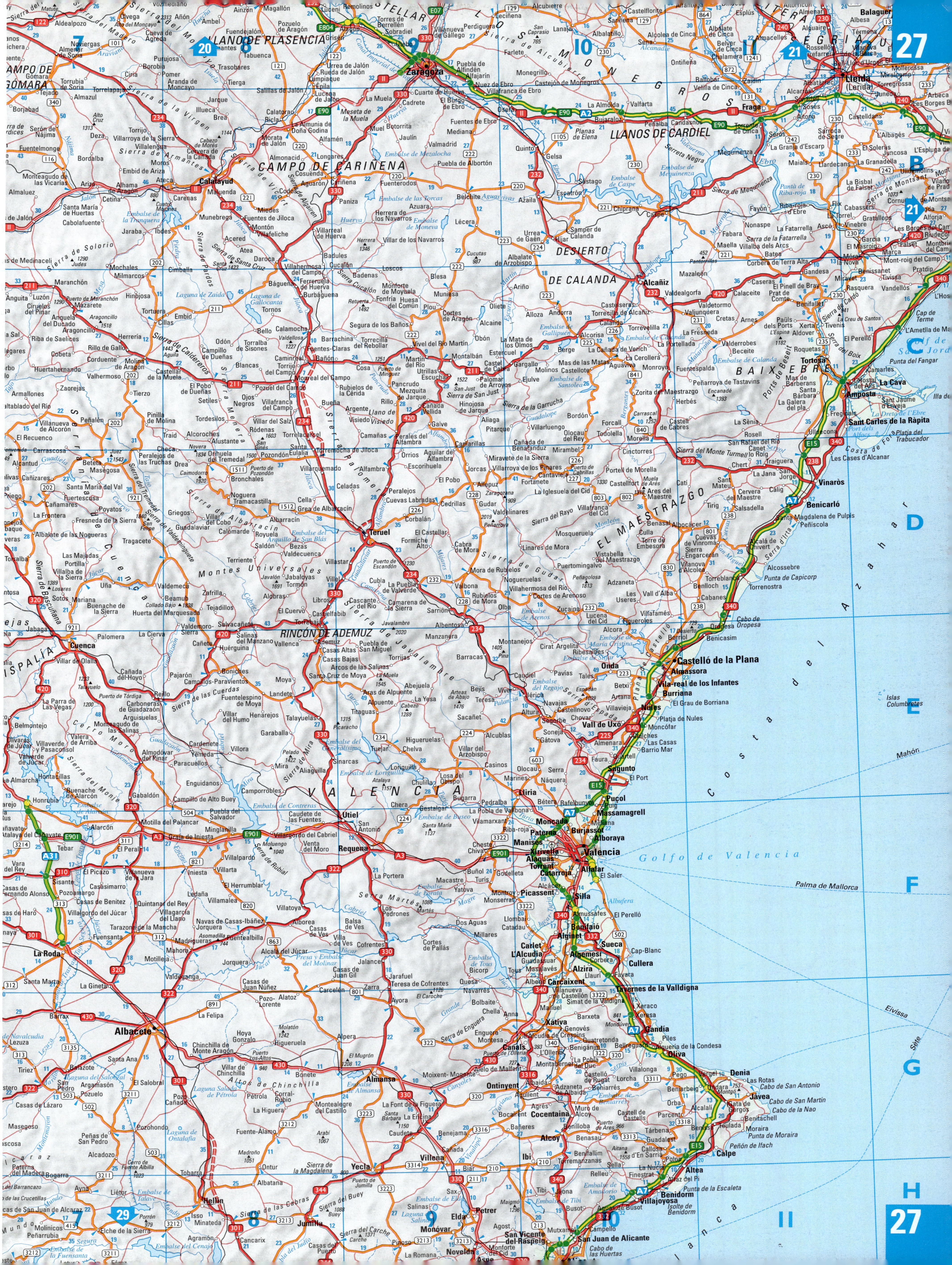
LLANOS DE PLASENCIA
CAMPO DE CARIÑENA
MONEGROS
LLANOS DE CARDIEL
DESIERTO DE CALANDA
BAIX EBRE
EL MAESTRAZGO
RINCÓN DE ADEMUZ
VALENCIA
Montes Universales
Golfo de Valencia
Costa del Azahar
Zaragoza
Lleida
Calatayud
Alcañiz
Teruel
Cuenca
Castelló de la Plana
Sagunto
Valencia
Requena
Albacete
Almansa
Xàtiva
Gandia
Denia
Alcoy
Benidorm
Tortosa
Amposta
Vinaròs
Benicarló
Villena
Elda
Yecla
Hellín
Jumilla
San Vicente del Raspeig
San Juan de Alicante
Islas Columbretes
Palma de Mallorca
Eivissa
Mahón

LA SERENA
TIERRA DE BARROS
VALLE DE ALCUDIA
CAMPO DE CALATRAVA
Sierra Morena
CAMPIÑA
EL ALJARAFE
Marismas
Costa del Sol
Estrecho de Gibraltar
Almendralejo
Zafra
Villafranca de los Barros
Llerena
Azuaga
Peñarroya-Pueblonuevo
Pozoblanco
Villanueva de Córdoba
Puertollano
Almadén
Córdoba
Andújar
Bailén
Linares
La Carolina
Jaén
Baeza
Palma del Río
Lora del Río
Écija
Carmona
Sevilla
Camas
La Rinconada
Dos Hermanas
Alcalá de Guadaira
Utrera
Marchena
Osuna
Estepa
Lucena
Cabra
Montilla
Puente-Genil
Antequera
Archidona
Loja
Alcalá la Real
Granada
Santa Fe
Armilla
Motril
Almuñécar
Nerja
Vélez-Málaga
Málaga
Torremolinos
Benalmádena
Fuengirola
Marbella
Estepona
Ronda
Arcos de la Frontera
Jerez de la Frontera
Sanlúcar de Barrameda
El Puerto de Santa María
Cádiz
Puerto Real
San Fernando
Chiclana de la Frontera
Conil de la Frontera
Vejer de la Frontera
Barbate de Franco
Medina-Sidonia
Tarifa
Algeciras
La Línea de la Concepción
Gibraltar
San Roque
Lebrija
Las Cabezas de San Juan
Los Palacios y Villafranca
Ceuta
Tanger
Tétouan
Asilah
MA
E
Isla Mayor
Isla Menor
Cap Spartel
Pta Almina
Cabo Trafalgar
Melilla
Sète
0 10 20 30 40 50 km
0 10 20 30 miles
2 3 4 5 6
B C D E F G

CAMPO DE MONTIEL
LOMA DE CHICLANA
LOMA DE ÚBEDA
Valdepeñas
Villacarrillo
Úbeda
Jódar
Cazorla
Huéscar
Baza
Guadix
Almería
Roquetas de Mar
El Ejido
Adra
Berja
Níjar
Carboneras
Garrucha
Vera
Huércal-Overa
Albox
Aguilas
Lorca
Mazarrón
Cartagena
La Unión
Totana
Alhama de Murcia
Murcia
Molina de Segura
Cieza
Jumilla
Yecla
Hellín
Caravaca de la Cruz
Cehegín
Mula
Bullas
Moratalla
Almansa
Villena
Elda
Petrer
Novelda
Monóvar
Alicante
(Alacant)
Elche
Crevillente
Orihuela
Torrevieja
Santa Pola
San Vicente del Raspeig
San Juan de Alicante
Alcoy
Ontinyent
Cocentaina
San Javier
San Pedro del Pinatar
Torre-Pacheco
Golfo de Mazarrón
Golfo de Almería
Cabo de Gata
Cabo de Palos
Sierra de las Estancias
Sierra de Segura
Sierra de Baza
Sierra Nevada
Sierra de Gádor
Sierra Alhamilla
Sierra Cabrera
Sierra de Almagro
Mar Menor
Isla Grosa
Mallorca
Palma de Mallorca
Sóller
Pollença
Alcúdia
Inca
Manacor
Felanitx
Llucmajor
Serra de Tramuntana
Cabrera
Cap de Formentor
Cap de ses Salines
Menorca
Ciutadella de Menorca
Mahón
Eivissa
San Antonio Abad
Santa Eulalia del Rio
Formentera
Islas Baleares
Valencia
Barcelona
Melilla
Oran
E
8
9
10
11
C
D
F
G

1
32
2
3
4
5
6
A
B
C
MARE TIRRENO
Golfo di Gaeta
Golfo di Terracina
Golfo di Napoli
Golfo di Salerno
Isole Ponziane
Isola di Ponza
Isola Palmarola
Isola Zannone
Isola Ventotene
Porto Vecchio, Palau
Cagliari
Palermo
Reggio di Calabria
Formia
Gaeta
Minturno
Sessa Aurunca
Teano
Mondragone
Castèl Volturno
Capua
Caserta
Aversa
Benevento
Ariano Irpino
Avellino
Napoli
Pozzuoli
Torre del Greco
Ercolano
Castellammare di Stabia
Sorrento
Massa Lubrense
Capri
Amalfi
Salerno
Battipaglia
Eboli
Agropoli
Ischia
Procida
Isola d'Ischia
Capaccio
0 10 20 30 40 50 km
0 10 20 30 miles

D
E
F
G
2
3
4
5
Isole Lipari
Isola Alicudi
Isola Filicudi
Isola Salina
Isola Lipari
Lipari
Isola Vulcano
Isola Panarea
Isola Basiluzzo
Ustica
Genova
Napoli
Cagliari
Tunis
Capo San Vito
Golfo di Castellammare
Trapani
Erice
Marsala
Mazara del Vallo
Castelvetrano
Salemi
Alcamo
Castellammare del Golfo
Terrasini
Palermo
Monreale
Bagheria
Termini Imerese
Cefalù
Corleone
Sciacca
Agrigento
Porto Empedocle
Licata
Gela
Golfo di Gela
Caltanissetta
Enna
Nicosia
Piazza Armerina
Caltagirone
Vittoria
Comiso
Ragusa
Modica
Pozzallo
Noto
Siracusa
Augusta
Lentini
Catania
Acireale
Giarre
Taormina
Milazzo
Barcellona Pozzo di Gotto
Capo d'Orlando
Sant'Agata di Militello
Golfo di Catania
Golfo di Noto
Bronte
Randazzo
Adrano
Paternò
SICILIA
Capo Passero

10
11
12
A
B
C
D
E
F
G
Golfo di Taranto
Golfo di Squillace
Golfo di Sta Eufemia
Golfo di Gioia
Golfo di Policastro
MARE IONIO
LA SILA
Murge
Bari
Bisceglie
Molfetta
Giovinazzo
Andria
Canosa di Puglia
Corato
Terlizzi
Bitonto
Ruvo di Puglia
Altamura
Gravina in Puglia
Gioia del Colle
Putignano
Monopoli
Mola di Bari
Conversano
Alberobello
Locorotondo
Martina Franca
Fasano
Ostuni
Cisternino
Brindisi
Mesagne
Francavilla Fontana
Grottaglie
Taranto
Massafra
Mottola
Castellaneta
Palagiano
Ginosa
Laterza
Matera
Manduria
Lecce
Trepuzzi
Squinzano
Copertino
Nardò
Galatina
Gallipoli
Maglie
Otranto
Casarano
Taurisano
Tricase
Santa Maria di Leuca
Capo Sta Maria di Leuca
Potenza
Avigliano
Melfi
Venosa
Lavello
Rionero in Vulture
Bernalda
Pisticci
Policoro
Lauria
Maratea
Castrovillari
Cassano allo Ionio
Corigliano Calabro
Rossano
Cirò Marina
Crotone
Capo Colonna
Isola di Capo Rizzuto
Capo Rizzuto
Cosenza
Rende
Paola
Amantea
San Giovanni in Fiore
Lamezia
Nicastro
Catanzaro
Soverato
Vibo Valentia
Capo Vaticano
Tropea
Gioia Tauro
Palmi
Rosarno
Taurianova
Polistena
Siderno
Locri
Bagnara Calabra
Villa San Giovanni
Messina
Reggio di Calabria
Melito di Porto Salvo
Capo Spartivento
Punta Stilo
Dubrovnik
Durrës

SARDEGNA
MARE TIRRENO
ROMA
CITTÀ DEL VATICANO
Arcipelago Toscano
Bocche di Bonifacio
Golfo dell'Asinara
Golfo di Orosei
Golfo di Cagliari
Golfo di Oristano
Golfo di Palmas
Monti del Gennargentu
Isola d'Elba
Portoferraio
Piombino
Follonica
Grosseto
Orbetello
Civitavecchia
Tarquinia
Viterbo
Orvieto
Terni
Rieti
Spoleto
Foligno
Assisi
Latina
Anzio
Nettuno
Sabaudia
Isole Ponziane
Isola di Ponza
Olbia
La Maddalena
Tempio Pausania
Sassari
Porto Torres
Alghero
Ozieri
Nuoro
Siniscola
Macomer
Oristano
Terralba
Guspini
Villacidro
Iglesias
Carbonia
Sant'Antioco
Cagliari
Quartu Sant'Elena
Tortolì
Lanusei
Capo Teulada
Capo Carbonara
Napoli
Genova
Palermo
Trapani
Livorno
Toulon
Bastia
0 10 20 30 40 50 km
0 10 20 30 miles
19
35
1
2
3
4
5
6
B
C
D
E
F
G
H

MARE ADRIATICO
Golfo di Manfredonia
Golfo di Gaeta
Golfo di Napoli
Golfo di Salerno
Golfo di Policastro
Isole Tremiti
Palagruža
Pescara
Chieti
L'Aquila
Teramo
Ascoli Piceno
Giulianova
Vasto
Termoli
Campobasso
Isernia
Foggia
Manfredonia
Lucera
San Severo
Barletta
Andria
Trani
Cerignola
Benevento
Avellino
Caserta
Napoli
Torre del Greco
Salerno
Battipaglia
Potenza
Melfi
Venosa
Eboli
Sala Consilina
Agropoli
Sorrento
Isola d'Ischia
Isola di Capri
Castrovillari
Sulmona
Avezzano
Frosinone
Cassino
Formia
Gaeta
Lanciano
Ortona
Capo Palinuro
Lauria
Maratea
Margherita di Savoia
Vieste
Monte Sant'Angelo
San Giovanni Rotondo
Ariano Irpino
Nocera Inferiore
Pompei
Cava de' Tirreni
Mondragone
Pozzuoli
Aversa
Capua

CH
37
38
F
MC
19
Golfo di Genova
MAR LIGURE
Riviera di Ponente
Riviera di Levante
Arcipelago Toscano
Torino
Milano
Genova
Novara
Vercelli
Alessandria
Asti
Pavia
Piacenza
Parma
Brescia
Bergamo
Monza
Como
Lecco
Varese
Biella
Aosta
Ivrea
Cuneo
Savona
Imperia
Sanremo
La Spezia
Massa
Carrara
Viareggio
Lucca
Pisa
Livorno
Nice
Monte-Carlo
Menton
Antibes
Cap Corse
Bastia
Piombino
Alpi Orobie
Canavese
0 10 20 30 40 50 km
0 10 20 30 miles

SLO
HR
I
RSM
Trento
Belluno
Udine
Gorizia
Nova Gorica
Trieste
Koper
Vicenza
Padova
Venezia
Mestre
Golfo di Venezia
Treviso
Verona
Mantova
Rovigo
Ferrara
Modena
Bologna
Ravenna
Forlì
Cesena
Rimini
Pesaro
Fano
Senigallia
Ancona
Firenze
Prato
Pistoia
Arezzo
Siena
Perugia
Assisi
Urbino
Macerata
Fermo
Ascoli Piceno
Chioggia
Adria
Imola
Faenza
Pula
Rovinj
Poreč
MONTEFELTRO
D
E
F
G
H
7
8
9
10
11
12

Dijon
Besançon
Genève
Lausanne
Bern
Basel
Mulhouse
Lyon
Grenoble
Torino
Annecy
Chambéry
Neuchâtel
Belfort
Vesoul
Chaumont
Langres
Lons-le-Saunier
Bourg-en-Bresse
Mâcon
Chalon-sur-Saône
Beaune
Dole
Pontarlier
Montbéliard
Freiburg im Breisgau
Aosta
Martigny
Sion
Albertville
Vienne
Valence
Aix-les-Bains
Chamonix-Mont-Blanc
Villeurbanne
Fribourg
Thun
Biel
Montreux
Vevey
Thonon-les-Bains
Évian-les-Bains
Ivrea
Pinerolo
Moncalieri
Rivoli
Briançon
Épinal
Remiremont
Colmar
Saint-Dié
Solothurn
Delémont
Yverdon
Morges
Nyon
St-Claude
Oyonnax
Bellegarde-sur-Valserine
Ambérieu-en-Bugey
Villefranche-sur-Saône
Tarare
Romans-sur-Isère
Voiron
Bourgoin-Jallieu
Rive-de-Gier
St-Chamond
Annonay
Tournon-sur-Rhône
LÉMAN
BERNER ALPEN
SUNDGAU
DOMBES
CHABLAIS
BAUGES
MITTELLAND
EMMENTAL
TARENTAISE
CANAVESE

Schaffhausen
Zürich
Winterthur
Konstanz
Friedrichshafen
Lindau
Bregenz
Kempten
Memmingen
Ravensburg
St Gallen
Feldkirch
Vaduz
Chur
Davos
St Moritz
Innsbruck
Garmisch Partenkirchen
Bolzano
Merano
Trento
Lugano
Locarno
Bellinzona
Como
Lecco
Bergamo
Brescia
Milano
Monza
Novara
Vercelli
Pavia
Piacenza
Cremona
Verona
Mantova
Vicenza
Rovereto
Sondrio
Domodossola
Alessandria
Tortona
Lodi
Crema
Varese
Weilheim in Oberbayern
Füssen
Landsberg
Kaufbeuren
Mindelheim
Ulm
Rottweil
Tuttlingen
Villingen
Singen
Stockach
Sigmaringen
Biberach an der Riß
Wangen im Allgäu
Isny im Allgäu
Oberstdorf
Bludenz
Landeck
Imst
Telfs
CH
FL
A
D
I
Unter Engadin
Oberengadin
Silvretta Gruppe
Surselva
Rhätikon
Alpi Orobie
Lago Maggiore
Lago di Como
Lago di Garda
Bodensee

38
Stuttgart
Esslingen am Neckar
Reutlingen
Tübingen
Ulm
Neu-Ulm
Augsburg
Ingolstadt
München
Landshut
Freising
Kempten
Memmingen
Ravensburg
Friedrichshafen
Lindau
Bregenz
Konstanz
Innsbruck
Kufstein
Garmisch-Partenkirchen
Rosenheim
Traunstein
Feldkirch
Vaduz
Chur
Davos
Bolzano
Merano
Trento
Bergamo
Brescia
Lecco
Como
Monza
Verona
Vicenza
Padova
Treviso
Mestre
Venezia
Belluno
Feltre
Sondrio
Rovereto
Riva del Garda
Bressanone
UNTER ENGADIN
OBER ENGADIN
D
A
CH
FL
I
38

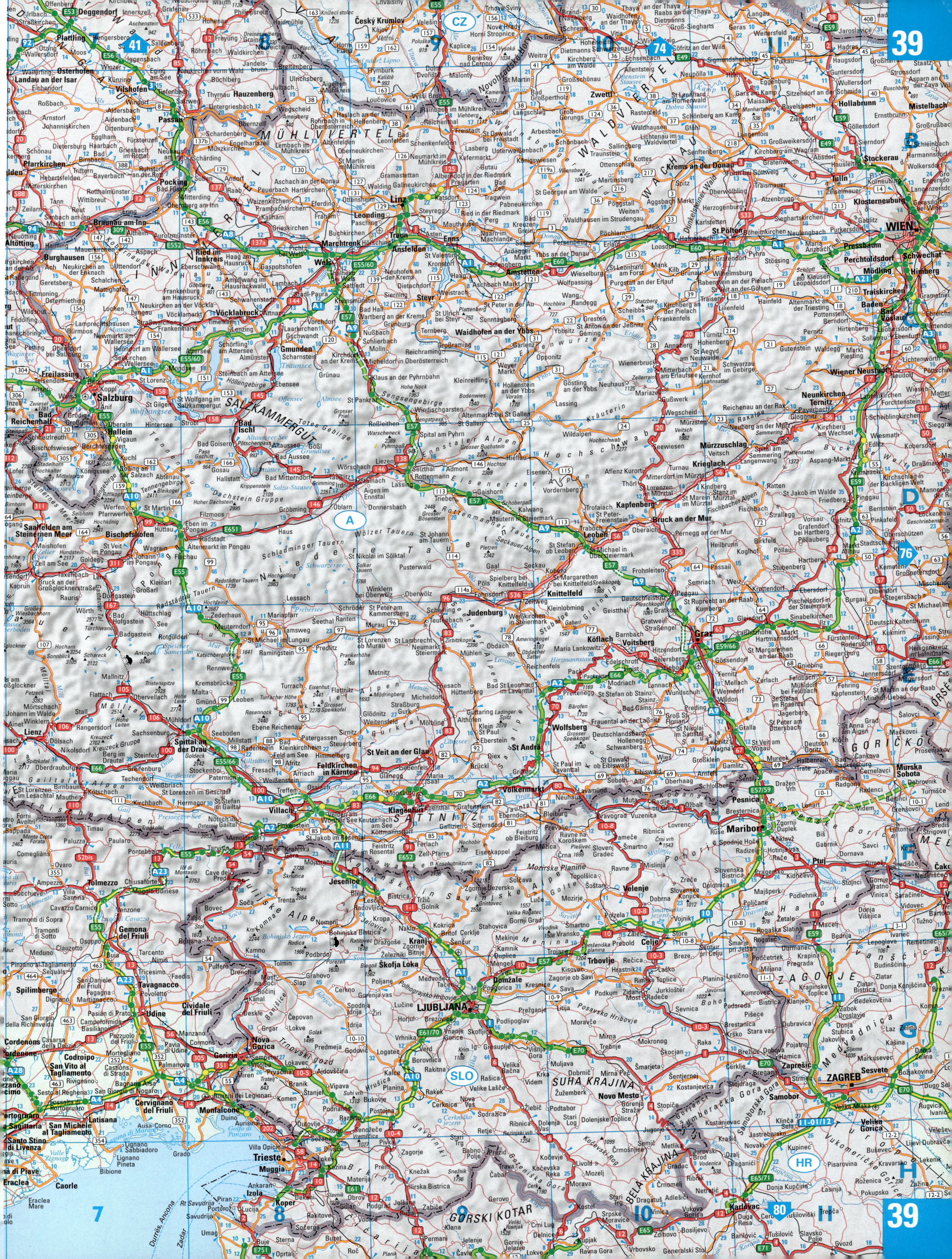
CZ
A
SLO
HR
WIEN
Linz
Salzburg
Graz
Klagenfurt
Villach
Innsbruck
St Pölten
Wiener Neustadt
Maribor
LJUBLJANA
ZAGREB
Trieste
Udine
Passau
Celje
Kranj
Nova Gorica
Koper
Karlovac
Leoben
Bruck an der Mur
Wels
Steyr
Krems an der Donau
Gmunden
Bad Ischl
Spittal an der Drau
Wolfsberg
Knittelfeld
Judenburg
Deggendorf
Český Krumlov
Zwettl
MÜHLVIERTEL
WALDVIERTEL
SALZKAMMERGUT
GORSKI KOTAR
SUHA KRAJINA
BELA KRAJINA
ZAGORJE
GORIČKO
Hohe Tauern
Niedere Tauern
Dachstein
Karawanken
Julijske Alpe
7
8
9
10
11

Göttingen
Kassel
Marburg an der Lahn
Gießen
Fulda
Siegen
Koblenz
Wiesbaden
Frankfurt am Main
Offenbach am Main
Mainz
Darmstadt
Aschaffenburg
Würzburg
Schweinfurt
Bamberg
Erlangen
Nürnberg
Mannheim
Ludwigshafen am Rhein
Heidelberg
Kaiserslautern
Karlsruhe
Pforzheim
Heilbronn
Stuttgart
Strasbourg
Tübingen
Reutlingen
Ulm
Neu-Ulm
Augsburg
Freiburg im Breisgau
Erfurt
Eisenach
Gotha
Mühlhausen
Nordhausen
Coburg
Ansbach
Schwabach
SAUERLAND
ODENWALD
TAUBERGRUND
SCHÖNBUCH
WARBURGER BÖRDE
D
F

PRAHA
Dresden
Chemnitz
Leipzig
Halle
Zwickau
Plauen
Hof
Gera
Jena
Regensburg
Passau
Linz
München
Landshut
Plzeň
Karlovy Vary
Cheb
Ústí nad Labem
Liberec
České Budějovice
Kladno
Weiden in der Oberpfalz
Amberg
Deggendorf
Straubing
Bayreuth
Görlitz
Bautzen
Freiberg
Český Krumlov
Tábor
Příbram
Klatovy
Písek
Teplice
Most
Chomutov
Děčín
Mělník
Mladá Boleslav
Beroun
Rakovník
Sokolov
Mariánské Lázně
Domažlice
Strakonice
Sušice
Prachatice
Ingolstadt
Freising
Neumarkt in der Oberpfalz
Sulzbach-Rosenberg
Kelheim
Dingolfing
Altötting
Burghausen
Braunau am Inn
Steyr
Freistadt
SÄCHSISCHE SCHWEIZ
OBERLAUSITZ
VOGTLAND
MÜHLVIERTEL
CZ
PL
A

NORDSEE
Nordfriesische Inseln
Halligen
Helgoländer Bucht
Ostfriesische Inseln
Kieler Bucht
SCHWANSEN
WAGRIEN
DITHMARSCHEN
HADELN
LAND WURSTEN
LAND KEHDINGEN
BUTJADINGEN
NORDERLAND
HARLINGERLAND
OSTFRIESLAND
AMMERLAND
TEUFELSMOOR
LÜNEBURGER HEIDE
MÜNSTERLAND
TEUTOBURGER WALD
OBERWÄLDER LAND
HOCHFLÄCHE
EICHSFELD
Haarstrang
Newcastle upon Tyne
Harwich
Göteborg, Oslo
NL
D
Husum
Schleswig
Eckernförde
Kiel
Rendsburg
Heide
Neumünster
Itzehoe
Bad Segeberg
Lübeck
Cuxhaven
Hamburg
Stade
Bremerhaven
Wilhelmshaven
Emden
Aurich
Leer
Oldenburg
Delmenhorst
Bremen
Verden
Rotenburg
Soltau
Celle
Uelzen
Lüneburg
Hannover
Braunschweig
Wolfsburg
Hildesheim
Salzgitter
Goslar
Hameln
Minden
Osnabrück
Bielefeld
Detmold
Paderborn
Münster
Gütersloh
Hamm
Recklinghausen
Gelsenkirchen
Bottrop
Essen
Oberhausen
Bochum
Dortmund
Herne
Witten
Hagen
Wuppertal
Göttingen
Kassel
Höxter
Holzminden
Enschede
Nordhorn
Lingen
Meppen
Papenburg
Cloppenburg
Vechta
Diepholz
Nienburg
Sulingen
Syke
Walsrode
Bad Pyrmont
Lemgo
Herford
Gifhorn
Peine
Alfeld
Einbeck
Northeim
Osterode am Harz
Clausthal-Zellerfeld
Bad Harzburg
Wernigerode
Helgoland
Neuwerk
Scharhörn
Brunsbüttel
Glückstadt
Elmshorn
Pinneberg
Geesthacht
Buxtehude
Winsen
Kappeln
Plön
Eutin
Preetz
Bad Oldesloe
Ratzeburg
Mölln
Helmstedt
Borkum
Juist
Norderney
Baltrum
Langeoog
Spiekeroog
Wangerooge
Sylt
Amrum
Föhr
Pellworm
Nordstrand

DK
PL
7
8
9
10
11
45
41
70
B
C
D
E
F
G
OSTSEE
MORZE BAŁTYCKIE
Mecklenburger Bucht
Greifswalder Bodden
Zatoka Pomorska
Kaliningrad, Klaipeda, Liepāja, Sankt-Peterburg, Tallinn
Helsinki, Kotka, Rauma
Liepāja
Malmö
Trelleborg
Rønne
Ystad
Gedser
Fehmarn
Rügen
Hiddensee
Usedom
Wolin
Rostock
Stralsund
Greifswald
Wismar
Schwerin
Güstrow
Neubrandenburg
Anklam
Wolgast
Świnoujście
Szczecin
Demmin
Waren
Neustrelitz
Pasewalk
Prenzlau
Schwedt an der Oder
Angermünde
Wittenberge
Perleberg
Parchim
Ludwigslust
Hagenow
Pritzwalk
Wittstock
Neuruppin
Oranienburg
Eberswalde-Finow
BERLIN
Potsdam
Brandenburg
Frankfurt an der Oder
Słubice
Kostrzyn
Fürstenwalde
Stendal
Tangermünde
Salzwedel
Gardelegen
Magdeburg
Dessau
Lutherstadt Wittenberg
Bitterfeld
Halle
Leipzig
Markkleeberg
Eilenburg
Torgau
Elsterwerda
Cottbus
Guben
Forst
Spremberg
Hoyerswerda
Senftenberg
Lübben
Lübbenau
Finsterwalde
Herzberg
Jüterbog
Luckenwalde
Ludwigsfelde
Königs Wusterhausen
Eisenhüttenstadt
Krosno Odrzańskie
Köthen
Bernburg
Aschersleben
Halberstadt
Quedlinburg
Hettstedt
Eisleben
Sangerhausen
Merseburg
Oschersleben
Haldensleben
Genthin
Burg bei Magdeburg
Zerbst
Staßfurt
Schönebeck
Nauen
Falkensee
Velten
Bernau
Strausberg
Rüdersdorf Berlin
Erkner
Teltow
Werder
Kleinmachnow
Rathenow
Premnitz
Kyritz
Neustadt
Grevesmühlen
Bad Doberan
Ribnitz-Damgarten
Barth
Bergen
Sassnitz
Teterow
Malchin
Templin
Zehdenick
Gryfino
Goleniów
Police
Pyrzyce
Myślibórz
Dębno
ALTMARK
COLBITZ-LETZLINGER HEIDE
WENDLAND
PRIGNITZ
UCKERMARK
SCHORFHEIDE
HAVELLAND
ZAUCHE
FLÄMING
SPREEWALD
NIEDERLAUSITZ
MECKLENBURGISCHE SEENPLATTE
BARNIM
ODERBRUCH
POBRZEŻE SZCZECIŃSKIE
Dahlener Heide
Stettiner Haff
Zalew Szczeciński
Müritz
Schweriner See
Plauer See
Oderhaff

1
2
3
4
5
6
B
C
D
E
F
G
H
SKAGERRAK
KATTEGAT
Ålborg Bugt
Skagen
Frederikshavn
Hjørring
Brønderslev
Ålborg
Nørresundby
VENDSYSSEL
Læsø
Thisted
THY
MORS
SALLING
HIMMERLAND
Hobro
Skive
Viborg
Randers
Grenå
DJURSLAND
Holstebro
HARSYSSEL
JYLLAND
Herning
Ikast
Silkeborg
Århus
Anholt
Skanderborg
Horsens
Samsø
Vejle
Fredericia
Middelfart
Kolding
Esbjerg
Fanø
Ribe
Rømø
Haderslev
Åbenrå
Sønderborg
Als
Flensburg
Schleswig
Husum
Sylt
SCHWANSEN
Kieler Bucht
Odense
FYN
Nyborg
Svendborg
Langeland
Ærø
Korsør
Slagelse
SJÆLLAND
Kalundborg
Holbæk
Roskilde
Hillerød
Ringsted
Køge
Næstved
Nakskov
Lolland
Falster
Nykøbing
Møn
Fehmarn
Göteborg
Kungsbacka
Varberg
Falkenberg
DK
D

KØBENHAVN
Malmö
Helsingborg
Helsingør
Landskrona
Lund
Trelleborg
Ystad
Kristianstad
Hässleholm
Karlshamn
Ronneby
Karlskrona
Kalmar
Nybro
Växjö
Ljungby
Värnamo
Jönköping
Eksjö
Nässjö
Vetlanda
Västervik
Oskarshamn
Halmstad
Borås
Ängelholm
Simrishamn
Rønne
Bornholm
ÖLAND
HANÖBUKTEN
O S T S E E
Ø S T E R S Ø E N
Bornholmsgattet
Klaipėda, Liepāja
Sankt-Peterburg
Gdynia
Rügen
Sassnitz
Bergen
Hiddensee
Kap Arkona
Darłowo
Ustka
Visby

OSLO
Lillestrøm
Kongsvinger
Arvika
Karlstad
Kristinehamn
Karlskoga
Örebro
Ludvika
Sarpsborg
Fredrikstad
Halden
Säffle
Åmål
VÄNERN
DALBOSJÖN
Mariestad
Lidköping
Skara
Skövde
Vänersborg
Uddevalla
Trollhättan
Lilla Edet
Falköping
Alingsås
Kungälv
Göteborg
Mölnlycke
Borås
Kungsbacka
Kinna
Varberg
Falkenberg
Jönköping
Huskvarna
Nässjö
Eksjö
Vetlanda
Värnamo
Växjö
Ljungby
Motala
Mjölby
Tranås
Kumla
Hallsberg
Askersund
Skagerrak
Læsø
Frederikshavn
Newcastle upon Tyne
Helsingborg, København
Kiel
Grenå
Sandefjord
Oslo

STOCKHOLM
Uppsala
Västerås
Enköping
Södertälje
Norrtälje
Nynäshamn
Nyköping
Norrköping
Eskilstuna
Strängnäs
Katrineholm
Köping
Arboga
Sala
Avesta
Fagersta
Hallstahammar
Västervik
Oskarshamn
Visby
GOTLAND
ÖLAND
Fårö
Gotska Sandön
Åland
Hjälmaren
Mälaren
Ålands hav
Östersjön
Helsinki, Tallinn
Naantali, Turku
Riga
Klaipeda
Gdańsk
0 10 20 30 40 50 km
0 10 20 30 miles
B
C
D
E
F
G
7
8
9
10
11
52
53
66
45

Bergen
Stavanger
Sandnes
Haugesund
Kristiansand
Arendal
Lindesnes
Lista
Egersund
Flekkefjord
Mandal
Odda
Voss
Geilo
Hol
Ål
Gol
Nesbyen
Rjukan
Notodden
Seljord
Dalen
Tvedestrand
Grimstad
Lillesand
Evje
Hornnes
Bygland
Bykle
Valle
Haukeligrend
Røldal
Sauda
Stord
Bømlo
Karmøy
Kvinnherad
Ryfylke
Jæren
Dalane
Hardangervidda
Hardanger
Folgefonna
Setesdal
Hallingdal
Numedal
Vestfjorddalen
Bykleheiane
Skagerrak
Newcastle upon Tyne
Lerwick, Tórshavn
Hanstholm
A B C D E F G H
1 2 3 4 5 6
0 10 20 30 40 50 km
0 10 20 30 miles

49
Oslo
Drammen
Sandvika
Asker
Lillestrøm
Hamar
Gjøvik
Hønefoss
Kongsberg
Horten
Tønsberg
Sandefjord
Larvik
Porsgrunn
Skien
Moss
Fredrikstad
Sarpsborg
Halden
Kongsvinger
Romerike
Ringerike
Hadeland
Arvika
Karlstad
Kristinehamn
Säffle
Åmål
Mariestad
Skövde
Lidköping
Vänersborg
Trollhättan
Uddevalla
Falköping
Borås
Jönköping
Göteborg
Kungsbacka
Kungälv
Lerum
Alingsås
Mölnlycke
Skagen
Frederikshavn
Hjørring
Vänern
Dalbosjön
Värmlandsnäs
Västergötland
Värmland
Kinnekulle
Kynnefjäll
Skagerrak
Tannis Bugt
S
DK
E6
E18
E20
E16
E134
44
45
46
51
7
8
9
10
11
12
B
C
D
E
F
G
H

NORDMØRE
SUNNMØRE
Kristiansund
Molde
Ålesund
Smøla
Hitra
Tustna
Averøya
Otrøy
Gurskøy
Stadlandet
Vagsøy
Bremangerlandet
Nordfjord
Sunnfjord
Jostedalsbreen
Jotunheimen
Sognefjorden
Nordhordland
Bergen
Askøy
Radøy
Sunndalen
Dovrefjell
Gudbrandsdalen
Hallingdal
Valdres
Hemsedal
Hardangervidda
Hardangerfjorden
Førde
Florø
Måløy
Stryn
Geiranger
Åndalsnes
Sogndalsfjøra
Lærdalsøyri
Aurland
Flåm
Voss
Geilo
Gol
Fagernes
Lom
Otta
Lesja
Dombås
Oppdal
0 10 20 30 40 50 km
0 10 20 30 miles

51
54
55
52
7
8
9
10
11
12
B
C
D
E
F
G
H
Trondheim
Stjørdalshalsen
Hell
Hegra
Meråker
Storlien
Duved
Åre
Järpen
Mörsil
Östersund
Frösö
Brunflo
Krokom
Hammarnäs
Svenstavik
Sveg
Storsjön
Melhus
Støren
Soknedal
Berkåk
Oppdal
Ulsberg
Røros
Os
Tolga
Tynset
Alvdal
Folldal
Rondane
Dombås
Ringebu
Fåvang
Tretten
Lillehammer
Gjøvik
Hamar
Brumunddal
Moelv
Elverum
Rena
Koppang
Stai
Evenstad
Atna
Østerdalen
Trysil
Nybergsund
Engerdal
Drevsjø
Idre
Särna
Älvdalen
Mora
Orsa
Malung
Malungsfors
Sälen
Lima
Gjövik
Kongsvinger
Eidsvoll
Gardermoen
Hønefoss
Jessheim
Romerike
Mjøsa
Femunden
Lofsdalen
Vemdalen
Hede
Funäsdalen
Tännäs
Ljusnedal
Bruksvallarna
Lillhärdal
Härjedalen
Dalarna
Ljungdalen
Åsarna
Rätan
Klövsjö
Storfjäten
Fulunäs
Transtrand
Vansbro
Grangärde
Lunndörsfjällen
Anarisfjällen
Sylarna
Helagsfjället
Storvigelen
Vigelen
Vauldalen
Brekken
Glåmos
Ålen
Singsås
Selbu
Tydal
Stugusjøen
Gauldal
Kvikne
Hodalen
Narbuvoll
Sølen
Flisa
Våler
Åsnes
Solør
Grue
Kirkenær
Torsby
Östmark
Lekvattnet
Rottneros
Sunne
E6
E14
E16
E39
3
25
26
30
45
62
70
84
218

Östersund
Storsjön
Sundsvall
Härnösand
Timrå
Hudiksvall
Söderhamn
Bollnäs
Ljusdal
Gävle
Sandviken
Falun
Borlänge
Ludvika
Avesta
Fagersta
Mora
Siljan
Rättvik
Leksand
Orsa
Sveg
Hälsingland
Gästrikland
Hälsingeskogen
Ödmården
Gävlebukten
Sundsvallsbukten
Hornslandet
Enhammarsfjärden
Bräcke
Ånge
Hede
Vemdalen
Älvdalen
Malung
Idre
Hammarstrand
Kramfors
Gnarp
Iggesund
Edsbyn
Järvsö
Hofors
Hedemora
Smedjebacken
Tärnsjö
Skutskär
Älvkarleby
Östhammar
Hallen
Järpen
Krokom
Pilgrimstad
Svenstavik
Rätan
Ytterhogdal
Färila
Los
Ockelbo
Storvik

BOTTENHAVET
SELKÄMERI
SATAKUNTA
VARSINAIS-SUOMI
FIN
Åland
Södra Kvarken
Örnsköldsvik
Holmsund
Vaasa (Vasa)
Seinäjoki
Lapua
Alavus
Kurikka
Kauhajoki
Kaskinen (Kaskö)
Kristinestad (Kristiinankaupunki)
Pori
Nokia
Rauma
Uusikaupunki
Turku (Åbo)
Kaarina
Raisio
Salo
Pargas (Parainen)
Mariehamn (Maarianhamina)
Hämeenkangas
Pohjankangas
Stockholm
E12
E18
E63
0 10 20 30 40 50 km
0 10 20 30 miles
7 8 9 10 11 12

1
2
3
4
5
6
B
C
D
E
F
H
0 10 20 30 40 50 km
0 10 20 30 miles
Hestmona
Lurøya
Lovunden
Dønna
Sandnessjøen
Mosjøen
Vega
Brønnøysund
Leka
Vikna
Namsos
Steinkjer
Snåsa
Trondheim
Hitra
Frøya
Frohavet
Trondheimsfjorden
Fosen
Namdalen
Innherad
Stjørdalshalsen
Levanger
Verdalsøra
Meråker
Hurtigruten
N
E6
E14
E39
17
51
Kristiansund, Ålesund, Bergen

Mo i Rana
Umbukta
Artfjället
Norra Storfjället
Hemavan
Tärnaby
Björkfjället
Ammarnäs
Sorsele
Arvidsjaur
Slagnäs
Storuman
Stensele
Barsele
Gunnarn
Åskilje
Blåviksjön
Storseleby
Vilhelmina
Dorotea
Malgovik
Åsele
Fredrika
Lycksele
Kristineberg
Malå
Norsjö
Bjurholm
Vindeln
Trehörningsjö
Örnsköldsvik
Ångermanland
Hoting
Backe
Junsele
Strömsund
Rossön
Gäddede
Stora Blåsjön
Saxnäs
Marsfjället
Klimpfjäll
Jäckvik
Laisvall
Arjeplog
Slagnäs
Glommersträsk
Moskosel
Jörn
Hälla
Bredbyn
Sollefteå

BOTTENVIKEN
PERÄMERI
Norra Kvarken
Merenkurkku
Luleå
Boden
Piteå
Skellefteå
Umeå
Tornio
Kemi
Haparanda
Kokkola (Karleby)
Jakobstad (Pietarsaari)
Raahe
Ylivieska
Arvidsjaur
Älvsbyn
Kalix
Överkalix
Gällivare
Jörn
Boliden
Robertsfors
Vännäs
Holmön
Vaasa
FIN
S
60
55
62
64

1
2
3
4
5
6
B
D
E
F
G
0 10 20 30 40 50 km
0 10 20 30 miles
Andøya
Vesterålen
Langøya
Hinnøya
Norskehavet
Lofoten
Vestvågøy
Moskenesøy
Vestfjorden
Senja
Narvik
Harstad
Bodø
Andenes
Sortland
Svolvær
Skrova
Værøy
Røst
Saltfjorden
Folda
Landegode
Helligvær
Meløya
Hurtigruten
Svartisen
Sulitjelma
Fauske
Saltdal
Lønsdal
Junkerdal
Ofotfjorden
Tysfjorden
Hamarøy
Engeløya
Ballangen
Kvalsund
Lødingen
Moskenesstraumen
Lofotodden
Mosken
Sørland
N
S
E6
E10
55
58
60

NORDISHAVET
Lopphavet
Sørøya
Seiland
Stjernøya
Kvaløya
Hammerfest
Hasvik
Alta
Arnøya
Kågen
Uløya
Vanna
Ringvassøy
Reinøy
Rebbenesøy
Nord-Kvaløy
Fugløya
Loppa
Silda
Tromsø
Kvaløya
Senja
Balsfjorden
Malangen
Lyngen
Storfjord
Skibotn
Skibotndalen
Kåfjord
Nordreisa
Storslett
Oksfjord
Burfjord
Talvik
Kautokeino
Masi
Sieima
Bidjovagge
Kilpisjärvi
Saana
Peera
Saarikoski
Hetta
Rostonsölkä
Rostadalen
Dividalen
Setermoen
Bardufoss
Målselv
Abisko Östra
Björkliden
Riksgränsen
Torneträsk
Kaisepakte
Stenbacken
Karesuando
Kaaresuvanto
Muonio
Enontekiö
Palojoensuu
Kilpisjärvi
Kautokeino
Hammerfest
Storvik
Kvalsund
Revsbotn
Lakselv
Ounastunturi
Övre Soppero
Nedre Soppero
Lannavaara
Pulsujärvi
Järämä
Keukiskero
Idivuoma
Mertajärvi
Kuttanen
Vuontisjärvi
Ketomella
Kelottijärvi
Palojärvi
Kivilompolo
Leppäjärvi
Ai'dejav'ri
Mieron
Av'že
Suoluvuobmi
Čiŋalvuobmi
1 2 3 4 5 6
B C D E G H
0 10 20 30 40 50 km
0 10 20 30 miles
E6 E8 E10
21 45 93 99 94 882 863 865 866 868 854 855 857 858 862
N S
57 60

7
8
9
10
11
12
B
C
D
E
F
G
H
Nordkapp
Magerøya
Honningsvåg
Nordvågen
Gjesvær
Hjelmsøya
Måsøy
Havøysund
Kåfjord
Repvåg
Porsangerhalvøya
Lakselv
Olderfjord
Kistrand
Børselv
Karasjok
Skoganvarre
Porsangmoen
Kinnarodden
Mehamn
Gamvik
Nordkynhalvøya
Kjøllefjord
Hopseidet
Berlevåg
Båtsfjord
Kongsfjord
Laukvik
Hamningberg
Vardø
Varangerhalvøya
Kiberg
Vadsø
Tana Bru
Nyborg
Varangerbotn
Nesseby
Varangerfjorden
Kirkenes
Bjørnevatn
Neiden
Bugøynes
Grense-Jakobselv
Hurtigruten
Nikel'
Zapolyarnyy
RUS
FIN
Utsjoki
Nuorgam
Kevo
Karigasniemi
Kaamanen
Inari
Inarijärvi
Ivalo
Saariselkä
Vuotso
Sodankylä
Repokaira
Nattaset
Sevettijärvi
Nellim
Raja-Jooseppi
E6
E69
E75
E105
98
92
4
91
955
61

58
57
55
62
Kiruna
Gällivare
Boden
Luleå
Piteå
Arvidsjaur
Haparanda
Tornio
Pello
Kolari
Muonio
Karesuando
Övertorneå
Överkalix
Kalix
Jokkmokk
Vittangi
Pajala
Muodoslompolo
Svappavaara
Nattavaara
Porjus
Harads
Älvsbyn
Råneå
Malmberget
Sjaunjaape
Vietas
Soppero
Kaunisvaara
Ylitornio
Aavasaksa
Norrfjärden
Rosvik
Gammelstaden
Södra Sunderbyn
Vidsel
Moskosel
Glommersträsk
Korpilombolo
Tärendö
Hakkas
Lansjärv
Morjärv
Töre
Sangis
Keminmaa
Kemi
Kukkola
Karungi
Svanstein
Juoksengi
Kaunisjoensuu
E4
E8
E10
BOTTENVIKEN
PERÄMERI
A
B
C
D
E
F
G
H
1
2
3
4
5
6

7
8
9
10
11
12
B
C
D
E
F
G
H
FIN
RUS
E75
E63
Pomokaira
Saariselkä
Lokan tekojärvi
Porttipahdan tekojärvi
Vintilänkaira
Kovdor
Alakurtti
Ivalo
Kakslauttanen
Tankavaara
Vuotso
Sodankylä
Kemijärvi
Rovaniemi
Saarenkylä
Salla
Posio
Kuusamo
Pudasjärvi
Taivalkoski
Ranua
Pello
Kolari
Kittilä
Sinettä
Tervola
Simo
Kemi
Ii
Haukipudas
Oulu
Olhava
Tornio
Ylitornio
Muurola
Pelkosenniemi
Savukoski
Kursu
Kaukonen
Tepsa
Vuostimo
Hossa
Suomussalmi

BOTTENVIKEN
PERÄMERI
Kivalo
Luleå
Boden
Piteå
Skellefteå
Haparanda
Tornio
Kemi
Oulu
Raahe
Ylivieska
Kokkola (Karleby)
Jakobstad (Pietarsaari)
Vaasa (Vasa)
Hailuoto
Norra Kvarken
Merenkurkku
Holmön
Holmögadd
Ulkokrunni
Maakrunni
Marjaniemi
Malören
Seskarö
Siikajoki
Kalajoki
Pyhäjoki
Nivala
Haapajärvi
Kannus
Toholampi
Lestijärvi
Kaustinen
Nykarleby (Uusikaarlepyy)
Oravais (Oravainen)
Korsholm (Mustasaari)
Kalix
Överkalix
Övertorneå
Arvidsjaur
Jävre
Byske
Robertsfors
Bygdeå
Ratan
Sävar
Norrfjärden
Kiiminki
Haukipudas
Kempele
Liminka
Muhos
Vihanti
Oulainen
Haapavesi
Kärsämäki
Pyhäsalmi
Kivijärvi
Kinnula
Evijärvi
Veteli
Perho
Alajärvi
Lappajärvi
Kauhava
Lapua
Simo
Keminmaa
Ii
Pudasjärvi

7
8
9
10
11
12
B
C
D
E
F
G
FIN
RUS
Kuusamo
Taivalkoski
Pudasjärvi
Suomussalmi
Hyrynsalmi
Puolanka
Kajaani
Oulujärvi
Paltamo
Ristijärvi
Kuhmo
Sotkamo
Vuokatti
Sonkajärvi
Kiuruvesi
Iisalmi
Lapinlahti
Siilinjärvi
Nurmes
Lieksa
Pielinen
Kostomuksha
Vartius
Posio
Salla
Kemijärvi
Pelkosenniemi

Vaasa (Vasa)
Seinäjoki
Lapua
Kurikka
Kauhajoki
Alavus
Kaskinen (Kaskö)
Kristinestad (Kristiinankaupunki)
Jyväskylä
Parkano
Pohjankangas
Hämeenkangas
S A T A K U N T A
Ikaalinen
Pori
Rauma
Ylöjärvi
Tampere
Nokia
Kangasala
Valkeakoski
H Ä M E
Hämeenlinna
Lahti
Hollola
Uusikaupunki
VARSINAIS-SUOMI
Forssa
Loimaa
Riihimäki
Hyvinkää
Mäntsälä
Järvenpää
Kerava
Tuusula
Vantaa (Vanda)
Espoo (Esbo)
HELSINKI (HELSINGFORS)
Porvoo (Borgå)
Kirkkonummi (Kyrkslätt)
Lohja
Vihti
Salo
Turku (Åbo)
Raisio
Kaarina
Pargas (Parainen)
Kimito (Kemiö)
Hanko (Hangö)
Ekenäs (Tammisaari)
Karis (Karjaa)
Virkkala (Virkby)
Mariehamn, Stockholm
Rostock
Stockholm
Lübeck, Rostock, Sassnitz
Tallinn
FIN
Ouran saaristo
Päijänne
Näsijärvi
Pyhäjärvi
Hangö västra fjärd
Hangö östra fjärd
Porkalafjärden
Sibbofjärden
53
66
1 2 3 4 5 6
B C D E F G

Siilinjärvi
Kuopio
Varkaus
Pieksämäki
Joensuu
Savonlinna
Mikkeli
Heinola
Kouvola
Kuusankoski
Lappeenranta
Imatra
Hamina
Kotka
Svetogorsk
Sortavala
Lakhdenpokh'ya
Priozersk
Vyborg
Primorsk
Zelenogorsk
Sestroretsk
Sertolovo
Kronshtadt
Lomonosov
Petrodvorets
Sosnovyy Bor
Sankt-Peterburg
Pushkin
Pavlovsk
Metallostroy
Vsevolozhsk
FIN
RUS
SUOMENLAHTI
FINSKIY ZALIV
Vyborgskiy Zaliv
Saimaa
Puruvesi
Orivesi
Pyhäselkä
O. Gogland
O. Moshchnyy
O. Malyy
O. Lesnoy
O. Severnyy Berezovyy
O. Zapadnyy Berezovyy
O. Bol'shoy Berezovyy
O. Putsari
O. Valaam
O. Kheynyasensari
O. Vossinansari
O. Konevits
Tammio
Mustamaa
63
67
A B C D E F G
7 8 9 10 11

POHJANLAHTI
SUOMENLAHTI
SOOME
FINSKA VIKEN
LÄÄNEMERI
LIIVI LAHT
Rīgas Jūras Līcis
BALTIJAS JŪRA
Irbes šaurums
FIN
EST
LV
TALLINN
Keila
Haapsalu
Pärnu
Hiiumaa
Saaremaa
Kuressaare
Muhu
Vormsi
Kihnu
Ruhnu
Hanko (Hangö)
Ekenäs (Tammisaari)
RIGA
Ventspils
Talsi
Kuldīga
Tukums
Jūrmala
Jelgava
Sigulda
Cēsis
Saldus
Olaine
Salaspils
Ogre
Dobele
Ainaži
Salacgrīva
Maardu
Paldiski
Stockholm
Lübeck, Rostock, Sassnitz
Rostock, Stockholm
0 10 20 30 40 50 km
0 10 20 30 miles

FINSKIJ ZALIV
Narva laht
Narvskij zaliv
Peipsi Järv
Čudskoe ozero
Pskovskoe ozero
Võrtsjärv
Narvskoye Vdkhr.
Otepää Kõrgustik
Sakala Kõrgustik
Sudomskiye Vysoty
Bezhanitskaya Vozvyshennost'
RUS
Ostrov Gogland
O. Moshchnyy
O. Malyy
O. Lesnoy
Kronshtadt
Lebyazh'ye
Lomonosov
Petrodvorets
Sosnovyy Bor
Sankt-Peterburg
Metallostroy
Pushkin
Pavlovsk
Kommunar
Gatchina
Kipen'
Ust'-Luga
Kotly
Volosovo
Kikerino
Vyritsa
Siverskiy
Druzhnaya Gorka
Kingisepp
Ivangorod
Narva
Narva-Jõesuu
Sillamäe
Sinimäe
Olgina
Toila
Voka
Kohtla-Järve
Jõhvi
Ahtme
Kukruse
Kiviõli
Lüganuse
Püssi
Aseri
Kunda
Rakvere
Tapa
Paide
Tamsalu
Kadrina
Haljala
Viitna
Palmse
Võsu
Vihula
Eisma
Loksa
Kuusalu
Kolga
Muuksi
Purekkari neem
Suurpea
Slantsy
Kuningaküla
Vasknarva
Alajõe
Mustvee
Kallaste
Raja
Omedu
Rannu
Tartu
Elva
Kambja
Võõpsu
Räpina
Põlva
Võru
Antsla
Valga
Tõrva
Otepää
Rõuge
Haanja
Vastseliina
Misso
Pechory
Pskov
Novyy Izborsk
Gdov
Dobruchi
Chernevo
Zamogil'ye
Spitsyno
Yamm
Lyady
Mar'insko
Os'mino
Tolmachevo
Luga
Batetskiy
Dolzhitsy
Plyussa
Zaplyus'ye
Zapol'ye
Nikolayevo
Strugi-Krasnyye
Ludoni
Tvorozhkovo
Knyazhitsy
Sosedno
Seredka
Novosel'ye
Yershovo
Toroshino
Podborov'ye
Yamkino
Kostyzhitsy
Kokorevo
Porkhov
Dno
Karamyshevo
Lopatovo
Filatova-Gora
Vasil'yevo
Paikino
Cherskaya
Dulovka
Zaytsevo
Bystretsovo
Slavkovichi
Shmoylovo
Dubrovka
Dedovichi
Pozherevitsy
Makhnovka
Sorokino
Chikhachevo
Ostrov
Ashevo
Krasnyy Luch
Pushkinskiye Gory
Novorzhev
Bezhanitsy
Novgorodka
Remennikovo
Vyshgorodok
Pytalovo
Krasnogorodskoye
Bolgatovo
Laptevo
Kudever'
Opochka
Alūksne
Ape
Gulbene
Balvi
Viļaka
Rugāji
Baltinava
Madona
Smiltene
Valka
Strenči
Rauna
Lubāns
Lubānas ezers
Kārsava
Rēzekne
Ilzene
Zeltiņi
Litene
Stāmeriena
Viesīte

Rīgas Jūras Līcis
BALTIJAS JŪRA
Kurshskiy Zaliv
Kuršių Marios
Kaliningradskiy Zaliv
Liepājas ezers
Årbus, Rostock
Fredericia, Kiel, København, Sassnitz
Stockholm
LT
RUS
PL
Austrumkursas Augstiene
Puszcza Augustowska
M A Z U R S K I E
P O J E Z I E R Z E
Liepāja
Kuldīga
Tukums
Jūrmala
Jelgava
Saldus
Dobele
Olaine
Ventspils
Mažeikiai
Naujoji Akmenė
Telšiai
Plungė
Kretinga
Palanga
Klaipėda
Gargždai
Šiauliai
Joniškis
Radviliškis
Kelmė
Raseiniai
Tauragė
Šilutė
Jurbarkas
Sovetsk
Neman
Kaunas
Garliava
Vilkaviškis
Marijampolė
Kaliningrad
Gvardeysk
Chernyakhovsk
Gusev
Baltiysk
Svetlogorsk
Zelenogradsk
Pionerskiy
Braniewo
Bartoszyce
Lidzbark Warmiński
Dobre Miasto
Morąg
Olsztyn
Kętrzyn
Giżycko
Węgorzewo
Goldap
Olecko
Suwałki
Ełk
Augustów
Grajewo
Mrągowo
Biskupiec
Pisz
Hrodna
Sejny
Prienai
Nida
Rusnė

RIGA
Salaspils
Ogre
Vidzemes Centrālā Augstiene
Madona
Aizkraukle
Jēkabpils
Līvāni
Rēzekne
Ludza
LV
RUS
Bauska
Biržai
Panevėžys
Rokiškis
Daugavpils
Krāslava
Visaginas
Utena
Anykščiai
Ukmergė
Jonava
Elektrėnai
Trakai
Lentvaris
VILNIUS
Grigiškės
Varėna
Druskininkai
Lida
Ashmyany
Smarhon'
Vilyeyka
Maladzyechna
Pastavy
Braslaw
Hlybokaye
Zaslawye
MINSK
Dzyarzhynsk
Byarozawka
BY
Ashmyanskaye Wzvyshsha
Polatskaya Nizina
Nyomanskaya Nizina
Latgales Augstiene
Sventiany
Naroch
Vyazyn
Valozhyn
Zhodzina
Smalyavichy
Rudzyensk

OSTSEE
MORZE BAŁTYCKIE
Rügen
Hiddensee
Stralsund
Greifswald
Greifswalder Bodden
Usedom
Wolin
Zatoka Pomorska
Zalew Szczeciński
Świnoujście
Ueckermünde
Anklam
Neubrandenburg
Pasewalk
Prenzlau
Szczecin
Police
Goleniów
Stargard Szczeciński
Nowogard
Gryfice
Kołobrzeg
Koszalin
Białogard
Słupsk
Ustka
Darłowo
Szczecinek
Wałcz
Piła
Choszczno
Pyrzyce
Myślibórz
Gorzów Wielkopolski
Kostrzyn
Słubice
Frankfurt an der Oder
Eisenhüttenstadt
Guben
Cottbus
Forst
Spremberg
Hoyerswerda
Senftenberg
Lübben
Lübbenau
Königs Wusterhausen
Fürstenwalde
Eberswalde-Finow
Bad Freienwalde
Angermünde
Schwedt an der Oder
Templin
Strausberg
BERLIN
Potsdam
Zielona Góra
Żary
Żagań
Nowa Sól
Głogów
Leszno
Poznań
Świebodzin
Międzyrzecz
Sulęcin
Drezdenko
Strzelce Krajeńskie
Barlinek
Wronki
Szamotuły
Oborniki
Chodzież
Wągrowiec
Grodzisk Wielkopolski
Nowy Tomyśl
Wolsztyn
Kościan
Mosina
Polkowice
Lubin
Szprotawa
Lubsko
Krosno Odrzańskie
POBRZEŻE
POBRZEŻE KOSZALIŃSKIE
POMORSKIE
POJEZIERZE LUBUSKIE
POJEZIERZE
Puszcza Notecka
ODERBRUCH
SPREEWALD
NIEDERLAUSITZ
UCKERMARK
SCHORFHEIDE
BARNIM
MECKLENBURGISCHE SEENPLATTE
D
2
3
4
5
6
A
B
C
D
E

71
ZATOKA GDAŃSKA
Kaliningrad
RUS
PL
Gdańsk
Gdynia
Sopot
Elbląg
Olsztyn
Bydgoszcz
Toruń
Grudziądz
Włocławek
Płock
WARSZAWA
Łódź
Kalisz
Piotrków Trybunalski
POJEZIERZE KASZUBSKIE
ŻUŁAWY WIŚLANE
POJEZIERZE IŁAWSKIE
Bory Tucholskie
Mierzeja Wiślana
Mierzeja Helska
Zatoka Pucka
Władysławowo
Hel
Wejherowo
Lębork
Kościerzyna
Tczew
Malbork
Kwidzyn
Chojnice
Gniezno
Września
Konin
Koło
Kutno
Łowicz
Sierpc
Ciechanów
Mława
Płońsk
Pułtusk
Skierniewice
Żyrardów
Grójec
Rawa Mazowiecka
Tomaszów Mazowiecki
Pabianice
Zduńska Wola
Sieradz
Jarocin
Pleszew
Ostrów Wielkopolski
Inowrocław
Mogilno
Ostróda
Iława
Nowe Miasto Lubawskie
Działdowo
Nidzica
Szczytno
Mrągowo
Kętrzyn
Bartoszyce
Braniewo
Pasłęk
Morąg
Lidzbark Warmiński
Dobre Miasto
Biskupiec
Chełmno
Świecie
Starogard Gdański
Pruszcz Gdański
Nowy Dwór Gdański
Baltiysk
Svetlyy
Gvardeysk
Bagrationovsk
Mamonovo

68

Kaliningrad
Chernyakhovsk
Gusev
RUS
Vilkaviškis
Marijampolė
LT
Alytus
Druskininkai
Goldap
Bartoszyce
Kętrzyn
Giżycko
Olecko
Suwałki
Ełk
Augustów
Puszcza Augustowska
Mrągowo
Olsztyn
Szczytno
Pisz
Grajewo
Hrodna
Skidal'
Nidzica
Kolno
Mońki
Sokółka
Białystok
Łomża
Działdowo
Mława
Zambrów
PL
Ciechanów
Ostrów Mazowiecka
Bielsk Podlaski
Hajnówka
BY
Pułtusk
Wyszków
Płońsk
Nowy Dwór Mazowiecki
Legionowo
Siemiatycze
Sokołów Podlaski
WARSZAWA
Wołomin
Węgrów
Siedlce
Mińsk Mazowiecki
Łuków
Międzyrzec Podlaski
Biała Podlaska
Brest
Kobryn
Otwock
Garwolin
Radzyń Podlaski
Grójec
Warka
Rawa Mazowiecka
Kozienice
Dęblin
Ryki
Puławy
Lubartów
Parczew
Włodawa
Radom
Pionki
UA
Malaryta
Zhabinka

73

PL
SK
UA
H
72
75
77
Radom
Kielce
Lublin
Chełm
Zamość
Rzeszów
Tarnów
Przemyśl
Sanok
Krosno
Jasło
Nowy Sącz
Mielec
Dębica
Stalowa Wola
Tarnobrzeg
Sandomierz
Kraśnik
Puławy
Starachowice
Ostrowiec Świętokrzyski
Skarżysko-Kamienna
Końskie
Włodawa
Krasnystaw
Hrubieszów
Tomaszów Lubelski
Biłgoraj
Jarosław
Lubaczów
Lviv
Sambir
Drohobych
Boryslav
Stryy
Mukacheve
Uzhhorod
Berehove
Khust
Svalyava
Michalovce
Humenné
Snina
Prešov
Košice
Bardejov
Svidník
Stará Ľubovňa
Poprad
Levoča
Kežmarok
Rožňava
Trebišov
Sátoraljaújhely
Sárospatak
Kazincbarcika
Miskolc
Edelény
Szerencs
W Y Ż Y N A   M A Ł O P O L S K A
W Y Ż Y N A   L U B E L S K A
K o t l i n a   S a n d o m i e r s k a
B E S K I D   N I S K I
Beskid Sądecki
Bieszczady
RUDOHORIE
Slovenský kras
Vihorlatské vrchy
Levočské vrchy
Zemplínske vrchy
BODROGKÖZ
RÉTKÖZ
Cserehát
E40
E371
E372
E373
E50
E71
E77
E471
E573
M17
A255
A256
A241
A260
A261
A262
A263
A264
A265
A267
A270

D
CZ
A
PRAHA
Dresden
Chemnitz
Zwickau
Plzeň
České Budějovice
Linz
WIEN
Liberec
Hradec Králové
Pardubice
Jihlava
Ústí nad Labem
Karlovy Vary
Legnica
Wałbrzych
Görlitz
Bautzen
Meißen
Freiberg
Teplice
Most
Chomutov
Kladno
Mladá Boleslav
Kolín
Kutná Hora
Tábor
Písek
Strakonice
Klatovy
Domažlice
Passau
Deggendorf
Český Krumlov
Znojmo
Krems an der Donau
St Pölten
Sankt Pölten
SÄCHSISCHE SCHWEIZ
ČESKOMORAVSKÁ VYSOČINA
MÜHLVIERTEL
WALDVIERTEL
BÖHMERWALD
ŠUMAVA
WACHAU

PL
SK
Wrocław
Opole
Częstochowa
Katowice
Kraków
Kielce
Ostrava
Olomouc
Žilina
Trnava
Nitra
BRATISLAVA
Bielsko-Biała
Gliwice
Tarnowskie Góry
Rybnik
Jastrzębie-Zdrój
Prudnik
Nysa
Brzeg
Oleśnica
Kluczbork
Lubliniec
Piotrków Trybunalski
Radomsko
Bełchatów
Wieluń
Sieradz
Zawiercie
Olkusz
Miechów
Wieliczka
Oświęcim
Tychy
Cieszyn
Frýdek-Místek
Karviná
Opava
Šumperk
Přerov
Prostějov
Kroměříž
Zlín
Uherské Hradiště
Hodonín
Břeclav
Malacky
Senica
Trenčín
Považská Bystrica
Martin
Ružomberok
Liptovský Mikuláš
Poprad
Zakopane
Nowy Targ
Banská Bystrica
Zvolen
Prievidza
Piešťany
TATRY
NÍZKE TATRY
SLOVENSKÉ RUDOHORIE
KARPATY
WYŻYNA KRAKOWSKO-CZĘSTOCHOWSKA
PLASKOWYŻ GŁUBCZYCKI
Moravskoslezské Beskydy
Malá Fatra
Veľká Fatra
Malé Karpaty
TRIBEČ

76
74
75
WIEN
BRATISLAVA
BUDAPEST
Győr
Sopron
Szombathely
Székesfehérvár
Veszprém
Balaton
Siófok
Keszthely
Kaposvár
Pécs
Szekszárd
Kecskemét
Esztergom
Komárom
Tata
Dunaújváros
Baja
Mohács
Osijek
Sombor
Vukovar
Vinkovci
Zagreb
Varaždin
Čakovec
Nagykanizsa
Zalaegerszeg
Murska Sobota
Koprivnica
Bjelovar
Slavonski Brod
Bosanski Brod
Derventa
Prijedor
Sisak
Kutina
Nova Gradiška
Požega
Slatina
Virovitica
Đakovo
Županja
Brčko
Gradačac
Eisenstadt
Wiener Neustadt
Baden
Neusiedl am See
Levice
Nitra
Nové Zámky
Dunajská Streda
Šamorín
Štúrovo
Mosonmagyaróvár
Pápa
Tapolca
Marcali
Szigetvár
Barcs
Dombóvár
Paks
Kalocsa
Tolna
Bonyhád
SK
A
H
SLO
HR
BIH
BALATON
NAGY-BERK
KÜLSŐ-SOMOGY
BELSŐ-SOMOGY
VÖLGYSÉG
ORMÁNSÁG
ZALA
DUNA
Dunav
Drava
Sava
GORIČKO
ŐRSÉG
80
81
39
3
4
5
6
G
H
E
F
D
C
B

77
78
82
73
UA
RO
YU
Miskolc
Debrecen
Nyíregyháza
Oradea
Arad
Timişoara
Szeged
Subotica
Novi Sad
Satu Mare
Salgótarján
Eger
Szolnok
Kecskemét
Békéscsaba
Hódmezővásárhely
Reşiţa
Lugoj
Deva
Hunedoara
Caransebeş
Zrenjanin
Kikinda
Vršac
Pančevo
Zalău
Baia Mare
HORTOBÁGY
NAGYKUNSÁG
NAGY-SÁRRÉT
KIS-SÁRRÉT
KÖRÖSVIDÉK
BODROGKÖZ
RÉTKÖZ
SZAMOSKÖZ
NYÍRSÉG
HAJDÚSÁG
DELIBLATSKA PEŠČARA
Munţii Zarandului
Munţii Apuseni
Munţii Poiana Ruscă
Munţii Retezatului
Câmpia Aradului
Câmpia Timişului

UA
RO
Satu Mare
Baia Mare
Sighetu Marmației
Suceava
Câmpulung Moldovenesc
Vatra Dornei
Bistrița
Dej
Zalău
Cluj-Napoca
Turda
Alba Iulia
Târgu Mureș
Reghin
Sighișoara
Mediaș
Sibiu
Făgăraș
Brașov
Sfântu Gheorghe
Miercurea-Ciuc
Gheorgheni
Piatra Neamț
Odorheiu Secuiesc
Râmnicu Vâlcea
Pitești
Câmpulung
Sinaia
Ploiești
Deva
Hațeg
Petroșani
Munții Rodnei
Munții Călimani
Munții Făgărașului
Munții Apuseni
Podișul Transilvaniei
Podișul Târnavelor
Munții Maramureșului
Munții Gurghiului
Munții Harghita
Munții Bârsei
Munții Parâng
Munții Căpățânii
Munții Cindrel
Munții Sureanu
Munții Trascăului
Munții Gilăului
Munții Muntele Mare
Munții Meseșului
Munții Țibleșului
Munții Bârgăului
Munții Suhardului
Munții Stânișoarei
Munții Tarcăului
Munții Ciucului
Munții Vâlcanului
Munții Retezatului

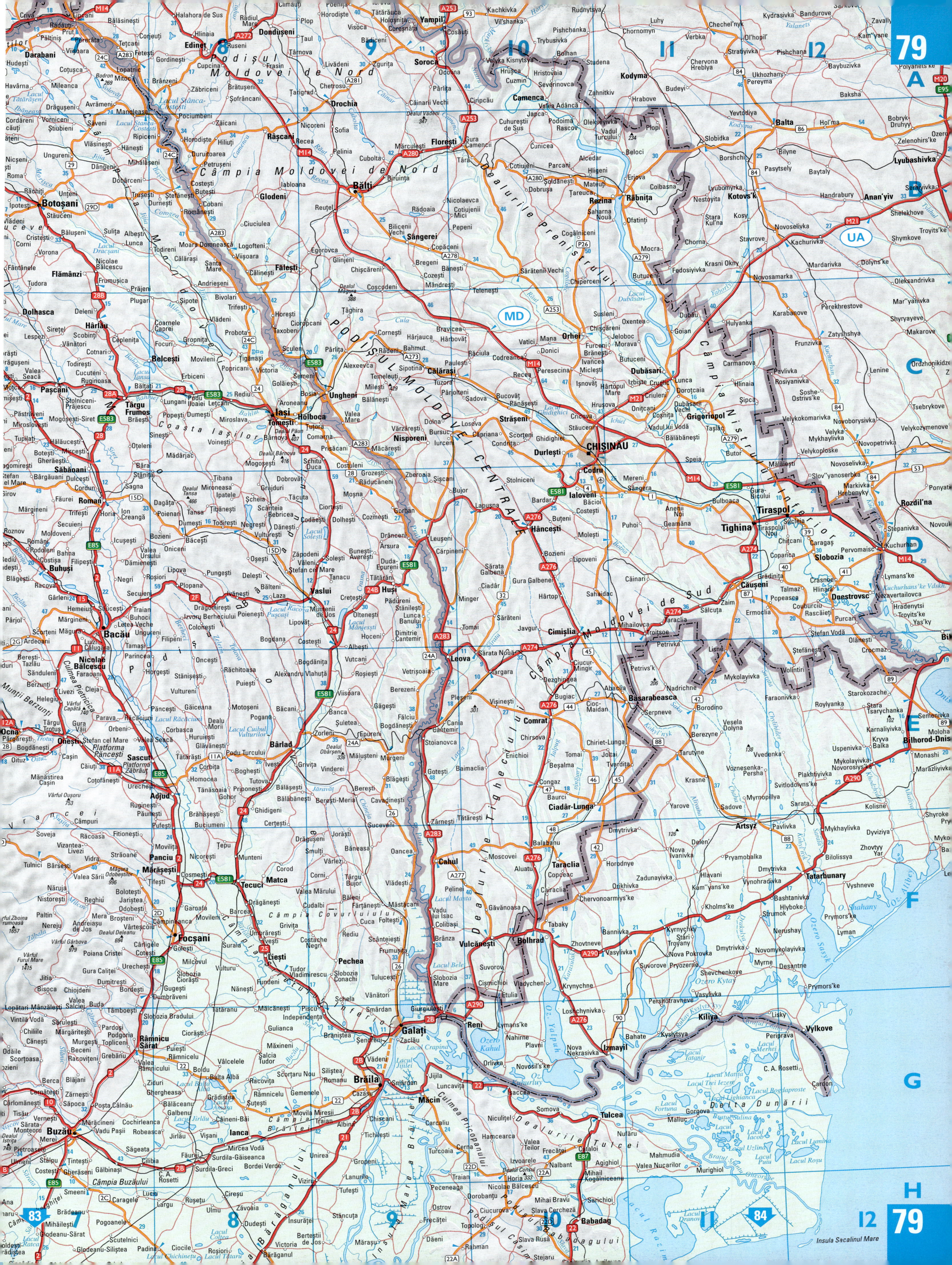
Podişul Moldovei de Nord
Câmpia Moldovei de Nord
Podişul Moldovei Centrale
Câmpia Moldovei de Sud
Câmpia Nistrului Inferior
Dealurile Prenistrului
Dealurile Tigheciului
Câmpia Buzăului
Câmpia Covurlui
Delta Dunării
Dealurile Tulcei
MD
UA
Edineţ
Soroca
Bălţi
Orhei
Chişinău
Tighina
Tiraspol
Comrat
Cahul
Hânceşti
Căuşeni
Ungheni
Botoşani
Iaşi
Vaslui
Bacău
Bârlad
Focşani
Galaţi
Brăila
Buzău
Tulcea
Izmayil
Kiliya
Vylkove
Bilhorod-Dnistrovs'kyi
Kotovs'k
Balta
Bolhrad
Tatarbunary
Râmnicu Sărat
Adjud
Tecuci
Piatra Neamţ
Roman
Târgu Frumos
Hârlău
Dorohoi
Babadag
Măcin
Reni
Huşi
Leova
Taraclia
Basarabeasca
Cimişlia
Floreşti
Drochia
Râşcani
Făleşti
Glodeni
Sângerei
Rezina
Râbniţa
Dubăsari
Grigoriopol
Slobozia
Ştefan Vodă
Dnestrovsc
Criuleni
Ialoveni
Străşeni
Călăraşi
Nisporeni
Vulcăneşti
Ceadâr-Lunga
Artsyz
Sarata
Lacul Razim
Insula Sacalinul Mare

80
HR
Rijeka
Karlovac
Sisak
Petrinja
Kutina
Požega
Nova Gradiška
Bosanska Gradiška
Bosanska Dubica
Bosanski Novi
Prijedor
Banja Luka
Ogulin
Bihać
Bosanska Krupa
Sanski Most
Krk
Cres
Rab
Lošinj
Pag
Gospić
Zadar
Ugljan
Pašman
Dugi Otok
Biograd na Moru
Knin
Drniš
Šibenik
Trogir
Split
Omiš
Sinj
Livno
Jajce
Travnik
Bugojno
Makarska
Brač
Šolta
Hvar
Vis
Korčula
Lastovo
Mljet
Ploče
Metković
Jabuka
Palagruža
Ancona
Venezia
Trieste
Pescara
Ortona
Vasto
Termoli
MARE ADRIATICO
BUKOVICA
RAVNI KOTARI
Velebit
Lika
Velika Kapela
Mala Kapela
Kornat
A
B
C
D
E
F
G
2
3
4
5
6
35
33
39
76
I
0 10 20 30 40 50 km
0 10 20 30 miles

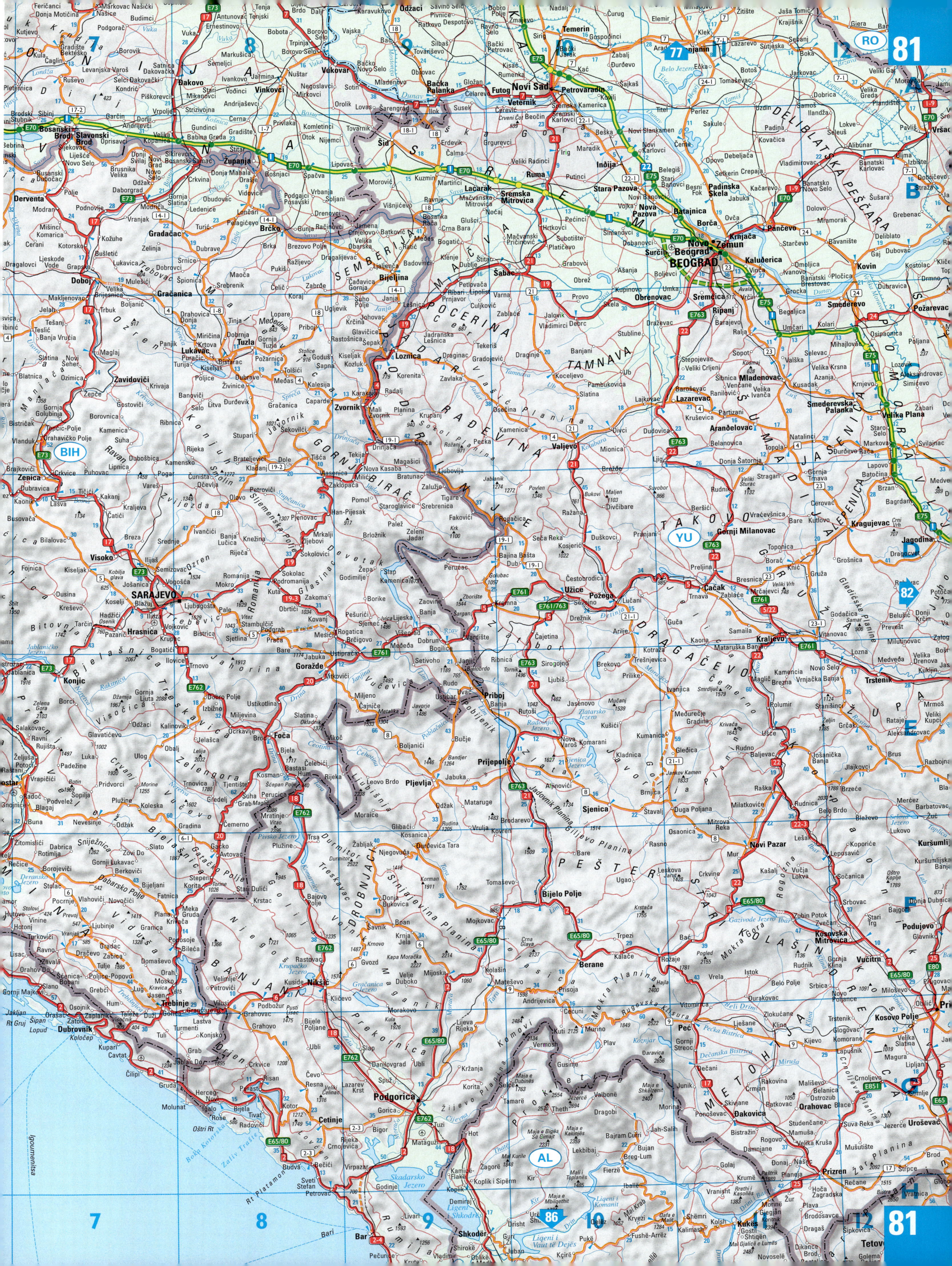
BEOGRAD
SARAJEVO
Novi Sad
Podgorica
Dubrovnik
Kragujevac
Niš
Novi Pazar
Tuzla
Zvornik
Šabac
Valjevo
Čačak
Užice
Kraljevo
Pančevo
Smederevo
Vukovar
Vinkovci
Brčko
Bijeljina
Doboj
Zenica
Goražde
Foča
Trebinje
Nikšić
Pljevlja
Prijepolje
Bijelo Polje
Berane
Peć
Prizren
Cetinje
Kotor
Bar
Shkodër
Kosovska Mitrovica
Vučitrn
Podujevo
Kosovo Polje
Dakovica
Jagodina
Slavonski Brod
Ruma
Sremska Mitrovica
Loznica
Mostar
Konjic
Visoko
BIH
YU
AL
RO
Skadarsko Jezero
Dunav
Sava
Drina
Morava
ŠUMADIJA
POMORAVLJE
TAKOVO
TAMNAVA
POCERINA
MAČVA
SEMBERIJA
FRUŠKA GORA
DELIBLATSKA PEŠČARA
DRAGAČEVO
PEŠTER
METOHIJA
BANJANI
DROBNJACI
ROMANIJA
GORNJI BIRAČ
RADEVINA
JADAR
ZLATIBOR
Durmitor
Jahorina
Zelengora
Prokletije

77
81
86
87
1
2
3
4
5
6
A
B
C
D
E
F
G
H
I
YU
MK
Pančevo
Smederevo
Požarevac
Kovin
Moldova Nouă
Oravita
Orşova
Drobeta - Turnu Severin
Târgu Jiu
Rovinari
Motru
Strehaia
Filiaşi
Craiova
Calafat
Vidin
Băileşti
Poiana Mare
Lom
Kozloduy
Mezdra
Montana
Berkovitsa
Vratsa
Botevgrad
Etropole
Sofiya
Pernik
Samokov
Ikhtiman
Dupnitsa
Kyustendil
Blagoevgrad
Razlog
Bansko
Velika Plana
Kragujevac
Jagodina
Ćuprija
Paraćin
Zaječar
Negotin
Bor
Knjaževac
Aleksinac
Kruševac
Trstenik
Niš
Prokuplje
Pirot
Bela Palanka
Leskovac
Vlasotince
Surdulica
Vranje
Bujanovac
Preševo
Gnjilane
Priština
Kosovska Mitrovica
Podujevo
Uroševac
Prizren
Tetovo
Skopje
Kumanovo
Kratovo
Kočani
Štip
Veles
Sveti Nikole
Kriva Palanka
Kavadarci
Negotino
Radoviš
Berovo
Delčevo
Vinica
Dimitrovgrad
Homolje
Homoljske Planine
Kučajske Planine
Stara Planina
Suva Planina
Kopaonik
Šar Planina
Osogovske Planine
Vitosha
Rila
Pirin
Sredna Gora
Palakariyata
Dunav
Dunărea
Morava
Timok
Resava
Toplica
Kraište
Slavište
Torbešija
Malešev
Ovče Pole
Mala Planina
Rtanj

78
79
84
85
RO
BG
TR
GR
BUCUREŞTI
Piteşti
Târgovişte
Ploieşti
Urziceni
Slobozia
Călăraşi
Giurgiu
Alexandria
Roşiori de Vede
Caracal
Slatina
Drăgăşani
Olteniţa
Silistra
Ruse
Turnu Măgurele
Zimnicea
Svishtov
Corabia
Pleven
Lovech
Veliko Târnovo
Gabrovo
Sevlievo
Troyan
Razgrad
Shumen
Târgovishte
Popovo
Dulovo
Tutrakan
Provadiya
Karnobat
Aytos
Burgas
Sliven
Yambol
Nova Zagora
Stara Zagora
Kazanlâk
Karlovo
Sopot
Plovdiv
Pazardzhik
Chirpan
Haskovo
Dimitrovgrad
Kârdzhali
Asenovgrad
Elhovo
Svilengrad
Edirne
Kırklareli
Câmpia Burnazului
Ludogorie
Stara Planina
Sredna Gora
Rodopi
Strandzha
83

RO
BG
TR
ČERNO MORE
Slobozia
Urziceni
Tăndărei
Hârşova
Babadag
Feteşti
Cernavodă
Medgidia
Călăraşi
Silistra
Olteniţa
Tutrakan
Constanţa
Năvodari
Ovidiu
Mangalia
Negru Vodă
Dobrich
Balchik
Kavarna
Razgrad
Isperikh
Shumen
Novi Pazar
Varna
Devnya
Provadiya
Targovishte
Veliki Preslav
Aytos
Karnobat
Burgas
Pomorie
Nesebŭr
Sozopol
Sredets
Yambol
Elkhovo
Tsarevo
Kırklareli
Pınarhisar
Vize
DOBRUDZHA
Kamchiyska Planina
Strandzha
Insula Sacalinul Mare
Lacul Razim
Lacul Sinoie
Nos Kaliakra
Nos Shabla
Nos Emine
Nos Maslen Nos
Rezovo
İğneada
0 10 20 30 40 50 km
0 10 20 30 miles
1 2 3 4 5 6
A B C D E F G H I
79
83
85

Edirne
Kırklareli
Lüleburgaz
Babaeski
Uzunköprü
Hayrabolu
Çorlu
Saray
Çerkezköy
Silivri
Çatalca
İstanbul
Bakırköy
Küçükçekmece
Kağıthane
Tekirdağ
Malkara
Keşan
Alexandroupoli
Orestiada
Marmara Denizi
Marmara Adası
Kapıdağı Yarımadası
İmralı Adası
Erdek
Bandırma
Saros Körfezi
Gelibolu
Çanakkale
Gökçeada
Bozcaada
Biga
Çan
Gönen
Karacabey
Mustafakemalpaşa
Susurluk
Balıkesir
Bigadiç
Dursunbey
Edremit
Burhaniye
Ayvalık
Bergama
Dikili
Soma
Kırkağaç
Akhisar
Savaştepe
Manisa
Menemen
Foça
Aliağa
İzmir
Karşıyaka
Konak
Bornova
Buca
Kemalpaşa
Turgutlu
Ahmetli
Salihli
Alaşehir
Kula
Demirci
Gördes
Mudanya
Çeşme
Chios
Lesvos
Mytilini
Biga Yarımadası
Kaz Dağı
Madra Dağı
Edremit Körfezi
TR
GR
BG

81
82
88
AL
MK
GR
B
C
D
E
F
G
H
2
3
4
5
6
TIRANË
SKOPJE
Tetovo
Gostivar
Kičevo
Veles
Sveti Nikole
Štip
Negotino
Kavadarci
Prilep
Bitola
Ohrid
Struga
Debar
Peshkopi
Burrel
Krujë
Durrës
Lezhë
Elbasan
Kavajë
Lushnjë
Fier
Berat
Kuçovë
Patos
Vlorë
Tepelenë
Gjirokastër
Sarandë
Pogradec
Korçë
Ersekë
Përmet
Florina
Edessa
Naousa
Veroia
Kastoria
Ptolemaida
Kozani
Grevena
Konitsa
Ioannina
Ιωαννινα
Kerkyra
Κερκυρα
Igoumenitsa
Parga
Preveza
Arta
Lefkada
Λευκας
Agrinio
Trikala
Karditsa
Kalambaka
Lamia
Larisa
Tyrnavos
Elassona
Servia
Alexandreia
Gevgeli
Trieste, Ancona, Bari, Brindisi, Otranto
Brindisi, Otranto
Ancona, Bari, Brindisi, Trieste, Venezia
Brindisi, Bari
Otranto
Deti Jon
Paxoi
Antipaxoi
Othonoi
Ereikoussa
Mathraki
Zakynthos
Ithaki
Pindos
Chasia
Notia Pindos
Amvrakikos Kolpos
Ohridsko ezero
Prespansko ezero
Jakupica
Babuna Planina
Dren Planina
Stogovo Planina
Mali i Tomorit
Mal Gramoz
Mali i Nemerçkës
Mali i Lunxhërisë
Olympos
Kamvounia
Vermio
E65
E75
E86
E90
E92
E55
E951
E952
E853
E852
E90/853
E90/92
E55/952

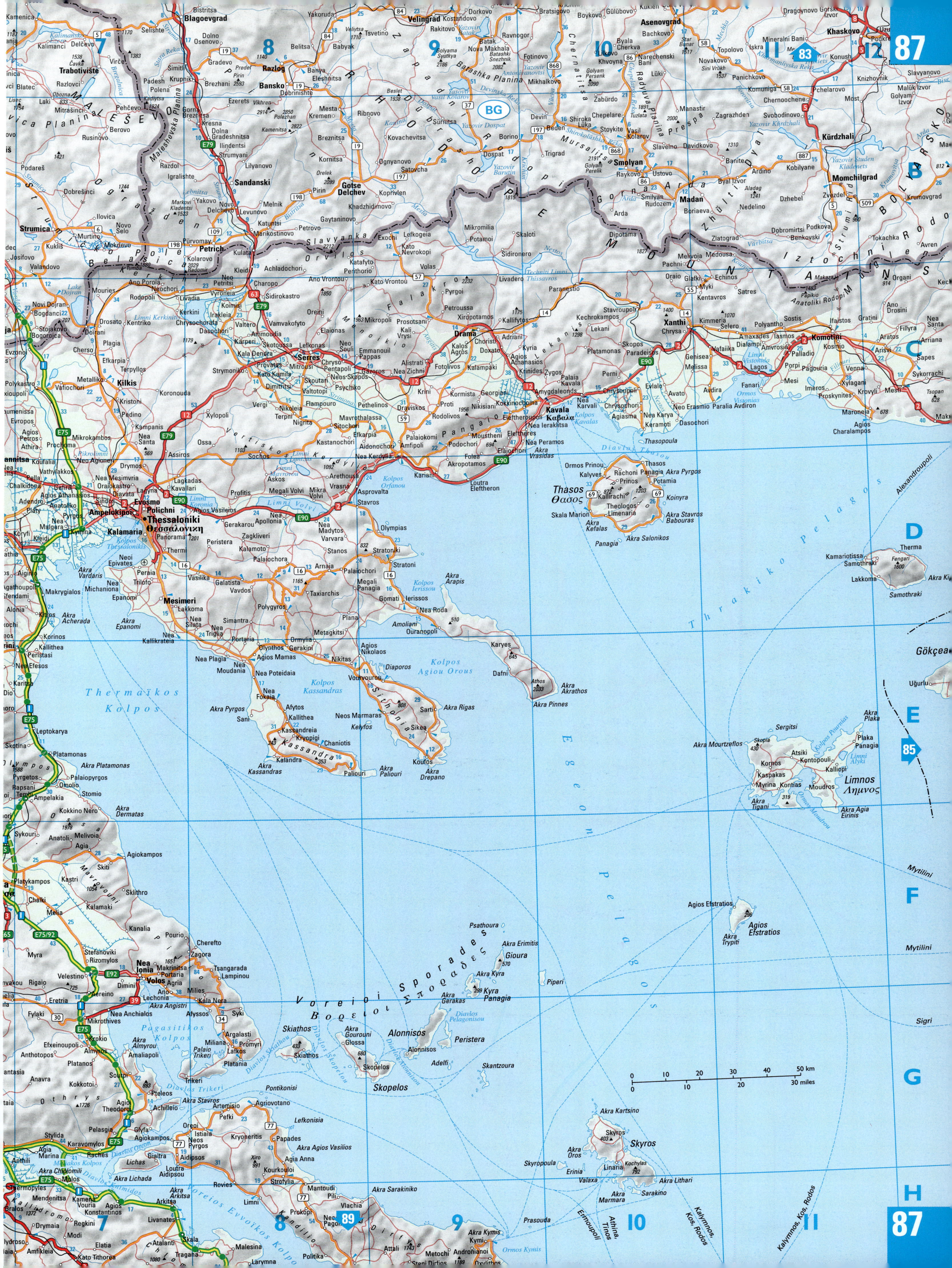
BG
Blagoevgrad
Razlog
Bansko
Sandanski
Gotse Delchev
Petrich
Strumica
Velingrad
Asenovgrad
Khaskovo
Smolyan
Madan
Kŭrdzhali
Momchilgrad
Xanthi
Komotini
Drama
Serres
Kilkis
Kavala
Καβάλα
Thessaloniki
Θεσσαλονίκη
Kalamaria
Polichni
Evosmo
Ampelokipoi
Mesimeri
Nea Moudania
Polygyros
Arnaia
Ierissos
Karyes
Thasos
Θάσος
Limnos
Λήμνος
Myrina
Moudros
Agios Efstratios
Samothraki
Alexandroupoli
Gökçeada
Mytilini
Thermaikos Kolpos
Kolpos Kassandras
Kassandra
Kolpos Agiou Orous
Sithonia
Akra Akrathos
Thrakiko Pelagos
Egeon Pelagos
Voreioi Sporades
Βόρειοι Σποράδες
Skiathos
Skopelos
Alonnisos
Peristera
Kyra Panagia
Gioura
Psathoura
Piperi
Skantzoura
Skyros
Skyropoula
Volos
Nea Ionia
Pagasitikos Kolpos
Almyros
Agiokampos
Kalambaka
Katerini
Platamonas
Leptokarya
Lamia
Stylida
Istiaia
Limni
Prokopi
Mantoudi
Rovies
Kymi
Voreios Evvoikos Kolpos
E75
E79
E90
E92
E75/92
Rhodopi
Pirin
Falakro
Orvilos
Kerkini
Mavrovouni
Othrys
Kalymnos, Kos, Rodos
Athina, Tinos
Ermoupoli
0 10 20 30 40 50 km
0 10 20 30 miles
83
85
89
A
B
C
D
E
F
G
H
7
8
9
10
11
12

86
89
KEFALLONIA
Κεφαλληνια
ZAKYNTHOS
Ζακυνθος
GR
TR
Patra
Πατρα
Korinthos
Κορινθος
Korinthiakos Kolpos
Patraikos Kolpos
Kyparissiakos Kolpos
Messiniakos Kolpos
Lakonikos Kolpos
Argolikos Kolpos
Tripoli
Kalamata
Sparti
Argos
Nafplio
Pyrgos
Amaliada
Mesolongi
Agrinio
Aigio
Megara
Levadeia
Thiva
Salamina
Spetses
Monemvasia
Gytheio
KYTHIRA
Κυθηρα
Samos
Σαμος
Kuşadası
Söke
Milas
Bodrum
Kos
Κως
Kalymnos
Leros
Nisyros
Tilos
Symi
Rodos
RODOS
Ροδος
Chalki
Alimia
Dodekanisos
Δωδεκανησος
Gökova Körfezi
Güllük Körfezi
Ancona, Bari, Brindisi
Akra Tainaro (Cape Matapan)
E55
E65
E94
E961
0 10 20 30 40 50 km
0 10 20 30 miles
B
C
D
E
F
G
2
3
4
5
6

87
85
88
TR
EVVOIA
Ευβοια
ATHINA
ΑΘΗΝΑΙ
Peiraias
ΠΕΙΡΑΙΑΣ
Chalkida
Kifisia
Marousi
Nea Filadelfeia
Chalandri
Peristerio
Kallithea
Glyfada
Voula
Koropi
Agios Dimitrios
Elefsina
Aspropyrgos
Rafina
Porto Rafti
Markopoulo
Lavrio
Makronisi
Aigina
Saronikos Kolpos
Notios Evvoikos Kolpos
Kolpos Petalion
Karystos
Marmari
Styra
Akra Kafireas
Ochi
Andros
Ανδρος
Gavrio
Batsi
Korthi
Tinos
Τηνος
Syros
Συρος
Ermoupoli
Ano Syros
Galissas
Vari
Mykonos
Μυκονος
Ano Mera
Dilos
Rineia
Kea
Κεα
Kythnos
Κυθνος
Loutra
Merichas
Dryopida
Kanala
Serifos
Livadi
Megalo Livadi
Sifnos
Σιφνος
Kamares
Apollonia
Platys Gialos
Kitriani
Kimolos
Milos
Μηλος
Adamas
Polyaigos
Antimilos
Falkonera
Karavi
Velopoula
MIRTOÖ PELAGOS
Kyklades
Κυκλαδες
Paros
Παρος
Naousa
Lefkes
Marpissa
Antiparos
Despotiko
Strongyli
Naxos
Ναξος
Apollon
Filoti
Koufonisi
Schoinoussa
Irakleia
Keros
Donoussa
Amorgos
Katapola
Aigiali
Ios
Ιος
Sikinos
Folegandros
Thira
Θηρα
Oia
Perissa
Akrotiri
Anafi
Astypalaia
Anydro
Ikaria
Ικαρια
Evdilos
Agios Kirykos
Fournoi
Chios
Χιος
Psara
Antipsara
Oinousses
Kardamyla
Vrontados
Mesta
Pyrgi
Kalamoti
Komi
Emporeios
Çeşme
Alaçati
Samos
Patmos
Kalymnos, Rodos
Levitha
Kinaros
Mavra
Gyaros
Skopelos
Lesvos
Thessaloniki
Ydra
Poros
Agios Georgios
Falkonera
Ananes
Chania
Rethymno
Irakleio
Agios Nikolaos
8
9
10
11
7
C
D
E

KRITI
Κρητη
Chania
Rethymno
Irakleio
Kolpos Chanion
Kolpos Kissamou
Kastelli
Kolymvari
Platanos
Akra Spatha
Gramvousa
Elafonisi
Palaiochora
Sougia
Lefka Ori
Sfakia
Georgioupoli
Vamos
Souda
Akrotiri
Ormos Soudas
Ormos Almyrou
Episkopi
Spili
Anogeia
Tilisos
Kolpos Irakleiou
Chersonisos
Malia
Milatos
Neapoli
Agios Nikolaos
Kolpos Mirampelou
Ierapetra
Sitia
Palaikastro
Zakros
Makrygialos
Dikti
Psychro
Tzermiado
Moires
Tympaki
Matala
Ormos Mesaras
Gavdos
Gavdopoula
Paximadia
Dia
Lentas
Kaloi Limenes
Pyrgos
Arvi
Myrtos
Viannos
Pefkos
Koufonisi
Chrysi
Avgo
Karpathos
Akra Sideros
Rodos, Lemesos
GR
Peiraias
Thira
Milos
E65
E75
90
97
F
G
7
8
9
10
11

Amsterdam Barcelona Beograd

IJmuiden
Zaandijk
Zaanstad
Purmerend
Broek in Waterland
Noordzeekanaal
Knooppunt Coenplein
A10
E35
Landsmeer
N235
N247
Het Schouw
Kadoelen
N202
Coentunnel
S101
Tuindorp
Oostzaan
Buiksloot
Volendam
Zunderdorp
Holysloot
A10
E22
S118
Hemhavens
Amsterdam-Noord
Havens -west
S102
Nieuwendam
Ransdorp
Haarlem
Halfweg
N5
Haarlem
S103
S116
Schellingwoude
Slotermeer
S104
S103
IJ-tunnel
Het IJ
Durgerdam
Halfweg
S105
Geuzenveld
S100
Geuzenveld
S105
Zeeburgertunnel
Sloterplas
S100
Zeeburg
Centrum
S114
Zeebergerbrug
IJ-meer
Haarlem
S106
Vondelpark
Osdorp
Slotervaart
Osdorp
S100
S112
Knooppunt Watergrafsmeer
Diemen Noord
Lijnden
A9
AMSTERDAM
S108
S113
Badhoevedorp
Sloten
Sloten
S110
S112
Diemen
Diemen
Diemen
Over-Diemen
Osdorp
A4
A10
RA1
Duivendrecht
Badhoevedorp
Knooppunt Nieuwe Meer
Amstelveen
E35
Weespertrekvaart
A1
E231
Hilversum
Het Nieuwe Meer
Buitenveldert
Duivendrecht
Knooppunt Diemen
Knooppunt Badhoevedorp
Knooppunt Amstel
Amstelpark
Gaasp
A4
E19
S108
S112
Amsterdamse Bos
S109
Aalsmeer
A2
Amsterdam Zuidoost
Weesp
Amstelveen
Gaasperplas
Bijlmermeer
Schiphol
Amsterdam Schiphol
A9
Ouderkerk a/d Amstel
Amstel
A9
N236
Leiden, Den Haag
E35
Bussum
Amstelveen
Ouderkerk a/d Amstel
Bullerwijk
Holendrecht
Ouderkerk
Bovenkerk
0 1 2 3 km
A9
Knooppunt Holendrecht
Waardhuizen
Uithoorn
Utrecht

Tarragona
Manresa
Manresa
Sabadell
A7
A7
E15
A18
N150
Barberà del Vallès
Girona
A7
E15
Santa Perpètua
Vilafranca
N
N11
El Papiol
Valldoreix
Sant Cugat del Vallès
Cerdanyola del Vallès
A18
Ripollet
Girona
N340
A17
Montcarda i Reixac
Sant Vicenç dels Horts
Molins de Rei
A2
E90
Besòs
Santa Coloma de Cervelló
Sant Feliu de Llobregat
Tibidabo
522
Sant Climent
Sant Just Desvern
Horta
Santa Colona de Gramenet
A2
Sant Gervasi
Sarrià
Badalona
Sant Boi de Llobregat
Esplugues
Mataró
Gavà
Cornellà de Llobregat
Les Corts
Gràcia
A19
C245
Llobregat
L'Hospitalet de Llobregat
Sants
Sant Martí
Sant Adrià de Besòs
A16
BARCELONA
Montjuïc
Mar Mediterràneo
Tarragona
El Prat de Llobregat
Zona Franca
Barcelona -Prat
0 1 2 3 km

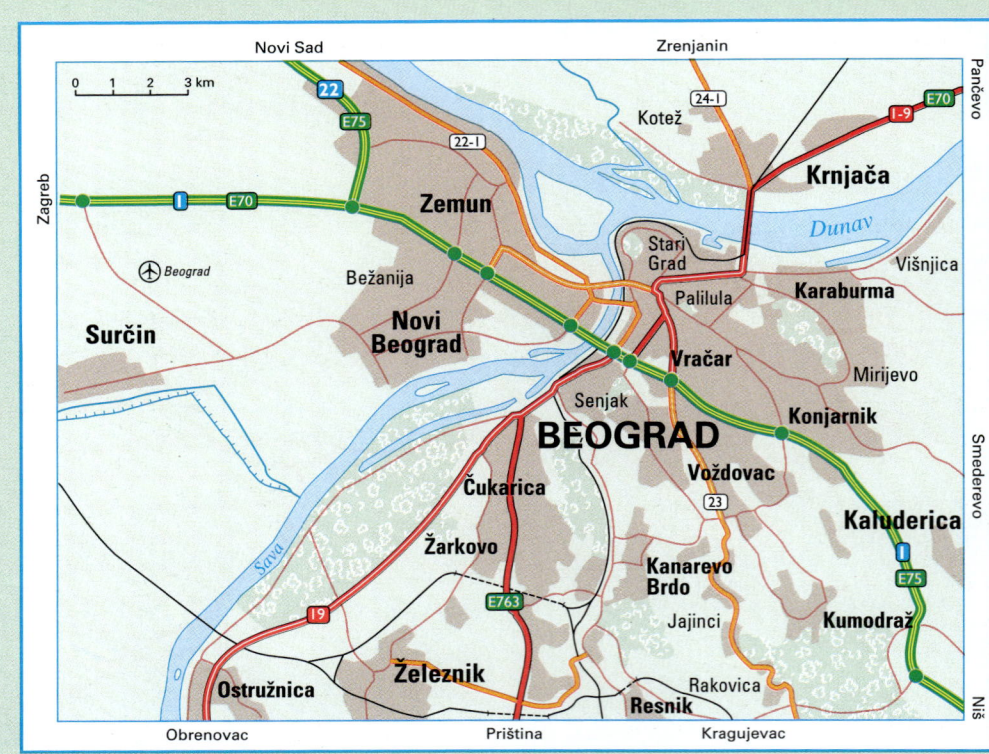
Novi Sad
Zrenjanin
Pančevo
0 1 2 3 km
22
E75
24-1
Kotež
E70
I-9
22-1
Krnjača
Zagreb
E70
Zemun
Dunav
Stari Grad
Višnjica
Beograd
Bežanija
Palilula
Karaburma
Surčin
Novi Beograd
Vračar
Mirijevo
Senjak
Konjarnik
BEOGRAD
Smederevo
Voždovac
Čukarica
23
Kaluđerica
Sava
Žarkovo
Kanarevo Brdo
E75
E763
Jajinci
Kumodraž
I9
Železnik
Ostružnica
Rakovica
Resnik
Niš
Obrenovac
Priština
Kragujevac

Halkida, Lamia
Kifisia
Korinthos
Aspropyrgos
Metamorfossi
Pefki
Maroussi
Melissia
Nea Filadelfia
Iraklio
Petroupoli
Nea Ionia
Vrilissia
Nea Liosia
Agii Anargiri
Halandri
Elefsinos Kolpos
Nea Halkidona
Filothei
Galatsi
Peristerio
Kato Halandri
Agia Paraskevi
Skaramangas
Haidari
Psihiko
Rafina
Kolonos
Kipseli
Neo Psihiko
Holargos
Gizi
Leontari
Agia Varvara
Egaleo
Vathi
Goudi
Koridalos
Likavitos
Papagos
ATHINA
Zografos
Akropolis
Tavros
Amfiali
Nikea
Koukaki
Kessariani
Peania
Pangrati
Moschato
Viron
Keratsini
Tambouria
Kaminia
Kallithea
Dafni
Imitos
1026
Drapetsona
Tzitzifies
Nea Smirna
Nea Faliro
Lavrio, Sounio
Agios Dimitrios
Peiraias
Paleo Faliro
Karelas
Ilioupoli
Imitos
Kalamaki
Alimos
Argiroupoli
SARONIKOS KOLPOS
West Terminal
East Terminal
Sourmena
Terpsithea
Glyfada
Glyfada
0 1 2 3 km
E75
82
E94
83
54
89
91

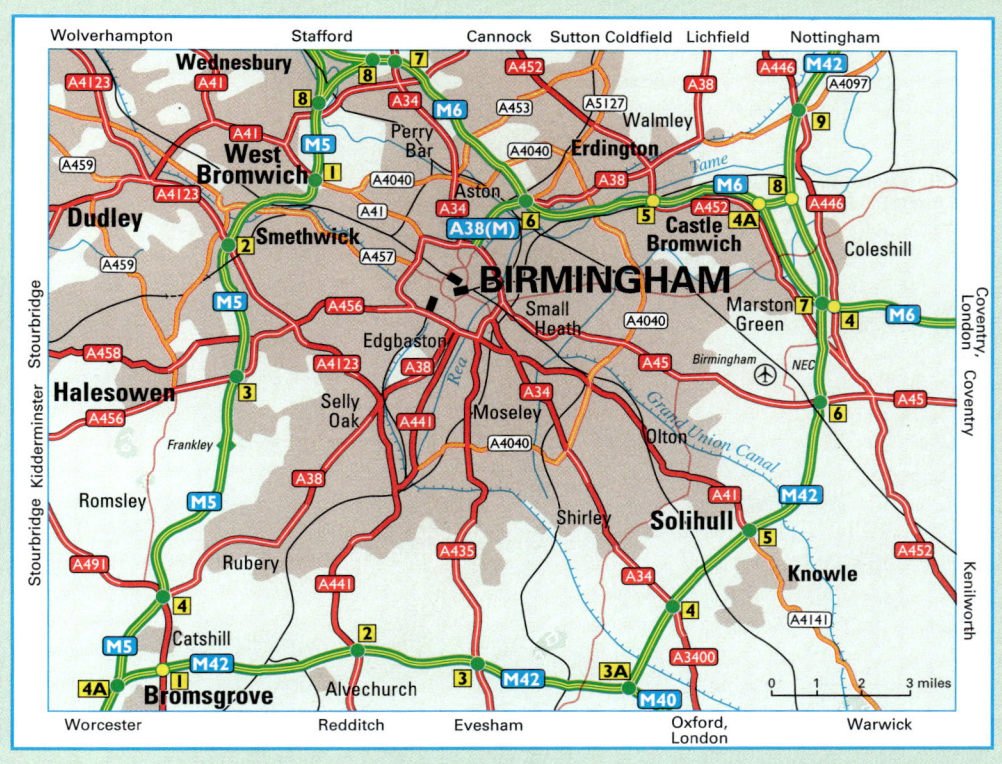
Wolverhampton
Stafford
Cannock
Sutton Coldfield
Lichfield
Nottingham
Wednesbury
Perry Bar
Walmley
West Bromwich
Erdington
Dudley
Aston
Castle Bromwich
Smethwick
Coleshill
BIRMINGHAM
Small Heath
Marston Green
Coventry, London
Edgbaston
Birmingham
NEC
Halesowen
Selly Oak
Moseley
Olton
Coventry
Frankley
Grand Union Canal
Stourbridge
Kidderminster
Romsley
Shirley
Solihull
Rubery
Knowle
Catshill
Kenilworth
Bromsgrove
Alvechurch
Worcester
Redditch
Evesham
Oxford, London
Warwick
0 1 2 3 miles
Tame
Rea
M5
M6
M42
M40
A38(M)

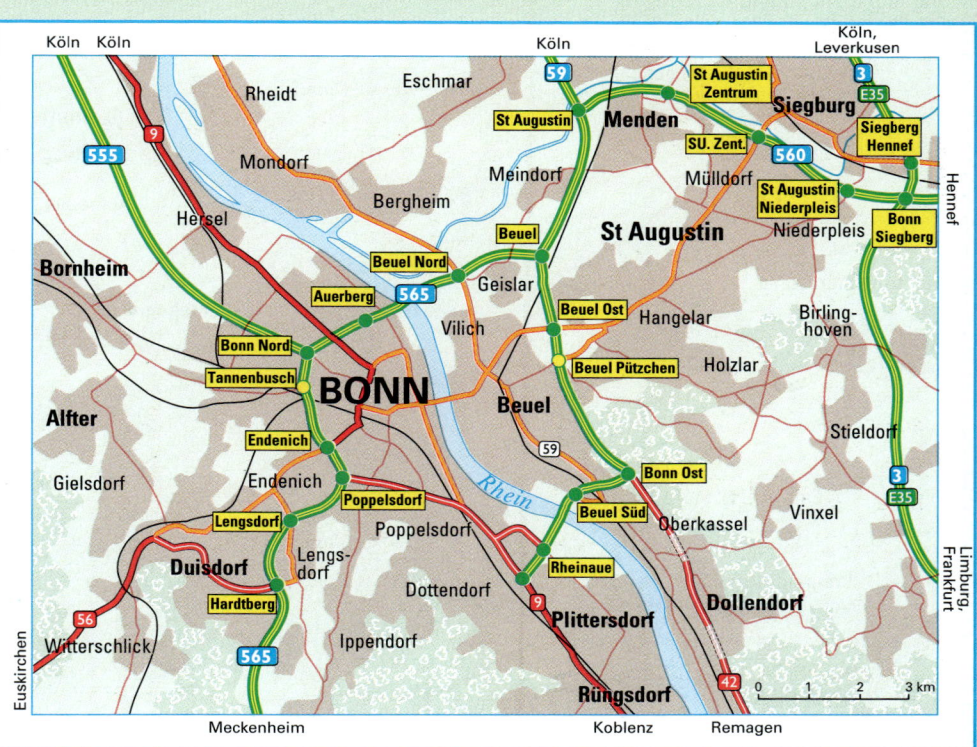
Köln
Köln
Köln
Köln, Leverkusen
Rheidt
Eschmar
St Augustin Zentrum
Siegburg
St Augustin
Menden
Siegberg Hennef
Mondorf
SU. Zent.
Mülldorf
Bergheim
Meindorf
St Augustin Niederpleis
Hennef
Hersel
Beuel
St Augustin
Niederpleis
Bonn Siegberg
Bornheim
Beuel Nord
Geislar
Auerberg
Beuel Ost
Hangelar
Birlinghoven
Vilich
Bonn Nord
Beuel Pützchen
Holzlar
Tannenbusch
BONN
Beuel
Alfter
Endenich
Stieldorf
Gielsdorf
Endenich
Bonn Ost
Poppelsdorf
Rhein
Lengsdorf
Beuel Süd
Oberkassel
Vinxel
Poppelsdorf
Limburg, Frankfurt
Duisdorf
Lengsdorf
Rheinaue
Dottendorf
Dollendorf
Hardtberg
Plittersdorf
Witterschlick
Ippendorf
Euskirchen
Rüngsdorf
0 1 2 3 km
Meckenheim
Koblenz
Remagen

Berlin Bucuresti Dublin

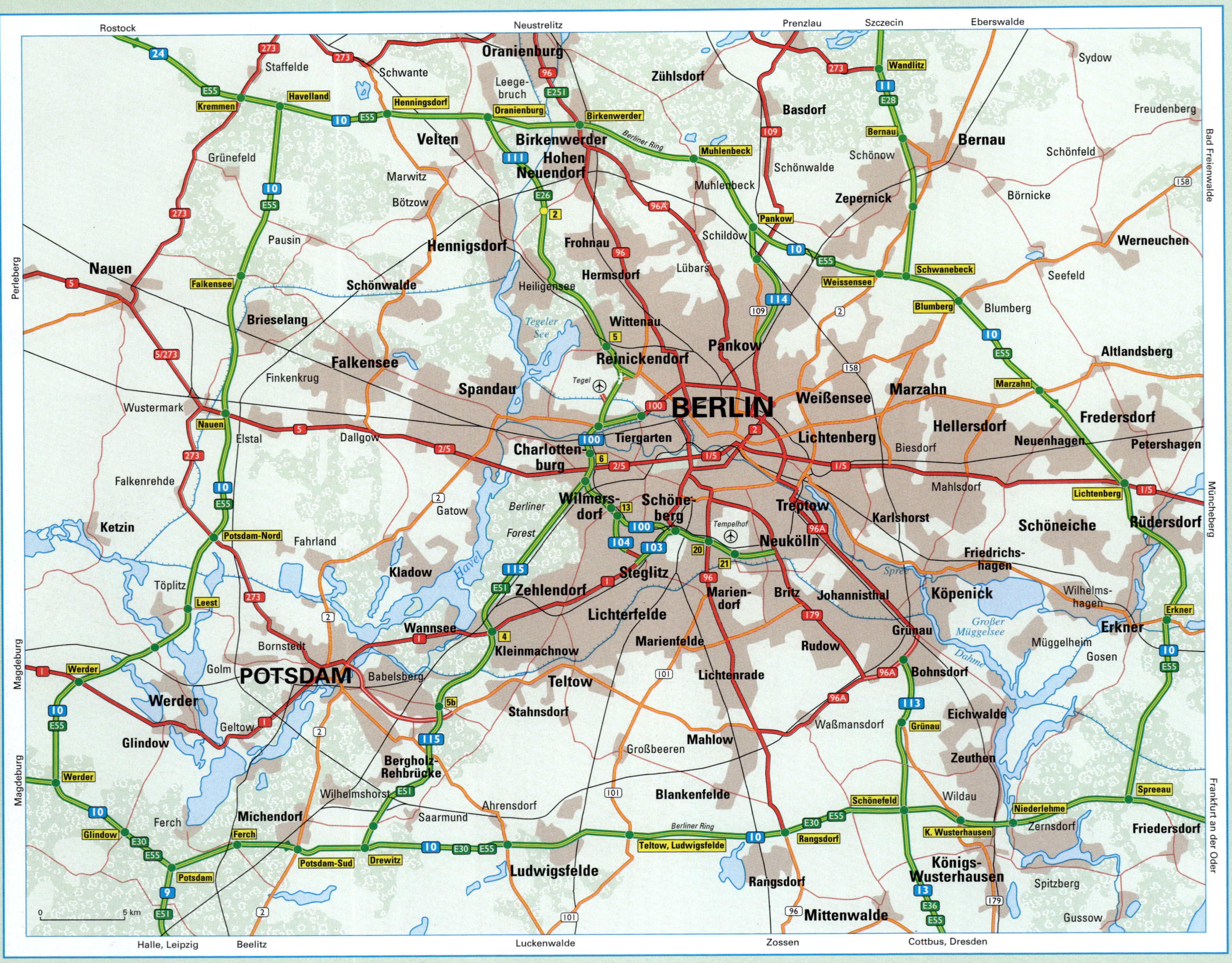
Rostock
Neustrelitz
Prenzlau
Szczecin
Eberswalde
Oranienburg
Leege-bruch
Zühlsdorf
Basdorf
Sydow
Freudenberg
Staffelde
Schwante
Kremmen
Havelland
Henningsdorf
Oranienburg
Birkenwerder
Velten
Birkenwerder
Hohen Neuendorf
Berliner Ring
Mühlenbeck
Schönwalde
Schönow
Bernau
Schönfeld
Bad Freienwalde
Grünefeld
Marwitz
Bötzow
Mühlenbeck
Zepernick
Börnicke
Pausin
Hennigsdorf
Frohnau
Schildow
Pankow
Werneuchen
Perleberg
Nauen
Falkensee
Schönwalde
Heiligensee
Hermsdorf
Lübars
Weissensee
Schwanebeck
Seefeld
Brieselang
Tegeler See
Wittenau
Blumberg
Blumberg
Reinickendorf
Pankow
Altlandsberg
Falkensee
Finkenkrug
Spandau
Tegel
Marzahn
Wustermark
BERLIN
Weißensee
Marzahn
Fredersdorf
Nauen
Elstal
Dallgow
Charlotten-burg
Tiergarten
Lichtenberg
Hellersdorf
Neuenhagen
Petershagen
Biesdorf
Falkenrehde
Gatow
Wilmers-dorf
Schöne-berg
Mahlsdorf
Lichtenberg
Müncheberg
Ketzin
Potsdam-Nord
Berliner Forest
Tempelhof
Treptow
Karlshorst
Schöneiche
Rüdersdorf
Fahrland
Neukölln
Friedrichs-hagen
Kladow
Havel
Steglitz
Spree
Wilhelms-hagen
Töplitz
Leest
Zehlendorf
Marien-dorf
Britz
Johannisthal
Köpenick
Erkner
Erkner
Wannsee
Lichterfelde
Großer Müggelsee
Bornstedt
Kleinmachnow
Marienfelde
Rudow
Grünau
Müggelheim
Gosen
Magdeburg
Werder
Golm
POTSDAM
Babelsberg
Teltow
Lichtenrade
Bohnsdorf
Dahme
Werder
Geltow
Stahnsdorf
Waßmansdorf
Eichwalde
Grünau
Glindow
Mahlow
Großbeeren
Zeuthen
Magdeburg
Werder
Bergholz-Rehbrücke
Blankenfelde
Wildau
Schönefeld
Spreeau
Wilhelmshorst
Ahrensdorf
Niederlehme
Frankfurt an der Oder
Michendorf
Saarmund
Berliner Ring
Zernsdorf
Friedersdorf
Glindow
Ferch
Ferch
Teltow, Ludwigsfelde
K. Wusterhausen
Rangsdorf
Potsdam-Sud
Drewitz
Ludwigsfelde
Königs-Wusterhausen
Potsdam
Rangsdorf
Spitzberg
Mittenwalde
Gussow
0
5 km
Halle, Leipzig
Beelitz
Luckenwalde
Zossen
Cottbus, Dresden

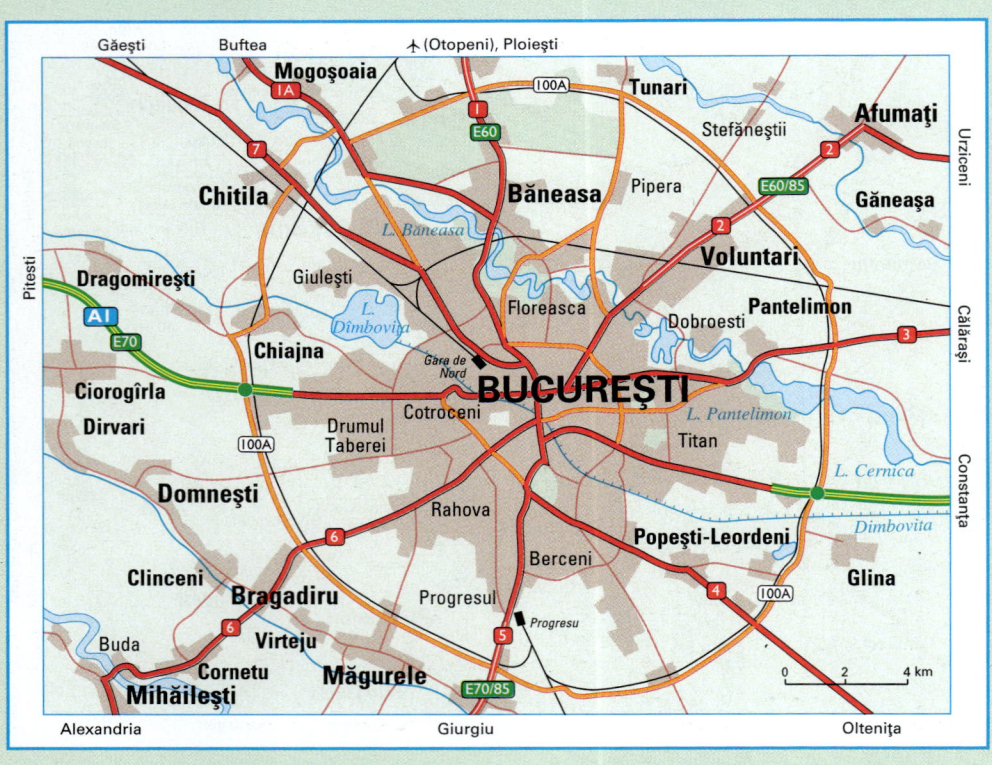
Găeşti
Buftea
(Otopeni), Ploieşti
Mogoşoaia
Tunari
Afumaţi
Ştefăneştii
Urziceni
Chitila
Băneasa
Pipera
Găneasa
L. Băneasa
Voluntari
Piteşti
Dragomireşti
Giuleşti
Pantelimon
Floreasca
L. Dîmboviţa
Dobroesti
Călăraşi
Chiajna
Gara de Nord
BUCUREŞTI
Ciorogîrla
Cotroceni
L. Pantelimon
Dirvari
Drumul Taberei
Titan
L. Cernica
Constanţa
Domneşti
Rahova
Dîmboviţa
Berceni
Popeşti-Leordeni
Clinceni
Glina
Bragadiru
Progresul
Progresu
Buda
Virteju
Cornetu
Măgurele
Mihăileşti
0
2
4 km
Alexandria
Giurgiu
Olteniţa

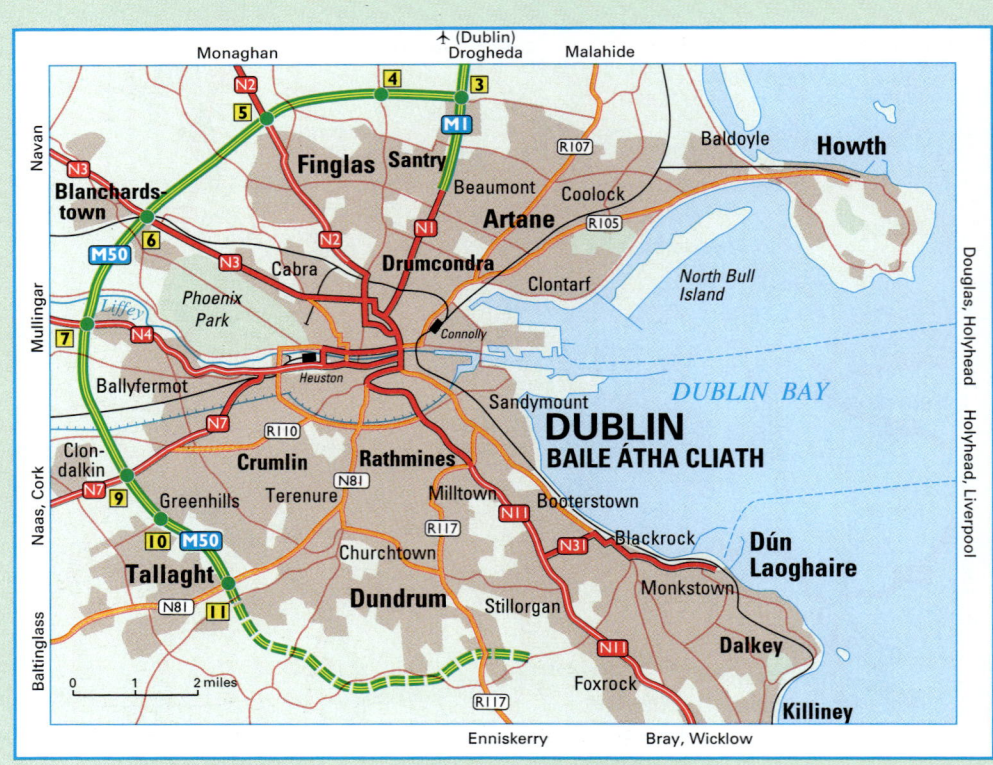
Monaghan
(Dublin)
Drogheda
Malahide
Navan
Finglas
Santry
Baldoyle
Howth
Blanchards-town
Beaumont
Coolock
Artane
Cabra
Drumcondra
Clontarf
North Bull Island
Douglas, Holyhead
Mullingar
Phoenix Park
Liffey
Connolly
Heuston
Ballyfermot
Sandymount
DUBLIN BAY
Holyhead, Liverpool
DUBLIN
BAILE ÁTHA CLIATH
Clon-dalkin
Crumlin
Rathmines
Naas, Cork
Greenhills
Terenure
Milltown
Booterstown
Blackrock
Dún Laoghaire
Tallaght
Churchtown
Monkstown
Dundrum
Stillorgan
Baltinglass
Dalkey
0
1
2 miles
Foxrock
Killiney
Enniskerry
Bray, Wicklow

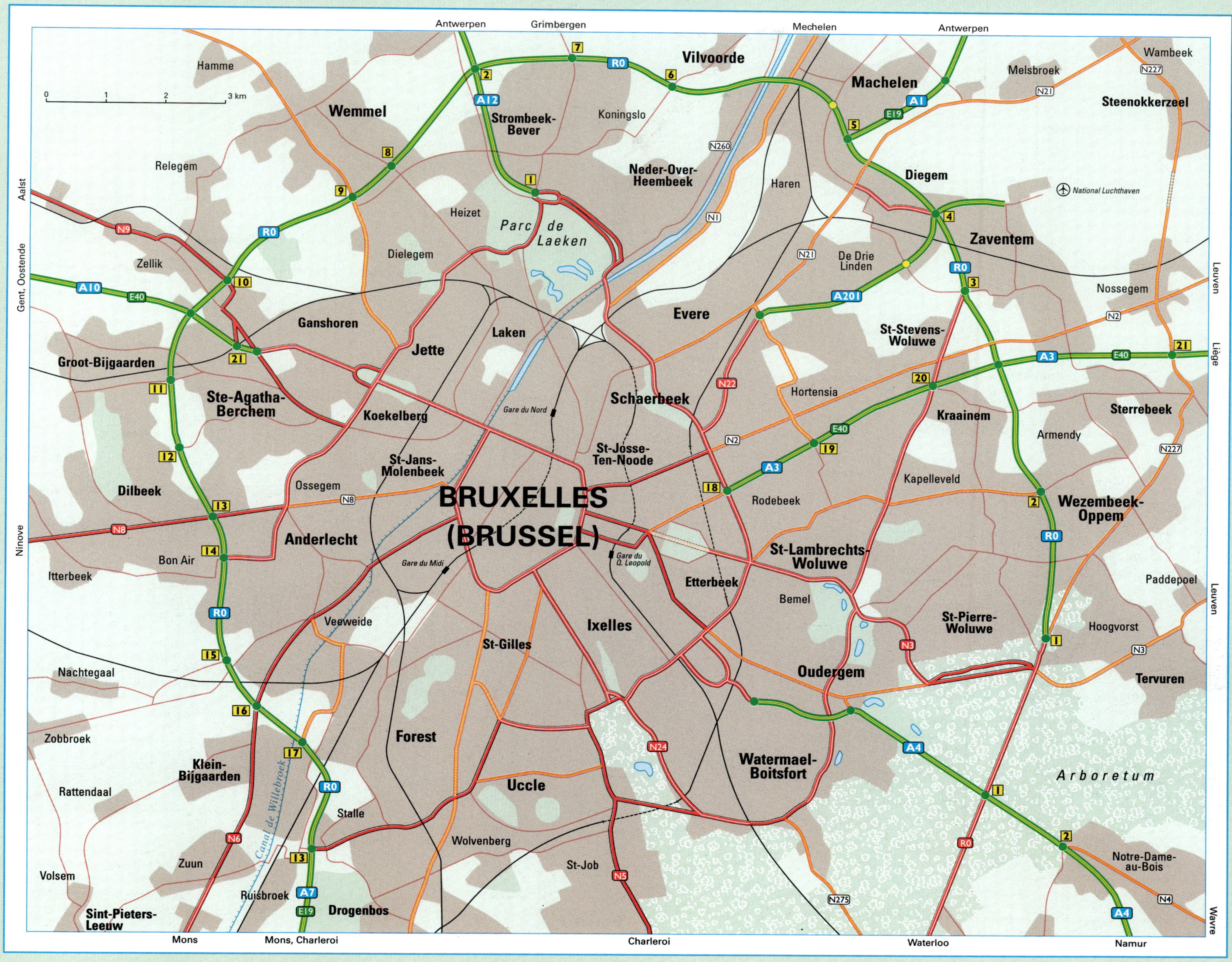
Antwerpen
Grimbergen
Mechelen
Antwerpen
Wambeek
Hamme
0 1 2 3 km
Wemmel
Strombeek-Bever
Koningslo
Vilvoorde
Machelen
Melsbroek
Steenokkerzeel
Relegem
Neder-Over-Heembeek
Haren
Diegem
National Luchthaven
Aalst
Heizet
Parc de Laeken
Zellik
Dielegem
De Drie Linden
Zaventem
Nossegem
Gent, Oostende
Ganshoren
Laken
Evere
St-Stevens-Woluwe
Groot-Bijgaarden
Jette
Leuven
Liège
Ste-Agatha-Berchem
Koekelberg
Gare du Nord
Schaerbeek
Hortensia
Kraainem
Sterrebeek
Armendy
St-Josse-Ten-Noode
Dilbeek
St-Jans-Molenbeek
Ossegem
Kapelleveld
BRUXELLES (BRUSSEL)
Rodebeek
Wezembeek-Oppem
Ninove
Anderlecht
Bon Air
Itterbeek
Gare du Midi
Gare du Q. Leopold
St-Lambrechts-Woluwe
Etterbeek
Bemel
Paddepoel
Veeweide
Ixelles
St-Pierre-Woluwe
Hoogvorst
Leuven
St-Gilles
Nachtegaal
Oudergem
Tervuren
Zobbroek
Forest
Klein-Bijgaarden
Watermael-Boitsfort
Arboretum
Rattendaal
Uccle
Canal de Willebroek
Stalle
Wolvenberg
Notre-Dame-au-Bois
Volsem
Zuun
St-Job
Ruisbroek
Drogenbos
Sint-Pieters-Leeuw
Wavre
Mons
Mons, Charleroi
Charleroi
Waterloo
Namur

FIRTH OF FORTH
Forth Bridge, Stirling
Cramond
Granton
Leith
Blackhall
Restalrig
Portobello
Clermiston
Joppa
Musselburgh
Edinburgh (Turnhouse)
Arthur's Seat 823
Waverley
EDINBURGH
Corstorphine
Duddingston
Glasgow
Sighthill
Morningside
Craigmillar
Craiglockhart
Dunbar, Berwick
West Calder
Edmonstone
Colinton
Liberton
Esk
Fairmilehead
Currie
Dalkeith
Lanark
0 1 2 miles
Jedburgh
Balerno
Pentland Hills
Loanhead
Lasswade
Bonnyrigg
Newtongrange
Biggar, M74
Peebles
Galashiels

Bad Homburg
Bad Nauheim
Nidderau
Ober-höchstadt
Bommersheim
Harheim
Bonames
Nieder-dorfelden
Kronberg
Bad Vilbel
Hanau
Nieder-höchstadt
Steinbach
Nieder-ursel
Schwalbach
Praunheim
Echersheim
Eckenheim
Bergen
Maintal
Eschborn
Seckbach
Enkheim
Hanau
Sulzbach
Bad Soden
Sossenheim
Rödelheim
FRANKFURT
Fechenheim
Bürgel
Main
Mühlheim
Wiesbaden
Höchst
Nied
Hauptbahnhof
Griesheim
Sachsenhausen
Oberrad
Offenbach
Bieber
Schwanheim
Niederrad
Tempelsee
Kelsterbach
Frankfurter Stadtwald
Würzburg
0 1 2 3 km
Gravenbruch
Neu-Isenburg
Heusenstamm
Frankfurt
Wiesbaden, Mainz
Darmstadt
Langen
Rödermark

Budapest Glasgow Göteborg

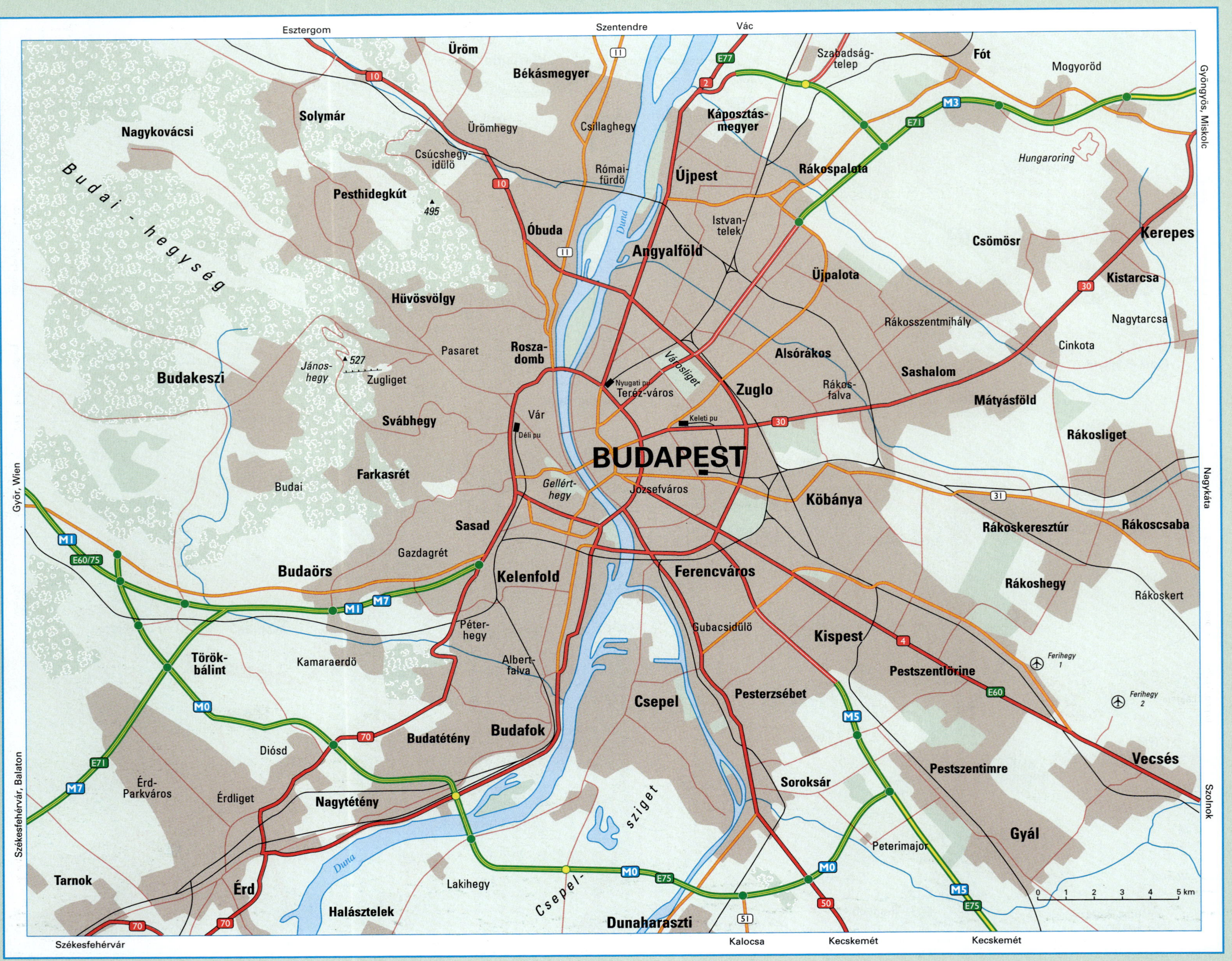
Esztergom
Szentendre
Vác
Gyöngyös, Miskolc
Nagykáta
Szolnok
Kecskemét
Kecskemét
Kalocsa
Székesfehérvár
Székesfehérvár, Balaton
Győr, Wien
Üröm
Békásmegyer
Szabadság-telep
Fót
Mogyoród
Solymár
Nagykovácsi
Ürömhegy
Csillaghegy
Káposztás-megyer
Hungaroring
Csúcshegy-idülő
Római-fürdő
Újpest
Rákospalota
Budai-hegység
Pesthidegkút
495
Óbuda
Dunа
Istvan-telek
Csömösr
Kerepes
Angyalföld
Újpalota
Kistarcsa
Hűvösvölgy
Rákosszentmihály
Nagytarcsa
Cinkota
Pasaret
Rosza-domb
Városliget
Alsórákos
János-hegy
527
Zugliget
Budakeszi
Nyugati pu
Teréz-város
Zuglo
Rákos-falva
Sashalom
Mátyásföld
Svábhegy
Vár
Déli pu
Keleti pu
Rákosliget
BUDAPEST
Farkasrét
Gellért-hegy
Józsefváros
Budai
Kőbánya
Rákoskeresztúr
Rákoscsaba
Sasad
Gazdagrét
Budaörs
Kelenfold
Ferencváros
Rákoshegy
Rákoskert
Péter-hegy
Gubacsidülő
Kispest
Ferihegy 1
Török-bálint
Kamaraerdő
Albert-falva
Pestszentlőrine
Ferihegy 2
Csepel
Pesterzsébet
Budatétény
Budafok
Diósd
Pestszentimre
Vecsés
Érd-Parkváros
Érdliget
Soroksár
Nagytétény
Csepel-sziget
Gyál
Peterimajor
Tarnok
Érd
Duna
Lakihegy
Halásztelek
Dunaharaszti
M1
M7
M0
M3
M5
E60/75
E71
E77
E60
E75
10
11
2
30
31
4
70
50
51
0 1 2 3 4 5 km

Aberfoyle
Kilsyth
Dumbarton
Stirling
Stirling
Edinburgh
Carlisle
Greenock
Irvine
Kilmarnock
East Kilbride
East Kilbride
Hamilton
Bearsden
Kirkintilloch
Drumchapel
Lenzie
Moodiesburn
Bishopbriggs
Woodhill
Chryston
Erskine
Clydebank
Muirhead
Kelvinside
Springburn
Stepps
Renfrew
Glasgow
Partick
GLASGOW
Royston
Easterhouse
Govan
Queen St. Sta.
Central Sta.
Hillington
Shettleston
Paisley
Pollok
Pollok-shields
Pollok Park
Rutherglen
Clyde
Priesthill
Pollokshaws
Cambuslang
Uddingston
Barrhead
Giffnock
Castlemilk
Blantyre
Clarkston
Neilston
M8
M77
M80
M73
M74
0 1 2 3 miles

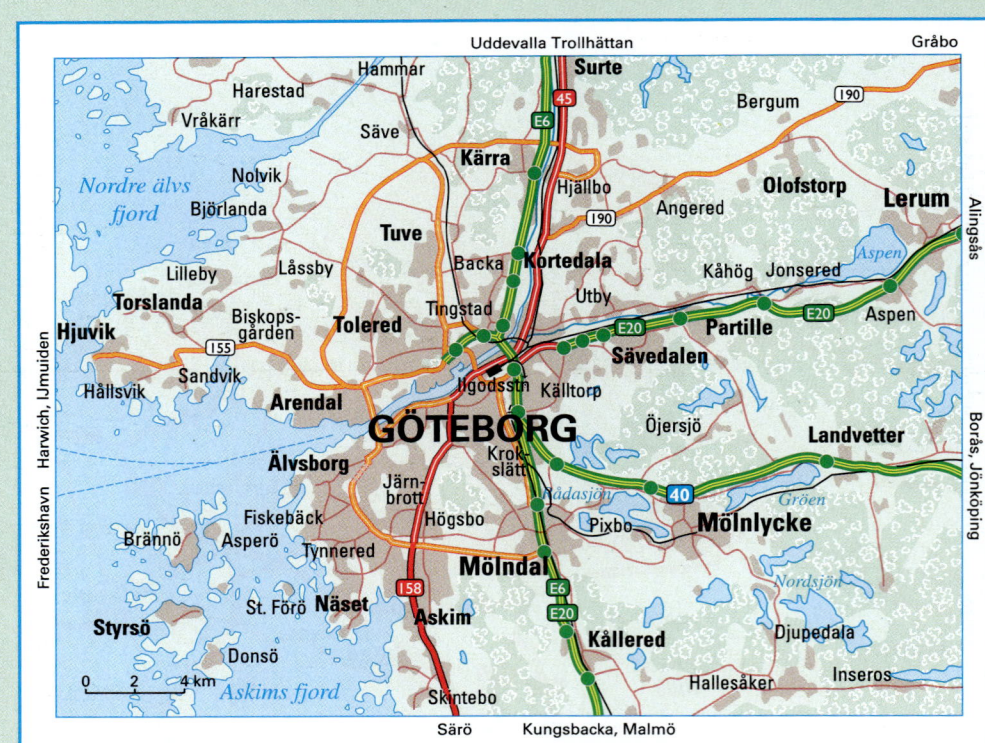
Uddevalla Trollhättan
Gråbo
Alingsås
Borås, Jönköping
Frederikshavn Harwich, IJmuiden
Säro
Kungsbacka, Malmö
Hammar
Surte
Harestad
Vråkärr
Säve
Bergum
Nolvik
Kärra
Hjällbo
Olofstorp
Lerum
Nordre älvs fjord
Björlanda
Angered
Tuve
Lilleby
Låssby
Backa
Kortedala
Kåhög
Jonsered
Aspen
Torslanda
Biskops-gården
Tingstad
Utby
Hjuvik
Tolered
Sävedalen
Partille
Sandvik
Hällsvik
Arendal
Källtorp
Öjersjö
Landvetter
GÖTEBORG
Krok-slätt
Älvsborg
Järn-brott
Fiskebäck
Högsbo
Pixbo
Mölnlycke
Brännö
Asperö
Tynnered
Mölndal
St. Förö
Näset
Nordsjön
Styrsö
Askim
Kållered
Djupedala
Donsö
Askims fjord
Särö
Hallesåker
Inseros
Skintebo
E6
E20
0 2 4 km

Den Haag Hamburg Helsinki Istanbul København Köln

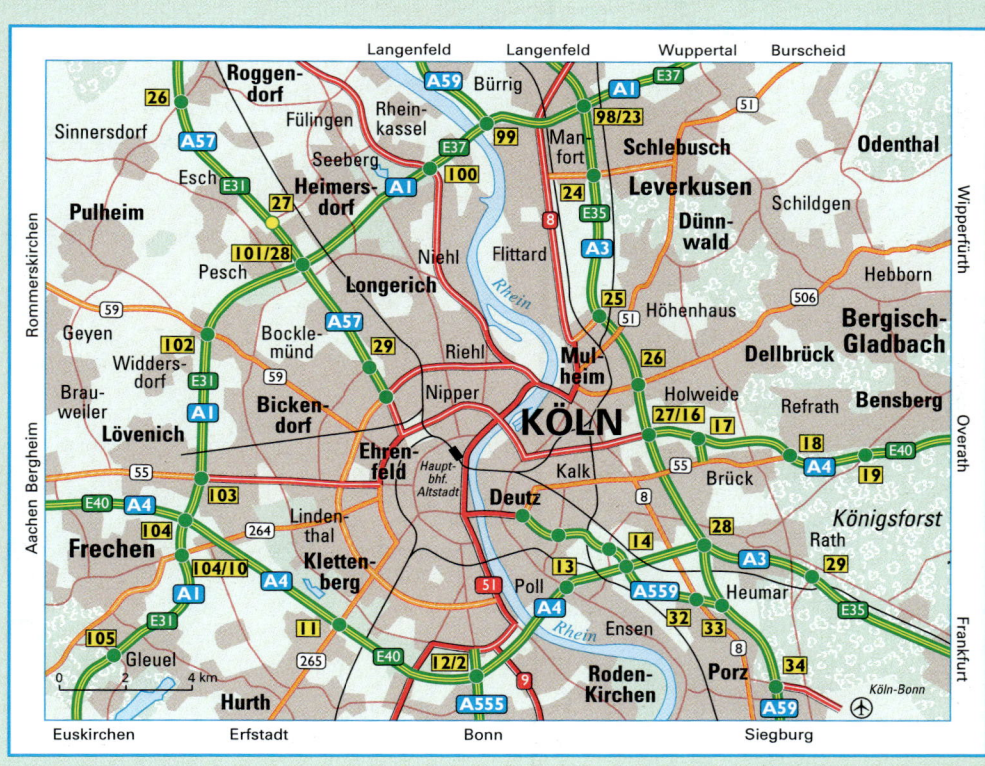

Leipzig Lisboa London

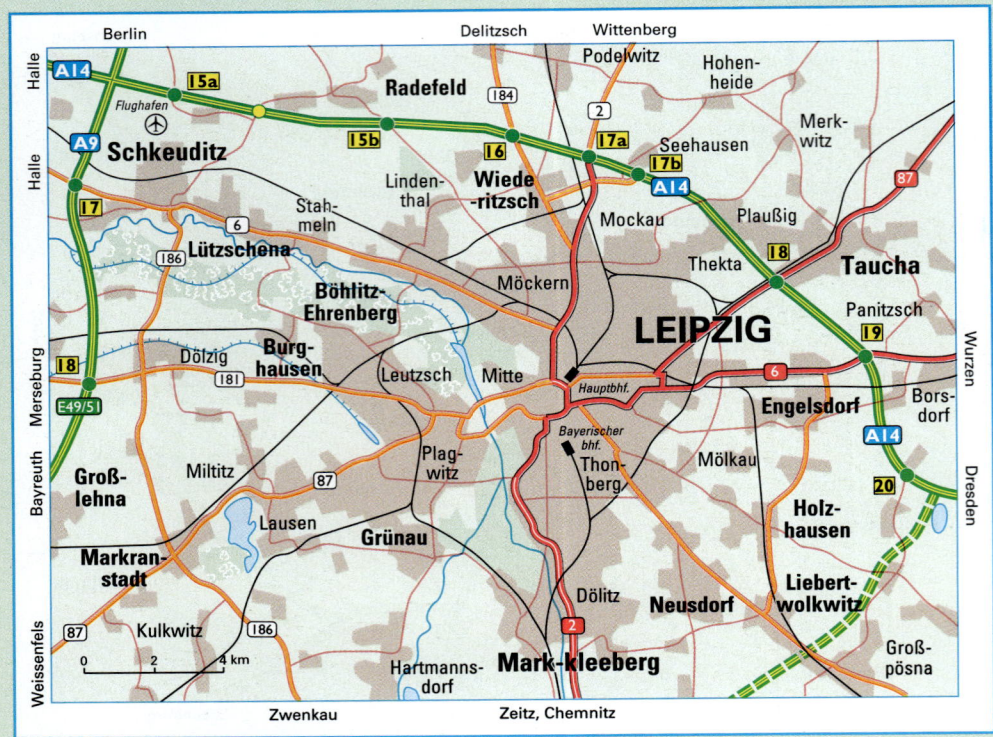
Berlin
Delitzsch
Wittenberg
Halle
Halle
Merseburg
Bayreuth
Weissenfels
Wurzen
Dresden
Zwenkau
Zeitz, Chemnitz
Schkeuditz
Flughafen
Radefeld
Podelwitz
Hohen-heide
Merk-witz
Seehausen
Linden-thal
Wiede-ritzsch
Stah-meln
Lützschena
Mockau
Plaußig
Thekla
Taucha
Böhlitz-Ehrenberg
Möckern
LEIPZIG
Panitzsch
Burg-hausen
Dölzig
Leutzsch
Mitte
Hauptbhf.
Engelsdorf
Bors-dorf
Groß-lehna
Miltitz
Plag-witz
Bayerischer bhf.
Thon-berg
Mölkau
Lausen
Grünau
Holz-hausen
Markran-stadt
Dölitz
Neusdorf
Liebert-wolkwitz
Kulkwitz
Hartmanns-dorf
Mark-kleeberg
Groß-pösna
A14
A9
E49/51
15a
15b
16
17
17a
17b
18
19
20
0
2
4 km

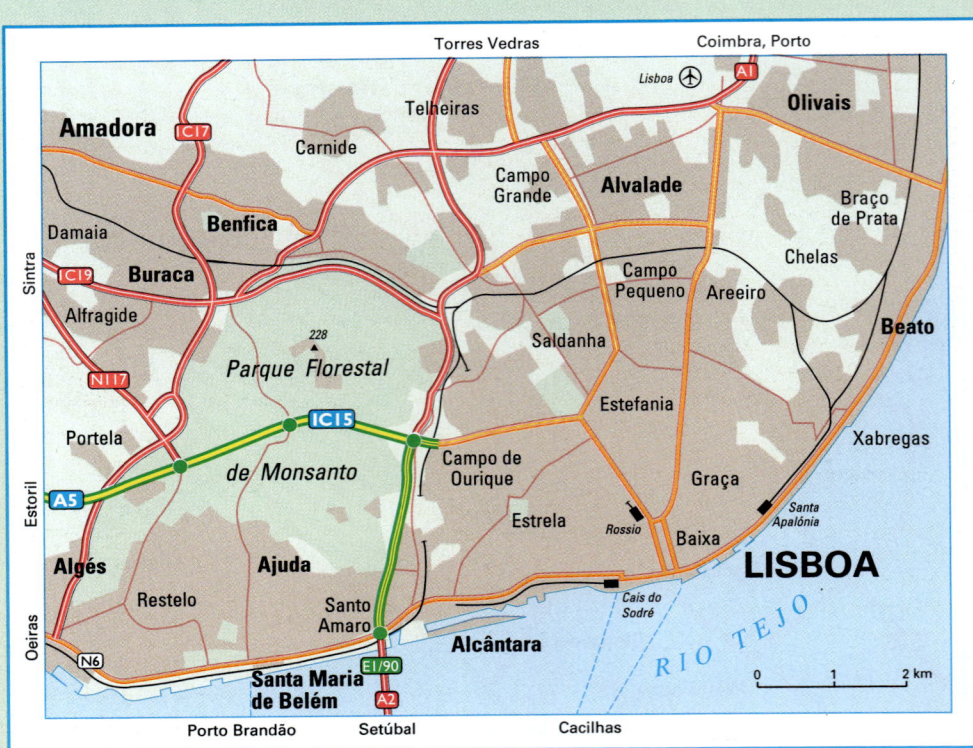
Torres Vedras
Coimbra, Porto
Lisboa
Sintra
Estoril
Oeiras
Porto Brandão
Setúbal
Cacilhas
Amadora
Telheiras
Olivais
Carnide
Campo Grande
Alvalade
Braço de Prata
Damaia
Benfica
Campo Pequeno
Chelas
Buraca
Areeiro
Alfragide
Parque Florestal
de Monsanto
Saldanha
Beato
Estefania
Xabregas
Portela
Campo de Ourique
Graça
Estrela
Rossio
Santa Apolónia
Baixa
Algés
Ajuda
LISBOA
Restelo
Santo Amaro
Cais do Sodré
Alcântara
RIO TEJO
Santa Maria de Belém
IC17
IC19
N117
IC15
A5
N6
A1
A2
E1/90
0
1
2 km

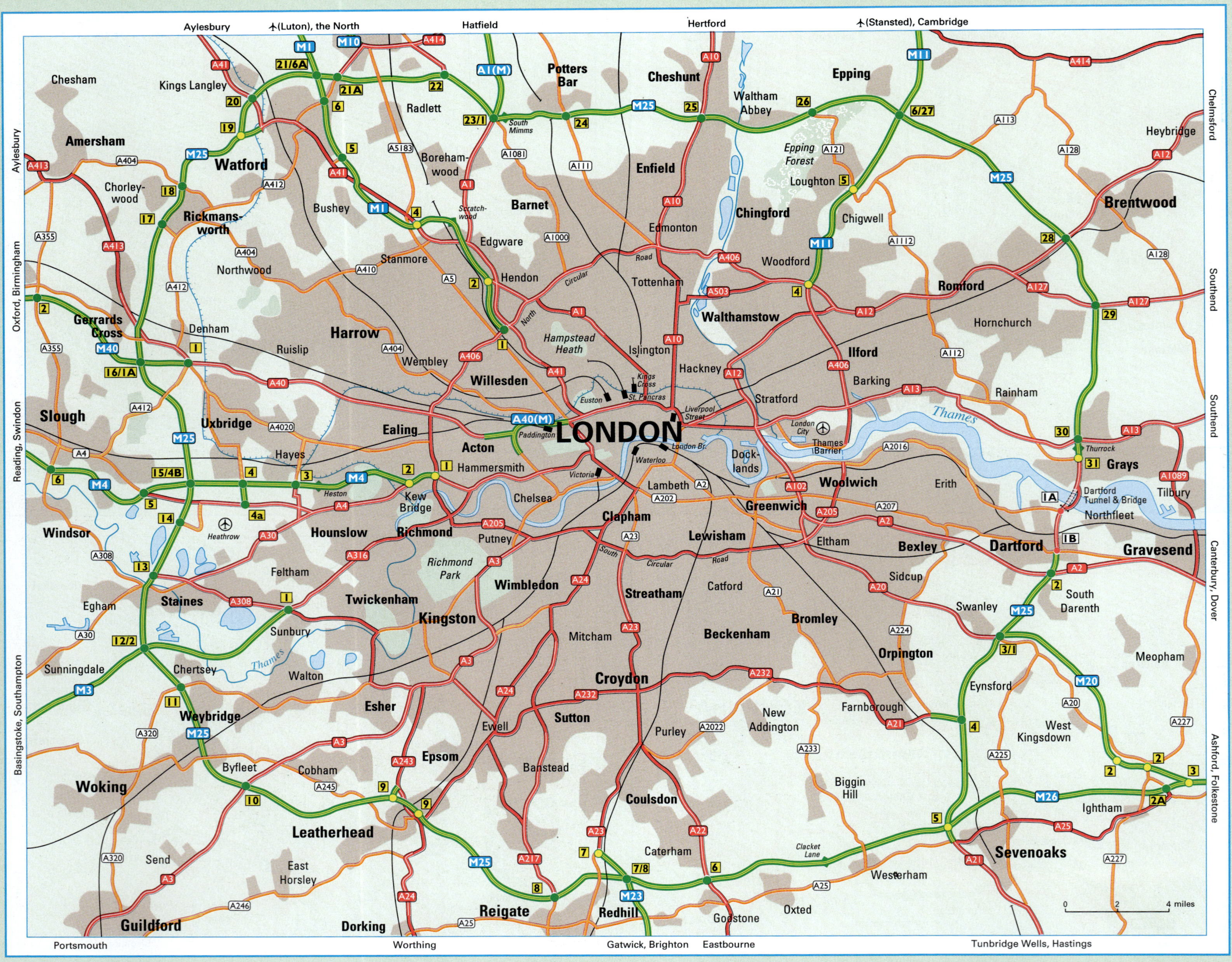
Aylesbury
(Luton), the North
Hatfield
Hertford
(Stansted), Cambridge
Chelmsford
Southend
Southend
Canterbury, Dover
Ashford, Folkestone
Tunbridge Wells, Hastings
Eastbourne
Gatwick, Brighton
Worthing
Portsmouth
Basingstoke, Southampton
Reading, Swindon
Oxford, Birmingham
Aylesbury
Chesham
Kings Langley
Radlett
Potters Bar
Cheshunt
Waltham Abbey
Epping
Heybridge
Amersham
South Mimms
Watford
Boreham-wood
Enfield
Epping Forest
Loughton
Chorley-wood
Barnet
Chingford
Chigwell
Brentwood
Bushey
Rickmans-worth
Edgware
Edmonton
Stanmore
Northwood
Woodford
Hendon
Tottenham
Romford
Gerrards Cross
Denham
Walthamstow
Hornchurch
Harrow
Hampstead Heath
Islington
Ilford
Ruislip
Wembley
Hackney
Barking
Rainham
Slough
Willesden
Stratford
Uxbridge
Ealing
Euston
Kings Cross
St Pancras
Liverpool Street
Paddington
LONDON
London City
Thames Barrier
Thames
Acton
Hayes
Hammersmith
Waterloo
London Br.
Dock-lands
Victoria
Woolwich
Erith
Thurrock
Grays
Tilbury
Lambeth
Windsor
Heston
Kew Bridge
Chelsea
Greenwich
Dartford Tunnel & Bridge
Northfleet
Heathrow
Hounslow
Richmond
Putney
Clapham
Lewisham
Eltham
Bexley
Dartford
Gravesend
Richmond Park
Feltham
Wimbledon
Catford
Sidcup
South Darenth
Egham
Staines
Twickenham
Streatham
Swanley
Kingston
Bromley
Beckenham
Sunbury
Mitcham
Orpington
Meopham
Sunningdale
Chertsey
Thames
Walton
Croydon
Eynsford
Esher
Weybridge
New Addington
Farnborough
Sutton
West Kingsdown
Ewell
Purley
Epsom
Biggin Hill
Byfleet
Cobham
Banstead
Woking
Ightham
Coulsdon
Leatherhead
Sevenoaks
Send
Caterham
Clacket Lane
East Horsley
Westerham
Oxted
Godstone
Reigate
Redhill
Guildford
Dorking
M1
M10
M11
M25
M40
M4
M3
M20
M26
M23
A1(M)
A40(M)
A41
A414
A10
A113
A128
A12
A404
A412
A413
A5183
A1081
A111
A121
A1112
A355
A410
A5
A1000
A406
A503
A127
A1
A4020
A4
A30
A308
A316
A205
A3
A24
A23
A202
A2
A102
A13
A2016
A207
A21
A20
A224
A232
A22
A217
A243
A245
A246
A320
A2022
A233
A25
A225
A227
A1089
0
2
4 miles

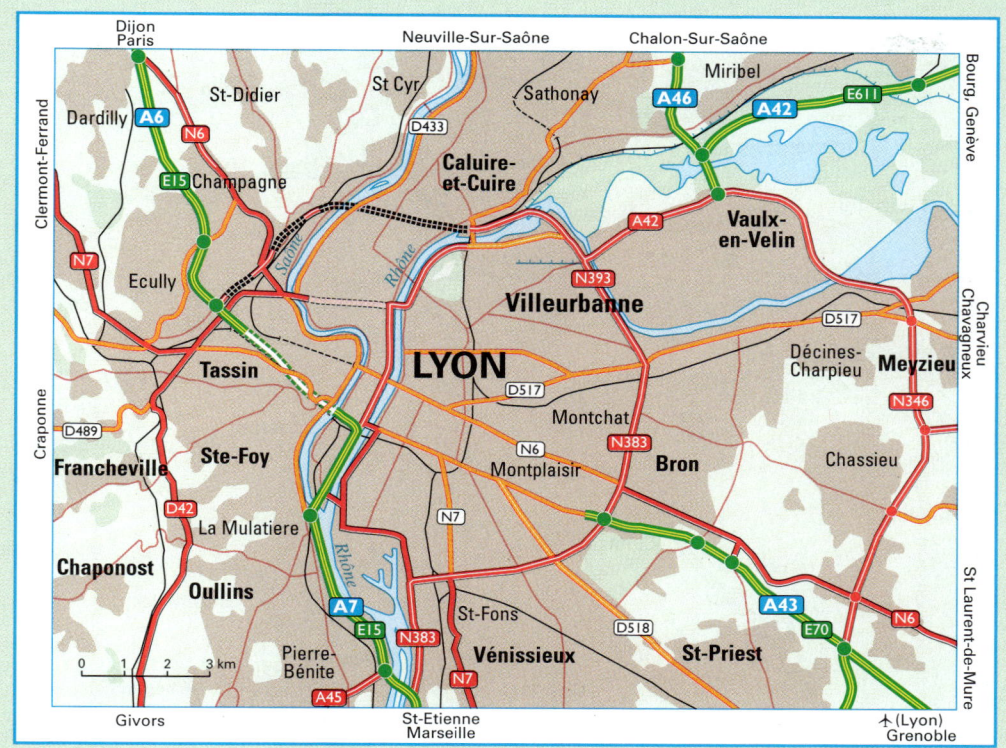
Dijon
Paris
Neuville-Sur-Saône
Chalon-Sur-Saône
Bourg, Genève
Clermont-Ferrand
Craponne
Charvieu Chavagneux
St Laurent-de-Mure
Givors
St-Etienne
Marseille
(Lyon)
Grenoble
LYON
Dardilly
St-Didier
St Cyr
Sathonay
Miribel
Champagne
Caluire-et-Cuire
Vaulx-en-Velin
Ecully
Villeurbanne
Tassin
Décines-Charpieu
Meyzieu
Montchat
Montplaisir
Francheville
Ste-Foy
Bron
Chassieu
La Mulatière
Chaponost
Oullins
St-Fons
Vénissieux
St-Priest
Pierre-Bénite
Rhône
Saône
0 1 2 3 km
A6
N6
E15
N7
A46
A42
E611
D433
N393
D517
D489
D42
N346
N383
A7
A43
E70
D518
A45

Preston, Leeds
Huddersfield
Liverpool
Liverpool
Sheffield
(Manchester)
Chester, Stoke, Birmingham
Macclesfield
MANCHESTER
Kearsley
Middleton
OLDHAM
Prestwich
Swinton
Moston
Failsworth
Ashton-under-Lyne
Eccles
Salford
Droylsden
Piccadilly
Urmston
Stretford
Hyde
Withington
Romiley
Sale
Altrincham
Cheadle
STOCKPORT
Manchester Ship Canal
Mersey
0 1 2 3 miles
M60
M61
M62
M67
M56
A667
A6
A580
A572
A57
A56
A576
A664
A665
A663
A62
A627
A6104
A6010
A662
A635
A5063
A5081
A34
A5103
A6144
A560
A626

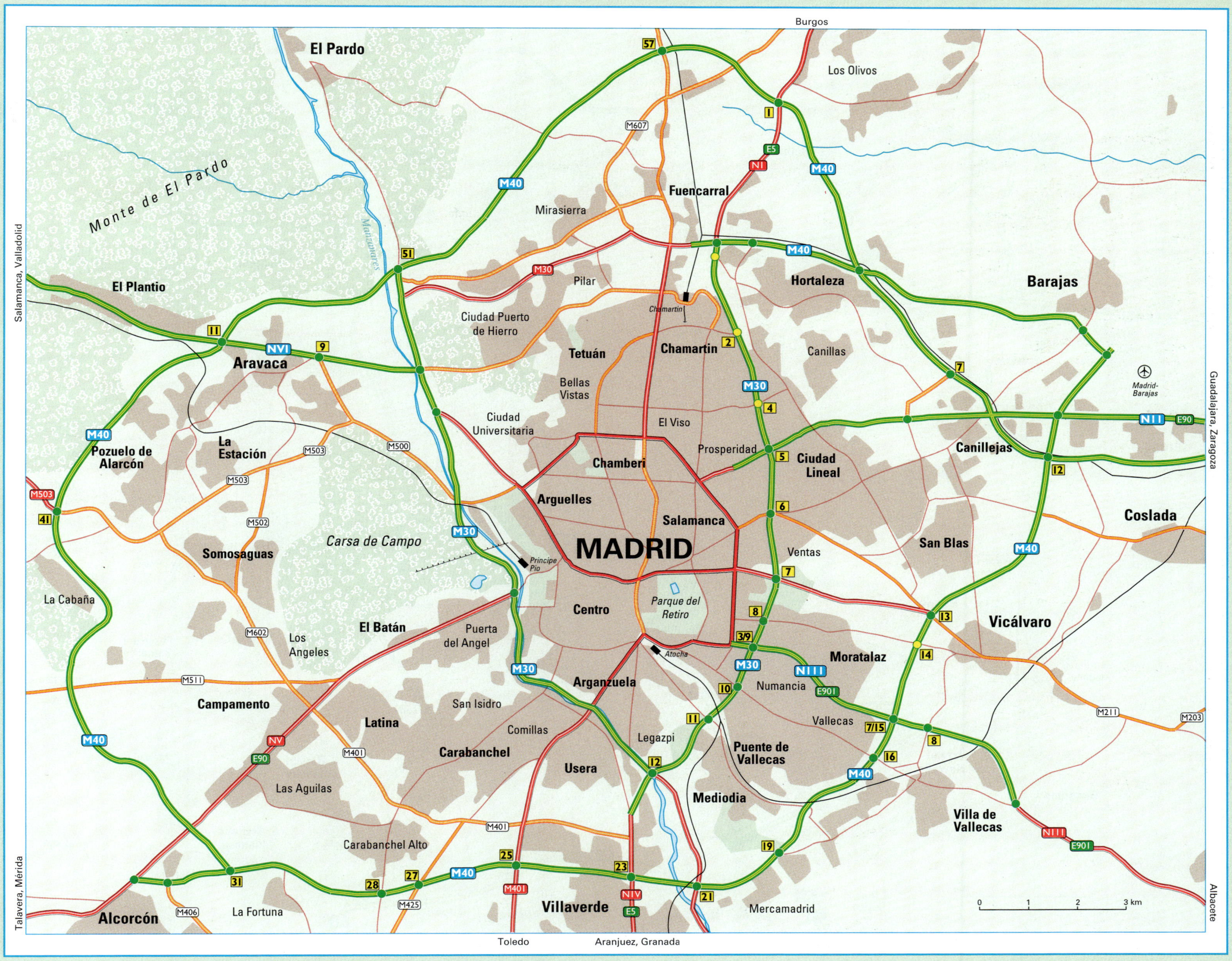
Burgos
Salamanca, Valladolid
Guadalajara, Zaragoza
Talavera, Mérida
Toledo
Aranjuez, Granada
Albacete
MADRID
El Pardo
Los Olivos
Monte de El Pardo
Manzanares
Fuencarral
Mirasierra
El Plantio
Pilar
Hortaleza
Barajas
Chamartín
Ciudad Puerto de Hierro
Aravaca
Tetuán
Chamartín
Canillas
Madrid-Barajas
Bellas Vistas
El Viso
Pozuelo de Alarcón
La Estación
Ciudad Universitaria
Prosperidad
Ciudad Lineal
Canillejas
Chamberí
Arguelles
Salamanca
Coslada
Somosaguas
Casa de Campo
Príncipe Pío
Ventas
San Blas
La Cabaña
Centro
Parque del Retiro
Vicálvaro
El Batán
Puerta del Angel
Los Angeles
Atocha
Moratalaz
Arganzuela
Numancia
Campamento
San Isidro
Vallecas
Latina
Comillas
Legazpi
Carabanchel
Puente de Vallecas
Usera
Las Aguilas
Mediodia
Villa de Vallecas
Carabanchel Alto
La Fortuna
Alcorcón
Villaverde
Mercamadrid
0 1 2 3 km
M40
M30
NVI
NI
E5
NII
E90
NIII
E901
NIV
NV
M607
M500
M503
M502
M602
M511
M401
M406
M425
M211
M203

Marseille Milano München

Arles
Avignon
A55
A7
N8
St-Mitre
Plan de Cuques
Chaîne de l'Étoile
La Madrague de la Ville
Ste-Marthe
St-Jéérôme
Allauch
St-Barthélémy
La Rose
Les Olives
Montolivet
St-Julien
Camoins-les-Bains
Mer
Les Caillots
D4
MARSEILLE
St-Barnabé
La Valentine
La Bastidonne
La Pomme
D2
A50
N8
Toulon
Endoume
St-Marcel
La Penne-sur-Huveaune
Ajaccio, Bastia
Méditerranée
Périer
St-Loup
St-Tronc
Ste-Marguerite
D559
La Panouse
Chaîne de St Cyr
Mazargues
Montredon
La Madrague
Cassis
0 1 2 3 km

Augsburg
Dachau
Landshut
Ingolstadt
Nürnberg
Karlsfeld
A92
A9
Ismaning
Speichersee
E52
A8
Feldmoching
A99
Freimann
E45/52
Kirchheim
Allach
Milbertshofen
Gröbenzell
Moosach
Aschheim
Menzing
MÜNCHEN
Aubing
Nymphenburg
Schwabing
Bogenhausen
Riem
Feldkirchen
Passau
Augsburg
Germering
Laim
Hauptbf.
A94
E54
Gräfelfing
Grosshadern
Giesing
A99
Vaterstetten
A96
Trudering
Haar
Memmingen
Kreuzlinger Forst
Gauting
Sendling
A8
Wasserburg
Perlacher Forst
Neubiberg
Solln
Unterhaching
Ottobrunn
Forstenrieder Park
E533
Taufkirchen
Hohenbrunn
A95
Grunwald
Oberhaching
Höhenkirchen
0 2 4 6 km
Garmisch-Partenkirchen
Salzburg

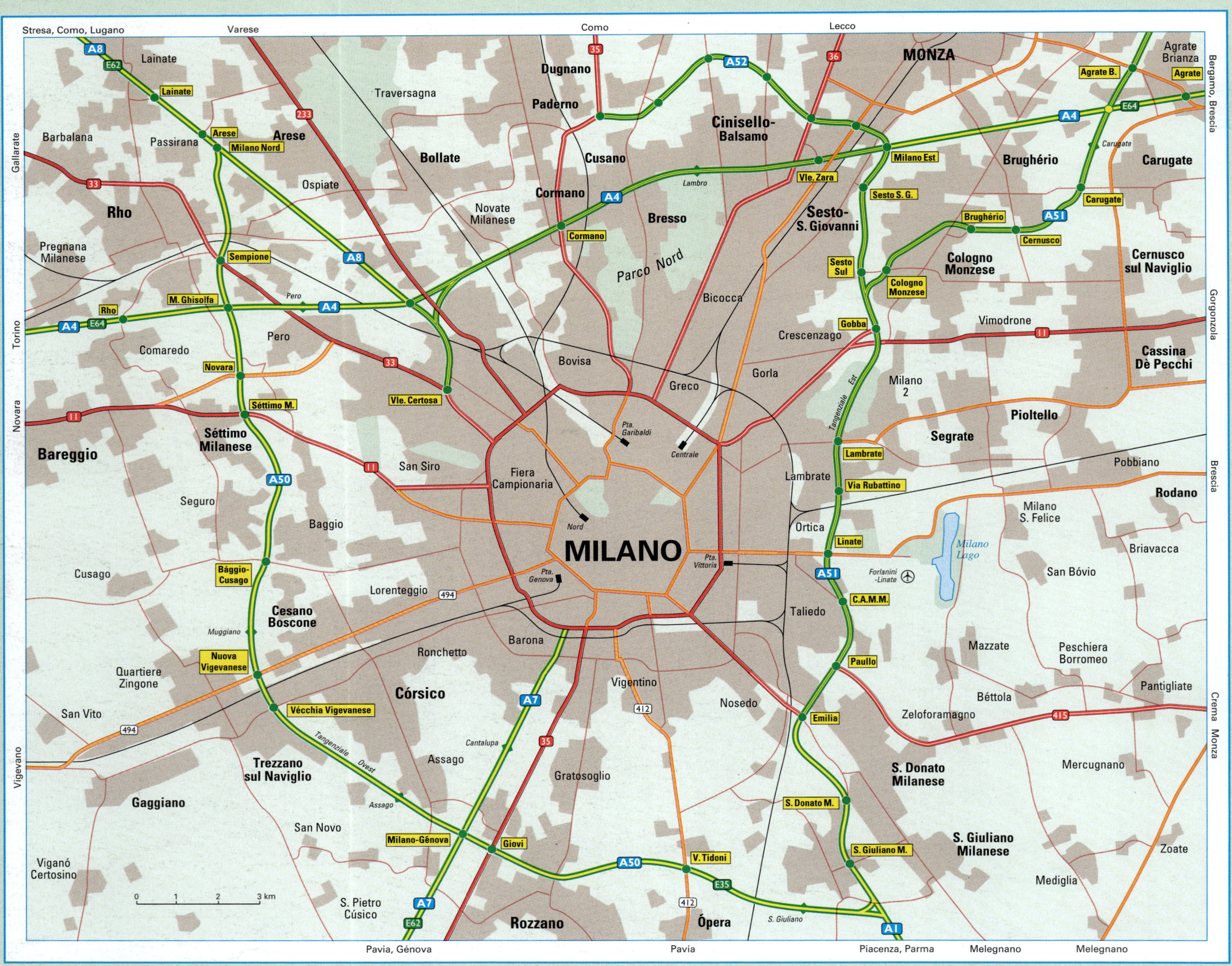

Stresa, Como, Lugano
Varese
Como
Lecco
A8
E62
Lainate
MONZA
Agrate Brianza
Agrate B.
Agrate
Bergamo, Brescia
A52
Dugnano
Traversagna
Paderno
Cinisello-Balsamo
A4
E64
Barbalana
Passirana
Arese
Milano Nord
Cusano
Milano Est
Brughério
Carugate
Gallarate
Bollate
Ospiate
Vle. Zara
Lambro
Cormano
Sesto S. G.
Rho
Novate Milanese
Bresso
Sesto-S. Giovanni
A51
Cernusco
Pregnana Milanese
Sempione
A8
Parco Nord
Sesto Sul
Cologno Monzese
Cernusco sul Naviglio
M. Ghisolfa
Pero
Bicocca
Gobba
Vimodrone
Gorgonzola
Torino
Comaredo
Pero
Crescenzago
Cassina Dè Pecchi
Bovisa
Novara
Gorla
Milano 2
Greco
Séttimo M.
Vle. Certosa
Tangenziale Est
Pioltello
Novara
Pta. Garibaldi
Centrale
Segrate
Bareggio
Séttimo Milanese
San Siro
Fiera Campionaria
Lambrate
Lambrate
Pobbiano
Rodano
A50
Via Rubattino
Seguro
Brescia
Milano S. Felice
Baggio
Nord
Ortica
Linate
Milano Lago
Briavacca
Cusago
MILANO
Pta. Vittoria
Forlanini -Linate
San Bóvio
Bággio-Cusago
Pta. Genova
Lorenteggio
Cesano Boscone
C.A.M.M.
Taliedo
Muggiano
Barona
Mazzate
Peschiera Borromeo
Nuova Vigevanese
Ronchetto
Paullo
Quartiere Zingone
Córsico
Vigentino
Pantigliate
San Vito
A7
Nosedo
Béttola
Vécchia Vigevanese
Emilia
Zeloforamagno
Crema
Monza
Vigevano
Cantalupa
Tangenziale Ovest
Assago
Trezzano sul Naviglio
Gratosoglio
S. Donato Milanese
Mercugnano
Gaggiano
Assago
S. Donato M.
San Novo
Milano-Génova
Giovi
S. Giuliano Milanese
S. Giuliano M.
A50
V. Tidoni
Zoate
Viganó Certosino
E35
Mediglia
S. Pietro Cúsico
A7
E62
Rozzano
Ópera
S. Giuliano
A1
0 1 2 3 km
Pavia, Génova
Pavia
Piacenza, Parma
Melegnano
Melegnano

Aversa
Caserta
Roma
Benevento
Giugliano in Campania
Melito di Nápoli
Afragola
Casalnuovo di Nápoli
Pomigliano d'Arco
Qualiano
Calvizzano
Arzano
Casória
Avellino, Bari
Marano di Nápoli
Quarto
Capodimonte
Volla
S. Anastasia
Ottaviano
Pianura
Camaldoli
Cércola
Massa di Somma
Agnano
Agnano Terme
S. Giorgio di Cremano
Vesúvio
Pozzuoli
NÁPOLI
Posíllipo
Pórtici
Bagnoli
GOLFO DI NÁPOLI
Ercolano
I. di Nisida
Marechiaro
Torre del Greco
Salerno
Íschia
Cágliari
Palermo, Tunis
Catánia, Reggio C.
Sorrento
0 2 4 km

Barumsmarka
Holmenkollen
Nordberg
Kjelsås
Lillomarka
Tonsen-Hagen
Röa
Ris
Ulleval
Slattum
Gardermoen, Lillestrøm
Eiksmarka
Blindern
Sinsen
Linderud
Hosle
Ullern
Majorstua
Ökern
Haslum
Jar
Sköyen
OSLO
Töyen
Tveita
Bekkestua
Stabekk
Lysaker
Sentral-stasjon
Bryn
Bygdöy
Hövik
Ryen
Sandvika
Blommenholm
Huk
Lindöya
Ekeberg
Oppsal
Bekkelaget
Snaröya
Oslofjorden
Ormöya
Böler
Östöya
Nesoddtangen
Nordstrand
Ursvik
Malmöya
0 1 2 3 km
Kiel, Hirtshals
Langhus
Ski

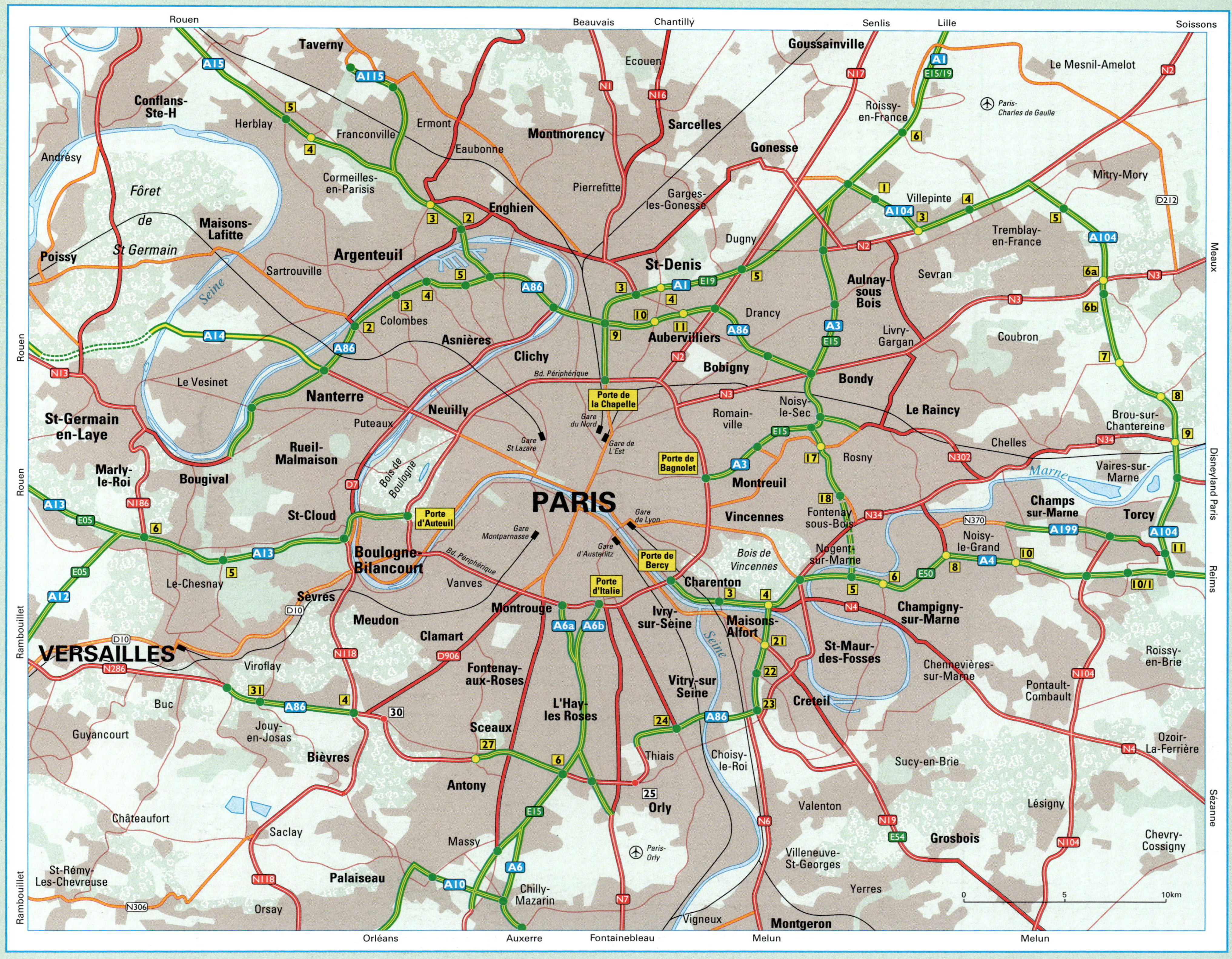
Rouen
Beauvais
Chantilly
Senlis
Lille
Soissons
Taverny
Goussainville
Ecouen
Le Mesnil-Amelot
Conflans-Ste-H
Herblay
Franconville
Ermont
Roissy-en-France
Paris-Charles de Gaulle
Montmorency
Sarcelles
Andrésy
Eaubonne
Gonesse
Cormeilles-en-Parisis
Pierrefitte
Mitry-Mory
Fôret de St Germain
Enghien
Garges-lès-Gonesse
Villepinte
Maisons-Laffitte
Tremblay-en-France
Dugny
Poissy
Argenteuil
St-Denis
Sevran
Meaux
Sartrouville
Aulnay-sous-Bois
Seine
Colombes
Drancy
Asnières
Aubervilliers
Livry-Gargan
Coubron
Clichy
Bobigny
Bd. Périphérique
Le Vesinet
Nanterre
Bondy
Porte de la Chapelle
Gare du Nord
Gare de L'Est
Le Raincy
Brou-sur-Chantereine
St-Germain en-Laye
Puteaux
Neuilly
Romainville
Noisy-le-Sec
Gare St Lazare
Chelles
Rueil-Malmaison
Rosny
Marne
Porte de Bagnolet
Vaires-sur-Marne
Marly-le-Roi
Bougival
Bois de Boulogne
Montreuil
Disneyland Paris
Champs sur-Marne
St-Cloud
Porte d'Auteuil
PARIS
Gare de Lyon
Vincennes
Fontenay sous-Bois
Torcy
Gare Montparnasse
Noisy-le-Grand
Gare d'Austerlitz
Bois de Vincennes
Nogent-sur-Marne
Boulogne-Billancourt
Porte de Bercy
Le-Chesnay
Bd. Périphérique
Vanves
Charenton
Reims
Porte d'Italie
Sèvres
Champigny-sur-Marne
Meudon
Montrouge
Ivry-sur-Seine
Maisons-Alfort
Rambouillet
Clamart
VERSAILLES
St-Maur-des-Fosses
Roissy-en-Brie
Fontenay-aux-Roses
Chennevières-sur-Marne
Viroflay
Pontault-Combault
Vitry-sur Seine
Buc
L'Hay-les Roses
Creteil
Jouy-en-Josas
Guyancourt
Sceaux
Ozoir-La-Ferrière
Bièvres
Thiais
Choisy-le-Roi
Antony
Sucy-en-Brie
Orly
Valenton
Lésigny
Sézanne
Châteaufort
Saclay
Grosbois
Chevry-Cossigny
Massy
Paris-Orly
Villeneuve-St-Georges
St-Rémy-Les-Chevreuse
Palaiseau
Chilly-Mazarin
Yerres
Orsay
Vigneux
Montgeron
Orléans
Auxerre
Fontainebleau
Melun
0 5 10km

Palermo Praha Roma

Trápani
Cágliari
Génova, Livorno
Nápoli
Mortillaro
Leoni
Cruillas
Sampolo
Acquasanta
Uditore
Ucciardone
Malaspina
Staz. Marittima
GOLFO DI
PALERMO
PALERMO
Palermo-Boccadifalco
Perpignano
S. Erasmo
Staz. Centrale
Romagnolo
Altarello
Mezzo-Monreale
Cuba
Porrazzi
Camastra
La Rocca
Partinico
Guadagna
Falsomiele
Brancáccio
Bandita
Acqua dei Corsari
Roccella
Cefalù
Messina, Catania
E90
A19
Chiavelli
Oreto
Villagrázia
Ciaculli
Villabate
0 1 2 km
832
Piana d. Albanesi
113
186
624
121

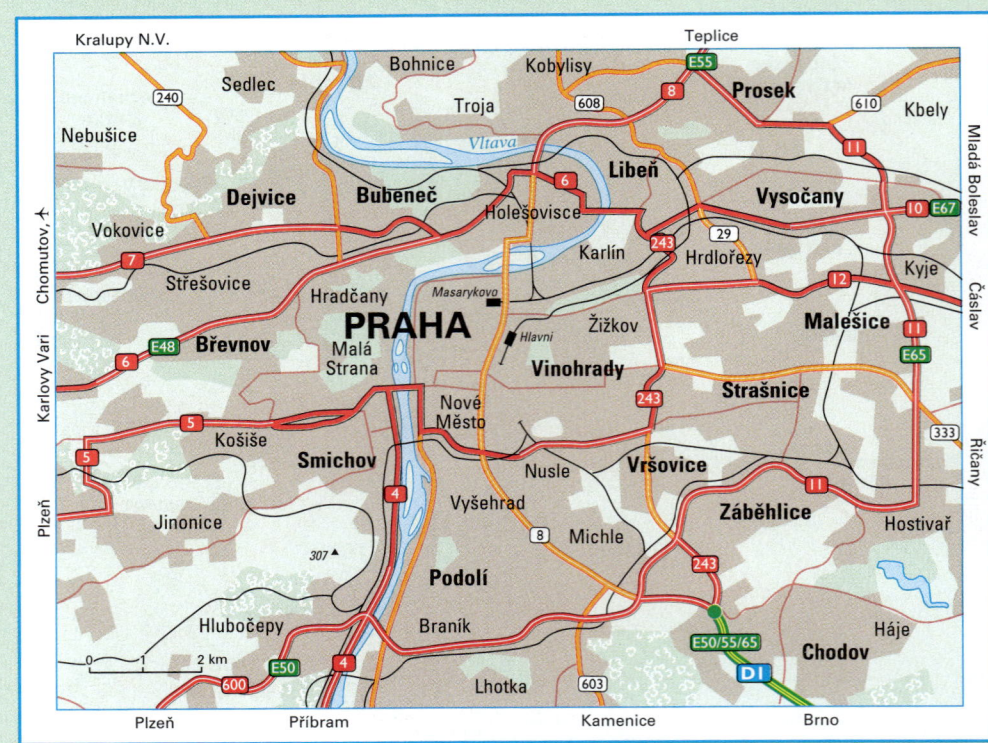
Kralupy N.V.
Teplice
Bohnice
Kobylisy
E55
Prosek
Sedlec
Troja
Nebušice
Vltava
Libeň
Kbely
Dejvice
Bubeneč
Holešovice
Vysočany
Mladá Boleslav
Vokovice
Karlín
Hrdlořezy
Chomutov
Střešovice
Hradčany
Masarykovo
Kyje
Čáslav
PRAHA
Žižkov
Malešice
Karlovy Vary
Břevnov
Malá Strana
Hlavní
Vinohrady
E48
E65
Nové Město
Strašnice
Košíře
Smichov
Nusle
Vršovice
Říčany
Plzeň
Vyšehrad
Záběhlice
Hostivař
Jinonice
Michle
307
Podolí
Hlubočepy
Braník
Háje
E50/55/65
Chodov
0 1 2 km
E50
D1
Lhotka
Plzeň
Příbram
Kamenice
Brno
240
608
610
29
333
603
600

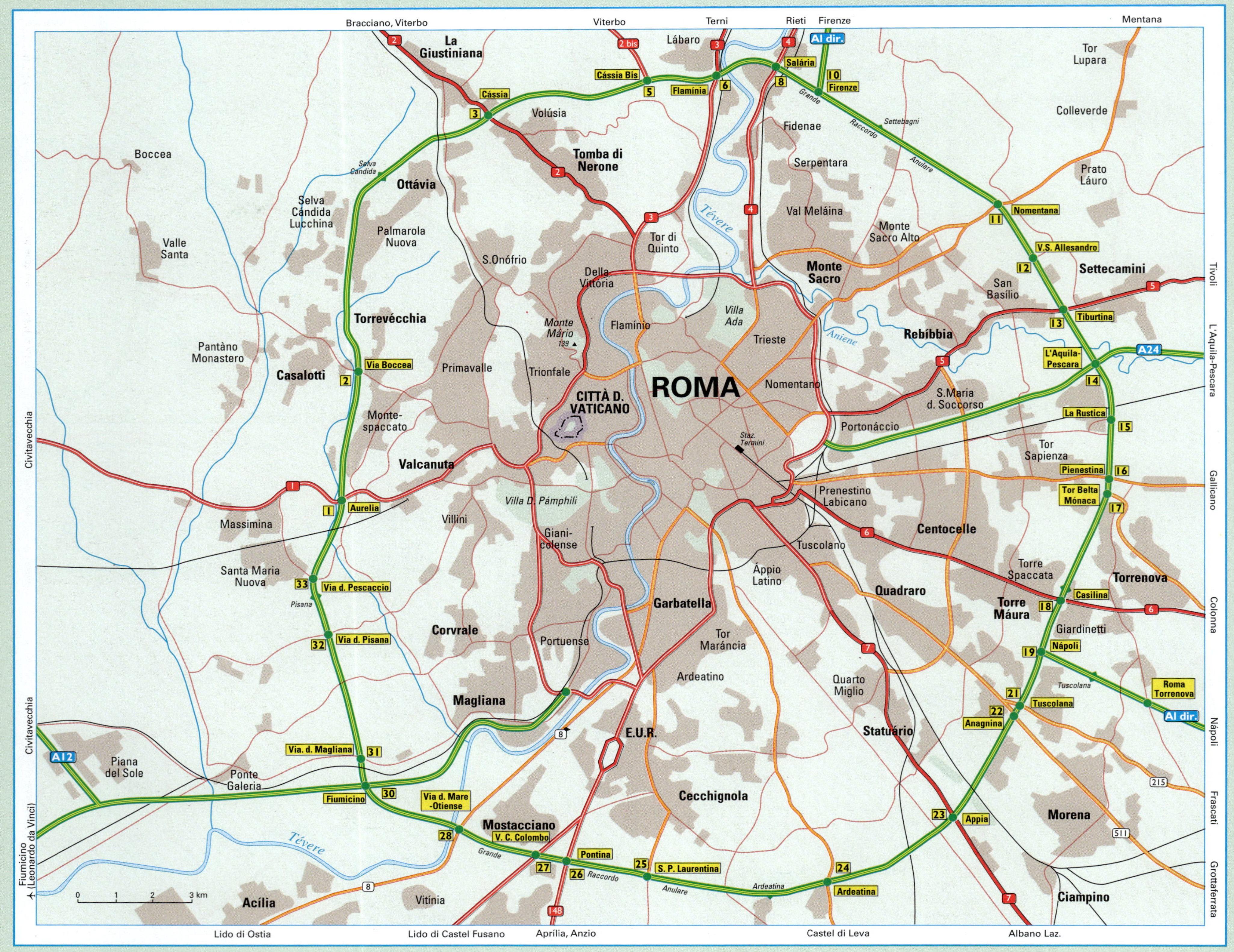
Bracciano, Viterbo
Viterbo
Terni
Rieti
Firenze
Mentana
La Giustiniana
Lábaro
A1 dir.
Tor Lupara
Cássia Bis
Salária
Firenze
Cássia
Flamínia
Grande Raccordo Anulare
Settebagni
Volúsia
Colleverde
Fidenae
Tomba di Nerone
Boccea
Selva Cándida
Serpentara
Prato Láuro
Ottávia
Selva Cándida Lucchina
Val Meláina
Nomentana
Palmarola Nuova
Tévere
Monte Sacro Alto
Valle Santa
Tor di Quinto
V.S. Allesandro
S.Onófrio
Settecamini
Della Vittoria
Monte Sacro
San Basilio
Tivoli
Villa Ada
Torrevécchia
Flamínio
Tiburtina
Monte Mário
139
Aniene
Rebíbbia
Trieste
Pantàno Monastero
L'Aquila-Pescara
A24
Via Boccea
Primavalle
Casalotti
Trionfale
ROMA
Nomentano
CITTÀ D. VATICANO
S.Maria d. Soccorso
Monte-spaccato
La Rustica
Staz. Termini
Portonáccio
Civitavecchia
Tor Sapienza
Valcanuta
Pienestina
Prenestino Labicano
Gallicano
Tor Belta Mónaca
Villa D. Pámphili
Aurelia
Villini
Massimina
Centocelle
Giani-colense
Tuscolano
Santa Maria Nuova
Ápplo Latino
Torre Spaccata
Torrenova
Via d. Pescaccio
Quadraro
Pisana
Torre Máura
Casilina
Garbatella
Colonna
Via d. Pisana
Giardinetti
Corvrale
Portuense
Tor Marància
Nápoli
Tuscolana
Roma Torrenova
Ardeatino
Quarto Miglio
Magliana
Anagnina
A1 dir.
Civitavecchia
Statuário
E.U.R.
Via. d. Magliana
A12
Piana del Sole
Ponte Galeria
Cecchignola
Frascati
Via d. Mare -Otiense
Fiumicino
Tévere
Mostacciano
V. C. Colombo
Morena
Fiumicino (Leonardo da Vinci)
Pontina
S. P. Laurentina
Ardeatina
Grottaferrata
Ciampino
0 1 2 3 km
Acília
Vitínia
Lido di Ostia
Lido di Castel Fusano
Aprília, Anzio
Castel di Leva
Albano Laz.
2 bis
148
215
511

Rotterdam Sevilla Sofiya Stockholm Strasbourg Torino

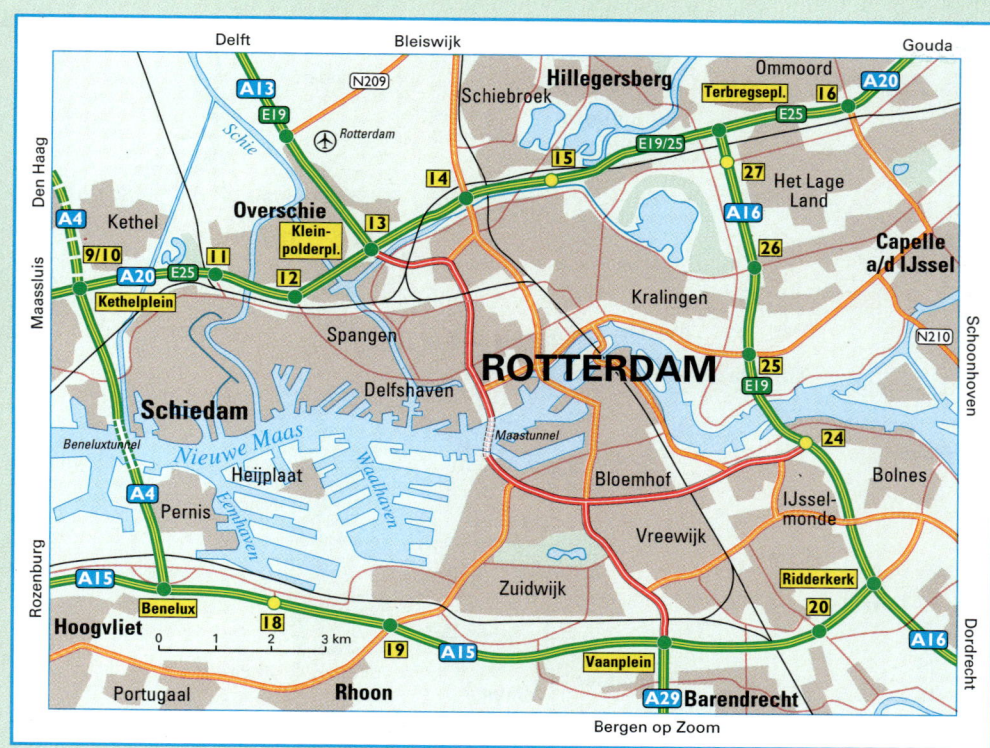
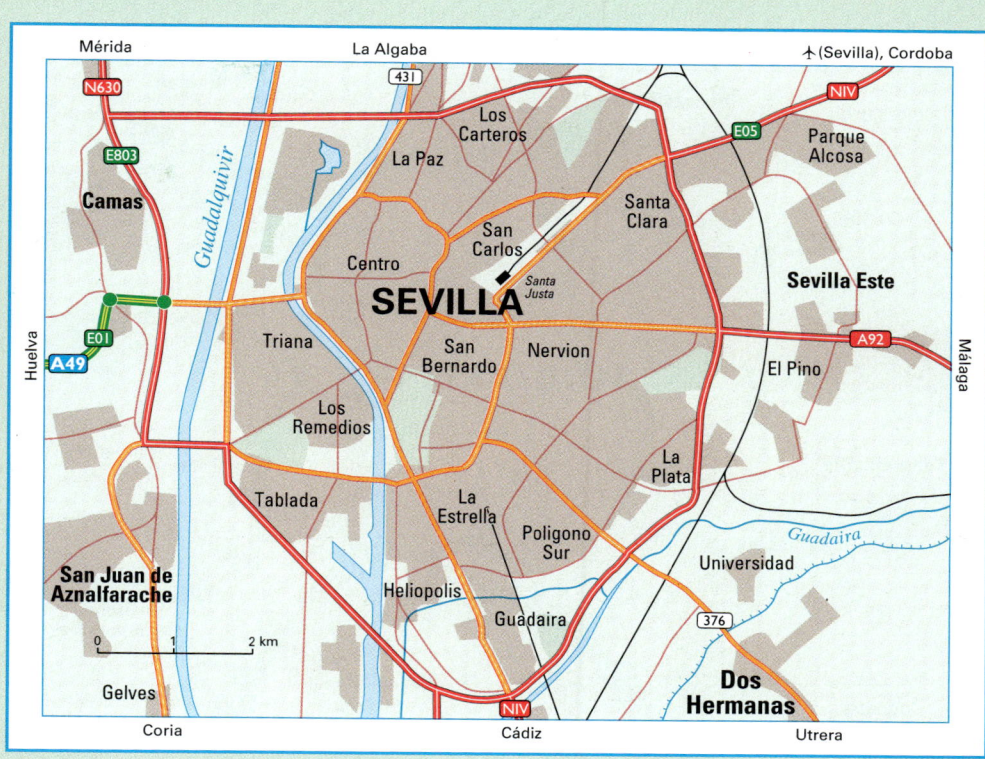
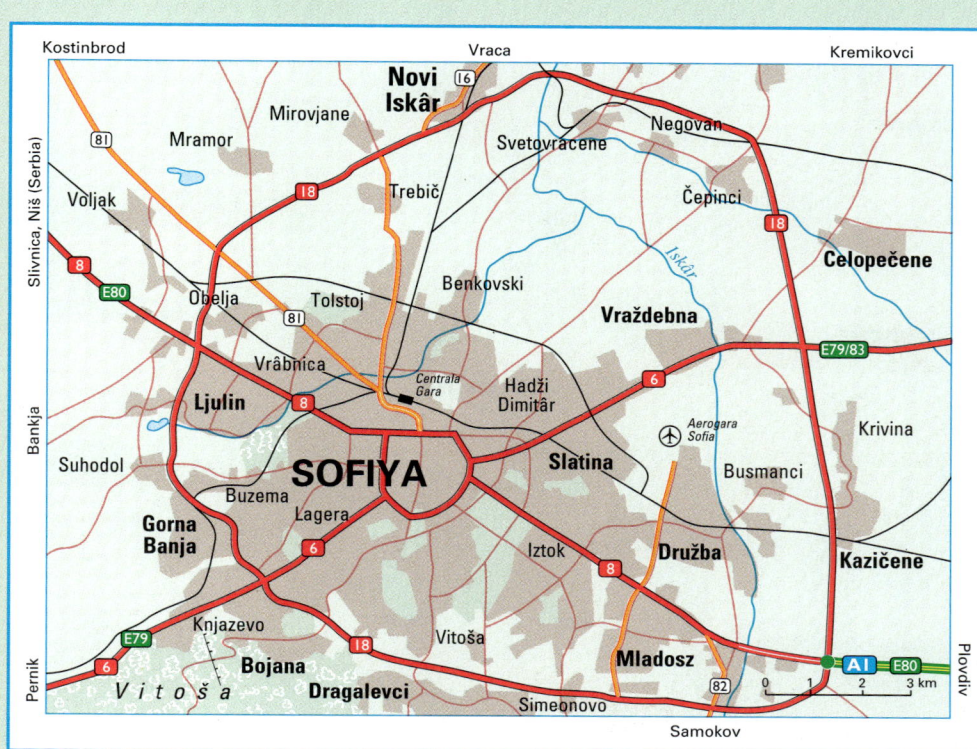

Toulouse Valencia Wien

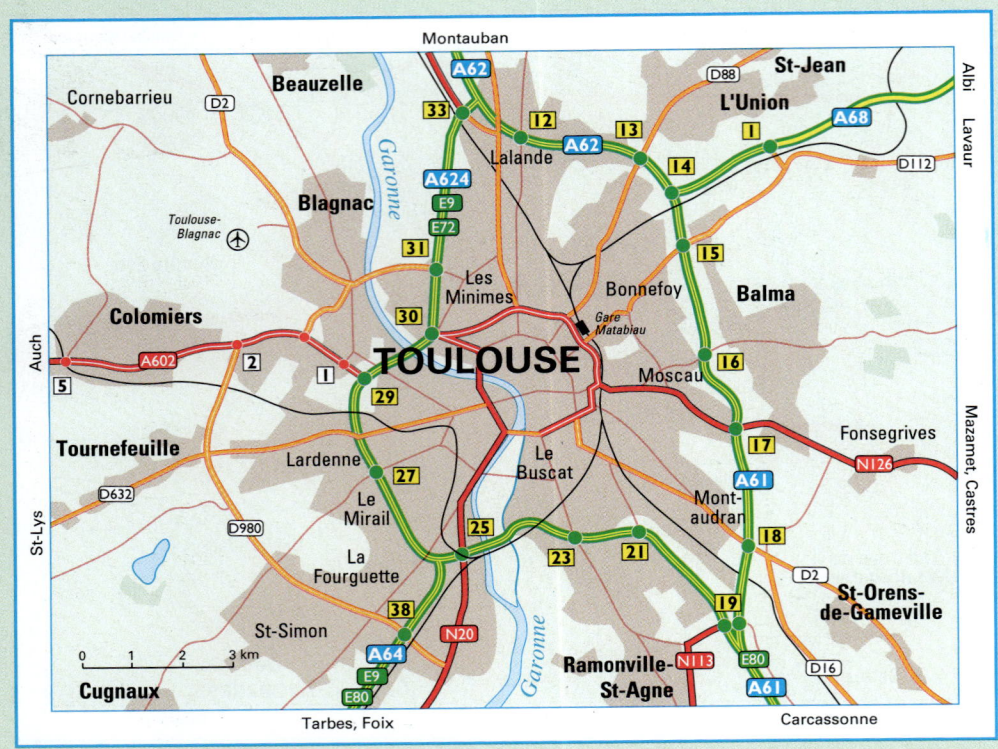
Montauban
Albi
Lavaur
Mazamet, Castres
Carcassonne
Tarbes, Foix
Auch
St-Lys
Cornebarrieu
Beauzelle
Blagnac
Toulouse-Blagnac
Colomiers
Tournefeuille
Lardenne
Le Mirail
La Fourguette
St-Simon
Cugnaux
Lalande
Les Minimes
TOULOUSE
Gare Matabiau
Bonnefoy
Balma
Moscau
Le Buscat
Mont-audran
Fonsegrives
St-Orens-de-Gameville
Ramonville-St-Agne
St-Jean
L'Union
Garonne
A62
A624
A68
A61
A64
A602
E9
E72
E80
N126
N20
N113
D2
D88
D112
D632
D980
D16
0 1 2 3 km

Liria
Barcelona
Barcelona
Madrid
Eivissa, Palma de Mallorca, Mahón
Albacete
Alicante
El Saler
Fuente del Jarro
Godella
Burjassot
Tavernes Blanques
Almassera
Paterna
Benimàmet
Benicalap
Alboraia
Manises
Campanar
Marxalenes
Beni-maclet
Quart de Poblet
Mislata
VALENCIA
Estación Central
La Malvarrosa
Mar Mediterráneo
Aldaia
Xirivella
El Grau
Alaquas
Río Turia
San Marcelino
Natzaret
Les Veroniques
Puerto
Picanya
La Torre
Torrent
Paiporta
Sedaví
El Castellar-Oliveral
Pinedo
Benetusser
Alfafar
A7
E15
C234
N111
N340
0 1 2 3 km

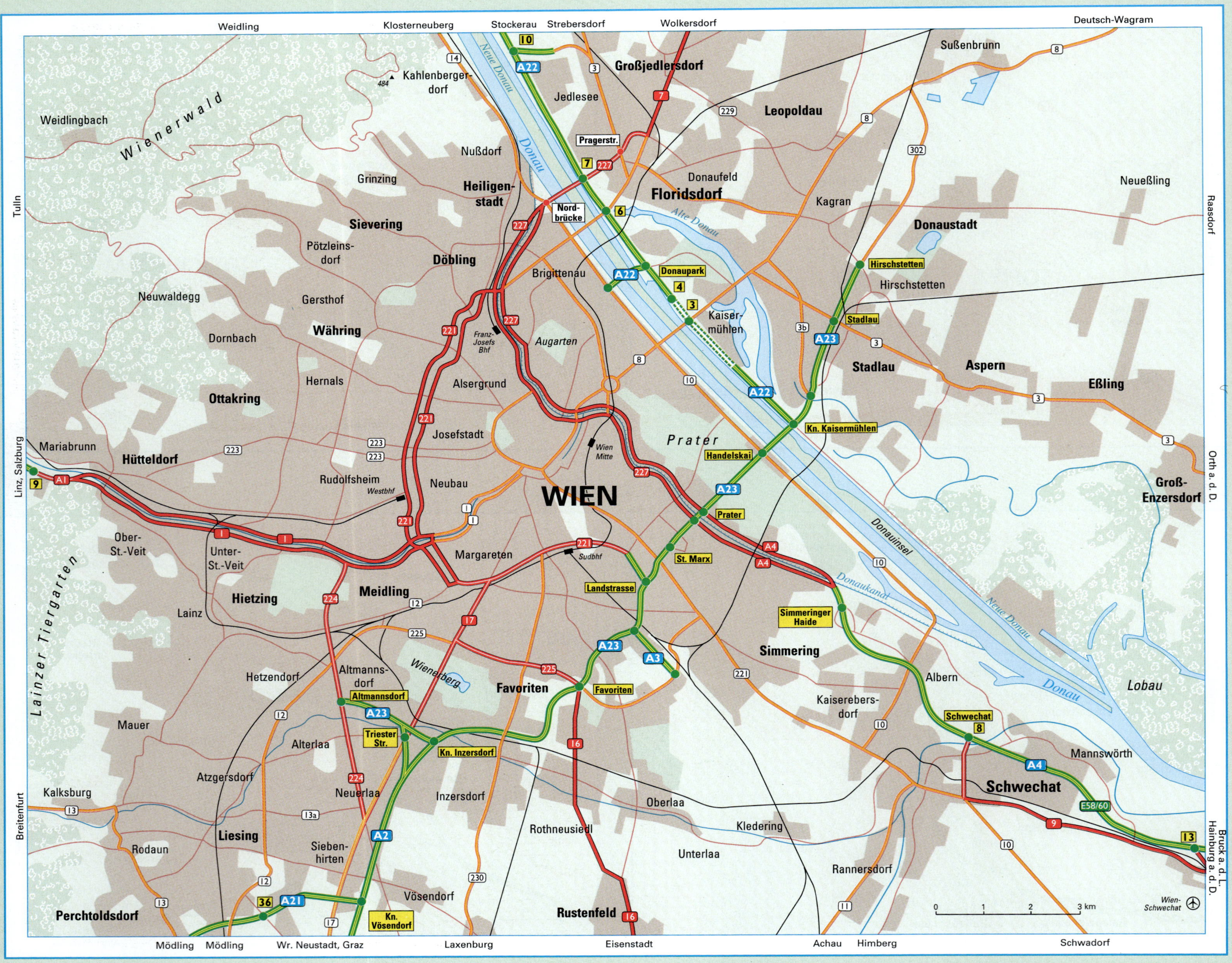
Weidling
Klosterneuberg
Stockerau
Strebersdorf
Wolkersdorf
Deutsch-Wagram
Tulln
Raasdorf
Orth a. d. D.
Linz, Salzburg
Breitenfurt
Bruck a. d. L., Hainburg a. d. D.
Mödling
Mödling
Wr. Neustadt, Graz
Laxenburg
Eisenstadt
Achau
Himberg
Schwadorf
Kahlenberger-dorf
Weidlingbach
Wienerwald
Großjedlersdorf
Jedlesee
Leopoldau
Süßenbrunn
Nußdorf
Grinzing
Heiligen-stadt
Donaufeld
Floridsdorf
Kagran
Neueßling
Sievering
Pötzleins-dorf
Döbling
Nord-brücke
Pragerstr.
Donaustadt
Hirschstetten
Neuwaldegg
Gersthof
Brigittenau
Donaupark
Kaiser-mühlen
Stadlau
Dornbach
Währing
Augarten
Franz-Josefs Bhf
Aspern
Eßling
Hernals
Alsergrund
Ottakring
Alte Donau
Kn. Kaisermühlen
Mariabrunn
Hütteldorf
Josefstadt
Prater
Handelskai
Rudolfsheim
Westbhf
Neubau
Wien Mitte
WIEN
Groß-Enzersdorf
Ober-St.-Veit
Unter-St.-Veit
Margareten
Sudbhf
St. Marx
Donauinsel
Hietzing
Meidling
Landstrasse
Donaukanal
Lainz
Simmeringer Haide
Neue Donau
Simmering
Lainzer Tiergarten
Hetzendorf
Altmanns-dorf
Altmannsdorf
Wienerberg
Favoriten
Donau
Lobau
Albern
Mauer
Triester Str.
Kn. Inzersdorf
Kaiserebers-dorf
Schwechat
Alterlaa
Atzgersdorf
Mannswörth
Kalksburg
Neuerlaa
Inzersdorf
Oberlaa
Kledering
Rothneusiedl
Liesing
Rodaun
Sieben-hirten
Unterlaa
Rannersdorf
Vösendorf
Perchtoldsdorf
Kn. Vösendorf
Rustenfeld
Wien-Schwechat
A1
A2
A3
A4
A21
A22
A23
E58/60
0 1 2 3 km

Castelfranco Ven.
Treviso
V. Véneto
Trieste
Lido di Jésolo
S. Donà di Piave
Martellago
Marocco
A27
A4
Favaro Dese
Trivignano
Bazera
A4
Dese
Maerne
Mestre Est
Dese
A27
Ca Noghera
Zelarino
Carpenedo
Fávaro
Terzo
Spinea
Asseggiano
Venezia-Marco Polo
Torcello
Mirano
Chirignago
Mestre
Tessera
Fornase
Villabona
Campalto
Burano
Mestre
A4
Padova
Marghera
Murano
S. Erasmo
Ca Sabbioni
Ca Emiliani
Oriago
Staz. S. Lucia
VENEZIA
Mira
Punta Sabbioni
Malcontenta
Fusina
La Giudecca
Rijeka, Pula
Laguna Veneta
Lido
Chióggia
Dogaletto
Izmir Marmaris
Sacca Séssola
0 2 4 6 km

Torun, Bydgoszcz
Legionowo
Białystok
Wołomin
Tarchomin
Marki
Kobyłka
Młociny
Żerań
Wólka Węglowa
Zielonka
Wawrzyszew
Ugory
Radiowo
Bielany
Brodno
Zacisze
Ząbki
Marymont
Targówek
Kaweczin
Słodowiec
Żoliborz
Boernerowo
Powązki
Północ
Karolowska
Utrata
Bemowo
WARSZAWA
Praga
Wygoda
Wegrów
Łódź
Górce
Koło
Muranów
Grochów
Rembertów
Jelonki
Śródmieście
Saska Kępa
Zielona
Wola
Marysin Wawerski
Chrzanów
Czyste
Centralna
Gocław
Odolany
Brest, Lublin
Las
Włochy
Miedzylesie
Gołabki
Zbytki
Raków
Wierzbno
Sielce
Siekierki
Ursus
Południe
Ochota
Mokotów
Borków
Pruszków
Radość
Okęcie
Augustówka
Opacz
Stegny
Wisła
Port Lotniczy Warszawa Okęcie
Służewiec
Służew
Zagóźdź
Raszyn
Miedzeszyn
Częstochowa, Radom
Piaseczno
Konstancin-Jeziorna
Otwock
0 1 2 3 km

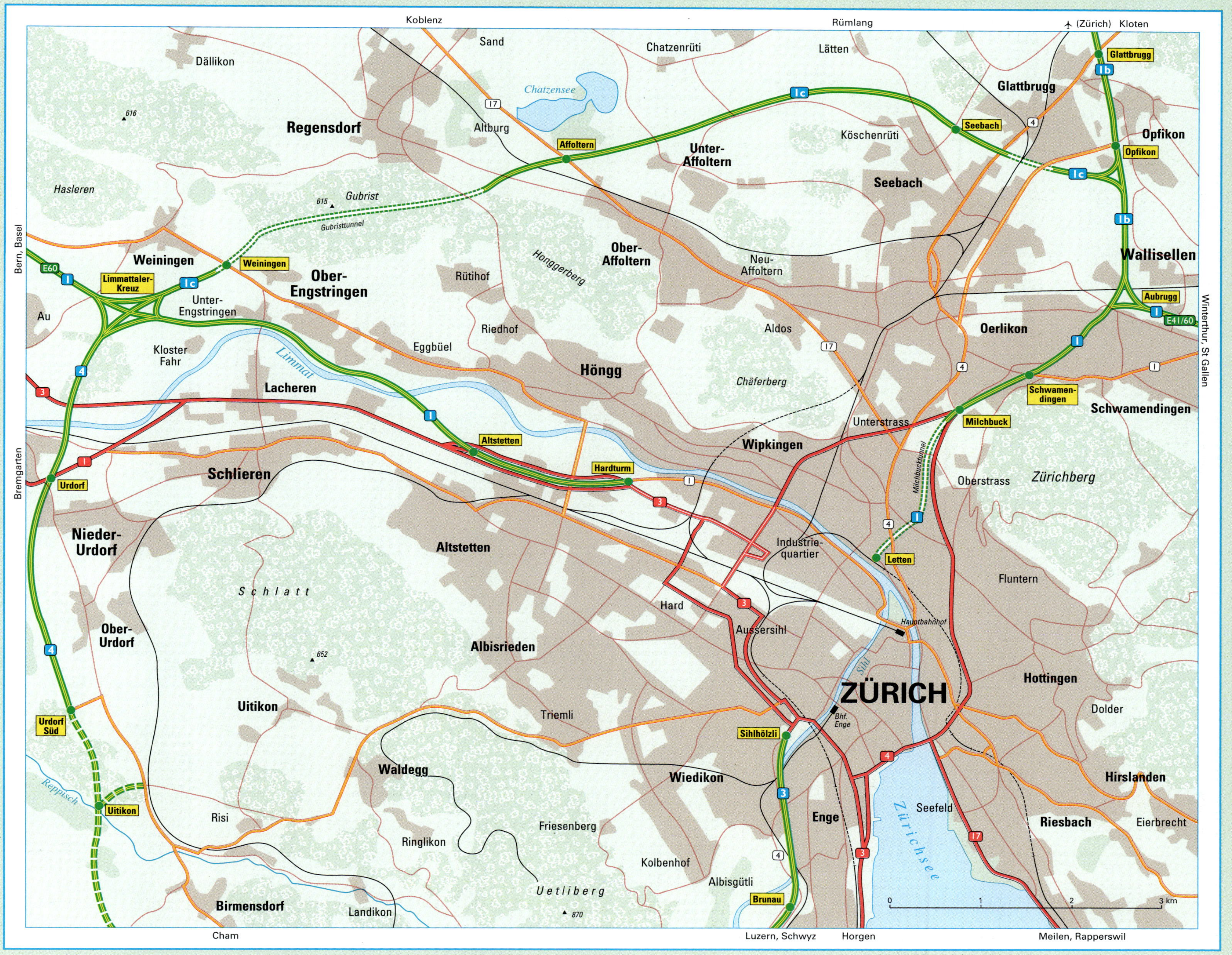
Koblenz
Rümlang
(Zürich) Kloten
Sand
Chatzenrüti
Lätten
Glattbrugg
Dällikon
Chatzensee
Glattbrugg
616
Regensdorf
Altburg
Seebach
Köschenrüti
Opfikon
Affoltern
Unter-Affoltern
Opfikon
Hasleren
Seebach
615
Gubrist
Gubristtunnel
Bern, Basel
Ober-Affoltern
Weiningen
Weiningen
Hönggerberg
Neu-Affoltern
Wallisellen
Limmattaler-Kreuz
Ober-Engstringen
Rütihof
Unter-Engstringen
Aubrugg
Au
Aldos
Riedhof
Oerlikon
Kloster Fahr
Eggbüel
Winterthur, St. Gallen
Limmat
Höngg
Chäferberg
Lacheren
Schwamendingen
Schwamendingen
Milchbuck
Unterstrass
Altstetten
Wipkingen
Hardturm
Schlieren
Milchbucktunnel
Urdorf
Bremgarten
Oberstrass
Zürichberg
Nieder-Urdorf
Altstetten
Industriequartier
Letten
Schlatt
Fluntern
Hard
Hauptbahnhof
Ober-Urdorf
Aussersihl
652
Albisrieden
Sihl
Hottingen
ZÜRICH
Uitikon
Triemli
Bhf. Enge
Dolder
Urdorf Süd
Sihlhölzli
Waldegg
Wiedikon
Hirslanden
Reppisch
Uitikon
Seefeld
Enge
Riesbach
Risi
Eierbrecht
Friesenberg
Zürichsee
Ringlikon
Kolbenhof
Albisgütli
Uetliberg
Brunau
Birmensdorf
Landikon
870
Cham
Luzern, Schwyz
Horgen
Meilen, Rapperswil
0 1 2 3 km

A

Å N 51 B7
Å N 57 B5
Å N 57 C5
Å N 57 E1
Aabla 67 B7
Aachen 11 G8
Aadorf 37 C8
Aalen 40 F5
Aalsmeer 10 D6
Aalst 10 F5
Aalten 11 D8
Aalter 10 F4
Äänekoski 64 B6
Aapajärvi FIN 61 C9
Aapajärvi FIN 62 B5
Aapajoki 62 B5
Aapua 60 D6
Aarau 36 C6
Aarberg 36 D5
Aardenburg 10 F4
Aareavaara 60 C6
Aarle 11 E7
Aarschot 10 F6
Aartselaar 10 F5
Aarwangen 36 C6
Aasleagh 7 H2
Ääsmäe 66 C5
Aaspere 67 B7
Aatsinki 61 D11
Aavajärvi 56 B5
Aavasaksa 60 E6
Aba 76 C5
Abaclia 79 E11
Abades 23 G9
Abadín 22 B4
Abadiño 20 B2
Abádszalók 77 C8
A Baiuca 22 B2
Abalar 85 A2
Abánades 20 G2
Abanilla 29 B10
Abano Terme 35 C8
Abarán 29 B10
A Barrela 22 D4
Abasár 77 B7
Abaújszántó 73 H2
Abbadia San Salvatore 32 B4
Abbasanta 32 E2
Abbekås 45 F8
Abbeville 15 A11
Abbey 7 J4
Abbeydorney 7 L2
Abbeyfeale 7 L3
Abbeyleix 7 K5
Abbeytown 4 D6
Abbiategrasso 34 C4
Abborrberg 55 D9
Abborreberget 47 C8
Abborrträsk 56 C2
Abbotsbury 8 F5
Abbots Langley 9 D9
Abcoude 10 D6
Abejar 20 E2
Abejuela 27 E9
Abela 25 H3
Abelvær 54 E4
Abenberg 40 F6
Abenójar 26 G3
Åbenrå 44 G3
Abensberg 41 F7
Aberaeron 8 C3
Aberaman 8 D4
Aberchirder 3 D7
Aberdare 8 D4
Aberdaron 8 B2
Aberdeen 3 E8
Aberdyfi 8 C3
Aberfeldy 2 F6
Aberffraw 4 G5
Aberford 5 F9
Aberfoyle 2 G5
Abergavenny 8 D5
Abergele 4 G6
Åberget 56 B2
Abergwaun 8 D2
Abergynolwyn 8 B4
Aberlady 3 G7
Abernethy 2 G6
Aberporth 8 C3
Abersoch 8 B3
Abertamy 41 C9
Abertawe 8 D4
Abertillery 8 D5
Abertura 24 E7
Aberuthven 2 G6
Aberystwyth 8 C3
Abetone 34 E6
Abfaltersbach 38 E6
Abhainnsuidhe 2 C2
Abia de la Obispalía 27 E7
Abiego 20 D6
Abild 44 G2
Abilly 15 H10
Abingdon 9 D7
Abington 4 C6
Abisko Östra 58 G2
Abja-Paluoja 66 E6
Abla 29 E8
Ablis 15 D11
Ablitas 20 E4
Abmelaseter 58 E3
Abo 64 F3
Åbo 52 D3
Åbodarna 52 A6
Åbogen 49 B9
Abondance 36 E5
Abony 77 C7
Åbosjö 55 G10
Aboyne 3 E7
Abram 77 C11
Abrămuț 77 C11
Abrantes 24 D3
Abraur 55 B11
Abraveses 22 G3
Abreiro 22 F4
Abreschviller 13 D9
Abrest 17 C10
Abriès 19 B8
Abrigada 24 E2
Abriola 31 B7
Abrucena 29 E8
Abrud 78 E1
Abrupe 67 G7
Absam 38 D5
Absberg 40 F6
Absdorf 39 B11
Abtenau 39 D7
Abtsgmünd 40 F5
Abukhava 72 C6
Åby S 45 C9
Åby S 47 D7
Åbybro 44 B3
Åbyen 44 B3
Åbyggeby 52 F5
Åbyn 56 D3
Åbytorp 46 C6
A Cañiza 22 D3
Acâș 77 B12
Acate 30 G5
Accadia 33 E10
Acceglio 19 B8
Accettura 31 C8
Acciano 33 C7
Acciaroli 30 C6
Accous 20 C5
Accrington 5 F7
Accumoli 32 B6
Acebo 24 B6
Acedera 24 E8
Acedo 20 C3
Acehuche 24 C6
Aceituna 24 B6
Acered 20 F4
Acerenza 31 B8
Acerno 30 B6
Acerra 30 B5
Aceuchal 24 F6
Ach 39 C7
Achadh Mór 2 C2
A Chán 22 D2
Acharacle 2 F3
Acharnes 89 B7
Achavanich 2 C6
Achenkirch 38 D5
Achern 13 D10
Acheux-en-Amiénois 12 A3
Achicourt 10 H3
Achill 6 G2
Achilleio 87 G7
Achim 42 D4
Achintee 2 D4
Achladochori 87 B8
Achladokampos 88 C5
Achnacroish 2 F4
Achnasheen 2 D4
Achosnich 2 F3
Achstetten 40 H4
Achtrup 44 G2
Aci Castello 30 F6
Aci Catena 30 F6
Acireale 30 F6
Aci St Antonio 30 F6
Aci Trezza 30 F6
Acktjära 52 E4
Acle 9 B11
A Coruña 22 B3
Acquacalda 30 D6
Acqualagna 35 F10
Acquanegra sul Chiese 34 C6
Acquapendente 32 B4
Acquappesa 31 E8
Acquaro 31 F8
Acquarossa 37 E8
Acquasanta Terme 33 B7
Acquasparta 32 B5
Acquaviva Picena 35 H12
Acquedolci 30 E5
Acquigny 15 C10
Acqui Terme 34 D3
Acri 31 E8
A Cruz de Incio 22 C4
Ács 76 B4
Acsa 76 B6
Acuto 32 D6
Ada 77 F7
Adács 77 B7
Adahuesca 20 D6
Adak 55 D11
Ådalsliden 55 H9
Adamas 89 E8
Adamclisi 84 C3
Adamov 74 F6
Adamova 69 D12
Adamów 72 G4
Adamówka 73 D4
Adamstown 7 L6
Adămuș 78 E3
Adamuz 28 C5
Adâncata RO 78 B6
Adâncata RO 83 B10
Ádánd 76 D4
Adanero 23 G9
Adão 24 B5
Adare 7 L4
Adatepe 85 D2
Adavere 67 D7
Ādaži 66 G5
Adderbury 9 D7
Addlestone 9 E9
Adelboden 36 E6
Adelebsen 42 G5
Adelfia 31 A9
Adelina 73 C6
Adelschlag 40 F6
Adelsheim 40 E4
Adelsried 40 G6
Ademuz 27 E8
Adenau 11 G9
Adendorf 42 D6
Adendro 87 D7
Adenstedt 42 G5
Adjud 79 E8
Adlešiči 39 H10
Adliswil 37 C7
Adlkofen 41 G8
Admont 39 D9
Adolfsström 55 B9
Adony 76 C5
Adorf 41 C8
Adorf (Diemelsee) 42 H4
Adra 29 E7
Adradas 20 F2
Adrados 23 F10
Adrano 30 F5
Adria 35 D9
Adriani 87 C9
Adriers 16 B6
Adulsbruk 51 G8
Ådum 44 E2
Adunați 78 G5
Adunații-Copăceni 83 C10
Adutiškis 69 E10
Adzaneta 27 D10
Adzaneta de Albaida 27 G10
Adžūni 69 C7
Aegviidu 67 B7
Aereino 87 F7
Ærøskøbing 44 G4
Aerzen 42 F4
A Estrada 22 C2
Aetos GR 86 D5
Aetos GR 86 H4
Aetos GR 88 D4
Äetsä 64 E3
Afantou 88 G4
Åfarnes 50 C4
Affing 40 G6
Åfjord 54 G3
Aflenz Kurort 39 D10
A Fonsagrada 22 B5
A Forxa E 22 D3
A Forxa E 22 E3
Åfoss 48 D6
Afragola 30 B5
Afritz 39 E8
Afumați RO 82 C5
Afumați RO 83 B10
Afyssos 87 G8
Afytos 87 E8
Aga 41 B8
Ağaçlı 85 B6
Ağaköy 85 D3
Agalas 88 C2
Agallas 24 B6
Agapia 78 C6
Agăș 78 D6
Ágasegyháza 76 D6
Agde 18 E2
Agen 16 F6
Ager 21 E8
Agerbæk 44 E2
Agerskov 44 F2
Agersted 44 B4
Agerup 44 E6
Ágfalva 76 B1
Aggersund 44 C2
Aggius 32 D2
Aggsbach Markt 39 B10
Aghaboe 7 K5
Aghagallon 6 F7
Aghalee 6 F7
Aghanloo 6 E6
Aghaville 7 N3
Aghern 7 M4
Aghione 19 F11
Aghireșu 78 D1
Aghleam 6 G2
Agia 87 F7
Agia Anna GR 87 G8
Agia Anna GR 88 B6
Agia Efthymia 88 B5
Agia Evfimia 88 B2
Agia Galini 89 G9
Agia Kyriaki 88 D3
Agia Marina GR 87 G7
Agia Marina GR 88 E2
Agia Marina GR 89 B8
Agia Paraskevi GR 86 E4
Agia Paraskevi GR 86 G4
Agia Pelagia GR 88 F6
Agia Pelagia GR 89 F9
Agiasma 87 C10
Agiasos 85 F2
Agia Triada GR 88 C4
Agia Triada GR 88 C5
Agia Varvara 86 D6
Agia Vervara 89 G9
Agigea 84 C4
Agighiol 79 G10
Agino Selo 80 C5
Agiofyllo 86 E5
Agioi Anargyroi 86 F6
Agioi Apostoloi 89 B7
Agioi Deka 89 G9
Agioi Theodoroi GR 86 E5
Agioi Theodoroi GR 87 G7
Agioi Theodoroi GR 88 C6
Agiokampos GR 87 F7
Agiokampos GR 87 G7
Agionori 88 C6
Agios Andreas 88 D5
Agios Athanasios GR 87 C9
Agios Athanasios GR 87 D7
Agios Charalampos 87 C12
Agios Christoforos 88 E5
Agios Dimitrios GR 86 E6
Agios Dimitrios GR 88 E6
Agios Dimitrios GR 89 C7
Agios Efstratios 87 F11
Agios Georgios GR 86 D6
Agios Georgios GR 86 G6
Agios Georgios GR 88 B6
Agios Georgios GR 89 G10
Agios Germanos 86 C4
Agios Ioannis GR 88 B6
Agios Ioannis GR 88 D5
Agios Ioannis GR 88 E6
Agios Kirykos 89 C11
Agios Konstantinos GR 86 H5
Agios Konstantinos GR 87 H7
Agios Konstantinos GR 88 C5
Agios Konstantinos GR 89 C8
Agios Kyprianos 88 F5
Agios Leontas 88 C2
Agios Loukas GR 86 D6
Agios Loukas GR 89 B8
Agios Mamas 87 E8
Agios Matthaios 86 F2
Agios Myron 89 G9
Agios Nikolaos GR 86 F3
Agios Nikolaos GR 86 F5
Agios Nikolaos GR 86 G4
Agios Nikolaos GR 86 G5
Agios Nikolaos GR 86 G5
Agios Nikolaos GR 87 E9
Agios Nikolaos GR 88 C2
Agios Nikolaos GR 88 E5
Agios Nikolaos GR 89 G11
Agios Paraskevi 85 F1
Agios Petros GR 86 H3
Agios Petros GR 87 C7
Agios Petros GR 88 D5
Agios Spyridonas GR 86 E6
Agios Spyridonas GR 86 G4
Agios Stefanos GR 89 B7
Agios Stefanos GR 89 D10
Agios Thomas 89 B7
Agios Vasileios GR 87 D8
Agios Vasileios GR 88 C5
Agira 30 F5
Agivey 6 E6
Aglapsvik 57 B6
Agle 54 F5
Aglen 54 E3
Agliana 35 F7
Aglientu 32 D3
Aglish 7 M5
Agluonėnai 68 D3
Agnadello 34 C5
Agnagar Bridge 7 N2
Agnanta 86 F4
Agnantero 86 F5
Agneaux 15 C7
Agnita 78 F3
Agno 34 B3
Agnone 33 D8
A Golada 22 C3
Agoncillo 20 D2
Agon-Coutainville 14 C6
Agordo 38 F6
Agost 29 B11
Agos-Vidalos 20 C6
Ågotnes 48 B1
Agra 85 F1
Agramón 29 B9
Agramunt 21 E8
Agrate Brianza 34 C4
Agreda 20 E3
Agrés 27 G10
Agria 87 F7
Agridio 88 C4
Agrigento 30 F3
Agrij 78 C1
Agrilos 88 D3
Agrinio 86 H5
Agriovotano 87 G8
Agrochão 22 E5
Agropoli 30 C6
Ågskaret 57 G2
Aguadulce E 28 D4
Aguadulce E 29 E8
A Guardia 22 E2
Aguarón 20 F4
Aguas 20 D6
Águas Belas 24 C3
Aguas de Busot 27 H10
Águas de Moura 24 F3
Águas Frias 22 E4
Aguaviva 20 G6
A Gudiña 22 E5
Agudo 26 G2
Águeda 24 A3
Aguessac 17 G10
Agugliano 35 G11
Aguiar 24 G4
Aguiar da Beira 22 G4
Aguilafuente 23 F10
Aguilar de Alfambra 27 D9
Aguilar de Campóo 23 C9
Aguilar de la Frontera 28 D4
Aguilar del Río Alhama 20 E3
Águilas 29 D10
Agullana 21 D11
Agullent 27 G10
Aha 55 D10
Ahafona 7 L2
Aham 41 G8
Ahascragh 7 J4
Ahaus 11 D9
Åheim 50 D2
Ahelva 63 D9
Ahigal 24 B7
Ahigal de Villarino 22 F6
Ahillones 24 G7
Ahja 67 E8
Ahjola 63 C9
Ahlainen 64 D2
Ahlatlı 84 G2
Ahlbeck 70 C3
Ahlden (Aller) 42 E5
Ahlen 11 E10
Ahlerstedt 42 D5
Ahlhorn 42 E3
Ahmas 63 D7
Ahmavaara 61 D10
Ahmetbey 85 B4
Ahmetçeeli 85 E2
Ahmetler 85 G5
Ahmetli 85 G4
Ahmovaara 65 A10
Ahnsbeck 42 E6
Ahoghill 6 E7
Ahoinen 64 F5
Ahokylä 63 F7
Ahola FIN 61 F10
Ahola FIN 63 B10
Ahola FIN 63 C10
Ahola FIN 63 G8
Aholanvaara 61 E10
Ahonperä 62 E5
Ahorn 40 D6
Aho-Vastinki 64 B6
Ahrbrück 11 G9
Ahrensbök 42 B6
Ahrensburg 42 C6
Ahrenshagen 43 B9
Ähtäri 64 B5
Ähtärinranta 64 B5
Ahtme 67 B9
Ahula 67 C7
Ahun 17 C8
Åhus 45 E9
Ahveninen 65 A7
Ahvenisto 65 E7
Ahvensalmi 65 C9
Ahvenselkä 61 D10
Ahvenvittikko 61 D10
Ahvionsaari 65 D9
Aiani 86 E5
Aianteio 89 C7
Aibar 20 D4
Aibl 39 F10
Aichach 40 G6
Aichhalden 40 H2
Aichstetten 37 B9
Ai'dejav'ri 58 F6
Aidenbach 41 G9
Aidipsos 87 G7
Aidone 30 F5
Aidonochori 87 C9
Aidt 44 D3
Aidu 67 D7
Aiello Calabro 31 E8
Aielo de Malferit 27 G10
Aieta 31 D7
Aiffres 16 B4
Aigeira 88 B5
Aigen im Ennstal 39 D9
Aigen im Mühlkreis 39 B8
Aigiali 89 E11
Aigina 89 C7
Aiginio 87 D7
Aigio 88 B4
Aigle 36 E5
Aiglun 19 C7
Aignan 20 A6
Aignay-le-Duc 12 F6
Aigosthena 88 B6
Aigre 16 C5
Aigrefeuille-d'Aunis 16 C3
Aigrefeuille-sur-Maine 14 G6
Aiguafreda 21 E10
Aiguebelle 36 G4
Aigueblanche 36 G4
Aigueperse 17 C10
Aigues-Mortes 18 D3
Aigues-Vives F 17 G11
Aigues-Vives F 21 B11
Aigues-Vives F 21 C9
Aiguilhe 17 E11
Aiguilles 19 B8
Aiguillon 16 F5
Aigurande 17 B8
Äijäjoki 58 G6
Aijala 64 G4
Äijälä 65 B7
Aijänneva 64 C4
Aillant-sur-Tholon 12 F4
Aillas 16 F4
Aillevillers-et-Lyaumont 13 F8
Ailly-le-Haut-Clocher 15 A11
Ailly-sur-Noye 12 B2
Ailly-sur-Somme 12 B2
Aimargues 18 D4
Aime 36 G4
Ainali FIN 62 E6
Ainali FIN 62 F4
Ainay-le-Château 17 A9
Ainaži 66 E5
Aindling 40 G6
Ainet 39 E7
Ainsa 21 D7
Ainzón 20 E4
Airaines 15 B11
Airaksela 65 B8
Airasca 19 A9
Aird Asaig 2 C2
Airdrie 4 B5
Aire-sur-l'Adour 16 G4
Aire-sur-la-Lys 10 G2
Airidh a'Bhruaich 2 C2
Airola 33 E9
Airole 19 D9
Airolo 37 E7
Airvault 16 A4
Aisey-sur-Seine 12 F5
Aïssey 13 G8
Aisymi 85 B1
Aisy-sur-Armançon 12 F5
Aitamännikkö 60 D6
Aita Mare 78 F5
Aiterhofen 41 F8
Aith GB 3 C12
Aith GB 3 E10
Aitolahti 64 D5
Aitoliko 88 B3
Aiton 78 D2
Aitona 21 F7
Aitoo 64 E5
Aitrach 37 B9
Aitrang 37 B10
Aittaniemi 61 E10
Aittijoki 59 D8
Aittojärvi FIN 63 C7
Aittojärvi FIN 63 F7
Aittokoski 63 F8
Aittokylä 63 D8
Aittoperä 62 F5
Aittovaara 63 D10
Aiud 78 E2
Aiviekste 69 B9
Aix-en-Othe 12 E4
Aix-en-Provence 18 D6
Aixe-sur-Vienne 16 C6
Aix-les-Bains 36 F3
Aizenay 16 A2
Aizkraukle 69 B8
Aizpun 20 C3
Aizpurves 67 G8
Aizpute 68 B4
Aizvīķi 68 C4
Ajaccio 19 F10
Ajak 73 H3
Ajanki 60 E6
Ajankijärvi 60 E6
Ajat 16 E6
Ajaureforsen 55 C8
Ajdovščina 35 B12
Ajka 76 C3
Ajnovce 82 F2
Ajo 23 B10
Ajofrín 26 E4
Ajos 62 B5
Akācijas 68 B6
Åkarp 45 E7
Äkäsjokisuu 60 C6
Äkäslompolo 60 C6
Akasztó 76 D6
Akçasusurluk 85 D5
Akeld 5 B8
Aken 43 G8
Åkerbränna 55 G9
Åkerby 52 G6
Åkerholmen 56 B3
Åkersberga 47 C10
Åkersjön 54 G6
Åkers styckebruk 47 C8
Åkerstrømmen 51 E8
Akheloy 84 F3
Akhisar 85 G4
Akhremawtsy 69 D10
Akhtopol 84 G3
Åkirkeby 45 G10
Akkan 55 D9
Akkarfjord 58 B6
Akkarvik 58 D3
Akkasæter 58 E2
Akkavare 56 C1
Akkerhaugen 48 D6
Akköy TR 85 E2
Akköy TR 88 E2
Akkrum 11 B7
Akmeņdziras 66 F2
Akmenė 68 C5
Åknes 57 C3
Aknīste 69 C9
Akonkoski 63 E10
Akonpohja 65 A9
Akpınar 85 B6
Akraifnio 88 B6
Åkran 54 G4
Akrata 88 B5
Åkrehamn 48 D2
Akrini 86 D6
Akrolimni 86 D6
Akropotamos 87 D9
Akrotiri 89 F10
Aksakal 85 D4
Aksaz 85 D3
Aksdal 48 D2
Akselendi 85 G4
Aksnes 50 B5
Akujärvi 59 F9
Åkullsjön 56 F3
Åkvisslan 52 A5
Ål 50 G5
Ala I 35 B7
Ala S 47 G10
Alacaat 85 E5
Alacant 29 B11
Alacaoğlu 85 B3
Alaçatı 89 B11
Alà dei Sardi 32 D3
Ala di Stura 36 G5
Alaejos 23 F8
Alagna Valsesia 34 B2
Alagoa 24 D4
Alagón 20 E5
Alahärmä 62 G3
Ala-Honkajoki 64 D3
Alaigne 21 B10
Alaior 29 E11
Alájar 25 H6
Alajärvi FIN 61 D7
Alajärvi FIN 63 D9
Alajärvi FIN 64 A4
Alajõe 67 C9
Ala-Jokikylä 62 B6
Ala-Kääntä 62 E5
Ala-Keyritty 63 G9
Alakurtti 61 D12
Alakylä FIN 61 C7
Alakylä FIN 62 C6
Alakylä FIN 64 D2
Ala-Livo 63 C7
A Lama 22 D2
Alameda 28 D4
Alameda de Cervera 26 F5
Alameda de la Sagra 26 E4
Alamedilla 29 D7
Alamillo 26 G3
Alan 80 B2
Ala-Nampa 61 D8
Alanäs 55 F8
Älande 68 B3
Alandroal 24 F5
Älandsbro 52 C6
Alange 24 F7
Alaniemi 62 B6
Alanís 25 H7
Alanta 69 E8
Alap 76 D5
Alapitkä 63 G8
Alaquàs 27 F10
Alaranta 62 C6
Alaraz 23 G8
Alarcón 27 F7
Alar del Rey 23 C9
Alaró 29 F9
Alarup 86 C4
Alaşehir 85 H5
Ålåsen 55 G7
Alaskylä 64 C4
Alassio 34 F2
Alastaipale 64 B5
Alastaro 64 E3
Ala-Sydänmaa 62 F6
Alata 19 F10
Ala-Temmes 62 D6
Alatoz 27 G8
Alatri 33 D7
Alatskivi 67 D9
Alattyán 77 C7
Ala-Valli 64 B4
Alavattnet 55 F8
Alavere 66 C6
Ala-Vieksi 63 E9
Alavieska 62 E5
Ala-Viirre 62 F4
Ala-Vuokki 63 D10
Ala-Vuotto 63 D7
Alavus 64 B4
Alba 34 D2
Alba Adriatica 33 B8
Albac 77 E12
Albacete 27 G7
Albacken 52 B4
Alba de Tormes 23 G7
Ålbæk 44 B4
Albagiara 32 F2
Albaida 27 G10
Alba Iulia 78 E2
Albaladejo 26 G6
Albalate de Arzobispo 20 F6
Albalate de Cinca 21 E7
Albalate de las Nogueras 27 D7
Albalate de Zorita 26 D6
Albalatillo 20 E6
Alban 17 G9
Albánchez 29 D9
Albanella 30 C6
Albanitsa 83 E7
Albano di Lucania 31 B8
Albano Laziale 32 D5
Albano Vercellese 34 C3
Albanyà 21 D11
Albaredo per San Marco 34 B5
Albaret-le-Comtal 17 E10
Albareto 34 E5
Albaret-Ste-Marie 17 E10
Albaron 18 D4
Albarracín 27 D8
Albatana 27 H8
Albatàrrec 21 F7
Albatera 29 C11
Albbruck 37 C7
Albelda 21 E7
Albelda de Iregua 20 D2
Albella 20 D6
Albendea 27 D7
Albendín 28 D5
Albenga 34 F2
Albeni 78 G2
Albens 36 F3
Albentosa 27 D9
Alberga 47 C7
Ålberga 47 D8
Albergaria-a-Velha 22 G2
Albergaria dos Doze 24 C3
Alberic 27 F10
Alberndorf in der Riedmark 39 B9
Albernoa 25 H4
Albero Alto 20 E6
Alberobello 31 B10
Alberona 33 D10
Alberoni 35 C9
Alberschwende 38 D2
Albersdorf 42 B4
Albert 12 B3
Albertacce 19 F11
Alberta Ligure 34 D4
Albertirsa 77 C7
Albertville 36 F4
Alberuela de Tubo 20 E6
Albesa 21 E7
Albești RO 78 E4
Albești RO 79 B7
Albești RO 79 D9
Albești RO 84 B2
Albești RO 84 C4
Albeștii de Argeș 78 G3
Albeștii de Muscel 78 G4
Albești-Paleologu 83 A10
Albestroff 13 D9
Albi 17 G8
Albias 17 G7
Albidona 31 D8
Albignasego 35 C8
Albina 79 G9
Albino 34 B5
Albires 23 D8
Albisheim (Pfrimm) 13 B10
Albisola Marina 34 E3
Albisola Superiore 34 E3
Alblasserdam 10 D6
Ålbo 52 G5
Albocácer 27 D11
Alboloduy 29 E8
Albolote 28 D6
Albon 36 G2
Albondón 29 E7
Alboraya 27 F10
Alborea 27 F8
Ålborg 44 C3
Albota 83 B8
Albox 29 D9
Albrechtice nad Orlicí 74 D6
Albstadt 40 H3
Albu 67 C7
Albudeite 29 C10
Albufeira 25 K3
Albujón 29 C10
Albuñol 29 E7
Albuñuelas 28 E6
Alburquerque 24 E5
Alby S 45 D12
Alby S 52 C3
Alby-sur-Chéran 36 F4
Alcácer 27 F10
Alcácer do Sal 24 G3
Alcáçovas 24 G3
Alcadozo 27 G7
Alcafozes 24 C5
Alcaine 20 G5
Alcains 24 C5
Alcalá de Chivert 27 D11
Alcalá de Guadaira 25 J7
Alcalá de Gurrea 20 E5
Alcalá de Henares 26 D5
Alcalá de la Selva 20 H5
Alcalá del Júcar 27 F8
Alcalá de los Gazules 25 M7
Alcalá del Río 25 J7
Alcalá del Valle 28 E4
Alcalá la Real 28 D6
Alcalalí 27 G10
Alcamo 30 E2
Alcampell 21 E7
Alcanadre 20 D3
Alcanar 21 H7
Alcanede 24 D2
Alcanena 24 D3
Alcanhões 24 E3
Alcañices 22 E6
Alcañiz 20 G6
Alcántara 24 C6
Alcantarilla 29 C10
Alcantud 27 D7
Alcaracejos 28 B4
Alcara li Fusi 30 E5
Alcaraz 26 G6
Alcaria Ruiva 25 H4
Alcarràs 21 F7
Alcaucín 28 E5
Alcaudete 28 D5
Alcaudete de la Jara 26 E2
Alçay-Alçabéhéty-Sunharette 20 B5
Alcázar del Rey 26 E6
Alcázar de San Juan 26 F5
Alcedar 79 B10
Alcester 9 C7
Alçıtepe 85 D1
Alcoba 26 F3
Alcobaça 24 D2
Alcobendas 26 D4
Alcocer 26 D6
Alcocero de Mola 23 D11
Alcochete 24 F2
Alcoentre 24 E2
Alcofra 22 G3
Alcolea E 28 C4
Alcolea E 29 E7
Alcolea de Calatrava 26 G4
Alcolea de Cinca 21 E7
Alcolea del Pinar 20 G2
Alcolea del Río 25 J8
Alcoletge 21 E8
Alcollarín 24 E7
Alconchel 24 F5
Alcóntar 29 D8
Alcora 27 E10
Alcorcón 26 D4
Alcorisa 20 G6
Alcoroches 27 C8
Alcossebre 27 D11
Alcoutim 25 J5
Alcover 21 F8
Alcoy 27 G10
Alcsútdobos 76 C5
Alcubierre 20 E6
Alcubilla de Avellaneda 23 E11
Alcubillas 26 G5
Alcublas 27 E9
Alcúdia 29 E10
Alcudia de Guadix 29 D7
Alcudia de Monteagud 29 D8
Alcuéscar 24 E7
Aldbrough 5 F10
Aldeacentenera 24 D8
Aldeadávila de la Ribera 22 F5
Aldea del Cano 24 E6
Aldea del Fresno 26 D4
Aldea del Obispo 22 G5
Aldea del Rey 26 G4
Aldea de Trujillo 24 D7
Aldealafuente 20 E2
Aldealpozo 20 E3
Aldeamayor de San Martín 23 F9
Aldeaneuva de Figueroa 23 F7
Aldeanueva de Barbarroya 26 E2
Aldeanueva de Ebro 20 D3
Aldeanueva de la Vera 24 B7
Aldeanueva del Camino 24 B7
Aldeanueva de San Bartolomé 26 E2
Aldeaquemada 29 B7
Aldea Real 26 B4
Aldearrodrigo 23 F7
Aldeaseca 23 G9
Aldeatejada 23 G7
Aldeavieja 23 G9
Aldeburgh 9 C11
Aldehuela de la Bóveda 22 G6
Aldehuela de Yeltes 22 G6
Aldeia da Mata 24 D4
Aldeia da Ponte 24 B6
Aldeia de Ferreira 24 F5
Aldeia de João Pires 24 B5
Aldeia do Bispo 24 B5
Aldeia dos Elvas 25 H3
Aldeia dos Fernandes 25 J3
Aldeia dos Palheiros 25 J3
Aldeia Velha 24 E4
Aldenhoven 11 F8
Aldeno 35 B7
Alderbury 9 F7
Alderholt 9 F7
Alderley Edge 5 G7
Aldersbach 41 G9
Aldershot 9 E8
Aldinac 82 D4
Aldinci 82 G2
Aldingham 4 E6
Aldomirovtsi 82 E5
Aldover 21 G7
Aldridge 8 B6
Aldudes 20 B4
Åle 44 E3
Åled 45 C7
Aledo 29 C10
Alekovo BG 83 D9
Alekovo BG 84 C2
Aleksandriškės 69 F8
Aleksandrova 69 D11
Aleksandrovac YU 82 B2
Aleksandrovac YU 82 D1
Aleksandrovo BG 83 E8
Aleksandrovo BG 83 F8
Aleksandrovo BG 84 F2
Aleksandrów PL 72 F2
Aleksandrów PL 75 B11
Aleksandrów Kujawski 71 E8
Aleksandrów Łódzki 71 G9
Aleksa Šantić 76 F6
Aleksinac 82 D2
Ålem 45 C11
Ålen 51 C8
Alençon 15 E9
Alenquer 24 E2
Alénya 21 C11
Alerheim 40 F6
Aléria 19 F12
Alerre 20 D6
Alès 17 G11
Ales 32 F2
Aleșd 77 C11
Alesón 20 D2
Alessandria 34 D3
Alessandria del Carretto 31 D8
Alessandria della Rocca 30 F3
Alessano 31 D12
Ålestrup 44 C3
Ålesund 50 C3
Alet-les-Bains 21 C10
Alexandreia 86 D6
Alexandria GB 4 B5
Alexandria RO 83 C9
Alexandroupoli 85 C1
Alexandru Vlahuță 79 E8
Alexeevca 79 C9
Alexeni 83 B11
Alexsandrów 73 C4
Alezio 31 C11
Alf 13 A9
Alfacar 28 D6
Alfafar 27 F10
Alfaiates 24 B6
Alfajarín 20 E5
Alfambra 27 D9
Alfambras 25 K2
Alfamén 20 F4
Alfândega da Fé 22 F5
Alfántega 21 E7
Alfarim 24 G2
Alfaro 20 D3
Alfarràs 21 E7
Alfatar 84 C2
Alfaz del Pi 27 H10
Alfdorf 40 F4
Alfedena 33 D8
Alfeizerão 24 D2
Alfeld (Leine) 42 G5
Alfena 22 F2
Alferce 25 J3
Alfhausen 11 C10
Alfonsine 35 E9
Alford GB 3 E7
Alford GB 5 G10
Alforja 21 F8
Alfredshem 53 A7
Alfreton 5 G9
Alfta 52 E4
Alfundão 24 G4
Algaida 29 F9
Algajola 19 E11
Algámitas 28 E4
Algar 25 L8
Älgarås 46 D5
Ålgård 48 E2
Algarinejo 28 D5
Algarrobo 28 E5
Algatocín 28 F3
Algeciras 25 M8
Algemesí 27 F10
Älgered 52 D5
Algermissen 42 F5
Algerri 21 E7
Algestrup 44 F6
Algete 23 G11
Alghero 32 E1
Älghult 45 C10
Alginet 27 F10
Älgnäs 52 F5
Algodonales 25 L8
Algodor 25 H4
Algora 20 G2
Algoso 22 F6
Algoz 25 K3
Algrange 13 C8
Alguaire 21 E7
Alguazas 29 C10
Algueirão-Mem Martins 24 F1
Algueña 29 B11
Algutsrum 45 C12
Alhabia 29 E8
Alhama de Almería 29 E8
Alhama de Aragón 20 F3
Alhama de Granada 28 E6
Alhama de Murcia 29 C10
Alhambra 26 G5
Alhamn 56 C4
Alhaurín de la Torre 28 F5
Alhaurín el Grande 28 F4
Alhendín 28 E6
Alhões 22 G3
Alhojärvi 64 D6
Alhóndiga 26 D6
Ålhult 47 F7
Alia 30 E4
Alía 26 F2
Aliaga 20 G5
Aliağa 85 G3
Aliaguilla 27 E8
Aliano 31 C8
Aliartos 88 B6
Alibunar 77 G9
Alicante 29 B11
Alicún de Ortega 29 D7
Alife 33 E8
Alija del Infantado 23 D7
Alijó 22 F4
Alikianos 89 F8
Alikylä 62 F4
Aliman 84 C3
Alimena 30 F4
Aliminusa 30 E4
Alimpești 78 G2
Alingsås 46 F3
Alino 82 F5
Alionys 1 69 E8
Aliseda 24 D6
Alistrati 87 C9
Alì Terme 30 E6
Aliveri 89 B8
Alizava 69 C8
Aljaraque 25 K5
Aljezur 25 J2
Aljinovići 81 E10
Aljubarrota 24 D2
Aljucén 24 E6
Aljustrel 25 H3
Alken 11 F7
Alkkia 64 C3
Alkmaar 10 C6
Allai 32 F2
Allaire 14 F5
Allambres 86 D2
Allan 18 B4
Allanche 17 D9
Allariz 22 D4
Allarmont 13 E9
Allassac 17 D7
Allauch 18 E6
Allaži 66 G6
Allažmuiža 66 G6
Alle 36 C5
Alleghe 38 F6
Allègre 17 E11
Alleins 18 D5
Allemond 36 G4
Allen 7 J6
Allendale Town 5 D7
Allendorf (Eder) 11 F11
Allendorf (Lumda) 11 G12
Allenheads 5 D7
Allensbach 37 B8
Allentsteig 39 B10
Allenwood 7 J6
Allepuz 27 D9
Allerey-sur-Saône 12 H6
Allerona 32 B4
Allersberg 40 F6
Allershausen 41 G7
Allerslev 44 G6
Allevard 36 G4
Allex 18 B5
Allihies 7 N2
Alling 38 C4
Allingåbro 44 D4
Allinges 36 E4
Allinge-Sandvig 45 F9
Alliste 31 D11
Allmendingen 40 G4
Allo 20 D3
Alloa 2 G6
Allogny 12 G2
Ålloluokta 60 D2
Allonby 4 D6
Allonnes F 15 F9
Allonnes F 15 G9
Allons 16 F4
Allos 19 C8
Alloue 16 C5
Alloza 20 G5
Allschwil 36 C6
Allsta 52 B6
Allstad 57 D2
Allstedt 43 H7
Allumiere 32 C4
Alluy 12 G4
Almacelles 21 E7
Almáchar 28 E5
Almada 24 F2
Almadén 26 G2
Almadén de la Plata 25 H7
Almadenejos 26 G3
Almagro 26 G4
Almăj 82 B6
Almajano 20 E2
Almalaguês 24 B3
Almaluez 20 F3
Almansa 27 G9
Almansil 25 K4
Almanza 23 C8
Almaraz 24 C8
Almargen 28 E4
Almarza 20 E2
Almaș 77 E11
Almásfüzitő 76 B4
Almassora 27 E10
Almașu 78 D1
Almașu Mare 78 E1
Almazán 20 F2
Almazul 20 F3
Almedina 26 G6
Almedinilla 28 D5
Almeida 22 G5
Almeida de Sayago 22 F6
Almeirim 24 E3
Almelo 11 C8
Almenar 21 E7
Almenara 27 E10
Almenar de Soria 20 E3
Almendra E 22 F6
Almendra P 22 G5
Almendral 24 F6
Almendralejo 24 F6
Almendricos 29 D9
Almendros 26 E6
Almere 10 C6
Almería 29 E8
Almerimar 29 F8
Älmestad 46 F4
Älmhult 45 D9
Almind 44 F3
Almkerk 10 E6
Ålmo 50 B5
Almodôvar 25 J4
Almodóvar del Campo 26 G4
Almodóvar del Pinar 27 E7
Almodóvar del Río 28 C4
Almofala 22 G4
Almogía 28 E5
Almograve 25 J2
Almoguera 26 D6
Almoharín 24 E7
Almonacid de la Sierra 20 F4
Almonacid del Marquesado 26 E6
Almonacid del Zorita 26 D6
Almonacid de Toledo 26 E4
Almonaster la Real 25 H6
Almondsbury 8 E6
Almonte 25 K6
Almoradí 29 C11
Almorchón 26 G2
Almorox 26 D3
Álmosd 77 C10
Almoster 24 C3
Almsele 55 F9
Almsjönäs 52 B6
Älmsta 47 B10
Almstedt 42 F5
Almudema 29 C9
Almudévar 20 E5
Almuñécar 28 E6
Almunge 47 B9
Almuniente 20 E6
Almünster 39 C8
Álmuradiel 28 B6
Almussafes 27 F10
Almvik 47 F8
Almyropotamos 89 B8
Almyros 87 G7
Alnes 50 C3
Alness 2 D5
Alnwick 5 C8
Alobras 27 D8
Alocén 26 D6
Aloja 66 F6
Alonia 87 D7
Alonnisos 87 G9
Álora 28 E4
Alós d'Ensil 21 C8
Alosno 25 J5
Alost 10 F5
Alovera 23 G11
Aloxe-Corton 12 G6
Alozaina 28 E4
Alp 21 D9
Alpalhão 24 D4
Alpanseque 20 F2
Alpbach 38 D5
Alpedrete 23 G10
Alpedrinha 24 C5
Alpedriz 24 D2
Alpen 11 E8
Alpenrod 11 G10
Alpens 21 D10
Alpera 27 G8
Alphen 10 E6
Alphen aan den Rijn 10 D6
Alpiarça 24 E3
Alpirsbach 40 G2
Alpnach 37 D7
Alposjärvi 60 E6
Alpua 62 E6
Alpuente 27 E9
Alpullu 85 B3
Alquería de la Condesa 27 G10
Alquerías 29 C10
Alqueva 24 G4
Alquife 29 E7
Alrance 17 G9
Alrewas 9 B7
Als 44 C4
Alsager 5 G7
Alsån 60 E5
Alsasua 20 C3
Alsdorf 11 F8
Alsėdžiai 68 C4
Alsen 51 B11
Alseno 34 D5
Alsenz 13 B10
Alsfeld 40 C4
Alsike 47 B9
Alsjö 52 D4
Alsleben (Saale) 43 G7
Alslev 44 F1
Alsmo 50 E4
Alsónémedi 76 C6
Alsópáhok 76 D2
Alsos 57 E3
Alsóvadász 73 H2
Alsózsolca 77 A9
Ålsrode 44 D4
Ålstad 57 E3
Alstad 45 F7
Alstahaug 54 C5
Alstakan 46 B3
Alster 46 C4
Alsterbro 45 C11
Alstermo 45 C10
Alston 5 D7
Alsunga 66 G2
Alsvåg 57 C3
Alsvik 57 F2
Alsviķi 67 F8
Alta 58 D6
Älta 47 C9
Altafulla 21 F9
Altamura 31 B9
Altare 34 E3
Altatornio 62 B5
Altaussee 39 D8
Altavilla Irpina 30 B6
Altavilla Silentina 30 B6
Altdöbern 43 G10
Altdorf CH 37 D7
Altdorf D 41 G8
Altdorf bei Nürnberg 41 E7
Alt Duvenstedt 42 B5
Alte 25 K3
Altea 27 G10
Altefähr 43 B9
Alteglofsheim 41 F8
Alteidet 58 D5
Altena 11 F10
Altenahr 11 G9
Altenau 42 G6
Altenberg 41 C10
Altenberge 11 D10
Altenbruch-Westerende 42 C4
Altenbuch 40 D4
Altenburg 41 B8
Altenfeld 40 C6
Altenfelden 39 B8
Altenglan 13 B10
Altenhagen 43 B8
Altenhof 43 E10
Altenholz 42 B6
Altenkirchen 43 A10
Altenkirchen (Westerwald) 11 G10
Altenkrempe 42 B6
Altenkunstadt 40 D6
Altenmarkt an der Triesting 39 C11
Altenmarkt bei St Gallen 39 C9
Altenmarkt im Pongau 39 D8
Altenmedingen 42 D6
Altenmünster 40 G5
Altenritte (Baunatal) 40 B4
Altenstadt D 37 A9
Altenstadt D 38 C4
Altenstadt D 40 D3
Altensteig 40 G3
Altentreptow 43 C9
Alter do Chão 24 E4
Altes Lager 43 F9
Altevik 57 C4
Altfraunhofen 41 G8
Altheim A 41 H9
Altheim D 37 A8
Althofen 39 E9
Altier 17 F11
Altimir 82 D6
Alțîna 78 F3
Altındağ 85 H3
Altınoluk 85 E2
Altınova 85 F2
Altkirch 36 B5
Alt Krenzlin 43 D7
Altlandsberg 43 E10
Altmannstein 41 F7
Altnaharra 2 C5
Altofonte 30 E3
Altomonte 31 D8
Altomünster 40 G6
Alton GB 9 B7
Alton GB 9 E8
Altopascio 34 F6
Altorricón 21 E7
Altötting 41 H8
Altrincham 5 G7
Alt Ruppin 43 E9
Alt Schwerin 43 C8
Altshausen 37 B9
Altstätten 37 C9
Alttajärvi 60 B3
Altura 27 E10
Altusried 37 B10
Alu 66 C6
Aluatu 79 F10
Alūksne 67 F8
Ålund 56 D3
Alunda 47 B9
Aluniș RO 78 C2
Aluniș RO 78 D4
Aluniș RO 78 G5
Alunu 78 G2
Alustante 20 G4
Alva 47 G10
Alvaiázere 24 C3
Alvajarvi 62 G6
Alvalade 25 H3
Alvaneu 37 D9
Älvängen 46 F3
Alvarenga 22 G3
Álvares 24 C4
Álvaro 24 C4
Alvdal 51 D8
Älvdalen 51 F11
Alvega 24 D4
Alveley 8 C6
Alverca 24 E2
Alverca da Beira 22 G5
Alvesta 45 C9
Alvestad 57 C4
Alvestorp 46 B5
Alvettula 64 E5
Alvhem 46 F3
Älvho 52 E2
Alviano 32 B5
Alvie 2 E6
Alvignac 17 E7
Ålvik 48 B3
Alvik S 52 F2
Alvik S 56 C4
Alvito I 33 D7
Alvito P 24 G4
Älvkarleby 52 G5
Älvkarleö 52 G5
Alvnes N 57 E3
Alvnes N 57 F3
Alvoco da Serra 24 B4
Älvros 52 D2
Älvsbyn 56 C3
Älvsered 45 B7
Ålvund 50 C5
Ålvundeid 50 C5
Alwernia 75 D11
Alyakhnovichy 69 G10
Alyki 86 G4
Alyth 2 F6
Alytus 72 B6
Alzenau in Unterfranken 40 D3
Alzey 40 E2
Alzira 27 F10
Alzon 17 G10
Alzonne 21 B10
Åmådalen 52 E2
Amadora 24 F2
Åmål 46 D3
Åmål 46 D3
Amalfi 30 B5
Amaliada 88 C3
Amaliapoli 87 G7
Amalon 89 C11
Amance 13 F8
Amancey 13 G8
Amandola 33 A7
Amantea 31 E8
Amara 84 B2
Amarante 22 F3
Amaranto 86 F5
Amărăști 83 B7
Amărăștii de Jos 83 C7
Amărăștii de Sus 83 C7
Amareleja 24 G5
Amaroni 31 F8
Amarousi 89 B7
Amaru 83 A11
Amarynthos 89 B7
Amaseno 33 D7
Amatrice 32 B6
Amaxades 87 C11
Amay 11 G7
Ambasaguas 23 C8
Ambazac 17 C7
Ambel 20 E4
Ambeļi 69 C10
Amberg 41 E7
Ambergate 5 G8
Ambérieu-en-Bugey 36 F3
Amberloup 13 A7
Ambert 17 D11
Ambès 16 E4
Ambierle 17 C11
Ambillou 15 G9
Ambjörby 51 G10
Ambjörnarp 45 B7
Ambla 67 C7
Amblainville 12 C2
Amble 5 C8
Ambleside 5 E7
Ambleteuse 10 F1
Amboise 15 G10
Ambon 14 F5
Ämbra 67 C7
Ambrault 12 H2
Ambrières-les-Vallées 15 E8
Ambronay 36 F3
Ambrosden 9 D8
Åmdals Verk 48 D5
Ameglia 34 F5
Ameixial 25 J4
Amel 11 G8
Amele 66 F2
Amelia 32 B5
Amélie-les-Bains-Palalda 21 D11
Amelinghausen 42 D6
Amêndoa 24 D4
Amendoeira 25 H4
Amendolara 31 D9
Amer 21 E11
Amerang 38 C6
A Merca 22 D3
Amersfoort 11 D7
Amersham 9 D8
Amesbury 9 E7
Amezketa 20 C3
Amfikleia 87 H7
Amfilochia 86 G4
Amfipoli 87 C9
Amfissa 88 A5
Amieira 24 G4
Amiens 12 B2
Amilly 12 F3
Åminne FIN 64 A2
Åminne S 45 B8
Åmland 48 F4
Åmli N 48 D5
Åmli N 48 E5
Amlwch 4 G5
Ämmälänkylä 64 B4
Ammanford 8 D4
Ämmänsaari 63 D9
Ammarnäs 55 C9
Åmmeberg 46 D6
Ammenäs 46 E2
Ammern 40 B5
Ammersbek 42 C6
Ammochori 86 D5
Ammotopos 86 G4
Ammoudia 87 C8
Amnatos 89 G9
Amoeiro 22 D3
Amonde 22 E2
Amöneburg 11 G12
Amorbach 40 E4
Amorebieta 20 B2
Amorgos 89 E11
Amori 85 B2
Åmot N 48 C5
Åmot N 48 D5
Åmot N 49 C7
Åmot N 51 H7
Åmot S 52 F4
Åmotfors 46 B3
Amou 20 B5
Åmøyhamn 57 G1
Ampelakia 87 E7
Ampelia 86 F6
Ampelokipoi 87 D7
Ampelonas 86 F6
Ampezzo 39 F7
Ampfing 41 H8
Ampflwang im Hausruckwald 39 C8
Amplepuis 17 C12
Amposta 21 G7
Ampthill 9 D9
Ampudia 23 E9
Ampuero 23 B11
Ampus 19 D7
Amriswil 37 C8
Åmsele 56 E2
Åmsosen 48 D2
Amstelveen 10 C6
Amsterdam 10 C6
Amstetten 39 C10
Amulree 2 F6
Amurrio 23 C12
Amusco 23 D9
Amvrosia 87 C11
Amygdaleonds 87 C10
Amygdalia 88 B5
Åmynnet 52 B6
Amyntaio 86 D5
Amzacea 84 C4
Anacapri 30 B5
Anadia 24 B3
Anafi 89 F10
Anafonitria 88 C2
Anagni 32 D6
Anan'yiv 79 B12
Anarcs 77 A11
Anargyroi 86 D5
Anarrachi 86 D5
Ånäset 56 F3
Åna-Sira 48 F3
Anatazavė 69 D9
Anatoli GR 86 F4
Anatoli GR 87 F7
Anatoli GR 89 G10
Anatolichis Frangista 86 G5
Anatoliko GR 86 D5
Anatoliko GR 87 D7
Anavatos 89 B11
Anavra GR 86 G6
Anavra GR 87 G7
Anavyssos 89 C7
Anaya de Alba 23 G7
Ance 66 F2
Ancelle 19 B7
Ancene 69 C9
Ancenis 15 G7
Ancerville 12 D6
Ancín 20 C3
An Cóbh 7 N4
Ancona 35 F11
Ancroft 5 B8
Ancrum 5 B7
Ancy-le-Franc 12 F5
Anda 50 E3
Andalo 38 G4
Åndalsnes 50 C4
Andance 18 A4
Andau 76 B2
Andavías 23 E7
Anddalsvågen 54 C5
Andebu 49 D7
Andechs 38 C4
Andeer 37 E8
Andelfingen 37 B7
Andelot-Blancheville 13 E7
Andelot-en-Montagne 13 H7
Andelst 11 D7
Andenes 57 B4
Andenne 10 G6
Anderlecht 10 F5
Anderlues 10 G5
Andermatt 37 D7
Andernach 11 G9
Andernos-les-Bains 16 E3
Andersbo 52 G6
Anderslöv 45 F8
Anderstorp 45 B8
Andfiskå 54 B6
Andijk 10 C6
Andirrio 88 B4
Andlau 13 E10
Andoain 20 B3
Andocs 76 D4
Andolsheim 36 B6
Andorf 39 B8
Andørja 57 C5
Andorno Micca 34 B2
Andorra 20 G6
Andorra la Vella 21 D9
Andosilla 20 D3
Andouillé 15 E7
Andover 9 E7
Andrano 31 D12
Andrășești 84 B2
Andratx 29 F9
Andravida 88 C3
Andreas 4 E5
Andreiașu de Jos 79 F7
Andrespol 71 G9
Andrest 20 B6
Andretta 31 B7
Andrézieux-Bouthéon 17 D12
Andria 33 E12
Andrid 77 B11
Andrieșeni 79 B8
Andrijaševci 76 G5
Andrijevica 81 F10
Andrioniškis 69 D8
Andriškiai 68 F5
Andritsana 88 D4
Andronianoi 87 H9
Andros 89 C9
Androusa 88 D4
Andrup 44 F2
Andrupene 69 C11
Andrychów 75 D10
Andrzejewo 72 E4
Andselv 58 F2
Andsnes 58 C4
Andújar 28 C5
Anduze 17 G11
Andzeļi 69 C11
Åneby 49 C8
Aneby 46 F6
Anela 32 E2
Anenii Noi 79 D11
Ånes 50 B5
Anet 15 D11
Anetjärvi 63 B8
Anevo 83 F7
Aneza 86 G4
Anfo 34 B6
Äng 46 F5
Anga 47 G10
Angathia 86 D6
Ånge S 52 C3
Ånge S 55 C10
Änge 54 H6
Ängebo 52 D4
Angeja 22 G2
Ängelholm 45 D7
Angeli 59 F8
Angelniemi 64 G4
Angelochori 86 D6
Angelokastro GR 88 A3
Angelokastro GR 88 C6
Ångelsberg 47 B7
Angelstad 45 C8
Angely 12 F5
Anger 39 C7
Angera 34 B3
Angermünde 43 D10
Angern 43 F8
Angern an der March 75 G7
Angers 15 G8
Ångersjö 52 D2
Ångersjö 56 G2
Angersnes 54 B5
Angervikko 63 G9
Angerville 15 E11
Ängesån 60 D4
Ängeslevä 62 D6
Ängesträsk 60 F4
Anghiari 35 G9
Anglade 16 D3
Angle 8 D2
Anglès E 21 E11
Anglès F 21 B11
Anglesona 21 E8
Angles-sur-l'Anglin 16 B6
Anglet 20 B4
Angliers 15 H9
Anglure 12 D4
Angnäs 56 F1
Angoisse 16 D6
Ängom 52 C5
Angoulême 16 D5
Angoulins 16 C3
Angri 30 B5
Angrie 15 F7
Angüés 20 D6
Anguiano 20 D2
Anguillara Sabazia 32 C5
Anguillara Veneta 35 C8
Anguita 20 G2
Angvik 50 C5
Anhée 10 G6
Anholt 44 C5
Aniane 18 D2
Anif 39 C7
Anina 77 G10
Aninoasa RO 78 G1
Aninoasa RO 78 G4
Aninoasa RO 82 B5
Aninoasa RO 83 A9
Anizy-le-Château 12 B4
Anjalankoski 65 F7
Anjan 54 G5
Anjum 11 A8
Ankaran 35 C12
Ankarsrum 47 F7
Ankarsund 55 D9
Ankarsvik 52 C5
Ankenes 57 D5
Ankerede Kapell 55 E7
Ankerlia 58 E4
Ankershagen 43 D9
Anklam 43 C10
Ankum 11 C10
Anlaby 5 F10
Anlezy 12 H4
An Muileann gCearr 7 H5
Ånn 51 B10
Anna E 27 G9
Anna EST 67 C7
Annaberg 39 C10
Annaberg-Buchholtz 41 C9
Annaburg 43 G9
Annagassan 7 H7
Annagry 6 E4
Annahilt 6 F7
Annahütte 43 G10
Annalong 6 G7
Annamoe 7 K7
Annan 4 D6
Anna Paulowna 10 B6
Annarode 43 G7
An Nás 7 J6
Annayalla 6 G6
Annbank 4 C5
Anneberg S 44 B6
Anneberg S 46 F6
Annecy 36 F4
Annecy-le-Vieux 36 F4
Annefors 52 E4
Annelund 46 F4
Annemasse 36 E4
Annen 11 B9
Annenieki 68 B5
Annestown 7 M5
Anneyron 36 G2
Annikvere 67 B7
Annonay 36 G2
Annonen 62 E6
Annopol 73 C3
Annot 19 C8
Annweiler am Trifels 13 C10
Ano Agios Vlasios 86 G5
Ano Amfeia 88 D4
Ano Chora 86 H6
Ano Diakofto 88 B5
Ano Drosini 87 C12
Anoeta 20 B3
Anogeia GR 88 E5
Anogeia GR 89 G9
Ano Kalliniki 86 C5
Ano Komi 86 E5
Ano Kopanaki 88 D4
Ano Lechonia 87 F7
Ano Lefkimmi 86 F2
Ano Mera 89 D10
Añón 20 E3
Ano Poroïa 87 C7
Anor 12 B5
Añora 28 B4
Ano Sagkri 89 D10
Ano Synoikia Trikala 88 C5
Ano Syros 89 D9
Anould 36 A5
Añover de Tajo 26 E4
Ano Viannos 89 G10
Ano Vrontou 87 C8
Anquela del Ducado 20 G3
Anras 38 E6
Ans B 11 G7
Ans DK 44 D3
Ansac-sur-Vienne 16 C6
Ansager 44 E2
Ansbach 40 E5
Anse 36 F2
Ansedonia 32 B3
Anseremme 10 H6
Ansfelden 39 B9
Ansião 24 C3
Ansızca 85 H3
Ansjö 52 B4
Ansnes 58 E2
Ansó 20 C5
Anspoki 69 C10
Ansprung 41 C9
Ånstad 57 C3
Anstruther 3 G7
Ånsvik 57 F3
Antalieptė 69 D9
Antanhol 24 B3
An tAonach 7 K4
Antas E 29 D9
Antas P 22 E2
Antas P 22 G4
Antas de Ulla 22 C3
Antequera 28 E5
Anterselva di Sopra 38 E6
Anthéor 19 D8
Anthien 12 G4
Anthili 86 G6
Anthotopos 87 G7
Antibes 19 D8
Antigonos 86 D5
Antikyra 88 B5
Antillo 30 E6
Antimacheia 88 F2
An tInbhear Mór 7 K7
Antiparos 89 D9
Antisanti 19 F11
Antissa 85 F1
Antjärn 52 C6
Antnäs 56 C4
Antoing 10 G4
Antol 75 G10
Anton 83 F7
Anton Ivanov 83 G7
Antonivka 73 G4
Antonne-et-Trigonant 16 D6
Antonovo 83 E10
Antony 12 D2
Antraigues-sur-Volane 17 E12
Antrain 14 E6
Antrim 6 E7
Antrodoco 32 B6
Antsla 67 E8
Anttis 60 C5
Anttola 65 D8
Antully 17 A12
Antunovac Tenjski 76 G5
Antuži 69 B9
Antwerpen 10 F5
Antzuola 20 C2
An Uaimh 7 H6
Anvers 10 F5
Anvin 10 G2
Anykščiai 69 D8
Anzano di Puglia 33 E10
Anzat-le-Luguet 17 D10
Anzegem 10 F4
Anzère 36 E6
Anzi 31 B8
Anzin 10 G4
Anzing 38 C5
Anzio 32 D5
Aoiz 20 C4
Aoradh 4 B2
Aos 20 C4
Aosta 36 F5
Apa 78 B1
Apače 39 E11
Apagy 77 B10
Apahida 78 D2
Apaj 76 C6
Apața 78 F5
Apateu 77 D10
Apátfalva 77 E8
Apatin 76 F5
Apatovac 76 E2
Apc 77 B7
Ape 67 F8
Apecchio 35 G9
Apeirados 89 D10
Apeldoorn 11 D7
Apelern 42 F5
Apele Vii 82 C6
Apen 11 B10
Apenburg 43 E7
Apensen 42 D5
A Peroxa 22 D4
Apgulde 68 B6
Apice 33 E9
A Picota 22 C2
Apidia 88 E6
Apiro 35 G11
Aplared 46 F4
Apoikia 89 C9
Apolakkia 88 G3
Apold 78 E4
Apolda 41 B7
Apoldu de Jos 78 F2
Apollon 89 D10
Apollona 88 G4
Apollonia 89 E9
A Pontenova 22 B5
Áporka 76 C6
Apostag 76 D5
Apostoloi 89 G9
Äppelbo 51 G11
Appelscha 11 B8
Appenzell 37 C8
Appiano sulla Strada del Vino 38 F4
Appietto 19 F10
Appignano 35 G11
Appingedam 11 A9
Appleby-in-Westmorland 5 D7
Appleby Magna 9 B7
Appledore GB 8 F3
Appledore GB 9 F10
Apprieu 36 G3
Apremont-la-Forêt 13 D7
Aprica 37 E9
Apricena 33 D10
Aprigliano 31 E8
Apriķi 66 G2
Aprilia 32 D5
Aprilovo 83 E10
Apriltsi 83 E8
Apsalos 86 C6
Apšuciems 66 G4
Apt 18 D5
Apúlia 22 F2
Aquaviva delle Fonti 31 B9
Aquilonia 31 B7
Aquilué 20 D6
Aquino 33 D7
Aracena 25 H6
Arachnaio 88 C6
Arachova 88 B5
Aračinovo 82 G2
Arad 77 E9
Arada 22 G2
Aradac 77 G8
Arådalen 51 B11
Aradeo 31 C11
Aragnouet 21 C7
Aragona 30 F3
Aragoncillo 20 G3
Araia 20 C2
A Ramallosa 22 C2
Aramits 20 B5
Aramon 18 D4
Aranda de Duero 23 E10
Aranda de Moncayo 20 F3
Aranđelovac 81 C11
Aranhas 24 B5
Aranitas 86 D2
Aranjuez 26 E5
Arano 20 B3
Aranyosapáti 73 H3
Aranzueque 26 D5
Araovacık 85 E3
Arapaj 86 B2
Arapiles 23 G7
Aras 20 D2
Aras de Alpuente 27 E9
Arasvika 50 B5
Aratos 87 C12
Araules 17 E11
Aravete 67 C7
Aravissos 86 C6
Arazede 24 B3
Arbanasi 83 E9
Arbas 21 C8
Arbatax 32 F4
Arbeca 21 F8
Arbecey 13 F7
Arbedo 37 E8
Arbéost 20 C6
Arberg 40 F6
Arbesbach 39 B10
Arbeteta 20 G2
Arboga 47 C7
Arbois 13 H7
Arboleas 29 D9
Arbon 37 C8
Arbore 78 B6
Arborea 32 F2
Arborio 34 C3
Årbostad 57 C5
Arbrå 52 E4
Arbroath 3 F7
Arbúcies 21 E11
Arbus 32 G2
Årby 44 E5
Årbyn 56 B4
Arcachon 16 F3
Arcangues 20 B4
Arcani 78 G1
Arce 33 D7
Arcen 11 E8
Arc-en-Barrois 12 F6
Arceniega 23 B11
Arces 16 D3
Arces-Dilo 12 E4
Arc-et-Senans 13 G7
Arcevia 35 G10
Archaia Korinthos 88 C6
Archaia Olympia 88 C4
Archangelos 88 G4
Archar 82 D5
Archena 29 C10
Arches 13 E8
Archiac 16 D4
Archidona 28 E5
Archipoli 88 G4
Archiș 77 E11
Archivel 29 C9
Arcidosso 32 B4
Ārciems 66 F6
Arcis-sur-Aube 12 D5
Arc-lès-Gray 13 G7
Arco 35 B7
Arco de Baúlhe 22 F3
Arcola 34 E5
Arçon 13 H8
Arconnay 15 E9
Arcos E 23 D10
Arcos P 24 F4
Arcos de Jalón 20 F3
Arcos de la Frontera 25 L7

Arcos de las Salinas 27 E9
Arcos de Valdevez 22 E2
Arcozelo P 22 E2
Arcozelo P 22 F2
Arc-sur-Tille 12 G6
Arcusa 20 D6
Arda 87 B10
Ardagger Markt 39 C10
Ardagh 7 L3
Årdal 50 E3
Ardala 46 E4
Ardales 28 E4
Årdalstangen 50 F4
Ardanairy 7 K7
Ardanaz 20 C4
Ardara I 32 D2
Ardara IRL 6 E4
Ardauli 32 F2
Ardea 32 D5
Ardee 7 H6
Ardeluța 78 D6
Arden DK 44 C3
Arden GB 2 G5
Ardentes 17 A8
Ardeoani 79 D7
Ardersier 2 D5
Ardes 17 D10
Ardez 37 D9
Ardfern 2 G3
Ardfert 7 L2
Ardfinnan 7 L5
Ardgay 2 D5
Ardglass 6 G7
Ardgroom 7 N2
Ardino 87 B11
Ardkeen 6 F8
Ardlui 2 G4
Ardlussa 2 G3
Ardmair 2 C4
Ardminish 4 B3
Ardmore IRL 7 J2
Ardmore IRL 7 M5
Ardon 36 E5
Ardooie 10 F4
Ardore 31 G8
Ardpatrick 7 L4
Ardrahan 7 J3
Ardre 47 G10
Ardres 10 F2
Ardrishaig 2 G4
Ardrossan 4 B4
Ardscull 7 K6
Ardtoe 2 F3
Ardu 66 C6
Ardud 77 B12
Ardusat 78 B1
Ardvasar 2 E3
Are 66 D5
Åre 54 H5
Areatza 20 B2
Arefu 78 G3
Areias 24 C3
Aremark 49 D9
Arén 21 D8
Arenas de Iguña 23 B10
Arenas del Rey 28 E6
Arenas de San Juan 26 F5
Arenas de San Pedro 26 D2
Arendal 48 F6
Arendonk 10 E6
Arendsee (Altmark) 43 E7
Arengosse 16 G3
Arenillas 26 B6
Arenshausen 42 H5
Arentorp 46 E3
Arentsminde 44 B3
Arenys de Mar 21 F11
Arenzano 34 E3
Areopoli 88 E5
Areosa 22 E2
Arès 16 E3
Ares 22 B3
Ares del Maestre 27 D10
Aresing 40 G6
Arethousa 87 D8
Arette 20 C5
Arette-Pierre-St-Martin 20 C5
Aretxabaleta 20 C2
Arevalillo 26 D2
Arévalo 23 G9
Arezzo 35 G8
Arfara 88 D4
Arfons 21 B10
Årfor 54 E4
Argalasti 87 G8
Argallón 24 G8
Argamasilla de Alba 26 F5
Argamasilla de Calatrava 26 G4
Argamasón 27 G7
Arganda 26 D5
Arganil 24 B4
Arganza 22 C5
Årgård 54 F4
Argegno 34 B4
Argelès-Gazost 20 C6
Argelès-sur-Mer 21 D11
Argeliers 21 B11
Argelita 27 E10
Argenbühl 37 B9
Argences 15 C8
Argenta 35 D8
Argentan 15 D8
Argentat 17 E8
Argente 20 G4
Argentera 19 B8
Argenteuil 12 D2
Argenthal 13 B10
Argentiera 32 D1
Argentière 36 F5
Argentine 36 G4
Argenton-Château 15 H8
Argenton-sur-Creuse 17 B7
Argentre 15 E8
Argentré-du-Plessis 15 E7
Argent-sur-Sauldre 12 F2
Argés 26 E4
Argetoaia 82 B5
Arginonta 88 E2
Argonay 36 F4
Argos 88 C5
Argos Orestiko 86 D4
Argostoli 88 B2
Argouges 14 E6
Arguedas 20 D4
Argueil 15 B11
Arguellite 29 B8
Arguís 20 D6
Arguisuelas 27 E7
Argujillo 23 F7
Argyrades 86 F2
Argyropouleio 86 E6
Århult 45 B11
Århus 44 D4
Ariano Irpino 33 E9
Ariano nel Polesine 35 D9
Ariany 29 F10
Ariccia 32 D5
Aridaia 86 C6
Arieșeni 77 E12
Arignac 21 C9
Arija 23 C10
Arild 45 D7
Arilje 81 D10
Arinagour 2 F2
Ariniș 78 C1
Ariño 20 G5
Arinsal 21 D9
Arinthod 36 E3
Ariogala 68 E6
Aris 88 D4
Arisaig 2 E3
Aristomenis 88 D4
Arisvi 87 C12
Aritzo 32 F3
Arive 20 C4
Ariz 22 G4
Ariza 20 F3
Arizola 20 C3
Årjäng 46 C3
Arjeplog 55 B10
Arjona 28 C5
Arjonilla 28 C5
Arkala 63 C7
Arkalochori 89 G10
Arkelstorp 45 D9
Arkesini 89 E11
Arkitsa 87 H7
Arkkukari 62 D5
Arklow 7 K7
Arkna 67 B8
Arkösund 47 E8
Ärla 47 C8
Arlanc 17 D11
Arlanzón 23 D11
Arlena di Castro 32 B4
Arles 18 D4
Arles-sur-Tech 18 F1
Arleuf 12 G5
Arleux 10 H3
Arligbo 47 A8
Arló 77 A8
Arlon 13 B7
Arluno 34 C4
Armação de Pêra 25 K3
Armada 22 B3
Armadale 4 B6
Armağan 84 G3
Armagh 6 F6
Armallones 20 G3
Armamar 22 F4
Armășești 83 B11
Armasjärvi 60 E6
Armassaari 60 E6
Armen 86 D2
Armenioi 88 D4
Armeniș 77 G11
Armenistis 89 C11
Armeno 34 B3
Armenochori 86 D5
Armenoi 89 G8
Armenteros 23 G7
Armentières 10 G3
Armento 31 C8
Armilla 28 E6
Armissan 21 B11
Armolia 89 B11
Armoy 6 D7
Armuña 23 G9
Armunia 32 G3
Armunia 23 D7
Armutalanı 88 F4
Armutlu TR 85 C6
Armutlu TR 85 H4
Armutlu TR 85 H6
Arna 88 E5
Arnac-Pompadour 17 D7
Arnad 34 B2
Arnage 15 F9
Arnaia 87 D8
Årnäs S 51 F11
Årnäs S 51 F11
Årnäs 46 D4
Årnäsvall 53 A7
Arnavutköy 85 B6
Arnay-le-Duc 12 G5
Arnberg 56 D2
Arnborg 44 E2
Arnbruck 41 F9
Arneburg 43 E8
Arnedillo 20 D3
Arnedo 20 D3
Arnéguy 20 B4
Arnemark 56 C3
Arnemuiden 10 E4
Årnes N 49 B9
Årnes N 50 B5
Årnes N 57 B6
Årnes 21 G7
Arnfels 39 F10
Arnhem 11 D7
Arnionys 1 69 E9
Arnissa 86 D5
Arnö 47 D8
Arnol 2 C2
Arnold 5 G9
Arnoldstein 39 F8
Arnót 77 A9
Arnöviken 52 D5
Arnoyhamn 58 D3
Arnprior 2 G5
Arnsberg 11 E10
Arnschwang 41 F9
Arnstadt 40 B6
Arnstein 40 D5
Arnstorf 41 G9
Arnum 44 F2
Aroania 88 C4
Aroktő 77 B9
Arola 59 D10
Arolla 36 F6
Arolsen 42 H4
Aron 15 E8
Arona 34 B3
Aroneanu 79 C8
Aronkylä 64 B3
Åros 49 C7
Arosa CH 37 D9
Arosa P 22 F3
Årosjåkk 60 B2
Arouca 22 G3
Årøybukta 58 D3
Årøysund 49 D7
Arpajon 12 D2
Arpajon-sur-Cère 17 E9
Arpașu de Jos 78 F3
Arpela 62 B5
Arpino 33 D7
Arquata del Tronto 33 B7
Arquata Scrivia 34 D3
Arques F 10 G2
Arques F 21 C10
Arques-la-Bataille 15 B10
Arquillos 28 C6
Arrabal 22 E2
Arrabalde 23 D7
Arracourt 13 D8
Arradon 14 F4
Arraiolos 24 F4
Arrakoski 64 E6
Arranhó 24 E2
Arras 10 H3
Arre 44 F2
Arreau 21 C7
Arredondo 23 B11
Arrén 86 A3
Arrenjarka 57 G6
Arrentières 12 E6
Arriach 39 E8
Arrianа 85 B1
Arriate 28 E4
Arrifana P 22 G2
Arrifana P 24 A5
Arrigny 12 D6
Arrigorriaga 20 B2
Arrild 44 F2
Arriondas 23 B8
Arroba de los Montes 26 F3
Arrochar 2 G4
Arronches 24 E5
Arrone 32 B6
Arroniz 20 D3
Arrou 15 E10
Arroyal 23 C10
Arroyo de la Luz 24 D6
Arroyo del Ojanco 29 B7
Arroyo de San Serván 24 F6
Arroyomolinos de León 25 H6
Arruda dos Vinhos 24 E2
Års 44 C3
Årsandøy 54 D5
Årsdale 45 F10
Arsenio 86 D6
Ars-en-Ré 16 B2
Årset 54 D4
Arsiè 35 B8
Arsiero 35 B8
Årslev 44 F4
Arsoli 32 C6
Ars-sur-Formans 36 F2
Ars-sur-Moselle 13 C8
Årstein 57 C5
Årsunda 52 G4
Arsura 79 D9
Arsvågen 48 D2
Arta 86 G4
Artà 29 F10
Artajona 20 D3
Artana 27 E10
Artannes-sur-Indre 15 G9
Artemisia 88 D5
Artemisio GR 87 G8
Artemisio GR 88 C5
Artèn 35 B8
Artenа 32 D6
Artenay 15 E11
Artern (Unstrut) 43 H7
Artés 21 E10
Artesa de Segre 21 E8
Artesiano 86 F5
Arth 37 D7
Arthez-d'Asson 20 C6
Arthez-de-Béarn 20 B5
Arthon 17 B7
Arthon-en-Retz 14 G6
Artieda 20 D5
Artigarvan 6 E5
Artigat 21 B9
Artix 20 B5
Artjärvi 65 F7
Artled 52 F3
Artlenburg 42 D6
Artogne 34 B6
Artrik 52 A4
Artsyz 79 F11
A Rúa 22 D5
Arudy 20 B6
Aruküla EST 66 B6
Aruküla EST 67 C8
Arundel 9 F8
Årup 44 F3
Arvågen 50 B6
Arvagh 6 G5
Arvän 55 E11
Arvesund 51 B11
Arveyres 16 E4
Arvi 89 G10
Arvidsjaur 56 C1
Arvidsträsk 56 C3
Arvieu 17 G9
Arvieux 19 B8
Årvik 50 D2
Arvika 46 B3
Årviksand 58 C3
Arvila 67 C9
Arvillé 16 B2
Åryd S 45 C10
Åryd S 45 D10
Arzachena 32 D3
Arzacq-Arraziguet 20 B6
Arzana 32 F3
Aržano 80 E5
Arzbach 11 G10
Arzberg D 41 D8
Arzberg D 43 G9
Arzfeld 13 A8
Arzignano 35 C8
Arzl im Pitztal 38 D4
Arzúa 22 C3
Ås 11 F7
Aš 41 D8
Ås N 49 C8
Ås N 51 B9
Ås S 46 B3
Ås S 46 C6
Ås S 52 A2
Ås S 52 A4
Åsa 44 B4
Åsa N 49 B7
Åsa S 44 B6
Aşağıçobanisa 85 G4
Aşağısevindikli 85 B4
Åsan 54 E5
Ašanja 81 B10
Asare 69 C9
Åsarna 52 C2
Åsarp 46 F4
Asasp-Arros 20 B5
Asbach 11 G10
Åsbacka 52 E4
Åsby 44 B6
Asby 46 F6
Ascain 20 B4
Ascea 30 C6
Aschach an der Donau 39 B8
Aschaffenburg 40 D3
Aschbach Markt 39 C9
Ascheberg 11 E10
Ascheberg (Holstein) 42 B6
Aschères-le-Marché 15 E11
Aschersleben 43 G7
Aşchileu 78 D1
Asciano 35 G8
Asco 19 E11
Ascó 21 F7
Ascoli Piceno 33 B7
Ascoli Satriano 33 E10
Ascona 37 E7
Ascou 21 C9
As Covas 22 D2
Åse 57 B4
Åsebyn 46 C3
Åseda 45 B10
Åsegg 54 F3
Åsele 55 F10
Åselet 56 D3
Asemakylä 62 C6
Asemankylä 62 C6
Asemanseutu 64 B4
Åsen N 54 G3
Åsen S 51 F11
Åsen S 52 A2
Åsen S 52 D2
Åsen S 55 C11
Åsenbruk 46 D3
Asendorf 42 E4
Asenovets 83 F10
Asenovgrad 83 G8
Asenovo 83 E10
Asenovtsi 83 D8
Åseral 48 E4
Aseri 67 B8
Asfaka 86 F4
Asfeld 12 C5
Asfendiou 88 F2
Asferg 44 D3
Asgårstrand 49 D7
Ash 9 E8
Åshammar 52 G4
Ashbourne GB 5 G8
Ashbourne IRL 7 H7
Ashburton 8 G4
Ashbury 9 E7
Ashby de la Zouch 9 B7
Ashcott 8 E5
Ashevo 67 G12
Ashford GB 9 E10
Ashford GB 9 F7
Ashford IRL 7 K7
Ashford IRL 7 L3
Ashill 9 B10
Ashington 5 C8
Ashkirk 5 C7
Ashley 9 C10
Ashmyany BY 69 F9
Ashmyany BY 69 F9
Ashton-under-Lyne 5 G8
Ashurst 9 F7
Ashwick 8 E6
Asiago 35 B8
Asikkala 64 E6
Asimi 89 G9
Asin 20 D5
Ask 49 C8
Aska 61 C8
Askainen 64 F2
Askeaton 7 L3
Asker 49 C7
Askern 5 F9
Askersby 46 C6
Askersund 46 D6
Åskilje 55 E10
Askim 49 D8
Asklipieio 88 G4
Åskogen 56 B4
Askola 64 F6
Åsköping 47 C7
Askos 87 D8
Askvoll 50 F1
Aslakkala 59 E8
Aslestad 48 D5
Åsli 50 G6
Åsljunga 45 D8
Asmali 85 C4
Åsmansbo 52 G3
Åsmarka 51 F8
Asmunti 63 B7
Asnæs 44 E5
As Neves E 22 B3
As Neves E 22 E2
As Nogais 22 C5
Asola 34 C6
Asolo 35 B9
Asopia 89 B7
Asopos 88 E6
Asos 88 B2
Asotthalom 77 E7
Asp 44 D2
Aspa 47 D8
Aspa bruk 46 D6
Aspach 39 C7
Aspan 52 D2
Aspang-Markt 39 D11
Asparn an der Zaya 74 G6
Asparukhovo 84 E2
Aspås 52 A2
Aspatria 4 D6
Aspe E 29 B11
Aspe S 51 H10
Aspeå 55 H10
Aspele 55 E11
Aspet 21 C8
Asphyltan 46 B5
Aspliden S 56 C1
Aspliden S 60 E4
Aspnäs S 47 A8
Aspnäs S 52 B5
As Pontes de García Rodríguez 22 B3
Aspremont 18 B6
Aspres-sur-Buëch 18 B6
Aspropyrgos 89 B7
Asprovalta 87 D9
Aspudden 60 D2
Assamstadt 40 E4
Asse 10 F5
Assebakti 59 E7
Asseiceira 24 D3
Assemini 32 G2
Assen 11 B8
Assendelft 10 C6
Assenede 10 F4
Assens DK 44 C3
Assens DK 44 F3
Assentoft 44 D4
Assérac 14 G5
Assergi 33 B7
Assesse 10 G6
Assier 17 F8
Assiros 87 C7
Assisi 35 H10
Åssjö 52 D4
Åsskard 50 B5
Aßlar 40 C2
Assling 38 E6
Asso 34 B4
Asson 20 B6
Assoro 30 F5
Assos 86 F4
Assumar 24 E5
Åsta 51 F8
Astaffort 16 G6
Astakos 88 A3
Åstan 54 H2
Astašova 69 C11
Aste 66 D3
Åsteby 51 H10
Astee 7 L3
Asten A 39 B9
Asten NL 11 E7
Asti 34 D2
Astikkala 65 D11
Aștileu 77 C11
Astomilitsa 86 D4
Aston Clinton 9 D8
Astorga 22 D6
Åstorp 45 D7
Åstrand 51 H11
Astrashytski Haradok 69 G11
Astravyets 69 F9
Astros 88 D5
Astrowshchyna 69 D12
Astrup DK 44 B4
Astrup DK 44 C3
Astrup DK 44 E2
Astryna 69 H7
Astudillo 23 D9
Astypalaia 89 E11
Asuaju de Sus 78 B1
Asüne 69 C11
Asuni 32 F2
Asunta 64 C5
Ásványráró 76 B3
Asvestopetra 86 D5
Asvyeya 69 C12
Aszaló 73 H2
Aszód 76 B6
Atalaia P 24 D3
Atalaia P 24 D4
Atalanti 87 H7
Atalaya del Cañavate 27 F7
Ataquines 23 F9
Atarfe 28 D6
Atașiene 69 B10
Atea 20 F4
Ateca 20 F3
A Teixeira 22 D4
Atel 78 E3
Ateleta 33 D8
Atella 31 B7
Atena Lucana 31 C7
Återvänningen 52 B5
Atessa 33 C8
Ath 10 G4
Athanio 86 H3
Athboy 7 H6
Athea 7 L3
Athenry 7 J4
Athenstedt 42 G6
Atheras 88 B2
Atherington 8 F3
Atherstone 9 C7
Athies 12 B3
Athies-sous-Laon 12 B4
Athikia 88 C6
Athina 89 C7
Athira 87 C7
Athis-de-l'Orne 15 D8
Athleague 7 H4
Athlone 7 J5
Athy 7 K6
Atid 78 E4
Atienza 20 F2
Atina 33 D7
Ațintiș 78 E2
Atjiken 55 D8
Atkár 77 B7
Atna 51 E8
Åtorp 46 C5
Atouguia da Baleia 24 D1
Åtran 45 B7
Åträsk S 56 B4
Åträsk S 56 C3
Atri 33 B8
Atripalda 30 B6
Atsiki 87 E11
Attadale 2 E4
Attala 76 E4
Attali 87 H9
Attanagh 7 K5
Attavalley 6 G2
Attendorn 11 F10
Attenkirchen 41 G7
Attersee 39 C8
Attert 13 B7
Attica 6 G7
Attigliano 32 B5
Attignat 36 E2
Attigny 12 C5
Attleborough 9 C11
Attnang 39 C8
Åttonträsk 55 F11
Attu 64 G3
Atur 16 E6
Åtvidaberg 47 E7
Atzara 32 F2
Atzenbrugg 39 B11
Atzendorf 43 G7
Au A 38 D3
Au CH 37 C9
Aub 40 E5
Aubagne 18 E6
Aubais 17 G11
Aubange 13 B7
Aube 15 D9
Aubenas 17 F12
Aubenton 12 B5
Aubergenville 15 D11
Auberive 12 F6
Aubeterre-sur-Dronne 16 D5
Aubiet 21 A8
Aubignan 18 C5
Aubigné-Racan 15 F9
Aubignosc 18 C6
Aubigny 16 B2
Aubigny-en-Artois 10 G3
Aubigny-sur-Nère 12 G2
Aubin 17 F8
Aubonne 36 E4
Aubord 17 G12
Auboué 13 C7
Aubusson 17 C8
Auby 10 G3
Aucamville 17 G7
Auce 68 B5
Auch 21 A7
Auchallater 2 E6
Auchenbreck 4 B4
Auchencrow 5 B7
Auchnagatt 3 D8
Auchterarder 2 G6
Auchtermuchty 2 G6
Auchy-au-Bois 10 G2
Aucun 20 C6
Audenge 16 F3
Auderville 14 B6
Audeux 13 G7
Audeválja 66 C5
Audierne 14 E2
Audincourt 36 C5
Audlem 8 B6
Audley 5 G7
Audnedal 48 F4
Audon 16 G3
Audresselles 10 F1
Audrini 69 B11
Audru 66 D5
Audruicq 10 F2
Audun-le-Roman 13 C7
Aue 41 C9
Auerbach 41 C8
Auerbach in der Oberpfalz 41 E7
Auersthal 74 G6
Auffay 15 B10
Aufhausen 41 F8
Augbrim 7 K3
Auggen 36 B6
Augher 6 F6
Aughrim 7 K7
Aughton 5 G9
Augignac 16 D6
Augsburg 40 G6
Augšligatne 66 G6
Augstkalne LV 68 B6
Augstkalne LV 69 C10
Augusta 30 F6
Auguste 68 B4
Augustenborg 44 G3
Augustów 72 C5
Augustowo 72 E5
Augustusburg 41 B9
Auho 63 D8
Aukan 50 B5
Aukra 50 C4
Aukrug 42 B5
Aukštadvaris 69 F7
Aukštelkai 68 D6
Aukštelkė 68 D6
Auktsjaur 56 C2
Auleja 69 C11
Aulendorf 37 B9
Auletta 31 B7
Aulla 34 E5
Aullène 19 G11
Aulnat 17 C10
Aulnay 16 C4
Aulnay-sous-Bois 12 D3
Aulnois-sur-Seille 13 D8
Aulnoye-Aymeries 10 H4
Aulon 21 B8
Aulosen 43 E7
Ault 15 A11
Aultbea 2 D3
Aultguish Inn 2 D4
Aulus-les-Bains 21 C9
Auma 41 C7
Aumale 15 B11
Aumetz 13 C7
Aumont 13 H7
Aumont-Aubrac 17 E10
Aumühle 42 C6
Aunay-en-Bazois 12 G4
Aunay-sur-Odon 15 C8
Auneau 15 E11
Aunegrenda 51 B8
Aunfoss 54 E5
Auning 44 D4
Auñón 26 D6
Aups 19 D7
Aura 64 F3
Aurach 40 F5
Aurach bei Kitzbühel 38 D6
Auradé 16 H6
Aura im Sinngrund 40 D4
Auran 54 H3
Auray 14 F4
Aurdal 50 F6
Aure 50 B5
Aureilhan 21 B7
Aurejärvi 64 C4
Aurel F 18 B5
Aurel F 18 C6
Aurensan 20 A6
Aureosen 50 C4
Auri 68 B6
Aurich 11 A10
Aurignac 21 B8
Aurillac 17 E9
Auriol 18 E6
Aurisina 35 B11
Aurland 50 F4
Aurolzmünster 39 B8
Auron 19 C8
Auronzo di Cadore 38 F6
Auros 16 F4
Auroux 17 E11
Auskog 49 C9
Ausa-Corno 35 B11
Ausejo 20 D3
Aușeu 77 C11
Ausleben 43 F7
Ausmas 66 F6
Ausonia 33 E7
Außervillgraten 38 E6
Aussillon 21 B10
Aussonne 21 A9
Austafjord 54 E3
Austbø 48 C5
Austborg 54 F6
Austertana 59 C10
Austis 32 F2
Austmannli 48 C3
Austnes N 50 C3
Austnes N 54 E6
Austnes N 57 C6
Austråt 54 G2
Austsmøla 50 B5
Auterive 21 B9
Authon F 15 F10
Authon F 19 C7
Authon-du-Perche 15 E10
Autio FIN 63 D7
Autio FIN 64 B5
Autol 20 D3
Autrans 36 G3
Autreville 13 E7
Autrey-lès-Gray 13 G7
Autry 12 C6
Autti 61 E9
Auttoinen 64 E6
Autun 12 H5
Auve 12 C6
Auvelais 10 G6
Auvers-le-Hamon 15 F8
Auvillar 16 G6
Auxerre 12 F4
Auxi-le-Château 10 H2
Auxonne 13 G7
Auxy 12 H5
Auzances 17 C9
Auzat 21 C9
Auzat-sur-Allier 17 D10
Augžgulani 69 C9
Auzon 17 D10
Åva 64 F2
Ava 56 G2
Avafors 56 B4
Availles-Limouzine 16 C6
Avaldsnes 48 D2
Avallon 12 F5
Avan 56 C4
Avanäs 56 E2
Avanca 22 G2
Avançon 19 B7
Avas 85 C1
Avasjö 55 F9
Avato 87 C10
Avaträsk 55 F9
Avaviken 55 C11
Avdira 87 C10
Avdou 89 G10
A Veiga 22 D5
Aveiras de Cima 24 E2
Aveiro 22 G2
Avelar 24 C3
Avelãs de Caminho 24 B3
Aveleda 22 E5
Avelgem 10 G4
Avella 30 B5
Avellino 30 B6
Avenay-Val-d'Or 12 C5
Avenches 36 D5
Avène 17 G10
Avenhorn 10 C6
Avenida do Marqués de Figueroa 22 B3
Avermes 17 B10
Avers 37 E9
Aversa 30 B5
Avesnes-le-Comte 10 H3
Avesnes-sur-Helpe 12 A5
Avesta 47 A8
Åvestbo 47 B7
Avetrano 31 C11
Avezzano 33 C7
Avgerinos 86 E4
Avia 21 E9
Aviano 35 B10
Aviemore 2 E6
Avigliana 19 A9
Avigliano 31 B7
Avigliano Umbro 32 B5
Avignon 18 C5
Ávila 23 G9
Avilés 23 B7
Avilley 13 G8
Avintes 22 F2
Avinurme 67 C8
Avinyó 21 E10
Avio 35 B7
Avion 10 G3
Avioth 13 B7
Avis 24 E4
Avispea 67 C8
Åvist 62 G3
Avize 12 D5
Avižieniai 69 F8
Avlakia 88 D2
Avlemonas 88 F6
Avlida 89 B7
Avliotes 86 F2
Avlonari 89 A8
Avlum 44 D2
Avoca 7 K7
Avoine 15 G9
Avola 30 G6
Avon 12 E3
Avonmouth 8 E5
Avord 12 G3
Avoriaz 36 E5
Avrămeni 79 A7
Avrămești 78 E4
Avram Iancu RO 77 D10
Avram Iancu RO 77 E12
Avranches 15 D7
Avren 85 B1
Avricourt 13 D9
Avrig 78 F3
Avril 13 C7
Avrillé 15 F8
Avtovac 81 F8
Av'že 58 F5
Axams 38 D4
Axat 21 C10
Axel 10 F5
Axente Sever 78 E3
Axintele 83 B11
Axioupoli 87 C7
Ax-les-Thermes 21 C9
Axmar 52 F5
Axmarsbruk 52 F5
Axminster 8 F5
Axos 86 C6
Axpe-Busturia 20 B2
Axvall 46 E4
Ayamonte 25 K5
Aycliffe 5 D8
Aydat 17 D9
Aydemir 84 C2
Ayen 17 D7
Ayerbe 20 D5
Aying 38 C5
Ayios Panteleïmonas 86 D5
Aylesbury 9 D8
Ayllón 23 F11
Aylsham 9 B11
Aymavilles 36 F5
Ayna 27 H7
Aynac 17 E8
Ayoo de Vidriales 22 D6
Ayora 27 G9
Ayr 4 C4
Ayron 16 B5
Ayşebacı 85 E4
Aysgarth 5 E8
Äyskoski 65 A7
Äystö 64 B3
Aytos 84 F2
Aytré 16 C3
Ayvacık 85 E2
Ayvalık 85 F2
Aywaille 11 G7
Azagra 20 D3
Azaila 20 F6
Azambuja 24 E2
Azanja 82 B1
Azanúy 21 E7
Azaruja 24 F4
Azatlı 85 B2
Azay-le-Ferron 16 A6
Azay-le-Rideau 15 G9
Azé 15 F8
Azerables 17 B7
Azincourt 10 G2
Azinhaga 24 D3
Azinhal 25 K5
Azinheira dos Barros 25 H3
Azinhoso 22 F5
Azkoitia 20 B2
Aznalcázar 25 J7
Aznalcóllar 25 J7
Azóia 24 G2
Azpeitia 20 B3
Azuaga 24 G8
Azuara 20 F5
Azuel 28 B5
Azuelo 20 C2
Azuga 78 G5
Azuqueca de Henares 26 D5
Azur 16 G2
Azután 26 E2
Azy-le-Vif 17 A10
Azyory 69 H7
Azzano Decimo 35 B10
Azzone 34 B6

B

Baalberge 43 G8
Baâlon 12 C6
Baar 37 C7
Baarle-Hertog 10 E6
Baarle-Nassau 10 E6
Baarn 10 D6
Baba Ana 83 A10
Babadag 84 A5
Babaeski 85 B3
Babaköy 85 E5
Baban 86 D4
Băbana 78 H4
Babenhausen 40 D3
Băbeni RO 78 C1
Băbeni RO 83 A7
Babiak PL 71 F8
Babiak PL 72 B2
Babice CZ 75 F8
Babice PL 75 D10
Babice nad Svitavou 74 F6
Babići 80 C6
Băbiciu 83 C7
Babilafuente 23 G7
Babimost 70 F5
Babin 75 E10
Babina 82 E3
Babina Greda 76 G5
Babino Polje 80 F6
Babīte 66 G5
Babno Polje 39 H9
Babócsa 76 E3
Bábolna 76 B4
Baborów 75 D8
Baboszewo 72 E2
Babót 76 B2
Babrrujë 86 B2
Babtai 68 E6
Babuk 84 C2
Babušnica 82 E4
Babyak 82 G6
Babynichy 69 E12
Bač 76 G6
Bač 81 F11
Băcani 79 E8
Bacares 29 D8
Bacău 79 D7
Baccarat 13 E9
Baceno 37 E7
Băcești 79 D8
Bach 38 D3
Bacharach 13 A10
Bachkovo 83 G8
Bachórz 73 E3
Bachra 41 B7
Băcia 78 F1
Baciki Bliższe 72 F5
Băcioi 79 D10
Baciu 78 D2
Bäck 52 B2
Backa S 44 B6
Backa S 51 G10
Backa S 51 H11
Backaland 3 E10
Bačka Palanka 76 G6
Backaryd 45 D10
Bačka Topola 77 F7
Backberg 52 G4
Backe 55 G9
Bäckebo 45 C11
Bäckefors 46 D3
Bäckhammar 46 C5
Bački Breg 76 F5
Bački Brestovac 76 F6
Bački Jarak 77 G7
Bački Monoštor 76 F5
Bäckinikai 68 F6
Bački Petrovac 77 G7
Bäcklund 56 C2
Bäckmark 55 D9
Backnang 40 F4
Bäcknäs 60 G2
Bačko Dobro Polje 77 F7
Bačko Gradište 77 F7
Bačko Novo Selo 76 G6
Bačko Petrovo Selo 77 F7
Baćkowice 73 C2
Backsjön 52 A5
Backträsk 56 C3
Bäckvallen 52 D2
Băcleș 82 B5
Bacoli 30 B4
Bacqueville-en-Caux 15 B10
Bácsalmás 76 E6
Bácsbokod 76 E6
Bácsborsód 76 E6
Bacúch 75 F11
Baczyna 70 E4
Bada 46 B4
Bad Abbach 41 F8
Bad Aibling 38 C6
Badajoz 24 F5
Badalona 21 F10
Badalucco 34 F2
Bådames 23 B11
Badarán 20 D2
Bad Aussee 39 D8
Bad Bentheim 11 C9
Badbergen 11 C10
Bad Bergzabern 13 C10
Bad Berka 40 B6
Bad Berleburg 40 B2
Bad Berneck im Fichtelgebirge 41 D7
Bad Bertrich 11 H9
Bad Bevensen 42 D6
Bad Bibra 41 B7
Bad Birnbach 41 G9
Bad Blankenburg 40 C6
Bad Bocklet 40 D5
Bad Brambach 41 D8
Bad Bramstedt 42 C5
Bad Breisig 11 G9
Bad Brückenau 40 C4
Bad Buchau 37 B9
Bad Camberg 40 C2
Badcaul 2 D4
Badderen 58 D5
Bad Doberan 43 B8
Bad Driburg 42 G4
Bad Düben 43 G9
Bad Dürkheim 40 E2
Bad Dürrenberg 41 B8
Bad Dürrheim 37 B7
Badeborn 43 G7
Badefols-d'Ans 16 D6
Bad Eilsen 11 D12
Bad Elster 41 D8
Bademli TR 85 D6
Bademli TR 85 F1
Bademli TR 85 G2
Bad Ems 11 G10
Baden A 76 A1
Baden CH 37 C7
Baden F 14 F4
Badenas 20 G4
Baden-Baden 40 G2
Bad Endbach 11 G11
Bad Endorf 38 C6
Badenscoth 3 D7
Badenweiler 36 B6
Baderna 35 C12
Badersleben 42 G6
Badesi 32 D2
Bad Essen 42 F3
Bădeuți 78 B6
Bad Feilnbach 38 C6
Bad Frankenhausen (Kyffhäuser) 43 H7
Bad Freienwalde 43 E10
Bad Friedrichshall 40 F4
Bad Füssing 41 G9
Bad Gams 39 E10
Bad Gandersheim 42 G5
Badgastein 39 E7
Bad Goisern 39 D8
Bad Großpertholz 39 B10
Bad Grund (Harz) 42 G6
Bad Hall 39 C9
Bad Harzburg 42 G6
Bad Herrenalb 40 F2
Bad Hersfeld 40 B4
Bad Hofgastein 39 E7
Bad Homburg vor der Höhe 40 D3
Bad Honnef 11 G9
Bad Hönningen 11 G9
Badia 38 F5
Badia Calavena 35 C7
Badia Gran 29 F9
Badia Polesine 35 D8
Badia Tedalda 35 F9
Bad Iburg 11 D10
Bădiceni 79 A9
Badín 75 G10
Bad Ischl 39 C8
Bad Karlshafen 42 G5
Bad Kissingen 40 D5
Bad Kleinen 43 C7
Bad Kleinkirchheim 39 E8
Bad König 40 E3
Bad Königshofen im Grabfeld 40 D5
Bad Kösen 41 B7
Bad Köstritz 41 B8
Bądkowo 71 E8
Bad Kreuzen 39 B10
Bad Kreuznach 13 B10
Bad Krozingen 36 B6
Bad Laasphe 40 B2
Bad Laer 42 F3
Bad Langensalza 40 B6
Bad Lauchstädt 43 H8
Bad Lausick 41 B8
Bad Lauterberg im Harz 42 G6
Bad Leonfelden 39 B9
Bad Liebenstein 40 B5
Bad Liebenwerda 43 G10
Bad Liebenzell 40 G3
Bad Lippspringe 42 G4
Badljevina 76 F2
Bad Marienberg (Westerwald) 11 G10
Bad Mergentheim 40 E4
Bad Mitterndorf 39 D8
Bad Münder am Deister 42 F5
Bad Münstereifel 11 G9
Bad Muskau 70 H3
Bad Nauheim 40 C3
Bad Nenndorf 42 F5
Bad Neuenahr-Ahrweiler 11 G9
Bad Neustadt an der Saale 40 C5
Badolato 31 F9
Badolatosa 28 D4
Bad Oldesloe 42 C6
Badonviller 13 D9
Bad Orb 40 D4
Badovinci 81 B9
Bad Peterstal 40 G2
Bad Pirawarth 74 G6
Bad Pyrmont 42 G4
Bad Radkersburg 39 F11
Bad Ragaz 37 D9
Bad Reichenhall 39 C7
Bad Rothenfelde 11 D11
Bad Saarow-Pieskow 43 F10
Bad Sachsa 42 G6
Bad Säckingen 36 C6
Bad Salzdetfurth 42 F5
Bad Salzuflen 42 F4
Bad Salzungen 40 B5
Bad Sassendorf 42 G3
Bad Schandau 74 B3
Bad Schmiedeberg 43 G9
Bad Schussenried 37 B9
Bad Schwalbach 13 A10
Bad Schwartau 42 C6
Bad Segeberg 42 C6
Bad Soden-Salmünster 40 D4
Bad Sooden-Allendorf 40 B5
Bad Steben 41 C7
Bad St Leonhard im Lavanttal 39 E9
Bad Sulza 41 B7
Bad Sülze 43 B9
Bad Tennstedt 40 B6
Bad Tölz 38 C5
Badules 20 F4
Bad Urach 40 G4
Bad Vilbel 40 D3
Bad Vöslau 76 B1
Bad Waldsee 37 B9
Bad Waltersdorf 76 C1
Bad Wildungen 40 B3
Bad Wilsnack 43 E8
Bad Wimpfen 40 F3
Bad Windsheim 40 E5
Bad Wörishofen 37 B10
Bad Wurzach 37 B9
Bad Zell 39 B9
Bad Zwesten 40 B3
Bad Zwischenahn 11 B10
Bække 44 F2
Bækmarksbro 44 D1
Bælum 44 C4
Baena 28 D5
Bærums Verk 49 C7
Baesweiler 11 F8
Baeza 28 C6
Baflo 11 A8
Bagà 21 D9
Bağaciu 78 E3
Bagaladi 31 G7
Bagamér 77 C10
Bağarası 85 G2
Bagard 17 G11
Bâgé-le-Châtel 36 E2
Bagenkop 44 G4
Bages 21 C11
Baggå 46 B6
Bagheria 30 E3
Bagn 50 G6
Bagnacavallo 35 E9
Bagnac-sur-Célé 17 F8
Bagnara Calabra 31 G7
Bagnaria 34 D4
Bagnaria Arsa 35 B11
Bagnasco 34 E2
Bagneaux-sur-Loing 12 E3
Bagnères-de-Bigorre 21 C7
Bagnères-de-Luchon 21 C7
Bagni di Lucca 34 F6
Bagni di Masino 37 E9
Bagni di Rabbi 38 F4
Bagno a Ripoli 35 F8
Bagno di Romagna 35 F9
Bagnoli del Trigno 33 D8
Bagnoli di Sopra 35 C8
Bagnoli Irpino 30 B6
Bagnolo in Piano 34 D6
Bagnolo Mella 34 C6
Bagnolo Piemonte 19 B9
Bagnolo San Vito 35 D7
Bagnols-en-Forêt 19 D8
Bagnols-les-Bains 17 F11
Bagnols-sur-Cèze 18 C4
Bagnoregio 32 B4
Bagod 76 D2
Bagolino 34 B6
Bagrationovsk 72 B2
Bagrdan 82 C2
Bagshot 9 E8
Båguena 20 G4
Bágyogszovát 76 B3
Bağyurdu 85 H4
Bağyüzü 85 F3
Bahabón de Esgueva 23 E10
Bahate 79 G11
Bahçeburun 88 E3
Bahçeköy 85 B6
Bahçeli 85 E2
Bahillo 23 D9
Bahmut 79 C9
Bahna 79 D7
Bähoň 76 A3
Bahrenborstel 42 E4
Bahrendorf 43 G7
Baia RO 78 C6
Baia RO 84 B5
Baia de Aramă 82 A4
Baia de Arieș 78 E1
Baia de Criș 77 E12
Baia de Fier 78 G2
Baia della Zagare 33 D11
Baia Mare 78 B2
Baiano 30 B5
Baião 22 F3
Baiardo 34 F2
Baia Sprie 78 B2
Băicoi 78 G5
Băiculești 78 G3
Baiersbronn 40 G2
Baiersdorf 40 E6
Baignes-Ste-Radegonde 16 D4
Baigneux-les-Juifs 12 F6
Baile Ailein 2 C2
Baile Átha Cliath 7 J7
Baile Átha Luain 7 J5
Băile Govora 78 G3
Băile Herculane 82 A4
Bailén 28 C6
Băile Olănești 78 G3
Băilești 82 C5
Băile Tușnad RO 78 E5
Băile Tușnad RO 78 E6
Baillargues 18 D3
Bailleau-le-Pin 15 E10
Bailleul 10 G3
Baillieborough 6 G6
Baillonville 11 H7
Bailo 20 D5
Baimaclia 79 E10
Bainbridge 5 E8
Bain-de-Bretagne 14 F6
Baindt 37 B9
Bains 17 E11
Bains-les-Bains 13 E8
Bainton 5 F10
Baio Grande 22 B2
Baiona 22 D2
Bais F 15 E7
Bais F 15 E8
Baiso 34 E6
Băișoara 78 D1
Baisogala 68 D6
Băița 77 E12
Băița de sub Codru 78 B1
Baix 18 B4
Baixa da Banheira 24 F2
Baixas 21 C11
Baj 76 B4
Baja 76 E5
Bajč 76 B4
Bajgora 82 E1
Bajina Bašta 81 D10
Bajmok 76 F6
Bajna 76 B5
Bajót 76 B5
Bajovo Polje 81 F8
Bajram Curri 81 G10
Bajša 76 F6
Bak 76 D2
Baka 76 B3
Bakacak 85 D3
Bakałarzewo 72 C5
Bakar 80 A1
Bakel 11 E7
Bakio 20 B2
Bakır 85 F4
Bakırköy 85 C6
Bakkasund 48 B1
Bakke 58 E2
Bakkeby 58 D4
Bakkejord 57 A6
Bakken 51 F9
Bakko 48 C6
Bakonszeg 77 C10
Bakonybél 76 C3
Bakonycsernye 76 C4
Bakonysárkány 76 C4
Bakonyszentkirály 76 C4
Bakonyszentlászló 76 C4
Bakonyszombathely 76 C4
Bakov nad Jizerou 74 C4
Baks 77 D7
Baksa 76 F4
Baksha 79 A12
Baktalórántháza 77 B11
Baktsjaur 56 C1
Bakum 42 E3
Bakvattnet 54 G6
Bål 47 F10
Bala GB 8 B4
Bala RO 82 A4
Balabancık 85 C3
Bălăbănești MD 79 C11
Bălăbănești RO 79 E9
Balabanu 79 G8
Bălăceanu 79 G8
Balaci 83 B8
Bălăcița 82 B5
Balaciu 84 B2
Balaguer 21 E8
Balan F 12 B6
Balan F 36 F2
Bălan RO 78 C1
Bălan RO 78 D5
Bălănești MD 79 C9
Bălănești RO 78 G1
Balaruc-les-Bains 18 D3
Bălășești 79 E8
Bălăsinești 79 A7
Balassagyarmat 76 A6
Balástya 77 E7
Balat 88 D2
Balaton 77 A8
Balatonalmádi 76 C4
Balatonberény 76 D3
Balatonboglár 76 D3
Balatonfőkajár 76 C4
Balatonföldvár 76 D4
Balatonfüred 76 D4
Balatonfűzfő 76 C4
Balatonkenese 76 C4
Balatonlelle 76 D3
Balatonszabadi 76 D4
Balatonszárszó 76 D4
Balatonvilágos 76 D4
Bălăușeri 78 E3
Balazote 27 G7
Balbeggie 2 F6
Balbieriškis 72 B6
Balbigny 17 C11
Balbriggan 7 H7
Balcani 79 D7
Bălcești 82 B6
Balchik 84 D4
Balcılar 85 D2
Balçova 85 H3
Balderton 5 G9
Baldock 9 D9
Baldone 69 B7
Baldones muiža 69 B7
Baldovinești 82 B6
Bale 35 D12
Baleizão 25 H4
Balemartine 2 F2
Balen 10 F6
Băleni RO 79 F9
Băleni RO 83 A9
Balephuil 2 F2
Balerma 29 E7
Bălești 78 G1
Balestrand 50 F3
Balestrate 30 E2
Balfour 3 E10
Balfron 2 G5
Balgale 66 G3
Balge 11 C12
Balgown 2 D2
Bälgviken 47 C7
Bali 89 F9
Baligród 73 F3
Balıkesir 85 E4
Balıkliçeşme 85 D3
Balıklıova 85 H2
Bälinge S 47 B9
Bälinge S 56 C4
Balingen 40 H3
Balinka 76 C4
Balinț 77 F10
Balintore 2 D5
Balje 42 C4
Baljevac BIH 80 B3
Baljevac YU 81 E11
Baljvine 80 C5
Balk 11 B7
Balkány 77 B10
Balkbrug 11 C8
Balla 7 H3
Ballaban 86 D3
Ballabio 34 B4
Ballachulish 2 F4
Ballaghaderreen 7 H4
Ballaghkeen 7 L6
Ballangen 57 D5
Ballantrae 4 C4
Ballao 32 G3
Ballasalla 4 E4
Ballater 3 E7
Ballaugh 4 E5
Balle 44 D4
Ballée 15 F8
Ballee 6 G7
Ballen 44 E4
Ballenstedt 43 G7
Balleroy 15 C7
Ballerup 44 E6
Ballesteros de Calatrava 26 G4
Balli 85 C3
Ballina IRL 6 G3
Ballina IRL 7 K4
Ballinaboy 7 J2
Ballinafad 6 G4
Ballinagar 7 J5
Ballinagh 6 G5
Ballinakill 7 K5
Ballinalack 7 H5
Ballinalee 7 H5
Ballinamallard 6 F5
Ballinamore 6 G5
Ballinamult 7 M5
Ballinasloe 7 J4
Ballincollig 7 N4
Ballindine 7 H3
Ballindooly 7 J3
Ballineen 7 N3
Ballingarry IRL 7 L3
Ballingarry IRL 7 L5
Ballingeary 7 N3
Ballingry 2 G6
Ballingslöv 45 D8
Ballingurteen 7 N3
Ballinhassig 7 N4
Ballinlough 7 H4
Ballinluig 2 F6
Ballinrobe 7 H3
Ballinskelligs 7 N2
Ballinspittle 7 N4
Ballintober 7 H3
Ballintoy 6 D7
Ballintra 6 F4
Ballinure 7 L5
Ballivor 7 H6
Ballobar 21 E7
Ballon F 15 E9
Ballon IRL 7 K6
Ballószög 76 D6
Ballots 15 F7
Ballsh 86 D2
Ballsnes 58 E2
Ballstad 57 D2
Ballstädt 40 B6
Ballum DK 44 G2
Ballum NL 11 A7
Allure 6 F4
Ballybay 6 G6
Ballybofey 6 E5
Ballybrack IRL 7 J7
Ballybrack IRL 7 N2
Ballybrittas 7 J6
Ballybunnion 7 L2
Ballycahill 7 L5
Ballycanew 7 L7
Ballycarry 6 E7
Ballycastle GB 6 D7
Ballycastle IRL 6 G3
Ballyclare 6 E7
Ballycolla 7 K5
Ballyconneely 7 J2
Ballyconnell 6 G5
Ballycotton 7 N4
Ballycroy 6 G2
Ballydavid 7 J4
Ballydehob 7 N3
Ballydesmond 7 M3
Ballydonegan 7 N2
Ballyduff IRL 7 L2
Ballyduff IRL 7 M4
Ballyfarnan 6 G4
Ballyfeard 7 N4
Ballyferriter 7 M1
Ballyforan 7 J4
Ballygar 7 H4
Ballygarrett 7 L7
Ballygawley 6 F6
Ballyglass 7 H4
Ballygorman 6 D5
Ballygowan 6 F7
Ballyhaise 6 G5
Ballyhalbert 6 F8
Ballyhale 7 L6
Ballyhaunis 7 H4
Ballyhean 7 H3
Ballyheigue 7 L2
Ballyjamesduff 7 H5
Ballykeeran 7 J5
Ballykelly 6 E6
Ballykilleen 7 J6
Ballylanders 7 L4
Ballylaneen 7 M5
Ballylickey 7 N3
Ballyliffen 6 D5
Ballylynan 7 K6
Ballymacarberry 7 M5
Ballymacmague 7 M5
Ballymadog 7 M5
Ballymagorry 6 E5
Ballymahon 7 H5
Ballymakeery 7 M3
Ballymartin 6 G7
Ballymena 6 E7
Ballymoney 6 E6
Ballymore 7 J5
Ballymote 6 G4
Ballymurphy 7 L6
Ballymurry 7 H4
Ballynacally 7 K3
Ballynafid 7 H5
Ballynahinch 6 F7
Ballynahowen 7 J5
Ballynakill 7 J5
Ballynamona 7 M4
Ballyneaner 6 E5
Ballynunty 7 L5
Ballyporeen 7 M4
Ballyragget 7 K5
Ballyroan 7 K5
Ballyronan 6 E6
Ballyshannon 6 F4
Ballyvaldon 7 L7
Ballyvaughan 7 J3
Ballyvoy 6 D7
Ballyvoyle 7 M5
Ballywalter 6 F8
Ballyward 6 G7
Balma 21 A9
Balmaha 2 G5
Balmartin 2 D1
Balmaseda 23 B11
Balmazújváros 77 B9
Balme 36 G5
Balmedie 3 E8
Balmuccia 34 B2
Balnacra 2 D4
Balnapaling 2 D5
Balninkai 69 E8
Balocco 34 C2
Balogunyom 76 C2
Balot 12 F5
Balotaszállás 76 E6
Balotești 83 B10
Balow 43 D8
Balrath 7 H6
Bals 82 B6
Balşa 78 E1
Balsa de Ves 27 F9
Balsa Pintada 29 C10
Balsareny 21 E9
Balsfjord 58 E2
Balsicas 29 C11
Balsjö 56 F1
Balsorano 33 D7
Bålsta 47 C9
Balsthal 36 C6
Balta RO 82 A4
Balta UA 79 B12
Balta Albă 79 G8
Balta Berilovac 82 D4
Balta Doamnei 83 B10
Baltanás 23 E9
Baltar 22 E4
Baltasound 3 B12
Băltătești 78 C6
Băltați 79 C8
Bălteni 79 D8
Bălteni 82 A5
Baltezers 66 G5
Bălți 79 B9
Baltimore 7 P3
Baltinava 67 G9
Baltinglass 7 K6
Baltiysk 68 F1
Baltmuiža 69 C10
Baltoji Vokė 69 F8
Baltora 47 B10
Baltów 73 B2
Baltray 7 H7
Băluşeni 79 B7
Balvan 83 E9
Bălvănești 82 B4
Balvano 31 B7
Balve 11 E10
Balvi 67 G9
Balvicar 2 G3
Balya 85 E4
Balzers 37 D9
Bamberg 40 D6
Bamburgh 5 B8
Bammental 40 E3
Bampini 86 H4
Bampton GB 8 F4
Bampton GB 9 D7
Bana 76 B4
Banafjäl 53 A7
Banagher 7 J5
Banarlı 85 B3
Banassac 17 F10
Banatski Brestovac 82 B1
Banatski Dvor 77 F8
Banatski Karlovac 77 G9
Banatsko Aranđelovo 77 E8
Banatsko Karađorđevo 77 F8
Banatsko Novo Selo 81 B11
Banatsko Veliko Selo 77 F8
Banbridge 6 F7
Banbury 9 D7
Banca 79 E9
Banchory 3 E7
Band 78 D3
Bande 22 E3
Bandenitz 43 D7
Bandholm 44 G5
Bandırma 85 D4
Bandol 18 E6
Bandon 7 N4
Bandurove 79 A12
Băneasa RO 79 F9
Băneasa RO 83 C10
Băneasa RO 84 C3
Bañeres 27 G9
Bănești MD 79 B10
Bănești RO 78 G5
Banevo 84 F2
Banff 3 D7
Bångnäs 55 E8
Bangor GB 4 G5
Bangor GB 6 F7
Bangor Erris 6 G2
Bangsund 54 F4
Banham 9 C11
Bánhorváti 73 H1
Bănia 82 A3
Banie 70 D3
Banie Mazurskie 72 B4
Baniska 83 D10
Bănișor 77 C12
Bănița 78 G1
Banite 87 B11
Banitsa 82 D6
Banja BIH 81 D9
Banja YU 81 E9
Banja Lučica 81 D8
Banja Luka 80 B5
Banjani 81 C10
Banja Vrućia 81 C7
Bankekind 47 E7
Bankeryd 46 F5
Bankfoot 2 F6
Bankya BG 82 E4
Bankya BG 82 F5
Banloc 77 G9
Bannalec 14 F3
Bannay 12 G3
Bannesdorf auf Fehmarn 43 B7
Bannewitz 41 B10
Bannivka 79 F11
Bannockburn 2 G5
Bañobárez 22 G6
Banon 18 C6
Bañón 20 G4
Baños de la Encina 28 C6
Baños de Molgas 22 D4
Baños de Montemayor 24 B7
Baños de Panticosa 20 C6
Baños de Río Tobía 20 D2
Baños de Valdearados 23 E11
Bánov CZ 75 F8
Bánov SK 76 A4
Banova Jaruga 76 G2
Bánovce nad Bebravou 75 G9
Banoviči 81 C8
Bánréve 75 G12
Banská Belá 75 G10
Banská Bystrica 75 G10
Banská Štiavnica 75 G10
Banské 73 G2
Bansko 82 G5
Bant 11 C7
Banteer 7 M3
Banteln 42 F5
Bantheville 12 C6
Bantry 7 N3
Banya BG 82 G6
Banya BG 83 F7
Banya BG 83 F8
Banya BG 83 F10
Banya BG 84 F3
Banyalbufar 29 F9
Banyliv-Pidhirnyy 78 A5
Banyoles 21 D11
Banyuls-sur-Mer 21 D12
Banzi 31 B8
Banzkow 43 C7
Bapaume 12 A3
Bar 81 H9
Bara RO 77 F10
Băra 79 C7
Bara S 45 F7
Barabás 73 H4
Baracska 76 C5
Bărăganul 84 A3
Baragiano 31 B7
Barahona 20 F2
Barajas de Melo 26 D6
Barajevo 81 C11
Barakaldo 23 B12
Barakovo 82 G5
Baralla 22 C4
Barambio 20 C2
Barañain 20 C4
Báránd 77 C9
Baranello 33 D9
Baranjsko Petrovo Selo 76 F5
Barano d'Ischia 30 B4
Baranów PL 72 H4
Baranów PL 75 B8
Baranowo 72 D3
Baranów Sandomierska 73 C2
Barão de São João 25 K2
Baraolt 78 E5
Baraqueville 17 F9
Barasoain 20 C4
Barassie 4 B4
Bărăști 83 B7
Barbacena 24 E5
Barbadás 22 D3
Barbadillo de Herreros 23 D11
Barbadillo del Mercado 23 E11
Barbadillo del Pez 23 D11
Barban 35 D12
Barbarano Vicentino 35 C8
Barbaraville 2 D5
Barbaros 85 C3
Barbaste 16 G5
Barbastro 21 E7
Barbat 80 B1
Barbate de Franco 25 M7
Bărbătescu 83 B11
Bărbătești 82 A6
Barbatovac 82 E2
Barbâtre 14 H5
Bărbele 69 B7
Barberà del Vallès 21 F10
Barberaz 36 G3
Barberino di Mugello 35 F7
Barbezieux-St-Hilaire 16 D4
Barbonne-Fayel 12 D4
Barbotan-les-Thermes 16 G4
Bărbulețu 78 G4
Barbullush 86 A2
Barby (Elbe) 43 G8
Barç 86 D4
Barca 82 C6
Barca 20 F2
Barcabo 20 D6
Barcada 76 G3
Barca de Alva 22 G5
Bărcănești RO 83 A10
Bărcănești RO 83 B11
Barcani 78 F6
Barcarrota 24 F6
Barcea 79 F8
Barcellona Pozzo di Gotto 30 E6
Barcelona 21 F10
Barcelonne-du-Gers 20 A6
Barcelonnette 19 C8
Barcelos 22 F2
Bárcena del Monasterio 22 B6
Bárcena de Pie de Concha 23 B10
Barcenillas de Cerezos 23 C11
Barchfeld 40 B5
Barciany 72 B3
Barcillonnette 18 B6
Barcin 71 E7
Barcino 70 B6
Barcis 38 G6
Barcones 20 F2
Barcs 22 F4
Barcs 76 F3
Barcus 20 B5
Barczewo 72 C2
Bardakçı 85 F5
Bardal 54 B6
Bardar 79 D10
Barde 44 E2
Bardejov 73 F2
Bárdena 20 D4
Bardenitz 43 F9
Bårdesø 44 F4
Bardi 34 D5
Bardineto 34 E2
Bardney 5 G10
Bardo 75 C7
Bardolino 35 C7
Bardonecchia 19 A8
Bardos 20 B4
Bardowick 42 D6
Bardsea 4 E6
Bårdudvarnok 76 E3
Bare BIH 81 D8
Bare YU 81 D11
Bare YU 81 F10
Barefield 7 K3
Barèges 20 C6
Barenburg 42 E4
Barendorf 42 D6
Bärenklau 70 G3
Bärenstein D 41 B10
Bärenstein D 41 C9
Barentin 15 B10
Barenton 15 D7
Barevo 80 C6
Barfleur 15 B7
Barga 34 F6
Bargagli 34 E4
Bargas 26 E4
Bărgăuani 79 D7
Barge 19 B9
Bargemon 19 D7
Bargen 37 B7
Bargenstedt 42 B4
Barghe 34 B6
Bârghiș 78 F3
Bargischow 43 C10
Bargłów Kościelny 72 C5
Bargoed 8 D5
Bargrennan 4 C5
Bargstedt 42 D5
Bargteheide 42 C6
Bargullas 86 D3
Barham 9 E11
Bar Hill 9 C9
Bari 31 A9
Barić Draga 80 C2
Barile 31 B7
Barilović 80 A3
Barinas 29 B10
Båring 44 F3
Bari Sardo 32 F3
Barisciano 33 C7
Barjac 17 F12
Bårjasnjar'ga 59 D7
Barjols 19 D7
Barkåkar 49 D7
Barkåkra 45 D7
Barkald 51 D8
Barkarö 47 C8
Barkava 69 B10
Barkelsby 42 A5
Barkhyttan 52 G4
Barkowo 70 C6
Barkston 9 B8
Bârla 83 B8
Bârlad 79 E8
Barleben 43 F7
Bar-le-Duc 12 D6
Barles 19 C7
Barletta 33 E11
Barley 9 D9
Barlinek 70 E4
Barlingbo 47 G10
Barmouth 8 B3
Barmstedt 42 C5
Bárna 77 A7
Bârna 7 J3
Bârna 77 F11
Barnaderg 7 J4
Barnard Castle 5 D8
Barnarp 46 F5
Barnatra 6 G2
Bârnau 41 D8
Barnbach 39 E10
Barneberg 43 F7
Barneveld 11 D7
Barneville-Carteret 14 C6
Barnewitz 43 E9
Barneycarroll 7 H3
Barnoldswick 5 F8
Bârnova 79 C8
Barnowko 70 E3
Barnsley 5 F8
Barnstädt 43 H7
Barnstaple 8 F3
Barnstorf 42 E4
Barntrup 42 G4
Baronissi 30 B6
Baronville 13 D8
Baroševac 81 C11
Barovo 86 B6
Barowka 69 D11
Barqueros 29 C10
Barquinha 24 D3
Barr F 13 E10
Barr GB 4 C4
Barracas 27 E9
Barrachina 20 G4
Barraduff 7 M3
Barrafranca 30 F4
Barral 22 D3
Barrali 32 G3
Barran 16 H5
Barranco do Velho 25 K4
Barrancos 24 G5
Barranda 29 C9
Barrapoll 2 F2
Barrax 27 G7
Barre-des-Cévennes 17 F11
Barreiro 24 F2
Barreiro de Besteiros 22 H3
Barrëk 52 G4
Barrême 19 C7
Barrhead 4 B5
Barrhill 4 C4
Barriada Nueva 21 E10
Bárrio 22 E2
Barrio del Peral 29 D11
Barrio Mar 27 E10
Barrit 44 E3
Barrô 22 H2
Barroca 24 B4
Barroselas 22 E2
Barrowby 9 B8
Barrow-in-Furness 4 E6
Barruecopardo 22 G5
Barruelo de Santullan 23 C9
Barry GB 8 E5
Barry IRL 7 H5
Bârsa 77 E11
Barsac 16 F4
Bârsana 78 B2
Bârsău 78 B1
Barsbüttel 42 C6
Bârse 44 F6
Barsele 55 D10
Bârsești 79 F7
Barsinghausen 42 F5
Barßel 11 B10
Barsta 52 B6
Barstyčiai 68 C4
Bar-sur-Aube 12 E6
Bar-sur-Seine 12 E5
Bârta 68 C3
Bartenheim 36 B6
Bartenstein 40 E4
Barth 43 B9
Bartholomä 40 G5
Bartholomäberg 38 E3
Bartkuškiai 69 E7
Bartkuškis 69 E8
Bartnes 54 F4
Bartniki 72 E2
Bartninkai 72 B5
Barton 5 F7
Barton-upon-Humber 5 F10
Bartoszyce 72 B2
Baru 78 G1
Baruchowo 71 F9
Barulho 24 E5
Barumini 32 F2
Baruth D 43 F10
Baruth D 74 B4
Barvas 2 C2
Barvaux 11 G7
Barver 42 E4
Barwedel 42 E6
Barwice 70 C5
Barxeta 27 G10
Bârza 83 B7
Bârzana 23 B7
Bârzava 77 E11
Barzio 34 B4
Bašaid 77 F8
Basarabeasca 79 E11
Basarabi 84 C4
Basarbovo 83 D10
Basauri 20 B2
Bascara 21 D11
Bascharage 13 B7
Baschi 32 B5
Baschurch 8 B5
Basciano 33 B7
Basconcillos del Tozo 23 C10

Bascons 16 G4
Bascous 21 A7
Bascov 83 A8
Basdahl 42 D4
Basècles 10 G4
Basel 36 C6
Baselga di Pinè 38 G4
Baselice 33 E9
Băsești 78 C1
Båsheim 48 C6
Bashtanivka 79 F11
Basildon 9 E10
Basiliano 35 B11
Basingstoke 9 E8
Baška CZ 75 E9
Baška HR 80 B1
Baška Voda 80 E5
Baskemölla 45 F9
Bäsksele 55 E9
Bäsksjö 55 E10
Baslow 5 G8
Bassacutena 32 C3
Bassano del Grappa 35 B8
Bassano Romano 32 C5
Bassecourt 36 C5
Bassenge 11 G7
Bassens 16 E4
Bassiano 32 D6
Bassoues 21 B7
Bassum 42 E4
Bassy 36 F3
Bast 62 F4
Båstad 45 D7
Bastardo 32 B5
Bastasi BIH 80 C4
Bastasi BIH 81 E8
Bastelica 19 F11
Bastelicaccia 19 F11
Bastennes 20 A5
Bastfallet 52 G4
Bastia F 19 E12
Bastia I 35 H10
Bastogne 13 A7
Bastorf 43 B8
Basttjärn 46 B6
Bastumarks by 56 D2
Bastuträsk S 56 E2
Bastuträsk S 56 F2
Báta 76 E5
Bata 77 E11
Batajnica 81 B11
Batak 83 G7
Batalha 24 D2
Bățani 78 E5
Batăr 77 D10
Bătarci 78 A1
Båtas 55 E8
Bátaszék 76 E5
Batea 21 F7
Batelov 74 E5
Båteng 59 D9
Baterno 26 G2
Batetskiy 67 D12
Bath 8 E6
Bathford 8 E6
Bathgate 4 B6
Bathmen 11 D8
Batin 83 D9
Batina 76 F5
Batizovce 75 F11
Batković 81 B9
Batlava 82 E2
Batley 5 F8
Bátmonostor 76 E5
Båtnfjordsøra 50 C4
Batočina 82 C1
Bátonyterenye 77 B7
Bátorove Kosihy 76 B4
Batoș 78 D3
Batoshevo 83 E8
Bátovce 75 H9
Batovo 84 D3
Batrina 76 G3
Båtsfjord 59 B11
Batsi 89 C9
Båtsjaur 55 B10
Båtskärsnäs 56 C5
Battenberg (Eder) 40 B3
Bätterkinden 36 C6
Battipaglia 30 B6
Battle 9 F10
Battonya 77 E9
Batultsi 82 E6
Bátya 76 E5
Batyatychi 73 D6
Batz-sur-Mer 14 G5
Baucina 30 E3
Baud 14 F4
Bauduen 19 D7
Bauen 37 D7
Baugé 15 F8
Baugy 12 G3
Bauladu 32 F2
Baulon 14 F6
Baume-les-Dames 13 G8
Baumholder 13 B9
Baunach 40 D6
Baunei 32 F3
Baurci 79 E10
Bausendorf 13 A9
Bauska 69 B7
Băuțar 77 F11
Bautzen 74 B3
Bavanište 82 A1
Bavay 10 H4
Baveno 34 B3
Bavilliers 36 B5
Bavorov 41 F10
Bawdeswell 9 B11
Bawdsey 9 D11
Bawinkel 11 C10
Bawn Cross Roads 7 M3
Bayárcal 29 E7
Bayarque 29 D8
Baybuzivka 79 A12
Baye 12 D4
Bayel 12 E6
Bayerbach 41 G9
Bayerbach bei Ergoldsbach 41 G8
Bayerisch Eisenstein 41 F9
Bayersoien 38 D4
Bayeux 15 C7
Bayırköy 85 D2
Baykal 83 D7
Bayon 13 E8
Bayonne 20 B4
Bayramiç TR 85 C3
Bayramiç TR 85 E2
Bayramlı 85 B2
Bayreuth 41 D7
Bayrischzell 38 D6
Bayston Hill 8 B5
Baytaly 79 B12
Bayubas de Abajo 20 F2
Baza 29 D8
Bázakerettye 76 D2
Bazar"yanka 79 F12
Bazas 16 F4
Bazet 20 B6
Baziège 21 B9
Bazillac 21 B7
Bazna 78 E3
Bazoches 12 G4
Bazoches-au-Houlme 15 D8
Bazoches-les-Gallerandes 15 E11
Bazoches-sur-Hoëne 15 D9
Bazougers 15 E8
Bazouges 15 F7
Bazzano 35 E7
Beaconsfield 9 D8
Beadnell 5 B8
Beagh 7 H4
Bealaclugga 7 J3
Béal an Átha 6 G3
Béal Átha na Sluaighe 7 J4
Bealnablath 7 N3
Beaminster 8 F5
Beamub 27 D7
Beariz 22 D3
Bearsden 4 B5
Beas 25 J6
Beasain 20 C3
Beas de Granada 28 D6
Beas de Segura 29 B7
Beateberg 46 E5
Beattock 4 C6
Beaucaire 18 D4
Beaucamps-le-Vieux 15 B11
Beaucouzé 15 G8
Beaufay 15 E9
Beaufort F 36 E3
Beaufort F 36 F4
Beaufort IRL 7 M2
Beaufort-en-Vallée 15 G8
Beaugency 15 F11
Beaujeu F 17 C12
Beaujeu F 19 C7
Beaulieu-lès-Loches 15 G10
Beaulieu-sur-Dordogne 17 E8
Beaulieu-sur-Loire 12 F3
Beaulon 17 B11
Beauly 2 D5
Beaumarchés 20 B6
Beaumaris 4 G5
Beaumesnil 15 C10
Beaumetz-lès-Loges 10 H3
Beaumont B 10 H5
Beaumont F 14 B6
Beaumont F 16 A5
Beaumont F 16 E6
Beaumont-de-Lomagne 16 G6
Beaumont-de-Pertuis 18 D6
Beaumont-en-Argonne 12 B6
Beaumont-en-Véron 15 G9
Beaumont-le-Roger 15 C10
Beaumont-lès-Valence 36 H2
Beaumont-sur-Oise 12 C2
Beaumont-sur-Sarthe 15 E9
Beaune 12 G6
Beaune-la-Rolande 12 E2
Beaupréau 15 G7
Beauquesne 12 A2
Beauraing 12 A6
Beaurepaire 36 G2
Beaurepaire-en-Bresse 36 D3
Beaurières 18 B6
Beausite 12 D6
Beausoleil 34 F1
Beautor 12 B4
Beauvais 15 C11
Beauval 12 A2
Beauvezer 19 C7
Beauville 16 F6
Beauvoir-sur-Mer 14 H6
Beauvoir-sur-Niort 16 C4
Beauzac 17 D11
Beauzelle 21 A9
Beba Veche 77 E8
Bebertal 43 F7
Bebington 4 G6
Bebra 40 B4
Bebrene 69 C9
Bebri 69 B8
Bebrina 76 G4
Beccles 9 C11
Becedas 24 B8
Beceite 21 G7
Bečej 77 F7
Beceni 79 G7
Becerreá 22 C5
Becerril de Campos 23 D9
Bécherel 14 E6
Bechet 82 D6
Bechhofen 40 F5
Bechlín 74 C3
Bechtheim 40 E2
Bechyně 74 F3
Becicherecu Mic 77 F9
Bečići 81 G8
Becilla de Valderaduey 23 D8
Beçin 88 E3
Beckdorf 42 D5
Beckedorf 42 F5
Beckeln 42 E4
Beckingen 13 C9
Beckingham 5 G9
Beckov 75 G8
Beckum 11 E10
Beclean RO 78 C3
Beclean RO 78 F4
Bécon-les-Granits 15 G7
Bečov 41 C10
Becsehely 76 E2
Becsvölgye 76 D2
Bečváry 74 D4
Bedale 5 E8
Bédar 29 E9
Bédarieux 18 D2
Bedburg 11 F8
Beddgelert 4 G5
Beddingestrand 45 F8
Bédée 14 E6
Bedekovčina 39 G11
Beden 83 H7
Beder 44 E4
Bederkesa 42 C4
Bedford 9 C9
Bedihošť 75 E7
Będków 71 H10
Bedlington 5 C8
Bedlno 71 F9
Bedmar 29 C7
Bednja 39 F11
Bédoin 18 C5
Bedollo 38 G5
Bedonia 34 E5
Bedous 20 C5
Bedsted 44 G2
Bedsted Stationsby 44 C1
Béduer 17 F8
Bedum 11 A8
Bedwas 8 E5
Bedworth 9 C7
Będzin 75 C10
Będzino 70 B5
Beedenbostel 42 E6
Beeford 5 F10
Beek NL 11 D7
Beek NL 11 E7
Beelitz 43 F9
Beendorf 43 F7
Beenz 43 D10
Beerfelden 40 E3
Beernem 10 F4
Beers 11 E7
Beerse 10 E6
Beersel 10 G5
Beesenstedt 43 G8
Beeskow 70 F3
Beeston 9 B7
Beetsterzwaag 11 B8
Beetzendorf 43 E7
Bégaar 16 G3
Bégadan 16 D3
Begaljica 81 C11
Bégard 14 D4
Begejci 77 F8
Beğendik 85 C2
Begíjar 28 C6
Begijnendijk 10 F6
Beglezh 83 E7
Begnište 86 B6
Begonte 22 B4
Begur 21 E12
Behramkale 85 F2
Behren-lès-Forbach 13 C9
Behren-Lübchin 43 B9
Behringen 40 B5
Beica de Jos 78 D4
Beidaud 84 B4
Beierfeld 41 C9
Beierstedt 42 F6
Beilen 11 B8
Beilngries 41 F7
Beilstein 40 F4
Beinasco 34 D1
Beinette 19 C9
Beinwil 37 C7
Beirã 24 D5
Beisfjord 57 D5
Beisland 48 F5
Beith 4 B4
Beitostølen 50 F6
Beitstad 54 F4
Beiuș 77 D11
Beja LV 67 F9
Beja P 25 H4
Bejar 86 D2
Béjar 24 B7
Bejís 27 E9
Bekecs 77 A9
Békés 77 D9
Békéscsaba 77 D9
Békéssámson 77 E8
Békésszentandrás 77 D8
Bekkarfjord 59 C9
Bekken 51 E9
Bekkevoll 59 E11
Belá 75 F10
Bélâbre 16 B6
Bela Crkva 82 A2
Beladice 75 G9
Belá-Dulice 75 F10
Belalcázar 28 B4
Belá nad Cirochou 73 F3
Bělá nad Radbuzou 41 E9
Belanica 82 F1
Belanovce 82 G2
Belanovica 81 C11
Bela Palanka 82 E3
Bélapátfalva 77 A8
Bělá pod Bezdězem 74 C4
Bělá pod Pradědem 75 D7
Belascoáin 20 C3
Beļauski 67 G9
Beļava 67 G8
Belazaima do Chão 24 A3
Belcaire 21 C10
Belcastel 17 F8
Belcești 79 C7
Bełchatów 75 A10
Belchin 82 F5
Belchite 20 F5
Bělčice 41 E10
Belciugatele 83 B10
Belclare 7 J3
Belcoo 6 G5
Belderg 6 F3
Beled 76 C2
Belegiš 77 G8
Belej 80 B1
Belene 83 D8
Bélesta 21 C10
Beleți-Negrești 83 A8
Belezna 76 E2
Belfast 6 F7
Belfeld 11 E8
Belford 5 B8
Belfort 36 B5
Belfort-du-Quercy 17 F7
Belforte del Chienti 35 G11
Belgentier 19 E7
Belgern 43 H9
Belgershain 41 B8
Belgioioso 34 C4
Belgodère 19 E11
Belgooly 7 N4
Belgun 84 D4
Belhomert-Guéhouville 15 D10
Beli 80 B1
Belianes 21 F8
Belica 76 E1
Beli Iskŭr 82 G6
Beli Izvor 82 E5
Beli Manastir 76 F5
Belin 78 F5
Belin-Béliet 16 F3
Belinchón 26 E5
Belinț 77 F10
Beli Potok 82 D3
Beliș 78 D1
Belišće 76 F5
Belitsa BG 82 F6
Belitsa BG 82 G6
Belitsa BG 83 C11
Beliu 77 E11
Bělkovice-Lašťany 75 E7
Bell 11 G9
Bella 31 B7
Bellac 16 C6
Bellacorick 6 G3
Bellaghy 6 E6
Bellagio 34 B4
Bellahy 6 G4
Bellano 34 B4
Bellante 33 B7
Bellaria 35 E9
Bellavary 7 H3
Bellavista 25 J7
Bellclaire d'Urgell 21 E8
Belleek 6 F4
Belleek 6 G6
Bellefontaine 13 E8
Bellegarde F 12 F2
Bellegarde F 17 G12
Bellegarde-en-Marche 17 C8
Bellegarde-sur-Valserine 36 E3
Belle-Isle-en-Terre 14 D4
Bellême 15 E9
Bellenaves 17 B10
Bellenberg 40 H5
Bellencombre 15 B10
Bellerive-sur-Allier 17 C10
Belles-Forêts 13 D9
Belleu 12 C4
Bellevaux 36 E4
Bellevesvre 13 H7
Belleville 36 E2
Belleville-sur-Meuse 13 C7
Belleville-sur-Vie 16 A2
Bellevue-la-Montagne 17 D11
Belley 36 F3
Bellheim 40 F2
Bellherbe 13 G8
Bellignat 36 E3
Bellinge 44 F4
Bellingham 5 C7
Bellingwolde 11 B9
Bellinzago Novarese 34 C3
Bellinzona 37 E8
Bellizzi 30 B6
Bell-Lloc d'Urgell 21 E8
Bello 20 G4
Bellocq 16 H3
Bellou-en-Houlme 15 D8
Bellpuig d'Urgell 21 E8
Bellreguard 27 G10
Bellshill 4 B5
Belluno 38 G6
Bellver de Cerdanya 21 D9
Bellvik 55 F9
Belm 42 F3
Bélmegyer 77 D9
Bélmez 28 B4
Bélmez de la Moraleda 29 C7
Belmont F 16 H5
Belmont GB 3 B12
Belmont-de-la-Loire 17 C12
Belmonte E 22 B6
Belmonte E 26 F6
Belmonte P 24 B5
Belmonte Calabro 31 E8
Belmonte in Sabina 32 C6
Belmontejo 27 E7
Belmont-sur-Rance 17 G9
Belmullet 6 G2
Belo Brdo 82 E1
Beloci 79 B11
Belœil 10 G4
Belogradchik 82 D4
Beloiannisz 76 C5
Belojin 82 E2
Belo Polje 81 F11
Belorado 23 D11
Beloslav 84 E3
Bělotín 75 E8
Belotintsi 82 D5
Belovo 82 G6
Belozem 83 G8
Belp 36 D6
Belpasso 30 F6
Belpech 21 B9
Belper 5 G8
Belsay 5 C8
Belsh 86 C2
Belsk Duży 72 G2
Beltheim 13 A10
Beltinci 76 D1
Beltiug 77 B12
Beltra IRL 6 G3
Beltra IRL 6 G4
Beltrum 11 D8
Belturbet 6 G5
Beluša 75 F9
Belušić 82 D2
Belvédère-Campomoro 19 G11
Belvedere Marittimo 31 D7
Belvedere Ostrense 35 G11
Belver de Cinca 21 E7
Belver de los Montes 26 A1
Belvès 16 E6
Belvèze-du-Razès 21 B10
Belvì 32 F3
Belville 6 G3
Belvís de la Jara 26 E2
Belz F 14 F4
Belz UA 73 D6
Bełżec 73 D5
Belzig 43 F9
Bełżyce 73 B3
Bembibre E 22 C2
Bembibre E 22 C6
Bemmel 11 D7
Bemposta P 22 F6
Bemposta P 24 D3
Bempton 5 E10
Benabarre 21 D7
Benacazón 25 J7
Benahadux 29 E8
Benahavís 28 F4
Benalmádena 28 F5
Benalúa de Guadix 29 D7
Benalúa de las Villas 28 D6
Benalup de Sidonia 25 M7
Benamargosa 28 E5
Benamaurel 29 D8
Benamejí 28 D5
Benamocarra 28 E5
Benaocaz 28 F3
Benaoján 28 E3
Benasal 27 D10
Benasau 27 G10
Benasque 21 C7
Benassay 16 B5
Benatae 29 B8
Benátky nad Jizerou 74 D4
Benavente E 23 E7
Benavente P 24 E2
Benavides de Orbigo 23 D7
Benavila 24 E4
Benburb 6 F6
Bencatel 24 F5
Bendorf 11 G10
Bēne 68 B5
Benecko 74 C5
Beneden-Leeuwen 11 D7
Benediktbeuren 38 C5
Benedita 24 D2
Benegiles 23 E7
Benéjacq 20 B6
Benejama 27 G9
Benejúzar 29 C11
Benesat 78 C1
Benešov 74 E4
Benešov nad Černou 74 G4
Benešov nad Ploučnicí 74 C3
Bénesse-Maremne 20 A4
Benestare 31 G8
Bénestroff 13 D9
Benet 16 B4
Benetutti 32 E3
Bene Vagienna 34 E2
Bénévent-l'Abbaye 17 C7
Benevento 33 E9
Benfeld 13 E10
Benfica do Ribatejo 24 E3
Bengești-Ciocadia 78 G2
Bengtsfors 46 D3
Bengtsheden 52 F3
Benia de Onís 23 B8
Beniarbeig 27 G11
Beniarrés 27 G10
Beničanci 76 F4
Benicarló 27 D11
Benicasim 27 E11
Benidorm 27 H10
Beniel 29 C11
Benifaió 27 F10
Benifallet 21 G7
Benifallim 27 G10
Benigánim 27 G10
Benilloba 27 G10
Benissa 27 G11
Benissanet 21 G7
Benitachell 27 G11
Benitses 86 F2
Benizalón 29 D8
Benizar y la Tercia 29 B9
Benken 37 C8
Benkovac 80 D3
Benkovski BG 84 D3
Benkovski BG 87 B11
Benllech 4 G5
Benlloch 27 D11
Bennewitz 43 H9
Bennungen 43 H7
Bénodet 14 F3
Benquerença 24 B5
Benquerenças 24 C4
Benquerencia de la Serena 24 F8
Benquet 20 A5
Bensafrim 25 K2
Bensbyn 56 C4
Bensdorf 43 F8
Benshausen 40 C5
Bensheim 40 E3
Bensjö 52 B3
Benson 9 D8
Bentivoglio 35 D8
Bentley 5 F9
Bentwisch 43 B8
Bentzin 43 C9
Beňuš 75 F11
Benzingerode 42 G6
Beočin 77 G7
Beograd 81 B11
Beragh 6 F6
Berane 81 F10
Beranga 23 B11
Berango 23 B12
Berantevilla 20 C2
Berat 86 D2
Bérat 21 B8
Beratzhausen 41 F7
Berbegal 20 E6
Berbești 78 G2
Berca 79 G7
Bercedo 23 C11
Bercel 76 B6
Berceni RO 83 A10
Berceni RO 83 B10
Bercero 23 F8
Berceto 34 E5
Berchem 10 G4
Berchidda 32 D3
Berching 41 F7
Berchtesgaden 39 D7
Bérchules 29 E7
Bercianos del Páramo 23 D7
Berck 10 G1
Bercu 77 B12
Berdal 50 B6
Berdalen 48 D4
Berducedo 22 B5
Berdún 20 C5
Bere Alston 8 G3
Beregdaróc 73 H4
Bereguardo 34 C4
Berehomet 78 A5
Berehove 73 H4
Berek 76 F2
Berekböszörmény 77 C10
Berekfürdő 77 C9
Beremend 76 F5
Berești 79 E9
Berești-Meria 79 E9
Berești-Tazlău 79 E7
Berettyóújfalu 77 C10
Berevoești 78 G4
Berezeni 79 E9
Berezyne 79 E11
Berg D 37 B9
Berg D 41 C7
Berg L 13 B8
Berg N 51 H9
Berg N 54 D5
Berg N 57 B5
Berg NL 11 F7
Berg S 47 E7
Berg S 52 A4
Berg S 52 B2
Berga D 41 C8
Berga D 43 H7
Berga E 21 D9
Berga S 45 B11
Bergagård 45 C7
Bergaland 48 D3
Bergama 85 F3
Bergamo 34 B5
Bergantino 35 D7
Bergara 20 B2
Bergasa 20 D3
Bergatreute 37 B9
Berg bei Neumarkt in der Oberpfalz 41 E7
Bergby 52 F5
Berge D 11 C10
Berge D 43 D8
Berge E 20 G6
Berge S 52 B2
Berge S 54 G6
Bergeforsen 52 C5
Bergeggi 34 E3
Bergen D 38 C6
Bergen D 42 E5
Bergen D 43 B10
Bergen N 48 B2
Bergen NL 10 C6
Bergen (Dumme) 43 E7
Bergen op Zoom 10 E5
Berger 49 D7
Bergerac 16 E5
Bergères-lès-Vertus 12 D5
Bergesserin 36 E1
Berget 54 B6
Bergeyk 11 E7
Bergfors 58 G3
Berghamn 52 B6
Bergheim A 39 C7
Bergheim D 40 G6
Bergheim (Edertal) 11 F12
Bergheim (Erft) 11 F8
Berghem NL 11 E7
Berghem S 45 B7
Berghin 78 E2
Berghülen 40 G4
Berg im Drautal 39 E7
Bergisch Gladbach 11 F9
Bergkamen 11 E10
Bergkarlås 52 F2
Bergkvara 45 D11
Bergland 55 D9
Berglia 54 F6
Bergmo 58 D4
Bergnäset 56 C4
Bergnäsudden 55 C11
Bergnäsviken 55 B11
Bergö FIN 53 G8
Bergö FIN 64 A2
Bergom 52 A6
Berg (Pfalz) 40 F2
Bergsåker 52 C5
Bergsäng 46 A4
Bergsäter 55 E10
Bergsbyn 56 E3
Bergsgården 52 G3
Bergshamra 47 B10
Bergsjö 52 D5
Bergsnov 54 E3
Bergs slussar 46 E6
Bergstod 48 D6
Bergstrøm 49 D9
Bergsviken 56 C3
Bergtheim 40 D5
Bergues 10 F2
Bergum 11 B8
Bergün 37 D9
Bergvik 52 E5
Bergviken 55 B11
Bergwitz 43 G9
Berhida 76 C4
Beringel 25 H4
Beringen 10 F6
Berislăvești 78 G3
Beriu 78 F1
Berja 29 E7
Berka 40 B5
Berkåk 51 C7
Berkel 10 D5
Berkel-Enschot 10 E6
Berkeley 8 D6
Berkenthin 42 C6
Berkheim 37 B9
Berkhout 10 C6
Berkovići 81 F7
Berkovitsa 82 E5
Berlanga 24 G7
Berlanga de Duero 20 F2
Berlești 82 A6
Berlevåg 59 B10
Berlin 43 E10
Berlingerode 42 H6
Berlişte 82 A2
Berlstedt 40 B6
Bermatingen 37 B8
Bermeo 20 B2
Bermillo de Sayago 22 F6
Bern 36 D6
Bernac-Dessus 21 B7
Bernalda 31 C9
Bernardos 23 F9
Bernartice CZ 74 C5
Bernartice CZ 74 E3
Bernāti 68 C3
Bernau D 36 B6
Bernau D 43 E10
Bernau am Chiemsee 38 C6
Bernaville 12 A2
Bernay 15 C9
Bernbeuren 38 C4
Bernburg (Saale) 43 G8
Berndorf 39 C11
Berne 42 D3
Bernecebaráti 76 A5
Bernedo 20 C2
Bernhardsthal 75 G7
Bernhardswald 41 F8
Bernin 36 G3
Bernis 17 G12
Bernisdale 2 D2
Bernissart 10 G4
Bernitt 43 C8
Bernkastel-Kues 13 B9
Bernolákovo 76 A3
Bernsdorf 43 H10
Bernshammar 47 B7
Bernstadt D 40 G5
Bernstadt D 74 B4
Bernstein 76 C1
Beromünster 37 C7
Beronovo 83 E11
Beroun 41 D10
Berovo 82 H4
Berra 35 D9
Berre-l'Étang 18 D5
Berriatúa 20 B2
Berriedale 2 C6
Berrien 14 E3
Berriozar 20 C4
Berru 12 C5
Berry-au-Bac 12 C5
Bersenbrück 11 C10
Beršići 81 D11
Bersone 34 B6
Bērstele 68 B6
Bertamirans 22 C2
Bertea 78 G5
Berteștii de Jos 84 A3
Bertinoro 35 E9
Bertnes 57 F3
Bertogne 13 A7
Bertrix 12 B6
Běrunice 74 D5
Berveni 77 B11
Bērvircava 68 C6
Berwick-upon-Tweed 5 B8
Bērzaine 66 F6
Berzasca 82 B3
Bērzaune 67 G7
Bērzciems 66 G4
Berzence 76 E2
Bērzgale 69 B11
Bērzieši 69 C9
Bērzkalne 67 G9
Berźniki 72 C6
Berzovia 77 G10
Bērzpils 67 G8
Berzunți 79 E7
Beșalma 79 E10
Besalú 21 D11
Besançon 13 G8
Besande 23 C8
Bescanó 21 E11
Beselich-Obertiefenbach 40 C2
Bešeňov 76 A4
Besenyőtelek 77 B8
Besenyszög 77 C8
Beşiktaş 85 B6
Beška 77 G7
Besko 73 E3
Besni Fok 81 B11
Besnyő 76 C5
Besozzo 34 B3
Bessacarr 5 F9
Bessaker 54 F3
Bessan 18 E2
Bessay-sur-Allier 17 B10
Bessbrook 6 G7
Besse 19 A7
Besse-et-St-Anastaise 17 D9
Bessèges 17 F11
Bessenay 17 C12
Bessé-sur-Braye 15 F10
Besse-sur-Issole 19 E7
Bessières 17 G7
Bessines-sur-Gartempe 17 C7
Bessude 32 E2
Best 11 E7
Bestensee 43 F10
Bestorp 47 E7
Bestwig 42 H3
Bestwina 75 D10
Beszterec 77 A10
Betanzos 22 B3
Betelu 20 C3
Bétera 27 F10
Beteta 27 D7
Bethausen 77 F10
Betheln 42 F5
Bethesda 4 G5
Bethmale 21 C8
Bethon 12 D4
Béthune 10 G3
Betna 50 B5
Beton-Bazoches 12 D4
Betsele 55 E11
Bettembourg 13 B8
Bettendorf 13 B8
Bettingen 13 B8
Bettna 47 D8
Bettola 34 D5
Betton 14 E6
Bettyhill 2 B5
Bettystown 7 H7
Betws-y-coed 4 G5
Betxi 27 E10
Betygala 68 E6
Betz 12 C3
Betzdorf 11 G10
Betzenstein 41 E7
Betzigau 37 B10
Beucha 43 H9
Beuil 19 C8
Beuningen 11 D7
Beuren 42 H6
Beuron 37 B8
Beurville 12 E6
Beuvry 10 G3
Beuzeville 15 C9
Bevagna 32 A5
Bevaix 36 D5
Beveren 10 F5
Beverley 5 F10
Bevern 42 G5
Beverstedt 42 D4
Beverungen 42 G5
Beverwijk 10 C6
Béville-le-Comte 15 E11
Bewdley 8 C6
Bex 36 E5
Bexbach 13 C9
Bexhill 9 F10
Beyazköy 85 B4
Beyçayırı 85 D2
Beyel 85 E6
Beyendorf 43 F7
Beynac-et-Cazenac 16 E6
Beynat 17 E7
Beynost 36 F2
Beyoba 85 G4
Bezas 27 D8
Bezau 38 D3
Bezdan 76 F5
Bezdead 78 G5
Bezdonys 69 F8
Bèze 12 G6
Bezenye 76 B3
Bezhanitsy 67 G12
Bezhanovo BG 83 E7
Bezhanovo BG 84 D4
Béziers 18 E2
Bezledy 72 B2
Bezmer BG 83 F10
Bezmer BG 84 D2
Bezouce 17 G12
Bežovce 73 G3
Biadki 71 G7
Biała 75 C8
Biała-Parcela Pierwsza 75 B9
Biała Piska 72 C4
Biała Podlaska 72 G5
Biała Rawska 72 G2
Białe Błota 71 E7
Białebłoto-Kobyla 72 E3
Białka 75 E11
Białobrzegi 72 G2
Białogard 70 C5
Białośliwie 70 D6
Białowieża 72 E6
Biały Bór 70 C6
Biały Dunajec 75 E11
Białystok 72 D5
Biancavilla 30 F5
Bianco 31 G8
Biandrate 34 C3
Bianzè 34 C2
Biar 27 G9
Biarritz 20 B4
Biarrotte 20 B4
Biars-sur-Cère 17 E8
Bias F 16 F6
Bias F 16 G2
Biasca 37 E8
Biatorbágy 76 C5
Bibbiena 35 F8
Bibbona 34 G6
Biberach 13 E10
Biberach an der Riß 37 B9
Biberbach 40 G6
Biberist 36 C6
Bibinje 80 D2
Bibione 35 B10
Biblis 40 E2
Bibury 9 D7
Bicaz RO 78 C1
Bicaz RO 78 D6
Bicaz-Chei 78 D5
Bicazu Ardelean 78 D6
Biccari 33 E10
Bicester 9 D8
Bichiș 78 E2
Bichl 38 C5
Bichlbach 38 D4
Bickleigh 8 F4
Bicorp 27 F9
Bicos 25 H3
Bicske 76 B5
Bicton 8 B5
Bidache 20 B4
Bidart 20 B4
Biddenden 9 E10
Biddinghuizen 11 C7
Biddulph 5 G8
Bideford 8 F3
Bidjovagge 58 E5
Bidos 20 B5
Bidovce 73 G2
Bie 47 D7
Bieber 40 D4
Biebesheim am Rhein 40 E2
Biecz 73 E2
Biedenkopf 40 B3
Biel CH 36 C5
Biel E 20 D5
Bielany-Żyłaki 72 F4
Bielawa 74 C6
Bielawy 71 G9
Bielefeld 42 F4
Bielen 40 A6
Bielice 70 D3
Bieliny Kapitulne 73 C2
Biella 34 C2
Bielle 20 C6
Bielsa 21 C7
Bielsk 71 E10
Bielsko-Biała 75 D10
Bielsk Podlaski 72 E5
Bienenbüttel 42 D6
Bieniów 70 G4
Bienno 34 B6
Bienservida 29 B8
Bienvenida 24 G7
Bierawa 75 D9
Bierdzany 75 B9
Bière 36 E4
Bierge 20 D6
Bierné 15 F8
Biersted 44 B3
Biert 21 C9
Biertan 78 E3
Bieruń 75 D10
Bierutów 75 B8
Bierzwienna-Długa 71 F8
Bierzwnik 70 E4
Biescas 20 C6
Biesenthal 43 E10
Biesiekierz 70 B5
Biesles 12 E6
Biessenhofen 38 C4
Bietigheim 40 F2
Bietigheim-Bissingen 40 F3
Bietikow 43 D10
Bièvre 12 B6
Bieżuń 71 E10
Biga 85 D3
Bigadiç 85 F5
Biganos 16 F3
Bigastro 29 C11
Bigauņciems 66 G4
Bigbury-on-Sea 8 G4
Biggar 4 B6
Biggleswade 9 D9
Bignan 14 F5
Bignasco 37 E7
Bigor 81 G9
Bigüezal 20 C4
Biguglia 19 E12
Bihać 80 B3
Biharia 77 C10
Biharkeresztes 77 C10
Biharnagybajom 77 C9
Bihartorda 77 C9
Biharugra 77 D10
Bihosava 69 D11
Bijela 81 G8
Bijele Poljane 81 G8
Bijeljani 81 F7
Bijeljina 81 B9
Bijelo Brdo 76 F5
Bijelo Bučje 80 C6
Bijelo Polje 81 F10
Bikernieki 69 C10
Bikovo 77 F7
Biksēre 67 G7
Bílá Lhota 75 E7
Bilalovac 81 D7
Bilbao 23 B12
Bilbo 23 B12
Bilbor 78 C5
Bilca 78 B5
Bilciurești 83 B9
Bil'dzyuhi 69 D11
Bileća 81 F8
Biled 77 F9
Biłgoraj 73 C4
Bilhorod-Dnistrovs'kyy 79 E12
Bilicenii Vechi 79 B9
Bílina 41 C10
Bilisht 86 D4
Biljača 82 F3
Bilje 76 F5
Bílky 73 H5
Billdal 44 B6
Billerbeck 11 D9
Billère 20 B6
Billericay 9 D10
Billesholm 45 E7
Billiat 36 F3
Billigheim 40 E4
Billingham 5 D9
Billinghay 5 G10
Billingsfors 46 D3
Billingshurst 9 F9
Billom 17 C10
Billsåsen 52 B2
Billsbro 47 D7
Billsta 52 A6
Billum 44 E1
Billund 44 E2
Billy 17 B10
Bilolissya 79 F12
Bílovec 75 E8
Bílovice 75 F8
Bilska 67 F7
Bilston 4 B6
Bilthoven 10 D6
Bilto 58 E4
Bilton 5 F10
Bilyayivka 79 E12
Bilychi 73 E4
Bilyn 78 A3
Bilyne 79 B12
Bilzen 11 F7
Bimbister 3 E9
Bíňa 76 B5
Binaced 21 E7
Binas 15 F11
Binasco 34 C4
Binbrook 5 G10
Binche 10 G5
Bindalseit 54 D5
Bindlach 41 D7
Bindslev 44 B4
Binefar 21 E7
Bingen 37 A8
Bingen am Rhein 13 B10
Bingham 9 B8
Binghamstown 6 G2
Bingley 5 F8
Bingsjö 52 F3
Binic 14 D4
Biniés 20 C5
Binisalem 29 F9
Binnen 42 E4
Binzen 36 B6
Biograd na Moru 80 D3
Biokovina 80 C6
Biol 36 G3
Bionaz 36 F6
Biosca 21 E9
Biot 19 D8
Biota 20 D4
Bippen 11 C10
Birchington 9 E11
Birchiș 77 F11
Bircza 73 E4
Birdhill 7 K4
Birgittelyst 44 D3
Biri H 77 B10
Biri N 51 F8
Bīriņi 66 G5
Biristrand 51 F7
Birkeland 48 F5
Birkelse 44 B3
Birkenfeld D 13 B9
Birkenfeld D 40 D4
Birkenfeld D 40 F3
Birkenhead 4 G6
Birkenwerder Berlin 43 E9
Birkerød 44 E6
Birket 44 G5
Birketveit 48 F5
Birkfeld 39 D11
Birkungen 42 H6
Birmingham 9 C7
Birnbaum 39 F7
Biron 16 F6
Birori 32 E2
Birr 7 K5
Birresborn 13 A8
Birsay 3 E9
Birstall 9 B8
Birstein 40 C4
Birštonas 72 B6
Birtley 5 D8
Biruința 79 B9
Biržai 69 C7
Birzes 69 B7
Birzgale 69 B7
Birži 69 B9
Birzuļi 67 F7
Biš 39 F11
Bisaccia 33 E10
Bisacquino 30 E3
Biscarrosse 16 F3
Biscarrosse-Plage 16 F2
Bisceglie 31 A9
Bischberg 40 D6
Bischheim 13 D10
Bischoffen 40 C2
Bischofferode 42 H6
Bischoffsheim 13 E10
Bischofsheim 40 D2
Bischofsheim an der Rhön 40 C5
Bischofshofen 39 D7
Bischofsmais 41 F9
Bischofswerda 74 B3
Bischofswiesen 39 D7
Bischofszell 37 C8
Bischwiller 13 D10
Bisenti 33 B7
Biser 83 G10
Bisertsi 83 C11
Bishop Auckland 5 D8
Bishop's Castle 8 C5
Bishop's Cleeve 8 D6
Bishop's Lydeard 8 F5
Bishop's Stortford 9 D9
Bishop's Waltham 9 F7
Bishqem 86 C2
Bisignano 31 D8
Bisingen 40 G3
Biskupice PL 73 B4
Biskupice PL 75 B9
Biskupice SK 75 H11
Biskupiec PL 71 D9
Biskupiec PL 72 C2
Bislev 44 C3
Bismark (Altmark) 43 E7
Bismervik 58 B6
Bismo 50 E5
Bisoca 79 F7
Bispgården 52 B4
Bispingen 42 D5
Bissen 13 B8
Bissendorf 42 F3
Bissendorf (Wedemark) 42 E5
Bissingen 40 G6
Bistagno 34 D3
Bistarac 81 C8
Bistra RO 78 B3
Bistra RO 78 E1
Bistražin 81 G11
Bistreț 82 C6
Bistrets 84 F2
Bistrica BIH 76 G2
Bistrica BIH 80 B5
Bistrica BIH 80 D6
Bistrica BIH 81 D8
Bistrica SLO 39 F9
Bistrica SLO 39 G11
Bistričak 81 C7
Bistrița 78 C3
Bistrița Bârgăului 78 C4
Bistritsa BG 82 F5
Bistritsa BG 82 G5
Bisztynek 72 C2
Bitburg 13 B8
Bitche 13 C10
Bitetto 31 A9
Bitinckë 86 D4
Bitola 86 C5
Bitonto 31 A9
Bitritto 31 A9
Bitschwiller-lès-Thann 36 B5
Bitterfeld 43 G8
Bitterstad 57 C3
Bitti 32 E3
Bittkau 43 F8
Bitton 8 E6
Bitz 40 H3
Biurrun 20 C4
Bivio 37 E9
Bivolari 79 B8
Bivona 30 F3
Bixad RO 78 B1
Bixad RO 78 E5
Bixter 3 C12
Bıyıkali 85 B3
Bizanet 21 B11
Bizanos 20 B6
Bizovac 76 F5
Bjåen 48 C4
Bjærangen 57 G2
Bjæverskov 44 F6
Bjännberg 56 G2
Bjarkøy 57 C4
Bjärnum 45 D8
Bjärred 45 E7
Bjärsjölagård 45 E8
Bjärtrå 52 B6
Bjästa 52 A6
Bjela 81 E8
Bjelajci 76 G2
Bjelopolje 80 B3
Bjelovar 76 F2
Bjergby 44 B3
Bjerge 44 F5
Bjerka 54 B6
Bjerkvik 57 C5
Bjerreby 44 G4
Bjerregrav 44 D3
Bjerringbro 44 D3
Bjøllånes 57 G3
Bjoneroa 51 G7
Bjønnes 55 B7
Björbo 52 G2
Björboholm 46 F3
Bjordal 48 E3
Bjørgen 51 B8
Bjørgo 50 G6
Björkå 52 B5
Bjørkåsen N 57 D5
Bjørkåsen N 58 F2
Björkberg S 52 E3
Björkberg S 55 E10
Björkberg S 56 B3
Björkboda 64 G3
Björke S 47 G10
Björke S 52 F5
Bjørkeflåta 48 B5
Bjørkelangen 49 C9
Bjørkeset 48 C6
Bjørkestrand 59 C10
Björketorp 45 B7
Björkfors 56 B5
Björkheden 55 C9
Björkhöjden 55 H8
Björkholmen 60 D2
Björkland 55 D11
Bjørklia 51 B8
Björkliden 58 G2
Björklinge 47 B9
Björknäset 52 B5
Bjørknes N 49 C9
Bjørknes N 59 D11
Björkö 64 G2
Björköby FIN 62 G2
Björköby S 45 B10
Björkön 52 C5
Björksele S 55 E11
Björksele S 55 G10
Björksjön 52 A5
Björkstugan 58 G2
Björkvik 47 D8
Bjorli 50 D5
Bjørn 54 B5
Björna 55 G11
Björnänge 51 B10
Björndalen 46 E3
Björneborg 46 C5
Bjørnengen 58 D6
Bjørnera 57 C4
Bjørnes 59 B8
Bjørnevatn 59 D11
Bjørnfjell 57 D6
Björnhult 45 B11
Björnliden 51 D10
Björnlunda 47 D8
Björnön 52 B3
Bjørnrå 57 C4
Björnrike 51 C11
Björnsjö 55 G11
Bjørnskinn 57 B4
Bjørnstad N 54 E6
Bjørnstad N 59 D12
Björsarv 52 D4
Björsäter 47 E7
Björsbo 52 D5
Björsjö 46 B6
Bjugn 54 G2
Bjurå 56 B4
Bjuråker 52 D4
Bjurberget 51 G10
Bjurfors S 56 E3
Bjurfors S 56 F2
Bjurholm 56 F1
Bjursås 52 F3
Bjurselet 56 D3
Bjurträsk 56 D2
Bjuv 45 E7
Blace MK 82 G2
Blace YU 82 E2
Blace YU 82 F1
Blachownia 75 C10
Black Bourton 9 D7
Black Bull 7 J6
Blackburn GB 3 E8
Blackburn GB 4 B6
Blackburn GB 5 F7
Blackmoor Gate 8 E4
Blackpool 4 F6
Blackrock 6 G7
Blackstad 47 F7
Blacktown 6 F5
Blackwater 7 L7
Blackwaterfoot 4 C4
Blackwood 8 D5
Bladel 10 E6
Blaenau Ffestiniog 8 B4
Blaenavon 8 D5
Blagaj 81 E7
Blagaj Japra 76 G1
Blagdon 8 E5
Blăgești RO 79 D7
Blăgești RO 79 E9
Blagnac 21 A9
Blagoevgrad 82 G5
Blagoevo 83 D10
Blåhøj 44 E2
Blaibach 41 F9
Blain 14 G6
Blainville-sur-l'Eau 13 D8
Blainville-sur-Mer 14 C6
Blair Atholl 2 F6
Blairgowrie 2 F6
Blaj 78 E2
Blajan 21 B7
Blăjani 79 G7
Blăjel 78 E3
Blăjeni 77 E12
Blakeney GB 8 D6
Blakeney GB 9 B11
Blakstad 48 F5
Blâmont 13 D9
Blan 21 B10
Blanca 29 C10
Blancafort 12 F3
Blancas 20 G4
Blancos 22 E4
Blandford Forum 8 F6
Blandiana 78 F1
Blanes 21 E11
Blaney 6 F5
Blangy-sur-Bresle 15 B11
Blankaholm 45 B12
Blankenberg 43 C8
Blankenberge 10 E3
Blankenburg (Harz) 43 G7
Blanken-felde 43 F10
Blankenhain D 41 B7
Blankenhain D 41 C8
Blankenheim D 11 G8
Blankenheim D 41 A7
Blankenrath 13 A9
Blankensee 43 D9
Blankenstein 41 C7
Blanquefort 16 E3
Blans 44 G3
Blansko 74 E6
Blanzac-Porcheresse 16 D5
Blanzay 16 B5
Blanzy 17 A12
Blarney 7 M4
Blasimon 16 E4
Blåsjöfallet 54 E6
Blåsmark 56 D3
Błaszki 71 G8
Blatec 82 G4
Blatets 83 F11
Blatna 80 B4
Blatná 41 E10
Blatné 75 H8
Blatnica 81 C7
Blato 80 F5
Blattniksele 55 D10
Blaubeuren 40 G4
Blaufelden 40 E5
Blausasc 19 D9
Blaustein 40 G4
Blåvik 46 F6
Blåviksjön 55 E10
Blavozy 17 E11
Blaye 16 E3
Blaževo 82 E1
Błaziny Górne 73 B2
Blāzma 66 F2
Blažovice 75 F7
Błażowa 73 E3
Blázquez 24 G8
Blažuj 81 D7
Bleckåsen 51 B11
Bleckede 42 D6
Blecua 20 E6
Bled 39 F9
Błędowo 71 D8
Bledzew 70 F4
Blegny 11 G7
Bléharies 10 G4
Bleialf 11 H8
Bleiburg 39 F10
Bleicherode 42 H6
Bleik 57 B4
Bleikvassli 54 C6
Blejești 83 B9
Blejoi 83 A10
Blekendorf 42 B6
Bleket 46 F2
Blender 42 E4
Bléneau 12 F3
Blenstrup 44 C3
Blentarp 45 F8
Blera 32 C4
Blérancourt 12 B3
Bléré 15 G10
Blerick 11 E8
Blesa 20 G5
Blesle 17 D10
Blessington 7 J6
Blet 17 A9
Bletchley 9 D8
Blīdene 68 B5
Blidsberg 46 F4
Blieskastel 13 C9
Bligny 12 E6
Bligny-sur-Ouche 12 G6
Blikstorp 46 E5
Bliksund 48 F5
Blimea 23 B7
Blindow 43 D10
Blinja 76 G1
Blistrup 44 E6
Blixterboda 46 C6
Blizanów 71 G7
Blížejov 41 E9
Blížkovice 74 F5
Bliznatsi 84 E3
Bliżyn 73 B1
Blois 15 F10
Blokhus 44 B3
Blokzijl 11 C7
Blombacka 46 B5
Blomberg 42 G4
Blome LV 67 F7
Blome LV 67 G8
Blomsøy 54 C5
Blomstermåla 45 C11
Błonie PL 71 G9
Błonie PL 72 F2
Blönsdorf 43 G9
Blötberget 46 A6
Blousson-Sérian 21 B7
Blovice 41 E10
Blowatz 43 C7
Bloxham 9 D7
Bludenz 38 E2
Bludov 75 D7
Blue Ball 7 J5
Blumau in Steiermark 76 C1
Blumberg D 37 B7
Blumberg D 43 E10
Blumenhagen 43 C10
Blumenholz 43 D9
Blŭskovo 84 E2
Blyberg 52 F2
Blyth GB 5 C8
Blyth GB 5 G9
Blyth Bridge 4 B6
Blyton 5 G9
Bø N 48 D6
Bø N 57 C3
Bø N 57 D5
Bo 57 B3
Boada 22 G6
Boadilla del Monte 26 D4
Boadilla de Rioseco 23 D8
Boal 22 B5
Boalhosa 22 E2
Boan 81 F9
Boara Pisani 35 C8
Boat of Garten 2 E6
Boa Vista 24 C2
Boavista 24 E1
Bobadilla 28 E4
Bobâlna 78 C2
Bobbio 34 D4
Bobbio Pellice 19 B8
Boberg 52 A3
Boberka 73 F4
Bobicești 83 B7
Böbing 38 C4
Bobingen 40 H6
Bobitz 43 C7
Bobivtsi 78 A5
Böblingen 40 G3
Bobolice 70 C6
Boborás 22 D3
Boboshevo 82 G5
Bobota HR 76 G5
Bobota RO 77 C12
Bobovdol 82 F5
Bobove 77 A12
Bobowa 73 E2
Bobowo 71 C8
Bobrov 75 E11
Bobrovec 75 F11
Bobrowice 70 G4
Bobrówko 70 E4
Bobrowniki PL 71 E9
Bobrowniki PL 72 D6
Bobryk-Druhyy 79 B12
Bocacara 22 G6
Bocairent 27 G10
Bočar 77 F8
Bocchigliero 31 E9
Boceguillas 23 F10
Bocfölde 76 D2
Bochnia 75 D12
Bocholt B 11 F7
Bocholt D 11 D8
Bochov 41 D9
Bochum 11 E9
Bockara 45 B11
Bockenem 42 F6
Bockhammar 47 B7
Bockhorn D 11 A10
Bockhorn D 41 G7
Bockhorst 11 B10
Boćki 72 E5
Bocksjö 46 D5
Bockträsk 55 D11
Bocognano 19 F11
Boconád 77 B7
Bőcs 77 A9
Bócsa 76 D6
Bocșa RO 77 C12
Bocșa RO 77 G10
Bocsig 77 E10
Boczów 70 F4
Bod 78 F5
Boda S 52 B4
Boda S 52 F3
Böda 45 B12
Boda bruk 52 E5
Bodaczów 73 C5
Bodafors 45 B9
Boda glasbruk 45 C10
Bodajk 76 C4
Bodåsgruvan 52 G4
Bodbacka 64 B2
Bodbyn 56 F2
Boddam GB 3 C12
Boddam GB 3 D8
Boddin 43 C7
Boden 56 B4
Bodenfelde 42 G5
Bodenham 8 C5
Bodenheim 40 D2
Bodenkirchen 41 G8
Bodenmais 41 F9
Bodenteich 42 E6
Bodenwerder 42 G5
Bodenwöhr 41 F8
Bodești 78 C6
Bodman 37 B8
Bodmin 8 G2
Bodnegg 37 B9
Bodø 57 F2
Bodom 54 G4
Bodonal de la Sierra 24 G6
Bodoney 6 F5
Bodony 77 B7
Bodroghalom 73 H3
Bodrogkisfalud 77 A9
Bodrum 88 E3
Bodsjö 52 B2
Bodsjöbyn 52 B2
Bodträskfors 56 B3
Bódvaszilas 73 G1
Bodyke 7 K4
Bodzanów PL 71 F10
Bodzanów PL 75 C7
Bodzentyn 73 B2
Boé 16 G6
Boechout 10 F5
Boecillo 26 B3
Boekel 11 E7
Boën 17 C11
Boeslunde 44 F5
Boeza 22 C6
Boffres 18 A4
Boffzen 42 G5
Boftsa 59 C10
Bogács 77 B8
Bogajo 22 G6
Bogarra 27 H7
Bogați 83 A8
Bogatić 81 B9
Bogatići 81 D8
Bogatynia 74 B4
Bogda 77 F10
Bogdan 83 F7
Bogdana RO 79 D8
Bogdana RO 83 C8
Bogdanci 87 C7
Bogdand 77 C12
Bogdănești RO 79 E7
Bogdănești RO 79 E9
Bogdaniec 70 E4
Bogdănița 79 E8
Bogdan Vodă 78 B3
Boge 47 F10
Bogen D 41 F9
Bogen N 54 D4
Bogen N 57 C5
Bogense 44 F3
Boggsjö 52 B3
Boghești 79 E8
Bogilice 81 D9
Bogliasco 34 E4
Bognanco 37 E7
Bognelv 58 D5
Bognes 57 D4
Bogniebrae 3 D7
Bognor Regis 9 F8
Bogø 44 G6
Bogodol 80 E6
Bogojevo 76 F6
Bogomilovo 83 F9
Bogoria 73 C2
Bogorojca 87 C7
Bogovina 82 C3
Bogovinje 82 G1
Bogoy 57 E3
Bograngen 51 G10
Boguchwała 73 D3
Bogumiłowice 75 B10
Boguszów-Gorce 74 C6
Boguszyce 75 B7
Boguty-Pianki 72 E4
Bogyiszló 76 E5
Bohain-en-Vermandois 12 B4
Bohars 14 E2
Bohdalov 74 E5
Bohdan 78 A3
Bohdíkov 75 D7
Böheimkirchen 39 C11
Boherboy 7 M3
Bohinjska Bistrica 39 F8
Böhlen 41 B8
Böhme 42 E5
Bohmte 42 F3
Böhne 43 E8
Bohola 6 G3
Bohonal de Ibor 24 C8
Böhönye 76 E3
Bohoyo 24 B8
Bohumín 75 D9
Bohuňovice 75 E7
Bohuslavice 75 D9
Bohutín 41 E10
Boianu Mare 77 C11
Boiro 22 C2
Boiscommun 12 E2
Bois-d'Amont 36 E4
Boisgervilly 14 E6
Bois-Guillaume 15 C10
Boișoara 78 G3
Boisseron 17 G11
Boisset-et-Gaujac 17 G11
Boissezon 21 B10
Boitzenburg 43 D10
Boiu Mare 78 C2
Boizenburg 42 D6
Bojadła 70 G5
Bojano 33 D8
Bojanów 73 C3
Bojanowo 70 G6
Bøjden 44 F3
Bojkovice 75 F8
Bojná 75 G8
Bojnice 75 G9
Bojnik 82 E3
Bojszów 75 C9
Bojszowy 75 D10
Boka 77 G9
Bokel 42 D4
Böklund 44 G3
Bokod 76 B4
Bököny 77 B10
Bokšić 76 F4
Boksjön 55 C8
Bol 80 E5
Bölan 52 E5
Bolaños de Calatrava 26 G4
Bolătău 78 D6
Bolayır 85 C2
Bolbaite 27 G9
Bolbec 15 B9
Bolboși 82 B5
Bölcek 85 F3
Bölcske 76 D5
Boldekow 43 C10
Bolderslev 44 G2
Boldești-Grădiștea 83 A11
Boldești-Scăeni 78 G6
Boldog 77 B7
Boldogkőváralja 73 H2
Boldre 9 F7
Boldu 79 G8
Boldur 77 F10
Boldva 73 H1
Böle S 51 B11
Böle S 52 C2
Böle S 52 G6
Böle S 54 G5
Böle S 56 B4
Böle S 56 C3
Bolea 20 D5
Bolekhiv 73 F6
Boleráz 75 G8
Bolesław PL 73 D2
Bolesław PL 75 D10
Bolesławiec PL 74 B5
Bolesławiec PL 75 B9
Boleszkowice 70 E3
Bolga 57 G1
Bolgatovo 67 H11
Bolhan 79 A10
Bolhrad 79 F10
Boliden 56 D3
Bolimów 71 G10
Bolintin-Deal 83 B9
Bolintin-Vale 83 B9
Boliqueime 25 K3
Boljanić 81 C7
Boljanići 81 E9
Boljevac 82 C3
Boljevci 81 B11
Bölkow 43 B8
Bolków 74 B6
Boll 40 G4
Bollebygd 46 F3
Bollène 18 C4
Bollengo 34 C2
Bollermoen 54 B6
Bolligen 36 D6
Bolling 44 E2
Bollingstedt 42 A5
Bollnäs 52 E4
Bollsbyn 46 C3
Bollstabruk 52 B5
Bollullos Par del Condado 25 J6
Bolnhurst 9 C9
Bologna 35 E8
Bologne 12 E6
Bolognetta 30 E3
Bolognola 32 A6
Bolotana 32 E2
Bolotești 79 F7
Bolsena 32 B4
Bol'shakovo 68 F4
Bolsover 5 G9
Bolsward 11 B7
Bolszewo 71 A8
Boltañá 20 D6
Boltåsen 57 C4
Boltigen 36 D5
Bolton GB 5 B7
Bolton GB 5 F7
Bolvașnița 77 G11
Bolventor 8 G3
Bóly 76 F5
Bolyarovo 84 G2
Bolzano 38 F5
Bomba 33 C8
Bombarral 24 E2
Bomlitz 42 E5
Bompas 21 C11
Bompensiere 30 F4
Bompietro 30 E4
Bomporto 35 D7
Bomsund 52 B3
Bona 12 G4
Bonaduz 37 D8
Bonakas 59 C10
Bönan 52 F5
Bonanza 25 L6
Boñar 23 C8
Bonar Bridge 2 D5
Bonarcado 32 F2
Bonares 25 J6
Bonäs 52 F2
Bönäset 53 A7
Bonäset 55 G8
Bonassola 34 E5
Bonawe Quarries 2 F4
Bonboillon 13 G7
Bonchamp-lès-Laval 15 E8
Bonchester Bridge 5 C7
Boncourt 36 C5
Bondeno 35 D8
Bondersbyn 56 B5
Bonderup 44 C3
Bondsjö 52 C6
Bönebüttel 42 B5
Bonefro 33 D9
Bönen 11 E10
Bo'ness 2 G6
Bonete 27 G8
Bönhamn 52 B6
Bonheiden 10 F5
Boniches 27 E8
Boniewo 71 F8
Bonifacio 19 H11
Bonifati 31 D8
Bönigen 36 D6
Bonin 70 B5
Bonn 11 G9
Bonnåsjøen 57 E4
Bonnat 17 B8
Bonndorf im Schwarzwald 37 B7
Bønnerup Strand 44 D4
Bonnes 57 C6
Bonnet 44 D1
Bonnétable 15 E9
Bonneuil-Matours 16 B5
Bonneval F 15 E10
Bonneval F 36 F5
Bonneval-sur-Arc 36 G5
Bonnevaux 36 D4
Bonneville 36 F4
Bonnieux 18 D5
Bönnigheim 40 F3
Bonnyrigg 4 B6
Bonny-sur-Loire 12 F3
Bono F 14 F4
Bono I 32 E2
Bonorva 32 E2
Bons-en-Chablais 36 E4
Bonson 17 D12
Bonțida 78 D2
Bőny 76 B4
Bonyhád 76 E5
Boo 47 C9
Boock 70 D3
Boom 10 F5
Boortmeerbeek 10 F5
Boos 15 C10
Bootle 5 G7
Bopfingen 40 F5
Boppard 11 H10
Bor CZ 41 E9
Bor S 45 B9
Bor YU 82 C3
Borač 81 D11
Borås 46 F4
Borăscu 82 B5
Borba 24 F5
Borbjerg 44 D2
Borca 78 C5
Borča 81 B11
Borcea 84 B3
Borchen 42 G4
Borci BIH 80 C6
Borci BIH 81 E7
Börcs 76 B3
Borculo 11 D8
Bordalba 20 F3
Bordány 77 E7
Bordeaux 16 E4
Bordeira 25 K2
Bordei Verde 79 G8
Bordelum 44 G2
Bordères-Louron 21 C7
Bordères-sur-l'Échez 20 B6
Bordes F 20 B6
Bordes F 21 B7
Bordesholm 42 B5
Bordești 79 F7
Bordighera 19 D9
Bordils 21 E11
Bording 44 D2
Bordón 20 G6
Bordușani 84 B3
Bore 34 D5
Boreham 9 D10
Borehamwood 9 D9
Borek 73 D1
Borek Strzeliński 75 B7
Borek Wielkopolski 70 G6
Boreland 4 C6
Børelva 57 F3
Borensberg 46 E6
Borg 13 B8
Borgå 64 G6
Borgafjäll 55 E7
Borgentreich 42 G4
Börger 11 B10
Borger 11 B9
Borggård 46 D6
Borghamn 46 E5
Borgheim 49 D7
Borghetto d'Arroscia 34 F2
Borghetto di Borbera 34 D4
Borghetto di Vara 34 E5
Borghetto Sto Spirito 34 E2
Borgholm 45 C12
Borgholzhausen 42 F3
Borgia 31 F9
Borgloon 11 G7
Børglum 44 B3
Borgo 19 E12
Borgo a Mozzano 34 F6
Borgo d'Ale 34 C2
Borgoforte 35 D7
Borgofranco d'Ivrea 34 C2
Borgo Grappa 31 C11
Borgo-lavezzaro 34 C3
Borgomanero 34 B3
Borgomaro 34 F2
Borgone Susa 36 G5
Borgonovo Val Tidone 34 D4
Borgo Pace 35 F9
Borgorose 32 C6
Borgo San Dalmazzo 19 C9
Borgo San Lorenzo 35 F8
Borgo San Martino 34 D3
Borgosesia 34 B2
Borgo Tossignano 35 E8
Borgo Val di Taro 34 E5
Borgo Valsugana 35 B8
Borgo Velino 32 B6
Borgo Vercelli 34 C3
Borgsjö S 52 C4
Borgsjö S 55 F10
Borgstedt 42 B5
Borgstena 46 F4
Borgue 4 D5
Borgvattnet 55 H8
Borhaug 48 F3
Boriaeva 87 B11
Borike 81 D9
Borino 87 B10
Bořitov 74 E6
Borja 20 E4
Borjabad 20 F2
Borjana 39 F8
Borjelslandet 56 C4
Borkan 55 D8
Borkavichy 69 D12
Borken 11 D9
Borkenes 57 C4
Borken (Hessen) 40 B4
Borki PL 72 G4
Borki PL 75 B12
Børkop 44 E3
Borkowice 73 B1
Borkowo 72 D4
Borkum 42 C1
Borlänge 52 G3
Borlești 79 D7
Borlu 85 G5
Bormaņi 69 B8
Børmarka 54 F3
Bormes-les-Mimosas 19 E7
Bormio 37 E10
Born 43 F7
Borna D 41 B8
Borna D 43 H9
Born am Darß 43 B9
Borne 11 D9
Bornem 10 F5
Bornes 22 F5
Bornes de Aguiar 22 F4
Borne Sulinowo 70 D6
Bornheim 11 G9
Bornhofen 13 A10
Bornhöved 42 B6
Bornich 13 A10
Bornos 25 L7
Bornova 85 H3
Börnsen 42 D6
Boroaia 78 C6
Borobia 20 E3
Borod 77 D12
Borodino 79 E11
Borodinskoye 65 E10
Borohrádek 74 D6
Borojevići 81 F7
Boronów 75 C10
Borore 32 E2
Boroșneu Mare 78 F6
Boroszów 75 B9
Borota 76 E6
Boroughbridge 5 E9
Borovan 82 D6
Borovany 74 F4
Borov Dol 83 F10
Borovets 82 G6
Borovik 76 G4
Borovitsa 82 D4
Borovka 69 C10
Borovnica BIH 81 C7
Borovnica SLO 39 G9
Borovo 83 D9
Borovo Selo HR 76 G5
Borovo Selo HR 76 G5
Borovtsi 82 D5
Borów PL 73 C3
Borów PL 75 B7
Borowa 73 D2
Borowie 72 G3
Borox 26 E4
Borrby 45 F9
Borre DK 44 G6
Borre N 49 D7
Borrentin 43 C9
Borrèze 17 E7
Borriol 27 E10
Borris DK 44 E2
Borris IRL 7 L6
Borris-in-Ossory 7 K5
Borrisokane 7 K4
Borrisoleigh 7 K5
Borrowdale 4 D6
Børrud 49 C9
Börrum 47 E8
Borș 77 C10
Børsa 51 B7
Borșa RO 78 B3
Borșa RO 78 D2
Borša 73 G3
Borsbeek 10 F5
Borsec 78 D5
Børselv 59 C8
Borsh 86 E2
Borshchi 79 B12
Borsi 88 C3

Boršice u Buchlovic 75 F7
Borský Svätý Jur 75 G7
Borsodbóta 75 H12
Borsodnádasd 77 A8
Borsodszentgyörgy 77 A8
Borsodszirák 77 A8
Borsosberény 76 B6
Borstel 42 E4
Borth 8 C3
Bortigali 32 E2
Bortigiadas 32 D2
Bort-les-Orgues 17 D9
Börtnan 51 C11
Bortnen 50 E2
Borum 44 D3
Borup 44 F6
Borve 2 D3
Borynya 73 F4
Boryslav 73 F5
Borzęciczki 71 G7
Borzonasca 34 E4
Borzytuchom 71 B7
Bosa 32 E2
Bošáca 75 F8
Bosa Marina 32 E1
Bosanci 78 B6
Bosanka Rača 81 B9
Bosanska Dubica 76 G2
Bosanska Gradiška 76 G3
Bosanska Kostajnica 76 G1
Bosanska Krupa 80 B4
Bosanski Brod 76 G4
Bosanski Kobas 76 G3
Bosanski Novi 76 G1
Bosanski Petrovac 80 C4
Bosanski Šamac 76 G5
Bosansko Grahovo 80 D4
Bošany 75 G9
Bősárkány 76 B3
Bosau 42 B6
Boscastle 8 F3
Bosco 35 G9
Bosco Chiesanuova 35 C7
Bosco Marengo 34 D3
Boscotrecase 30 B5
Bösdorf 42 B6
Bösebo 45 B11
Bösel 11 B10
Boshulya 83 G7
Bosia 79 C9
Bosilegrad 82 F4
Bosiljevo 80 A2
Boskoop 10 D6
Boskovice 74 E6
Bošnjace 82 E3
Bošnjaci 76 G5
Bošnjane YU 82 C2
Bošnjane YU 82 D2
Boșorod 78 F1
Bosque 22 B2
Bössbod 51 F11
Bosset 16 E5
Bossolasco 34 E2
Bòssost 21 C7
Bostad 57 D2
Bostan 80 E6
Bøstølen 50 C4
Boston 9 B9
Boston Spa 5 F9
Bostrak 48 D6
Bosundet 55 F9
Botão 24 B3
Boteå 52 B6
Boteni 78 G4
Botesdale 9 C11
Botești RO 78 G4
Botești RO 79 C7
Botevgrad 82 E6
Botevo 84 D3
Bothel 4 D6
Boticas 22 E4
Botiz 77 B12
Botiza 78 B3
Botn N 57 E3
Botn N 58 D3
Botn N 58 D3
Botngård 54 G2
Botnhamn 57 A6
Botoroaga 83 C9
Botorrita 27 B9
Botoš 77 G8
Botoșana 78 B6
Botoșani 79 B7
Botoșești-Paia 82 B5
Botricello 31 F9
Bötsle 52 B6
Botsmark 56 F2
Bottendorf (Burgwald) 40 B3
Bottesford 5 F9
Bottidda 32 E2
Bottnaryd 46 F5
Bottrop 11 E9
Botun 86 C4
Bötzingen 36 B6
Bouafles 15 C10
Boucau 20 B4
Boucé 15 D8
Bouchain 10 H4
Bouchemaine 15 G8
Bouchoir 12 B3
Boudry 36 D5
Boué 12 A4
Bougion 16 F5
Bouguenais 14 G6
Bouillargues 17 G12
Bouillon 12 B6
Bouilly 12 E5
Bouin 14 H6
Boujailles 13 H8
Boujan-sur-Libron 21 B12
Boulay-Moselle 13 C8
Boulazac 16 E6
Boulbon 18 D4
Bouligny 13 C7
Bouloc 21 A9
Boulogne-Billancourt 12 D2
Boulogne-sur-Gesse 21 B7
Boulogne-sur-Mer 10 G1
Bouloire 15 F9
Boulouris 19 D8
Boult-aux-Bois 12 C6
Boulzicourt 12 B6
Bouniagues 16 E5
Bøur 3 B8
Bourbon-Lancy 17 B11
Bourbon-l'Archambault
17 B10
Bourbonne-les-Bains 13 F7
Bourbourg 10 F2
Bourbriac 14 E4
Bourcefranc-le-Chapus 16 C3
Bourdeaux 18 B5
Bourdeilles 16 D6
Bourdonnay 13 D9
Bouresse 16 B6
Bourg 16 E4
Bourg-Achard 15 C10
Bourganeuf 17 C7
Bourg-Argental 17 D12
Bourg-de-Péage 18 A5
Bourg-de-Visa 16 F6
Bourg-Dun 15 B10
Bourg-en-Bresse 36 E2
Bourges 12 G2
Bourg-et-Comin 12 C4
Bourg-Lastic 17 D9
Bourg-lès-Valence 18 A5
Bourgneuf-en-Mauges 15 G7
Bourgneuf-en-Retz 14 G6
Bourgogne 12 C5
Bourgoin-Jallieu 36 G2
Bourg-St-Andéol 18 C4
Bourg-St-Bernard 21 A9
Bourg-St-Maurice 36 F5
Bourgtheroulde-Infreville
15 C10
Bourguébus 15 C8
Bourgueil 15 G9
Bourmont 13 E7
Bourne 9 B9
Bournemouth 9 F7
Bournezeau 16 B3
Bouro 22 E3
Bourran 16 F5
Bourriot-Bergonce 16 G4
Bourron-Marlotte 12 E3
Bourtange 11 B9
Bourton 8 F6
Boussac 17 B8
Boussens 21 B8
Boussières 13 G7
Boussois 10 H5
Boussu 10 G4
Boutersem 10 F6
Bouveret 36 E5
Bouvières 18 B5
Bouvron 14 G6
Bouxières-aux-Dames 13 D8
Bouxwiller 13 D10
Bouy 12 C5
Bouzonville 13 C8
Bouzov 75 E7
Bova 31 G8
Bøvær 57 B5
Bovalino 31 G8
Bovallstrand 46 E2
Bova Marina 31 H8
Bovan 82 D3
Bovec 39 F8
Bóveda E 22 C4
Bóveda E 23 C11
Bovegno 34 B6
Bovenden 42 G5
Bøverfjord 50 B5
Boves F 12 B2
Boves I 19 C9
Bovigny 13 A7
Boviken 56 E3
Boville Ernica 33 D7
Bovino 33 E10
Bøvlingbjerg 44 D1
Bovolone 35 C7
Bovrup 44 G3
Bow 3 E9
Bowes 5 D8
Bowmore 4 B2
Box 64 G6
Boxberg 74 A3
Boxdorf 41 B10
Boxholm 46 E6
Boxmeer 11 E7
Boxtel 11 E7
Boyadzhik 83 F10
Boyalı 85 G5
Boyanovo 83 G11
Boychinovtsi 82 D5
Boykovo 83 G7
Boyle 6 G4
Bøylefoss 48 F6
Boynes 12 E2
Boynitsa 82 C4
Bøyum 50 E3
Božava 80 D2
Bozburun 88 F4
Bozdağ 85 H4
Bozeat 9 C8
Bozel 36 G4
Boževac 82 B2
Bożewo 71 E9
Bozhentsi 83 E9
Bozhurishte 82 F5
Božica 82 F4
Božice 74 F6
Bozieni MD 79 D10
Bozieni RO 79 D8
Bozioru 78 G6
Božjakovina 76 F1
Bozlar 85 D3
Bozouls 17 F9
Bozovici 82 A3
Bozveliysko 84 E3
Bozzolo 34 C6
Bra 34 D2
Braås 45 C10
Bråbo 45 B11
Brabova 82 B5
Bracadale 2 E2
Bracciano 32 C5
Brach 16 E3
Bracieux 15 F11
Bräcke 52 B3
Brackenheim 40 F3
Brackley 9 D8
Bracknagh 7 J6
Bracknell 9 E8
Braco 2 G6
Brad 77 E12
Bradashesh 86 C2
Brădeanu 84 A2
Brădeni 78 E4
Brădești RO 78 E5
Brădești RO 82 B6
Bradford 5 F8
Bradford-on-Avon 8 E6
Bradpole 8 F5
Bradu 83 B8
Brădulet 78 G4
Brăduț 78 E5
Bradwell 9 C12
Bradwell Waterside 9 D10
Brae 3 B12
Brædstrup 44 E3
Braehead 3 F7
Braemar 2 E6
Brăești RO 78 B6
Brăești RO 79 C8
Brăești RO 79 G7
Bràfim 21 F9
Braga 22 F2
Bragadiru RO 83 B10
Bragadiru RO 83 D9
Bragança 22 E5
Bragar 2 C2
Brăhășești 79 E8
Brahlstorf 43 D7
Brăila 79 G9
Brailsford 9 B7
Braine 12 C4
Braine-l'Alleud 10 G5
Braine-le-Comte 10 G5
Braintree 9 D10
Braives 10 G6
Brajkoviči 80 C6
Brakel B 10 F4
Brakel D 42 G4
Brake (Unterweser) 42 D3
Bräkne-Hoby 45 D10
Brålanda 46 E3
Bralin 75 B8
Brallo di Pregola 34 D4
Bralos 86 H6
Braloștița 82 B6
Bram 21 B10
Bramans 36 G5
Bramberg am Wildkogel
38 D6
Bramdrupdam 44 F3
Bramming 44 F2
Brampton GB 5 D7
Brampton GB 9 C11
Bramsche D 11 C9
Bramsche D 11 C10
Bramstedt 42 D4
Bran 78 F5
Brånaberg 55 C8
Branäs 51 G10
Branč 75 H9
Brancaleone 31 H8
Brancaster 9 B10
Brânceni 83 C9
Brâncovenești 78 D4
Brâncoveni 83 B7
Brand A 38 E2
Brand D 41 D7
Brandal 50 D3
Brändåsen 51 D10
Brändbo 52 D4
Brandbu 51 G8
Brande 44 E2
Brande-Hörnerkirchen 42 C5
Brandenberg 38 D5
Brandenburg 43 F9
Brand-Erbisdorf 41 B9
Branderup 44 F2
Brandesburton 5 F10
Brandis 43 G9
Brand-Nagelberg 74 F4
Brändö 64 F2
Brando 19 E12
Brändön 56 C4
Brandon 9 C10
Brändövik 62 G2
Brandshagen 43 B9
Brandstorp 46 F5
Brandsvoll 48 F4
Brandval 51 H9
Brandvoll 57 C6
Brandýs nad Labem-Stará
Boleslav 74 D4
Brandýs nad Orlicí 74 D6
Branes 51 G9
Brănești MD 79 C11
Brănești RO 78 G5
Brănești RO 82 B5
Brănești RO 83 B10
Branice 75 D8
Braniewo 71 B10
Branik 35 B12
Brănișca 77 F12
Braniștea RO 78 C2
Braniștea RO 79 G9
Braniștea RO 83 B9
Brankas 68 B6
Bränna 46 D3
Brännåker 55 E8
Brännås 52 D4
Brännberg 56 C3
Branne 16 E4
Brännland S 56 F2
Brännland S 56 F2
Branōsera 23 C9
Brańsk 72 E5
Branston 5 G10
Brańszczyk 72 E3
Brantevik 45 F9
Brantice 75 D8
Brantôme 16 D6
Brânza 79 F9
Brânzeni 79 A8
Branzi 34 B5
Braojos 23 G10
Braone 34 B6
Brasaljce 82 F2
Braskereidfoss 51 G9
Braslaw 69 D10
Brașov 78 F5
Brassac 21 A10
Brasschaat 10 F5
Brassy 12 G5
Brasta 51 B11
Brastad 46 E2
Brastavățu 83 C7
Břasy 41 D10
Brataj 86 E2
Bratca 77 D12
Bråte 49 C9
Brateiu 78 E3
Brateljevici 81 C8
Brateș 78 F6
Bratislava 76 A2
Bratkowice 73 D3
Bratovoești 82 C6
Bratsigovo 83 G7
Brattåker 55 D9
Brattbäcken 55 F8
Bratten 55 E11
Brattfors S 52 F4
Brattfors S 56 G2
Brattli 59 E11
Brattmon 51 G10
Bratton 8 E6
Brattsbacka 56 G1
Brattsele 55 G10
Brattset 50 B6
Brattvåg 50 C3
Bratunac 81 D9
Brătușeni 79 A8
Bratya Daskalovi 83 F8
Braubach 11 H10
Braud-et-St-Louis 16 D3
Braunau am Inn 41 H9
Braunfels 40 C2
Braunlage 42 G6
Bräunlingen 37 B7
Braunsbedra 41 B7
Braunschweig 42 F6
Braunton 8 E3
Bravicea 79 C10
Bravnica 80 C6
Bray 7 J7
Bray-sur-Seine 12 E4
Bray-sur-Somme 12 B3
Brazatortas 26 G3
Brazey-en-Plaine 12 G6
Brazi 83 A10
Brazii RO 77 E11
Brazii RO 83 B10
Brbinj 80 D2
Brčigovo 81 D9
Brčko 81 B8
Brdów 71 F8
Bré 7 J7
Brea 20 F4
Brea de Tajo 26 D5
Breaghva 7 L2
Breascleit 2 C2
Breasta 82 B6
Breaza RO 78 B5
Breaza RO 78 D3
Breaza RO 78 G5
Breaza RO 79 G7
Brebeni 83 B7
Brebu RO 77 G10
Brebu RO 78 G5
Brebu Nou 77 G11
Brécey 15 D7
Brech 14 F4
Brechfa 8 D3
Brechin 3 F7
Brecht 10 E6
Břeclav 75 G7
Brecon 8 D4
Breda E 21 E11
Breda NL 10 E6
Bredared 46 F4
Bredaryd 45 B8
Bredbyn 55 H11
Breddenberg 11 B10
Breddin 43 E8
Bredebro 44 G2
Bredene 10 F3
Bredereiche 43 D9
Bredkälen 55 G8
Bredsätra 45 C12
Bredsel 56 B3
Bredsjö 46 B6
Bredsjön 52 B5
Bredstedt 44 G2
Bredsten 44 E3
Bredträsk 55 G11
Bredvik 56 G2
Bredviken S 55 B7
Bredviken S 56 B5
Bree 11 F7
Breese 43 D8
Bregana 39 G11
Breganze 35 B8
Bregare 83 D7
Bregeni 79 B9
Bregenz 38 D2
Breg-Lum AL 81 G10
Breg-Lum AL 86 B2
Bregninge 44 G4
Bregovo 82 C4
Breguzzo 34 B6
Bréhal 14 D6
Bréhan 14 E5
Brehna 43 G8
Breidenbach D 40 B2
Breidenbach F 13 C10
Breidstrand 57 C4
Breidvik N 57 C3
Breidvik N 57 D4
Breidvik N 57 E3
Breidvik N 57 F3
Breil 37 D8
Breil-sur-Roya 19 C9
Breisach am Rhein 36 B6
Breistein 48 B2
Breitenbach 36 C6
Breitenbach am Herzberg
40 C4
Breitenbach am Inn 38 D5
Breitenbach (Schauenburg)
40 B4
Breitenberg 41 G10
Breitenbrunn 41 F7
Breitenburg 42 C5
Breitenfelde 42 C6
Breitengüßbach 40 D6
Breitenhagen 43 G8
Breitnau 36 B6
Breitscheid 11 G11
Breitungen 40 C5
Breivik N 57 C4
Breivik N 58 B5
Breivikbotn 58 C5
Breivikeidet 58 D3
Brejning 44 E3
Brekka 57 F3
Brekken N 51 C9
Brekken N 54 C6
Brekkestø 48 F5
Brekkhus 50 G3
Brekkvasseiv 54 E5
Breklum 42 A4
Brekovo 81 E10
Breksillan 54 E4
Brekstad 54 G2
Brélès 14 E2
Brelingen (Wedemark) 42 E5
Bremdal 44 D2
Bremen 42 D4
Bremerhaven 42 C4
Bremervörde 42 D4
Bremgarten 37 C7
Bremm 13 A9
Bremnes N 48 C2
Bremnes N 57 C3
Brem-sur-Mer 16 B1
Brenderup 44 F3
Brenes 25 J7
Brenguļi 67 F7
Brenitsa 83 D7
Brenna N 54 D6
Brenna N 57 D2
Brenna PL 75 E10
Brennero 38 E5
Brennes 58 E3
Brennfjell 58 E3
Brenngam 59 B9
Brennhaug 50 D6
Brennmo 51 B9
Brennsvik 58 C6
Breno 34 B6
Brénod 36 F3
Brens 17 G8
Brent Knoll 8 E5
Brentwood 9 D10
Brenzone 35 B7
Brescello 34 D6
Brescia 34 C6
Breskens 10 E4
Bresnica 81 D11
Bressana Bottarone 34 D4
Bressanone 38 E5
Bressols 17 G7
Bressuire 16 A4
Brest BG 83 D7
Brest BY 72 G6
Brest F 14 E2
Brestak 84 D3
Brestanica 39 G10
Bresternica 39 F11
Brestovac YU 82 C3
Brestovac YU 82 E3
Brestovac Požeški 76 G3
Brestovăț 77 F10
Brestovene 83 D11
Brestovets 83 D7
Brestovitsa 83 G7
Brețcu 78 E6
Bretea Română 78 F1
Breteil 14 E6
Bretenoux 17 E8
Breteuil F 12 B2
Breteuil F 15 D10
Brétignolles-sur-Mer 16 B1
Bretnig 41 B10
Bretocino 23 E7
Bretoncelles 15 E10
Bretten 40 F3
Bretton 5 G7
Brettville-sur-Laize 15 C8
Bretzenheim 13 B10
Breuberg-Neustadt 40 D3
Breuches 13 F8
Breuil-Cervinia 36 F6
Breuil-Magné 16 C3
Breuilpont 15 D11
Breukelen 10 D6
Breum 44 C2
Breuna 42 H4
Brevens bruk 46 D6
Brevik N 49 E7
Brevik S 46 E5
Brevik S 47 C9
Brevik S 47 D10
Breviken 46 C3
Brevörde 42 G5
Breza BIH 81 D7
Breza SK 75 E10
Brežđe 81 D10
Breze 39 G10
Brezhani 82 G5
Březí 74 F6
Brezičani 76 G2
Brežice 39 G11
Brezna 81 E11
Breznica HR 76 E1
Breznica SK 73 F3
Březnice 41 E10
Breznik 82 F5
Breznița-Motru 82 B5
Breznița-Ocol 82 B4
Breznitsa 87 B8
Březno 41 C10
Brezno 75 F11
Brezoaele 83 B9
Brézolles 15 D10
Březolupy 75 F8
Březová 75 F8
Březová nad Svitavou 74 E6
Brezová pod Bradlom 75 G8
Brezovica SK 73 F1
Brezovica SK 75 E11
Brezovica SLO 39 G9
Brezovo 83 F8
Brezovo Polje BIH 81 B8
Brezovo Polje HR 80 B4
Briançon 19 A8
Briare 12 F3
Briatexte 17 G8
Bricherasio 19 B9
Bricon 12 E6
Bricquebec 14 C6
Brides-les-Bains 36 G4
Brideswell 7 J4
Bridgeland 7 K6
Bridgend GB 2 G4
Bridgend GB 4 B2
Bridgend GB 8 E4
Bridge of Cally 2 F6
Bridge of Don 3 E8
Bridge of Dye 3 E7
Bridge of Earn 2 G6
Bridge of Orchy 2 F4
Bridge of Weir 4 B5
Bridgetown 7 M6
Bridgnorth 8 C6
Bridgwater 8 E5
Břidličná 75 D7
Bridlington 5 E10
Bridport 8 F5
Brie 16 C5
Briec 14 E3
Brie-Comte-Robert 12 D3
Briedel 13 A9
Brielle 10 D5
Brienne-le-Château 12 E5
Briennon 17 C11
Brienon-sur-Armançon 12 E4
Brienz 36 D6
Brienza 31 C7
Briesen 70 F3
Brieske 43 H10
Brieskow-Finkenheerd 70 F3
Briesnig 70 G3
Brietlingen 42 D6
Briey 13 C7
Brig 36 E6
Brigg 5 F10
Brighstone 9 F7
Brightlingsea 9 D11
Brighton 9 F9
Brigi 69 B12
Brignais 36 F2
Brignemont 16 G6
Brignogan-Plage 14 D2
Brignoles 19 D7
Brigstock 9 C8
Brihuega 20 G2
Brijesta 80 F6
Brillon-en-Barrois 12 D6
Brilon 42 H4
Brimington 5 G9
Brimnes 48 B4
Brinches 25 H4
Brincones 22 G6
Brindisi 31 B11
Brindisi Montagna 31 B8
Bringsinghaug 50 D2
Bringsli 57 F3
Brinje 80 B2
Brinkum D 11 B10
Brinkum D 42 D4
Brinlack 6 D4
Brinon-sur-Beuvron 12 G4
Brinon-sur-Sauldre 12 F2
Brin-sur-Seille 13 D8
Brinyan 3 E10
Brion 17 E10
Briones 20 D2
Brionne 15 C10
Brioude 17 D10
Brioux-sur-Boutonne 16 C4
Briouze 15 D8
Briscous 20 B4
Brisighella 35 E8
Brissac-Quince 15 G8
Bristol 8 E6
Briston 9 B11
Britelo 22 E3
Britof 39 F9
Briton Ferry 8 D4
Brittas 7 J6
Brittas Bay 7 K7
Britvica 80 E6
Britz 43 E10
Brive-la-Gaillarde 17 E7
Briviesca 23 D11
Brix 14 B6
Brixen im Thale 38 D6
Brixham 8 G4
Brixworth 9 C8
Brka 81 B8
Brloznik 81 D9
Brna 80 F5
Brnaze 80 E5
Brněnec 74 E6
Brniště 74 C4
Brnjica YU 81 E10
Brnjica YU 82 B3
Brno 74 F6
Bro S 47 C9
Bro S 47 F10
Broadford GB 2 E3
Broadford IRL 7 K4
Broadford IRL 7 L3
Broad Haven 8 D2
Broad Heath 8 C6
Broadstairs 9 E11
Broadway 9 D7
Broadwey 8 F6
Broadwindsor 8 F5
Broager 44 G3
Broaryd 45 B7
Broby S 45 D8
Broby S 47 B10
Brobyværk 44 F4
Broc 36 D5
Broćanac 80 E6
Brocas 16 G4
Brocēni 68 B5
Bröckel 42 E6
Brockum 42 F3
Brockworth 8 D6
Broczyno 70 D5
Brod BIH 81 E8
Brod MK 86 B4
Brod MK 86 C5
Brod YU 82 G2
Brod YU 86 A4
Brodalen 46 E2
Brodarevo 81 E10
Broddbo 47 B7
Brodek u Prostějova 75 E7
Broderstorf 43 B8
Brodica 82 B3
Brodick 4 B4
Brodilovo 84 G3
Brodina 78 B5
Brodnica PL 70 F6
Brodnica PL 71 D9
Brodosavce 81 H11
Brodské 75 G7
Brodski Stubnik 76 G4
Brody PL 70 G3
Brody PL 70 G4
Broglie 15 C9
Brohm 43 C10
Broin 12 G6
Brójce PL 70 F4
Brójce PL 71 G9
Brojce 70 C4
Brok 72 E4
Brokdorf 42 C5
Brokind 47 E7
Brokka 48 F4
Brokstedt 42 C5
Brolo 30 E5
Bromarv 64 G4
Brome 43 E7
Bromma 48 B6
Bromnes 58 D2
Bromölla 45 E9
Brömsebro 45 D11
Bromsgrove 8 C6
Bromskirchen 40 B3
Bromyard 8 C6
Bron 36 F2
Bronchales 27 D8
Brønderslev 44 B3
Broni 34 D4
Bronice 70 G4
Brønnøysund 54 D5
Brøns 44 F2
Bronte 30 E5
Bronzani Majdan 80 B5
Brooke 9 C11
Brookeborough 6 F5
Broons 14 E5
Broquiès 17 G9
Brora 2 C6
Brørup 44 F2
Brösarp 45 E9
Broscăuți 78 B6
Broseley 8 B6
Broshniv Osada 73 F6
Brossac 16 D4
Brøstadbotn 57 B5
Broșteni RO 78 C5
Broșteni RO 79 F7
Broșteni RO 82 B5
Brotas 24 F3
Brötjemark 46 F5
Broto 20 C6
Brottby 47 C9
Brottes 12 E6
Brotton 5 D9
Brøttum 51 F8
Brou 15 E10
Brough GB 2 B6
Brough GB 5 D7
Broughshane 6 E7
Broughton GB 4 B6
Broughton GB 5 G7
Broughton in Furness 4 E6
Broughtown 3 E10
Broughty Ferry 3 F7
Broumov 74 C6
Brousseval 12 E6
Brouvelieures 13 E9
Brouwershaven 10 E5
Brovst 44 C3
Brownhills 8 B6
Broxburn 4 B6
Brozany 74 C3
Brozas 24 D6
Brožiai 68 D3
Brozzo 34 B6
Brštanovo 80 E4
Brtnice 74 E5
Bruay-en-Artois 10 G3
Bruchhausen-Vilsen 42 E4
Bruchköbel 11 H12
Bruchsal 40 F3
Brück 43 F9
Bruck an der
Großglocknerstraße 39 D7
Bruck an der Leitha 76 A2
Bruck an der Mur 39 D10
Brücken 13 B9
Brücken (Helme) 43 H7
Brücken (Pfalz) 13 C9
Brückl 39 E9
Bruckmühl 38 C5
Brudzeń Duży 71 E9
Brudzew 71 F8
Brudzowice 75 C10
Brue-Auriac 18 D6
Brüel 43 C8
Bruère-Allichamps 17 A9
Bruff 7 L4
Bruges 10 F4
Brugg 37 C7
Brugge 10 F4
Brüggen D 11 F8
Brüggen D 42 F5
Brugnato 34 E5
Brugnera 35 B10
Bruguières 21 A9
Bruhagen 50 B4
Brühl 11 F9
Bruinisse 10 E5
Bruiu 78 F4
Bruksvallarna 51 C10
Brûlon 15 F8
Brûly 12 B5
Brumath 13 D10
Brumov-Bylnice 75 F8
Brumunddal 51 G8
Brumundsag 51 F8
Brunau 43 E7
Brunava 69 C7
Brundby 44 E4
Brundish 9 C11
Brunehamel 12 B5
Brunete 26 D4
Brunflo 52 B2
Brunico 38 E5
Bruniquel 17 G7
Brunkeberg 48 D5
Brunn 43 C10
Brunna S 47 B8
Brunna S 47 C9
Brunn am Gebirge 76 A1
Brunnberg 51 H11
Brunne 52 C5
Brunnen 37 D7
Brunnsberg 51 F11
Brunsberg 46 B4
Brunsbüttel 42 C4
Brunssum 11 F7
Bruntál 75 D8
Bruravik 48 B3
Bruree 7 L4
Brus 82 D1
Brusago 38 G5
Brusand 48 F2
Brušane 80 C2
Brusartsi 82 D5
Brüsewitz 43 C7
Brüshlen 83 C10
Brüshlyanitsa 83 D8
Brusio 37 E9
Brusnik 82 C4
Brusnika Velika 76 G4
Brusno 75 F10
Brusque 17 G9
Brussel 10 F5
Brusson 34 B2
Brüssow 70 D3
Brusturi 77 C11
Brusturi-Drăgănești 78 C6
Brusturiv 78 A4
Brusturoasa 78 D6
Brusy 71 C7
Bruton 8 E6
Bruttig-Fankel 13 A9
Brūveri 69 C9
Bruvno 80 C3
Bruxelles 10 F5
Bruyères 13 E9
Bruz 14 E6
Bruzaholm 46 F6
Brvnište 75 F9
Brwinów 72 F2
Bryagovo 83 G8
Bryastovo 83 E8
Bryggerhaug 57 B5
Brymbo 4 G6
Brynamman 8 D4
Bryne 48 E2
Brynford 4 G6
Brynge 52 A6
Bryngelhögen 52 C2
Brynje S 52 B2
Brynje S 52 B2
Brynmawr 8 D5
Bryrup 44 E3
Bryukhovychi 73 E6
Brzan 82 C2
Brza Palanka 82 B4
Brzeće 82 E1
Brzeg 75 B8
Brzeg Dolny 75 B7
Brześć Kujawski 71 E9
Brzesko 73 D1
Brzeszcze 75 D10
Brzezie PL 70 C6
Brzezie PL 71 E8
Brzezinki 73 B2
Brzeziny PL 71 G10
Brzeziny PL 71 H8
Brzeziny PL 73 D2
Brzeźnica PL 70 G4
Brzeźnica PL 73 D2
Brzeźnica PL 75 D11
Brzeźno PL 70 C5
Brzeźno PL 71 F8
Brzeźno PL 73 B5
Brzostek 73 E2
Brzotín 75 G12
Brzóza 72 H3
Brzozów PL 71 F10
Brzozów PL 73 E3
Brzozowiec 70 E4
Brzuze 71 E9
Bû 15 D11
Bua 44 B6
Buais 15 D7
Buarcos 24 B2
Buavågen 48 D2
Bubbio 34 D3
Bubiai 68 D5
Bubry 14 F4
Bubwith 5 F9
Búč 76 B5
Buca 85 H3
Bučany 75 G8
Buccheri 30 G5
Bucchianico 33 C8
Buccinasco 34 C4
Buccino 31 B7
Bucecea 78 B6
Bucelas 24 E2
Buceș 77 E12
Bucey-lès-Gy 13 G7
Buch 40 H5
Buch am Erlbach 41 G8
Buchbach 41 G8
Buch bei Jenbach 38 D5
Buchboden 38 D3
Büchel 13 A9
Büchen 42 D6
Büchenbeuren 13 B9
Buchen (Odenwald) 40 E4
Buchholz 43 D8
Buchholz (Aller) 42 E5
Buchin 77 G11
Buchin Prohod 82 E5
Buchkirchen 39 B8
Büchlberg 39 B8
Buchloe 38 C4
Buchlovice 75 F7
Bucholz in der Nordheide
42 D5
Buchs 37 C8
Buchy 15 B10
Bučim 86 B6
Buçimas 86 C3
Bučin 86 C5
Bucine 35 G8
Bucinișu 83 C7
Bučište 82 G3
Bucium 78 E1
Buciumeni RO 78 G5
Buciumeni RO 79 F8
Buciumi 78 C1
Bučje YU 81 E9
Bučje YU 82 D3
Buckden 5 E8
Bückeburg 42 F4
Bücken 42 E4
Buckfastleigh 8 G4
Buckhaven 3 G7
Buckie 3 D7
Buckingham 9 D8
Buckley 4 G6
Buckode 6 F4
Buckow Märkische Schweiz
43 E10
Bückwitz 43 E8
Bucov 83 A10
Bucovăț MD 79 C10
Bucovăț RO 82 B6
Bucovica 80 E6
Bučovice 75 F7
Bucsa 77 C9
Bucșani RO 83 A9
Bucșani RO 83 B9
Bucu 84 B3
Bucureșci 77 E12
București 83 B10
Bucy-lès-Pierrepont 12 B5
Bucz 70 G5
Buczek 75 A10
Bud 50 B4
Buda 79 F7
Budacu de Jos 78 C3
Budakalász 76 B6
Budakeszi 76 B5
Budakovo 86 C5
Budaörs 76 C5
Budapest 76 C6
Budča 75 G10
Buddusò 32 E3
Bude 8 F3
Budeasa 78 H4
Budel 11 F7
Büdelsdorf 42 B5
Budenets' 78 A5
Budenheim 40 D2
Budens 25 K2
Büdesheim 40 D3
Budești RO 78 B2
Budești RO 78 D3
Budești RO 78 G3
Budești RO 83 C10
Budeyi 79 A11
Budia 20 G2
Budila 78 F5
Budimci 76 G4
Budimlič Japra 80 B4
Büdingen 40 D3
Budinšćina 76 E1
Budišov 74 F5
Budišov nad Budišovkou
75 E8
Budkovce 73 G3
Budleigh Salterton 8 F4
Budmerice 75 G8
Budoia 35 B10
Budoni 32 D4
Budrio 35 E8
Budry 72 B4
Budureasa 77 D11
Buduslău 77 C11
Budva 81 G8
Būdviečiai 72 B5
Budyně nad Ohří 74 C3
Budziszewice 71 G10
Budzów 75 E11
Budzyń 70 E6
Bue 48 E2
Bueña 20 G4
Buenache de Alarcón 27 E7
Buenache de la Sierra 27 D7
Buenaventura 26 D2
Buenavista de Valdavia 23 C9
Buendía 26 D6
Buer 49 D9
Bueu 22 D2
Bufleben 40 B6
Buftea 83 B10
Bugac 77 D7
Bugarra 27 E9
Buğdaylı 85 D4
Bugeat 17 D8
Buggerru 32 G1
Buggingen 36 B6
Bugiac 79 E10
Bugnara 33 C7
Bugnein 20 B5
Bugojno 80 D6
Bugøyfjord 59 D11
Bugøynes 59 D11
Bugyi 76 C6
Bühl 40 G2
Bühlertal 40 G2
Bühlertann 40 F5
Bühlerzell 40 F5
Buhoci 79 D7
Buhølen 48 F4
Buhuși 79 D7
Buia 39 F7
Builth Wells 8 C4
Buis-les-Baronnies 18 C5
Buitenpost 11 B8
Buitrago del Lozoya 23 G10
Buivydiškės 69 F8
Būivydžiai 69 F9
Buják 76 B6
Bujalance 28 C5
Bujan 81 G10
Bujanovac 82 F3
Bujaraloz 20 F6
Buje 35 C11
Bujor 79 D9
Bujoreni RO 78 G3
Bujoreni RO 83 C9
Bujoru 83 D9
Bük 76 C2
Buk 70 F6
Bukaiši 68 C5
Bukhovo 82 F6
Bukhovtsi 83 D11
Bükkábrány 77 B8
Bükkösd 76 E4
Bukksnes 57 C4
Bükkszék 77 B7
Bükkszentkereszt 77 A8
Bükkzsérc 77 B8
Buko 43 G8
Bukonys 69 E7
Bukova Gora 80 E5
Bukovče 82 C4
Bukovec 75 E10
Bukovets 82 E6
Bukovje 35 B12
Bukovo 86 C5
Buków 70 F4
Bukowe 71 F7
Bukowice 75 A7
Bukowiec PL 70 F4
Bukowiec PL 70 F5
Bukowiec PL 71 D8
Bukowina 71 B7
Bukowina Tatrzańska 75 E11
Bukownica 75 A8
Bukowsko 73 E3
Bülach 37 C7
Bulboaca 79 D11
Bulbucata 83 C9
Bulçar 86 D3
Buldoo 2 B6
Bulford 9 E7
Bŭlgarene 83 D8
Bŭlgarevo 84 D4
Bŭlgari 84 G3
Bŭlgarin 83 G10
Bŭlgarovo 84 F2
Bŭlgarska Polyana 83 G10
Bŭlgarski Izvor 83 E7
Bulgnéville 13 E7
Bülkau 42 C4
Bulkington 9 C7
Bulkowo 71 F10
Bullas 29 C9
Bullaun 7 J4
Bullay 13 A9
Bulle 36 D5
Bullerup 44 F4
Büllingen 11 G8
Bullmark 56 F3
Bully-les-Mines 10 G3
Bulqizë 86 B3
Bultei 32 E2
Bulz 77 D12
Bulzești 82 B6
Bulzeștii de Sus 77 E12
Bulzi 32 D2
Bumbești-Jiu 78 G1
Buna 81 E7
Bunacurry 6 G2
Bunalty 6 G2
Bunbeg 6 E4
Bunclody 7 L6
Buncrana 6 D5
Bunde 11 B9
Bünde 42 F4
Bundenbach 13 B9
Bundoran 6 F4
Bunessan 2 G3
Bunești RO 78 B6
Bunești RO 78 E4
Bunești-Averești 79 D9
Bungay 9 C11
Bunge 47 F10
Bunić 80 C3
Buniel 23 D10
Bunila 77 F12
Bunka 68 B3
Bunkeflostrand 45 F7
Bunkris 51 E11
Bunmahon 7 M5
Bunnaglass 7 K4
Bunnahowen 6 G2
Bunnanadden 6 G4
Buñol 27 F9
Bunschoten-Spakenburg
11 D7
Buntești 77 D11
Buntingford 9 D9
Bunyola 29 F9
Buoač 80 C5
Buochs 37 D7
Buollannjar'ga 59 E7
Buonabitacolo 31 C7
Buonalbergo 33 E9
Buonconvento 35 G8
Buonvicino 31 D7
Bur 44 D1
Buran 54 G4
Burbach 11 G10
Burbage 9 E7
Burbáguena 20 G4
Burcei 32 G3
Bŭrdarski Geran 82 D6
Burdinne 10 G6
Bureå 56 E3
Bureåborg 55 H10
Büren 42 G4
Büren an der Aare 36 C5
Bures 9 D10
Buresjön 55 C10
Burfjord 58 D5
Burford 9 D7
Burg 70 G3
Burgas 84 F3
Burgau A 39 E11
Burgau D 40 G5
Burgau P 25 K2
Burg auf Fehmarn 43 B7
Burg bei Magdeburg 43 F8
Burgberg im Allgäu 37 C10
Burgbernheim 40 E5
Burg (Dithmarschen) 42 C4
Burgdorf CH 36 D6
Burgdorf D 42 F5
Burgdorf D 42 F6
Burgebrach 40 D6
Bürgel 41 B7
Burgess Hill 9 F9
Burghausen 39 C7
Burghclere 9 E7
Burghead 2 D6
Burgh-Haamstede 10 E4
Burgh le Marsh 5 G11
Burgio 30 F3
Burgkirchen 41 H9
Burgkirchen an der Alz 39 C7
Burgkunstadt 40 D6
Bürglen CH 37 C8
Bürglen CH 37 D7
Burglengenfeld 41 F8
Burgohondo 26 D3
Burgos E 23 D10
Burgos I 32 E2
Burgsalach 40 F6
Burgsinn 40 D4
Bürgstadt 40 E4
Burgstädt 41 B9
Burg Stargand 43 D10
Burgsvik 47 H9
Burgthann 41 E7
Burguete 20 C4
Burgui 20 C5
Burguillos 25 J7
Burguillos del Cerro 24 G6
Burguillos de Toledo 26 E4
Burgwindheim 40 D6
Burhaniye 85 F3
Burhave (Butjadingen) 42 C3
Buriasco 19 B9
Burie 16 C4
Burila Mare 82 B4
Burizanë 86 B2
Burjassot 27 F10
Burjuc 77 F11
Burkardroth 40 D5
Burkhardtsdorf 41 C9
Burlada 20 C4
Burladingen 40 H3
Burlats 21 A10
Bürmoos 39 C7
Burnchurch 7 L5
Burness 3 E10
Burnfoot GB 6 E6
Burnfoot IRL 6 E5
Burnham 9 E8
Burnham Market 9 B10
Burnham-on-Crouch 9 D10
Burnham-on-Sea 8 E5
Burniston 5 E10
Burnley 5 F7
Burntisland 2 G6
Burntwood Green 9 B7
Burón 23 C8
Buronzo 34 C2
Buros 20 B6
Burovac 82 C2
Burow 43 C9
Burøysund 58 C3
Burravoe 3 B12
Burrel 86 B2
Burren 6 G7
Burriana 27 E10
Burron 7 J3
Burry Port 8 D3
Bürs 38 E2
Burs 47 G10
Burscough Bridge 5 F7
Burseryd 45 B7
Bursfelde 42 G5
Bürstadt 40 E2
Burstow 9 E9
Bursuc 79 C9
Burtnieki 66 F6
Burton-in-Kendal 5 E7
Burton Latimer 9 C8
Burtonport 6 E4
Burton upon Trent 9 B7
Burträsk 56 E3
Buru 78 D2
Burujón 26 E3
Burwarton 8 C6
Burwash 9 F10
Burwell 9 C10
Burwick 3 F10
Bury 5 F7
Bury St Edmunds 9 C10
Burzenin 75 A10
Busachi 32 F2
Busalla 34 E4
Busana 34 E6
Busanski Dubočac 76 G4
Busca 19 B9
Buscemi 30 G5
Busdorf 42 B5
Buseto Palizzolo 30 E2
Buševec 39 H11
Bushmills 6 D6
Bushtricë 86 A3
Bushtyna 78 A1
Busigny 12 A4
Busilovac 82 D2
Bušince 75 H11
Buskhyttan 47 D8
Busko-Zdrój 73 C1
Buślary 70 C5
Bušletić 81 B7
Busnes 54 B6
Busot 29 B12
Busovača 81 D7
Bussang 36 B5
Busseto 34 D5
Bussière-Badil 16 D6
Bussière-Galant 16 D6
Bussière-Poitevine 16 B6
Bussigny 36 E4
Bussi sul Tirino 33 C7
Büßleben 40 B6
Bussolengo 35 C7
Bussoleno 36 G5
Bussum 10 D6
Bussy-en-Othe 12 E4
Bușteni 78 G5
Bustillo del Páramo 23 D7
Busto Arsizio 34 B3
Bustuchin 82 A6
Büsum 42 B4
Büta 83 F7
Butan 82 D6
Buțeni 79 D10
Buteni 77 E11
Butera 30 G4
Butești 79 B8
Bütgenbach 11 G8
Butimanu 83 B9
Butingė 68 C3
Butlers Bridge 6 G5
Butoiești 82 B5
Butor 79 C11
Butovo 83 D8
Bütow 43 D8
Butrimonys LT 69 F7
Butrimonys LT 69 G8
Butryny 72 C2
Bütschwil 37 C8
Buttelstedt 41 B7
Buttermere 4 D6
Buttevant 7 M4
Buttigliera d'Asti 34 D2
Buttle 47 G10
Buttstädt 41 B7
Büttstedt 42 H6
Butuceni MD 79 B11
Butuceni MD 79 C11
Buturugeni 83 B9
Butzbach 40 C3
Bützow 43 C8
Buurse 11 D9
Buvåg 57 D3
Buvik 57 A6
Buvika 51 B7
Buxerolles 16 B5
Buxheim 37 B9
Buxières-les-Mines 17 B9
Buxted 9 F9
Buxtehude 42 D5
Buxton 5 G8
Buxy 36 D2
Buynovtsi 83 E9
Büyükaltıağaç 85 B2
Büyükanafarta 85 D2
Büyükbelen 85 G4
Büyükçavuşlu 85 B4
Büyükçekmece 85 B5
Büyükçiğli 85 H3
Büyükdöllük 83 H11
Büyük Evren 85 C1
Büyükgerdelli 84 H2
Büyükkarakarlı 85 B3
Büyükkarıştıran 85 B4
Büyükkılıçlı 85 B5
Büyükorhan 85 E6
Büyükyenice 85 F3
Büyükyoncalı 85 B4
Buza 78 D3
Buzançais 17 A7
Buzancy 12 C6
Buzău 79 G7
Buzescu 83 C8
Buzet 35 C12
Buzet-sur-Baïse 16 F5
Buzet-sur-Tarn 17 G7
Buziaș 77 F10
Buzica 73 G2
Bužim 80 B4
Buzoești 83 B8
Buzsák 76 D3
By 54 G3
Byahoml' 69 F12
Byala BG 83 D9
Byala BG 83 F10
Byala BG 84 E3
Byala Cherkva BG 83 E9
Byala Cherkva BG 83 G7
Byala Reka BG 83 E11
Byala Reka BG 83 G8
Byala Slatina 82 D6
Byal Izvor 87 B11
Byalo Pole 83 G9
Byarozawka 69 H8
Byarozki 69 F11
Byberget 52 C3
Bybjerg 44 E6
Bychawa 73 B4
Bycina 75 C9
Byczyna 75 B9
Bydalen 51 B11
Bydgoszcz 71 D7
Bye 52 A2
Byelavyezhski 72 F6
Byel'ki 69 E10
Byenyakoni 69 G8
Byerazino 69 E12
Byershty 69 H7
Byfield 9 C7
Bygdeå 56 F3
Bygdeträsk 56 E3
Bygdsiljum 56 E3
Bygland 48 E5
Byglandsfjord 48 E5
Bygstad 50 F2
Byhleguhre 70 G3
Bykle 48 D4
Bylchau 4 G6
Bylderup-Bov 44 G2
Byn 46 A4
Byneset 51 B7
Byremo 48 F4
Byrkjedal 48 E3
Byrkjelo 50 E3
Byrknes 50 G1
Byrtegrend 48 D5
Byrum 44 B5
Byšice 74 C4
Byske 56 D3
Byssträsk 55 F11
Bystřany 41 C10
Bystré CZ 74 E6
Bystré SK 73 F2
Bystřec 74 D6
Bystretsovo 67 F11
Bystričany 75 G9
Bystřice CZ 74 E4
Bystřice CZ 75 E9
Bystřice nad Pernštejnem
74 E6
Bystřice pod Hostýnem 75 E8
Bystrička 75 F10
Bystrzyca 75 B7
Bystrzyca Kłodzka 74 D6
Bytča 75 F9
Bytnica 70 F4
Bytom 75 C10
Bytom Odrzański 70 G5
Bytoń 71 F8
Bytów 71 B7
Byvallen 52 D2
Byviken 55 G11
Byxelkrok 45 B12
Bzenec 75 F7
Bzince pod Javorinou 75 G8

C

Cabaj-Čápor 75 H8
Cabanac-et-Villagrains 16 F4
Cabañaquinta 23 B7
Cabañas del Castillo 24 D8
Cabanas de Viriato 24 B4
Cabañas Raras 22 C5
Cabanes 27 D11
Cabanillas 20 E4
Čabar 39 H9
Cabasse 19 D7
Cabassers 21 F8
Cabeça Gorda 25 H4
Cabeção 24 E4
Cabeceiras de Basto 22 F3
Cabeço de Vide 24 E4
Cabella Ligure 34 D4
Cabestany 18 F1
Căbești 77 D11
Cabeza del Buey 26 G2
Cabeza del Caballo 22 F6
Cabeza la Vaca 25 H6
Cabezamesada 26 E5
Cabezarados 26 G3
Cabezarrubias del Puerto
26 G4
Cabezas del Villar 23 G8
Cabezas Rubias 25 H5
Cabezón de Cameros 20 D2
Cabezón de la Sal 23 B9
Cabezón de Liébana 23 B9
Cabezuela del Valle 24 B7
Čabiny 73 F3
Cabo de Palos 29 D11
Cabolafuente 20 F3
Cabra 28 D5
Cabração 22 E2
Cabra del Camp 21 F8
Cabra del Santo Cristo
29 D7
Cabra de Mora 27 D9
Cabras 32 F2
Cabrejas del Pinar 20 E2
Cabrela 24 F3
Cabrerets 17 F7
Cabrières-d'Aigues 18 D6
Cabril 24 B4
Cabrillanes 22 C6
Cabrillas 22 G6
Cabuna 76 F3
Cacabelos 22 D5
Čačak 81 D11
Caçarelhos 22 F6
Caccamo 30 E3
Caccuri 31 E9
Cacém 24 F2
Cáceres 24 D6
Cachopo 25 J4
Čachtice 75 G8
Cacia 22 G2
Cacica 78 B6
Cacín 28 E6
Čačinci 76 F4
Cadalso de los Vidrios 26 D3
Cadamstown 7 J5
Cadaqués 21 D12
Cadaval 24 E2
Čađavica BIH 80 C5
Čađavica HR 76 F4
Čađavica Gornja 81 B9
Čadca 75 E9
Cadelbosco di Sopra 34 D6
Cadenazzo 37 E8
Cadenberge 42 C4
Cadenet 18 D5
Cadeo 34 D5
Cádiar 29 E7
Cadillac 16 F4
Cádiz 25 L7
Cadolzburg 40 E6
Cadoneghe 35 C9
Cadours 16 G6
Cadreita 20 D3
Cadrete 20 F5
Caen 15 C8
Caerau 8 E5
Caerdydd 8 E5
Caerfyrddin 8 D3
Caergybi 4 G4
Caerhun 4 G5
Caerleon 8 D5
Caernarfon 4 G5
Caerphilly 8 E5
Cafasse 36 G6
Caggiano 31 B7
Çağış 85 E4
Cagli 35 G10
Cagliari 32 G3
Čaglin 76 G4
Cagnac-les-Mines 17 G8
Cagnano Varano 33 D11
Cagnes-sur-Mer 19 D8
Caherconlish 7 L4
Cahermore 7 N2
Cahersiveen 7 M2
Cahir 7 L5
Cahors 17 F7
Cahul 79 F9
Cahuzac-sur-Vère 17 G8
Căianu 78 D2
Căianu Mic 78 C3
Caiazzo 33 E8
Căinari 79 D11
Căinarii Vechi 79 A9
Câineni 78 G3
Câineni-Băi 79 G8
Caión 22 B2
Cairaclia 79 F10
Cairinis 2 D1
Cairnbaan 2 G4
Cairnryan 4 D4
Cairo Montenotte 34 E2
Caisleán an Bharraigh 7 H3
Caissargues 17 G12
Caister-on-Sea 9 B12
Caistor 5 G10
Căiuți 79 E7
Caivano 30 B5
Cajarc 17 F8
Čajetina 81 D10
Čajić 80 D5
Čajkov 75 H9
Čajniče 81 E9
Cajvana 78 B6
Čaka 76 A5
Čakajovce 75 G8
Çakılköy 85 D4
Çakıllı 85 A4
Çakır 85 E3
Çakırlı 85 D3
Çakmakköy 85 B2
Čakovec 76 E1
Cala 25 H7
Calabardina 29 D10
Calabritto 30 B6
Calaceite 21 G7
Calacuccia 19 F11
Cala d'Oliva 32 D1
Cala d'Or 29 F10
Cala en Porter 29 E11
Calaf 21 E9
Calafat 82 C5
Calafell 21 F9
Cala Figuera 29 F10
Calafindești 78 B6
Calahonda 28 E6
Calahorra 20 D3
Calais 10 F2
Calalzo di Cadore 38 F6
Calamandrana 34 D3
Cala Millor 29 F10
Calamocha 20 G4
Calamonaci 30 F3
Calamonte 24 F6
Cala Murada 29 F10
Călan 78 F1
Calañas 25 J6
Calanda 20 G6
Calangianus 32 D3
Calanna 31 G7
Cala Rajada 29 F10
Călărași MD 79 C10
Călărași RO 78 E2
Călărași RO 79 B8
Călărași RO 82 D6
Călărași RO 84 C2
Cala Santa Galdana 29 E11
Calascibetta 30 F4
Calasetta 32 H1
Calasparra 29 B9
Calatafimi 30 E2
Calatayud 20 F4
Călățele 78 D1
Calatorao 20 F4
Calau 43 G10
Calbe (Saale) 43 G8
Calcatoggio 19 F10
Calcinato 34 C6
Calcio 34 C5
Căldăraru 83 B8
Caldarola 35 G11
Caldaro sulla Strada del Vino
38 F4
Caldas da Rainha 24 D2
Caldas de Reis 22 C2
Caldas de Vizela 22 F3
Caldbeck 4 D6
Caldearenas 20 D5
Caldecott 9 C8
Caldelas 22 E3
Caldelas Taipas 22 F3
Calden 42 H5
Caldercruix 4 B5
Caldes de Malavella 21 E11
Caldes de Montbui 21 E10
Caldes d'Estrac 21 F11
Caldicot 8 E5
Caldogno 35 B8
Caldonazzo 35 B7
Calella 21 E11
Calenzana 19 E11
Calenzano 35 F7
Calera de León 24 G6
Calera y Chozas 26 E2
Caleruega 23 E11
Calfsound 3 E10
Calgary 2 F3
Çalı 85 D6
Cálig 27 D11
Călimănești 78 G3
Calimera 31 C11
Călinești MD 79 B8
Călinești RO 78 B2
Călinești RO 83 A8
Călinești RO 83 C8
Călinești-Oaș 78 B1
Calitri 31 B7
Calizzano 34 E2
Çalköy 85 E3
Callac 14 E4
Callan 7 L5
Callander 2 G5
Callanish 2 C2
Callantsoog 10 B6
Callas 19 D7
Callen 16 F4
Callian 19 D8
Calliano 34 D2
Callington 8 G3
Callosa d'En Sarrià 27 G10
Callosa de Segura 29 C11
Čalma 76 G6
Călmățuiu 83 C8
Călmățuiu de Sus 83 C8
Calmont F 17 F9
Calmont F 21 B9
Calne 8 E6
Câlnic RO 78 F2
Câlnic RO 82 A5
Calolziocorte 34 B4
Calomarde 27 D8
Calonge 21 E11
Calonne-Ricouart 10 G2
Calopăr 82 C6
Čalovec 76 B4
Calpe 27 G11
Caltabellotta 30 F3
Caltagirone 30 F5
Caltanissetta 30 F4
Caltavuturo 30 E4
Caltignaga 34 C3
Çaltılıbük 85 E5
Caltojar 20 F2
Caltra 7 J4
Călugăreni 83 C10
Caluire-et-Cuire 17 C12
Caluso 34 C2
Calvão 24 B3
Calvarrasa de Abajo 26 C1
Calvarrasa de Arriba 23 G7
Calvello 31 C7
Calverstown 7 K6
Calvi 19 E10
Calvi dell'Umbria 32 C5
Calvignac 17 F7
Calvinet 17 E8
Calvini 78 G6
Calvi Risorta 33 E8
Calvisson 17 G11
Calvörde 43 F7
Calvos 22 E3
Calw 40 G3
Calzada de Calatrava 26 G4
Calzada de Valdunciel 23 G7
Calzadilla 24 C6
Calzadilla de los Barros 24 G6
Camaldoli 35 F8
Camaleño 23 B9
Camallera 21 D11
Camañas 20 G4
Camăr 77 C12
Camarasa 21 E8
Cămărașu 78 D3
Camarena 26 E4
Camarena de la Sierra 27 D9
Camarès 17 G9
Camaret-sur-Mer 14 E2
Camarillas 20 G5
Camariñas 22 B1
Camarles 21 G7
Cămărzana 78 B1
Camarzana de Tera 22 E6
Camas 25 J7
Camastra 30 F4
Cambados 22 D2
Camberley 9 E8
Cambes 16 E4
Cambil 28 D6
Cambo-les-Bains 20 B4
Cambon 17 G8
Camborne 8 G2
Cambra de Baixo 22 G3
Cambrai 12 A4
Cambre 22 B3
Cambres 22 F4
Cambridge 9 C9
Cambrils de Mar 21 G8
Cambron 15 A11
Cambs 43 C7
Camburg 41 B7
Camelford 8 F3
Camenca 79 A10
Camerano 35 G11
Cameri 34 C3
Camerino 35 G10
Camerota 31 C7
Çamiçi 88 E3
Camigliatello Silano 31 E8
Camin 43 D7
Caminha 22 E2
Caminomorisco 24 B7
Caminreal 20 G4
Çamlıca 85 C2
Çamlık 88 D3
Cammarata 30 F3
Cammer 43 F9
Cammin 43 C8
Camogli 34 E4
Camolin 7 L6
Camon 12 B2
Camors 14 F4
Camp 7 M2
Campagna 30 B6
Campagnano di Roma 32 C5
Campagnatico 32 B3
Campagne 16 E6
Campagne-lès-Hesdin 10 G2
Campan 21 C7
Campana 31 E9
Campanario 24 F8
Campanet 29 F9
Câmpani 77 D11
Campano 25 M7
Campaspero 23 F10
Campbeltown 4 C3
Campbon 14 G6
Campdevànol 21 D10
Campeã 22 F3
Campello 29 B12
Campello sul Clitunne 32 B6
Campelo 24 C3
Campelos 24 E2
Campénéac 14 F5
Câmpeni 78 E1
Campertogno 34 B2
Campestre-et-Luc 17 G10
Câmpia Turzii 78 D2
Campi Bisenzio 35 F7
Campiglia Marittima 34 H6
Campiglia Soana 36 G6
Campillo de Alto Buey 27 E8
Campillo de Arenas 28 D6
Campillo de Dueñas 20 G4
Campillo de Llerena 24 F7
Campillos 28 E4
Campillos-Paravientos 27 E8
Câmpina 78 G5
Câmpineanca 79 F8
Campinho 24 G5
Campisábalos 23 F11
Campi Salentina 31 C11
Campli 33 B7
Campo E 21 D7
Campo P 22 F3
Campobasso 33 D9
Campobello di Licata 30 F4
Campobello di Mazara 30 F2
Campo da Feira 22 B2
Campodarsego 35 C9
Campo de Caso 23 B8
Campo de Criptana 26 F5
Campo de San Pedro 23 F11
Campodimele 33 E7
Campo di Trens 38 E5
Campodolcino 37 E8
Campofelice di Roccella
30 E4
Campofiorito 30 E3
Campoformido 35 B11
Campofranco 30 F4
Campofrío 25 H6
Campo Lameiro 22 D2
Campoli Appennino 33 D7
Campo Ligure 34 E3
Campolongo Maggiore 35 C9
Campo Lugar 24 E7
Campo Maior 24 E5
Campomarino I 31 C10
Campomarino I 33 C9
Campomorone 34 E3
Camponaraya 22 D5
Camponogara 35 C9
Campora San Giovanni 31 E8
Campo Real 23 H11
Camporeale 30 E3
Campo Redondo 25 H3
Camporgiano 34 E6
Camporosso 19 D9
Camporrells 21 E7
Camporrobles 27 E8
Campos 22 E4
Camposampiero 35 C9
Camposanto 35 D7
Campos del Puerto 29 F10
Campotéjar 28 D6
Campotosto 33 B7
Campo Tures 38 E5
Camprodon 21 D10
Camptown 5 C7
Câmpulung 78 G4
Câmpulung la Tisa 78 B2
Câmpulung Moldovenesc
78 B5
Câmpuri 79 E7
Camrose 8 D2
Camuñas 26 F5
Çan 85 D3
Čaňa 73 G2
Cañada 27 G9
Cañada de Benatanduz
27 D10
Cañada del Hoyo 27 E7
Cañada Vellida 20 G5
Čanak 80 B3
Çanakçı 85 F6
Çanakkale 85 D2
Canale 34 D2
Canale-di-Verde 19 F12
Canalejas del Arroyo 26 D6
Canalejas de Peñafiel 23 F10
Canals E 27 G10
Canals F 17 G7
Canàl San Bovo 38 G5
Cañamares 27 D7
Cañamero 26 F2
Canaples 12 A2
Canari 19 E11
Canaro 35 D8
Cañaveral 24 C6
Cañaveral de León 25 H6
Cañaveras 27 D7
Cañaveruelas 26 D6
Canazei 38 F5
Cancale 14 D6
Cancarix 29 B10
Cancellara 31 B8
Cancello ed Arnone 33 E8
Cancon 16 F6
Candanchú 20 C5
Çandarlı 85 G3
Candás 23 B7
Candasnos 20 F6
Candé 15 F7
Candela 33 E10
Candelario 24 B7
Candeleda 26 D2
Candelo 34 C2
Candemil 22 E2
Cândești RO 78 G4
Cândești RO 79 D7
Candia Lomellina 34 C3
Candilichera 20 E3
Candín 22 C5
Canedo 22 G2
Canelli 34 D2
Canena 28 C6
Canepina 32 C5
Canero 22 B6
Cănești 79 G7
Canet F 18 D2
Canet F 21 B11
Canet de Mar 21 F11
Cañete 27 E8
Cañete de las Torres 28 C5
Cañete la Real 28 E4
Canet-en-Roussillon 21 C11
Canet lo Roig 27 D11
Canet-Plage 21 C11
Cangas 22 D2
Cangas del Narcea 22 B6
Cangas de Onís 23 B8
Cangonj 86 D4
Canha 24 F3
Canhestros 25 H3
Cania 79 E9
Canicattì 30 F4
Canicattini Bagni 30 G6
Canicosa de la Sierra 23 E11
Caniles 29 D8
Canillas de Aceituno 28 E5
Canino 32 B4
Cañizal 23 F8
Cañizares 27 D7
Cañizo 23 E7
Canjáyar 29 E8
Cankova 39 E11
Canlia 84 C3
Canna 31 C9
Cannara 32 A5
Cannero Riviera 34 B3
Cannes 19 D8
Canneto I 30 D6
Canneto I 35 G7
Canneto sull'Oglio 34 C6
Cannich 2 E4
Canningstown 6 G6
Cannington 8 E5
Cannobio 34 B3
Cannock 8 B6
Cano 24 E4
Canolo 31 G8
Canonbie 5 C7
Canosa di Puglia 33 E11
Cánovas 29 C10
Can Pastilla 29 F9
Can Picafort 29 F10
Canredondo 20 G2
Cansano 33 C8
Cantagallo 35 F7
Cantalapiedra 23 F8
Cantalejo 23 F10
Cantalice 32 B6
Cantalpino 23 G8
Cantanhede 24 B3
Cantavieja 27 D10
Čantavir 77 F7
Cantemir 79 E9
Cantenac 16 E3
Canteras 29 D10
Canterbury 9 E11
Cantiano 35 G10
Cantillana 25 J7
Cantimpalos 23 G10
Cantoira 36 G5
Cantoria 29 D9
Cantù 34 B4
Canvey Island 9 E10
Cany-Barville 15 B9
Canyelles 21 F9
Caolas 2 F2
Caorle 35 C10
Capaccio 30 C6
Capaci 30 E3
Capafonts 21 F8
Çapaklı 85 G5
Capalbio 32 B3
Căpâlna 77 D11
Căpâlnița 78 E5
Capannoli 34 G6
Capannori 34 F6
Caparde 81 C8
Capari 86 C4
Caparica 24 F2
Caparrosa 22 G3
Caparroso 20 D4
Cap-Blanc 27 F10
Capbreton 20 A4
Cap d'Agde 18 E2
Capdenac 17 F8
Capdenac-Gare 17 F8
Capdepera 29 F10
Capel Curig 4 G5
Capelle aan de IJssel 10 D5
Capellen 13 B8
Capel St Mary 9 D11
Capendu 21 B11
Capestang 21 B11
Capestrano 33 C7
Cap Ferret 16 F2

Capileira 29 E7
Capilla 26 G2
Capinha 24 B5
Capistrello 33 C7
Capizzi 30 E5
Căpleni 77 B11
Čaplje 80 B5
Čapljina 80 F6
Capodimonte 32 B4
Capo di Ponte 34 B6
Capo d'Orlando 30 E5
Capoliveri 32 B2
Capolona 35 G8
Caposele 30 B6
Capoterra 32 G2
Cappadocia 32 C6
Cappamore 7 L4
Cappawhite 7 L4
Cappeln (Oldenburg) 42 E3
Cappercleuch 4 C6
Cappoquin 7 M5
Capracotta 33 D8
Capraia Isola 34 H5
Capranica 32 C5
Căpreni 82 B6
Capri 30 B5
Căpriana 79 C10
Capriati a Volturno 33 D8
Capri Leone 30 E5
Caprino Bergamasco 34 B4
Caprino Veronese 35 B7
Captieux 16 F4
Capua 33 E8
Capurso 31 A9
Căpușu Mare 78 D1
Capvern-les-Bains 21 B7
Carabaña 26 D5
Caracal 83 C7
Caracuel de Calatrava 26 G4
Caragaș 79 D12
Caragele 84 A2
Caragiale, I. L. 83 A9
Caraglio 19 B9
Caraman 21 B9
Caramanico Terme 33 C8
Caramulo 24 A3
Cărand 77 E11
Caranga 22 B6
Caranguejeira 24 C2
Caransebeș 77 G11
Carantec 14 D3
Carapeços 22 F2
Carapelle 33 E10
Carapinheira 24 B3
Carasco 34 E4
Carașova 77 G10
Caraula 82 C5
Caravaca de la Cruz 29 C9
Caravaggio 34 C5
Carbajales de Alba 23 E7
Carballeda de Avia 22 D3
Carballiño 22 D3
Carballo E 22 B2
Carballo E 22 D3
Carbellino 22 F6
Carbonera de Frentes 20 E2
Carboneras 29 E9
Carboneras de Guadazaón 27 E7
Carbonero El Mayor 23 F9
Carboneros 28 B6
Carbonia 32 G2
Carbonin 38 F6
Carbonne 21 B8
Carbost GB 2 D3
Carbost GB 2 E2
Cărbunari 82 A3
Cărbunești 78 G6
Carbury 7 J6
Carcaboso 24 C7
Carcabuey 28 D5
Carcaixent 27 F10
Carcaliu 79 G9
Carcans 16 E3
Carcans-Plage 16 E3
Carção 22 E6
Cárcar 20 D3
Carcare 34 E2
Carcassonne 21 B10
Carcastillo 20 D4
Carcelén 27 F8
Carcès 19 D7
Carchelejo 28 D6
Carcoforo 34 B2
Cardaillac 17 F8
Çardak 85 D2
Cardedeu 21 E10
Cardedu 32 F3
Cardeña 28 B5
Cardeñadijo 23 D10
Cardenden 2 G6
Cardenete 27 E8
Cardeñosa 23 G9
Cardeto 31 G7
Cardiff 8 E5
Cardigan 8 D3
Cardigos 24 C4
Cardinale 31 F8
Cardito 33 D8
Cardon 79 G12
Cardona 21 E9
Cardosas 25 K3
Carei 77 B11
Carenas 20 F3
Carentan 15 C7
Carentoir 14 F5
Carevdar 76 E2
Carev Dvor 86 C4
Cargenbridge 4 C6
Cargèse 19 F10
Carhaix-Plouguer 14 E3
Caria 24 B5
Cariati 31 E9
Caridade 24 G4
Carife 33 E10
Carignan 12 B6
Carignano 19 A9
Cariñena 20 F4
Carini 30 E3
Cariño 22 A3
Carinola 33 E8
Carisio 34 C2
Carisolo 38 G4
Cârjiți 77 F12
Carland 6 F6
Carlanstown 7 H6
Carlantino 33 D9
Carlat 17 E9
Carlentini 30 F6
Carlet 27 F10
Cârlibaba 78 B4
Cârligele 79 F7
Carlingford 6 G7
Carlisle 5 D7
Carloforte 32 G1
Cârlogani 83 B7
Cârlomănești 79 G7
Carlopoli 31 E8
Carlops 4 B6
Carlow D 43 C7
Carlow IRL 7 K6
Carloway 2 C2
Carlsberg 13 C10
Carlton 9 B8
Carlton Colville 9 C12
Carluke 4 B5
Carlux 17 E7
Carmagnola 34 D2
Carmanova 79 C12
Carmarthen 8 D3
Carmaux 17 G8
Carmena 26 E3
Cármenes 23 C7
Carmiano 31 C11
Carmona 25 J8
Carmonita 24 E6
Carmyllie 3 F7
Carnac 14 F4
Carnagh 6 G6
Carndonagh 6 D5
Carnew 7 K6
Carnforth 5 E7
Carnières 12 A4
Carnikava 66 G5
Carnlough 6 E7
Carno 8 C4
Carnon-Plage 18 D3
Carnota 22 C1
Carnoules 19 E7
Carnoustie 3 F7
Carnteel 6 F6
Carnwath 4 B6
Carolei 31 E8
Carolles 14 D6
Carona 34 B5
Caronia 30 E5
Carosino 31 C10
Carovigno 31 B10
Carovilli 33 D8
Carpaneto Piacentino 34 D5
Carparola 32 C5
Carpegna 35 F9
Carpen 82 B5
Carpenedolo 34 C6
Carpentras 18 C5
Carpi 35 D7
Carpignano Salentino 31 C12
Carpignano Sesia 34 C3
Cărpineni 79 D10
Cărpinet 77 E11
Carpineti 34 E6
Carpineto Romano 32 D6
Cărpiniș 77 F9
Carpino 33 D11
Carpinone 33 D8
Carpio 23 F8
Carpiquet 15 C8
Carquefou 14 G6
Carqueiranne 19 E7
Carracastle 6 G4
Carracedelo 22 D5
Carradale 4 B3
Carragh 7 J6
Carraig na Siuire 7 L5
Carral 22 B3
Carraloe 7 J3
Carranque 26 D4
Carrapateira 25 K2
Carrapichana 24 A5
Carrara 34 F5
Carrascal del Obispo 23 G7
Carrascosa 20 G3
Carrascosa del Campo 26 E6
Carratraca 28 E4
Carrazeda de Ansiães 22 F4
Carrazedo de Montenegro 22 F4
Carrbridge 2 E6
Carreço 22 E2
Carregado 24 E2
Carregal do Sal 24 B4
Carregueiros 24 D3
Carreira E 22 B3
Carreira P 24 C2
Carreña de Cabrales 23 B8
Carreteira 22 C4
Carriazo 23 B10
Carrick IRL 6 F4
Carrick IRL 7 M6
Carrickfergus 6 E7
Carrickmacross 6 G6
Carrickmore 6 F6
Carrick-on-Shannon 6 G4
Carrick-on-Suir 7 L5
Carriço 24 C2
Carrigaholt 7 L2
Carrigallen 6 G5
Carriganimmy 7 M3
Carrigart 6 D5
Carrigkerry 7 L3
Carrigtwohill 7 M4
Carrio 22 B3
Carrión de Calatrava 26 G4
Carrión de los Céspedes 25 J6
Carrión de los Condes 23 D9
Carrizo de la Ribera 23 D7
Carrizosa 26 G6
Carronbridge 4 C6
Carros 19 D8
Carrouges 15 D8
Carrowkeel 6 D6
Carrowkennedy 7 H3
Carrù 34 E2
Carryduff 6 F7
Carry-le-Rouet 18 E5
Cars 16 E3
Carsac-Aillac 17 E7
Carsluith 4 D5
Carsoli 32 C6
Carspach 36 B5
Carsphairn 4 C5
Carstairs 4 B6
Cartagena 29 D11
Cártama 28 E4
Cartaxo 24 E2
Cartaya 25 K5
Cartelègue 16 E4
Carteret 14 C6
Carterton 9 D7
Cartes 23 B10
Cârțișoara 78 F3
Cartoceto 35 F10
Carucedo 22 D5
Carunchio 33 C9
Carvalhal P 24 D3
Carvalhal P 24 G2
Carvalhosa 22 F3
Carviçais 22 F5
Carvin 10 G3
Carvoeira 24 E2
Carvoeiro 25 K3
Čáry 75 G7
Casabermeja 28 E5
Casabona 31 E9
Casa Branca P 24 E4
Casa Branca P 24 F3
Casacalenda 33 D9
Casagiove 33 E8
Casaglione 19 F10
Casa l'Abate 31 C11
Casalanguida 33 C8
Casalarreina 20 D2
Casalbordino 33 C9
Casalbore 33 E9
Casalborgone 34 C2
Casalbuono 31 C7
Casalbuttano ed Uniti 34 C5
Casàl Cermelli 34 D3
Casàl di Principe 33 E8
Casalecchio di Reno 35 E7
Casale Monferrato 34 C3
Casaletto Spartano 31 C7
Casalfiumanese 35 E8
Casalgrande 35 E7
Casalgrasso 19 B9
Casalmaggiore 34 D6
Casalnuovo Monterotaro 33 D9
Casalpusterlengo 34 C5
Casalvecchio di Puglia 33 D10
Casàl Velino 30 C6
Casamassima 31 B9
Casamozza 19 E12
Casarabonela 28 E4
Casarano 31 C11
Casar de Cáceres 24 D6
Casar de Palomero 24 B7
Casarejos 23 E11
Casares 28 F3
Casares de las Hurdes 24 B7
Casariche 28 D4
Casarrubios del Monte 26 D4
Casarsa della Delizia 35 B10
Casarza Ligure 34 E4
Casas Altas 27 E8
Casas Bajas 27 E8
Casas de Benítez 27 F7
Casas de Don Pedro 26 F2
Casas de Fernando Alonso 27 F7
Casas de Haro 27 F7
Casas de Juan Gil 27 F8
Casas de Juan Núñez 27 F8
Casas de Lázaro 27 G7
Casas del Monte 24 B7
Casas de los Pinos 27 F7
Casas del Puerto 29 B10
Casas de Millán 24 C6
Casas de Reina 24 G7
Casas de Ves 27 F8
Casas-Ibáñez 27 F8
Casasimarro 27 F7
Casas Novas de Mares 24 F5
Casasola de Arión 23 F8
Casatejada 24 C8
Casatenovo 34 B4
Casavieja 26 D3
Cascais 24 F1
Cascante 20 E4
Cascante del Río 27 D9
Cascia 32 B6
Casciana Terme 34 G6
Cascina 34 F6
Căscioarele 83 C10
Casebres 24 F3
Cáseda 20 D4
Case della Marina 32 G3
Casei Gerola 34 D4
Cășeiu 78 C2
Casekow 70 D3
Casella 34 E4
Caselle in Pittari 31 C7
Caselle Torinese 36 G6
Case Perrone 31 B9
Caseras 27 C11
Caserras 21 E9
Caserta 33 E8
Casével 25 H3
Cashel IRL 6 D5
Cashel IRL 7 H4
Cashel IRL 7 J2
Cashel IRL 7 K5
Cashel IRL 7 L5
Cashla 7 J3
Casillas 26 D3
Casillas de Flores 24 B6
Casimcea 84 B4
Cașin 79 E7
Casina 34 E6
Casinos 27 E9
Čáslav 74 D5
Casnewydd 8 E5
Casola in Lunigiana 34 E6
Casola Valsenio 35 E8
Casole d'Elsa 35 G7
Casoli 33 C8
Casoria 30 B5
Caspe 20 F6
Casperia 32 C5
Cassà de la Selva 21 E11
Cassagnes-Bégonhès 17 G9
Cassaniouze 17 F8
Cassano allo Ionio 31 D8
Cassano delle Murge 31 B9
Cassano Magnano 34 B3
Cassano Spinola 34 D3
Cassaro 30 G6
Cassel 10 G2
Casseneuil 16 F6
Cassibile 30 G6
Cassine 34 D3
Cassino 33 D7
Cassis 18 E6
Cassola 35 B8
Cassuéjouls 17 E9
Častá 75 G7
Castagliona Olona 34 B3
Castagnaro 35 C8
Castagneto Carducci 34 G6
Castagnole delle Lanze 34 D2
Castagnole Monferrato 34 D3
Castañar de Ibor 24 D8
Castañares de Rioja 23 D12
Castanet-Tolosan 21 B9
Castanheira de Pêra 24 C3
Castano Primo 34 C3
Castasegna 37 E9
Casteggio 34 D4
Castejón 20 D4
Castejón del Puente 21 E7
Castejón de Monegros 20 E6
Castejón de Sos 21 D7
Castejón de Valdejasa 20 E5
Castelbellino 35 G11
Castèl Bolognese 35 E8
Castelbuono 30 E4
Castelcivita 30 C6
Castèl d'Ario 35 C7
Castel de Cabra 20 G5
Casteldelfino 19 B8
Castèl del Monte 33 C7
Castèl del Piano 32 B4
Castèl del Rio 35 E8
Castèl di Iudica 30 F5
Castèl di Lama 33 B7
Castèl di Lucio 30 E5
Castèl di Sangro 33 D8
Casteleiro 24 B5
Castelfidardo 35 G11
Castelfiorentino 35 G7
Castelflorite 20 E6
Castèl Focognano 35 F8
Castelforte 33 E7
Castelfranci 30 B6
Castelfranco di Sopra 35 F8
Castelfranco di Sotto 35 F7
Castelfranco Emilia 35 E7
Castelfranco Veneto 35 B9
Castèl Frentano 33 C8
Castèl Gandolfo 32 D5
Castelginest 21 A9
Castèl Giorgio 32 B4
Castèl Goffredo 34 C6
Castelgrande 31 B7
Casteljaloux 16 F5
Castell 40 E5
Castellabate 30 C6
Castell'Alfero 34 D2
Castellalto 33 B7
Castellammare del Golfo 30 E2
Castellammare di Stabia 30 B5
Castellamonte 34 C2
Castellana Grotte 31 B10
Castellane 19 D7
Castellaneta 31 B9
Castellanos de Castro 23 D10
Castellarano 35 E7
Castellar de la Frontera 25 M8
Castellar de la Muela 20 G3
Castellar de la Ribera 21 E9
Castellar de Santiago 29 B7
Castellar de Santisteban 29 B7
Castell'Arquato 34 D5
Castell'Azzara 32 B4
Castellazzo Bormida 34 D3
Castelldans 21 F8
Castell d'Aro 21 E11
Castell de Cabres 20 G6
Castell de Castells 27 G10
Castelldefels 21 F10
Castell de Ferro 29 E7
Castelleone 34 C5
Castelletto sopra Ticino 34 B3
Castellfort 27 D10
Castellina in Chianti 35 G8
Castellina Marittima 34 G6
Castelliri 33 D7
Castellnou de Bassella 21 E8
Castellnovo 27 E10
Castello d'Argile 35 D8
Castelló de Farfanya 21 E8
Castelló de la Plana 27 E10
Castellò d'Empúries 21 D11
Castelló de Rugat 27 G10
Castello di Annone 34 D3
Castellote 20 G6
Castello Tesino 35 B8
Castellserà 21 E8
Castellterçol 21 E10
Castellucchio 34 C6
Castelluccio dei Sauri 33 E10
Castelluccio Inferiore 31 C8
Castellucio Valmaggiore 33 E10
Castell'Umberto 30 E5
Castelluzzo 30 E2
Castell-y-Nedd 8 D4
Castèl Madama 32 C6
Càstel Maggiore 35 E8
Castelmagno 19 B8
Castelmassa 35 D8
Castelmauro 33 D9
Castelmoron-sur-Lot 16 F5
Castelnau-Barbarens 21 B8
Castelnaudary 21 B10
Castelnau-d'Auzan 16 G5
Castelnau-de-Brassac 17 H9
Castelnau-de-Médoc 16 E3
Castelnau-de-Montmiral 17 G8
Castelnau d'Estréfonds 17 G7
Castelnau-le-Lez 18 D3
Castelnau-Magnoac 21 B7
Castelnau-Montratier 17 F7
Castelnau-Rivière-Basse 20 B6
Castelnovo di Sotto 34 D6
Castelnovo ne'Monti 34 E6
Castelnuovo Berardenga 35 G8
Castelnuovo della Daunia 33 D10
Castelnuovo di Garfagnana 34 E6
Castelnuovo di Porto 32 C5
Castelnuovo di Val di Cecina 35 G7
Castelnuovo Don Bosco 34 D2
Castelnuovo Rangone 35 E7
Castelnuovo Scrivia 34 D3
Castelo Bom 22 G5
Castelo Branco P 22 F5
Castelo Branco P 24 C5
Castelo de Paiva 22 G3
Castelo de Vide 24 D5
Castelo do Neiva 22 E2
Castelo Rodrigo 22 G5
Castelplanio 35 G11
Castelraimondo 35 G10
Castèl Ritaldi 32 B5
Castelrotto 38 F5
Castelsagrat 16 G6
Castèl San Giovanni 34 D4
Castel San Lorenzo 30 C6
Castèl San Niccolò 35 F8
Castèl San Pietro Terme 35 E8
Castèl Sant'Angelo 32 C6
Castelsantangelo sul Nera 32 B6
Castelsaraceno 31 C8
Castelsardo 32 D2
Castelsarrasin 16 G6
Castelseras 20 G6
Casteltermini 30 F3
Castelu 84 C4
Castelverde 34 C5
Castelvetere in Val Fortore 33 D9
Castelvetrano 30 F2
Castelvetro Placentino 34 C5
Castèl Viscardo 32 B4
Castèl Volturno 33 E8
Castenaso 35 E8
Castéra-Verduzan 16 G5
Castetnau-Camblong 20 B5
Castets 16 G3
Castiadas 32 G3
Castielfabib 27 D8
Castiello de Jaca 20 C5
Castiglioncello 34 G6
Castiglione dei Pepoli 35 E7
Castiglione del Lago 35 G9
Castiglione della Pescaia 32 B2
Castiglione della Stiviere 34 C6
Castiglione di Sicilia 30 E6
Castiglione d'Orcia 35 H8
Castiglione in Teverina 32 B5
Castiglione Messer Marino 33 D8
Castiglion Fiorentino 35 G9
Castignano 33 A7
Castilblanco 26 F2
Castilblanco de los Arroyos 25 J7
Castiliscar 20 D4
Castilleja de la Cuesta 25 J7
Castillejar 29 C8
Castillejo de Martin Viejo 22 G5
Castillejo de Mesleón 23 F11
Castillejo de Robledo 23 F11
Castillo de Bayuela 26 D3
Castillo de Garcimuñoz 27 E7
Castillo de Locubín 28 D6
Castillon-en-Couserans 21 C8
Castillon-la-Bataille 16 E4
Castillonnès 16 F5
Castillo-Nuevo 20 C5
Castilruiz 20 E3
Castione della Presolana 34 B5
Castiòns di Strada 35 B11
Castlebar 7 H3
Castlebay 2 E1
Castlebellingham 7 H7
Castleblakeney 7 J4
Castleblayney 6 G6
Castlebridge 7 L6
Castle Carrock 5 D7
Castle Cary 8 F6
Castlecomer 7 K5
Castleconnell 7 K4
Castlecor 7 M4
Castledawson 6 E6
Castlederg 6 E5
Castledermot 7 K6
Castle Douglas 4 D5
Castleellis 7 L7
Castlefinn 6 E5
Castleford 5 F9
Castlegal 6 F4
Castlegregory 7 M2
Castlehill 6 G3
Castleisland 7 M3
Castle Kennedy 4 D4
Castlemaine 7 M2
Castlemartin 8 D2
Castlemartyr 7 M4
Castleplunket 7 H4
Castlepollard 7 H5
Castlerea 7 H4
Castlereagh 6 F7
Castlerock 6 D6
Castletown GB 2 B6
Castletown IOM 4 E4
Castletown IRL 7 K5
Castletown Bere 7 N2
Castletownshend 7 N3
Castlewellan 6 G7
Castranova 82 C6
Castrejón de la Peña 23 C9
Castrelo do Val 22 E4
Castres 21 A10
Castricum 10 C6
Castries 18 D3
Castrignano del Capo 31 D12
Castril 29 C8
Castrillo de Don Juan 23 E10
Castrillo de Duero 23 F10
Castrillo de la Reina 23 E11
Castrillo de la Vega 23 E10
Castrillo Tejeriego 23 E9
Castro E 22 D4
Castro I 31 C12
Castrobarto 23 C11
Castrocalbón 23 D7
Castro Caldelas 22 D4
Castrocaro Terme 35 E9
Castrocontrigo 22 D6
Castro Daire 22 G3
Castro dei Volsci 33 D7
Castro del Río 28 D5
Castro de Ouro 22 B4
Castro de Rei 22 B4
Castrofilippo 30 F4
Castrogonzalo 23 E7
Castrojeriz 23 D10
Castro Laboreiro 22 E3
Castro Marim 25 K5
Castromocho 23 E9
Castromonte 23 E8
Castronuevo 23 E7
Castronuño 23 F8
Castronuovo di Sicilia 30 F3
Castronuovo di St'Andrea 31 C8
Castropignano 33 D9
Castropodame 22 D6
Castropol 22 B5
Castrop-Rauxel 11 E9
Castroreale 30 E6
Castro-Urdiales 23 B11
Castro Verde 25 H4
Castroverde 22 C4
Castroverde de Campos 23 E8
Castrovillari 31 D8
Castuera 24 F8
Cața 78 E4
Catadau 27 F10
Çatalca 85 B5
Catalina 78 F6
Cataloi 79 G10
Catania 30 F6
Catanzaro 31 F9
Catanzaro Marina 31 F9
Catarroja 27 F10
Câțcău 78 C2
Căteasca 83 B8
Catenanuova 30 F5
Caterham 9 E9
Cateri 19 E11
Catherdaniel 7 N2
Catí 27 D11
Čatići 81 D7
Catignano 33 C8
Cătina RO 78 D3
Cătina RO 78 G6
Cativelos 24 A4
Catoira 22 C2
Caton 5 E7
Catral 29 C11
Cattenom 13 C8
Catterfeld 40 B6
Catterick 5 E8
Catterline 3 F8
Cattolica 35 F10
Cattolica Eraclea 30 F3
Cătunele 82 A5
Catus 17 F7
Căuaș 77 B11
Caudan 14 F4
Caudebec-lès-Elbeuf 15 C10
Caudecoste 16 G6
Caudete 27 G9
Caudete de las Fuentes 27 F8
Caudiel 27 E10
Caudiès de-Fenouillèdes 21 C10
Caudry 12 A4
Caujac 21 B9
Caulnes 14 E5
Caulonia 31 G8
Caumont F 16 G6
Caumont F 21 C8
Caumont-l'Éventé 15 C7
Caumont-sur-Durance 18 D5
Caunes-Minervois 21 B11
Cauro 19 F11
Căușeni 79 D11
Causeway 7 L2
Causeway Head 6 D6
Caussade 17 G7
Cautano 33 E9
Cauterets 20 C6
Cava de'Tirreni 30 B6
Cavadinești 79 E9
Cavaglià 34 C2
Cavaillon 18 D5
Cavalaire-sur-Mer 19 E7
Cavaleiro 25 J2
Cavalese 38 F5
Cavallermaggiore 19 B9
Cavallino 35 C10
Cava Manara 34 C4
Cavan 6 G5
Cavanagarven 6 G6
Cavargna 37 E8
Cavarzere 35 C9
Cavazzo Carnico 39 F7
Cave 32 D6
Cave del Predil 39 F8
Caveirac 17 G12
Cavezzo 35 D7
Çavignac 16 E4
Čavle 80 A1
Cavnic 78 B2
Cavour 19 B9
Cavriago 34 D6
Cavriglia 35 G8
Cavtat 81 G7
Çavușköy 85 C1
Cawdor 2 D5
Cawood 5 F9
Cawston 9 B11
Caxarias 24 C3
Cayeux-sur-Mer 15 A11
Çayırdere 85 B5
Caylus 17 F7
Cazalegas 26 E3
Cazalilla 28 C6
Cazalla de la Sierra 25 H7
Cazals F 17 F7
Cazals F 17 G7
Căzănești RO 82 B5
Căzănești RO 84 B2
Cazasu 79 G9
Cazaubon 16 G4
Cazères 21 B8
Cazes-Mondenard 17 F7
Cazilhac 21 B10
Cazin 80 B3
Cazis 37 D8
Čazma 76 F2
Cazorla 29 C7
Cazoulès 17 E7
Cea E 22 D3
Cea E 23 D8
Ceahlău 78 C6
Ceamurlia de Jos 84 B5
Ceanannus Mór 7 H6
Ceanu Mare 78 D2
Ceanuri 20 C2
Cearsiadar 2 C2
Ceatharlach 7 K6
Ceaucé 15 E8
Ceaușu de Câmpie 78 D3
Céaux-d'Allègre 17 E11
Cebazat 17 C10
Čebín 74 E6
Cebolla 26 E3
Čebovce 76 A6
Cebreros 26 D3
Ceccano 33 D7
Cece 76 D5
Čečejovce 73 G2
Čechtice 74 E4
Čechynce 75 H9
Cecina 34 G6
Ceclavín 24 C6
Cecuni 81 G10
Cedães 22 F5
Cedasai 69 C8
Cedegolo 34 B6
Cedeira 22 A3
Cedillo 24 D5
Cedillo del Condado 26 D4
Cedrillas 27 D9
Cedry Wielkie 71 B8
Cedynia 70 E3
Cée 22 C1
Cefa 77 D10
Cefalù 30 E4
Cefn-mawr 8 B5
Ceggia 35 B10
Cegléd 77 C7
Ceglédbercel 77 C7
Ceglie Messapica 31 B10
Cegłów 72 F3
Cegrane 82 G1
Cehal 77 C11
Cehegín 29 C9
Cehu Silvaniei 78 C1
Ceica 77 D11
Ceikiniai 69 E9
Ceilhes-et-Rocozels 17 G10
Ceinos de Campos 23 E8
Ceintrey 13 D8
Ceira 24 B3
Čejč 75 F7
Cejkov 73 G3
Cekcyn 71 D7
Çekirdekli 85 F4
Čekiškė 68 E6
Ceków-Kolonia 71 G8
Celadas 27 D9
Čeladná 75 E9
Čelákovice 74 D4
Celaliye 85 A3
Celano 33 C7
Celanova 22 D3
Čelarevo 76 G6
Celaru 83 C7
Celbridge 7 J6
Čelebić 80 D5
Čelebići 81 E8
Celeiros 22 F2
Celenza Valfortore 33 D9
Celestynów 72 G3
Čelič 81 B8
Celico 31 E8
Čelinac Donji 80 B6
Celje 39 F10
Cella 27 D8
Celldömölk 76 C2
Celle 42 E5
Celle Ligure 34 E3
Cellere 32 B4
Celles 10 G4
Celles-sur-Belle 16 B4
Celles-sur-Ource 12 E5
Cellettes 15 F10
Cellino Attanasio 33 B7
Cellole 33 E7
Čelopeci 86 B4
Čelopek 82 G1
Celorico da Beira 22 G4
Celorico de Basto 22 F3
Celrà 21 E11
Çeltikçi 85 D5
Cembra 38 G4
Čemerno 81 E8
Cempi 67 F7
Cénac-et-St-Julien 16 E6
Cenad 77 E8
Cenade 78 E2
Cenas 68 B6
Cencenighe Agordino 38 F5
Cendras 17 G11
Cendrieux 16 E6
Cenei 77 F9
Ceneselli 35 D8
Cengio 34 E2
Cenicero 20 D2
Ceniclentos 26 D3
Centa 77 G8
Centallo 19 B9
Centelles 21 E10
Cento 35 D7
Centola 31 C7
Centuri 19 D11
Centuripe 30 F5
Cepagatti 33 C8
Çepari 78 G3
Čepin 76 F5
Ceplenița 79 C7
Čepovan 35 B12
Ceppaloni 33 E9
Ceppo Morelli 34 B2
Ceprano 33 D7
Çeptura 78 G6
Čeralije 76 F3
Cerami 30 E5
Cerani 81 B7
Cerano 34 C3
Ceranów 72 E4
Cérans-Foulletourte 15 F9
Cerasi 31 G7
Ceraso 30 C6
Cerașu 78 G6
Cerăt 82 C6
Ceraukste 69 C7
Çëravë 86 C4
Cerbăl 77 F12
Cerbère 21 D12
Cercal P 24 E2
Cercal P 25 H3
Čerčany 74 D4
Cercedilla 26 C4
Cercedo 22 D3
Cercemaggiore 33 D9
Cerchezu 84 C4
Cerchiara di Calabria 31 D8
Cerchio 33 C7
Cercy-la-Tour 17 A11
Cerda 30 E4
Cerdanyola del Vallès 21 F10
Cerdeira 24 B4
Cerdon 12 F2
Cēre 66 G3
Cerea 35 C7
Cered 77 A7
Ceregnano 35 D8
Cerekwica 71 E7
Cérences 14 D6
Ceres GB 3 G7
Ceres I 36 G5
Ceresole Reale 36 G5
Céreste 18 D6
Céret 21 D11
Čerević 77 G7
Cerezo de Abajo 23 F11
Cerezo de Arriba 23 F11
Cerezo de Riotirón 23 D11
Cerfontaine 10 H5
Cergău 78 E2
Cergy 15 C11
Cerhenice 74 D4
Ceriale 34 E2
Ceriana 34 F2
Cerignola 33 E11
Cérilly 17 B9
Čerin 80 E6
Cerisano 31 E8
Cerisiers 12 E4
Cerisy-la-Forêt 15 C7
Cerisy-la-Salle 15 C7
Cerizay 16 A3
Çerkezköy 85 B4
Çerkezmüsellim 85 B3
Cerklje SLO 39 F9
Cerklje SLO 39 G11
Cerknica 39 G9
Cerkno 39 G8
Cerkwica 70 C4
Cermei 77 D10
Çermë-Proshkë 86 C2
Cermignano 33 B7
Cerna HR 76 G5
Cerna RO 79 G9
Cernache do Bonjardim 24 C3
Černá Hora 74 E6
Cernat 78 F6
Cernătești RO 79 G7
Cernătești RO 82 B5
Cernavodă 84 B4
Cernay 36 B5
Cernay-en-Dormois 12 C6
Černčice 41 C10
Cernégula 23 C10
Cernelavci 39 F11
Cernele 82 B6
Cernești 78 C2
Cernica 83 B10
Cernier 36 D5
Černík 76 G3
Černík 76 A4
Černilov 74 D5
Cernișoara 78 G2
Cernobbio 34 B4
Černošice 74 D3
Černošín 41 D9
Černoste 69 C10
Černovice 74 E4
Černožice 74 C5
Cerová 75 G7
Cerovac 82 C1
Cerovak Tušilovički 80 A3
Ceroviljani 76 G3
Cerovlje 35 C12
Cerovo 75 H10
Cerralbo 22 G6
Cerreto d'Esi 35 G10
Cerreto di Spoleto 32 B6
Cerreto Sannita 33 E9
Cerrigydrudion 4 G6
Cërrik 86 C2
Cerro al Volturno 33 D8
Cersay 15 G8
Cersosimo 31 C8
Certaldo 35 G7
Certeju de Sus 77 F12
Cerțești 79 E8
Certeze 78 B1
Certosa di Pavia 34 C4
Certosa di Pesio 19 C9
Ceru-Băcăinți 78 F1
Cërujë 86 C3
Cerva 22 F3
Cervaro 33 D8
Cervatos de la Cueza 23 D9
Červená Voda 75 D7
Cervenia 83 C9
Červenka 75 E7
Červený Kostelec 74 C6
Cervera 21 E8
Cervera de la Cañada 20 F3
Cervera del Llano 26 E6
Cervera del Maestre 27 D11
Cervera de los Montes 26 E2
Cervera del Río Alhama 20 E3
Cervera de Pisuerga 23 C9
Cerveteri 32 C5
Cervia 35 E9
Cervignano del Friuli 35 B11
Cervinara 33 E9
Červiná Řečice 74 E4
Cervione 19 F12
Cervo E 22 A4
Cervo I 34 F2
Cervon 12 G4
Cerzeto 31 E8
Cesano Boscone 34 C4
Cesano Maderno 34 B4
Cesarò 30 E5
Cesena 35 E9
Cesenatico 35 E9
Cesio 34 F2
Cēsis 66 F6
Česká Kamenice 74 C3
Česká Lípa 74 C3
Česká Skalice 74 C6
Česká Ves 75 D7
České Brezovo 75 G11
České Budějovice 74 F3
České Meziříčí 74 D6
České Velenice 74 G4
Český Brod 74 D4
Český Dub 74 C4
Český Krumlov 74 F3
Český Těšín 75 E9
Česljeva Bara 82 B2
Çeșme 89 B11
Cespedosa 24 A8
Cessalto 35 B10
Cessenon-sur-Orb 21 B11
Cessole 34 D2
Cesson 12 D3
Cesson-Sévigné 14 E6
Cestas 16 E3
Čestobrodica 81 D10
Cesuras 22 B3
Cesvaine 67 G7
Cetariu 77 C11
Cetate RO 78 C3
Cetate RO 82 C5
Cetatea de Baltă 78 E3
Cetățeni 78 G4
Cetina 20 F3
Cetingrad 80 B3
Cetinje 81 G8
Ceto 34 B6
Ceton 15 E10
Cetona 32 A4
Cetraro 31 D8
Ceuta 28 G3
Ceutí 29 C10
Ceva 34 E2
Cevico de la Torre 23 E9
Cevico Navero 23 E10
Cevins 36 F4
Cevio 37 E7
Çevizköy 85 A4
Čevo 81 G8
Cewice 71 B7
Ceyreste 18 E6
Ceyzériat 36 E3
Cezieni 83 C7
Chã 22 E4
Chaam 10 E6
Chabanais 16 C6
Chabeuil 18 A5
Chabielice 75 B10
Chablis 12 F4
Chabówka 75 E11
Chabreloche 17 C11
Chabris 15 G11
Chacim 22 F5
Chagford 8 F4
Chagny 12 H6
Chaïkali 88 B4
Chaillac 17 B7
Chailland 15 E7
Chaillé-les-Marais 16 B3
Chailley 12 E4
Chaintrix-Bierges 12 D5
Chaironeia 88 B6
Chalabre 21 C10
Chalais CH 36 E6
Chalais F 16 D5
Chalamera 27 A11
Chalamont 36 F2
Chalampé 36 B6
Chalandri 89 B7
Chalandritsa 88 B4
Chale 9 G7
Chaleix 16 D6
Châlette-sur-Loing 12 E3
Chalford 8 D6
Chalgrove 9 D8
Chaligny 13 D8
Chalin 71 E9
Chalindrey 13 F7
Chalivoy-Milon 17 A9
Chalkeio 88 C5
Chalki GR 87 F7
Chalki GR 88 G3
Chalkiades GR 86 F6
Chalkiades GR 86 G4
Chalkida 89 B7
Chalkidona 87 D7
Challans 16 A1
Challerange 12 C6
Challes-les-Eaux 36 G3
Chalmoux 17 B11
Chalonnes-sur-Loire 15 G7
Châlons-en-Champagne 12 D5
Chalon-sur-Saône 36 D2
Châlus 16 D6
Cham CH 37 C7
Cham D 41 F8
Chamalières 17 C10
Chamaloc 18 B5
Chamberet 17 D7
Chambéria 36 E3
Chambéry 36 G3
Chambley-Bussières 13 C7
Chambois 15 D9
Chambon-sur-Voueize 17 C9
Chambord 15 F11
Chamboulive 17 D7
Chambray-lès-Tours 15 G10
Chambry 12 B4
Chamesson 12 F5
Chamonix-Mont-Blanc 36 F5
Chamoux-sur-Gelon 36 G4
Champagnac 17 D8
Champagnac-de-Belair 16 D6
Champagnac-le-Vieux 17 D10
Champagne-Mouton 16 C5
Champagne-sur-Seine 12 E3
Champagney 13 F8
Champagnole 36 D3
Champaubert 12 D4
Champdeniers-St-Denis 16 B4
Champ-d'Oiseau 12 F5
Champeix 17 D10
Champéry 36 E5
Champex 36 F5
Champforgeuil 36 D2
Champgenéteux 15 E8
Champier 36 G2
Champigné 15 F8
Champignelles 12 F3
Champignol-lez-Mondeville 12 E6
Champigny 12 E3
Champlemy 12 G4
Champlitte 13 F7
Champniers 16 C5
Champoléon 19 B7
Champoluc 34 B2
Champsecret 15 D8
Champs-sur-Tarentaine-Marchal 17 D9
Champs-sur-Yonne 12 F4
Champ-sur-Drac 36 H3
Champtoceaux 15 G7
Chamrousse 36 G3
Chamusca 24 D3
Chanac 17 F10
Chanas 36 G2
Chança 24 E4
Chanceaux 12 F6
Chanceaux-sur-Choisille 15 G10
Chancelade 16 D6
Chancelaria 24 D3
Chandras 89 G11
Chandrinos 88 E4
Chañe 23 F9
Changé F 15 E7
Changé F 15 F9
Changy 17 B12
Chania 89 F8
Chaniotis 87 E8
Chantada 22 C4
Chantelle 17 B10
Chantilly 12 C2
Chantonnay 16 B3
Chantrans 13 G8
Chanu 15 D8
Chao 22 B4
Chaource 12 E5
Chapaevo 83 E9
Chapel-en-le-Frith 5 G8
Chapelle-lez-Herlaimont 10 G5
Chapeltown 5 G8
Chapinería 26 D4
Charakas 89 G10
Charavgi 86 D5
Charbonnat 17 A11
Charchilla 36 E3
Chard 8 F5
Chardstock 8 F5
Charenton-du-Cher 17 A9
Charfield 8 D6
Charlbury 9 D7
Charlemont 6 F6
Charleroi 10 G5
Charlestown 6 G4
Charlestown of Aberlour 2 D6
Charleville 7 L4
Charleville-Mézières 12 B6
Charlieu 17 C11
Charlottenberg 46 B3
Charlton 9 E7
Charlton Kings 8 D6
Charly 12 D4
Charmé 16 C5
Charmes 13 E8
Charmes-sur-Rhône 18 B5
Charmey 36 D5
Charmois-l'Orgueilleux 13 E8
Charmouth 8 F5
Charmoy 12 F4
Charnay-lès-Mâcon 36 E2
Charny 12 F3
Charnyany 72 G7
Charokopeio 88 E4
Charolles 17 B12
Charomkhava 69 D11
Charopo 87 C8
Chârost 12 H2
Charquemont 36 C5
Charrat 36 E5
Charrey-sur-Seine 12 F5
Charrin 17 A11
Charroux 16 C5
Charsznica 75 C11
Chartres 15 E11
Charvensod 36 F5
Charvieu-Chavagneux 36 F2
Charzyno 70 C4
Chassagne-Montrachet 12 H6
Chasseneuil-sur-Bonnieure 16 C5
Chasseradès 17 F11
Chassigny-Aisey 13 F7
Chassillé 15 E8
Chastre 10 G6
Château-Arnoux 18 C6
Châteaubernard 16 D4
Châteaubourg 14 E6
Châteaubriant 15 F7
Château-Chinon 12 G5
Château-d'Oex 36 E5
Château-d'Olonne 16 B2
Château-du-Loir 15 F9
Châteaudun 15 E10
Châteaugiron 14 E6
Château-Gontier 15 F7
Château-Landon 12 E3
Château-la-Vallière 15 F9
Châteaulin 14 E3
Châteaumeillant 17 B8
Châteauneuf-de-Galaure 36 G2
Châteauneuf-de-Randon 17 F11
Châteauneuf-d'Ille-et-Vilaine 14 D6
Châteauneuf-du-Faou 14 E3
Châteauneuf-en-Thymerais 15 D10
Châteauneuf-la-Forêt 17 C7
Châteauneuf-les-Martigues 18 E5
Châteauneuf-sur-Charente 16 D4
Châteauneuf-sur-Cher 17 A8
Châteauneuf-sur-Loire 12 F2
Châteauneuf-sur-Sarthe 15 F8
Châteauneuf-Val-de-Bargis 12 G4
Châteauponsac 17 C7
Château-Porcien 12 B5
Châteauredon 19 C7
Châteaurenard F 12 F3
Châteaurenard F 18 D5
Châteaurenaud 36 D2
Château-Renault 15 F10
Châteauroux F 17 A7
Châteauroux F 19 B7
Château-Salins 13 D8
Château-Thierry 12 C4
Châteauvillain 12 E6
Châtel 36 E5
Châtelaillon-Plage 16 C3
Châtelaudren 14 D4
Châtel-Censoir 12 F4
Châteldon 17 C10
Châtelet 10 G5
Châtellerault 16 A5
Châtel-Montagne 17 C11
Châtel-St-Denis 36 E5
Châtel-sur-Moselle 13 E8
Châtelus-Malvaleix 17 B8
Châtenois F 13 E7
Châtenois F 13 E10
Châtenois-les-Forges 36 C5
Châtenoy-le-Royal 36 D2
Chatham 9 E10
Châtillon B 13 B7
Châtillon I 36 F6
Châtillon-Coligny 12 F3
Châtillon-en-Bazois 12 G4
Châtillon-en-Diois 18 B6
Châtillon-en-Michaille 36 E3
Châtillon-la-Palud 36 F2
Châtillon-sur-Chalaronne 36 E2
Châtillon-sur-Colmont 15 E7
Châtillon-sur-Indre 15 H10
Châtillon-sur-Loire 12 F3
Châtillon-sur-Marne 12 C4
Châtillon-sur-Seine 12 F5
Châtillon-sur-Thouet 16 B4
Chatsys 88 D4
Chatte 36 G2
Chatteris 9 C9
Chatton 5 B8
Chatuzange-le-Goubet 18 A5
Chauchina 28 D6
Chaudenay 13 F7
Chaudes-Aigues 17 E10
Chaudeyrac 17 F11
Chaudfontaine 11 G7
Chauffailles 17 B12
Chauffayer 19 B7
Chaulnes 12 B3
Chaumergy 36 D3
Chaumont 12 E6
Chaumont-en-Vexin 15 C11
Chaumont-Porcien 12 B5
Chaumont-sur-Aire 12 D6
Chaumont-sur-Loire 15 G10
Chaunay 16 C5
Chauny 12 B4
Chaussin 13 H7
Chauvigny 16 B6
Chavanay 36 G2
Chavanges 12 D5
Chavanoz 36 F2
Chavari 88 C3
Chavelot 13 E8
Chaves 22 E4
Chazelles-sur-Lyon 17 D12
Cheadle 8 B6
Cheb 41 D8
Checa 20 G3
Chechel'nyk 79 A11
Chęciny 75 C12
Chécy 15 F11
Chedburgh 9 C10
Cheddar 8 E5
Chef-Boutonne 16 C4
Chekhpare 83 F8
Cheles 24 F5
Chella 27 G9
Chełm 73 B5
Chełmek 75 D10
Chełmiec 73 E1
Chełmno PL 71 D8
Chełmno PL 71 F8
Chelmsford 9 D10
Chełmża 71 D8
Cheltenham 8 D6
Chelva 27 E9
Chemazé 15 F7
Chémery 15 G11
Chémery-sur-Bar 12 B6
Chemillé 15 G7
Chemin 13 H7
Cheminon 12 D6
Chemiré-le-Gaudin 15 F8
Chemnitz 41 B9
Chénas 17 B12
Chenecey-Buillon 13 G7
Chénérailles 17 C8
Chenôve 12 G6
Cheny 12 F4
Chepelare 83 H7
Chepintsi 82 F5
Chepstow 8 D5
Chepy 12 D5
Chera 27 F9
Chérac 16 C4
Cherasco 34 D2
Chéraute 20 B5
Cherbourg 14 B6
Cherefto 87 F8
Cheremule 32 E2
Cherepkivtsi 78 A6
Chereshovo 83 C10
Cherlenivka 78 A6
Cherna 84 D3
Cherna Gora 83 G8
Chernevo BG 84 E3
Chernevo RUS 67 D10
Cherni Osŭm 83 E8
Cherni Vrŭkh 84 F2
Chernivtsi 78 A6
Chernogorovo 83 G7
Cherno More 84 F3
Chernoochene 83 H9
Chernyakhovsk 68 F4
Chernyshevskoye 68 F5
Chéroy 12 E3
Cherskaya 67 F10
Cherso 87 C7
Chert 27 D11
Cherveix-Cubas 16 D6
Cherven 83 D10
Chervena voda 83 C10
Cherven Bryag 82 E6
Cherventsi 84 D3
Cherves-Richemont 16 C4
Chervona Hreblya 79 A11
Chervonoarmiys'ke 79 F10
Chervonohrad 73 D6
Chesham 9 D8
Cheshunt 9 D9
Chesley 12 F5
Chessy-les-Prés 12 E5
Cheste 27 F9
Chester 5 G7
Chesterfield 5 G8
Chester-le-Street 5 D8
Chețani 78 E2
Chetrosu 79 A9
Chevagnes 17 B10
Chevanceaux 16 D4
Chevereșu Mare 77 F10
Chevillon 12 D6
Chevilly 15 E11
Chevreuse 15 D11
Chew Magna 8 E5
Cheylade 17 D9
Chezal-Benoît 17 A8
Chèze 20 C6
Chiajna 83 B10
Chiampo 35 C7
Chianciano Terme 35 H8
Chianni 34 G6
Chiaramonte Gulfi 30 G5
Chiaramonti 32 D2
Chiaravalle 35 G11
Chiaravalle Centrale 31 F8
Chiari 34 C5
Chiaromonte 31 C8
Chiasso 34 B4
Chiavari 34 E4
Chiavenno 37 E8
Chiché 16 A4
Chichester 9 F8
Chichiș 78 F5
Chiclana de la Frontera 25 M7
Chiclana de Segura 29 B7
Chieming 38 C6
Chienes 38 E5
Chieri 34 D2
Chiesa in Valmalenco 37 E9
Chieșd 77 C12
Chiesina Uzzanese 35 F7
Chieti 33 C8
Chieuti 33 D10
Chieveley 9 E7
Chièvres 10 G4
Chigwell 9 D9
Chiheru de Jos 78 D4
Chikhachevo 67 G12
Chilches 27 E10
Chilcompton 8 E6
Chilham 9 E11
Chiliile 79 G7
Chiliomodi 88 C6
Chilleurs-aux-Bois 12 E2
Chillón 26 G2
Chilluévar 29 C7
Chiloeches 26 D5
Chimay 12 A5
Chimeneas 28 E6
Chinanale 19 B8
Chinchilla de Monte Aragón 27 G8
Chinchón 26 D5
Chindrieux 36 F3
Chinon 15 G9
Chinteni 78 D2
Chiochiș 78 D3
Chioggia 35 C9
Chiojdeni 79 F7
Chiojdu 78 G6
Chiomonte 36 G5
Chiona 88 B4
Chionata 88 B2
Chios 89 B11
Chiperceni 79 B10
Chipiona 25 L6
Chippenham 8 E6
Chipping Campden 9 D7
Chipping Norton 9 D7
Chipping Ongar 9 D10
Chipping Sodbury 8 E6
Chippis 36 E6
Chiprana 20 F6
Chiprovtsi 82 D4
Chirbury 8 C5
Chiren 82 D6
Chiriet-Lunga 79 E11
Chirivel 29 D8
Chirk 8 B5
Chirnogeni 84 C4
Chirnogi 83 C11
Chirnside 5 B7
Chiroubles 36 E2
Chirpan 83 G9
Chirpăr 78 F3
Chirsova 79 E10
Chiscani 79 G9
Chișcăreni MD 79 B9
Chișcăreni MD 79 C11
Chiselet 84 C2
Chișinău 79 C10
Chisindia 77 E11
Chișineu-Criș 77 D10
Chistye-Prudy 72 B4
Chițcani 79 D12
Chitignano 35 F8
Chitila 83 B10
Chiuiești 78 C2
Chiuro 37 E9
Chiusa 38 F5
Chiusa di Pesio 19 C9
Chiusaforte 39 F7
Chiusa Sclafani 30 F3
Chiusavecchia 34 F2
Chiusdino 35 G7
Chiusi 35 H9
Chiusi della Verna 35 F9
Chiuza 78 C3
Chiva 27 F9
Chivasso 34 C2
Chizé 16 C4
Chlebičov 75 D8
Chlebnice 75 F10
Chlebowo 70 G3
Chlewiska 73 B1
Chłopice 73 D4
Chludowo 70 F6
Chlumčany 41 E9
Chlumec 41 C10
Chlumec nad Cidlinou 74 D5
Chlum u Třeboně 74 F4
Chmielnik 73 C1
Chmielno 70 C5
Chmiel Pierwszy 73 B4
Chminianske Jakubovany 73 F2
Chobienia 70 H5
Chobienice 70 F5
Choceň 74 D6
Choceń 71 F9
Chocholná-Velčice 75 F8
Chocianów 74 A5
Chocicza 71 G7
Chociwel 70 D4
Chocz 71 G7
Choczewo 71 A7
Chodecz 71 F9
Chodel 73 B3
Chodov 41 D9
Chodová Planá 41 D9
Chodów PL 71 F9
Chodów PL 72 F4
Chodzież 70 E6
Chojna 70 E3
Chojnice 71 C7
Chojno 70 G6
Chojnów 74 B5
Cholet 15 G7
Chomakovtsi 82 D6
Chomelix 17 D11
Chomérac 18 B4
Chomutov 41 C9
Chonikas 88 C5
Chooz 12 A6
Chop 73 G3
Chora GR 88 D2
Chora GR 88 D4
Chorafakia 89 F8
Chorges 19 B7
Chorio 88 F2
Choristi 87 C9
Chorkówka 73 E3
Chorley 5 F7
Chorna 79 B11
Chornoholova 73 G4
Chornomyn 79 A11
Chorzele 72 D2
Chorzów 75 D10
Chorzyna 75 A10
Choszczno 70 D4
Chotča 73 F3
Chotěboř 74 E5
Chotěšov 41 E9
Chotín 76 B4
Chouilly 12 C5
Chouni 86 G5
Chouto 24 E3
Chouzy-sur-Cisse 15 F10
Chovar 27 E10
Choye 13 G7
Chozas de Abajo 23 D7
Chrást 41 E10
Chrast 74 D5
Chrastava 74 B4
Chřibská 74 B3
Christchurch 9 F7
Christiansfeld 44 F3
Christon Bank 5 B8
Christos 89 C11
Chropyně 75 E7
Chróścina 75 C7
Chrostkowo 71 E9
Chroustovice 74 D5
Chrudim 74 D5
Chruślin 71 G10
Chruszczobród 75 C10
Chrysa 87 C10
Chrysafa 88 D5
Chryso 87 C8
Chrysochorafa 87 C8
Chrysochori 87 C10
Chrysokellaria 88 E4
Chrysoupoli 87 C10
Chrzanów 75 D10
Chrząstowa Wielka 75 B7
Chrząstowice 75 C8
Chrzypsko Wielkie 70 E5
Chtelnica 75 G8
Chuchelná 75 D9
Chudleigh 8 F4
Chudoba 75 B9
Chulilla 27 E9
Chulmleigh 8 F4
Chuprene 82 D4
Chur 37 D9
Churchdown 8 D6
Church Hill 6 E5
Church Stretton 8 C5
Churek 82 F6
Churwalden 37 D9
Chuzelles 36 G2
Chvalčov 75 E8
Chvaletice 74 D5
Chvalšiny 74 F3
Chwaszczyno 71 B8
Chynadiyeve 73 G4
Chyňava 41 D10
Chýnov 74 E4
Chynów 72 G3
Chyšky 74 E3
Ciacova 77 F9
Ciadâr 79 D10
Ciadâr-Lunga 79 E10
Ciadoux 21 B8
Ciampino 32 D5
Cianciana 30 F3
Ciasna 75 C9
Ciążeń 71 F7
Cibakháza 77 D8
Ciborro 24 F3
Ciboure 20 B4
Cicagna 34 E4
Cicărlău 78 B1
Cicciano 30 B5
Cicerale 30 C6
Ćićevac 82 D2
Cicibór Duży 72 G5
Ciclova Română 77 G10
Čičov 76 B3
Çidhën 86 B3
Cidones 20 E2
Ciechanów 72 E2
Ciechanowiec 72 E4
Ciechocinek 71 E8
Cielądz 72 G2
Ciempozuelos 26 D4
Ciepielów 73 B2
Ciepłowody 75 C7
Čierna nad Tisou 73 G3
Čierne Kľačany 75 G9
Čierny Balog 75 G11
Cierp-Gaud 21 C7
Cierznie 70 D6
Cieszanów 73 D5
Cieszków 71 G7
Cieszyn PL 75 A8
Cieszyn PL 75 E9
Cieutat 21 B7
Cieux 16 C6
Cieza 29 B10
Ciężkowice 73 E2
Cífer 75 G8
Çifliq 86 F3
Çiftlikköy TR 85 B3
Çiftlikköy TR 85 B5
Cifuentes 20 G2
Cigales 23 E9
Cigánd 73 H3
Cigliano 34 C2
Cikó 76 E5
Cilibia 79 G7
Cilieni 83 C7
Čilipi 81 G7
Čilizská Radvaň 76 B3
Cill Airne 7 M3
Cillas 20 G3
Cill Chainnigh 7 L5
Cille Bhrighde 2 E1
Cilleros 24 B6
Cill Mhantáin 7 K7
Cilybebyll 8 D4
Cimanes del Tejar 23 C7
Cimballa 20 F3
Cimdenieki 68 B3
Čimelice 41 E10
Ciminna 30 E3
Cimișlia 79 D10
Cimolais 38 F6
Cinco Casas 26 F5
Cinctorres 27 D10
Cincu 78 F4
Cinderford 8 D6
Ciñera 23 C7
Ciney 10 H6
Cinfães 22 G3
Cinge 85 F3
Cingoli 35 G11
Cinigiano 32 B3
Cinisello Balsamo 34 C4
Cinobaňa 75 G11
Cinq-Mars-la-Pile 15 G9
Cinquefrondi 31 G8
Cintegabelle 21 B9
Cintrey 13 F7
Cintruénigo 20 E3
Ciobănița 84 C4
Ciobanu 84 B3
Čiobiškis 69 E7
Ciocănești RO 83 B9
Ciocănești RO 84 C2
Ciocârlia RO 83 B11
Ciocârlia RO 84 C4
Ciochina 84 B2
Ciocile 84 A2
Cioc-Maidan 79 E10
Ciofrângeni 78 G3
Ciolănești 83 B8
Ciolpani 83 B10
Ciorani 83 A10
Ciorăști 79 G8
Ciorogârla 83 B9
Cioroiași 82 C5
Cioropcani 79 C9
Ciortești 79 D9
Ciprian Porumbescu 78 B6
Cirat 27 E10
Cirauqui 20 C3
Cīrava 68 B3
Circello 33 E9
Cirencester 8 D6
Cireșu RO 82 B4
Cireșu RO 84 A2
Cirey-sur-Blaise 12 E6
Cirey-sur-Vezouze 13 D9
Ciria 20 E3
Ciriè 36 G6
Cirigliano 31 C8
Ciripcău 79 A10
Cirkale 66 G2
Cirma 69 B11
Cirò 31 E9
Cirò Marina 31 E10
Cirsinieki 69 C9
Ciruelos 26 E4
Ciruelos del Pinar 20 G3
Cīruļi 66 F3
Ciry-le-Noble 17 B12
Cisano sul Neva 34 F2
Cisek 75 D9
Cislău 78 G6
Cișmichioi 79 F10
Cisna 73 F4
Cisnădie 78 F3
Cisneros 23 D8
Cisòn di Valmarino 35 B9
Cissé 16 B5
Cista Provo 80 E5
Cisterna di Latina 32 D6
Cisternino 31 B10
Cistierna 23 C8
Citerna 35 G9
Çitgöl 85 F6
Čitluk BIH 76 G2
Čitluk BIH 80 E6
Citou 18 E1
Cittadella 35 B8
Città della Pieve 32 A4
Città di Castello 35 G9
Cittanova 31 G8
Cittareale 32 B6
Città Sant'Angelo 33 B8
Cittiglio 34 B3
Ciucea 77 D12
Ciuchici 82 A2
Ciuciulea 79 B8
Ciucsângeorgiu 78 E6
Ciucur-Mingir 79 E10
Ciucurova 84 A4
Ciudad Real 26 G4
Ciudad Rodrigo 22 G6
Ciudanovița 77 G10
Ciugud 78 E2
Ciuhoi 77 C11
Ciulnița 84 B2
Ciumani 78 D5
Ciumeghiu 77 D10
Ciuperceni RO 82 A5
Ciuperceni RO 83 D8
Ciupercenii Noi 82 C5
Ciurila 78 D2
Ciuruleasa 78 E1
Ciutadella de Menorca 29 E11
Civaux 16 B6
Cividale del Friuli 35 B11
Civita 31 D8
Civita Castellana 32 C5
Civita d'Antino 33 D7
Civitanova del Sannio 33 D8
Civitanova Marche 35 G12
Civitaquana 33 C7
Civitavecchia 32 C4
Civitella Casanova 33 C7
Civitella del Tronto 33 B7
Civitella di Romagna 35 F9
Civitella in Val di Chiana 35 G8
Civitella Roveto 33 C7
Civray F 12 H2
Civray F 16 C5
Çizer 77 C12
Čížkovice 41 C10
Čkyně 41 F10
Clabhach 2 F2
Clachan GB 2 E3
Clachan GB 2 G4
Clachan of Glendaruel 2 G4
Clachtoll 2 C4
Clackmannan 2 G6
Clacton-on-Sea 9 D11
Cladich 2 G4
Clady GB 6 E5
Clady GB 6 E6
Claggan 2 F3
Clairac 16 F5
Clairoix 12 C3
Clairvaux-les-Lacs 36 E3
Claix 36 G3
Clamecy 12 G4
Clane 7 J6
Clans 19 C8
Claonaig 4 B4
Clapham GB 5 E7
Clapham GB 9 C9
Clara 7 J5
Clarecastle 7 K3
Claremorris 7 H3
Claro 37 E8
Clary 12 A4
Clashmore 7 M5
Clashnessie 2 C4
Claudy 6 E6
Clausnitz 41 C10
Claußnitz 41 B9
Clausthal-Zellerfeld 42 G6
Claut 38 F6
Clauzetto 39 F7
Clavering 9 D9
Clavier 11 G7
Clay Cross 5 G8
Claydon 9 C11
Clayton 9 F9
Cleady 7 N3
Cleat 3 F10
Cleator Moor 4 D6
Clécy 15 D8
Cléder 14 D3
Cleethorpes 5 F10
Clefmont 13 E7
Cléguérec 14 E4
Cleja 79 E7
Clelles 18 B6
Clémency 13 B7
Clenze 43 E7
Cleobury Mortimer 8 C6
Cléon 15 C10
Cléon-d'Andran 18 B5
Cléré-les-Pins 15 G9
Clères 15 B10
Clermain 17 B12
Clermont F 12 C2
Clermont F 21 C9
Clermont-en-Argonne 12 C6
Clermont-Ferrand 17 C10
Clermont-l'Hérault 18 D2
Clerval 13 G8
Clervaux 13 A8
Cléry-St-André 15 F11
Cles 38 F4
Clevedon 8 E5
Cleveleys 4 F6
Clifden 7 J2
Cliffe 9 E10
Cliffonoy 6 F4
Climăuți 79 A8
Clinge 10 F5
Clion 15 H10
Clisson 15 G7
Clitheroe 5 F7
Clogh GB 6 E7
Clogh IRL 7 K5
Clogh IRL 7 K6
Clogh IRL 7 L7
Cloghan IRL 6 E5
Cloghan IRL 7 J5
Clogheen 7 M5
Clogher 6 F6
Clogherhead 7 H7
Clogh Mills 6 E7
Cloghy 6 F8
Clohars-Carnoët 14 F3
Clohernagh 7 M6
Clonakilty 7 N3
Clonaslee 7 J5
Clonbern 7 H4
Clonbulloge 7 J6
Clonbur 7 H3
Clondulane 7 M4
Clonea 7 M5
Clonee 7 J6
Cloneen 7 L5
Clones 6 G5
Clonmel 7 L5
Clonmellon 7 H6
Clonoulty 7 L5
Clonroche 7 L6
Clontibret 6 G6
Clonygowan 7 J5
Cloonbannin 7 M3
Cloonboo 7 J3
Cloonfad IRL 7 H4
Cloonfad IRL 7 J4
Cloonkeen 7 H3
Cloppenburg 11 B10
Closeburn 4 C6
Clough 6 G7
Cloughjordan 7 K4
Cloughton 5 E10
Clova 2 F6
Clovelly 8 F3
Clovullin 2 F4
Cloyes-sur-le-Loir 15 F10
Cloyne 7 N4
Cluain Meala 7 L5
Cluis 17 B7
Cluj-Napoca 78 D2
Clumanc 19 C7
Clun 8 C5
Cluny 36 E2
Cluses 36 F4
Clusone 34 B5
Clydach 8 D4
Clydebank 4 B5
Clynderwen 8 D2
Clyro 8 D5
Ćmielów 73 C2
Cmolas 73 D3
Coachford 7 M4
Coagh 6 F6
Coalburn 4 B5
Coalisland 6 F6
Coalville 9 B7
Coaña 22 B5
Coarnele Caprei 79 C8
Coarraze 20 B6
Coatbridge 4 B5
Cobadin 84 C4
Cobani 79 B8
Cobeja 26 E4
Cobeta 20 G3
Cóbh 7 N4
Cobia 83 B9
Coburg 40 D6
Coca 23 F9
Cocentaina 27 G10
Cochem 13 A9
Cochirleanca 79 G7
Cociuba Mare 77 D11
Cockburnspath 5 B7
Cockenzie and Port Seton 5 B7
Cockerham 5 F7
Cockermouth 4 D6
Cockett 8 D4
Cocora 84 B2
Cocu 83 A7
Cocumont 16 F5
Codăești 79 D9
Coddenham 10 D1
Coddington 5 G9
Code 69 B7
Codevigo 35 C9
Codigoro 35 D9
Codlea 78 F5
Codogno 34 C5
Codos 20 F4
Codreanca 79 C10
Codroipo 35 B10
Codrongianos 32 D2
Codru 79 D10
Coesfeld 11 D9
Coevorden 11 C9
Coëx 16 B2
Cofrentes 27 F9
Cogâlniceni 79 B10
Cogealac 84 B4
Cogeces del Monte 23 F9
Coggeshall 9 D10
Coggia 19 F10
Coggiola 34 B2
Cognac 16 D4
Cognac-la-Forêt 16 C6
Cogne 36 F5
Cognin 36 G3
Cogoleto 34 E3
Cogolin 19 E7
Cogollos 23 D10
Cogollos Vega 28 D6
Cogolludo 23 G11
Cogula 22 G4
Coimbra 24 B3
Coimbrão 24 C2
Coín 28 F4
Coincy 12 C4
Coja 24 B4
Cojasca 83 B9
Çojocna 78 D2
Čoka 77 F7
Colares 24 F1
Colayrac-St-Cirq 16 F5
Colbasna 79 B11
Cölbe 40 B3
Colbitz 43 F7
Colbordola 35 F10
Colceag 83 A10
Colchester 9 D10
Coldingham 5 B8
Colditz 41 B9
Coldstream 5 B7
Coleford 8 D5
Coleraine 6 D6
Colibași MD 79 F9
Colibași RO 83 A8
Colibași RO 83 C10
Colibița 78 C4
Colico 37 E8
Coligny 36 E3
Colindres 23 B11
Colintraive 4 B4
Collado Hermoso 23 G10
Collado Villalba 23 G10
Collafirth 3 B12
Collagna 34 E6
Collanzo 23 B7
Collarmele 33 C7
Collazzone 32 B5
Collecchio 34 D6
Collecorvino 33 B8
Colledara 33 B7
Colle di Val d'Elsa 35 G7
Colleferro 32 D6
Collegno 19 A9
Colle Isarco 38 E5

Collelongo 33 D7
Collepardo 33 D7
Collepasso 31 C11
Collesalvetti 34 G6
Colle Sannita 33 E9
Collesano 30 E4
Colletorto 33 D9
Colliano 30 B6
Colli a Volturno 33 D8
Collieston 3 E8
Collinas 32 F2
Collinée 14 E5
Collio 34 B6
Collioure 21 D11
Collobrières 19 E7
Collombey 36 E5
Collon 7 H6
Collonges 36 E3
Collonges-la-Rouge 17 E7
Collooney 6 G4
Colmar 36 B5
Colmars 19 C8
Colmberg 40 E5
Colmeal 24 B4
Colmenar 28 E5
Colmenar del Arroyo 26 D4
Colmenar de Montemayor 24 B7
Colmenar de Oreja 26 D5
Colmenar Viejo 23 G10
Colméry 12 G4
Colmonell 4 C4
Colne 5 F8
Colobraro 31 C8
Cologna Veneta 35 C8
Cologne 16 G6
Cologno al Serio 34 C5
Colombelles 15 C8
Colombey-les-Belles 13 D7
Colombey-les Deux-Églises 12 E6
Colombier 36 D5
Colombiès 17 F8
Colombres 23 B9
Colomers 21 E11
Colomiers 21 A9
Coloneşti *RO* 79 D8
Coloneşti *RO* 83 B7
Colònia de Sant Jordi 29 F10
Colònia de Sant Pere 29 F10
Colonnella 33 B7
Colorno 34 D6
Colos 25 H3
Cölpin 43 C10
Colquhar 4 B6
Colroy-la-Grande 13 E9
Colsterworth 9 B8
Colţi 78 G6
Coltishall 9 B11
Colunga 23 B8
Colwyn Bay 4 G6
Coly 17 E7
Colyford 8 F5
Comacchio 35 D9
Comana *RO* 78 F4
Comana *RO* 83 C10
Comana *RO* 84 C4
Comana de Sus 78 F4
Comandău 78 F6
Comăneşti 78 E6
Comares 28 E5
Comarna 79 C9
Comarnic 78 G5
Combeaufontaine 13 F7
Combe Martin 8 E3
Comber 6 F7
Comberton 9 C9
Comblain-au-Pont 11 G7
Comblanchien 12 G6
Combles 12 A3
Combloux 36 F4
Combourg 14 E6
Combronde 17 C10
Comeglians 39 F7
Comèlico Superiore 38 F6
Comillas 23 B9
Comines 10 G3
Comişani 83 A9
Comiso 30 G5
Comitini 30 F3
Comloşu Mare 77 F8
Commeen 6 E5
Commenailles 36 D3
Commensacq 16 F3
Commentry 17 B9
Commequiers 16 A1
Commer 15 E8
Commercy 13 D7
Como 34 B4
Cómpeta 28 E6
Compiano 34 E5
Compiègne 12 C3
Compolibat 17 F8
Comporta 24 G2
Compreignac 17 C7
Comps-sur-Artuby 19 D7
Comrat 79 E10
Comrie 2 G5
Comunanza 33 A7
Cona 35 C9
Conca 19 G11
Concarneau 14 F3
Concas 32 D3
Conceição 25 K4
Concesio 34 B6
Concha 23 B11
Conches-en-Ouche 15 D10
Concordia Sagittaria 35 B10
Concorès 17 F7
Concots 17 F7
Condat 17 D9
Condé-en-Brie 12 C4
Condeixa-a-Nova 24 B3
Condé-sur-Huisne 15 E10
Condé-sur-Noireau 15 D8
Condé-sur-Vire 15 C7
Condino 34 B6
Condofuri 31 G7
Condom 16 G5
Condove 36 G5
Condrieu 36 G2
Condriţa 79 C10
Conegliano 35 B9
Conflans-en-Jarnisy 13 C7
Conflenti 31 E8
Confolens 16 C6
Cong 7 H3
Congaz 79 E10
Congdon's Shop 8 G3
Congleton 5 G7
Congosto 22 C6
Congosto de Valdavia 23 C9
Congrier 15 F7
Conil de la Frontera 25 M7
Coningsby 5 G10
Coniston 4 E6
Conlie 15 E8
Conliège 36 D3
Conlig 6 F7
Connah's Quay 4 G6
Connantre 12 D5
Connaux 17 G12
Connel 2 F4
Connerré 15 E9
Connolly 7 K3
Connor 6 E7
Conon Bridge 2 D5
Çonop 77 E10
Čonoplja 76 F6
Conow 43 D10
Conques 17 F9
Conques-sur-Orbiel 21 B10
Conquista 28 B5
Consandolo 35 D8
Conselice 35 E8
Consell 29 F9
Conselve 35 C8
Consett 5 D8
Consistorio 22 D3
Constância 24 D3
Constanţa 84 C5
Constantí 21 F8
Constantim *P* 22 E6
Constantim *P* 22 F4
Constantina 25 H8
Constantin Daicoviciu 77 F11
Constanzana 23 G8
Consuegra 26 F5
Contarina 35 D9
Contes 19 D9
Contessa Entellina 30 E3
Conţeşti *RO* 83 B9
Conţeşti *RO* 83 D9
Conthey 36 E5
Contigliano 32 B6
Contis-Plage 16 G2
Contres 15 G11
Contrexéville 13 E7
Controne 30 B6
Contursi Terme 30 B6
Conty 12 B2
Conversano 31 B10
Convoy 6 E5
Conwy 4 G5
Conza della Campania 31 B7
Cookstown 6 F6
Coola 6 G4
Coolbaun 7 K4
Coole *F* 12 D5
Coole *IRL* 7 H5
Coolmore 6 F4
Coombe Bissett 9 F7
Cootehill 6 G6
Copăcel 77 D11
Copăcele 77 G11
Copăceni *MD* 79 B9
Copăceni *RO* 82 A6
Copăcenii de Sus 83 C10
Copalnic-Mănăştur 78 B2
Copanca 79 D12
Copanello 31 F9
Copceac 79 F10
Copertino 31 C11
Çöpköy 85 B2
Copley 5 D8
Copons 21 E9
Copparo 35 D8
Coppeen 7 N3
Copplestone 8 F4
Coppull 5 F7
Copşa Mică 78 E3
Copythorne 9 F7
Çorabia 83 D7
Čoralići 80 B3
Corato 33 E12
Coray 14 E3
Corbalán 27 D9
Corbally 6 G3
Corbasca 79 E8
Corbeanca 83 B10
Corbeil-Essonnes 12 D2
Corbeilles 12 E3
Corbeni 78 G3
Corbeny 12 C4
Corbera 27 F10
Corbera de Terra Alta 21 G7
Corbi 78 G4
Corbie 12 B3
Corbières *CH* 36 D5
Corbières *F* 18 D6
Corbigny 12 G4
Corbii Mari 83 B9
Corbins 21 E7
Corbiţa 79 E8
Corbridge 5 D8
Corbu *RO* 78 D5
Corbu *RO* 83 B8
Corbu *RO* 84 B5
Corby 9 C8
Corçà 21 E11
Corcaigh 7 N4
Corcelles-lès-Cîteaux 12 G6
Corchiano 32 C5
Corciano 35 G9
Corcieux 36 A5
Corcova 82 B5
Corcubión 22 C1
Cordăreni 79 B7
Cordemais 14 G6
Cordenòns 35 B10
Cordes 17 G8
Córdoba 28 C4
Cordobilla de Lácara 24 E6
Corduente 20 G3
Cordun 79 D7
Coreglia Antelminelli 34 F6
Corella 20 D3
Coreses 23 F7
Corfe Castle 8 F6
Corfinio 33 C7
Cori 32 D6
Coria 24 C6
Coria del Río 25 K7
Coriano 35 F10
Corigliano Calabro 31 D9
Corinaldo 35 F10
Coripe 25 K8
Corjeuţi 79 A7
Cork 7 N4
Corlăţel 82 B5
Corlăţeni 79 B7
Corlay 14 E4
Corlea 7 H5
Corleone 30 E3
Corleto Perticara 31 C8
Çorlu 85 B4
Cormatin 36 E2
Cormeilles 15 C9
Corme-Porto 22 B2
Cormicy 12 C4
Cormons 35 B11
Cormontreuil 12 C5
Cornafulla 7 J5
Cornago 20 E3
Cornamona 7 H3
Cornaredo 34 C4
Cornas 18 A5
Cornăţelu 83 B9
Cornau 42 E3
Cornea 77 G11
Cornedo all'Isarco 38 F5
Cornedo Vicentino 35 B8
Corneilla-del-Vercol 21 C11
Cornellá de Llobregat 21 F10
Cornellà de Terri 21 E11
Cornellana 22 B6
Cornereva 77 G11
Corneşti *MD* 79 C9
Corneşti *RO* 78 C2
Corneşti *RO* 83 B9
Cornetu 83 B10
Corni *RO* 79 B7
Corni *RO* 79 F9
Corniglio 34 E5
Cornimont 36 B5
Cornu 78 G5
Cornuda 35 B9
Cornudella de Montsant 21 F8
Cornudilla 23 C11
Cornu Luncii 78 C6
Cornus 17 G10
Corod 79 F8
Corofin 7 K3
Coroieni 78 C2
Coroisânmărtin 78 E3
Coron 15 G8
Coronado 22 F2
Çorovodë 86 D3
Corps 18 B6
Corps-Nuds 14 F6
Corral de Almaguer 26 E5
Corral de Calatrava 26 G4
Corrales 23 F7
Corral-Rubio 27 G8
Corre 13 F7
Correggio 35 D7
Corrèze 17 D8
Corridonia 35 G11
Corrie 4 B4
Corris 8 B4
Corrobert 12 D4
Corry 6 G4
Corsano 31 D12
Corseul 14 E5
Corsham 8 E6
Corsico 34 C4
Corsock 4 C5
Cortale 31 F8
Corte 19 F11
Corteconcepción 25 H6
Corte de Peleas 24 F6
Cortegada 22 D3
Cortegana 25 H6
Cortemilia 34 E2
Corteno Golgi 37 E10
Corteolona 34 C4
Cortes 20 E4
Cortes de Aragón 20 G5
Cortes de Arenoso 27 D10
Cortes de Baza 29 D8
Cortes de la Frontera 28 F3
Cortes de Pallás 27 F9
Cortiçadas do Lavre 24 F3
Cortijo de Arriba 26 F4
Cortijos Nuevos 29 B8
Cortina d'Ampezzo 38 F6
Corton 9 C12
Cortona 35 G9
Coruche 24 E3
Corullón 22 D5
Corund 78 E4
Corvara in Badia 38 F5
Corvera 29 C10
Corwen 8 B4
Coryton 9 E10
Cosa 20 G4
Cosâmbeşti 84 B3
Cosăuţi 79 A10
Coşbuc 78 C3
Cosby 9 C8
Coşcodeni 79 B9
Coscurita 20 F2
Coşeiu 78 C1
Cosenza 31 E8
Coşereni 83 B11
Coşeşti 78 G4
Coshieville 2 F5
Cosići 80 C6
Cosio di Arroscia 34 F2
Coslada 26 D5
Cosmeşti *RO* 79 F8
Cosmeşti *RO* 83 B9
Cosminele 78 G6
Cosne-Cours-sur-Loire 12 G3
Cosne-d'Allier 17 B9
Coşniţa 79 C11
Cosoleto 31 G8
Coşoveni 82 C6
Cossato 34 C2
Cossé-le-Vivien 15 F7
Cossoine 32 E2
Cossonay 36 D4
Costacciaro 35 G10
Costache Negri 79 F9
Costa da Caparica 24 F2
Costa di Rovigo 35 D8
Costa Volpino 34 B5
Coşteiu 77 F10
Costelloe 7 J3
Costeşti *MD* 79 B8
Costeşti *MD* 79 D10
Costeşti *RO* 78 G2
Costeşti *RO* 79 D9
Costeşti *RO* 79 G7
Costeşti *RO* 83 B8
Costeştii din Vale 83 B9
Costigliole Saluzzo 19 B9
Costişa 79 D7
Costuleni 79 C9
Cosuenda 20 F4
Coswig *D* 41 B10
Coswig *D* 43 G8
Coteana 83 B7
Coteşti 79 F7
Cothen 11 D7
Coti-Chiavari 19 G10
Cotignac 19 D7
Cotignola 35 E9
Cotiujeni 79 B10
Cotiujenii Mici 79 B10
Cotmeana 83 A7
Cotnari 79 C7
Coţofăneşti 79 E7
Coţofenii din Dos 82 B6
Cotronei 31 E9
Cottanello 32 B5
Cottbus 70 G3
Cottenham 9 C9
Cottesmore 9 B8
Cottingham 9 C8
Coţuşca 79 A7
Coubon 17 E11
Couburciu 79 D12
Couches 17 A12
Couço 24 E3
Coucy-le-Château-Auffrique 12 B4
Coudekerque-Branche 10 F2
Couëron 14 G6
Couflens 21 C8
Coufouleux 21 A9
Couhé 16 B5
Couiza 21 C10
Coulaines 15 E9
Coulanges-la-Vineuse 12 F4
Coulanges-sur-Yonne 12 F4
Coulaures 16 D6
Couleuvre 17 B9
Coullons 12 F2
Coulmier-le-Sec 12 F5
Coulmiers 15 F11
Coulogne 10 F2
Coulombiers 16 B5
Coulombs 15 D11
Coulommiers 12 D3
Coulonges-sur-l'Autize 16 B3
Coulounieix-Chamiers 16 E6
Coulport 2 G4
Coupar Angus 2 F6
Couptrain 15 E8
Coura 22 E2
Courcelles 10 G5
Courcelles-Chaussy 13 C8
Courchaton 13 F8
Courchevel 36 G4
Cour-Cheverny 15 F11
Courcité 15 E8
Courçon 16 B3
Courcy 12 C5
Courgains 15 E9
Courgenay *CH* 36 C5
Courgenay *F* 12 E4
Courlaoux 36 D3
Courlay 16 A4
Courmayeur 36 F5
Courmelles 12 C4
Cournon-d'Auvergne 17 C10
Cournonterral 18 D3
Courpière 17 C10
Courrendlin 36 C5
Coursac 16 E6
Coursan 21 B11
Coursegoules 19 D8
Courseulles-sur-Mer 15 C8
Cours-la-Ville 17 C12
Courson-les-Carrières 12 F4
Court 36 C5
Courtalain 15 E10
Courtelary 36 C5
Courtenay 12 E3
Courthézon 18 C5
Courtisols 12 D5
Courtmacsherry 7 N4
Courtomer 15 D9
Courtown 7 L7
Courtrai 10 F4
Court-St-Etienne 10 G5
Courville-sur-Eure 15 E10
Cousance 36 E3
Coussac-Bonneval 17 D7
Coussay-les-Bois 16 A6
Coussegrey 12 F5
Coussey 13 E7
Coustellet 18 D5
Coustouges 21 D11
Coutances 14 C6
Couterne 15 D8
Couto de Cima 22 G3
Coutras 16 E4
Couvet 13 H8
Couvin 12 A5
Couze-et-St-Front 16 E6
Couzeix 17 C7
Covaleda 20 E2
Covarrubias 23 E11
Covăsinţ 77 E10
Covasna 78 F6
Cove 2 D3
Cove Bay 3 E8
Covelo 22 D3
Coventry 9 C7
Covilhã 24 B5
Cowbit 9 B9
Cowbridge 8 E4
Cowdenbeath 2 G6
Cowes 9 F7
Cox *E* 29 C11
Cox *F* 16 G6
Coxheath 9 E10
Coxhoe 5 D8
Coylumbridge 2 E6
Cózar 26 G5
Cozes 16 D3
Cozeşti 79 B9
Cozieni 79 G7
Cozmeşti 79 D9
Cozzano 19 F11
Craanford 7 L7
Crăcăoani 78 C6
Crach 14 F4
Crăciunelu de Jos 78 E2
Crăciuneşti 78 E3
Craco 31 C8
Craidorolţ 77 B12
Craig 2 D4
Craigavad 6 F7
Craigavon 6 F7
Craigellachie 2 D6
Craignure 2 F3
Crail 3 G7
Crailsheim 40 F5
Craiova 82 B6
Craiva 77 D10
Cramlington 5 C8
Crâmpoia 83 B8
Cranage 5 G7
Cranagh 6 E6
Cranford 6 D5
Crângeni 83 C8
Cran-Gevrier 36 F4
Crângu 83 C8
Crângurile 83 B8
Cranleigh 9 E9
Crans-sur-Sierre 36 E6
Craon 15 F7
Craonne 12 C4
Craponne-sur-Arzon 17 D11
Crask Inn 2 C5
Crasna *RO* 77 C12
Crasna *RO* 78 G2
Crasnoe 79 D12
Crathie 2 E6
Crato 24 E4
Cravagliana 34 B2
Cravant 12 F4
Craven Arms 8 C5
Crawfordjohn 4 C6
Crawfordsburn 6 F7
Crawley 9 E9
Creaca 78 C1
Creag Ghoraidh 2 D1
Creagh 7 N3
Créances 14 C6
Créancey 12 G5
Crecente 22 D3
Crêches-sur-Saône 36 E2
Crécy-en-Ponthieu 10 H2
Crécy-la-Chapelle 12 D3
Crécy-sur-Serre 12 B4
Credenhill 8 D5
Crediton 8 F4
Creeslough 6 D5
Creevagh 6 G3
Creggan *GB* 6 F6
Creggan *GB* 6 G6
Cregganbaun 7 H2
Creggs 7 H4
Creglingen 40 E5
Cregneish 4 E4
Creil *F* 12 C2
Creil *NL* 11 C7
Creissels 17 G10
Crema 34 C5
Cremeaux 17 C11
Crémenes 23 C8
Crémieu 36 F2
Cremlingen 42 F6
Çremona 34 C5
Črenšovci 76 D1
Créon 16 E4
Crepaja 77 G8
Crépey 13 D7
Crépy 12 B4
Crépy-en-Valois 12 C3
Cres 80 B1
Crescentino 34 C2
Crespina 34 G6
Crespino 35 D8
Crespos 23 G8
Cressensac 17 E7
Crest 18 B5
Creswell 5 G9
Cretas 21 G7
Créteil 12 D2
Creţeni 83 B7
Creţeşti 79 D9
Creußen 41 D7
Creutzwald 13 C8
Creuzburg 40 B5
Crevalcore 35 D7
Crevant 17 B8
Crèvecœur-le-Grand 15 B11
Crevedia 83 B10
Crevedia Mare 83 B9
Crevenicu 83 C9
Crevillente 29 B11
Crevoladossola 37 E7
Crewe 5 G7
Crewkerne 8 F5
Crianlarich 2 G5
Cricău 78 E2
Criccieth 8 B3
Criciova 77 F11
Crickhowell 8 D5
Cricklade 9 D7
Cricova 79 C10
Crieff 2 G6
Criel-sur-Mer 15 A10
Crikvenica 80 B1
Crimmitschau 41 B8
Crimond 3 D8
Crinan 2 G3
Cringleford 9 B11
Crinitz 43 G10
Cripán 20 D2
Cripp's Corner 9 F10
Criquetot-l'Esneval 15 B9
Crişcior 77 E12
Crişeni 78 C1
Crispiano 31 B10
Crissolo 19 B8
Cristeşti *RO* 78 D3
Cristeşti *RO* 79 B7
Cristeşti *RO* 79 C7
Cristian *RO* 78 F2
Cristian *RO* 78 F5
Cristineşti 78 A6
Criştioru de Jos 77 E11
Cristóbal 24 B7
Cristolţ 78 C1
Cristuru Secuiesc 78 E4
Criuleni 79 C11
Criva 79 A7
Crivitz 43 C7
Crkvice *BIH* 81 C7
Crkvice *HR* 80 F6
Crkvice *YU* 81 G8
Crkvina 76 G5
Crkvine 81 F11
Crljivica 80 C4
Crmjan 81 G11
Črmošnjice 39 H10
Črna 39 F10
Crna Bara *YU* 77 F8
Crna Bara *YU* 81 B9
Crnac 76 F4
Crnajka 82 C3
Crna Trava 82 E3
Crnča 81 C9
Crni Lug *BIH* 80 D4
Crni Lug *HR* 80 A1
Çrnjelovo 81 B9
Črnkovci 76 F4
Crnoklište 82 E4
Çrnoljevo 82 F1
Črnomelj 39 H10
Crock 40 C6
Crocketford 4 C5
Crockets Town 6 G3
Crockmore 6 F5
Crocmaz 79 E12
Crocq 17 C8
Crodo 37 E7
Crofty 8 D3
Croghan 6 G4
Crognaleto 33 B7
Croisilles 12 A3
Crolles 36 G3
Crolly 6 E4
Cromarty 2 D5
Cromer 9 B11
Cromhall 8 D6
Cronat 17 A11
Crook 5 D8
Crookham 5 B8
Crookhaven 7 P2
Crookstown 7 N3
Croom 7 L4
Cropalati 31 D9
Cropani 31 F9
Crosbost 2 C2
Crosby 4 G6
Crosia 31 D9
Cross 7 H3
Crossaig 4 B3
Crossakeel 7 H6
Cross Barry 7 N4
Crosscanonby 4 D6
Crossdoney 6 G5
Crossgar 6 F7
Crossgare 6 E6
Crossgates 8 C4
Crosshands 4 B5
Crosshaven 7 N4
Crosshill 4 C4
Cross Inn 8 C3
Cross Keys 7 H6
Crossmaglen 6 G6
Crotone 31 E10
Crots 19 B7
Crottendorf 41 C9
Croughton 9 D7
Croutelle 16 B5
Crouy 12 C4
Crouy-sur-Ourcq 12 C3
Crowborough 9 F9
Crowland 9 B9
Crowle 5 F9
Crowthorne 9 E8
Croy 2 D5
Croyde 8 E3
Croydon 9 E9
Crozant 17 B7
Crozes-Hermitage 36 G2
Crozon 14 E2
Cruas 18 B4
Crucea *RO* 78 C5
Crucea *RO* 84 B4
Crucişor 78 B1
Crucoli 31 E9
Cruden Bay 3 D8
Cruglic 79 C11
Crumlin 6 F7
Cruseilles 36 F4
Cruşeţ 82 B6
Crusheen 7 K3
Crusnes 13 C7
Cruzy 21 B11
Cruzy-le-Châtel 12 F5
Crvenka 76 F6
Crymych 8 D3
Csabacsűd 77 D8
Csabrendek 76 C3
Csákánydoroszló 76 D1
Csákberény 76 C4
Csákvár 76 C5
Csanádapáca 77 D9
Csanádpalota 77 E8
Csány 77 B7
Csanytelek 77 D7
Császár 76 B4
Császártöltés 76 E6
Csátalja 76 E5
Csávoly 76 E6
Csécse 77 B7
Csemő 77 C7
Csengele 77 D7
Csenger 77 B12
Csengőd 76 D6
Csépa 77 D7
Csepreg 76 C2
Cserépfalu 77 B8
Cserhátsurány 76 B6
Cserkeszőlő 77 D8
Csernely 77 A8
Csesztreg 76 D1
Csetény 76 C4
Csévharaszt 76 C6
Csikéria 76 E6
Csókakő 76 C4
Csökmő 77 C9
Csököly 76 E3
Csokonyavisonta 76 E3
Csokvaomány 77 A8
Csolnok 76 B5
Csólyospálos 77 E7
Csongrád 77 D7
Csopak 76 D4
Csór 76 C4
Csorna 76 B3
Csörnyeföld 76 E2
Csorvás 77 D9
Csősz 76 C5
Csót 76 C3
Csurgó 76 E2
Cuacos de Yuste 24 C7
Cuadros 23 C7
Cualedro 22 E4
Cuarte de Huerva 20 F5
Cuba 24 G4
Cubalhão 22 E3
Cubells 21 E8
Cubjac 16 D6
Cubla 27 D9
Cubo de Bureba 23 C11
Cubo de la Solana 20 E2
Cubolta 79 B9
Cubzac-les-Ponts 16 E4
Cuca *RO* 79 F9
Cuca *RO* 83 A7
Cucalón 27 C9
Cucerdea 78 E3
Cuci 78 E3
Cuckfield 9 F9
Cucuron 18 D6
Cucuteni 79 C7
Cudalbi 79 F8
Çudillero 22 B6
Čudnići 80 C6
Cudos 16 F4
Cuéllar 23 F9
Cuenca 27 E7
Cuenca de Campos 23 E8
Cuers 19 E7
Cuerva 26 E4
Cueva de Agreda 20 E3
Cuevas Bajas 28 D5
Cuevas de Almanzora 29 D9
Cuevas del Becerro 28 E4
Cuevas del Campo 29 D7
Cuevas de San Clemente 23 D11
Cuevas de San Marcos 28 D5
Cuevas de Vinromá 27 D11
Cuevas Labradas 27 D9
Cuffley 9 D9
Cugand 15 G7
Cuges-les-Pins 18 E6
Cugir 78 F1
Cuglieri 32 E2
Cugnaux 21 B9
Cuguen 14 E6
Cuhureştii de Sus 79 B10
Cuijk 11 E7
Cuiseaux 36 E3
Cuise-la-Motte 12 C3
Cuisery 36 E2
Cujmir 82 C5
Çukë 86 E2
Çukuryurt 85 B4
Čulan 17 B8
Culciu 78 B1
Culdaff 6 D6
Culdrain 3 E7
Culemborg 10 D6
Culjković 81 C9
Culla 27 D10
Cullahill 7 K5
Cúllar-Baza 29 D8
Cullen 3 D7
Cullera 27 F10
Cullivoe 3 B12
Cullompton 8 F4
Cully 36 E5
Cullybackey 6 E7
Cullyhanna 6 G6
Culmstock 8 F5
Culnaknock 2 D3
Culoz 36 F3
Culswick 3 C11
Cumbernauld 4 B5
Cumbres de San Bartolomé 25 H6
Cumbres Mayores 25 H6
Cumeada 25 K3
Cumiana 19 A9
Cumieira 22 F4
Cuminestown 3 D7
Cumlosen 43 D7
Cumnock 4 C5
Cumpăna 84 C4
Cunault 15 G8
Cunegès 16 E5
Cuneo 19 C9
Cunfin 12 E6
Cungrea 83 B7
Cunha 22 G4
Çunicea 79 B10
Čuništa 81 D8
Cunit 21 F9
Cunningsburgh 3 C12
Cuntis 22 C2
Cuorgnè 36 G6
Cupar 3 G7
Cupcina 79 A8
Cupello 33 C9
Cupra Marittima 35 H12
Çupramontana 35 G11
Ćuprija 82 C2
Cupşeni 78 B2
Cuq-Toulza 21 B10
Curăţele 77 D11
Curcani 83 C11
Curcuris 32 F2
Cureggio 34 B3
Cureşnâţa 79 A9
Curinga 31 F8
Curon Venosta 37 D10
Curracloe 7 L7
Curraghroe 7 H4
Curragh West 7 H4
Currás 22 D2
Curry 6 G4
Curry Rivel 8 F5
Cursi 31 C12
Curtea 77 F11
Curtea de Argeş 78 G3
Curtici 77 E9
Curtişoara 83 B7
Çurtuişeni 77 B11
Čurug 77 G7
Cusano Mutri 33 E9
Cushendall 6 E7
Cushendun 6 D7
Cushina 7 J6
Cussac 16 C6
Cusset 17 C10
Custines 13 D8
Custonaci 30 E2
Cutigliano 35 E7
Cutro 31 E9
Cutrofiano 31 C11
Cuxac-Cabardès 21 B10
Cuxac-d'Aude 21 B11
Cuxhaven 42 C4
Cuzăplac 78 D1
Cuza Vodă 84 C2
Cuzmin 79 A10
Cuzorn 16 F6
Cvikov 74 C4
Cwmafan 8 D4
Cwmbran 8 D5
Cybinka 70 F3
Cybowo 70 D5
Cychry 70 E3
Cyców 73 B5
Cydweli 8 D3
Cynghordy 8 D4
Cynwyl Elfed 8 D3
Cyprianka 71 E9
Czacz 70 G6
Czajków 75 A9
Czaplinek 70 D5
Czarna *PL* 73 D2
Czarna *PL* 73 D3
Czarna Białostocka 72 D5
Czarna Dąbrówka 71 B7
Czarna Górna 73 F4
Czarna Woda 71 C8
Czarnca 75 B11
Czarne 70 C6
Czarnia 72 D3
Czarnków 70 E6
Czarnocin 73 D1
Czarnów 70 F3
Czarnowąsy 75 C8
Czarnożyły 75 B9
Czarny-Bór 74 C6
Czarny Dunajec 75 E11
Czastary 75 B9
Czaszyn 73 E3
Czchów 73 E1
Czechowice-Dziedzice 75 D10
Czechy *PL* 70 C6
Czechy *PL* 71 G9
Czekarzewice 73 B3
Czeladź 75 C10
Czemierniki 72 G5
Czempiń 70 F6
Czeremcha 72 F5
Czermin 71 G7
Czermno 75 B11
Czernica 75 B7
Czernice Borowe 72 E2
Czernichów *PL* 75 D11
Czernichów *PL* 75 E10
Czerniejewo 71 F7
Czerniewice 71 G10
Czernikowo 71 E9
Czernina 70 G6
Czersk 71 C7
Czerwieńsk 70 G4
Czerwin 72 E3
Czerwińsk nad Wisłą 72 F2
Czerwionka-Leszczyny 75 D9
Czerwonak 70 F6
Czerwona Woda 74 B4
Czerwone 72 D4
Czestków 71 H9
Częstochowa 75 B10
Czeszów 75 A7
Człopa 70 E5
Człuchów 71 C7
Czmoń 70 F6
Czorsztyn 75 E12
Czosnów 72 F2
Czudec 73 D3
Czyże 72 E6
Czyżew-Osada 72 E4

D

Dăbâca 78 D2
Dabar *HR* 80 B2
Dabar *HR* 80 D4
Dabas 76 C6
Dabel 43 C8
Dąbie *PL* 70 G4
Dąbie *PL* 71 G8
Dąbie *PL* 72 G4
Dąbki 70 B5
Dabo 13 D9
Daborgrad 81 B7
Dabrac 80 C5
Dabravolya 72 E6
Dabrica 81 F7
Dąbroszyn *PL* 70 E3
Dąbroszyn *PL* 71 G8
Dąbrowa *PL* 71 E7
Dąbrowa *PL* 75 B8
Dąbrowa *PL* 75 C8
Dąbrowa Białostocka 72 C5
Dąbrowa Biskupia 71 E8
Dąbrowa Chełmińska 71 D8
Dąbrowa Górnicza 75 C10
Dąbrowa Tarnowska 73 D2
Dąbrowa Zielona 75 B11
Dąbrowice *PL* 71 F9
Dąbrowice *PL* 71 G10
Dąbrówka Wielka 71 G9
Dąbrówka Wielkopolska 70 F5
Dąbrówno 71 D10
Dăbuleni 82 D6
Dachau 41 H7
Dachnów 73 D5
Dachrieden 40 B5
Dačice 74 F5
Dacre 5 D7
Dad 76 B4
Dadia 85 B1
Dådran 52 F3
Dăeni 84 A4
Dăeşti 78 G3
Dåfjord 58 D2
Dafnes 88 B4
Dafni *GR* 87 E9
Dafni *GR* 88 C4
Dafni *GR* 88 E5
Dafni *GR* 89 B7
Dág 76 B5
Daganzo de Arriba 26 D5
Dağardı 85 F6
Dagâţa 79 D8
Dagda 69 C11
Dağdere 85 G5
Dagebüll 44 G2
Dağkızılca 85 H3
Daglan 16 E6
Daglösen 46 B5
Dagmersellen 36 C6
Dağpınar 88 E4
Dagsmark 64 C2
Dahlem 11 G8
Dahlen 43 H9
Dahlenburg 42 D6
Dahme *D* 43 B7
Dahme *D* 43 G10
Dahn 13 C10
Dähre 43 E7
Daia 83 C10
Daia Română 78 E2
Daikanberg 55 D9
Daikanvik 55 D9
Dail Bho Thuath 2 B2
Dailly 4 C4
Daimiel 26 G5
Daimonia 88 E6
Daingean 7 J5
Dainville 10 H3
Dainville-Bertheléville 13 E7
Dairsie 3 G7
Đakovica 81 G11
Đakovo 76 G5
Dal *N* 51 H8
Dal *S* 52 B5
Đala 77 E7
Dalaas 38 E3
Dalabrog 2 E1
Dalarö 47 C10
Dala Rostock 46 D3
Dalåsen 52 B2
Dalasjö 55 E9
Dalbe 68 B6
Dalbeattie 4 D5
Dalberg-Wendelstorf 43 C7
Dalboşeţ 82 A3
Dalby *DK* 44 F4
Dalby *DK* 44 F6
Dalby *IOM* 4 E4
Dalby *S* 45 E8
Dalbyn 52 F3
Dalbyover 44 C4
Däldenäs 46 D5
Dale *GB* 8 D2
Dale *N* 48 B2
Dale *N* 48 E5
Dale *N* 50 F2
Dale *N* 57 C4
Daleiden 13 A8
Dalen *N* 48 D5
Dalen *N* 48 E6
Dalen *NL* 11 C9
Daleszyce 73 C1
Dalfors 52 E3
Dalfsen 11 C8
Dalgety Bay 2 G6
Dalham 9 C10
Dalhem *B* 11 G7
Dalhem *S* 47 G10
Dalholen 51 D7
Dalías 29 E7
Dalików 71 G9
Dalj 76 G5
Dalkarlsberg 46 C6
Dalkeith 4 B6
Dalkey 7 J7
Dallas 2 D6
Dallgow 43 E9
Dall Villaby 44 C3
Dalmally 2 G4
Dalmand 76 E4
Dalmellington 4 C5
Dalmine 34 B5
Dalmose 44 F5
Dalovice 41 D9
Dalry 4 B4
Dalrymple 4 C5
Dalsbruk 64 G3
Dalsbygda 51 C8
Dalselv 54 B6
Dalsjöfors 46 F4
Dals Långed 46 D3
Dalstein 13 C8
Dalston 5 D7
Dalstorp 46 F4
Dalstuga 52 F3
Dalton-in-Furness 4 E6
Daluis 19 C8
Dalum 46 F4
Dalur 3 C9
Dàlvadas 59 D8
Dalwhinnie 2 E5
Dalyokiya 69 D10
Dalystown 7 J4
Damachava 72 G6
Damas-aux-Bois 13 E8
Damasi 86 F6
Damaskina 86 D4
Damasławek 71 E7
Damazan 16 F5
Dambaslar 85 B3
Dambeck 43 D8
Dâmbovicioara 78 G4
Damerstown 7 K5
Damery 12 C4
Damës 86 D2
Damgan 14 F5
Damhead 6 D6
Damiatte 17 H8
Dămieneşti 79 D7
Damigni 15 E9
Dammarie 15 E11
Dammartin-en-Goële 12 C3
Damme *B* 10 F4
Damme *D* 42 E3
Damnica 70 B6
Damnjane 81 G11
Damno 71 B7
Damp 42 A5
Dampierre 13 G7
Dampierre-sur-Salon 13 F7
Damprichard 36 C5
Damshagen 43 C7
Damsholte 44 G6
Dämsta 52 B6
Dămuc 78 D6
Damüls 38 D2
Damvant 36 C5
Damville 15 D10
Damvillers 13 C7
Damwoude 11 B8
Damyanovo 83 E8
Danaçalı 85 E6
Danakos 89 D10
Danamandıra 85 B5
Danasjö 55 C9
Dănciuleşti 82 B6
Dăneasa 83 C7
Daneş 78 E4
Danesfort 7 H5
Dăneşti *RO* 78 D5
Dăneşti *RO* 79 D8
Dăneşti *RO* 82 A5
Daneţi 82 C6
Dångebo 45 D10
Dângeni 79 B7
Dangé-St-Romain 15 H9
Danholn 52 G3
Dănicei 83 A7
Daniec 75 C9
Danilovgrad 81 G9
Dänischenhagen 42 B6
Danişment 85 E4
Danjoutin 36 B5
Dankerode 43 G7
Danndorf 43 F7
Dannemare 44 G5
Dannemarie 36 B5
Dannemora 47 A9
Dannenberg (Elbe) 43 D7
Dannenwalde 43 D9
Dány 76 B6
Daon 15 F8
Daoulas 14 E2
Darabani 79 A7
Dărăşti Ilfov 83 C10
Darbėnai 68 C3
Darby's Bridge 7 M2
Darda 76 F5
Dardesheim 42 G6
Dardhas 86 C3
Darè 35 B7
Darfo Boario Terme 34 B6
Dargun 43 C9
Darıca 85 D4
Darıcı 85 F6
Dârjiu 78 E4
Darkley 6 G6
Darlington 5 D8
Dârlos 78 E3
Darłówko 70 B5
Darłowo 70 B5
Dărmăneşti *RO* 78 B6
Dărmăneşti *RO* 78 E6
Dărmăneşti *RO* 83 A9
Dârmăneşti 78 G4
Darmstadt 40 D3
Darney 13 E8
Darnius 18 G1
Darnózseli 76 B3
Daroca 20 F4
Darova 77 F10
Darque 22 E2
Darra 3 D7
Darragh 7 K3
Darro 29 D7
Dartford 9 E10
Dartmeet 8 G4
Dartmouth 8 G4
Darton 5 F8
Dartsel 56 C2
Daruvar 76 F3
Dârvari 82 C5
Darwen 5 F7
Dascălu 83 B10
Dashava 73 F6
Dašice 74 D5
Dasing 40 G6
Dasochori *GR* 87 C8
Dasochori *GR* 87 C10
Dassel 42 G5
Dassendorf 42 D6
Dassow 43 C7
Daszyna 71 F9
Datça 88 F3
Datteln 11 E9
Daudzese 69 B8
Daudzeva 69 B8
Daugai 69 G7
Daugailiai 69 D9
Daugård 44 E3
Daugavpils 69 D10
Daugėlaičiai 68 D6
Dauguļi 66 F6
Daujėnai 69 C7
Daumazan-sur-Arize 21 B9
Daumeray 15 F8
Daun 13 A9
Dautphetal-Friedensdorf 11 F11
Dava 2 D6
Daventry 9 C8
Davézieux 36 G2
Davideşti 78 G4
Davidkovo 87 B11
Daviot 2 D5
Davle 74 D3
Davlia 88 A5
Dávod 76 E5
Davoli 31 F8
Davor 76 G3
Davos 37 D9
Davutlar 88 D2
Davydiv 73 E6
Dawhinava *BY* 69 D11
Dawhinava *BY* 69 F11
Dawlish 8 G4
Dax 16 G3
Deal 9 E11
Dealu 78 E5
Dealu Morii 79 E8
Dearham 4 D6
Deauville 15 C9
Deba 20 B2
Debar 86 B3
Debeli Lug 82 B3
Debeljača 77 G8
Debenham 9 C11
Dębe Wielkie 72 F3
Dębica 73 D2
De Bilt 10 D6
Dęblin 72 H4
Debnevo 83 E8
Dębnica Kaszubska 70 B6
Dębno *PL* 70 E3
Dębno *PL* 73 D1
Dęborzeczka 75 A12
Debovo 83 D8
Dębowa Kłoda 72 H5
Dębowa Łąka 71 D9
Dębowiec 75 D9
Debrc 81 C10
Debrecen 77 B10
Debrešte 86 B5
Debrzno 70 D6
Dębsko 70 D5
Debŭr 83 G8
Dečani 81 G11
Decazeville 17 F8
Dechtice 75 G8
Decimomannu 32 G2
Decimoputzu 32 G2
Děčín 74 C3
Decize 17 A10
De Cocksdorp 10 B6
Decollatura 31 E8
Decs 76 E5
Deda 78 D4
Deddington 9 D7
Dedeleben 42 F6
Dedeler 85 F5
Dedelow 43 D10
Dedelstorf 42 E6
Dedemsvaart 11 C8
Dédestapolcány 77 A8
Dedham 9 D11
Dedovichi 67 F12
Deensen 42 G5
Deerlijk 10 F4
Dég 76 D5
Degaña 22 C6
Degeberga 45 E9
Degerbäcken 56 B3
Degerby *FIN* 53 H9
Degerby *FIN* 64 G5
Degerfors 46 C5
Degerhamn 45 D11
Degersjö 55 G10
Degerträsk 56 D3
Deggendorf 41 F9
Deggingen 40 G4
Değirmen 85 B4
Değirmendüzü 85 D2
Değirmenyeni 83 H11
Dego 34 E3
Degučiai 69 D9
Degumnieki 69 B10
De Haan 10 F3
Dehesa de Campoamor 29 C11
Dehesas de Guadix 29 D7
Deià 29 F9
Deidesheim 40 E2
Deifontes 28 D6
Deilão 22 E6
Deining 41 F7
Deiningen 40 F5
Deinste 42 C5
Deinze 10 F4
Deiva Marina 34 E5
Dej 78 C2
Deje 46 B4
Dejtár 76 A6
Dekani 35 C12
Dekeleia 89 B7
De Koog 10 B6
De Kooy 10 B6
Dekov 83 D8
Delabole 8 F2
Delary 45 D8
Delbrück 42 G4
Delčevo 82 G4
Délegyháza 76 C6
Deleitosa 24 D8
Đelekovec 76 E2
Delémont 36 C5
Delen' 79 F11
Deleni *RO* 79 C7
Deleni *RO* 84 C4
Deleria 86 F6
Deleşti 79 D8
Delfoi 88 B5
Delft 10 D5
Delfzijl 11 A9
Delia 30 F4
Delianuova 31 G8
Deliblato 82 A1
Deliceto 33 E10
Deligrad 82 D2
Deliktaş 85 G3
Delingsdorf 42 C6
Delitzsch 43 G8
Delle 36 C5
Delligsen 42 G5
Dello 34 C5
Delme 13 D8
Delmenhorst 42 D4
Delnice 80 A2
Delsbo 52 D4
Delvin 7 H6
Delvinaki 86 E3
Delvinë 86 E3
Demandice 76 A5
Demange-aux-Eaux 13 D7
Dembava 69 D7
Demecser 77 A10
Demen 43 C8
Demene 69 D10
Demigny 12 H6
Demiraj 81 H9
Demirci *TR* 85 F5
Demirci *TR* 85 F6
Demircihalil 84 H2
Demirdere 85 D5
Demirhanlı 85 A2
Demir Hisar 86 C4
Demir Kapija 86 B6
Demirköy 84 G3
Demmin 43 C9
Demonte 19 C9
Dému 16 G5
Denain 10 G4
Denbigh 4 G6
Den Burg 10 B6
Dendermonde 10 F5
Den Dungen 11 E7
Denekamp 11 C9
Đeneral Jankovič 82 G2
Denguin 20 B6
Den Haag 10 D5
Den Ham 11 C8
Denham 9 E9
Den Helder 10 B6
Denholm 5 C7
Denia 27 G11
Denkendorf *D* 40 G4
Denkendorf *D* 41 F7
Denkingen *D* 37 A7
Denkingen *D* 37 B8
Denklingen 38 C4
Dennewitz 43 G9
Dennhausen (Fuldabrück) 42 H5
Denny 2 G5
Den Oever 10 B6
Densow 43 D10
Densuş 77 F12
Denta 77 G9
Dentergem 10 F4
Dentlein am Forst 40 F5
Denver 9 C10
Denzlingen 36 B6
Déols 17 A7
De Panne 10 F3
Deppis 56 C2
Deråsbrenna 54 F4
Derbent 85 H4
Derby 9 B7
Derecske 77 C10
Derekegyház 77 D8
Dereköy *TR* 84 G2
Dereköy *TR* 85 F3
Derenburg 42 G6
Derenti 85 E3
De Rijp 10 C6
Dermantsi 83 E7
Dermbach 40 C5
Dermenas 86 D2
Derna 77 C11
Derreen 6 G3
Derreendaragh 7 N2
Derreeny Bridge 7 N3
Derry 6 E5
Derrygonnelly 6 F5
Derrylin 6 G5
Derrymore 7 M2
Derrynawilt 6 G5
Derryrush 7 J2
Derrywode 7 H4
Dersca 78 B6
Dersingham 9 B10
Dersum 11 B9
Deruta 32 A5
Dervaig 2 F3
Derval 14 F6
Dervenakia 88 C5
Derveni 88 B5
Derventa 81 B7
Derviçan 86 E3
Dervio 34 B4
Derviziana 86 F4
Dervock 6 D6
Desa 82 C5
Désaignes 17 E12
Desana 34 C3
Desantne 79 F12
Descargamaría 24 B6
Descartes 15 H10
Desenzano del Garda 34 C6
Désertines 17 B9
Deseşti 78 B2
Desfina 88 B5
Deskati 86 E5
Deskle 35 B11
Despotovac 82 C2
Despotovo 76 G6
Dessau 43 G8
Dessel 10 F6
De Steeg 11 D8
Destelbergen 10 F4
Deštná 74 F4
Destriana 22 D6
Desulo 32 F3
Desvres 10 G2
Deszczno 70 E4
Deszk 77 E8
Deta 77 G9
Detern 11 B10
Detk 77 B7
Detkovac 76 F3
Dětmarovice 75 D9
Detmold 42 G4
Dettelbach 40 D5
Dettmannsdorf 43 B9
Dettum 42 F6
Detva 75 G10
Deuben 41 B8
Deurne 11 E7
Deutsch Evern 42 D6
Deutschfeistritz 39 E10
Deutsch Goritz 39 E11
Deutschhof 43 E9
Deutsch Kaltenbrunn 39 E11
Deutschkreutz 76 B2
Deutschlandsberg 39 E10
Deutschneudorf 41 C10
Deutsch-Wagram 74 H6
Deutzen 41 B8
Deva 77 F12
Dévaványa 77 C9
Devecikonağı 85 E5
Devecser 76 C3
Devene 82 D6
Deventer 11 D8
Devesel 82 B4
Deveselu 83 C7
Devetaki 83 E8
Devil's Bridge 8 C4
Devin 83 H7
Devizes 8 E6
Devletliağaç 84 G2
Devnya 84 E3
Đevrske 80 D3
De Wijk 11 C8
Dewsbury 5 F8
Deza 20 F3
Dežanovac 76 F2
Dezghingea 79 E10
Dezna 77 E11
Dhërmi 86 E2
Diakofto 88 B5
Dialampi 87 C11
Diamante 31 D7
Dianalund 44 F5
Diano d'Alba 34 D2
Diano Marina 34 F2
Diavata 87 D7
Diavolitsi 88 D4
Dices 22 C2
Dichiseni 84 C3
Dicomano 35 F8
Didam 11 D8
Didcot 9 D7
Didderse 42 F6
Dideşti 83 C8
Didima 88 D6
Didymoteicho 85 B2
Didžiasalis 69 E10
Die 18 B5
Dieblich 11 G10
Dieburg 40 D3
Dieci 77 E11
Diedorf 40 G6
Diego Alvaro 26 C2
Diekhof 43 C8
Diekholzen 42 F5
Diekirch 13 B8
Dielheim 40 F3
Dielmissen 42 G5
Dielsdorf 37 C7
Diemen 10 C6
Diémoz 36 G2
Dienne 17 E9
Dienville 12 E5
Diepenau 42 F4
Diepenbeek 11 F7
Diepholz 42 E3
Dieppe 15 B10
Dierdorf 11 G10
Dieren 11 D8
Diesdorf 42 E6
Dieskau 43 H8
Diespeck 40 E6
Dießen am Ammersee 38 C4
Diessenhofen 37 B7
Diest 10 F6
Dietachdorf 39 C9
Dietenheim 40 H5
Dietersburg 41 G9
Dietfurt an der Altmühl 41 F7
Dietikon 37 C7
Dietingen 40 H3
Dietmanns *A* 74 F5
Dietmanns *A* 74 G4
Dietmannsried 37 B10
Dietzenbach 40 D3
Dieue-sur-Meuse 13 C7
Dieulefit 18 B5
Dieulouard 13 D8
Dieuze 13 D9
Dieveniškės 69 G9
Diever 11 B8
Diex 39 E9
Diez 11 G10
Diezma 29 D7
Differdange 13 B7
Digerberget *S* 51 G10
Digerberget *S* 52 C2
Digermulen 57 D3
Digernes 50 C3
Dignac 16 D5
Dignäja 69 C9
Dignano 35 B10
Digne-les-Bains 19 C7
Digny 15 D10
Digoin 17 B11
Dihtiv 73 C6
Dijon 12 G6
Dikaia 85 A1
Dikanäs 55 D8
Dikance 81 H11
Dikili 85 F2
Dikkebus 10 F3
Dikļi 66 F6
Diksmuide 10 F3
Dilar 28 E6
Dilesi 89 B7
Dilinata 88 B2
Dillenburg 40 C2
Dilling 49 D8
Dillingen an der Donau 40 G5
Dillingen (Saar) 13 C9
Dilove 78 B3
Dilsen 11 F7
Dimaro 38 F4
Dimini 87 F7
Dimitrie Cantemir 79 D9
Dimitritsi 87 C8
Dimitrovgrad *BG* 83 G9
Dimitrovgrad *YU* 82 E4
Dimitsana 88 C4
Dimovo 82 D4
Dimzukalns 69 B7
Dinami 31 F8
Dinan 14 E6
Dinant 10 H6
Dinard 14 D6
Dingé 14 E6
Dingelstädt 42 H6
Dingelstedt am Huy 43 G7
Dingle *IRL* 7 M2
Dingle *S* 46 E2
Dingolfing 41 G8
Dingtuna 47 C7
Dingwall 2 D5
Dinjiška 80 C2
Dinkelsbühl 40 F5
Dinkelscherben 40 G5
Dinklage 42 E3
Dinnet 3 E7
Dinslaken 11 E9
Dinteloord 10 E5
Dinxperlo 11 D8
Dio 86 E6
Diö 45 C9
Diósd 76 C5
Diosig 77 C11
Diósjenő 76 B6
Dioşti 83 C7
Diou 17 B11
Dipignano 31 E8
Dipotama 87 B10
Dippach 13 B8
Dippoldiswalde 41 B10
Dirdal 48 E3
Dirhami 66 C4
Dirivaara 60 D5
Dirkshorn 10 C6
Dirksland 10 E5
Dirlewang 37 B10
Dirrachi 88 D5
Dirvonėnai 68 C5
Dischingen 40 G5
Disentis Muster 37 D8
Diseröd 46 F3
Dison 11 G7
Diss 9 C11
Dissay 16 A5
Dissay-sous-Courcillon 15 F9
Dissen am Teutoburger Wald 42 F3
Distington 4 D6
Distomo 88 B5
Distrato 86 E4
Ditfurt 43 G7
Ditrău 78 D5
Ditton 9 E10
Ditzingen 40 F3
Divača 35 B12
Divarata 88 B2
Diva Slatina 82 E5
Divci 81 C10
Divčibare 81 D10
Dives-sur-Mer 15 C8
Dividalen 58 F3
Divieto 30 D6
Divín 75 G11
Divina 75 F9
Divion 10 G3
Divišov 74 E4
Divjakë 86 C2
Divonne-les-Bains 36 E4
Divuša 76 G1
Dixmont 12 E4
Dizy 12 C5
Dizy-le-Gros 12 B5
Djäkneboda 56 F3
Djäkneböle 56 G2
Djupen 58 E3
Djupfjord 57 C3
Djupfors 55 C9
Djupsjö 52 A6
Djuptjärn 55 G11
Djupvik *N* 57 F3
Djupvik *N* 58 D3
Djupvik *S* 47 H8
Djura 52 G2
Djurås 52 G3
Djurmo 52 G3
Djurö 47 C10
Dlhá nad Oravou 75 F10
Dlouhá Loučka 75 D7
Dlouhá Třebová 74 D6
Długołęka *PL* 72 D5
Długołęka *PL* 75 B7
Długosiodło 72 E3
Dłutów 71 H9
Dlüzhka Polyana 83 E10
Dmytrivka *UA* 79 F11
Dmytrivka *UA* 79 F11
Dmytrivka *UA* 79 F11
Dnestrovsc 79 D12
Dno 67 E12
Doagh 6 E7
Doazit 16 H3
Doba 77 B12
Dobanovci 81 B11
Dobârceni 79 B7
Dobârlău 78 F5
Dobbertin 43 C8
Dobbiaco 38 E6
Dobczyce 75 D11
Dobele 68 B6
Döbeln 41 B9
Doberlug-Kirchhain 43 G10
Döbern 70 G3
Dobersberg 74 F5
Doberschütz 43 H9
Dobiegniew 70 E5
Dobieszewo 71 B7
Dobieszyn 72 G3
Doboj 81 B7
Dobova 39 G11
Doboz 77 D9
Dobrá 75 E9
Dobra *PL* 70 D4
Dobra *PL* 71 G8
Dobra *PL* 75 E12
Dobra *RO* 77 F11
Dobra *RO* 83 B9
Dobra *YU* 82 B3
Dobrá Niva 75 G10
Dobřany 41 E9
Dobrčane 82 F2
Dobre *PL* 71 E8
Dobre *PL* 72 F3
Dobre Miasto 72 C2
Dobreni 78 D6
Dobrešinci 87 B7
Dobreşti *RO* 77 D11
Dobreşti *RO* 82 C6
Dobreşti *RO* 83 A8
Dobrevo 82 G3
Dobrica 77 G9
Dobričevo 82 A2
Dobrich *BG* 83 G9
Dobrich *BG* 84 D3
Dobri Do 82 E2
Dobri Dol 82 D5
Dobrin 78 C1
Dobrinishte 82 G6
Dobříš 74 E3
Dobritz 43 F8
Dobřív 41 E10
Dobrljin 76 G1
Dobrna 39 F10
Dobrnič 39 G10
Dobrnja *BIH* 80 C5
Dobrnja *BIH* 81 C8
Dobrnje 82 B2
Dobro 23 C10
Dobrodzień 75 C9
Döbrököz 76 E4
Dobromierz 74 B6
Dobromir 84 C3
Dobromirka 83 E8
Dobromirtsi 87 B11
Dobromyl' 73 E4
Dobroń 71 G9
Dobron' 73 G4
Dobronín 74 E5
Dobro Polje *BIH* 81 E8
Dobro Polje *YU* 82 D3
Dobrošane 82 G3
Dobrosloveni 83 C7
Dobrosyn 73 D6
Dobroszyce 75 B7
Dobroteasa 83 B7
Dobroteşti 83 C8
Dobrotić 82 E2
Dobrotich 84 D3
Dobrotino 86 B6
Dobrotitsa 84 C2
Dobrovăţ 79 D9
Dobrovci 81 B8
Dobrovice 74 C4
Dobrovnik 76 D1
Dobrovol'sk 68 F5
Dobrowoda 73 D1
Dobruchi 67 C10
Dobrun *BIH* 81 D9
Dobrun *RO* 83 C7
Dobruşa 79 B10
Dobruševo 86 C5
Dobruška 74 D6
Dobryszyce 75 B10
Dobrzankowo 72 E2
Dobrzany 70 D4
Dobrzeń Wielki 75 C8
Dobrzyca 71 G7
Dobrzyków 71 F10
Dobrzyń nad Wisłą 71 E9
Dobšiná 75 F12
Dóc 77 E7
Docking 9 B10
Dockmyr 52 B3
Docksta 52 B6
Dockweiler 11 H9
Doclin 77 G10
Doddington 5 B8
Dodoni 86 F4
Dödre 52 B2
Doesburg 11 D8
Doetinchem 11 D8
Dofteana 79 E7
Doğanbey 88 D2
Doğancı 85 D6
Doğankaya 85 G4
Doğanköy 85 D6
Döge 73 H3
Dogliani 34 E2
Dognecea 77 G10
Dohna 41 B10
Dohňany 75 F9
Dohren 11 C10
Doiceşti 83 A9
Doïrani 87 C7
Doische 12 A6
Dois Portos 24 E2
Dojč 75 G7
Dojkinci 82 E4
Dokka 51 G7
Dokkas 60 D4
Dokkedal 44 C4
Dokkum 11 A7
Dokshytsy 69 F11
Doksy *CZ* 41 D10
Doksy *CZ* 74 C4
Doktor Yosifovo 82 D5
Dokupe 66 F2
Dolanog 8 B4
Dolbenmaen 8 B3
Dolceacqua 19 D9
Dol-de-Bretagne 14 D6
Dole *BIH* 81 C8
Dole *F* 13 G7
Dølemo 48 E5
Dolenci 86 B4
Dolenja Vas 39 G9
Dolenjske Toplice 39 G10
Dolgarrog 4 G5
Dolgellau 8 B4
Dolgen 43 D10
Dolgorukovo 72 B2
Dolhan 84 H2
Dolhasca 79 C7
Dolheşti *RO* 79 C7
Dolheşti *RO* 79 D9
Dołhobyczów 73 C6
Dolianova 32 G3
Dolice 70 D4
Dolichi 86 E6
Doljani *BIH* 80 E6
Doljani *HR* 80 C4
Doljevac 82 E3
Dolla 7 K4
Dolle 43 F7
Dollern 42 C5
Döllnitz 43 H8
Dollnstein 40 F6
Dollon 15 E9
Döllstädt 40 B6
Dolna 79 C9
Dolna Banya 82 F6
Dolna Dikanya 82 F5
Dolna Gradeshnitsa 87 B8
Dolnāja 69 C9
Dolna Lipnitska 83 D9
Dolna Makhala 83 F8
Dolna Melna 82 F4
Dolna Mitropoliya 83 D7
Dolna Oryakhovitsa 83 E9
Dolná Streda 75 H8
Dolná Strehová 75 H10
Dolná Súča 75 F8
Dolná Tižina 75 F10
Dolna Vasilitsa 82 F6
Dolné Orešany 75 G8
Dolné Vestenice 75 G9
Dolní Bousov 74 C4
Dolní Bukovsko 74 F3
Dolní Čermná 74 D6
Dolni Chiflik 84 E3
Dolní Dobrouč 74 D6
Dolni Dŭbnik 83 D7
Dolní Dvořiště 39 B9
Dolni Glavanak 85 A1
Dolní Kounice 74 F6
Dolni Lom 82 D4
Dolní Loučky 74 E6
Dolní Němčí 75 F8
Dolní Podluží 74 B4
Dolní Újezd *CZ* 74 D6
Dolní Újezd *CZ* 75 E8
Dolni Voden 83 G8
Dolní Žandov 41 D8
Dolno Dupeni 86 C4
Dolno Ezerovo 84 F2
Dolno Kamartsi 82 F6
Dolno Konjare 82 G3
Dolno Levski 83 F7
Dolno Osenovo 82 G5
Dolno Selo 82 G4
Dolno Tserovene 82 D5
Dolno Uyno 82 F4
Dolný Hričov 75 F9
Dolný Kubín 75 F10
Dolný Pial 76 A5
Dolný Štál 76 B3
Dolo 35 C9
Dolomieu 36 F3
Dolores 29 C11
Dolovo 82 A1
Dölsach 39 E7
Dolsk 70 G6
Dołubowo 72 E5
Dolus-d'Oléron 16 C2
Dolyna 73 F6
Dolyns'ke 79 B12
Dolzhitsy 67 D11
Domaháza 77 A7
Domaniewice *PL* 71 G10
Domaniewice *PL* 72 G2
Domanín 75 F7
Domaradz 73 E3
Domart-en-Ponthieu 12 A2
Domaševo 81 F7
Domašinec 76 E1
Domaşnea 77 G11
Domaszek 77 E7
Domaszków 74 D6
Domaszowice 75 B8
Domat Ems 37 D8
Domats 12 E3
Domažlice 41 E9
Dombås 50 D6
Dombasle-en-Xaintois 13 E7
Dombegyház 77 E9
Dombóvár 76 E4
Dombrád 73 H3
Dombresson 36 D5
Domburg 10 E4
Domegge di Cadore 38 F6
Domeikava 68 E6
Domène 36 G3
Domeniko 86 F6
Domérat 17 B9
Domèvre-en-Haye 13 D7
Domèvre-sur-Vezouze 13 D9
Domfront 15 D8
Domingo Pérez 26 E3
Dömitz 43 D7
Domlyan 83 F8
Dommartin-le-Franc 12 E6
Dommartin-Varimont 12 D6
Domme 17 E7
Dommitzsch 43 G9
Domneşti 83 B10
Domnitsa 86 H5
Domnovo 72 B2
Domodossola 37 E7
Domokos 86 G6
Domont 12 C2
Domorovce 82 F2
Dömös 76 B5
Domoszló 77 B7
Dompaire 13 E8
Dompcevrin 13 D7
Dompierre-les-Ormes 17 B12
Dompierre-sur-Besbre 17 B11
Dompierre-sur-Mer 16 C3
Dompierre-sur-Yon 16 A2
Dömsöd 76 C6
Domsühl 43 D8
Domus de Maria 32 H2
Domusnovas 32 G2
Domžale 39 G9
Donada 35 D9
Donagh 6 G5
Donaghadee 6 F8
Donaghmore *GB* 6 F6
Donaghmore *IRL* 7 J7
Đonaj 81 G11
Don Álvaro 24 F7
Doña Mencía 28 D5
Donard 7 K6
Donaueschingen 37 B7
Donauwörth 40 G6
Don Benito 24 E7
Doncaster 5 F9
Donchery 12 B6
Donduşeni 79 A8
Donegal 6 F4
Doneraile 7 M4
Dønfoss 50 D5
Dongen 10 E6
Donges 14 G6
Dongo 37 E8
Donici 79 C10
Doñinos de Salamanca 23 G7
Donja Bela Reka 82 C3
Donja Brela 80 E5
Donja Bukovica 81 F9
Donja Dubnica 82 E2
Donja Dubrava 76 E2
Donja Konjšćina 39 G11
Donja Kupčina 39 H11
Donja Lepenica 76 G3
Donja Mahala 76 G5
Donja Motičina 76 G4
Donja Šatornja 81 C11
Donja Stubica 39 G11
Donja Višnjica 39 F11
Donja Vrijeska 76 F3
Donja Zelina 76 F1
Donje Pazarište 80 C2
Donjeux 12 E6
Donji Andrijevci 76 G4
Donji Čaglić 76 G2
Donji Dubovnik 80 B4
Donji Dušnik 82 E3
Donji Kosinj 80 B2
Donji Krčin 82 D2
Donji Krivodol 82 E5
Donji Lapac 80 C3
Donji Miholjac 76 F4
Donji Milanovac 82 B3
Donji Proložac 80 E5
Donji Rujani 80 D5
Donji Seget 80 E4
Donji Srb 80 C4
Donji Striževac 82 E4
Donji Svilaj 76 G4
Donji Vakuf 80 D6
Donji Vijačani 80 B6
Donji Zemunik 80 D2
Donji Žirovac 80 B4
Donkerbroek 11 B8
Donnalucata 30 G5
Donnas 34 B2
Donnemarie-Dontilly 12 E3
Donnersbach 39 D9
Donnersdorf 40 D5
Donohill 7 L4
Donori 32 G3
Donostia-San Sebastián 20 B3

Falstad 54 G3
Fălticeni 78 C6
Falträsk 55 E11
Falun 52 G3
Famalicão 24 B5
Fambach 40 C5
Fameck 13 C8
Fámjin 3 C9
Fana 48 B2
Fanano 35 E7
Fanari 87 C11
Fanbyn 53 A7
Fångsjöbacken 52 B4
Fångsjön 55 H9
Fanipal' 69 H11
Fanjeaux 21 B10
Fanlo 20 D6
Fannrem 51 B7
Fano 35 F10
Fanore 7 J3
Fanos 86 C6
Fântânele RO 77 E10
Fântânele RO 78 E4
Fântânele RO 79 B7
Fanthyttan 46 B6
Fara Filiorum Petri 33 C8
Fărăgău 78 D3
Fara in Sabina 32 C6
Faraoani 79 E7
Faraonivka 79 E12
Fara San Martino 33 C8
Farasdues 20 D4
Fărău 78 E2
Fårberget 55 F11
Fårbo 45 B11
Fărcaş 82 B6
Fărcaşa RO 78 B1
Fărcaşa RO 78 C5
Fărcăşeşti 82 A5
Farchant 38 D4
Farciennes 10 G5
Fardal 48 D5
Fârdea 77 F11
Fardella 31 C8
Fardhem 47 G10
Fardrum 7 J5
Fareham 9 F8
Faremoutiers 12 D3
Fårevejle 44 E5
Fårevejle Stationsby 44 E5
Färgelanda 46 E3
Fargues 16 F4
Fårholmen 56 B4
Fårhus 44 G3
Färila 52 D3
Faringdon 9 D7
Farini 34 D5
Fariza de Sayago 22 F6
Färjestaden 45 C11
Farkadhon 86 F6
Farlete 20 E5
Fârliug 77 F10
Färlöv 45 E8
Färna 47 B7
Färnäs 52 F2
Farnborough 9 E8
Farndon 5 G7
Farnese 32 B4
Farnham 9 E8
Farnstädt 43 H7
Faro 25 K4
Fårö 47 F10
Faro do Alentejo 24 G4
Fårösund 47 F10
Farr 2 E5
Farra d'Alpago 38 G6
Farranfore 7 M3
Farre DK 44 D3
Farre DK 44 E2
Farsala 86 F6
Färsån 52 A4
Farsø 44 C3
Farstrup 44 C3
Farsund 48 G3
Fărţăneşti 79 F9
Fârţăţeşti 82 B6
Fårup 44 D3
Fårvang 44 D3
Farynava 69 D12
Fasano 31 B10
Fåset 51 D8
Fåssjodal 52 D3
Fasterholt 44 E2
Fasty 72 D5
Fatela 24 B5
Fatih 85 B6
Fátima 24 D3
Fatjas 60 E3
Fatmomakke 55 D8
Fatnica 81 F7
Fättjaur 55 D8
Faucogney-et-la-Mer 13 F8
Faugères 18 D2
Fauglia 34 G6
Fauguerolles 16 F5
Fauldhouse 4 B6
Faulenrost 43 C9
Faulquemont 13 C8
Fauquembergues 10 G2
Faura 27 E10
Făurei RO 79 D7
Făurei RO 79 G8
Făureşti 82 B6
Fauske 57 F3
Fauskevåg 57 C4
Fauville-en-Caux 15 B9
Faux 16 E6
Faux-la-Montagne 17 C8
Favaios 22 F4
Favale di Malvaro 34 E4
Fåvang 51 E7
Favara E 27 F10
Favara I 30 F3
Faverges 36 F4
Faverney 13 F8
Faverolles 17 E10
Faversham 9 E10
Favignana 30 E1
Fawley 9 F7
Fay-de-Bretagne 14 G6
Fayence 19 D8
Fayl-la-Forêt 13 F7
Fayón 21 F7
Fay-sur-Lignon 17 E12
Fažana 35 D12
Fazeley 9 B7
Feakle 7 K4
Fécamp 15 B9
Feda 48 F3
Fedamore 7 L4
Fedje 50 G1
Fedosiyivka 79 B11
Feeard 7 L2
Feeny 6 E6
Fegen 45 B7
Fégréac 14 F6
Fegyvernek 77 C8
Fehérgyarmat 77 B11
Fehrbellin 43 E9
Fehring 39 E11
Feijó 24 F2
Feilitzsch 41 C7
Feillens 36 E2
Feira do Monte 22 B4
Feissons-sur-Isère 36 G4
Feistritz im Rosental 39 F9
Feistritz ob Bleiburg 39 F9
Feiteira 25 K4
Feketić 77 F7
Felanitx 29 F10
Felchow 70 E3
Felcsút 76 C5
Feld am See 39 E8
Feldbach 39 E11
Feldballe 44 D4
Feldberg 43 D10
Felde 42 B5
Feldebrő 77 B8
Feldioara 78 F5
Feldkirch 38 D2
Feldkirchen in Kärnten 39 E8
Feldkirchen-Westerham 38 C5
Feldru 78 C3
Feleacu 78 D2
Felgar 22 F5
Felgueiras 22 F3
Felgyő 77 D7
Feliceni 78 E4
Felindre 8 C5
Félines 17 D11
Felino 34 D6
Felitto 30 C6
Félix 29 E8
Felixdorf 76 B1
Felixstowe 9 D11
Felizzano 34 D3
Fell 13 B9
Fellbach 40 F4
Felletin 17 C8
Fellingsbro 46 C6
Felnac 77 E9
Felsberg 40 B4
Felsődobsza 73 H2
Felsőlajos 76 C6
Felsőnyárád 73 H1
Felsőnyék 76 D4
Felsőpakeny 76 C6
Felsőszentiván 76 E6
Felsőszentmárton 76 F3
Felsőtárkány 77 B8
Felsőzsolca 77 A9
Felsted 44 G3
Felton 5 C8
Feltre 35 B9
Feltwell 9 C10
Femundsenden 51 D9
Femundsundet 51 E9
Fénay 12 G6
Fendeille 21 B10
Fenerköy 85 B5
Fenes 57 C4
Fenestrelle 19 A8
Fénétrange 13 D9
Feneu 15 F8
Fengersfors 46 D3
Fenioux 16 B4
Fenis 36 F6
Fenit 7 M2
Feniton 8 F5
Fensmark 44 F6
Fenstanton 9 C9
Fenwick 5 B8
Fényeslitke 77 A11
Feolin Ferry 4 B3
Feonanagh 7 L3
Fépin 12 A6
Ferbane 7 J5
Ferdinandea 31 F8
Ferdinandovac 76 E3
Ferdinandshof 43 C10
Fère-Champenoise 12 D5
Fère-en-Tardenois 12 C4
Férel 14 G5
Ferentillo 32 B6
Ferentino 32 D6
Feres 85 C1
Férez 29 B9
Feria 24 F6
Feričanci 76 F4
Ferlach 39 F9
Fermentelos 22 H2
Fermignano 35 F10
Fermo 35 G12
Fermoselle 22 F6
Fermoy 7 M4
Fernáncaballero 26 F4
Fernán Núñez 28 D4
Ferndown 9 F7
Ferness 2 D6
Ferney-Voltaire 36 E4
Fernitz 39 E11
Ferns 7 L6
Feroleto Antico 31 F8
Ferrals-les-Corbières 21 B11
Ferrandina 31 C8
Ferrara 35 D8
Ferrazzano 33 D9
Ferreira E 22 B4
Ferreira P 22 E2
Ferreira do Alentejo 25 H3
Ferreira do Zêzere 24 C3
Ferreiros 22 E3
Ferrel 24 D1
Ferreras de Abajo 22 E6
Ferreras de Arriba 22 E6
Ferrere 34 D2
Ferreries 29 E11
Ferreruela de Huerva 20 G4
Ferreruela de Tábara 22 E6
Ferrette 36 C5
Ferriere 34 D5
Ferrières B 11 G7
Ferrières F 12 E3
Ferritslet 44 F4
Ferrol 22 B3
Ferrybank 7 K7
Ferryhill 5 D8
Fertilia 32 E1
Fertőd 76 B2
Fertőrákos 76 B2
Fertőszentmiklós 76 B2
Ferwerd 11 A7
Feshiebridge 2 E6
Fessenheim 36 B6
Festieux 12 B4
Festvåg 57 F3
Feteşti MD 79 A8
Feteşti RO 84 B3
Feteşti-Gară 84 B3
Fethard IRL 7 L5
Fethard IRL 7 M6
Fetsund 49 C8
Fettercairn 3 F7
Feucht 40 E6
Feuchtwangen 40 F5
Feugarolles 16 F5
Feuquières 15 B11
Feuquières-en-Vimeu 15 A11
Feurs 17 C12
Fevåg 54 G2
Fevik 48 F5
Feytiat 17 C7
Ffestiniog 8 B4
Ffostrasol 8 C3
Fiac 17 G8
Fiamignano 32 C6
Fiano 36 G6
Fiano Romano 32 C5
Fiavè 35 B7
Ficarazzi 30 E3
Ficarolo 35 D8
Fichtelberg 41 D7
Fichtenberg 40 F4
Ficulle 32 B4
Fiddown 7 L5
Fide 47 H10
Fidenza 34 D5
Fidjeland 48 E4
Fiè allo Sciliar 38 F5
Fieberbrunn 38 D6
Fieni 78 G5
Fier 86 D2
Fiera di Primiero 38 G5
Fierbinţi-Târg 83 B10
Fierzë 81 G10
Fiesch 37 E7
Fiesole 35 F7
Fiesso Umbertiano 35 D8
Figaniéres 19 D7
Figari 19 G11
Figeac 17 F8
Figeholm 45 B12
Figgio 48 E2
Figline Valdarno 35 F8
Figueira da Foz 24 B2
Figueira de Castelo Rodrigo 22 G5
Figueira e Barros 24 E4
Figueiredo de Alva 22 G3
Figueiró da Granja 22 G4
Figueiró dos Vinhos 24 C3
Figueres 21 D11
Figueroles 27 D10
Figueruela de Arriba 22 E6
Filadelfia 31 F8
Filaki 85 A2
Fil'akovo 75 H11
Filatova-Gora 67 F10
Filattiera 34 E5
Fildu de Jos 78 D1
Filettino 33 D7
Filey 5 E10
Filiano 31 B7
Filiaşi 82 B6
Filiates 86 F3
Filiatra 88 D3
Filicudi Porto 30 D5
Filipeni 79 D8
Filipeşti 79 D7
Filipeştii de Pădure 83 A9
Filipeştii de Târg 83 A9
Filipjakov 80 D3
Filipovtsi 82 E4
Filipów 72 B5
Filippiada 86 G4
Filipstad 46 B5
Filisur 37 D9
Fillan 54 G1
Fillinges 36 E4
Fillyra 87 C12
Filotas 86 D5
Filoti 89 D10
Filottrano 35 G11
Filsbäck 46 E4
Filskov 44 E2
Filsum 11 B10
Filton 8 E6
Filzmoos 39 D8
Fimber 5 E9
Finale 30 E4
Finale Emilia 35 D8
Finale Ligure 34 E3
Fiñana 29 E7
Finavon 3 F7
Finby FIN 53 G8
Finby FIN 64 G4
Findern 9 B7
Findhorn 2 D6
Fındıklı TR 85 D2
Fındıklı TR 85 E4
Findochty 3 D7
Findon 9 F9
Finestrat 27 H10
Finhan 17 G7
Finiq 86 E2
Finiş 77 D11
Finja 45 D8
Finkenstein 39 F8
Finnbacka 52 F3
Finnbodarna 52 F2
Finnböle 52 G5
Finnbyen 57 D1
Finnea 7 H5
Finneby 52 D3
Finnentrop 11 F10
Finnerödja 46 D5
Finnes N 57 B5
Finnes N 57 G2
Finnfjordeidet 57 B6
Finnfors 56 E2
Finngruvan 51 G11
Finnholt 49 B9
Finningham 9 C11
Finnkroken 58 D2
Finnøy 57 D3
Finnsådal 48 F4
Finnsäter 54 G6
Finnset N 50 C5
Finnset N 57 D3
Finnset N 57 F2
Finnseter 57 C4
Finnshögst 52 E3
Finnskog 51 G10
Finnsnes 57 B6
Finntorp 46 C3
Finnträsk 56 D3
Finnvik 58 D2
Finnvika 54 B5
Finnygaud 3 D7
Fino Mornasco 34 B4
Finowfurt 43 E10
Finse 48 A4
Finsjö 45 B11
Finspång 47 D7
Finsterwalde 43 G10
Finström 53 G8
Finta 83 B9
Fintel 42 D5
Fintice 73 F2
Fintona 6 F5
Fintown 6 E4
Finuge 7 L3
Finvoy 6 E6
Fionnphort 2 G2
Fiorano Modense 35 E7
Fiorenzuola d'Arda 34 D5
Fiplingkroken 54 D6
Firenze 35 F7
Firenzuola 35 E8
Firlej 72 H4
Firmi 17 F8
Firminy 17 D12
Firmo 31 D8
First Coast 2 D3
Fiscal 20 D6
Fischach 40 H6
Fischbach A 39 D11
Fischbach D 13 B9
Fischbachau 38 C5
Fischbach bei Dahn 13 C10
Fischbeck 43 E8
Fischen im Allgäu 37 C10
Fishguard 8 D2
Fiskå 50 D2
Fiskardo 88 B2
Fiskarheden 51 F11
Fiskari 64 G4
Fiskebäckskil 46 E2
Fiskebøl 57 D3
Fiskefjord 57 C3
Fiskö 64 F2
Fiskøy 57 C4
Fisksätra 47 C9
Fismes 12 C4
Fisterra 22 C1
Fıstıklı 85 D6
Fitero 20 E3
Fitioneşti 79 F7
Fitjar 48 C2
Fitou 21 C11
Fitz-James 12 C2
Fiuggi 32 D6
Fiumalbo 34 E6
Fiumefreddo Bruzio 31 E8
Fiumefreddo di Sicilia 30 E6
Fiumicino 32 D5
Fiunary 2 F3
Fivemiletown 6 F5
Fivizzano 34 E6
Fix-St-Geneys 17 E11
Fizeşu Gherlii 78 C2
Fjær 57 F3
Fjäl 52 A2
Fjälkinge 45 E9
Fjäll 46 B3
Fjällåkern 52 B6
Fjällåsen 60 C2
Fjällbacka 46 E2
Fjällnäs 51 C9
Fjällsjö 55 G9
Fjällsjönäs 55 C9
Fjärås Kyrkby 44 B6
Fjärdhundra 47 B8
Fjätervålen 51 D10
Fjell 48 B1
Fjellbu 57 D5
Fjelldal 57 C4
Fjelle 54 F3
Fjellerup 44 D4
Fjellnes 57 F3
Fjellstad 58 F2
Fjelsø 44 C3
Fjelsted 44 F3
Fjelstervang 44 E2
Fjelstrup 44 F3
Fjenneslev 44 F5
Fjerritslev 44 C2
Fjone 48 D5
Fjordgard 57 A5
Fjørvikan 50 B5
Fjugesta 46 C6
Flå 48 B6
Flachau 39 D7
Fladungen 40 C5
Flagnac 17 F8
Flaine 36 F5
Flaka 53 H8
Flakaberg 60 E4
Flakaträsk S 55 D9
Flakaträsk S 55 F11
Flakk 54 H3
Flakkebjerg 44 F5
Flakstad 57 B5
Flåm 50 G4
Flamanville 14 B6
Flămânzi 79 B7
Flamborough 5 E10
Flamouria 86 D6
Flampouro 87 C8
Flärke 55 G11
Flarken 56 E3
Flassans-sur-Issole 19 E7
Flästa 52 E4
Flatabø 48 B3
Flåten 58 D4
Flatøydegard 51 F7
Flått 54 E5
Flattach 39 E7
Flattnitz 39 E8
Flatval 54 G1
Flauenskjold 44 B4
Flavigny-sur-Moselle 13 D8
Flavigny-sur-Ozerain 12 F5
Flavin 17 F9
Flawil 37 C8
Flayosc 19 D7
Flechtingen 43 F7
Flecken Zechlin 43 D9
Fleet 9 E8
Fleetmark 43 E7
Fleetwood 4 F6
Flein 40 F4
Flekkefjord 48 F3
Flémalle 11 G7
Flen 47 D8
Flensburg 44 G3
Flenstad 54 G3
Fleringe 47 F10
Flermoen 51 F10
Flerohopp 45 C11
Fléron 11 G7
Flers 15 D8
Flers-en-Escrebieux 10 G3
Flesberg 48 C6
Flesnes 57 C4
Flessau 43 E7
Flesvik 50 A6
Fleurance 16 G6
Fleuré 16 B5
Fleurie 36 E2
Fleurier 13 H8
Fleurus 10 G5
Fleury 18 E2
Fleury-les-Aubrais 15 F11
Fleury-sur-Andelle 15 C10
Fléville-Lixières 13 C7
Flieden 40 C4
Fließ 38 E4
Flimby 4 D6
Flims 37 D8
Flint 4 G6
Flintbek 42 B5
Flirey 13 D7
Flisa 51 G9
Flisby 46 F6
Fliseryd 45 B11
Flix 21 F7
Flixecourt 15 A11
Flize 12 B6
Floby 46 E4
Floda S 46 F3
Floda S 52 G2
Flodden 5 B8
Flogned 46 B3
Flogny-la-Chapelle 12 F4
Floh 40 C5
Flöha 41 B9
Floing 12 B6
Floirac 16 E4
Flokenes 50 E2
Floq 86 D4
Flor 52 D3
Florac 17 F10
Florange 13 C8
Floreffe 10 G6
Florennes 10 H6
Florenville 13 B7
Flores de Ávila 23 G8
Floresta 30 E6
Floreşti MD 79 B10
Floreşti RO 78 D2
Floreşti RO 78 G5
Floreşti RO 82 B5
Floreşti-Stoeneşti 83 B9
Floriada 86 G4
Florida de Liébana 23 G7
Floridia 30 G6
Florina 86 D5
Florinas 32 D2
Florø 50 E1
Flörsbach 40 D4
Flosjöhyttan 46 C5
Flossenbürg 41 E8
Flöthe 42 F6
Flötningen 51 E9
Flötuträsk 56 C3
Floure 21 B10
Flovika 57 D3
Fluberg 51 G7
Flüelen 37 D7
Flühli 36 D6
Flumeri 33 E10
Flumet 36 F4
Fluminimaggiore 32 G2
Flums 37 D8
Fluren 52 E4
Flurkmark 56 F2
Flussio 32 E2
Fly 44 D2
Flyggsjö 55 G11
Flyinge 45 E8
Flykälen 55 G7
Flyn 55 G9
Fobello 34 B2
Foča 81 E8
Foça 85 G2
Focant 12 A6
Fochabers 3 D7
Fockbek 42 B5
Focşani 79 F8
Focuri 79 C8
Foëcy 12 G2
Foeni 77 F9
Foggia 33 D10
Foglianise 33 E9
Föglö 53 H9
Fohnsdorf 39 D9
Fohrde 43 F8
Föhren 13 B9
Foiano della Chiana 35 G8
Foieni 77 B11
Foinikountas 88 E4
Foix 21 C9
Fojnica 81 D7
Foktő 76 D5
Földeák 77 E8
Foldereid 54 E5
Földes 77 C9
Fole DK 44 F2
Fole S 47 F10
Folea 87 C9
Folegandros 89 E9
Folgarìa 35 B7
Folgoso de Courel 22 D5
Folgoso de la Ribera 22 C6
Folignano 33 B7
Foligno 32 A6
Folkestad 50 D3
Folkestone 9 F11
Folkingham 9 B9
Follafoss 54 G4
Folldal 51 D7
Follebu 51 F7
Føllenslev 44 E5
Follina 35 B9
Follingbo 47 G10
Föllinge 55 G7
Follonica 32 A2
Folly Gate 8 F3
Fölsbyn 46 C3
Folschviller 13 C8
Folteşti 79 F9
Fonaïtika 88 C3
Fondevila 22 E3
Fondi 33 E7
Fondón 29 E7
Föne 52 D3
Fönebo 52 D4
Fonelas 29 D7
Fonfría E 20 G5
Fonfría E 22 E6
Fønhus 51 G7
Fonn 50 E3
Fonni 32 E3
Fonroque 16 E5
Fonsorbes 21 B8
Fontaine F 36 B5
Fontaine F 36 G3
Fontainebleau 12 E3
Fontaine-Française 13 F7
Fontaine-le-Bourg 15 B10
Fontaine-le-Dun 15 B10
Fontaine-lès-Luxeuil 13 F8
Fontainemore 34 B2
Fontaines F 12 F4
Fontaines F 36 D2
Fontan 19 C9
Fontanar 26 C5
Fontanarejo 26 F3
Fontane 34 E2
Fontanelice 35 E8
Fontanellato 34 D6
Fontanès 17 G11
Fontanigorda 34 E4
Fontanosas 26 G3
Fontecchio 33 C7
Fontellas 20 E4
Fontenay-le-Comte 16 B3
Fontenilles 21 B8
Fontenoy 12 F4
Fontenoy-le-Château 13 F8
Fontes 24 D3
Fontevrault-l'Abbaye 15 G9
Fontiveros 23 G8
Font-Romeu-Odeillo-Via 21 D10
Fontstown 7 K6
Fontvieille 18 D4
Fonyód 76 D3
Fonz 21 E7
Fonzaso 35 B8
Foppolo 34 B5
Forano 32 C5
Forăşti 78 C6
Forbach D 40 G2
Forbach F 13 C9
Förby 64 G3
Forcall 20 G6
Forcalquier 18 C6
Forcarei 22 C3
Force 33 A7
Forchheim 40 E6
Forchtenstein 76 B1
Ford GB 2 G4
Ford GB 5 B8
Ford IRL 7 L7
Førde N 48 C2
Førde N 50 E2
Förderstedt 43 G7
Fordham 9 C10
Fordingbridge 9 F7
Fordongianus 32 F2
Fordoun 3 F7
Fore 57 C2
Foreneset 48 D3
Forenza 31 B7
Føresvik 48 D2
Forfar 3 F7
Forges-les-Eaux 15 B11
Forgie 3 D7
Forino 30 B6
Forio 30 B4
Föritz 40 C6
Forjães 22 E2
Forkhill 6 G6
Førland 48 F4
Forlev 44 F5
Forlì 35 E9
Forlimpopoli 35 E9
Formazza 37 E7
Formby 4 F6
Formello 32 C5
Formerie 15 B11
Formia 33 E7
Formiche Alto 27 D9
Formicola 33 E8
Formigine 35 E7
Formigliana 34 C2
Formignana 35 D8
Formiguères 21 C10
Formofoss 54 F5
Fornåsa 46 E6
Fornelli 32 D1
Fornells 29 E11
Fornells de la Selva 21 E11
Fornes N 57 C3
Fornes N 57 C5
Forni Avoltri 39 F7
Forni di Sopra 38 F6
Forni di Sotto 38 F6
Forno Alpi Graie 36 G5
Forno di Zoldo 38 F6
Fornos 22 F5
Fornos de Algodres 22 G4
Fornovo di Taro 34 D6
Foros de Vale Figueira 24 F3
Foros do Arrão 24 E3
Forotic 77 G10
Forøy 57 G2
Forra 57 D5
Forráskút 77 E7
Forres 2 D6
Forró 73 H2
Fors S 52 B4
Fors S 52 G4
Fors S 55 H11
Forså N 57 C5
Forså N 57 D4
Forsand 48 E3
Forsåsen 55 G7
Forsbäck 55 C8
Forsbacka 52 G5
Forsbakken 57 C6
Forsby FIN 62 G3
Forsby FIN 65 F7
Forserum 46 F5
Forset 57 C6
Forshaga 46 C4
Forshed 60 F4
Forsheda 45 B8
Forsholm 55 E11
Forsinard 2 C5
Forsland 54 B5
Førslev 44 F6
Förslöv 45 D7
Forsmark S 52 G6
Forsmark S 55 D8
Forsmo 52 A5
Forsnacken 55 D9
Forsnäs S 55 C10
Forsnäs S 60 E1
Forsnäs S 60 F3
Forsnes 54 H1
Forsøl 58 B6
Forssa 64 F4
Forsse 52 B5
Forssjö 47 D7
Forst D 40 F3
Forst D 70 G3
Forstinning 38 C5
Forsträskhed 56 B4
Forsvik 46 E5
Fortanete 27 D10
Fort Augustus 2 E5
Forte 22 C2
Forter 2 F6
Fortezza 38 E5
Forth 4 B6
Fortios 24 D5
Fort-Mahon-Plage 10 G1
Fortrose 2 D5
Fortuna 29 C10
Fortuneswell 8 G6
Fort William 2 F4
Forvik 54 C5
Fos 21 C8
Fosdinovo 34 E5
Foskros 51 D10
Foskvallen 51 E10
Fosnavåg 50 D2
Fosnesvågen 54 E4
Fossacesia 33 C8
Fossalta di Portogruaro 35 B10
Fossano 34 E2
Fossato di Vico 35 G10
Fossby 49 D9
Fosse 48 B3
Fosser 49 C9
Fosses-la-Ville 10 G6
Fossheim 58 E3
Fossiat 36 E2
Fossing 48 E6
Fossmork 48 E3
Fossombrone 35 F10
Fos-sur-Mer 18 D5
Fót 76 B6
Foteina 86 E6
Fotherby 5 G10
Fotinovo 83 G7
Fotolivos 87 C9
Foucarmont 15 B11
Fouesnant 14 F3
Foug 13 D7
Fougères 15 E7
Fougerolles 13 F8
Fougerolles-du-Plessis 15 E7
Fouilloy 12 B3
Foulain 12 E6
Foulayronnes 16 F6
Fountain Cross 7 K3
Fouras 16 C3
Fourcès 16 G5
Fourchambault 12 G3
Four Elms 9 E9
Fourfouras 89 G9
Fourmies 12 A5
Fourna 86 G5
Fournels 17 E10
Fournes 89 F8
Fournoi 89 C12
Fourques F 18 D4
Fourques F 21 D11
Fours 17 A11
Foustani 86 C6
Fownhope 8 D5
Foxas 22 B3
Foxdale 4 E4
Foxford 6 G3
Foyers 2 E5
Foygh 7 H5
Foynes 7 L3
Foz E 22 B4
Foz P 24 E3
Foz do Arelho 24 D2
Foz do Sousa 22 G2
Foz Giraldo 24 C4
Frabosa Soprana 34 E2
Frącki 72 C5
Frades de la Sierra 23 G7
Fraga 21 F7
Fragagnano 31 C10
Fraham 39 B8
Frailes 28 D6
Fraire 10 H5
Fraisans 13 G7
Fraize 36 A5
Frameries 10 G4
Framfjord 50 F3
Framlev 44 D3
Framlingham 9 C11
Främlingshem 52 G5
Främmestad 46 E3
Frampol 73 C4
Frampton 9 B9
Francavilla al Mare 33 B8
Francavilla di Sicilia 30 E6
Francavilla Fontana 31 B10
Francavilla in Sinni 31 C8
Francescas 16 G5
Frânceşti 78 G3
Franco 22 F4
Francofonte 30 F5
Francorchamps 11 G7
Francoulès 17 F7
Francova Lhota 75 F9
Frändefors 46 E3
Franeker 11 B7
Frangy 36 F3
Frankenau 40 B3
Frankenberg 41 B9
Frankenberg (Eder) 40 B3
Frankenburg am Hausruck 39 C8
Frankenfels 39 C10
Frankenheim 40 C5
Frankenmarkt 39 C8
Frankenthal (Pfalz) 40 E2
Frankfurt am Main 40 D3
Frankfurt an der Oder 70 F3
Frankowo 72 C2
Frankrike 54 G6
Frånö 52 B6
Franois 13 G7
Fränsta 52 C4
Františkovy Lázně 41 D8
Franzburg 43 B9
Frascati 32 D5
Frascineto 31 D8
Fraserburgh 3 D8
Frasin MD 79 A8
Frasin RO 78 B5
Frăsinet 84 B2
Frasne 36 D4
Frasnes-lez-Buissenal 10 G4
Frasnes-lez-Gosselies 10 G5
Frassinoro 34 E6
Frasso Telesino 33 E9
Frastanz 38 D2
Frata 78 D2
Frătăuţii Noi 78 B5
Frătăuţii Vechi 78 B5
Fratel 24 D4
Frăteşti 83 C10
Fratta Polesine 35 D8
Fratta Todina 32 B5
Fraubrunnen 36 D6
Frauenau 41 F9
Frauenfeld 37 C8
Frauenkirchen 76 B2
Frauental an der Laßnitz 39 E10
Frauenwald 40 C6
Fraunberg 41 G7
Frayssinet-le-Gélat 16 F6
Frecăţei RO 79 G10
Frecăţei RO 84 A4
Frechas 22 F5
Frechen 11 F9
Frechilla 23 D8
Freckleton 5 F7
Fredensborg 44 E6
Fredericia 44 F3
Frederiks 44 D2
Frederiksberg DK 44 F5
Frederiksberg DK 45 E7
Frederikshavn 44 B4
Frederikssund 44 E6
Frederiksværk 44 E6
Fredersdorf 43 E10
Fredrika 55 F11
Fredriksberg 46 A5
Fredriksdal 46 F5
Fredrikstad 49 D8
Freemount 7 M3
Fregenal de la Sierra 24 G6
Fregene 32 D5
Freginals 21 G7
Fréhel 14 D5
Freiberg 41 B9
Freiburg (Elbe) 42 C5
Freiburg im Breisgau 36 B6
Freiensteinau 40 C4
Freienwill 44 G3
Freihung 41 E7
Freila 29 D7
Freilassing 39 C7
Freisen 13 B9
Freising 41 G7
Freissinières 19 B7
Freistadt 39 B9
Freistatt 42 E4
Freistroff 13 C8
Freital 41 B10
Freixedas 22 G5
Freixianda 24 C3
Freixiosa 22 G4
Freixo 22 E2
Freixo de Espada à Cinta 22 G5
Frejlev 44 C3
Fréjus 19 D8
Frekhaug 48 B2
Frellstedt 43 F7
Freluga 52 E4
Fremdingen 40 F5
Fremington 8 F3
Frenchpark 7 H4
Frencq 10 G1
Frensdorf 40 D6
Frenštát pod Radhoštěm 75 E9
Freren 11 C10
Fresach 39 E8
Fresagrandinaria 33 C9
Freshford 7 K5
Freshwater 9 F7
Fresnay-sur-Sarthe 15 E9
Fresneda de la Sierra 27 D7
Fresnedoso de Ibor 24 D8
Fresnes-en-Woëvre 13 C7
Fresnes-sur-Apance 13 F7
Fresne-St-Mamès 13 F7
Fresno Alhándiga 23 G7
Fresno de la Ribera 23 F7
Fresno de Sayago 23 F7
Fresno el Viejo 23 F8
Fresnoy-Folny 15 B11
Fresnoy-le-Grand 12 B4
Fresse-sur-Moselle 36 B5
Fressingfield 9 C11
Fresvik 50 F4
Freswick 3 B7
Fretigney-et-Velloreille 13 G7
Freudenberg 11 F10
Freudenstadt 40 G2
Frévent 10 H2
Freyburg (Unstrut) 41 B7
Freyenstein 43 D8
Freyming-Merlebach 13 C9
Freyung 41 F10
Friarfjorden 59 C9
Frías 23 C11
Fribourg 36 D5
Frick 36 C6
Fričovce 73 F2
Fridafors 45 D9
Fridalen 57 F3
Fridaythorpe 5 E9
Fridingen an der Donau 37 B8
Fridlevstad 45 D10
Fridolfing 39 C7
Frieda (Meinhard) 40 B5
Friedberg A 39 D11
Friedberg D 40 G6
Friedberg (Hessen) 40 C3
Friedeburg 11 A10
Friedeburg (Saale) 43 G8
Friedenfels 41 D8
Friedersdorf D 43 F10
Friedersdorf D 43 G8
Friedewald 40 B4
Friedland D 42 H5
Friedland D 43 C10
Friedland D 70 F3
Friedrichroda 40 B5
Friedrichsbrunn 43 G7
Friedrichsdorf 11 H11
Friedrichshafen 37 B9
Friedrichskoog 42 B4
Friedrichsruhe 43 C8
Friedrichstadt 42 B4
Friedrichswalde 43 D10
Frielendorf 40 B4
Friemar 40 B6
Friesach 39 E9
Friesack 43 E9
Friesenheim 13 E10
Friesenried 37 B10
Friesoythe 11 B10
Frifelt 44 F2
Frigento 33 E10
Friggesund 52 D4
Frigiliana 28 E6
Frignicourt 12 D5
Frihetsli 58 F3
Friitala 64 D2
Frikes 88 B2
Frikstad 48 F5
Frillesås 44 B6
Frinnaryd 46 F6
Frinton-on-Sea 9 D11
Friockheim 3 F7
Friol 22 C4
Frisange 13 B8
Fristad 46 F4
Fritsla 45 B7
Fritzens 38 D5
Fritzlar 40 B4
Friville-Escarbotin 15 A11
Frizington 4 D6
Froďba 3 C9
Frödinge 47 F7
Frodsham 5 G7
Froges 36 G3
Frogmore 9 E8
Frohburg 41 B8
Frohnleiten 39 D10
Froideconche 13 F8
Froissy 12 B2
Fröjel 47 G9
Froland 48 F5
Frolosh 82 G5
Frombork 71 B9
Frome 8 E6
Fromentine 16 A1
Frómista 23 D9
Fröndenberg 11 E10
Fronhausen 40 C3
Fronsac F 16 E4
Fronsac F 21 C7
Fronteira 24 E4
Frontenay-Rohan-Rohan 16 B4
Frontenhausen 41 G8
Frontignan 18 D3
Fronton 17 G7
Frösakull 45 C7
Frose 43 G7
Fröseke 45 C11
Frosinone 33 D7
Frøskeland 57 C3
Frøslev 44 C2
Frösö 52 B2
Frosolone 33 D8
Frosta 54 G3
Frostadheia 50 A5
Frøstrup 44 C2
Frouard 13 D8
Frövi 46 C6
Frufällan 46 F4
Fruges 10 G2
Frumoasa RO 78 E5
Frumoasa RO 83 D9
Frumosu 78 B5
Frumuşani 83 C10
Frumuşica 79 B7
Frumuşiţa 79 F9
Frunzivka 79 C12
Frutigen 36 E6
Frýdek-Místek 75 E9
Frýdlant 74 B4
Frýdlant nad Ostravicí 75 E9
Frygnowo 71 D10
Fryksås 52 F2
Frymburk 39 B9
Fryšták 75 F8
Frysztak 73 E3
Fteri 88 B4
Fubine 34 D3
Fucecchio 35 F7
Fuchstal 38 C4
Fuencaliente 28 B5
Fuendejalón 20 E4
Fuengirola 28 F4
Fuenlabrada 26 D4
Fuenmayor 20 D2
Fuensalida 26 E3
Fuensanta E 27 F7
Fuensanta E 29 C9
Fuensanta de Martos 28 D6
Fuente-Álamo 27 G8
Fuente Álamo 29 C10
Fuentealbilla 27 F8
Fuentecambrón 23 F11
Fuentecén 23 E10
Fuente de Cantos 24 G6
Fuente del Arco 24 G7
Fuente del Maestre 24 F6
Fuente de Pedro Naharro 26 E5
Fuente de Piedra 28 E4
Fuente Díaz 22 C3
Fuente el Fresno 26 F4
Fuente el Saz de Jarama 23 G11
Fuente el Sol 23 F8
Fuenteguinaldo 24 B6
Fuentelapeña 23 F8
Fuentelcésped 23 F10
Fuentelespino de Haro 26 E6
Fuentelespino de Moya 27 E8
Fuentelmonge 20 F3
Fuentenovilla 26 D5
Fuente Obejuna 24 G8
Fuente Palmera 28 C4
Fuentepelayo 23 F10
Fuentepinilla 20 F2
Fuenterodos 20 F5
Fuenterrebollo 23 F10
Fuenterroble de Salvatierra 24 A7
Fuentesaúco 23 F7
Fuentesaúco de Fuentidueña 23 F10
Fuentes-Claras 20 G4
Fuentes de Andalucía 28 D3
Fuentes de Ebro 20 F5
Fuentes de Jiloca 20 F4
Fuentes de León 25 H6
Fuentes de Nava 23 E9
Fuentes de Oñoro 22 G5
Fuentes de Ropel 23 E7
Fuentespalda 20 G6
Fuente-Tójar 28 D5
Fuente Vaqueros 28 D6
Fuentidueña 23 F10
Fuerte del Rey 28 C6
Fuertescusa 27 D7
Fügen 38 D5
Fuglafjørður 3 B9
Fugleberg 57 C5
Fuglebjerg 44 F5
Fuglstad 54 D5
Fuhrberg (Burgwedel) 42 E5
Fulda 40 C4
Fulford 5 F9
Fulga 83 A10
Fulham 9 E9
Fullbro 47 D9
Fulnek 75 E8
Fülöp 77 B11
Fülöpháza 76 D6
Fülöpszállás 76 D6
Fulunäs 51 F10
Fumay 12 B6
Fumel 16 F6
Fumone 32 D6
Funäsdalen 51 C10
Fundada 24 C3
Fundão 24 B5
Fundata 78 G4
Fundeni RO 79 F8
Fundeni RO 83 B10
Funder Kirkeby 44 D3
Fundulea 83 B11
Fundu Moldovei 78 B5
Funes E 20 D3
Funes I 38 F5
Funzie 3 B12
Furadouro 22 G2
Furceni 79 C11
Furci 33 C9
Furci Siculo 30 E6
Furculeşti 83 C8
Furiani 19 E12
Furnace 2 G4
Furnari 30 E6
Furraleigh 7 M5
Fürstenau 11 C10
Fürstenberg D 42 G5
Fürstenberg D 43 D9
Fürstenberg (Lichtenfels) 40 B3
Fürstenfeld 39 E11
Fürstenfeldbruck 38 C4
Fürstenwalde 43 F10
Fürstenwerder 43 D10
Fürstenzell 41 G9
Furta 77 C10
Furtan 46 B3
Furtei 32 G2
Fürth D 40 E3
Fürth D 40 E6
Furth 41 G8
Furth bei Göttweig 39 B11
Furth im Wald 41 E9
Furtwangen im Schwarzwald 37 B7
Furuberg 52 D4
Furuby 45 C10
Furudal N 58 E2
Furudal S 52 F3
Furudals bruk 52 E3
Furuflaten 58 E3
Furuögrund 56 D3
Furusjö 46 F5
Furusund 47 B10
Furutangvikja 54 E6
Furuvik 52 G5
Fusa 48 B2
Fuscaldo 31 E8
Fushë-Arrëz 81 H10
Fushë-Bardhe 86 E2
Fushë-Krujë 86 B2
Fushë-Kuqe 86 B2
Fusignano 35 E9
Fußach 38 D2
Füssen 38 D4
Fussy 12 G2
Fustiñana 20 E4
Futeau 12 C6
Futog 77 G7
Futrikelv 58 D2
Fuveau 18 D6
Füzesabony 77 B8
Füzesgyarmat 77 C9
Fužine 80 A1
Fychtio 88 C5
Fyfield 9 D10
Fylaki 87 G7
Fyli 89 B7
Fyllinge 45 C7
Fyllo 86 F6
Fynshav 44 G3
Fyrås 55 G8
Fyrde 50 D3
Fyresdal 48 D5
Fyteies 86 H4
Fyvie 3 D7

G

Gaal 39 D9
Gabaldón 27 E7
Gabare 82 D6
Gabarret 16 G5
Gabčíkovo 76 B3
Gabela 80 F6
Gaber 82 E4
Gabia la Grande 28 E6
Gabian 18 D2
Gabicce Mare 35 F10
Gąbin 71 F10
Gablingen 40 G6
Gablitz 39 B11
Gáborján 77 C10
Gabriac 17 F9
Gabrnik 39 F11
Gabrovnitsa 82 D5
Gabrovo 83 E9
Gaby 34 B2
Gać 73 D4
Gacé 15 D9
Gacko 81 F8
Gåda 52 D3
Gadbjerg 44 E3
Gäddede 55 E7
Gäddträsk 55 F11
Gadebusch 43 C7
Gadmen 37 D7
Gadoni 32 F3
Gádor 29 E8
Gádoros 77 D8
Gadstrup 44 F6
Gadžin Han 82 E3
Gæi'dnuvuop'pi 58 E6
Gaeiras 24 D2
Gaer 8 D5
Gærum 44 B4
Găeşti 83 B9
Gaeta 33 E7
Gafanha da Boa Hora 24 A2
Gafanha da Encarnação 22 G2
Gafanha da Nazaré 22 G2
Gafanha do Carmo 24 A2
Gafanhoeira 24 F4
Gáfete 24 D4
Gafsele 55 F10
Gaganitsa 82 D5
Găgeşti 79 E9
Gaggenau 40 F2
Gaggi 30 E6
Gaggio Montano 35 E7
Gaglianico 34 C2
Gagliano Castelferrato 30 E5
Gagliano del Capo 31 D12
Gagnef 52 G3
Gagnières 17 F11
Gagsmark 56 D3
Găiceana 79 E8
Gaigalava 69 B10
Gaildorf 40 F4
Gailīši 69 C10
Gaillac 17 G8
Gaillac-d'Aveyron 17 F9
Gaillard 36 E4
Gaillimh 7 J3
Gaillon 15 C10
Gaimersheim 41 F7
Gainsborough 5 G9
Gaiole in Chianti 35 G8
Gairloch 2 D3
Gairo 32 F3
Gais CH 37 C8
Gais I 38 E5
Găiseni 83 B9
Gaishorn 39 D9
Gaismas 66 G5
Gaj 82 B1
Gajanejos 26 C6
Gajary 75 G7
Gakovo 76 F6
Galåbodarna 51 C11
Galambok 76 D2
Galan 21 B7
Gălăneşti 78 B5
Galanta 76 A3
Galapagar 26 D4
Galaroza 25 H6
Galåsen 51 F10
Galashiels 5 B7
Galasjö 52 A6
Galata 84 E3
Galatades 86 D6
Galatas GR 88 C5
Galatas GR 89 D7
Gălăteni 83 C9
Galaţi 79 G9
Galaţii Bistriţei 78 D3
Galati Mamertino 30 E5
Galatin 82 D6
Galatina 31 C11
Galatini 86 D5
Galatista 87 D8
Galatone 31 C11
Gălăuţaş 78 D5
Galaxidi 88 B5
Galbally 7 L4
Galbarra 20 C3
Galbenu 79 G8
Gålberget 55 G11
Gălbinaşi 79 G7
Galda de Jos 78 E2
Galdakao 20 B2
Găldău 84 B3
Gål'din 58 E6
Galeata 35 F9
Galende 22 D5
Galēni 69 B10
Galera 29 C8
Galéria 19 E10
Găleşti 78 E4
Galewice 75 A9
Galgagyörk 76 B6
Galgahéviz 76 B6
Gâlgău 78 C2
Galgon 16 E4
Gal'gunjar'ga 59 F8
Galicea 83 A7
Galicea Mare 82 C5
Galiche 82 D6
Galinduste 23 G7
Galiny 72 B2
Galissas 89 D9
Galisteo 24 C7
Gallaniito 58 F5
Gallarate 34 B3
Gallardon 15 D11
Galleberg 49 C7
Gallegos de Argañan 22 G5
Gallegos de Solmirón 24 A8
Galleno 35 F7
Gälleråsen 46 C5
Gallese 32 C5
Gallian-en-Médoc 16 D3
Galliate 34 C3
Gallicano 34 F6
Gallicano nel Lazio 32 D6
Gallin D 42 C6
Gallin D 43 C8
Gallio 35 B8
Gallipoli 31 C11
Gällivare 60 D3
Gallizien 39 F9
Gallneukirchen 39 B9
Gällö 52 B3
Gällstad 46 F4
Galluccio 33 E8
Gallur 20 E4
Galovo 83 D7
Galros 7 J5
Gålsjö bruk 52 B6
Galston 4 B5
Galtelli 32 E3
Galten 44 D3
Galterud 51 H9
Gåltjärn S 52 B5
Gåltjärn S 52 C5
Galtström 52 D5
Galtür 38 E3
Galve 20 G5
Galve de Sorbe 23 F11
Galveias 24 E4
Galven 52 E4
Gálvez 26 E3
Galway 7 J3
Gama 23 B11
Gamaches 15 B11
Gamarde-les-Bains 16 G3
Gamás 76 D3
Gambara 34 C6
Gambarie 31 G7
Gambassi Terme 35 G7
Gambatesa 33 D9
Gambettola 35 E9
Gambolò 34 C3
Gambsheim 13 D10
Gaming 39 C10
Gamleby 47 F7
Gamlingay 9 C9
Gamlitz 39 E11
Gammalkroppa 46 B5
Gammelboning 52 F4
Gammelgården 56 B5
Gammelgarn 47 G10
Gammel Rye 44 E3
Gammelsdorf 41 G7
Gammelstaden 56 C4
Gammelstilla 52 G4
Gammertingen 40 H4
Gams 37 C8
Gamvik N 58 B6
Gamvik N 58 C5
Gamvik N 59 B10
Gan 20 B6
Ganagobie 18 C6
Gand 10 F4
Gándara E 22 B3
Gándara E 22 C3
Gandarela 22 F3
Gandellino 34 B5
Ganderkesee 42 D4
Gandesa 21 G7
Gandesbergen 42 E4
Gandía 27 G10
Gandino 34 B5
Gandra 22 E2
Gandrup 44 C4
Gandvik 59 D11
Găneasa RO 83 B7
Găneasa RO 83 B10
Găneşti 78 E3
Ganfei 22 E2
Ganges 17 G11
Gånghester 46 F4
Gangi 30 E4
Găngiova 82 C6
Gangkofen 41 G8
Ganløse 44 E6
Gannat 17 C10
Gänserndorf 75 G7
Ganshoren 10 F5
Gånsvik 52 C6
Ganzlin 43 D8
Gap 19 B7
Gaperhult 46 D4
Gara 76 E6
Garaballa 27 E8
Garaguso 31 B8
Gara Khitrino 84 D2
Gara Oreshets 82 D4
Gârbău 78 D1
Garbayuela 26 G2
Garberg 51 B8
Gârbou 78 C1
Gârbova 78 F2
Gârbovi 83 B11
Garbów 73 B4
Garbsen 42 F5
Garching an der Alz 38 C6
Garching bei München 41 H7
Garchizy 12 G3
Garcia 21 F7
Garciaz 24 D8
Garciems 66 G5
Garcihernández 23 G7
Garcillán 23 G9
Garčin 76 G4
Gârcina 78 D6
Garcinarro 26 D6
Gârcov 83 D7
Garda 35 C7
Gârda de Sus 77 E12
Gardanne 18 D6
Gärdås 51 G11
Gårdby 45 D12
Garde 47 G10
Gärde 54 G6
Gardeja 71 C9
Gardelegen 43 E7
Gardenstown 3 D7
Garderhouse 3 C11
Gardermoen 51 H8
Gardiki 86 G6
Garding 42 B4
Gärdnäs 55 F8
Gardone Riviera 34 B6
Gardone Val Trompia 34 B6
Gardonne 16 E5
Gárdony 76 C5
Gardouch 21 B9
Gårdsjö 46 D5
Gardsjöbäcken 55 D9
Gardsjönås 55 D9
Gårdskär 52 G5
Gärds Köpinge 45 E9
Gärdslösa 45 C12
Gårdstånga 45 E8
Gåre 51 B8
Garein 16 G3
Gårelehöjden 55 G9
Garelochhead 2 G4
Garéoult 19 E7
Garešnica 76 F2
Garessio 34 E2
Garforth 5 F9
Gargalianoi 88 D4
Gargáligas 24 E8
Gargallo 20 G5
Garganta la Olla 24 B7
Gargazzone 38 F4
Gargilesse-Dampierre 17 B7
Gargnano 34 B6
Gargnäs 55 D10
Gargogečče 59 C9
Gargždai 68 D3
Garijp 11 B7
Garkalne 66 G5
Gârla Mare 82 C4
Garlasco 34 C4
Gârleni 79 D7
Garlenz 39 C9
Garliava 68 F6
Gârliciu 84 B4
Garlieston 4 D5
Garlin 20 B6
Garlitos 26 G2
Garlstorf 42 D6
Garmisch-Partenkirchen 38 D4
Garnes 50 D2
Gârnic 82 B3
Garoafa 79 F8
Garons 17 G12
Garoza 68 B6
Garpenberg 52 G4
Garphyttan 46 C6
Garrafe de Torio 23 C7
Garralda 20 C4
Garrane 7 M3
Garray 20 E2
Garrel 11 B10
Garrison 6 F4
Garristown 7 H7
Garrovillas 24 C6
Garrucha 29 E9
Garrynahine 2 C2
Garryvoe 7 N4
Gars am Inn 38 C6
Gars am Kamp 39 B11
Garsås 52 F2
Garsdale Head 5 E7
Gărsene 69 C9
Gårslev 44 E3
Gärsnäs 45 F9
Garstang 5 F7
Garstedt 42 D6
Garten 54 G2
Garth 8 C4
Garthmyl 8 C5
Gartland 54 E5
Gartow 43 D7
Gärtringen 40 G3
Gartz 70 D3
Garvagh GB 6 E6
Garvagh IRL 6 G5
Garvaghy 6 F6
Garvald 5 B7
Garvamore 2 E5
Garvão 25 H3
Garvard 2 G3
Garvary 6 F5
Garve 2 D5
Garwolin 72 G3
Garz 43 B10
Gąsawa 71 E7
Gåsbakken 51 B7
Gaschurn 38 E3
Gascueña 26 D6
Gåsholma 52 F5
Gasjö 47 A7
Gaskeluokt 55 D9
Gąski 72 C4
Gåsnes N 58 B6
Gåsnes N 58 D5
Gasny 15 C11
Gąsocin 72 E2
Gasperina 31 F9
Gaspoltshofen 39 C8
Gasselte 11 B9
Gasselternijveen 11 B9
Gassin 19 E7
Gassino Torinese 34 C2
Gassjö 52 D3
Gassum 44 D3
Gastellovo 68 E3
Gastes 16 F3
Gastouni 88 C3
Gastouri 86 F2
Gata 24 B6
Gata de Gorgos 27 G11
Gătaia 77 G10
Gatchina 67 B12
Gatehouse of Fleet 4 D5
Gátér 77 D7
Gateshead 5 D8
Gátova 27 E10
Gattendorf 76 A2
Gatteo a Mare 35 E9
Gattières 19 D8
Gattinara 34 B3
Gau-Algesheim 13 B10
Gauchy 12 B4
Gaucín 28 F3
Gauja 66 G6
Găujani 83 D9
Gaujiena 67 F8
Gaukönigshofen 40 E5
Gaulstad 54 G4
Gaupne 50 E4
Gaurė 68 E5
Gausvik 57 C4
Gautestad 48 E5
Gauting 38 C5
Gauto 55 B9
Gavà 21 F10
Gavalou 88 A3
Găvănoasa 79 F10
Gavardo 34 C6
Gavarnie 20 C6
Gávavencsellő 77 A10
Gavere 10 F4
Gavi 34 D3
Gavião 24 D4
Gavieze 68 B3
Gavik 52 B6
Gavirate 34 B3
Gävle 52 G5
Gavoi 32 E3
Gavojdia 77 F11
Gavorrano 32 A2
Gavray 15 D7
Gavrio 89 C9
Gavrolimni 88 B4
Gåvsta 47 B9
Gaweinstal 74 G6
Gawliki Wielkie 72 C4
Gaworzyce 70 G5
Gåxsjö 55 G8
Gaytaninovo 87 B9
Gayton 9 B10
Gaziemir 85 H3
Gaziköy 85 C3
Gazioğlu 85 B4
Gaziosmanpaşa 85 B6
Gazolaz 20 C3
Gazoldo degli Ippoliti 34 C6
Gazoros 87 C9
Gazzo Veronese 35 C7
Gazzuolo 34 D6
Gbelce 76 B5
Gbely 75 G7
Gdańsk 71 B8
Gdinj 80 F5
Gdov 67 D9
Gdów 75 D12
Gdynia 71 B8
Geaca 78 D2
Geamăna 79 D11
Geashill 7 J5
Geaune 20 A6
Gebesee 40 B6
Gębice 70 E6
Geçkinli 84 H2
Geddington 9 C8
Géderlak 76 D5
Gedern 40 C3
Gedinne 12 B6
Gedney Drove End 9 B9
Gèdre 20 C6
Gedser 43 A8
Gedsted 44 C3
Gedved 44 E3
Geel 10 F6
Geertruidenberg 10 E6
Geeste 11 C9
Geestgottberg 43 E8
Geesthacht 42 D6
Geetbets 10 F6
Gefira 87 D7
Gefrees 41 D7
Gefyria 86 G6
Gegai 86 C2
Gégény 73 H3
Gegužinė 69 E7
Gehrden 42 F5
Gehren 40 C6
Geijersholm 46 B4
Geilenkirchen 11 F8
Geilo 48 B5
Geiranger 50 D4
Geisa 40 C5
Geiselhöring 41 F8
Geiselwind 40 E5
Geisenfeld 41 G7
Geisenhausen 41 G8
Geisenheim 13 B10
Geising 41 C10
Geisingen 37 B7
Geisleden 40 A5
Geislingen an der Steige 40 G4
Geismar 42 H6
Geisnes 54 E4
Geistthal 39 E10
Geithus 49 C7
Geitvågen 57 F3
Gela 30 G4
Gelbensande 43 B8
Gelchsheim 40 E5
Geldermalsen 10 D6
Geldern 11 E8
Geldersheim 40 D5
Geldrop 11 E7
Geleen 11 F7
Gelembe 85 F4
Gelgaudiškis 68 E5
Gelibolu 85 D2
Gellénháza 76 D2
Gelligaer 8 D5
Gelnhausen 40 D3
Gelnica 73 G2
Gelos 20 B6
Gelsa 20 F6
Gelse 76 D2
Gelsenkirchen 11 E9
Gelsted DK 44 F3
Gelsted DK 44 F6
Geltendorf 38 C4
Gelting 44 G3
Geltow 43 F9
Gelvonai 69 E7
Gembloux 10 G6
Gemeaux 12 G6
Gemenele 79 G8
Géménos 18 E6
Gemerská Hôrka 75 G12
Gemerská Poloma 75 G12
Gemert 11 E7
Gemla 45 C9
Gemona del Friuli 39 F7
Gémozac 16 D3
Gemünden 13 B10
Gemünden am Main 40 D4
Gemünden (Wohra) 11 F12
Genappe 10 G5
Genarp 45 E8
Génave 29 B8
Genazzano 32 D6
Gençay 16 B5
Gencsapáti 76 C1
Gendt 11 D7
Génelard 17 B12
Genemuiden 11 C8
General-Inzovo 83 F10
General-Kolevo 84 D3
Generalski Stol 80 A2
General Toshevo 84 D4
Genestoso 22 C6
Genêts 14 D6
Genevad 45 D7
Genève 36 E4
Genevilla 20 C2
Genga 35 G10
Gengenbach 13 E10
Geniai 72 B6
Genisea 87 C11
Génissac 16 E4
Genk 11 F7
Genlis 12 G6
Gennadio 88 G4
Gennep 11 E7
Genner 44 F3
Gennes 15 G8
Gennes-sur-Seiche 15 F7
Genola 19 B9
Génolhac 17 F11
Genoni 32 F2
Genouillac 17 B8
Genouillé 16 C5
Genouilly F 15 G11
Genouilly F 17 B12
Genova 34 E4
Genovés 27 G10
Gensac 16 E5
Gent 10 F4
Genthin 43 F8
Gentioux-Pigerolles 17 C8
Genzano di Lucania 31 B8
Genzano di Roma 32 D5
Geoagiu 78 F1
George Enescu 79 A7
Georgensgmünd 40 F6
Georgiani 87 C9
Georgianoi 86 D6
Georgi Damyanovo 82 D5
Georgioupoli 89 G8
Georgitsi 88 D5
Georgsdorf 11 C9
Georgsheil 11 A9
Georgsmarienhütte 11 D10
Ger E 21 D9
Ger F 15 D7
Ger F 20 B6
Gera 41 B8
Geraardsbergen 10 G4
Gerabronn 40 F5
Gerace 31 G8
Geraci Siculo 30 E4
Gerakarou 87 D8
Geraki 88 E5
Gerakini 87 E8
Gérardmer 36 B5
Geras 74 F5
Gerasdorf bei Wien 74 H6
Géraudot 12 E5
Gerbéviller 13 E8
Gerbstedt 43 G7
Gérce 76 C2
Gerchsheim 40 E4
Gerdau 42 E6
Gerena 25 J7
Gerendás 77 D9
Geresdlak 76 E5
Geretsberg 39 C7
Geretsried 38 C5
Gérgal 29 E8
Gergei 32 F3
Gergeri 89 G9
Gergy 17 A12
Gerhardshofen 40 E6
Gerindote 26 E3
Geringswalde 41 B9
Gerjen 76 E5
Gerlev 44 E6
Gerlingen 40 F3
Gerlos 38 D6
Germas 86 D5
Germay 13 E7
Germering 38 C5
Germersheim 40 F2
Gernika-Lumo 20 B2
Gernrode 43 G7
Gernsbach 40 G2
Gerola Alta 34 B5
Gerolimenas 88 F5
Gerolsbach 41 G7
Gerolstein 11 H8
Gerolzhofen 40 D5
Gerovo 39 H9
Gerpinnes 10 G5
Gersau 37 D7
Gersfeld (Rhön) 40 C5
Gersheim 13 C9
Gersten 11 C10
Gerstetten 40 G5
Gerstheim 13 E10
Gersthofen 40 G6
Gerstungen 40 B5
Gerswalde 43 D10
Gerwisch 43 F8
Gerzat 17 C10
Gerzen 41 G8
Gesäter 46 D2
Gescher 11 D9
Gesico 32 F3
Gespunsart 12 B6
Gesserts-hausen 40 G6
Gestalgar 27 E9
Gesté 15 G7
Gesten 44 F2
Gesturi 32 F2
Gesualdo 33 E9
Gesunda 52 F2
Geszt 77 D10
Gesztely 77 A9
Geszteréd 77 B10
Geta 53 G8
Getafe 26 D4
Getaria 20 B3
Gétigné 15 G7
Getinge 45 C7
Getryggen 52 F3
Getterum 45 B11
Gettjärn 46 B4
Gettorf 42 B5
Gevelsberg 11 E9
Gévezé 14 E6
Gevgelija 86 C6
Gevrey-Chambertin 12 G6
Gex 36 E4
Gexto 23 B12
Geyer 41 C9
Geyikli 85 E1
Gezavesh 86 C3
Gföhl 39 B10
Ghedi 34 C6
Ghelari 77 F12
Ghelinţa 78 F6
Ghemme 34 C3
Gheorghe Doja 84 B2
Gheorghe Lazăr 84 B3
Gheorgheni 78 D5
Gherăeşti 79 C7
Gherăseni 79 G7
Gherceşti 82 B6
Ghergheasa 79 G8
Gherghiţa 83 B10
Gherla 78 C2
Gherţa Mică 78 B1
Ghidfalău 78 F5
Ghidigeni 79 E8
Ghidighiei 79 C10
Ghiffa 34 B3
Ghilarza 32 E2
Ghimbav 78 F5
Ghimeş-Făget 78 D6
Ghimpaţi 83 C9
Ghindari 78 E4
Ghioroc 77 E10
Ghioroiu 82 B6
Ghiroda 77 F9
Ghislenghien 10 G4
Ghisonaccia 19 F12
Ghisoni 19 F11
Ghizela 77 F10
Ghyvelde 10 F3
Gialtra 87 G7
Giannades 86 F2
Giannitsa 86 D6
Giannouli 86 F6
Giano dell'Umbria 32 B5
Giardini-Naxos 30 E6
Giarmata 77 F9
Giarratana 30 G5
Giarre 30 E6
Giat 17 C9
Giave 32 E2
Giaveno 19 A9
Giba 32 H2
Gibellina Nuova 30 E2
Gibostad 57 B6
Gibraleón 25 J5
Giby 72 C5
Ģibzde 66 F3
Gideå 55 H11
Gideå bruk 55 H11
Gideåkroken 55 F10
Gidle 75 B10
Giebelstadt 40 E5
Gieboldehausen 42 G6
Gieczno 71 G9
Giedraičiai 69 E8
Gielniów 75 A12
Gielow 43 C9
Gien 12 F3
Giengen an der Brenz 40 G5
Giera 77 G9
Giersleben 43 G7
Gierstädt 40 B6
Gierzwałd 71 D10
Gießen 40 C3
Gieten 11 B9
Gietrzwałd 72 C2
Gièvres 15 G11
Giffnock 4 B5
Gifford 5 B7
Gifhorn 42 F6
Gigean 18 D3
Gigen 83 D7
Ghighera 82 C6
Giglio Castello 32 C3
Gignac F 18 C6
Gignac F 18 D2
Gignod 36 F5
Gijón 23 B7
Ģikši 66 G6
Gilău 78 D1
Gilching 38 C4
Gilena 28 D4
Gilette 19 D8
Gilford 6 F7
Gilleleje 44 D6
Gillenfeld 13 A9
Gillhov 52 C2
Gillingham GB 8 F6
Gillingham GB 9 E10
Gilling West 5 E8
Gilly-sur-Isère 36 F4
Gilly-sur-Loire 17 B11
Gilmerton 2 G6
Gilså 51 B9
Gilserberg 40 B3
Gilsland 5 D7
Gilten 42 E5
Gilwern 8 D5
Gilze 10 E6
Gimåt 53 A7
Gimdalen 52 B3
Gimigliano 31 F9
Gimo 47 A9
Gimont 21 A8
Gimouille 12 H3
Gimsøy 57 D2
Ginasservis 18 D6

Column 1	Column 2	Column 3	Column 4	Column 5	Column 6	Column 7	Column 8	Column 9	Column 10
Harjakangas 64 D3	Havant 9 F8	Helland N 57 D4	Herry 12 G3	Hinterrhein 37 E8	Hohenleuben 41 C8	Hoogerheide 10 E5	Hostie 75 G9	Hulst 10 F5	Ïbriktepe 85 B2
Harjavalta 47 C9	Havârna 78 A7	Hellanmaa 64 A3	Hersbruck 41 E7	Hintersee A 39 C7	Hohenlockstedt 42 C5	Hoogersmilde 11 B9	Hostinné 74 C5	Hult S 46 F6	Ibros 28 C5
Härjåsjön 52 D2	Havbro 44 C3	Hellarmo 57 F4	Herschied 11 F10	Hintertux D 70 C3	Hohenmocker 43 C9	Hoogeveen 11 C8	Hoštka 74 C5	Hult S 46 F4	Ilzene 67 F8
Harjauca 79 C8	Hardheim 47 G10	Helledalen 45 E3	Herscheid 11 F10	Hinterzarten 37 B7	Hohenmölsen 41 B9	Hoogezand-Sappemeer 11 B9	Hostomice CZ 41 D10	Hulterstad 45 D12	Iľkķene 67 F8
Harjula 62 B6	Havelange 10 G6	Helle 48 E6	Herselt 10 F6	Hinthara 64 F6	Hohenmörsen 38 C4	Hoogkarspel 10 D5	Hostomice CZ 41 D10	Hultsfred 45 D12	İmamoğlu 85 D12
Harjus 65 D8	Haveldberg 43 E8	Hellefjord 58 F6	Herstal 11 G7	Hinwil 37 C7	Hohenrath 40 C5	Hoogkerk 11 B8	Hostoun 41 E9	Hultsfred 45 D12	Imatra 65 E9
Harjunkylä 64 B2	Havelte 11 C8	Hellenthal 11 G8	Herstmonceux 9 F10	Hinx 16 G3	Hohensaaten 70 E4	Hoogstede 11 C8	Hostoun 41 E9	Huntoužín 37 D7	Iciekier 85 D5
Harjunpää 64 D3	Häven 68 F2	Helleanurme 67 E8	Hertford 9 D9	Hippolytushoef 10 B6	Hohensterngart 41 E9	Hoogstraten 10 D5	Hostoun 41 E9	Hum BIH 81 F7	Imbadas 69 D9
Harka 76 B2	Haverdal 45 C7	Hellesylt 50 D5	Herkelo 73 E7	Hinkel 85 B5	Hohenhausen 42 D6	Hoogeviet 10 D5	Hostoun 41 E9	Humanes de Mohernando 23 G11	İnayet 76 D4
Harkány 76 F4	Haverflordwest 8 D2	Hellenurm 4 C3	Hirrlingen 40 G3	Hirchaid 40 D1	Hohenwangetin 43 C8	Hook GB 9 E8	Hotarele 83 C10	Humaneshall 10 D5	Icoaṇa 83 B8
Härkätönty 77 E7	Haverton 9 D10	Hellesvik 54 E1	Hirschaid 40 D1	Hirson 12 B5	Hohenwart 41 F7	Hökel 32 B5	Hoksiel 42 C3	Humbersion 5 F10	Iccqeși 79 D7
Hårkilion 62 B5	Haverhill 9 D10	Hellesylt 50 D5	Hirschfeld 43 H10	Hirson 12 B5	Hohenwartheim 40 C3	Hope GB 4 G2	Hostan 45 E9	Humble 44 G5	Idala 45 C10
Harlau 66 B5	Haverslew 44 C3	Helliigsskogen 58 E3	Hirschhorn 40 E4	Hirtenberg 39 D11	Hohenweiden 42 C8	Hope N 50 F2	Hoting 55 F1	Humenné 73 F3	Idala 45 C10
Harlau 66 B5	Havervan 39 E3	Helliin 27 H8	Hirschhorn 40 E4	Hirtenberg 39 D11	Hohenweiden 42 C8	Hopen N 50 F2	Hoton 80 F6	Humlebæk 45 E7	Idar-Oberstein 13 F9
Harlech 8 B3	Havixbeck 11 D10	Hellingtly 9 F10	Hirschhorn 40 E4	Hirtenberg 39 D11	Hohenwestedt 42 B5	Hope N 50 F2	Hoton 80 F6	Humlum 44 D2	Idar-Oberstein 13 F9
Harlingen 11 B7	Havličkův Brod 74 E5	Hellissandur 50 E5	Hirttetberg 39 E11	Hirvasmäki 63 D9	Hohnhorst 42 E5	Hopeman 3 K10	Hotton 11 H7	Humppila 64 D6	Iden 43 E8
Harlow 9 D9	Havndal 44 C4	Hellisö 66 A1	Hertzberg am Harz 42 G6	Hirvensalmi 65 B8	Hohnstorf 42 D6	Hopfnarten im Bnixental 38 D6	Hou DK 44 F5	Humppila 64 D6	Ideciu de Jos 78 D4
Hármanjer 22 A7	Havneby 44 G2	Helme 11 B7	Hertzele 10 F5	Hirwaun 8 D4	Hohonstadt 13 F7	Hopfjort 60 G6	Houa 48 B12	Hunebrug 33 D11	Idestrup 44 G6
Harlow 9 D9	Havnbyen 44 D5	Hellmelde 11 H8	Herve 11 G7	Hirvásárja 64 F6	Hoikkankylä 65 B7	Hopland 50 B3	Houdain 13 B9	Hundberg N 58 C6	Idiazabal 28 D2
Härmänkalä 64 A3	Havneyn 44 G5	Hellmosdale 3 J9	Herzherm 42 C5	Hirvijärvi 64 F6	Hoikkka 63 D9	Hoppstädten 13 B9	Houdetot 15 B9	Hunde 36 C6	Idiofora 58 G5
Harmánki 85 E5	Havsà 85 B2	Helmsley 5 F9	Herzberg 41 D7	Hirvineva 62 D6	Hoisdorf 42 D6	Hopsten 11 D10	Houetret 13 F7	Hunderiet 11 E6	Iñflersen 23 A7
Harlow 9 D9	Havnbjrerg 47 B10	Helmstadt 40 E4	Herzhonn 42 C5	Hirvivaaara 63 E10	Hoisko 64 D6	Hörby 55 E8	Houettes 21 B7	Hundeby 47 D11	Imereti 71 F10
Harmannsdorf 74 B6	Havsekken 47 B10	Helpfau 39 B8	Herzogenbuchsee 36 C6	Hirwila FIN 63 C2	Houstlatsmeinen 8 C8	Hondsajki 65 D10	Houghton le Spring 5 D8	Hundberg 43 C7	Immenhausen 42 H5
Harmonien 42 C6	Havsvárnkuddaka 47 B10	Helpringham 9 F7	Herzogenrath 11 F8	Hirvasalmi 64 A5	Honkoumen 3 B5	Hobeck 43 C7	Houlfalize 13 A7	Hundsbach 40 E3	Immenuth 47 D10
Harmston 5 G10	Havsvá 85 E3	Helsa 42 H5	Herzogenburch 39 B11	Hirvivaaara 63 E10	Hokkaido 62 C6	Hol DK 44 E3	Hougaet 15 C8	Hundested 44 E6	Immenstadt am Bodensee 37 C10
Harnes 10 G2	Havtun 48 B1	Helsinge 45 E7	Herzhorn 42 C5	Hirvijärvi 65 A6	Hokksund 49 C7	Hókland 9 C8	Houndsund 54 F5	Hundorfurr F5	Immentafalz 37 D11
Haroué 13 E8	Hawarden 4 G6	Helsingforsbor 45 C8	Helsinge 64 C6	Híshult 45 D5	Holthuis 25 F4	Hok S 40 F1	Houssel 64 G2	Hundvåg 48 E3	Iberski 42 G6
Harpeto-svik 3 B12	Hawes 5 E6	Helsingfors 64 G6	Hesboger 57 E4	Hisjárønji 60 E1	Holborn 38 D6	Hökön 45 D9	Hou DK 44 F5	Hundvin 48 A2	Iecava 66 C5
Harpefos 51 E7	Hawick 5 C7	Helsingör 45 E7	Hesselagerö 44 B6	Histon 9 C9	Hojslette 48 E2	Hold 40 G5	Hour 70 B6	Hundsjön 53 D9	Iel 40 E4
Harpenden 9 D9	Hawiye 8 E4	Helson 8 D2	Heskestad 48 F3	Hiiria 23 E11	Holsted 44 E3	Holbeach 9 F9	Houston 4 C6	Hundsjön 53 D9	Iğiel 40 E4
Harpliningen 6 D2	Hay-on-Wye 8 D2	Helsa 42 H5	Hesperange 13 B8	Hiitola 65 E10	Holdenburg 40 C5	Holdurt 42 G5	Houn N 58 D3	Hundslund 44 E3	Idrigt 12 D7
Harsefeld 42 D5	Hayange 13 C8	Helveya 85 G3	Hessen 42 G6	Hjallaberg 48 F4	Holdburg 42 E3	Holdenberg 40 C5	Hovet N 51 B7	Hundsjön 53 D9	Idrignesi 65 C8
Härseiti 78 F4	Hayanger 51 G3	Hem 46 G2	Hesnoj 58 D2	Hjärlslade 48 D3	Holbeach 9 F9	Holbrook 9 D11	Horna 77 F11	Humhurh 75 E9	Idrstedt 42 B5
Harpeți 43 B8	Haydon Bridge 5 D7	Hemau 41 F7	Heßen-Oldendorf 42 F4	Hjälmo 54 B6	Horvinke 5 E11	Holic 75 F5	Hovan N 50 E2	Hung 23 J7	Iggbsby 64 G3
Harspring 45 C7	Haydon Wick 9 E7	Hemova 54 D5	Hesvey 48 D3	Hjármanjo 45 D5	Hollowra 77 D11	Holick 78 F4	Hov N 51 G8	Hurdalsver 51 G8	Iggesund 52 E5
Harrachov 74 C5	Haygh 6 B1	Helvecia 38 D6	Helpinford 75 E9	Hjöstrud 45 D5	Hokirke 42 B3	Hofice 74 C5	Hov N 51 G8	Hunnesland 51 G8	Ighju 78 F2
Harran 44 E1	Haynyrabolu 85 B3	Helvelio 9 D9	Hesvoje 45 D7	Hjarby 58 F4	Hollow 48 F4	Hollesleuw 9 F4	Hurdle Cross 7 K3	Hung 25 D5	Irassalo 65 D8
Harvia 65 C11	Hays 6 D7	Heeburnsfetten 41 G9	Hetens 76 E3	Hjältsjö 54 D5	Hollesleuw 9 F4	Hollaske 77 B1	Horkalmann 5 C7	Hung 39 G9	Iglinga 38 C5
Harvisi 35 J4	Haysock 4 D5	Heberkadt 40 G5	Hetent 76 E3	Hilsa 23 H11	Hollendsen 44 E3	Hollenbek 42 C6	Hurdley 8 C4	Hungat 48 D2	Iggadu 60 E4
Harrar 44 C2	Hazebrouck 10 G3	Hebertsfeliden 41 G9	Hetzerarth 13 G7	Hitchin 9 D9	Hollendhaug 47 D7	Hollenegy 39 E11	Hurst Green 9 E7	Hung 46 G6	Iglais 47 D7
Harrelschen 4 D4	Hazelwood 35 D11	Heberkshem 40 E1	Hevien 48 F4	Hitra 54 D4	Hollensnet 47 F7	Hollenstadt 42 D5	Hursten 9 E7	Hunze 77 D1	Iglais 47 D7
Harfeifield 2 F6	Hazlich 73 F2	Hecholmberg 9 B9	Heuchelem GB 11 G9	Hetsvik 54 G2	Hollensnet 47 F7	Hollensnetelde 40 E3	Huncovce 73 F1	Huwynta 67 F5	Iglas 47 D7
Harrjdja 56 B6	Hazlin 41 D8	Hemberg 42 F5	Heuchelheim 41 C6	Hrukkkaj 65 D10	Hollfleld 41 D7	Hollfleld 41 D7	Hurt 66 E4	Hunsrah 13 C10	İhlali 85 E12
Harsjöb 55 E6	Heacham 9 B10	Hemnesa 62 B4	Heuten 16 D6	Hyaches 23 G11	Hollfleld 41 D7	Hollfleld 41 D7	Hurwel 47 G9	Huntingford 9 E7	Intipol 78 F3
Harsjöning 40 C2	Headford J 3	Hemmesdorf 40 E4	Heuvek 10 D6	Hyche 76 D8	Hyjäger 68 F2	Hollmehon 42 C3	Hurtes 11 F9	Hunstanton 9 B10	Iinagu 38 F6
Harsvik 54 E3	Heatherfield 5 G8	Hemmenthoff 42 B3	Heukelum 10 D6	Höljer 43 E8	Hjälmrud 47 D11	Holleb 49 C5	Hurtes 11 F9	Huntingdon 9 C9	Iira 67 D7
Harta 76 D6	Heanor 5 G9	Hemmingerfig 42 G5	Heusden 11 E7	Hylje 28 D2	Hörhberg 14 E6	Hollopbrock 9 D11	Hurst 6 E1	Huntton 54 E9	Ikast 43 E10
Hartberg 39 D11	Heapfield 5 G8	Hemmingerfig 42 G5	Heusdenstam 40 D3	Hyjärnes 45 D7	Hölstig 54 F7	Holleb 49 C5	Hurst 6 E1	Huornbranowo 79 F8	İki 15 C3
Hárte 52 D5	Hebathhausen 42 C4	Hemmingerfig 42 G5	Heves 77 B3	Hjärtfss 45 D3	Hölstig 42 G5	Hollebrook 9 D11	Hurtingford 4 E1	Huonpilnen 62 C6	Ikerike 65 D3
Hartenholm 42 C6	Hechinger 40 G1	Hemmingsbyrr 40 B5	Hezel 76 D2	Hjälmsdalen 40 E4	Hjörhkring 44 B5	Holmegerl 42 G4	Huppotest 38 E4	Huorpane 63 J6	Iki 43 E11
Harrten 41 B9	Hechtel 11 F6	Hemmor 42 C4	Heuntay 41 F3	Hemelfossen 45 D7	Hjöljörnbäck 76 D6	Hollenegr 42 C6	Huriagu 40 F4	Huopraanisk 63 E10	İklas 64 D2
Harthausen 40 F2	Heckelberg 43 E10	Hemsbach 13 B10	Heptsfeld 12 E3	Hjehmsjs 47 D11	Hohlen 11 H1	Holmedal 43 C6	Hursing 43 C6	Hursing 43 C6	İklas 64 D2
Harttal im Zillertal 38 D5	Heckelberg 43 E10	Hermsbach 13 B10	Heyford 8 G7	Heelitjärgl 48 B2	Hojnsk 75 B8	Holm DK 44 G3	Hursing 43 C6	Hurst 6 E4	İklatos 64 D2
Hartmanico 73 D4	Heckelberg 43 E10	Heden DK 44 F4	Hengelo 9 G9	Hjällsend 57 C11	Hljub 75 B8	Holm DK 44 G3	Hustoupe 75 F7	Husvatk 54 E6	Imbetagan 78 F3
Harstein 41 F10	Hedhatn 5 E11	Heden 50 E5	Hengelo 9 G9	Hjelmen 48 B3	Hjuv 75 B8	Holm N 57 E4	Hustoupe 75 F7	Husvatk 54 E6	Imbinkemanal 78 F3
Harveyl 75 F6	Hekalas 75 F9	Hedenäset 58 B6	Hengot 25 B6	Hjutgyp 48 C3	Hjelmet 36 A3	Holm N 52 F2	Hutoper 49 C9	Husvatk 54 E6	Imbinkemanal 78 F3
Hartla 65 D7	Hedenksch 9 D11	Hedersleben 43 G7	Henfrfeld 5 D11	Hjelntsted 58 E3	Hjelmsmfjord 47 D11	Holmblarg 43 B8	Hursing 40 E4	Husvatke 54 E6	Imbinkemanal 78 F3
Hartiesti 78 D4	Hedeskoga 45 F9	Hedersleben 43 C7	Henriof (Sieg) 11 H9	Hennerpin 13 F7	Hjelmstad 48 B2	Hjelmsted 58 E3	Hustoupelce 75 E8	Husvatke 54 E6	Imbinkemanal 78 F3
Hartland 8 F3	Hedermark 7 E3	Hederesten 50 E5	Hennet 57 C3	Hydrzy 67 B3	Hjelstakl 47 D11	Hölsbrunn 45 B7	Hurstwood 48 H3	Huuson 18 C3	İketl 85 B5
Hartelpool 5 D9	Hedesunda 47 B10	Hedrerset 41 G8	Henne Stationsby 44 E1	Hietalanma 65 B9	Hjötnejel 38 C2	Holmer-De-Hume 74 D6	Hursting 40 E4	Huusko 11 C8	İmratlo 88 B7
Hertevlin 41 F10	Hedesunda 46 B6	Hederesten 41 G8	Hennickendorf 43 F9	Hietalanma 47 F5	Hjelje N 57 F6	Hjenrefjord 47 D11	Hutoupelce 75 F9	Huwswalte 48 E6	İraklesa 89 E10
Hartola 65 D7	Hedeskoga 45 F9	Hedesund 60 E5	Hennickendorf 43 F9	Hietalanma 47 F5	Hjelje N 57 F6	Holmbury 28 E1	Husveloulve 62 E5	Huxley 19 B4	İraklesa 89 E10
Harwich 9 D1	Hedhatch 45 E11	Hedes 55 C11	Hennenbrok 14 F4	Hienesterlat 68 E3	Hjell GB 5 G7	Hjettstedt 43 H7	Husveloulve 62 E5	Huyton 5 G7	İraklesa 89 E10
Härtzegode 45 G7	Hedeviken 51 D11	Hedeviken 60 E5	Henneberg 48 F5	Hietapera 63 E8	Hjelnuo 44 F4	Hjetavalen 43 H7	Husveloulve 62 E5	Hyaces 18 F4	İraklesa 89 E10
Hasanğa 85 A4	Hedmark 55 C10	Hedersleben 43 H7	Hennesped 48 E5	Hjershm 44 F1	Hol 77 J7	Hjetavalen 43 H7	Hustuel 48 G6	Hyellerp 48 C4	İraklesa 89 E10
Hasbüga 85 A4	Heim 44 D1	Heesenfeld 20 C5	Hennessy 50 B5	Hjetsraftsven 71 J9	Høi 70 F4	Hjetsinbye 74 D6	Hustuel 48 G6	Hyelstadr 48 C4	İraklesa 89 E10
Haselünne 11 C10	Hepley 55 B2	Hestemska 51 C11	Henstedt-Ulzburg 42 C5	Hjeveke 48 F3	Holbæk 44 F4	Hjet 31 C9	Hustuel 48 G6	Hyelstadr 48 C4	İraklesa 89 E10
Hasikoy 85 A2	Hee 44 D1	Heel 11 B7	Henstedt 50 B5	Hinjk 75 B8	Holbæk 44 E4	Hjeltsed 58 E3	Husvaul 48 G6	Hyelstadr 48 C4	İraklesa 89 E10
Hasle CH 36 D6	Heemskerk 45 F9	Heek 11 D9	Hennsted 41 B10	Hnujka 75 G11	Holbæk 44 E4	Hjælmnegryt 48 G3	Husvaul 48 G6	Hyelstadr 48 C4	İraklesa 89 E10
Haslemere 9 E8	Heemstede 10 C6	Heemstede 10 C6	Hennesped 50 B5	Hooky 64 F6	Holbæk 44 E4	Hjædmsgryn 75 B7	Husveloulve 48 E6	Hyelsted 53 E11	İraklesa 89 E10
Haslev 44 E6	Heemstede 10 C6	Heerbrugg 37 C9	Hennerhemitomt 13 G3	Hoby 45 E11	Holden 9 E10	Hjædelv 57 E11	Husveloulve 48 E6	Hyelsted 53 E11	İraklesa 89 E10
Hasløy 50 B4	Hedgesbergh 50 D3	Heemstede 17 B7	Heerstad 11 F10	Hjöbro 44 C4	Holda 54 E4	Hjærneft 43 C10	Huttukylä 62 C2	Hylsted 43 B7	İraklesa 89 E10
Haslund 44 D3	Heggenlund 48 D6	Herstege 8 F6	Herodenke 14 E10	Hobro 44 C4	Holde 14 F4	Hjälslett 42 F7	Hutts 11 E6	Hymond 40 C4	İraklesa 89 E10
Hasmaş 77 D11	Heggestadt 11 B7	Heerhugowaard 10 C6	Herdefordshaus 48 E3	Hochdonn 42 B5	Holten 44 D4	Hjärtbø-Fjord 48 E2	Hutts 11 F6	Hymond 40 C4	İraklesa 89 E10
Hasparren 20 B4	Hejnarsvik 42 E4	Heerlen 11 F7	Herodotik 56 E10	Hopfjärd 71 D6	Holtsevsed 78 C8	Hjärntofta 46 E3	Hyper 42 C5	Hynd 48 G4	İraklesa 89 E10
Hasselbergen 42 E4	Heeßen 10 G6	Heers 11 G6	Herpinck 23 E10	Hochdorf CH 37 C7	Holtsevsed 78 C8	Hjælhelm 44 C6	Hyper 42 C5	Hyer 48 G4	İraklesa 89 E10
Hasselbergen 52 E4	Herlâme 33 E10	Herslsbin 42 E4	Heraklion 61 F10	Hochellm 13 D10	Holtsevsed 76 C8	Hjørnefors 56 G2	Huttukylä 62 C2	Hyer 48 G4	İraklesa 89 E10
Hasselt B 11 F7	Heraklet 74 D3	Hessenlein 45 D5	Hermetric 78 C10	Hommalgt 79 H5	Honmbr 45 B7	Hjalmsdal 43 H7	Huttula 65 C6	Hygieje 11 D9	İraklesa 89 E10
Hasselt NL 11 C8	Heggelin 50 B5	Heeslinigen 42 D5	Henenbrodhen 37 B8	Hochstadt an der Alsch 40 F6	Holsbylgnna 45 B7	Hjertesberg 54 E2	Huttukylä 62 C2	Hyer 45 G4	İraklesa 89 E10
Hasslflügel 47 B5	Heggelan 48 D6	Heesenlengh 42 G6	Henerböck 13 G10	Höchstädt an der Donau 40 F5	Holsbylgnna 45 B7	Hjednes 29 B8	Huttukylä 62 C2	Hyer 45 G4	İraklesa 89 E10
Häßleben 43 D9	Heggenes 51 B7	Hegenenbrurg 13 G10	Hebert-Soisy 13 G5	Höhenbrunn 10 C6	Holstein 24 B4	Hjedbjærg 71 C7	Hyversknö 35 B1	Hyge 11 D9	İraklesa 89 E10
Häßleben 43 D9	Heggenes 51 B7	Hegenenberg 42 E4	Herberg 13 G5	Högland 24 B4	Holsten 24 B4	Hoye 10 F6	Hyversknö 35 B1	Hyge 11 D9	İraklesa 89 E10
Häßl 47 B10	Hej N 54 F5	Heida 42 B4	Herceg-Novi 61 G8	Höchst im Odenwald 13 B11	Holstein 24 B4	Hyøje 10 D4	Hyversknö 35 B1	Hyge 11 D9	İraklesa 89 E10
Hasslev 45 D7	Heia N 57 C11	Heidedeck 40 F6	Herbrectingen 40 G5	Hochhsiegen 23 C10	Holst 45 F7	Hoyfe 85 B7	Hyversknö 35 B1	Hyge 11 D9	İraklesa 89 E10
Hässbu 45 D7	Heide 42 B4	Heidelberg 40 E3	Herby 76 B2	Hochheim am Main 40 D2	Holt N 58 F2	Hjervsl 61 B8	Hyversknö 35 B1	Hyvyckinjo 47 F3	İraklesa 89 E10
Hast Brocken 46 E5	Heide 42 B4	Heidelberg 40 E3	Herby 76 B2	Hochneukirchen 74 B3	Holt N 58 F2	Hjervel 65 C6	Hyversknö 35 B1	Hyvyckinjo 47 F3	İraklesa 89 E10
Hästeinsel-Lavaux 10 H6	Heidenau 41 C10	Heidelberg 40 E3	Herby 76 B2	Hofffern 11 D7	Holst 45 F7	Hjedgjes 45 B7	Hyvinkää 64 F5	Hyvyckinjo 47 F3	İraklesa 89 E10
Hastings 9 F10	Heiddenau 41 C10	Heidenheim 40 F6	Hercrek 30 F10	Hofgarten 4 G6	Holtsebo 61 E7	Hjedgjnkärnk 10 G4	Hyvvyckinjo 47 F3	Hyvyckinjo 47 F3	İraklesa 89 E10
Hästhölm 47 D11	Heidenhohem 40 F6	Heidenheim an der Brenz 40 F6	Hercrek 30 F10	Hoferland 46 E2	Holtsebo 61 E7	Hjedgjnkärnk 10 G4	Hyvvyckinjo 47 F3	Hyvyckinjo 47 F3	İraklesa 89 E10

Irsina 31 B8
Irsta 47 C8
Irueste 20 G2
Irún 20 B3
Irunea 20 C4
Irurita 20 B4
Irurozqui 20 C4
Irurzun 20 C3
Irvine 4 B4
Irvinestown 6 F5
Irxleben 43 F7
Isaba 20 C5
İsaca 85 F4
Isaccea 79 G10
Isačić 80 B3
Işalniţa 82 B6
Isane 50 E2
Isaris 88 D4
Isaszeg 76 B6
Isätra 47 B8
Isbergues 10 G2
Isbister 3 B12
Íscar 23 F9
Isches 13 E7
Ischgl 38 E3
Ischia 30 B4
Ischia di Castro 32 B4
Ischitella 33 D11
Isdes 12 F2
Iselvmoen 57 C6
Isen 41 H8
Is-en-Bassigny 13 E7
Isenbüttel 42 F6
Isenvad 44 E2
Iseo 34 B5
Iserlohn 11 E10
Isernhagen 42 F5
Isernia 33 D8
Isfjorden 50 C4
İshakçelebi 85 G4
Isigny-sur-Mer 15 C7
Isili 32 F3
İskele 85 F5
İskender 85 A2
Iskra 83 G8
Iskrets 82 E5
Iškuras 59 E8
Isla Cristina 25 K5
İslambeyli 85 A4
Isla Plana 29 D10
Išlaužas 68 F6
Islaz 83 D8
Isle 17 C7
Isle of Whithorn 4 D5
Isleryd 46 E5
Isle-sur-Suippe 12 C5
Íslice 69 C7
İsmailli 85 G3
Ismaning 41 H7
Ismundsundet 52 B3
Isna 24 C4
Isnäs 65 G7
Isnello 30 E4
Işnovăţ 79 C10
Isny im Allgäu 37 B9
Iso-Äiniö 64 E6
Iso-Evo 64 E6
Isohalme 61 D10
Isojoki 64 C3
Isokumpu 63 C9
Isokylä FIN 61 E9
Isokylä FIN 62 E6
Isokyrö 64 A3
Isola 2000 19 C8
Isola 19 C8
Isola d'Asti 34 D2
Isola del Gran Sasso d'Italia 33 B7
Isola della Scala 35 C7
Isola delle Femmine 30 E3
Isola del Liri 33 D7
Isola di Capo Rizzuto 31 F10
Isole del Cantone 34 D4
Isona 21 D8
Isopalo 61 C9
Isorella 34 C6
Iso-Vimma 64 E3
Ispagnac 17 F10
Isperikh 84 D2
Ispica 30 G6
Ispoure 20 B4
Ispra 34 B3
Ispringen 40 F3
Issakka 63 G9
Isselburg 11 D8
Issigeac 16 E6
Issime 34 B2
Isso 29 B9
Issogne 36 F6
Issoire 17 D10
Issoudun 15 H11
Issum 11 E8
Is-sur-Tille 12 F6
Issy-l'Évêque 17 A11
Istalsna 69 B11
Istán 28 F4
İstanbul 85 B6
Istead Rise 9 E10
Istebna 75 E10
Istebné 75 F10
Istenmezeje 77 A7
Isternia 89 C9
Isthmia 88 C6
Istiaia 87 G8
Istibanja 82 G4
Istok 81 F11
Istres 18 D5
Istria 84 B5
Istrios 88 G3
Istunmäki 65 B7
Isuerre 20 D5
Iszkaszentgyörgy 76 C4
Itä-Ähtäri 64 B5
Itä-Aure 64 C4
Itä-Karttula 65 A8
Itäkoski FIN 62 B5
Itäkoski FIN 63 G8
Itäkylä 62 G4
Itäranta FIN 61 E9
Itäranta FIN 63 E8
Itea GR 86 C5
Itea GR 86 E5
Itea GR 86 F6
Itea GR 88 B5
Itero de la Vega 23 D9
Iteuil 16 B5
Ithaki 88 B2
Itrabo 28 E6
Itri 33 E7
Itterbeck 11 C9
Ittireddu 32 E2
Ittiri 32 E2
Ittre 10 G5
Ituero de Azaba 24 B6
Itzehoe 42 C5
Itzstedt 42 C6
Iurceni 79 C9
Ivalo 59 F9
Ivalon Matti 59 G8
Iván 76 C2
Ivana Franka 73 F5
Ivancea 79 C10
Ivančice 74 F6
Ivančići 81 D8
Iváncsa 76 C5
Ivanec 39 F11
Ivăneşti 79 D8
Ivangorod 67 B10
Ivanić-Grad 76 F1
Ivanivka 73 H4
Ivanjica 81 E11
Ivanjska 80 B5
Ivanka pri Dunaji 76 A3
Ivankovo 76 G5
Ivano-Frankove 73 D6
Ivanovice na Hané 75 F7
Ivanovo BG 83 D10
Ivanovo BG 83 E11
Ivanovo BG 83 G9
Ivanovo YU 81 B11
Ivanska 76 F2
Ivanski 84 E2
Ivarrud 54 D6
Ivarsbjörke 46 B4
Ivars d'Urgell 21 E8
Ivaylovgrad 85 A1
Iveland 48 F5
Iver 9 E8
Iveşti RO 79 E8
Iveşti RO 79 F8
Ivrea 34 C2
İvrindi 85 E3
Ivry-la-Bataille 15 D11
Ivry-sur-Seine 12 D2
Ivyanyets 69 H10
Ivybridge 8 G4
Iwaniska 73 C2
Iwanowice Włościańskie 75 D11
Iwkowa 73 E1
Iwye 69 G9
Ixelles 10 F5
Ixworth 9 C10
İyaslar 85 F4
Iža 76 B4
Iza 73 H5
Izarra 23 C12
Izbica 73 C5
Izbica Kujawska 71 F8
Izbiceni 83 C7
Izbicko 75 C9
Izbişte 79 C11
Izbište 77 G9
Izbižno 81 E8
Izeaux 36 G3
Izeda 22 F5
Izegem 10 F4
Izernore 36 E3
Izeron 36 G3
Izgrev BG 84 D2
Izgrev BG 84 G3
Izha 69 F10
Izmayil 79 G10
İzmir 85 H3
Iznájar 28 D5
Iznalloz 28 D6
Izola 35 C11
Izsák 76 D6
Izsófalva 73 H1
Izvoare 82 C5
Izvoarele RO 78 G6
Izvoarele RO 79 G10
Izvoarele RO 83 C7
Izvoarele RO 83 C9
Izvoarele RO 83 C9
Izvoarele Sucevei 78 B4
Izvor BG 82 D4
Izvor BG 82 F4
Izvor MK 86 B4
Izvor MK 86 B5
Izvor YU 82 C2
Izvorovo 84 C3
Izvoru 83 B8
Izvoru Bârzii 82 B4
Izvoru Berheciului 79 D8
Izvoru Crişului 78 D1

J

Jääjärvi 59 D10
Jaakonvaara 65 A11
Jaala 65 E7
Jaalanka FIN 63 C8
Jaalanka FIN 63 E8
Jääli 62 D6
Jaama 67 C9
Jääskänjoki 64 B3
Jääskö 61 D7
Jaatila 61 E7
Jabaga 27 E7
Jabalanac 80 B2
Jabaloyas 27 D8
Jabalquinto 28 C6
Jabbeke 10 F3
Jabel 43 C9
Jablan Do 81 G8
Jablanica 80 E6
Jabłoń 72 G5
Jablonec nad Jizerou 74 C5
Jablonec nad Nisou 74 C4
Jablonica 75 G8
Jabłonka 75 E11
Jabłonka Kościelna 72 E4
Jabłonna 72 F2
Jabłonna Lacka 72 F4
Jabłonna Pierwsza 73 B4
Jablonné nad Orlicí 74 D6
Jablonné v Podještědí 74 C4
Jablonové 75 G7
Jabłonowo Pomorskie 71 D9
Jablůnka 75 E8
Jablunkov 75 E9
Jabugo 25 H6
Jabuka BIH 81 D8
Jabuka YU 81 B11
Jabuka YU 81 E9
Jabukovac HR 76 G1
Jabukovac YU 82 B4
Jabukovik 82 E4
Jaca 20 D5
Jachenau 38 D5
Jáchymov 41 C9
Jacovce 75 G9
Jäderfors 52 G4
Jadów 72 F3
Jädraås 52 F4
Jadranska Lešnica 81 C9
Jadraque 23 G12
Jægerspris 44 E6
Jægervatnet 58 D3
Jaén 28 C6
Jägala 66 B6
Jagare 80 B5
Jagerberg 39 E11
Jagodina 82 C2
Jagodnjak 76 F5
Jagodzin 74 A4
Jagsthausen 40 E4
Jagstzell 40 F5
Jähdyspohja 64 C4
Jahnsfelde 70 F3
Jahodná 76 A3
Jah-Salih 81 G10
Jajce 80 C6
Ják 76 C1
Jakabszállás 76 D6
Jäkälävaara 63 B8
Jakkukylä 62 C6
Jakkula 64 A3
Jäkkvik 55 B9
Jaklovce 73 G2
Jakobsbakken 57 F4
Jakobsnes 59 D11
Jakobstad 62 F3
Jakokoski 65 B11
Jakovlje 39 G11
Jakšić 76 G3
Jakštaičiai 68 C3
Jaktorów 72 G2
Jakubany 73 F1
Jakubov 75 G7
Jakubów 72 F3
Jalance 27 F9
Jalasjärvi 64 B3
Jalhay 11 G7
Jaligny-sur-Besbre 17 B10
Jallais 15 G7
Jalovik 81 C10
Jałówka 72 E6
Jalubí 75 F8
Jämaja 66 E2
Jämäs 63 F10
Jämejala 67 D7
Jameln 43 D7
Jamena 81 B9
Jamestown 7 J6
Jametz 13 C7
Jamielnik 71 D9
Jämijärvi 64 D3
Jamilena 28 C6
Jäminkipohja 64 D5
Jämjö 45 D11
Jammerdal 49 B10
Jamník 73 F1
Jämsä FIN 62 F5
Jämsä FIN 64 D6
Jämsänkoski 64 C6
Jämshög 45 D9
Jämtön 56 B4
Jamu Mare 77 G10
Janakkala 64 F5
Janapolė 68 D4
Jánd 77 A11
Jandels-brunn 41 G10
Janderup 44 E1
Jäneda 67 C7
Jänickendorf 43 F9
Janja 81 C9
Janjevo 82 F2
Janjići 81 E9
Janjina 80 F6
Jänkä 62 G5
Jänkälä 61 D9
Jänkisjärvi 60 E5
Jánkmajtis 77 B12
Janków 71 G9
Jankowo Dolne 71 F7
Jāņmuiža 66 F6
Jännevirta 65 A8
Jánoshalma 76 E6
Jánosháza 76 C2
Jánoshida 77 C7
Jánossomorja 76 B2
Janovice nad Úhlavou 41 E9
Janów PL 72 D5
Janów PL 75 C10
Janowice Wielkie 74 B5
Janowiec 73 B3
Janowiec Wlelkopolski 71 E7
Janów Lubelski 73 C4
Janowo 72 D2
Janów Podlaski 72 F5
Jansjö 55 G9
Jänsmässholmen 54 G6
Jāņuciems 69 D10
Janville 15 E11
Janzé 14 F6
Japca 79 B10
Jäppilä 65 C8
Jaraba 20 F3
Jaraczewa 71 G7
Jarafuel 27 F9
Jaraicejo 24 D7
Jaraiz de la Vera 24 C7
Järämä 58 G4
Jarandilla de la Vera 24 B8
Järbo 52 F4
Járdánháza 77 A8
Jard-sur-Mer 16 B2
Jaren 51 G8
Jarfjordbotn 59 D11
Jårgastak 59 E8
Jargeau 12 F2
Jarhoinen 60 D6
Jarhois 60 D6
Jariştea 79 F7
Jarkovac 77 G8
Järkvissle 52 B4
Järlåsa 47 B8
Järlepa 66 C6
Jarmen 43 C10
Jarmina 76 G5
Järna S 47 D9
Järna S 52 G2
Jarnac 16 D4
Jarnages 17 C8
Järnäs 56 G2
Järnäsklubb 56 G2
Järnforsen 45 B10
Jarny 13 C7
Jarocin PL 71 G7
Jarocin PL 73 C4
Jarok 76 A4
Jaroměř 74 C5
Jaroměřice 75 E7
Jaroměřice nad Rokytnou 74 F5
Jaroslavice 74 G6
Jarosław 73 D4
Jarosławiec 70 B6
Jarošov nad Nežárkou 74 F4
Jarovnice 73 F2
Järpås 46 E4
Järpbyn 51 B11
Järpen 51 B11
Järpliden 51 G10
Jarplund-Weding 44 G3
Jarque 27 B8
Jarrow 5 D8
Järva-Jaani 67 C7
Järvakandi 66 D6
Järvberget 55 G10
Järvenpää 60 B6
Järvenpää FIN 63 F8
Järvenpää FIN 63 G9
Järvenpää FIN 64 B2
Järvenpää FIN 64 F6
Järvikylä FIN 62 F5
Järvikylä FIN 62 F5
Järvikylä FIN 63 E7
Jarville-la-Malgrange 13 D8
Järvirova 60 D6
Järvsand 55 F8
Järvsjö 55 E10
Järvsö 52 D4
Järvsta 52 G5
Järvtjärn 56 E3
Järvträsk 56 D2
Jarzé 15 F8
Jaša Tomić 77 G9
Jasen 81 F7
Jasenak 80 A2
Jasenica 80 B4
Jasenovac 76 G2
Jasenovo YU 81 E10
Jasenovo YU 82 A2
Jasień PL 70 G4
Jasień PL 71 B7
Jasienica PL 72 F3
Jasienica PL 75 D10
Jasienica Rosielna 73 E3
Jasieniec 72 G2
Jasika 82 D2
Jasionka 73 D3
Jasionna 75 C12
Jasionówka 72 D5
Jaśliska 73 E3
Jasło 73 E2
Jaslovské Bohunice 75 G8
Jašlūnai 69 F8
Jasmuiža 69 C10
Jasov 73 G2
Jásová 76 B4
Jassans-Riottier 36 F2
Jasseron 36 E3
Jastarnia 71 A8
Jastrebarsko 39 H11
Jastrowie 70 D6
Jastrząb 73 B2
Jastrzębia 73 A2
Jastrzębia Góra 71 A8
Jastrzębie-Zdrój 75 D9
Jászapáti 77 B7
Jászárokszállás 77 B7
Jászberény 77 B7
Jászboldogháza 77 C7
Jászfényszaru 77 B7
Jászjákóhalma 77 B7
Jászkarajenő 77 C7
Jászkisér 77 C8
Jászladány 77 C7
Jászszentandrás 77 B7
Jászszentlászló 77 D7
Jásztelek 77 C7
Jatar 28 E6
Jättendal 52 D5
Jättensjö 52 C4
Jatuni 58 G5
Jatzke 43 C10
Jatznick 43 C10
Jaulín 20 F5
Jaun 36 D5
Jaunalūksne 67 F9
Jaunanna 67 G8
Jaunauce 68 B5
Jaunay-Clan 16 B5
Jaunbērze 68 B6
Jaunciems 66 F3
Jaundundaga 66 F3
Jaungulbene 67 G8
Jaunjelgava 69 B8
Jaunkalsnava 69 B9
Jaunklidzis 67 F7
Jaunlaicene 67 F8
Jaunlutriņi 66 G3
Jaunmārupe 66 G5
Jaunmuiža 69 B9
Jaunolaine 68 B6
Jaunpiebalga 67 G7
Jaunpils 68 B5
Jaunsaras 20 C3
Jaunsāti 66 G3
Jaunsēlplis 69 B9
Jaunsilava 69 C9
Jaurakainen 63 C7
Jaurakkajärvi 63 C8
Jaurrieta 20 C4
Jausiers 19 B8
Javalí Viejo 29 C10
Javarus 61 D9
Jávea 27 G11
Jävenitz 43 E7
Javerlhac-et-la-Chapelle-St-Robert 16 D5
Javgur 79 D10
Javier 20 D4
Javorani 80 C6
Javorník 75 C7
Jävre 56 D3
Javron-les-Chapelles 15 E8
Jawor 74 B6
Jawornik Polski 73 D3
Jawor Solecki 73 B2
Jaworzno PL 75 B9
Jaworzno PL 75 D10
Jaworzyna Śląska 74 B6
Jayena 28 E6
Jazeneuil 16 B5
Jebel 77 F9
Jebjerg 44 C2
Jedburgh 5 C7
Jedlanka 72 G4
Jedlicze 73 E3
Jedlina-Zdrój 74 C6
Jedlińsk 72 H3
Jedlnia-Letnisko 73 A2
Jedlová 74 E6
Jedľové Kostoľany 75 G9
Jednorożec 72 D3
Jedovnice 75 E7
Jędrzejewo 70 E5
Jędrzejów 75 C12
Jédula 25 L7
Jedwabne 72 D4
Jedwabno 72 D2
Jeesiö 61 C8
Jeesiöjärvi 61 C7
Jegālia 84 B3
Jegun 16 G5
Jegunovce 82 G2
Jejsing 44 G2
Jēkabpils 69 B9
Jektvik 57 G1
Jelah 81 C7
Jelašca 81 E8
Jelcz-Laskowice 75 B7
Jelenec 75 G9
Jelenia Góra 74 B5
Jeleniewo 72 B5
Jelenin 70 G4
Jelenje 80 A1
Jeleśnia 75 E10
Jelgava 68 B6
Jelka 76 A3
Jelling 44 E3
Jeloboc 79 C11
Jelovica 82 E4
Jełowa 75 B8
Jels 44 F2
Jelsa 80 F5
Jelšane 35 C12
Jelšava 75 G12
Jelsi 33 D9
Jemeppe 10 G6
Jemgum 11 B9
Jemielnica 75 C9
Jemielno 70 H6
Jemnice 74 F5
Jena 41 B7
Jenbach 38 D5
Jeneč 74 D3
Jengen 38 C4
Jenikowo 70 D4
Jennersdorf 39 E11
Jenny 47 F8
Jenő 76 C4
Jensvoll 51 C9
Jeppo 62 G3
Jērcēni 67 F7
Jerchel 43 F7
Jerez de la Frontera 25 L7
Jerez del Marquesado 29 E7
Jerez de los Caballeros 24 G6
Jerfojaur 55 C11
Jerggul 59 E7
Jergucat 86 E3
Jeri 66 E6
Jérica 27 E10
Jerichow 43 E8
Jerka 70 G6
Jernved 44 F2
Jerslev DK 44 B4
Jerslev DK 44 E5
Jerstad 57 C3
Jerte 24 B7
Jerup 44 B4
Jerzens 38 E4
Jerzmanowa 70 H5
Jerzmanowice 75 D11
Jerzu 32 F3
Jesberg 11 F12
Jesenice CZ 41 D10
Jesenice CZ 74 D3
Jesenice HR 80 C3
Jesenice HR 80 E5
Jesenice SLO 39 F8
Jeseník 75 D7
Jeseník nad Odrou 75 E8
Jesenské 75 G11
Jesenwang 38 C4
Jeserig D 43 F8
Jeserig D 43 F9
Jesewitz 41 A8
Jesi 35 G11
Jesionowo 70 E4
Jesolo 35 C10
Jessen 43 G9
Jessheim 49 B8
Jeßnitz 43 G8
Jesteburg 42 D5
Jettingen-Scheppach 40 G5
Jeumont 10 H5
Jevenstedt 42 B5
Jever 42 C3
Jevíčko 75 E7
Jevišovice 74 F6
Jevnaker 51 H7
Jezera 80 C6
Jezerane 80 B2
Jezerce 82 F1
Jezero BIH 80 C5
Jezero HR 80 B3
Jeżewo PL 71 D8
Jeżewo PL 72 D5
Jeziorany 72 C2
Jeziorzany 72 H4
Jeżów 71 G10
Jeżowe 73 D3
Jeżów Sudecki 74 B5
Jiana 82 B4
Jibert 78 E4
Jibou 78 C1
Jichişu de Jos 78 C2
Jičín 74 C5
Jidvei 78 E2
Jieznas 69 F7
Jihlava 74 E5
Jijila 79 G9
Jijona 27 H10
Jilava 83 B10
Jilavele 83 B11
Jilemnice 74 C5
Jílové 74 C3
Jílové u Prahy 74 D3
Jiltjaur 55 C9
Jimbolia 77 F8
Jimena 28 C6
Jimena de la Frontera 25 M8
Jimramov 74 E6
Jina 78 F2
Jince 41 E10
Jindřichov CZ 75 D7
Jindřichov CZ 75 D8
Jindřichův Hradec 74 F4
Jiříkov 74 B3
Jirkov 41 C10
Jirlău 79 G8
Jirny 74 D4
Jisaku 67 C9
Jistebnice 74 E3
Jistebník 75 E9
Jitia 79 F7
Jlajkovci 82 D1
Joachimsthal 43 E10
Job 17 D11
Jobbágyi 77 B7
Jobsbo 46 A6
Jochberg 38 D6
Jocketa 41 C8
Jockfall 60 E5
Jockgrim 40 F2
Jódar 29 C7
Jodłowa 73 E2
Jodłownik 75 E12
Jodoigne 10 G6
Joensuu 65 B10
Jõepere 67 C7
Joesjö 55 C7
Joeström 55 C7
Jõesuu 66 D6
Jœuf 13 C8
Jõgeva 67 D8
Jõgua 67 C9
Johann-georgenstadt 41 C9
Johannisfors 52 G6
Johannishus 45 D10
Johanniskirchen 41 G9
Johansfors 45 C10
John o'Groats 3 B7
Johnston 8 D2
Johnstone 4 B5
Johnstown IRL 7 K5
Johnstown IRL 7 K7
Johovac 81 C9
Jöhstadt 41 C9
Jõhvi 67 B9
Joigny 12 F4
Joinville 12 E6
Joiţa 83 B9
Jokela FIN 61 E8
Jokela FIN 63 D7
Jokela FIN 64 F6
Jokelankylä 62 F6
Jøkelfjordeidet 58 D5
Jokijärvi FIN 63 C9
Jokijärvi FIN 65 A7
Joki-Kokko 63 D7
Jokikunta 64 F5
Jokikylä FIN 62 F5
Jokikylä FIN 62 F6
Jokikylä FIN 63 E9
Jokikylä FIN 64 B3
Jokilampi 63 B9
Jokimaa 64 F6
Jokioinen 64 F4
Jokiperä 64 B3
Jokipii 64 B3
Jokivarsi FIN 64 A5
Jokivarsi FIN 64 B4
Jokkmokk 60 E2
Jokūbavas 68 D3
Jolanda di Savoia 35 D9
Jolanki 61 E7
Joloskylä 63 C7
Joltai 79 E10
Jomala 53 H8
Jømna 51 G9
Jona 37 C8
Jönåker 47 D8
Jonava 69 E7
Joncy 17 B12
Jondal 48 B3
Jonesborough 6 G7
Joniec 72 E2
Joniškėlis 69 C7
Joniškis LT 68 C6
Joniškis LT 69 E9
Jonkeri 63 F10
Jönköping 46 F5
Jonkowo 72 C2
Jonku 63 C8
Jonquières 18 C5
Jonsberg 47 E8
Jonsered 46 F3
Jonslund 46 E3
Jonstorp 45 D7
Jonzac 16 D4
Joppolo 31 F7
Joräşti 79 F9
Jorba 21 E9
Jorcas 27 D9
Jordanów 75 E11
Jordanów Śląski 75 B7
Jordbro 47 C9
Jordbru 57 F3
Jordbrua 55 B7
Jördenstorf 43 C9
Jordet 51 E9
Jork 42 C5
Jörlanda 46 F2
Jormvattnet 54 E6
Jörn 56 D2
Joroinen 65 C8
Jørpeland 48 E3
Jorquera 27 F8
Jørstadmoen 51 F7
Jošanica 81 D7
Jošanička Banja 81 E11
Jošavka 80 B6
Joseni 78 D5
Josenii Bârgăului 78 C3
Josifovo 86 B6
Josipdol 80 B2
Josipovac 76 F5
Josnes 15 F11
Jössefors 46 B3
Josselin 14 F5
Jossund 54 F3
Josvainiai 68 E6
Jota 51 E9
Jou 22 F4
Jouarre 12 D3
Joué-lès-Tours 15 G9
Joué-sur-Erdre 15 F7
Jougne 36 D4
Joukokylä 63 D8
Jouques 18 D6
Joure 11 B7
Journiac 16 E6
Joutenniva 62 F6
Joutsa 65 D7
Joutseno 65 E9
Joutsijärvi 61 E10
Joux-la-Ville 12 F4
Jouy 15 D11
Jouy-aux-Arches 13 C8
Jouy-le-Potier 15 F11
Jøvik N 57 B5
Jøvik N 58 D3
Joyeuse 17 F12
Joze 17 C10
Józefów PL 72 F3
Józefów PL 73 B3
Józefów PL 73 C5
Juankoski 65 A9
Juban 81 H9
Jubë 86 B1
Jübek 42 A5
Jublains 15 E8
Jubrique 28 F3
Jüchen 11 F8
Juchowo 70 C5
Jüchsen 40 C5
Jucu 78 D2
Judaberg 48 D2
Juden-bach 40 C6
Judenburg 39 E9
Judinsalo 64 D6
Juelsminde 44 E3
Jugon-les-Lacs 14 E5
Jugorje 39 G10
Jugureni 78 G6
Juhonpieti 60 C5
Juhtimäki 64 D4
Juillac 17 D7
Juillan 20 B6
Jujurieux 36 F3
Jukkasjärvi 60 B3
Juknaičiai 68 E3
Juksjaur 55 C8
Jukua 63 B8
Julåsen 52 C3
Julbach 39 B8
Jule 54 F6
Jülich 11 F8
Juliénas 36 E2
Jullouville 14 D6
Jumaliskylä 63 D10
Jumeaux 17 D10
Jumilhac-le-Grand 16 D6
Jumilla 29 B10
Juminen 63 G8
Jumisko 61 E10
Jumurda 67 G7
Juncal 24 D2
Juncosa 21 F8
Juneda 21 F8
Jung 46 E4
Jungingen 40 G3
Junglinster 13 B8
Jungsund 62 G2
Junik 81 G11
Juniskär 52 C5
Juniville 12 C5
Junkerdal 57 G3
Junnonoja 62 E6
Junosuando 60 C5
Junqueira 25 K5
Junsele 55 G9
Juntinvaara 63 E11
Juntusranta 63 C10
Juodeikiai 68 C6
Juodkrantė 68 D3
Juodšiliai 69 F8
Juodupė 69 C9
Juoksengi 60 E6
Juoksenki 60 E6
Juokslahti 64 C6
Juokuanvaara 62 B5
Juonto 63 E10
Juorkuna 63 D7
Juornaankylä 64 F6
Juostinikai 69 D7
Juotasniemi 61 E9
Jupâneşti 82 A6
Jupilles 15 F9
Juprelle 11 G7
Jurançon 20 B6
Jurbarkas 68 E5
Jurbise 10 G5
Jürgenshagen 43 C8
Jürgenstorf 43 C9
Jurģi 68 B5
Jüri 66 B6
Jurignac 16 D4
Jurilovca 84 B5
Jurjevo 80 B2
Jūrkalne 66 G1
Jurklošter 39 G10
Jurkowice 73 C2
Jūrmala 66 G4
Jūrmalciems 68 C3
Jurmo FIN 64 F2
Jurmo FIN 66 A2
Jurmu 63 C8
Jurovski Brod 39 H10
Jursla 47 D7
Jurva 64 B3
Jussac 17 E9
Jussey 13 F7
Juta 76 E3
Jüterbog 43 G9
Jutis 55 B10
Jutrosin 70 G6
Juujärvi 61 E9
Juuka 63 G10
Juuma 61 E11
Juupajoki 64 D5
Juupakylä 64 B4
Juurikka 65 C11
Juurikkalahti 63 F9
Juurikkamäki 65 B9
Juurikorpi 65 F8
Juuru 66 C6
Juustovaara 61 D7
Juutinen 63 F7
Juva 65 D8
Juvanådammet 55 G10
Juvigné 15 E7
Juvigny-le-Tertre 15 D7
Juvigny-sous-Andaine 15 D8
Juvola 65 C9
Juzennecourt 12 E6
Juzet-d'Izaut 21 C8
Jūžintai 69 D9
Jyderup 44 E5
Jylhä 63 G7
Jylhämä 63 E7
Jyllinge 44 E6
Jyllinkoski 64 C3
Jyllintaival 64 B3
Jyrinki 62 F5
Jyrkänkoski 61 F11
Jyrkänkylä 63 F10
Jyrkkä 63 F8
Jystrup 44 F6
Jyväskylä 64 C6

K

Kaagjärve 67 F7
Kaakamo 62 B5
Kaalepi 67 C7
Kaamanen 59 F9
Kaamasjoki 59 E9
Kaamasmukka 59 E8
Kaanaa 64 D5
Kääntöjärvi 60 C4
Kääpa 67 E9
Kääpälä 65 E8
Kaarakkala 63 F8
Kaaraneskoski 60 E6
Käärdi 67 E8
Kaarepere 67 D8
Kaaresuvanto 58 G5
Kaarina 64 F3
Kaarlela 62 F4
Käärmelehto 61 D8
Kaarnevaara 60 C6
Kaarnijärvi 61 E9
Kaarßen 43 D7
Kaarst 11 F8
Kaasmarkku 64 D3
Kaatsheuvel 10 E6
Kaava 59 D9
Kaavi 65 A9
Kaba 77 C9
Kabakça 85 B5
Kabaklar 85 E6
Kabakum 85 F2
Kabala 67 D7
Kåbdalis 60 F2
Kabelvåg 57 D2
Kaberneeme 66 B6
Kabile 66 G3
Kableshkovo 84 F3
Kabli 66 E5
Kać 77 G7
Kačanik 82 G2
Kačarevo 81 B11
Kachkivka 79 A10
Kachurivka 79 B12
Kačice 41 D10
Kačikol 82 F2
Käckelbäcksmon 52 B5
Kaczory 70 D6
Kadaň 41 C9
Kadarkút 76 E3
Kadıköy TR 85 B5
Kadıköy TR 85 C2
Kadıköy TR 85 F3
Kadila 67 C8
Kadrifakovo 82 G3
Kadrina 67 B7
Kadzidło 72 D3
Käenkoski 65 A12
Kaerepere 66 C6
Kåfjord N 58 D5
Kåfjord N 59 B8
Kåfjordbotn 58 E4
Kåfjorddalen 58 E4
Kåge 56 D3
Kågeröd 45 E7
Kağıthane 85 B6
Kagkadi 88 B3
Kahla 41 C7
Kähög 46 F3
Kähtävä 62 E5
Kaïafa 88 C4
Käina 66 C3
Kainasto 64 B3
Kainourgio 86 H5
Kainulasjärvi 60 D5
Kainuunkylä 60 E6
Kainuunmäki 63 F8
Kaipiainen 65 F8
Kaipola 64 D6
Kairala 61 D9
Kairiai 68 C6
Kairiškiai 68 C5
Kaisajoki 60 F6
Kaisepakte 58 G2
Kaisersesch 11 H9
Kaiserslautern 13 C10
Kaisheim 40 G6
Kaišiadorys 69 F7
Kaisma 66 D6
Kaitainen 65 C8
Kaitainsalmi 63 E9
Kaitajärvi 61 E7
Kaivanto 63 E8
Kaive LV 66 G3
Kaive LV 67 G7
Kajaani 63 E8
Kajal 76 A3
Kajanki 60 B6
Kajdacs 76 D5
Kajew 71 F9
Kajoo 65 A10
Kájov 74 F3
Kakanj 81 D7
Kakasd 76 E5
Kakavi 86 E3
Kaķenieki 68 B5
Kakenstorf 42 D5
Kakerbeck 43 E7
Kakhanavichy 69 D12
Käkilahti 63 E7
Kāķišķe 68 C3
Kaklıç 85 H3
Kąkolewnica Wschodnia 72 G5
Kąkolewo 70 G6
Kakovatos 88 D4
Kakrukë 86 D3
Kakskerta 64 G3
Kakslauttanen 59 G9
Kakucs 76 C6
Kál 77 B8
Käl 55 G10
Kälä 65 D7
Kalabakbaşı 85 E3
Kålaboda 56 E3
Kalače 81 F10
Kala Dendra 87 C8
Kalaja 62 F6
Kalajärvi 64 G5
Kalajoki 62 E4
Kalak 59 B9
Kalakangas 62 F6
Kalakoski 64 B4
Kalamaki GR 87 F7
Kalamaki GR 88 C2
Kalamaki GR 89 C7
Kalamaria 87 D7
Kalamata 88 D4
Kalamos 89 B7
Kalamoti 89 B11
Kalamoto 87 D8
Kalampaka 86 F5
Kalampaki 87 C9
Kalana 66 C2
Kalandra 87 E8
Kala Nera 87 F8
Kalanistra 88 B4
Kalanti 64 F2
Kälarne 52 B4
Kalathos 88 G4
Kalavarda 88 G4
Kalavryta 88 B4
Kaława 70 F4
Kalbe (Milde) 43 E7
Kalce 35 B12
Kalchevo 83 F11
Káld 76 C2
Kaldabruņa 69 C9
Kaldbak 3 B9
Kaldfarnes N 57 B5
Kaldfarnes N 57 B5
Kaldfjord 58 D2
Kaldslett 58 D2
Kaldvåg 57 D4
Kaldvik 57 D4
Kalefeld 42 G5
Kaleköy 85 D1
Kälen S 52 C2
Kälen S 52 C4
Kälen S 56 D3
Kalentzi 86 F4
Kalesija 81 C8
Kalesmeno 86 G5
Kalēti 68 C3
Kalety 75 C10
Kalevala 63 C12
Kali GR 86 C6
Kali HR 80 D2
Kalianoi 88 C5
Kalimanci 82 G4
Kalimash 81 H11
Kaliningrad 68 F2
Kalinino 72 B4
Kalinovik 81 E8
Kalinovka 68 F4
Kalinovo 75 G11
Kalinowa 71 G8
Kalinowo 72 C5
Kaliska 71 C8
Kalisz 71 G7
Kalisz Pomorski 70 D5
Kalita 66 E6
Kali Vrysi 87 C9
Kalix 56 B5
Kalkar 11 E8
Kalkhorst 43 C7
Kalķi 66 F3
Kalkiainen 61 D9
Kalkım 85 E3
Kalkkimaa 62 B5
Kalkkinen 64 E6
Kałków 75 C7
Kalkūne 69 D10
Kall D 11 G8
Kall S 54 H6
Källa 45 B12
Kallaste 67 D9
Kallax 56 C4
Kållberget 51 C11
Källbomark 56 D3
Kållby 62 F3
Källby 46 E4
Kalle 57 D2
Kålleboda 46 C3
Kållekärr 46 F2
Kållered 46 F3
Kållerud 46 C3
Kallham 39 B8
Kallifoni 86 G6
Kallifytos 87 C9
Kallimasia 89 B11
Kallinge 45 D10
Kalliojoki 63 E11
Kalliopi 87 E11
Kalliosalmi 61 E8
Kallirachi 87 D10
Kallislahti 65 C9
Kallithea GR 86 E6
Kallithea GR 87 E7
Kallithea GR 87 E8
Kallithea GR 88 C4
Kallithea GR 88 E4
Kallithea GR 89 C7
Kallithea GR 89 C12
Kallithiro 86 G5
Kalljord 57 C3
Kallmet i Madh 86 A2
Kallmünz 41 F7
Kallo 60 C6
Kálló 76 B6
Kallön 55 C10
Kalloni GR 85 F1
Kalloni GR 88 C6
Kalloni GR 89 C9
Kállósemjén 77 B10
Kallsedet 54 G5
Källsjön 52 F4
Kallträsk 64 C2
Kallunki FIN 61 E11
Kallunki FIN 61 E11
Kálmánháza 77 B10
Kalmar 45 C11
Kalmari 64 B6
Kalmthout 10 E5
Kalna YU 82 D4
Kalna YU 82 E4
Kalná nad Hronom 75 H9
Kalnciems 68 B6
Kalni 68 B4
Kalnieši 69 D11
Kalnujai 68 E5
Kalo Chorio 89 G11
Kalocsa 76 D5
Kalofer 83 F8
Kaloi Limenes 89 G9
Kaloneri 86 E5
Kalo Nero 88 D4
Kalos Agros 87 C9
Kalotina 82 E4
Kalotintsi 82 F4
Kaloyanovets 83 F9
Kaloyanovo 83 F8
Káloz 76 D5
Kalpakio 86 E3
Kalpio 63 D8
Kals am Großglockner 38 E6
Kaltanėnai 69 E9
Kaltbrunn 37 C8
Kaltene 66 F3
Kaltenkirchen 42 C5
Kaltennordheim 40 C5
Kaltensundheim 40 C5
Kaltinėnai 68 D5
Kaluđerica 81 B11
Kalugerovo 83 F7
Kalundborg 44 E5
Kalupe 69 C10
Kałuszyn 72 F4
Kaluzhekoye 68 F4
Kalvåg 50 E1
Kalvarija 72 B5
Kalvatn 50 D3
Kalveliai 69 F9
Kalvene 68 B4
Kalvi 67 B8
Kälviä 62 F4
Kalvik 57 E3
Kalvitsa 65 C8
Kalvola 64 E5
Kalvträsk 56 E2
Kalwang 39 D9
Kalwaria Zebrzydowska 75 D11
Kalymnos 88 F2
Kalyny 78 A2
Kalythies 88 G4
Kalyves 87 D10
Kalyvia GR 86 G4
Kalyvia GR 86 H4
Kalyvia GR 88 C5
Kalyvia GR 89 C7
Kamai 69 E10
Kamajai 69 D8
Kämäränkylä 63 E10
Kamarde 69 C7
Kamares GR 88 B4
Kamares GR 89 E9
Kamariotissa 87 D11
Kambja 67 E8
Kamburovo 83 E10
Kamen BG 83 D10
Kamen D 11 E10
Kamenari 83 E10
Kamena Vouria 87 H7
Kamen Bryag 84 D4
Kamencia 81 E11
Kamenec pod Vtáčnikom 75 G9
Kamenekoye 68 F3
Kamengrad 80 B4
Kamenica BIH 80 C4
Kamenica BIH 81 C7
Kamenica BIH 81 D9
Kamenica MK 82 G4
Kamenica SK 73 F2
Kamenica YU 81 C10
Kamenica YU 82 D4
Kamenica nad Cirochou 73 F3
Kamenica nad Hronom 76 B5
Kamenicë 86 D4
Kamenice CZ 74 D3
Kamenice CZ 74 E5
Kamenice nad Lipou 74 F4
Kameničná 76 B4
Kamenín 76 B5
Kamenka 65 F10
Kamenná Poruba 75 F9
Kamennogorsk 65 E10
Kamenný Most 76 B5
Kamenný Přívoz 74 D3
Kamenný Újezd 74 F3
Kameno 84 F2
Kameno Pole 82 E6
Kamenovo 83 D10
Kamensko BIH 81 C8
Kamensko HR 76 G3
Kamensko HR 80 E5
Kamenz 74 B3
Kamern 43 E8
Kames 4 B4
Kamëz 86 B2
Kamičak 80 C5
Kamicë-Flakë 81 G9
Kamień PL 73 B5
Kamień PL 73 D3
Kamieńczyk 72 F3
Kamienica 75 E12
Kamienica Polska 75 C10
Kamieniec 70 F5
Kamieniec Ząbkowicki 75 C7
Kamienka 73 F1
Kamień Krajeńskie 71 D7
Kamienna Gora 74 C6
Kamiennik 75 C7
Kamień Pomorski 70 C3
Kamieńsk 75 B11
Kamień Wielkie 70 E3
Kamilski Dol 85 A1
Kaminia 86 F4
Kamion PL 72 F2
Kamion PL 72 G2
Kamionka 73 A4
Kamiros 88 G4
Kamlunge 56 B5
Kammela 64 E2
Kammen 58 D3
Kamnik 39 F9
Kamno 39 F8
Kamøyvær 59 B8
Kamp 11 H10
Kampanis 87 C7
Kampen D 44 G1
Kampen NL 11 C7
Kampi 86 G4
Kampia 85 G1
Kampinkylä 64 B3
Kampinos 72 F2
Kamp-Lintfort 11 E8
Kampos GR 88 B4
Kampos GR 88 E4
Kampvoll 57 B5
Kamsjö 56 E2
Kamula 63 F7
Kamut 77 D9
Kam"yane 79 A12
Kam"yanka 79 D12
Kam"yans'ke 79 F11
Kamyanyets 72 F6
Kamyanyuki 72 F6
Kamyen' 69 H10
Kanaküla 66 E6
Kanal 35 B11
Kanala FIN 62 G5
Kanala GR 89 D8
Kanali GR 86 F2
Kanali GR 86 G4
Kanalia 87 F7
Kanallaki 86 G3
Kanan 55 D8
Kanatlarci 86 C5
Kańczuga 73 D4
Kandava 66 G3
Kandel 40 F2
Kandelin 43 B9
Kandern 36 B6
Kandersteg 36 E6
Kandila GR 86 H4
Kandila GR 88 C5
Kandle 67 B7
Kanepi 67 E8
Kanestraum 50 B5
Kanfanar 35 C12
Kangas FIN 62 E5
Kangas FIN 64 A3
Kangasaho 64 B5
Kangasala 64 D5
Kangaskylä FIN 62 F5
Kangaskylä FIN 63 D9
Kangaskylä FIN 63 E7
Kangaslahti 63 G9
Kangaslampi 65 C9
Kangasniemi 65 C7
Kangasvieri 62 G5
Kangos 60 C5
Kangosjärvi 60 B6
Kanianka 75 F9
Kaninë 86 D2
Kanjiža 77 E7
Kankaanpää FIN 64 D3
Kankaanpää FIN 64 E3
Kankainen 65 C7
Kankari 63 E7
Kånna 45 C8
Kannas 63 D9
Kannawurf 40 B6
Känne 52 D3
Kannonjärvi 64 B6
Kannonkoski 64 A6
Kannus 62 F4
Kannusjärvi 65 F8
Kannuskoski 65 E8
Kanstad 57 D4
Kanstadbotn 57 C4
Kantala 65 C8
Kantanos 89 G7
Kantele 64 F6
Kantia 88 C6
Kantojärvi 62 B5
Kantojoki 61 E11
Kantokylä 62 F5
Kantola 64 A4
Kantomaanpää 60 E6
Kantorneset 58 E2
Kantserava 69 E12
Kantti 64 C3
Kanturk 7 M3
Kaolinovo 84 D2
Kaona 81 D11
Kaonik BIH 81 D7
Kaonik YU 82 D2
Kapaklı TR 85 B4
Kapaklı TR 85 D6
Kapanbeleni 85 D3
Kapandriti 89 B7
Kapareli 88 B6
Kapčiamiestis 72 C6
Kapelle 10 E5
Kapellen 10 E5
Kapellskär 47 B10
Kapfenberg 39 D10
Kapfenstein 39 E11
Kapitan-Andreevo 83 H10
Kaplava 69 D10
Kaplice 74 G3
Kapljuh 80 C4
Kápolna 77 B8
Kápolnásnyék 76 C5
Kaposfő 76 E3
Kaposméő 76 E3
Kaposszekcső 76 E4
Kaposvár 76 E3
Kapp 51 G8
Kappel 13 B9
Kappeln 44 G3
Kappelrodeck 40 G2
Kappl 38 E3
Kåpponis 60 E3
Kaprijke 10 F4
Kaprun 39 D7
Kapsas 88 C5
Kapshticë 86 D4
Kaptol 76 G3
Kaptsyowka 72 D6
Kapušany 73 F2
Kapusta 60 E6
Kapuvár 76 B2
Käpylä 62 E6
Karaağaç TR 85 A3
Karaağaç TR 85 F2
Karaağaçlı 85 G3
Karabanove 79 C12
Karabeyler 85 G6
Karabiga 85 D3
Karabunar 83 G7
Karaburun TR 85 B5
Karaburun TR 85 G2
Karacabey 85 D5
Karacadağ 84 G3
Karacakılavuz 85 B3
Karacaköy 85 B5
Karacalar 85 F5
Karád 76 D4
Karadzhalovo 83 G9
Karahalil 85 A3
Karaincirli 85 C1
Karainebeyli 85 D2
Karaisen 83 D9
Karakaja 81 C9
Karakasım 85 A2
Karakaya 85 F4
Karakoca 85 D5
Karaköy TR 85 E3
Karaköy TR 85 G3
Karakurt 85 F4
Karala 66 E2
Karaman 85 E4
Karamanovo 83 D9
Karamehmet 85 B4
Karamyshevo RUS 67 F11
Karamyshevo RUS 72 B4
Karancsalja 75 H11
Karancsberény 77 A7
Karancskeszi 77 A7
Karancslapujtő 77 A7
Karancsság 77 A7
Karankamäki 63 F8
Karaoğlanlı 85 G4
Karaorman 85 E5
Karaova 88 E3
Karapelit 84 D3
Karasjok 59 E7
Karatas 85 G5
Karatoulas 88 C3
Karats 60 E1
Karavas 88 F6
Karavelovo BG 83 F7
Karavelovo BG 83 F11
Käravete 67 C7
Karavomylos 87 G7
Karavukovo 81 A9
Karben 40 D3
Kårberg 46 D6
Karbinci 82 G3
Kårböle 52 D3
Kårböleskog 52 D3
Karbow-Vietlübbe 43 D8
Karbunarë e Vogël 86 C2
Karby D 44 G3
Karby DK 44 C2
Karby S 47 C9
Karcag 77 C9
Karcsa 73 H3
Karczew 72 G3
Karczmiska Pierwsze 73 B3
Kärda 45 B8
Kardakata 88 B2
Kardam BG 83 D10
Kardam BG 84 D4
Kardamaina 88 F2
Kardamyla 85 G1
Kardamyli 88 E5
Kardašova Řečice 74 F4
Karden 13 A9
Kardiani 89 C9
Kardis 60 D6
Karditsa 86 F6
Karditsomagoula 86 F6
Kärdla 66 C3
Kardos 77 D8
Kardoskút 77 E8
Karegasnjarga 59 E8
Kareļi 68 B4
Karesuando 58 G5
Kargın 85 G4
Kargowa 70 G5
Karhi 62 F4
Karhila 64 B5
Karholmsbruk 52 G5
Karhujärvi 61 E10
Karhukangas 62 E6
Karhula 65 F8
Kariani 87 D9
Karigasniemi 59 E8
Karihaugen 57 D4
Karijoki 64 C2
Karinainen 64 F3
Käringberg 55 D10
Kåringen 57 D4
Käringsjön 51 D10
Käringsjövallen 51 D10
Karinkanta 62 D5
Karioupoli 88 E5
Karis 64 G4
Karise 44 F6
Karisjärvi 64 F5
Karitaina 88 D4
Karitsa 86 E6
Karjaa 64 G4
Karjalaisenniemi 61 E10
Karjalan kirkonkylä 64 F3
Karjalankylä FIN 62 C6
Karjalankylä FIN 64 F3
Karjalanvaara FIN 61 E9
Karjalanvaara FIN 63 E8
Karjalohja 64 G4
Kärjenkoski 64 C2
Karjulanmäki 62 F5
Karkalou 88 C4
Kärķi 67 E7
Kärkinen 62 E5
Kärkkäala 65 B7
Kärkkäälä 65 B8
Karkkila 64 F5
Karkku 64 D4
Kärklinieki 67 G9
Kärkölä FIN 64 F5
Kärkölä FIN 64 F6
Karksi 67 E7
Karksi-Nuia 67 E7
Kårkul 60 E3
Kärla 66 D2
Karlå 64 B2
Karlby 66 A1
Karlebotn 59 C10
Karleby 62 F4
Karlino 70 C5
Kārļmuiža 66 F3
Karlobag 80 C2
Karlovac 80 A3
Karlovice 75 D8
Karlovo 83 F8
Karlovy Vary 41 D9
Karłowice 75 B8
Karlsbäck 55 G11
Karlsbad 40 F3
Karlsberg 52 E3
Karlsborg 46 E5
Karlsburg 43 C10
Karlsdal 46 C5
Karlsdorf-Neuthard 40 F3
Karlsfeld 41 H7
Karlsfors 52 D3
Karlshagen 43 B10
Karlshamn 45 D9
Karlshöfen 42 D4
Karlskoga 46 C5
Karlskrona 45 D10
Karlsøy 58 D3
Karlsruhe 40 F2
Karlstad 46 C4
Karlstadt 40 D4
Karlstein an der Thaya 74 F5
Karlstetten 39 B11
Karlukovo 82 E6
Karmansbo 47 B7
Karmas 60 C2
Karmėlava 69 E7
Kärnä FIN 62 G4
Kärnä FIN 62 G6
Kärna 46 F2
Karnaliyivka 79 E12
Karnice 70 C4
Karniewo 72 E2
Karnjarga 59 D9
Karnobat 84 F2
Karojba 35 C12
Karolinka 75 E9
Karonsbo 55 E11
Karotis 85 B2
Karousades 86 F2
Karow D 43 C8
Karow D 43 F8
Karpacz 74 C5
Kärpänkylä 63 B10
Karpenisi 86 G5
Karperi 87 C8
Karpero 86 E5
Kärppälä 64 E4
Karpuzlu 85 C1
Kärrbackstrand 51 G10
Karrebæksminde 44 F5
Karrenzin 43 D8
Kärrsjö 55 G11
Karsakiškis 69 D7
Kärsämä 62 E6
Kärsämäki 62 F6
Kārsava 69 B11
Karsikas 62 F6
Karsikkoniemi 60 B6
Karsikkovaara 63 F8
Karsimus 61 E9
Karsin 71 C7
Karşıyaka TR 85 D4
Karşıyaka TR 85 H3
Karsko 70 E4
Kårsta 47 B9
Karstädt D 43 D7
Karstädt D 43 D8
Kärstna 67 E7
Karstula 64 B5
Karszew 71 F8
Kartal 76 B6
Kartavoll 48 E2
Kartena 68 C3
Kartitsch 38 E6
Kartuzy 71 B8
Käru EST 66 C6
Käru EST 67 C8
Karuna 64 G3
Karungi 56 B6
Karunki 62 B5
Karup 44 D2
Kårvåg 50 B4
Karvala 62 G4
Kärväskylä 62 G6
Karvia 64 C3
Kårvikhamn 57 B6
Karviná 75 D9
Karvoskylä 62 F6
Karvounari 86 F3
Karwica 72 D3
Karya GR 86 E6
Karya GR 86 H3
Karya GR 88 C5
Karyes GR 87 E9
Karyes GR 88 D5
Karyotissa 86 D6
Karystos 89 B8
Kås 44 B3
Kašalj 81 F11
Kasary 69 E12
Kasejovice 41 E10
Kasendorf 41 D7
Kasepää 67 D9
Kasfjord 57 C4
Kashirskoye 68 E2
Kaşıkçı 85 B3
Kašina 39 G11
Kaskantyú 76 D6
Kåskats 60 E3
Kaskii 65 D9
Kaskinen 64 C2
Kaskö 64 C2
Käsmä 63 B9
Kåsmo 57 F3
Kåsmolia 57 F3
Kaspakas 87 E11
Kašperské Hory 41 F10
Kaspichan 84 D2
Kassa 60 D6
Kassandreia 87 E8
Kasseedorf 42 B6
Kassel 42 H5
Kassiopi 86 F2
Kastanea 86 E4
Kastania GR 86 D6
Kastania GR 86 F5
Kastania GR 86 G5
Kastanies 85 A2
Kastanochori 87 C8
Kastari 64 E6
Kastellaun 13 A10
Kastelli GR 86 H6
Kastelli GR 89 F7
Kastelli GR 89 G10
Kaštel Stari 80 E4
Kaštel Sućurac 80 E4
Kaštel Žegarski 80 D3
Kasterlee 10 F6
Kastire 69 C10
Kastl 41 E7
Kastlösa 45 D11
Kastneshamn 57 C5
Kastoreio 88 D5
Kastorf 42 C6
Kastoria 86 D4
Kastraki GR 86 H5
Kastraki GR 89 D10
Kasträne 66 G6
Kastre 67 D8
Kastri GR 87 F7
Kastri GR 88 D5
Kastro 88 B6
Kastrosykia 86 G3
Kastrova 69 C12
Kaszaper 77 E9
Kaszczor 70 G5
Katafyto 87 B8
Katajamäki 63 G9
Katakolo 88 C3
Kåtaliden 55 D10
Kataloinen 64 E6
Katapola 89 E11
Katarraktis 89 B11
Kåtaselet 56 C2
Katastari 88 C2
Katerini 87 E7
Katerma 63 F10
Kathenoi 89 A7
Kathlow 70 G3
Kätkänjoki 64 B4
Kätkäsuvanto 58 G6
Kätkävaara 61 E7
Kätkesuando 58 G6
Katlenburg-Lindau 42 G5
Kátlovce 75 G8
Kato Achaïa 88 B3
Kato Alepochori 88 B6
Kato Asites 89 G9
Katochi 88 B3
Kato Doliana 88 D5
Kato Figaleia 88 D4
Kato Glykovrysi 88 E5
Kato Kamila 87 C8
Kato Makrinou 88 B4
Kato Nevrokopi 87 B9
Kato Sounio 89 C8
Kato Tithorea 88 A5
Katouna 86 H4
Kato Vermio 86 D6
Katovice 41 F10
Kato Vlasia 88 B4
Kato Vrontou 87 C9
Katowice 75 D10
Katranca 85 B3
Katrineberg 52 F4
Katrineholm S 47 D7
Katrineholm S 52 F5
Katsdorf 39 B9
Katsikas 86 F4
Kattavia 88 H3
Kattbo 52 F2
Kattelus 64 B4
Kattilasaari 56 B6
Kättilstad 47 E7
Kättilstorp 46 F4
Kattisavan 55 E11
Kattisträsk 56 E2
Katundishtë 86 D3
Katunets 83 E7
Katuntsi 87 B8
Katwijk aan Zee 10 D5
Katyčiai 68 E4
Katymár 76 E6
Kąty Wrocławskie 75 B7
Katzenelnbogen 11 H10
Katzweiler 13 B10
Kaub 13 A10
Kaufbeuren 38 C4
Kaufering 40 H6
Kaufungen 42 H5
Kaugurieši 67 F7
Kauhajärvi FIN 64 A4
Kauhajärvi FIN 64 C3
Kauhajoki 64 B3
Kauhava 64 A4
Kaukalampi 64 F6
Kaukolikai 68 C4
Kaukonen 61 C7
Kauksi 67 C9
Kaulinranta 60 E6
Kaulsdorf 41 C7
Kaunas 68 F6
Kaunata 69 C11
Kauniainen 64 G5
Kaunisjoensuu 60 C6
Kaunisvaara 60 C5
Kaupanger 50 F4
Kaupiškiai 72 B5
Kauppila 65 C7
Kauppilanmäki 63 F8
Kaurajärvi 62 G3
Kaurissalo 64 F2
Kaustinen 62 G4
Kautokeino 58 F5
Kautzen 74 F4
Kauvatsa 64 E3
Kauvosaarenpää 60 E6
Kavacık TR 85 B2
Kavacık TR 85 E5
Kavadarci 86 B6
Kavajë 86 C2
Kavak 85 C2
Kavakalan 85 G4
Kavakdere 85 A3
Kavaklı 85 A3
Kavaklıdere 85 H5
Kavala 87 C10
Kavallari 87 D7
Kavarna 84 D4
Kavarskas 69 D8
Kavasilas 88 C3
Kavastu 67 D8
Kavelstorf 43 C8
Kävlinge 45 E7
Kavos 86 F3
Kavousi 89 G11
Kavs'ke 73 F6
Kavyli 85 A2
Kaxås 54 G6
Käxed 52 B6
Kaxholmen 46 F5
Kayalar 85 E4
Kayalı 84 H2
Kayalıoğlu 85 G4
Kayapa 85 F3
Kayatepe 85 E3
Käylä 61 E11
Käymäjärvi 60 C5
Kayna 41 B8
Kaynaklar 85 H3
Kaynarca 85 A3
Kaynardzha 84 C3
Käyrämö 61 D8
Kaysersberg 36 A5
Kazanka 83 F9
Kazanlŭk 83 F9
Kazanów 73 B2
Kazár 77 A7
Kazdanga 68 B4
Kazichane 82 F5
Kazıklı 88 E3
Kazimierza Wielka 75 D12
Kazimierz Biskupi 71 F8
Kazimierz Dolne 73 B3
Kazincbarcika 73 H1
Kazlowshchyna 69 D12
Kazlų Rūda 68 F6
Kaźmierz 70 F6
Kaznějov 41 D9
Kaz'yany 69 E10
Kçirë 81 H10
Kcynia 71 E7
Kdyně 41 E9
Kea 89 C8
Keadue 6 G4
Keady 6 G6
Kealkill 7 N3
Kebal 46 D2
Kecel 76 D6
Kecerovce 73 G2
Kechrokampos 87 C10
Kechros 85 B1
Kecskéd 76 B4
Kecskemét 77 D7
Kėdainiai 68 E6
Kedros 86 G6
Kędzierzyn-Koźle 75 C9
Keele 5 G7
Keenagh 7 H5
Keeni 67 E7
Kefalos 88 F2
Kefalovryso 86 E6
Kefenrod 40 C4
Kefermarkt 39 B9
Ķegums 69 B7
Kegworth 9 B7
Kehidakustány 76 D2
Kehl 13 D10
Kehlen 13 B8
Kehra 66 B6
Kehtna 66 C6
Kehvo 65 A8
Keighley 5 F8
Keihärinkoski 62 G6
Keikyä 64 E3
Keila 66 B5
Keila-Joa 66 B5
Keillmore 4 B3
Keinäsperä 63 C7
Ķeipene 66 G6
Keiprod 57 C5
Keiss 2 B6
Keitele 63 G7
Keitelepohja 62 G6
Keith 3 D7
Kék 77 A10
Ķekava 66 G5
Kékcse 73 H3
Kelankylä 63 B8
Kelberg 11 H9
Kelbra (Kyffhäuser) 43 H7
Kelč 75 E8
Këlcyrë 86 D3
Kelebia 76 E6
Kelechyn 73 G5
Kelheim 41 F7
Kell 13 B9
Kella 86 D5
Kellas GB 2 D6
Kellas GB 3 F7
Kellenhusen 43 B7
Kellinghusen 42 C5
Kellmünz an der Iller 37 A9
Kello 62 C6
Kellokoski 64 F6
Kelloniemi FIN 60 C6
Kelloniemi FIN 61 E9
Kelloselkä 61 D10
Kells GB 6 E7
Kells IRL 7 H6
Kells IRL 7 L5
Kells IRL 7 M2
Kelmė 68 D5
Kelmis 11 G8
Kelontekemä 61 C8
Kelottijärvi 58 G5
Kelso 5 B7
Kelujärvi 61 C9
Kelvä 65 A11
Kelvedon 9 D10
Kemaliye 85 H5
Kemalpaşa 85 H3
Kemberg 43 G9
Kemecse 77 A10
Kemence 76 A5
Kemenesmagasi 76 C3
Kemenessömjén 76 C2
Kemerburgaz 85 B6
Kemerdamları 85 G4
Kémes 76 F4
Kemeten 39 D11
Kemi 62 B5
Kemihaara 61 B11
Kemijärvi 61 D9
Kemilä 63 B10
Keminmaa 62 B5
Keminperä 63 C9
Kemiö 64 G3
Këmishtaj 86 C2
Kemmel 10 G3
Kemnath 41 D7
Kemnay 3 E7
Kemnitz 43 B10
Kempele 62 D6
Kempen 11 E8
Kempenich 11 G9
Kempsey 8 C6
Kempston 9 C9
Kempten (Allgäu) 37 B10
Kendal 5 E7
Kenderes 77 C8
Kendice 73 F2
Kenézlő 73 H2
Kenfig 8 E4
Kengis 60 D6
Kengyet 77 C8
Kenilworth 9 C7
Kenmare 7 N3
Kenmore 2 F5
Kenn 13 B9
Kennacraig 4 B3
Kensaleyre 2 D3
Kensworth 9 D9
Kentavros 87 C11
Kentriko 87 C7
Kentro 88 C3
Kenyeri 76 C2
Kenzingen 36 A6
Kepez 85 D2
Kępice 70 B6
Kępno 75 B8
Kepsut 85 E5
Keramitsa 86 F3
Keramoti 87 C10
Keräntöjärvi 60 C5
Kerasia 86 E5
Kerasona 86 F4
Keräs-Sieppi 58 G6
Keratea 89 C7
Kerava 64 G6
Kerecsend 77 B8
Kerekegyháza 76 D6
Kerepestarcsa 76 B6
Kerets'ky 73 G5
Kergu 66 D6
Keri 88 C2
Kerimäki 65 C10
Kerisalo 65 C9
Kerkdriel 11 E7
Kerkejaure 60 E2
Kerken 11 E8
Kerkini 87 C7
Kerkkoo 64 F6
Kerkonkoski 65 B7
Kerkrade 11 F8
Kerkyra 86 F2
Kerlouan 14 D2
Kerma 65 C9
Kermen 83 F10
Kernascléden 14 E4
Kernavė 69 F8
Kernhof 39 C11
Kerns 37 D7
Kerpen 11 F8
Kerpiçlik 85 G5
Kerrykeel 6 D5
Kershopefoot 5 C7
Kersilö 61 C9
Kerspleben 40 B6
Kerstinbo 52 G5
Kerteminde 44 F4
Kertészsziget 77 C9
Kertezi 88 C4
Kerttuankylä 62 G4
Kerzers 36 D5
Kesälahti 65 D10
Keşan 85 C2
Kesäniemenkylä 61 F11
Kesarevo 83 E10
Kesasjärv 60 E5
Kesh GB 6 F5
Kesh IRL 6 G4
Kesik 85 G3
Keskijärvi 65 B11
Keskikylä FIN 62 D5
Keskikylä FIN 62 D6
Keskikylä FIN 62 E5
Keskikylä FIN 64 B3
Keskikylä FIN 64 B5
Keskinen 63 D10
Keskipiiri 62 D6
Keski-Posio 61 F10
Keskusvankila 63 F8
Kęsowo 71 D7
Kesselinkylä 63 F11
Kessingland 9 C12
Kesten'ga 63 B12
Ķesterciems 66 G4
Kestilä FIN 62 C6
Kestilä FIN 63 E7
Kestrini 86 F3
Keswick 4 D6
Keszthely 76 D3
Kesztölc 76 B5
Kétegyháza 77 D9
Kéthely 76 D3
Ketola 61 D9
Ketomella 58 G6
Keträvaara 63 C10
Kętrzyn 72 C3
Ketsch 40 E3
Kétsoprony 77 D9
Kettering 9 C8
Kettershausen 37 A10
Kettinge 44 G6
Kettletoft 3 E10
Kettlewell 5 E8
Kęty 75 D10
Ketzin 43 F9
Keula 42 H6
Keuruu 64 C5
Keutschach am See 39 F9
Keväjärvi 59 F9
Kevelaer 11 E8
Ķevele 68 B5
Kevermes 77 E9
Kevo 59 D9
Keynsham 8 E6
Keyritty 63 G9
Kežmarok 75 F12
Khadzhidimovo 87 B9
Kharlu 65 D12
Kharmanli 83 G9
Khaskovo 83 G9
Khayredin 82 D6
Khelyulya 65 D11
Khisarya 83 F8
Khiytola 65 E10

Khlivchany 73 D6
Khodarawtsy 69 H8
Kholmets' 73 G4
Kholms'ke 79 F11
Khrabrovo 68 F2
Khrishteni 83 F9
Khust 78 A1
Khvoyna 83 G7
Khyriv 73 E4
Kiannanniemi 63 C10
Kiato 88 B5
Kiaunoriai 68 D5
Kibæk 44 E2
Kibworth Harcourt 9 C8
Kiby 59 D11
Kičevo 86 B4
Kichenitsa 83 D10
Kichevo 84 E3
Kidderminster 8 C6
Kidlington 9 D7
Kidričevo 39 F11
Kidsgrove 5 G7
Kidwelly 8 D3
Kiefersfelden 38 D6
Kiegeljceplis 66 G6
Kiekinkoski 63 F11
Kiekrz 70 F6
Kiel 42 B6
Kielajoki 59 E9
Kielce 73 C1
Kiełczygłów 75 B10
Kielder 5 C7
Kielpino 71 B8
Kiemėnai 69 C7
Kiemozia 71 F10
Kienberg 38 C6
Kierinki 61 C7
Kierspe 11 F10
Kieselbach 40 B5
Kiesilä 65 E8
Kiesimä 65 B7
Kietrz 75 D8
Kietz 70 F3
Kifisia 89 B7
Kifjord 59 B9
Kihelkonna 66 D2
Kihlanki FIN 60 C6
Kihlanki S 60 C6
Kihlepa 66 D5
Kihlevere 67 B7
Kihniö 64 C4
Kiihtelysvaara 65 B11
Kiikala 64 F4
Kiikka 64 E3
Kiikla 67 C9
Kiikoinen 64 D3
Kiili 66 B6
Kiiminki 62 C6
Kiisa 66 C5
Kiiskilä 62 F5
Kiistala 61 B7
Kiiu 66 B6
Kije 73 C1
Kijevo HR 80 D4
Kijevo YU 81 G11
Kijewo Królewskie 71 D8
Kikerino 67 B12
Kikinda 77 F8
Kikół 71 E9
Kikorze 70 C4
Kikuri 66 G2
Kil N 48 E6
Kil S 46 C4
Kilafors 52 E4
Kilargue 6 G4
Kilb 39 C10
Kilbaha 7 L2
Kilbeggan 7 J5
Kilbeheny 7 M4
Kilberry GB 4 B3
Kilberry IRL 7 K6
Kilbirnie 4 B4
Kilboghamn 54 B6
Kilbotn 55 C4
Kilbrittain 7 N4
Kilby 47 A9
Kilcar 6 F4
Kilchattan 2 G3
Kilchoan 2 F3
Kilchrenan 2 G4
Kilcock 7 J6
Kilcolgan 7 J3
Kilcommon 7 L5
Kilconnell 7 J4
Kilconney 6 G5
Kilcoole 7 J7
Kilcormac 7 J5
Kilcreggan 4 B4
Kilcullen 7 J6
Kildare 7 J6
Kildavin 7 L6
Kilden 44 B4
Kildonan Lodge 2 C6
Kile 48 E5
Kilen 48 D6
Kilfenora 7 K3
Kilfinan 4 B4
Kilfinnane 7 L4
Kilforsen 55 G9
Kilgarvan 7 M3
Kilgetty 8 D2
Kilglass IRL 7 H4
Kilglass IRL 7 J4
Kilham 5 B8
Kilidülbahir 85 D2
Kiliefarso 83 E9
Kilingi-Nõmme 66 E6
Kiliya 79 G11
Kilkea 7 K6
Kilkee 7 L2
Kilkeel 6 G7
Kilkelly 7 H3
Kilkenny 7 L5
Kilkerrin 7 H4
Kilkhampton 8 F3
Kilkieran 7 J2
Kilkinlea 7 L3
Kilkis 87 C7
Kilkishen 7 K4
Kill IRL 7 J6
Kill IRL 7 M5
Killabunane 7 N3
Killadysert 7 L3
Killagan Bridge 6 E7
Killala 6 G3
Killaloe 7 K4
Killamery 7 L5
Killarn 7 L6
Killarney 7 M3
Killavullen 7 M4
Killeagh IRL 7 M4
Killeagh IRL 7 M5
Killean 4 B3
Killearn 2 G5
Killeberg 45 D8
Killenleagh 7 N3
Killeigh 7 J5
Killen 6 F5
Killenaule 7 L5
Killerig 7 K6
Killeshandra 6 G5
Killichonan 2 F5
Killiecrankie 2 F6
Killik 85 H5
Killimor 7 J4
Killin 2 F5
Killinaboy 7 K3
Killinchy 6 F7
Killinge 60 C3
Killingworth 5 C8
Killinick 7 M6
Killinkoski 64 B4
Killorglin 7 M2
Killough GB 6 G7
Killough IRL 7 J7
Killucan 7 H6
Killukin 6 G4
Killundine 2 F3
Killurin 7 L6
Killybegs 6 F4
Killyclogher 6 F5
Killylea 6 F6
Kilmacanogue 7 J7
Kilmacrenan 6 E5
Kilmacthomas 7 M5
Kilmaganny 7 L5
Kilmaine 7 H3
Kilmaley 7 K3
Kilmallock 7 L4
Kilmaluag 2 D2
Kilmarnock 4 B5
Kilmartin 2 G4
Kilmeague 7 J6
Kilmeedy 7 L3
Kilmelford 2 G4
Kilmichael 7 N3
Kilmihill 7 K3
Kilmona 7 M4
Kilmoon 7 H6
Kilmore IRL 7 K4
Kilmore IRL 7 M6
Kilmore Quay 7 M6
Kilmurry 7 K4
Kilmurry McMahon 7 L3
Kilnaleck 7 H5
Kilnamanagh 7 L7
Kilninian 2 F3
Kilninver 2 G3
Kilnock 7 H3
Kiloran 2 G3
Kilpelä 61 C10
Kilpilahti 64 G6
Kilpisjärvi 58 F4
Kilpua 62 E5
Kilquiggin 7 K6
Kilrane 7 M7
Kilrea 6 E6
Kilrean 6 E4
Kilreekill 7 J4
Kilrenny 3 G7
Kilronan 7 J2
Kilrush 7 L3
Kilsallagh 7 H4
Kilsaran 7 H7
Kilshanchoe 7 J6
Kilshanny 7 K3
Kilskeer 7 H6
Kilsmo 46 D6
Kilsund 48 F6
Kilsyth 4 B5
Kiltartan 7 K3
Kiltealy 7 L6
Kiltimagh 7 H3
Kiltogan 7 K6
Kiltoom 7 J4
Kiltsi 67 C7
Kiltullagh 7 J4
Kilvakkala 64 D4
Kilvenaapa 61 E8
Kilvo 60 D3
Kilwaughter 6 E7
Kilwinning 4 B4
Kilworth 7 M4
Kimasozero 63 E12
Kimberley 9 C11
Kimbolton 9 C9
Kiminki 64 A5
Kimito 64 G3
Kimle 76 B3
Kimmeria 87 C11
Kimo 62 G3
Kimola 65 E7
Kimolos 89 E8
Kimonkylä 65 F7
Kimovaara 63 F12
Kimpton 9 D9
Kimstad 47 E7
Kinahmo 65 B10
Kinbrace 2 C5
Kincardine 2 G6
Kincraig 2 E5
Kincses 76 C4
Kindberg 39 D10
Kindelbrück 40 B6
Kinderbeuern 13 A9
Kinding 41 F7
Kindsjön 51 G10
Kineta 88 C6
Kingarrow 6 E4
Kingarth 4 B4
Kingisepp 67 B10
Kingsbridge 8 G4
Kingsclere 9 E7
Kingscourt 6 G6
Kingskerswell 8 G4
Kingsland 6 G4
King's Lynn 9 B10
Kingsnorth 9 E10
Kingsteignton 8 G4
Kingsthorne 8 D5
Kingston 2 D6
Kingston Bagpuize 9 D7
Kingston Seymour 8 E5
Kingston upon Hull 5 F10
Kingstown 9 C11
Kingswear 8 G4
Kingswood 8 E6
King's Worthy 9 F7
Kington 8 C5
Kingussie 2 E5
Kınık TR 85 F3
Kınık TR 85 E3
Kınık TR 85 F6
Kinisjärvi 61 D7
Kinloch 2 E3
Kinlochard 2 G5
Kinlochewe 2 D4
Kinlochleven 2 F4
Kinloch Rannoch 2 F5
Kinloss 2 D6
Kinlough 6 F4
Kinn 57 C4
Kinna 45 B7
Kinnared 45 C7
Kinnarp 46 F4
Kinnarumma 45 B7
Kinnegad 7 J6
Kinnitty 7 K5
Kinnula 62 G5
Kinnunlahti 63 G8
Kinrooi 11 F7
Kinross 2 G6
Kinsale 7 N4
Kinsalebeg 7 M5
Kinsarvik 48 B3
Kintai 68 D3
Kintaus 64 C6
Kintbury 9 E7
Kintore 3 E7
Kinvara 7 J3
Kinvarra 7 J3
Kioni 88 B2
Kipen' 67 B12
Kipfenberg 41 F7
Kipilovo 83 E10
Kipinä 63 C7
Kipoi 86 E4
Kipoureio 86 E5
Kippel 36 E6
Kippen 2 G5
Kippenheim 13 E10
Kipseli 89 C7
Kir 81 G10
Kirakkajärvi 59 E10
Kirakkaköngäs 59 F9
Királd 77 A8
Királyhegyháza 76 E4
Királyhegyes 77 E8
Kiran 54 F3
Kiranı 85 H6
Kiraz 85 D2
Kirbla 66 D5
Kirby Muxloe 9 B7
Kirchanschöring 39 C7
Kirchardt 40 F3
Kirchbach 39 F7
Kirchberg CH 36 D6
Kirchberg CH 37 C8
Kirchberg D 41 C8
Kirchberg D 41 F9
Kirchberg am Wagram 39 B11
Kirchberg am Walde 74 G4
Kirchberg am Wechsel 39 D11
Kirchberg an der Jagst 40 F5
Kirchberg an der Pielach 39 C10
Kirchberg (Hunsrück) 13 B9
Kirchbichl 38 D6
Kirchdorf D 42 E4
Kirchdorf D 43 C7
Kirchdorf an der Iller 37 B9
Kirchdorf an der Krems 39 C9
Kirchdorf im Wald 41 F9
Kirchdorf in Tirol 38 D6
Kirchehrenbach 40 E6
Kirchenlamitz 41 D7
Kirchen (Sieg) 11 F10
Kirchen-thumbach 41 E7
Kirchgellersen 42 D6
Kirchhain 40 B3
Kirchheilingen 40 B6
Kirchheim D 40 B4
Kirchheim D 40 E4
Kirchheim bei München 38 C5
Kirchheim-Bolanden 13 B10
Kirchheim unter Teck 40 G4
Kirchhundem 11 F10
Kirchlauter 40 D6
Kirchlinteln 42 E5
Kirch Mulsow 43 C8
Kirchohsen (Emmerthal) 42 F5
Kirchroth 41 F8
Kirchschlag in der Buckligen Welt 76 B1
Kirchseelte 42 E4
Kirchtimke 42 D4
Kirchwalsede 42 D5
Kirchweidach 38 C6
Kirchwistedt 42 D4
Kirchworbis 40 A5
Kirchzarten 36 B6
Kirchzell 40 E3
Kireç 85 E5
Kiremitçisalih 85 B2
Kirillovskoye 65 F10
Kirjais 64 G3
Kirjavala 65 D10
Kırkağaç 85 F4
Kirkbean 4 D6
Kirkbride 4 D6
Kirkbuddo 3 F7
Kirkby in Ashfield 5 G9
Kirkby Lonsdale 5 E7
Kirkbymoorside 5 E9
Kirkby Stephen 5 E7
Kirkby Thore 5 D7
Kirkcaldy 2 G6
Kirkcolm 4 D4
Kirkconnel 4 C5
Kirkcubbin 6 F8
Kirkcudbright 4 D5
Kirkeby 44 F4
Kirkehamn 48 F3
Kirke Helsinge 44 F5
Kirke Hyllinge 44 E6
Kirkenær 51 G9
Kirkenes 59 D11
Kirke Såby 44 E6
Kirke Stillinge 44 F5
Kirkham 5 F7
Kirkinner 4 D5
Kirkintilloch 4 B5
Kirkjubøur 3 B9
Kirkkavak 85 B2
Kirkkepenekli 85 B4
Kirkkonummi 64 G5
Kırklareli 84 H2
Kirkmichael GB 2 F6
Kirkmichael GB 4 C4
Kirk Michael 4 E5
Kirknewton 5 B8
Kirkoswald 5 D7
Kirkpatrick-Fleming 4 C6
Kirkton 2 G3
Kirkton of Durris 3 E7
Kirkton of Glenisla 2 F6
Kirkton of Skene 3 E7
Kirktown of Auchterless 3 D7
Kirktown of Deskford 3 D7
Kirkwall 3 E10
Kirn 13 B10
Kirnujärvi 60 D5
Kirovsk 65 H12
Kirriemuir 3 F7
Kirschweiler 13 B9
Kirtik 60 E3
Kirtlington 9 D7
Kirton 9 D11
Kirton in Lindsey 5 G10
Kirtorf 40 C3
Kiruna 60 B3
Kisa 47 F7
Kisač 77 G7
Kisar 77 A11
Kisbér 76 B4
Kisdobsza 76 E2
Kiselijak BIH 81 C8
Kiselijak BIH 81 C9
Kiselijak BIH 81 D7
Kisgyőr 77 A8
Kishkeam 7 M3
Kisielice 71 D9
Kisielnica 72 D4
Kisko 64 G4
Kiskőre 77 B8
Kiskőrös 76 D6
Kiskunfélegyháza 77 D7
Kiskunhalas 76 E6
Kiskunlacháza 76 C6
Kiskunmajsa 77 E7
Kıslacık 85 A4
Kisláng 76 D4
Kisléta 77 B10
Kislőd 76 C3
Kisnána 77 B7
Kisovec 39 G10
Kissakoski 65 D7
Kissenbrück 42 F6
Kißlegg 37 B9
Kisszállás 76 E6
Kistanje 80 D3
Kistelek 77 E7
Kistokaj 77 A9
Kistrand 59 C7
Kisújszállás 77 C8
Kisvárda 73 H3
Kisvarsány 77 A11
Kiszkowo 70 F6
Kiszombor 77 E8
Kitee 65 C11
Kiten 84 G3
Kitinoja 64 A3
Kitka 61 E11
Kitkiöjärvi 60 B5
Kitros 87 D7
Kitsi 63 G11
Kittajaur 60 F2
Kittelfjäll 55 D8
Kittilä 61 C7
Kittsee 76 A2
Kitula 64 G4
Kitzbühel 38 D6
Kitzingen 40 E5
Kitzscher 41 B8
Kiuczе 75 C11
Kiukainen 64 E3
Kiuruvesi 63 F7
Kiurujärvi 61 D9
Kivarinjärvi 63 D8
Kivelä 61 E10
Kiveri 86 C5
Kivesjärvi 63 E8
Kiveskylä 63 E8
Kiveslahti 63 E8
Kivijärvi 62 G5
Kivijärvi FIN 62 G6
Kivijärvi S 60 D5
Kivik 45 E9
Kivikangas 62 G5
Kivilahti 65 A11
Kivilompolo FIN 58 F6
Kivilompolo FIN 60 E6
Kivilompolo N 58 F6
Kivioja 61 F7
Kiviöli 67 B8
Kivipera 63 B10
Kivivaara FIN 63 C9
Kivivaara FIN 63 F11
Kivi-Vigala 66 D5
Kivotos 86 E5
Kiwity 72 B2
Kıyıköy 85 A4
Kızılcıkdere 85 A3
Kızılpınar 85 B4
Kjækan 58 D5
Kjåmes 57 D4
Kjeldebotn 57 D4
Kjelkenes 50 E2
Kjelkvik 57 D6
Kjellerup 44 D3
Kjelling 57 F2
Kjemmoen 51 F9
Kjengsnes 57 C4
Kjerkevskjo 54 G4
Kjerret 49 C10
Kjerringdal 58 D5
Kjerringholmen 58 C6
Kjerringøy 57 E3
Kjerringvåg 54 G1
Kjerringvik N 57 C3
Kjerringvik N 57 D4
Kjerstad 57 D4
Kjøllefjord 59 B9
Kjølstad 50 F6
Kjøpsvik 57 D4
Kjøra 54 H2
Kjøsvika 54 D5
Kjulaås 47 C8
Kjustendil 10 E5
Klačno 75 F9
Kladanj 81 C8
Kläden 43 E7
Kladnice 81 E10
Kladnice 80 E4
Kladno 74 D3
Kladovo 82 B4
Kladruby 41 F9
Klæbu 51 B7
Klagenfurt 39 F9
Klågerup 45 F7
Klaipėda 68 D3
Klaj 75 D12
Klakksjorda 57 C3
Klaksvík 3 B9
Klamila 65 F8
Klana 80 A1
Klanac 80 C2
Klanino 70 C5
Klanjec 39 G11
Klanxbüll 44 G2
Klapkalnciems 66 G4
Kläppsjö 55 G10
Klärke 52 B4
Klarup 44 C3
Klašnice 80 B6
Klasov 75 H9
Klässbol 46 C3
Klášterec nad Ohří 41 C9
Klášter pod Znievom 75 F9
Klátova Nová Ves 75 F9
Klatovy 41 E9
Klaukkala 64 G5
Klaus an der Pyhrnbahn 39 C9
Klausdorf D 43 B9
Klausdorf D 43 F10
Klausen 13 B9
Klausen Leopoldsdorf 39 C11
Klausučiai 68 E6
Klavrestrom 46 E5
Klazienaveen 11 C9
Klębowiec 70 D5
Klecko 71 E7
Klęcz 75 A10
Kleczew 71 F8
Kleemola 62 F5
Kleidi GR 87 B8
Kleidi GR 87 D7
Kleinarl 39 D7
Klein Bernitt 43 E7
Klein Bennitz 43 E10
Kleinblittersdorf 13 C9
Klein Bünzow 43 C10
Kleinfurra 42 H6
Kleinheubach 40 E3
Klein Kreutz 43 F9
Kleinlobming 39 E10
Kleinpaschleben 43 G8
Kleinreifling 39 C9
Klein Rönnau 42 C6
Klein St Paul 39 E9
Kleinwallstadt 40 D3
Kleinwelka 74 B3
Kleio 85 F2
Kleisoura 86 D5
Kleitoria 88 C4
Kleiva 57 C3
Kleive 50 C4
Klejniki 72 E5
Klejtrup 44 D3
Klek 77 G8
Klemensker 45 F9
Klenči pod Čerchovem 41 E9
Klenica 70 G5
Klenike 82 F3
Klenje 81 B9
Klenovec 75 G11
Klenovice na Hané 75 E7
Kleosin 72 E5
Klepacze 72 D5
Kleppe 48 E2
Kleppestø 48 B2
Kleppstad 57 D2
Klępsk 70 F5
Kleszczele 72 F5
Kleszczewo PL 70 F6
Kleszczewo PL 72 C4
Kleszczów 75 B10
Klettwitz 43 G10
Kleve 11 E8
Klevshult 45 B8
Kličevac 82 B2
Kličevo 81 F8
Klieken 43 G8
Kliening 39 F10
Klietz 43 E8
Klikuszowa 75 E11
Klim 44 C2
Kliment BG 83 F8
Kliment BG 84 D2
Klimentovo 84 D3
Klimkovice 75 E9
Klimontów PL 73 C2
Klimontów PL 75 D12
Klimpfjäll 55 D7
Klin 75 E10
Klina 81 G11
Klinča Sela 39 H11
Klingenberg 41 B10
Klingenberg am Main 40 E3
Klingenthal 41 C8
Klinglerget 60 F4
Klingre 53 A7
Klink 43 D9
Klinkby 44 D1
Klinte 47 G9
Klintebjerg 44 F4
Klintehamn 47 G9
Klintholm Havn 44 G6
Klipkev 44 G3
Klippan 45 D7
Klippen S 55 C7
Klippen S 55 F10
Klippinge 44 F6
Klis 80 E4
Klisura BG 82 F5
Klisura BG 83 F7
Klisura YU 82 F4
Klitmøller 44 C2
Klitten D 74 A4
Klitten S 52 E2
Klixbüll 44 G2
Kljajićevo 76 F6
Ključ 80 C5
Klobouky 75 F7
Klobuck 75 B10
Klobuk 80 E6
Klöch 39 E11
Klockestrand 52 B6
Klockrike 46 E6
Kłoczew 72 G4
Kłodawa PL 70 E4
Kłodawa PL 71 F9
Kłodzko 74 C6
Kloetinge 10 E5
Kløfta 49 B7
Klokkarstua 49 C7
Klokkerholm 44 B4
Klokočevac 82 B3
Klokočevci 76 F4
Klokočov 75 E9
Klokot 82 F2
Klomnice 75 B10
Klonowa 75 B9
Klooga 66 B5
Kloosterhaar 11 C8
Kloosterzande 10 E5
Klos AL 86 B3
Klos AL 86 B2
Klöse 56 G1
Kloštar Ivanić 76 F1
Kloštar Podravski 76 F2
Kloster 44 D1
Klosterfelde 43 E10
Klösterle 38 E3
Klostermansfeld 43 G7
Klosterneuburg 74 H6
Klosters 37 D9
Kloster Zinna 43 F9
Kloten CH 37 C7
Kloten S 46 B6
Klotten 13 A9
Klötze (Altmark) 43 E7
Klövainiai 68 C6
Klövborg 44 E3
Klövertråsk 56 C3
Klövmoen 54 C6
Klövsjö 52 C2
Klubbfors 56 D3
Klubbviken 59 C11
Kluczbork 75 B9
Kluczewsko 75 B11
Kluki 75 A10
Kluknava 73 F2
Klukowo 72 E4
Klumpen 55 G7
Klundert 10 E5
Kluge 80 C6
Kluse 11 B9
Klušov 73 F2
Klusy 72 C4
Klutsjön 51 D10
Klütz 43 C8
Klwów 72 H2
Klykoliai 68 C5
Klynivka 78 A5
Knaben 48 E4
Knaften 55 F11
Knäred 45 D8
Knaresborough 5 E8
Knarrevik 48 B2
Knarrlagsund 54 G1
Knätten 52 D2
Knebel 44 D4
Knebworth 9 D9
Kneesebeck 42 E6
Knesselare 10 F4
Knetzgau 40 D5
Knežak 35 B12
Kneževi Vinogradi 76 F5
Kneževo 76 F5
Knezha 82 D6
Knežice 74 F5
Knežina 81 D8
Knežmost 74 C4
Knić 81 D11
Knidi 86 E5
Knighton 8 C5
Knin 80 D4
Knislinge 45 D8
Knittelfeld 39 D10
Knittlingen 40 F3
Knivsta 47 B9
Knizhovnik 83 G9
Knjaževac 82 D3
Knockalough 7 K3
Knockanevin 7 M4
Knockbrack 6 E5
Knockbridge 6 G6
Knockcroghery 7 H4
Knocklong 7 L4
Knockmahon 7 M5
Knocknaboul 7 M3
Knocknacarry 6 D7
Knocknagree 7 M3
Knocknagree 7 M3
Knocks 7 H3
Knocktopher 7 L5
Knokke-Heist 10 E4
Knoppe 52 D5
Knorrendorf 43 C9
Knottingley 5 F9
Knowle 9 C7
Knucklas 8 C5
Knud 44 D2
Knurów 75 D9
Knutby 47 B10
Knutbränna 55 G7
Knutby 47 B9
Knutsbol 46 C5
Knutsford 5 G7
Knyahinin 69 F10
Knyazhevo 83 G10
Knyazhitsy 67 E10
Knyszyn 72 D5
Kobarid 39 F8
Kobatovci 80 B6
Kobbelveid 57 E4
Kobbevågnes 58 E2
Kobbfoss 59 E11
Kobela 67 E8
København 45 E7
Kobenz 39 D10
Kobeřice 75 D8
Kobersdorf 76 B1
Kobiele Wielkie 75 B11
Kobierzyce 75 B7
Kobilyane 87 B11
Kobiór 75 D10
Koblenz 11 G10
Kobrow 43 C8
Kobyla Góra 75 A8
Kobylanka 70 D3
Kobylany 73 E3
Kobylets'ka Polyana 78 A2
Kobylin 70 G6
Kobyłka 72 F3
Kobylnica PL 70 B6
Kobylnica PL 70 F6
Kobylniki 72 F2
Kocaavşar 85 E4
Kocahıdır 85 C2
Kočani 82 G4
Kocapınar 85 E4
Kocayazı TR 84 G2
Kocayazı TR 84 G2
Koceljevo 81 C10
Kočeni 66 F6
Kočerin 80 E6
Kočevje 39 H10
Kočevska Reka 39 H10
Kochanowice 75 C9
Kochel am See 38 D5
Kocherinovo 82 G5
Kochmar 84 D3
Kochovo 83 E11
Kock 72 G4
Kočovce 75 G8
Kocs 76 B4
Kocsér 77 C7
Kocsola 76 D4
Koczała 70 C6
Kodavere 67 D9
Kode 46 F2
Kodeń 72 G6
Kodersdorf 74 B4
Kodesjärvi 64 C3
Kodiksami 64 E3
Kodisjoki 64 E3
Köditz 41 C7
Kodrąb 75 B11
Kodyma 79 A11
Koekelare 10 F3
Koeru 67 C7
Kofçaz 84 G2
Köflach 39 E10
Kog 76 E1
Køge 44 F6
Koglhof 39 D11
Kohila 66 C6
Kohlberg 41 E8
Köhlen 42 C4
Kohtla-Järve 67 B9
Koigi 67 C7
Koijärvi 64 E4
Koikkala 65 D9
Koilovtsi 83 D8
Koimisi 87 C8
Koirakoski 63 F8
Koitila 63 B9
Koivu 61 F7
Koivujärvi FIN 63 G7
Koivujärvi FIN 63 E7
Koivumäki FIN 63 G8
Koivumäki FIN 64 A5
Koivumäki FIN 65 C9
Koivuniemi 62 B6
Köja 52 B6
Kojanlanti 65 B9
Kojetín 75 E7
Kokava 75 E7
Kökar 66 A1
Kokari 69 D10
Kokava nad Rimavicou 75 G11
Kokelv 59 B7
Kokemäki 64 E3
Kokkala 88 D5
Kokkari 88 D2
Kokkinochoma 87 C9
Kokkino Nero 87 E7
Kokkokylä 63 B7
Kokkola 62 E4
Kokkolahti 65 C10
Kokkosniva 61 C9
Kokkotoi 87 G7
Kokkovaara 61 C7
Koklot 62 G2
Koknese 69 B8
Kokonvaara 65 B10
Kokora 67 D8
Kokorevo 67 E12
Kokory 75 E7
Kokrica 39 F9
Koksijde 10 F3
Koktråsk 55 D11
Kola 80 C5
Kołacin 71 G10
Kołacz 70 C5
Kołacze 72 H6
Kołaczkowo 71 F7
Kołaczyce 73 E2
Kolaka 88 A6
Kolari FIN 60 C6
Kolari S 60 C6
Kolari YU 82 B1
Kolárovice 75 F9
Kolárovo 87 B8
Kolárovo 76 B4
Kolåsen 54 G5
Kolašin 82 E1
Kolback 47 C7
Kołbacz 70 D3
Kołbaskowo 70 D3
Kolbeinstaðir 47 E8
Kołbiel 72 G3
Kolbotn 49 C8
Kolbu 51 G8
Kolbudy Górne 71 B8
Kołbuszowa 73 D3
Kölby 44 C3
Kol'chyna 73 G4
Kölcse 77 A12
Kolczyglowy 70 B6
Kołczyn 70 F4
Koldby 44 C2
Koldere 85 G4
Kolding 44 E3
Koler 56 C3
Kolesnyakove 69 F9
Kolesjan 86 A3
Koleśna 81 E7
Kolga 67 B7
Kolga-Jaani 67 D7
Kolho 64 C5
Koli 63 G10
Kolin 74 D4
Kolinany 75 G9
Kolind 44 D4
Kolindros 86 D6
Kolinec 41 E10
Koliri 88 C3
Kolisne 79 E12
Kolitzheim 40 D5
Koljala 66 D3
Koljane 80 D4
Kolka 66 F3
Kolkær 44 E2
Kolkanlahti 64 B6
Kölked 76 F5
Kolkja 67 D9
Kolkku 63 G7
Kolkonjärvi 63 B8
Kolkwitz 70 G3
Kollaja 63 C7
Kölleda 40 B6
Kollines 88 D5
Kölln-Reisiek 42 C5
Kollnt 48 B1
Kollund 44 G3
Kolmisoppi 63 G8
Kolnica 72 C5
Kolno PL 72 C2
Kolno PL 72 D4
Kolo 80 E6
Kolo 71 F8
Kołobrzeg 70 B4
Kolochau 43 G10
Kolochava 73 G6
Koloniję 86 C2
Kolonowskie 75 C9
Kölosen 51 D10
Kolsätter 52 D2
Kolsh 81 H11
Kölsillre 52 C3
Kölsjön 52 D4
Kolsko 70 G5
Kölsta 47 B7
Kolsva 47 C7
Kölsvallen S 51 E11
Kölsvallen S 51 E11
Kolt 44 E3
Kolta 76 A5
Kolu 64 B5
Koluszki 72 G1
Koluszki 71 G10
Koluvere 66 C5
Kölvallen 51 D11
Kolvereid 54 E4
Kolvik 59 C7
Kølvrå 44 D2
Kolympia 88 G4
Kolymvari 89 F7
Komádi 77 C10
Komagfjord 58 C6
Komagvær 59 C12
Komancza 73 F3
Komanos 86 D5
Komar 80 C6
Komara 85 A1
Komarani 81 E10
Komarevo 83 D7
Komarica 81 B7
Komárno 76 B4
Komárom 76 B3
Komarno 73 E5
Komárom 76 B4
Komárov 41 D10
Komarovo 65 G10
Komarówka Podlaska 72 G5
Komarów Osada 73 C5
Kombulji 69 C10
Komen 35 B11
Komęsi 86 B2
Komi GR 89 B11
Komi GR 89 C9
Komin 81 B8
Komin HR 76 E1
Komin HR 80 F6
Komiža 80 F4
Komjatice 76 A4
Komletinci 76 G5
Komló 76 E4
Kömlő 77 B8
Kömlőd 76 B4
Kommeno 86 G4
Kommunar 67 B12
Komnina 86 D5
Komorane 82 F1
Komorniki 70 F6
Komorowo 72 E4
Komorzno 75 B8
Komoshtitsa 82 D5
Komossa 62 G3
Komotini 87 C11
Kompakka 65 C10
Kompelusvaara 60 D4
Kömpöc 77 E7
Kompoti 86 G4
Komprachcice 75 C8
Kömsi 66 D4
Komsomol'sk 68 F2
Komsomol'sk 68 F2
Komsomol's'k 73 H6
Konak 81 F4
Konak 85 H3
Konakpinar 85 F4
Konare 84 D4
Konary 72 G3
Konarzyce 72 D4
Konarzyny 71 C7
Koncanica 76 F2
Konče 86 B6
Konczewo 71 C10
Kondoros 77 D8
Kondratowice 75 C7
Kondrat'yevo 65 F9
Konevo 67 D8
Koneck 71 E8
Køng 44 F6
Konga 45 D10
Köngås 61 B7
Köngäs FIN 61 B7
Köngäs FIN 61 D9
Kongasmäki 63 E8
Kongens Lyngby 45 E7
Kongerslev 44 C4
Konginkangas 64 B6
Kongsberg 49 C7
Kongselva 57 D3
Kongsfjord 59 B11
Kongshavn 48 B3
Kongsmoen 54 E5
Kongsvik 57 C4
Kongsvinger 49 B9
Kongsvoll 54 G2
Konice 75 E7
Koniecpol 75 C11
Königsberg in Bayern 40 D5
Königsbronn 40 G5
Königsbrück 41 B10
Königsbrunn 40 H6
Königsdorf 38 C5
Königsee 40 C6
Königsfeld im Schwarzwald 37 A7
Königshain 74 B4
Königshütte 42 G6
Königslutter am Elm 42 F6
Königsmoos 40 G6
Königssee 39 D7
Königstein 41 B10
Königstein D 41 E7
Königstein im Taunus 11 H11
Königswartha 74 B4
Königswiesen 39 B10
Königswinter 11 G9
Königs Wusterhausen 43 F10
Konin 71 F8
Konispol 86 F3
Konitsa 86 E4
Könitz 41 C7
Köniz 36 D6
Konjevrate 80 D4
Konjic 81 E7
Konjsko BIH 80 E6
Konjsko BIH 81 E8
Konnekoski 65 B7
Könnern 43 G8
Konnevesi 65 B7
Konni 64 B3
Konnunsuo 65 E9
Konnuslahti 65 B8
Könölä 62 B5
Konolfingen 36 D6
Konopiska 75 C10
Konopište 86 C6
Konopki 72 E2
Konopnica PL 73 B4
Konopnica PL 75 A10
Konotop PL 70 D5
Konotop PL 70 G5
Kon'ovo 83 F10
Konowic 73 C7
Konsko 86 C6
Końskowola 73 A3
Konsmo 48 F4
Konstancin-Jeziorna 72 G3
Konstantinova 69 C11
Konstantinovy Lázně 41 D9
Konstantynów 72 F5
Konstantynów Łódzki 71 G9
Konstanz 37 B8
Kontariotissa 86 E6
Kontiainen 64 B4
Kontiaisi 87 G8
Kontiolahti 63 E7
Kontiokoski 62 D6
Kontiolahti 65 B10
Kontiomäki 63 E9
Kontiotuo 63 E9
Kontopouli 87 E11
Kontovazaina 88 C4
Kontsäjärvi 60 D6
Konttila 63 B7
Konttimäki 63 G8
Konush 83 G9
Kőny 76 B3
Konyár 77 C10
Konyavo 82 F4
Konz 13 B8
Konzell 41 F9
Koog aan de Zaan 10 C6
Koonga 66 D5
Köörtilä 64 D2
Koosa 67 D8
Kootstertille 11 B8
Kopani 86 F4
Kopanica 70 F4
Kopanos 86 D6
Kopardal 54 B5
Koparnes 50 D2
Kopčany 75 G7
Koper 35 C12
Kopervik 48 D2
Kophāza 76 B2
Kopice 75 C8
Kopidlno 74 C4
Kopilovtsi 82 D5
Köping 47 C7
Köpingebro 45 F8
Köpingsvik 45 C12
Kopisto 62 E5
Kopki 73 C3
Koplik 81 G9
Koplik i Sipërm 81 G9
Köpmanholmen 47 B10
Köpmanholmen 52 B6
Koporiće 82 E1
Koposperä 62 F6
Koppang 51 E8
Koppangen 58 D3
Kopparberg 46 B6
Kopparmora 47 C10
Kopparnäs 56 C3
Koppelo 59 F9
Koppera 51 B9
Koppl 39 C7
Koppom 46 B3
Koprivets 83 D9
Koprivlen 87 B9
Koprivnica 76 E2
Kopřivnice 75 E9
Koprivshtitsa 83 F7
Köprübaşı 85 G5
Kopsa 62 E5
Kõpu EST 66 C2
Kõpu EST 66 D6
Koraj 81 B8
Koramoniemi 61 E10
Korbach 40 B3
Korbevac 82 F3
Korbovo 82 B4
Korčanica 80 B4
Korçë 86 D4
Korchiv 73 D6
Korchowo 43 D7
Korčula 80 F5
Korczew 72 F5
Korczyna 73 E3
Korenita 81 C9
Kořenov 74 C5
Korentokylä 63 C8
Korentovaara 65 B12
Koretin 82 E3
Kőrez 85 G5
Korfantów 75 C8
Korfos 88 C6
Korgen 54 B6
Korgene 66 F5
Kõrgessaare 66 C3
Korholanmäki 63 E8
Korhosenniemi 63 B9
Koria 65 F7
Korifasi 88 D4
Korinos 87 D7
Korinth 44 F4
Korinthos 88 C5
Korisos 86 D5
Korissia 89 C8
Korita BIH 80 D5
Korita BIH 81 F8
Korita HR 80 G6
Korita YU 81 G9
Korkana 63 E11
Korkatti 62 E6
Korkeakangas 65 C11
Korkeakoski 64 D6
Körkvere 66 D4
Körle 40 B4
Körmend 76 C2
Kormista 87 C9
Körmu 64 F5
Korňa 75 E9
Kornalovychi 73 E5
Körner 40 B5
Korneuburg 74 G6
Kornevo 72 B2
Kornik 70 F6
Kornista 87 B8
Kornofolia 85 B1
Kornos 87 E11
Korneja 49 E9
Kornwestheim 40 F3
Környe 76 B4
Korolevo 78 A1
Koromačno 35 D12
Koronco 76 B3
Koroni 88 E4
Koronisia 86 G4
Koronos 89 D10
Koronouda 87 C7
Koronowo 71 D7
Koropi 89 B7
Körösladány 77 D9
Körösszakál 77 C10
Körösszegapáti 77 C10
Köröstarcsa 77 D9
Koroviya 78 B6
Korpela 61 B7
Korperich 13 B8
Korpi 62 F5
Korpijärvi 61 F7
Korpijoki 62 F5
Korpikå 56 B5
Korpikylä FIN 60 F6
Korpikylä FIN 63 D9
Korpilahti 64 C6
Korpilombolo 60 D5
Korpilompolo 61 D7
Korpinen FIN 63 G8
Korpinen FIN 63 G9
Korpisel'kya 65 C12
Korpivaara 65 B10
Korpo 64 G2
Korppoo 64 G2
Korsåmon 52 B4
Korsbäck 64 B2
Korsberga S 45 B10
Korsberga S 46 E5
Korsgården 52 G3
Korsholm 62 G2
Korshamn 48 F4
Korsholm 62 G3
Kõrsmyrbränna 55 H8
Korsnäs 64 B2
Korsnes 57 D4
Korsør 44 F5
Korsösjön 56 E3
Korssund 50 F1
Korstrask 56 C3
Korsvegen 51 B7
Korsvoll 50 B5
Korsze 72 B3
Kortemark 10 F3
Korten 83 F10
Kortenhoef 10 D6
Kortesalmi 63 B10
Kortesjärvi 62 F4
Kortessem 11 F7
Kortevaara 63 F10
Kortgene 10 E4
Korthi 89 C9
Kortrijk 10 F4
Kortteenperä 63 B7
Korttelnen 65 B7
Koruba 85 E1
Korucu 85 E3
Koruköy TR 85 C2
Koruköy TR 88 E3
Korva 60 E6
Korvakumpu 61 D9
Korvala 61 D8
Korvaluoma 64 C3
Körvekülä 67 D8
Korvenkylä FIN 62 D6
Korvenkylä FIN 62 E5
Korvenkylä FIN 62 F5
Korvua 63 C9
Korycany 75 F7
Korycin 72 D5
Koryfi 87 D7
Koryni 88 B6
Korythi 88 C2
Korytnica 72 F4
Korzenna 73 E1
Korzeńsko 70 H6
Korzunovo 59 E12
Korzybie 70 B6
Kos 88 F2
Kosakowo 71 B8
Kosanica 81 F9
Kosarovce 73 F3
Kösching 41 F7
Kościan 70 G6
Kościelec 71 F8
Kościerzyna 71 B7
Kościernica 70 B5
Kościerzyna 71 B7
Kosd 76 B6
Kose EST 66 C6
Kose EST 67 E8
Kosel 86 B4
Košeca 75 F9
Košecké Podhradie 75 F9
Kösedere TR 85 E1
Kösedere TR 85 G2
Köseilyas 85 B4
Kosel 42 A5
Koselji 81 D7
Koserow 43 B10
Košetice 74 E4
Koshava 82 C5
Košice 73 G2
Kosivs'ka Polyana 78 A3
Kosjerić 81 D10
Koška 76 F4
Koskama 61 C7
Koskeby 62 G3
Koskenkorva 64 B3
Koskenkylä FIN 62 E6
Koskenkylä FIN 62 G4
Koskenkylä FIN 61 C8
Koskenkylä FIN 63 B10
Koskenkylä FIN 63 E9
Koskenkylä FIN 64 E3
Koskenkylä FIN 65 B8
Koskenmäki 63 E10
Koskenniska 59 F8
Koskenpää 64 C6
Koskenperä 62 F6
Koski FIN 64 E4
Koski FIN 64 F4
Koski FIN 64 F5
Koskimäki 64 B3
Koskinou 88 G4
Koskioinen 64 E4
Koškovce 73 F3
Koskue 64 C3
Koskullskulle 60 D3
Koslovets 83 D9
Kosmas 81 E8
Kosmas 88 D5
Kosmio 87 C11
Kosmonosy 74 C4
Kosola 64 A3
Kosova Hora 74 E3
Kosovo 80 D4
Kosovo Polje 82 F1
Kosovska Kamenica 82 F2
Kosovska Mitrovica 82 E1
Kosów Lacki 72 F4
Kosów 74 B3
Koßdorf 43 H9
Kössen 38 D6
Kosta GR 88 D6
Kosta S 45 C10
Kostakioi 86 G4
Koštálov 74 C5
Kostamo 61 D9
Kostandenets 83 D10
Kostandovo 82 G6
Kostanjevac 39 G10
Kostanjevica 39 G10
Kostel 39 H10
Kostelec nad Černými Lesy 74 D4
Kostelec nad Orlicí 74 D6
Kostelec na Hané 75 E7
Kostenets 82 F6
Kostenets BG 82 F6
Kostenets BG 82 G6
Kostice 75 G7
Kostinbrod 82 E5
Kostolac 82 B2
Kostolné Kračany 76 B3
Kostomloty 74 B6
Kostomuksha 63 E11
Kostrzyn PL 70 F3
Kostrzyn PL 70 F6
Kostyzhitsy 67 E12
Kosula 65 B9
Košúte 80 E5
Kosyny 73 H4
Koszalin 70 B5
Koszęcin 75 C9
Kőszeg 76 C1
Koszyce 73 D1
Kotajärvi 61 G8
Kotala FIN 61 D11
Kotala FIN 64 C5
Kotalanperä 62 C6
Kotas 86 D4
Koté 86 B2
Kotegyán 77 D10
Kotel 83 E10
Kötelek 77 C8
Kotelnik 74 C5
Koteşova 75 F9
Köthen (Anhalt) 43 G8
Kotikylä 63 G8
Kotila 63 G9
Kotiranta 63 D10
Kotka 65 F8
Kotlin 71 G7
Kotly 67 B11
Kotor 81 G8
Kotoriba 76 E2
Kotorsko 81 B7
Kotor Varoš 80 C6
Kotovs'k 79 B12
Kotraža 81 D11
Kotronas 88 E5
Kötschach 39 E7
Kottes 39 B10
Köttmannsdorf 39 F9
Köttsjön 52 A4
Kotun 72 F4
Kötzting 41 F9
Koudekerke 10 E4
Koudum 11 B7
Koufalia 87 C7
Koufonisi 89 E10
Koufos 87 E9
Koufovouno 85 B2
Kougsta 54 H6
Koukkuniemi 65 C8
Koulikoi 86 E3
Koumani 88 C4
Koura 64 B4
Kourim 74 D4
Kourkouloi 87 G8
Kournas 89 G8
Koutaniemi 63 E8
Koutojärvi 60 F6
Koutsochero 86 F6
Koutsopodi 88 C5
Koutsouras 89 G11
Kouva 63 B8
Kouvola 65 F7
Kovachevets 83 E10
Kovachevtsi 83 E9
Kovachevo 83 G10
Kovachevtsi 82 E4
Kovachitsa 82 C5
Kovačica 81 B8
Kovacs 66 F6
Kovačica 77 G8
Kövágószőlős 76 E4
Kovallberget 55 E10
Kovanluk 83 F7
Kovarce 75 G9
Kovářov 74 E3
Kovdor 61 C11
Kovero 65 A11
Kovil 77 G7
Kovin 82 B1
Kovjoki 62 G3
Kovland 52 C5
Kövra 52 B2
Kovren 81 F9
Kowal 71 F9
Kowala-Stępocina 73 B2
Kowale 75 B9
Kowale Oleckie 72 B4
Kowale-Pańskie 71 G8
Kowalewo Pomorskie 71 D9
Kowalów 70 F3
Kowary 74 C5
Kowiesy 72 G2
Köyhäjoki 62 E4
Köyliö 64 E3
Koynare 83 D7
Koyundere 85 G3
Koyunyeri 85 C2
Kozani 86 D5
Kozarac BIH 80 B5
Kozarac HR 76 F5
Kozar Belene 83 C8
Kozármisleny 76 F4
Kozarovce 75 G9
Kozel 41 E10
Kozelets 83 D5
Kozica 80 E6
Kozienice 72 H3
Kozina 35 B12
Kozjak 82 G4
Kozlany 41 D10
Kozloduy 82 D6
Kozlów Biskupi 72 F2
Kożłowo 72 D2
Kozły 72 F5
Kozmin 71 G7
Kozminek 71 G8
Kozolupy 41 D10
Kozubszczyzna 73 B4
Kozuchów 70 G4
Kożuhe 81 B7
Kozy 75 D10
Kozyörük 85 B3
Krabbendijke 10 E5
Krabi 67 F8
Kräckelbäcken 52 E2
Krackow 70 D3
Kraddsele 55 C9
Kraftsdorf 41 B7
Krąg 70 B6
Kragelund 44 D3
Kragerø 48 E6
Kragi 70 D6
Kragujevac 82 C1
Kraj HR 80 E4
Kraj HR 80 F6
Krajenka 70 D6
Krajišnik 77 G8
Krajnik Dolny 70 E3
Krakača 80 B3
Kråkberget 57 C3
Kråken 56 G2
Kråkenes 50 D1
Kråkerøy 49 D8
Kräkes 68 D6
Krakhella 50 F1
Kråklingbo 47 G10
Kråklivollen 51 B8
Kråkmoen 57 E4
Krakovets' 73 D5
Kraków 75 D11
Krakow am See 43 C8
Kråkshult 46 F6
Kråksmåla 45 C11
Kråkstad 49 C8
Kralevo 83 E11
Králíky 75 D7
Kraljeva 81 D7
Kraljevica 80 B3
Kraljevo 81 D11
Kráľová nad Váhom 75 H8
Kráľová pri Senci 75 H8
Kralovice 41 D10
Kráľovský Chlmec 73 G3
Kralupy nad Vltavou 74 D3
Králův Dvůr 41 D10
Kramarzyny 70 C6
Kramfors 52 B6
Kramolin 83 E8
Krampenes 59 C11
Kramsach 38 D5
Kramsk 71 F8
Kramvik 59 C12
Kranevo 84 D4
Kranenburg 11 E8
Kranevo 84 D4
Krångfors 56 E3
Kranichfeld 40 B6
Kranidi 88 D6
Kranj 39 F9
Kranjska Gora 39 F8
Krapanj 80 E3
Krape 69 B8
Krapets 84 D4
Krapina 39 G11
Krapinske Toplice 39 G11
Krapkowice 75 C8
Krašić 39 H11
Krasiczyn 73 E4
Krasiv 73 E6
Krāslava 69 D10
Kraslice 41 C8
Krasnagorka 69 D10
Krásná Hora nad Vltavou 74 E3
Krasnaye 69 G10
Krasne PL 72 E2
Krasne PL 73 D3
Krasne UA 79 E11
Kraśniczyn 73 B5
Kraśnik 73 B3
Krasni Okny 79 B11
Krasnobród 73 C5
Krasnogorodskoye 67 G10
Krasnohorské Podhradie 73 G1
Krasnoles'ye 72 B4
Krásno nad Kysucou 75 E10
Krasnopol 72 B5
Krasno Polje 80 B2
Krasnosel'skoye 65 F10
Krasnosielc 72 E3
Krasnovo 83 F7
Krasnoyil's'k 78 A5
Krasnoznamensk 68 E5
Krasnystaw 73 B5
Krasnyy Luch 67 G12
Krasocin 75 B11
Krašte 86 B3
Kraszewice 71 H8
Kraszewo 72 C2
Kratigos 85 F2
Kratiškiai 69 C7
Kratovo 82 G3
Kratte masugn 52 G4
Krauchenwies 37 B8
Krauja 69 D10
Kraujai 68 D5
Kraukļi 67 G8
Krauschwitz 70 H3
Krautheim 40 E4
Kravaře 75 D8
Kravarsko 39 H11
Kravoder 82 D5
Kraymorie 84 F3
Kražiai 68 D5
Krčina 81 C9
Kreba-Neudorf 74 A4
Krefeld 11 E8
Kreiensen 42 G5
Kreivenava 69 D7
Krekenhovychi 73 F6
Krekilä 62 F4
Kremasti 88 G4
Kremen 87 B8
Kremena 81 C8
Kremenets 78 B5
Kremikovtsi 82 E6
Kremna 81 D9
Kremnica 75 G10
Kremnické Bane 75 G10
Krempe 42 C5
Kremperheide 42 C5
Krempna 73 E2
Krems an der Donau 39 B11
Kremsbrücke 39 E8
Kremsmünster 39 C9
Křepice 75 F7
Krepoljin 82 C2
Krešević 81 D7
Kreshpan 86 D2
Křešice 74 C3
Kresna 82 H5
Kresnice 39 G9
Kressbronn am Bodensee 37 C9
Krestena 88 C4
Kretinga 68 D3
Kretingalė 68 D3
Kreuth 38 D5
Kreuzau 11 G8
Kreuzen 39 C10
Kreuzlingen 37 B8
Kreuztal 11 F10
Kreuzwert-heim 40 E4
Kreva 69 G9
Krežluk 80 C6
Krichim 83 G7
Krieglach 39 D11
Kriegstetten 36 C6
Krien 43 C10
Kriens 37 D7
Krievciems 66 G2
Krieza 89 B8
Krikello 86 H5
Krikellos 86 G4
Krimpen aan de IJssel 10 D5
Krimūnas 68 B6
Křinec 74 C4
Krinides 87 C9
Kriškalni 69 B9
Kriškovci 80 B6
Kristberg 46 E6
Kristdala 45 B11
Kristiansand 48 F5
Kristianstad 45 D9
Kristiansund 50 B4
Kristiinankaupunki 64 C2
Kristineberg 55 D11
Kristinefors 51 H10
Kristinehamn 46 C5
Kristinestad 64 C2
Kristoni 87 C7
Kristvallabrunn 45 C11
Kritinia 88 G3
Kritsa 89 G10
Kritzmow 43 B8
Kriukai 68 C6
Kriūkai 68 E6
Krivača 81 F7
Kriva Feja 82 F3
Krivaja 81 C7
Krivaň 75 G10
Krivany 73 F2
Kriva Palanka 82 G4
Krivelj 82 C3
Krivi Put 80 B3
Krivi Vir 82 C3
Krivodol 82 D5
Krivogaštani 86 B5
Krivolak 86 B6
Križ 76 F1
Križanov 74 E6
Križevci 76 E1
Křížová 74 E5
Križovany nad Dudváhom 75 G8
Križpolje 80 B2
Krk 80 B1
Krka 39 G9
Krmčina 80 D2
Krnča 75 G9
Krnica 35 D12
Krnjača 81 B11
Krnja Jela 81 F9
Krnjak 80 A3
Krnjeuša 80 C4
Krnjevo 82 B1
Krnov 75 D8
Krobia 70 G6
Kroczyce 75 C11
Krøderen 49 B7
Krofdorf Gleiberg 40 C3
Krog 52 C3
Krögis 41 B9
Krok 54 H6
Krokees 88 E5
Krokeide 48 B2
Krokek 47 D7
Kroken N 50 F4
Kroken N 55 D7
Krokfors S 55 C8
Krokfors S 60 F3
Krokio 87 G7
Kroknäs 52 C2
Kroknes 59 C12
Krokom 52 A2
Krokos 86 E5
Krokowa 71 A8
Krokshult 45 B9
Kroksjö S 55 E10
Kroksjö S 55 G11
Kroksjö S 56 F2
Krokstadelva 49 C7
Krokstadøra 54 H2
Krokstranda 55 B7
Krokströmmen 52 D2
Kroktjärn 60 F3
Krokträsk 56 C3
Królowy Most 72 D6
Krölpa 41 C7
Kroměříž 75 F7
Krommenie 10 C6
Krompachy 73 F1
Kromsdorf 41 B7
Kronach 41 D7
Kronauce 68 B6
Kronberg im Taunus 11 H11
Kronlund 55 C10
Kronoby 62 F4
Kronprinzenkoog 42 C4
Kronshagen 42 B5
Kronshtadt 65 G10
Kronstorf 39 C9
Kropa 39 F9
Kröpelin 43 B8
Kropp 42 B5
Kroppenstedt 43 G7
Kropstädt 43 G9
Krościenko nad Dunajcem 75 E12
Kröslin 43 B10
Krosna 72 B6
Krośnice 75 A7
Krośniewice 71 F9
Krosno 73 E3
Krosno Odrzańskie 70 G4
Kroşsen D 41 B7
Krossen N 48 C5
Krossen N 48 G4
Krossmoen 48 F3
Krostitz 43 H8
Krote 68 B3
Krotoszyce 74 B6
Krotoszyn 71 G7
Krottendorf 39 D11
Krouna 74 E6
Krousonas 89 G9
Kröv 13 B9
Krovik 60 B2
Krovyli 87 C12
Krrabë 86 C2
Krš 80 B2
Kršan 35 C12
Krško 39 G10
Krstac 81 F8
Krstinja 80 A3
Krtova 81 C8
Kruchowo 71 E7
Krüden 43 E7
Kruibeke 10 F5
Kruiningen 10 E5
Kruishoutem 10 F4
Krujë 86 B2
Krukenychi 73 E5
Kruklanki 72 C4
Krukowo 72 D3
Krulyewshchyna 69 E11
Krumbach A 38 D3
Krumbach A 76 B1
Krumbach (Schwaben) 40 H5
Krumë 81 G11
Krummesse 42 C6
Krumovgrad 85 B1
Krumovo BG 83 F8
Krumovo BG 83 G10
Krumpa (Geiseltal) 43 H8
Krumvíř 75 F7
Krün 38 D4
Krunderup 44 D2
Krupina 69 F7
Krupiai 68 C5
Krupac BIH 81 E7
Krupac YU 82 E4
Krupa na Vrbasu 80 C5
Krupanj 81 C9
Krupava 69 G8
Krupe 73 B5
Krupina 75 G10
Krupište 82 G3
Krupka 41 C10
Krupnik 82 G5
Kruså 44 G3
Kruševac 82 D2
Kruševica 81 C11
Kruševo 86 B4
Kruševo Grdo 80 C6
Krushari 84 C3
Krushel'nytsya 73 F5
Krushevets 84 G3
Krushevo 83 E8
Krushovene 83 D7
Krushovitsa 82 D6
Krušovce 75 G9
Kruszewo 70 E6
Kruszwica 71 E8
Kruszyna PL 75 B10
Krutådal 55 C7
Krute 81 H9
Kruunupyy 62 F4
Krupište 82 G3
Krya Vrysi 86 D6
Krykeag 86 C2
Krykeli 81 H10
Krylów 73 C6
Krynica 73 E1
Krynica Morska 71 B9
Krynice 73 C5
Krynki 72 D6
Krynychne 79 F10
Kryoneri 88 C5
Kryoneritis 87 G8
Kryopigi 87 E7
Krypno Kościelne 72 D5
Krypuli 69 F11
Kryry 41 D10
Krystad 57 D1
Krystalopigi 86 D4
Kryva Balka 79 E12
Kryve Ozero Druhe 79 B12
Kryvichy 69 F11
Kryvorivnya 78 A4
Kržanja 81 G9
Krzanowice 75 D9
Krzątka 73 C3
Krzczonów-Wójtostwo 73 B4
Krzęcin 70 E4
Krzelów 74 A6
Krzemieniewo 70 G6
Krzepice 75 B9
Krzepielów 70 G5
Krzesk-Królowa Niwa 72 G5
Krzeszów PL 73 C4
Krzeszów PL 74 C5
Krzeszyce 70 F4
Krzętów 75 B11
Krzykosy 71 F7
Krzynowłoga Mała 72 D2
Krzystkowice 70 G4
Krzywcza 73 E4
Krzywda 72 G4
Krzywin 70 G6
Krzywin 70 G6
Krzywowierzba 72 H5
Krzywy Róg 71 F7
Krzyżanowice PL 73 B2
Krzyżanowice PL 75 D9
Krzyż Wielkopolski 70 E5
Książ Wielki 75 C11
Książ Wielkopolski 70 G6
Księżpol 73 C4
Kubanovka 68 F4
Kubbe 55 G10
Kübekháza 77 E8
Kublichy 69 E12
Küblis 37 D9
Kubrat 83 D10
Kubulji 67 G9
Kuç 86 E2
Kučevo 82 B2
Kuchen 40 G4
Kuchl 39 D7
Kuchurhan 79 D12
Kuchyňa 75 G7
Kucice 72 F2
Kuciny 71 G9
Kučište 80 F5
Kuçově 86 D2
Küçükanafarta 85 D2
Küçükbahçe 85 G2
Küçükçekmece 85 B6
Küçükkarıştıran 85 B3
Küçükköy 85 F2
Küçükkuyu 85 E2
Küçükyoncalı 85 B4
Kucura 76 F6
Kuczbork-Osada 71 E10
Kudever' 67 H11
Kudirkos Naumiestis 68 F5
Kudowa-Zdrój 74 C6
Küdums 66 F6
Kufstein 38 D6
Kuggerud 51 H9
Kuggören 52 D5
Kuha 63 B7
Kuhakoski 65 D9
Kühbach 40 G6
Kuhbier 43 D8
Kuhfelde 43 E7
Kuhmalahti 64 D5
Kuhmo 63 E10
Kuhmoinen 64 D6
Kühndorf 40 C5
Kühren 43 H9
Kuhs 43 C8
Kuhstedt 42 D4
Kuijõe 66 C5
Kuimetsa 66 C6
Kuinre 11 C7
Kuivajärvi 63 D11
Kuivajõe 66 C6
Kuivakangas 60 E6
Kuivalahti 64 E2
Kuivaniemi 62 B6
Kuivanto 65 F7
Kuivasjärvi 64 C4
Kuivastu 66 D4
Kükas 69 B9
Kukasjärvi FIN 61 D7
Kukasjärvi S 60 F5
Kukës 81 H11
Kukko 64 B5
Kukkola FIN 62 B5
Kukkola S 56 B6
Kuklen 83 G8
Kuklin 72 D2
Kuklinów 71 G7
Kukliš 87 B7
Kukljić 80 C3
Kukljica 80 D2
Kukljin 82 D2
Kukmirn 76 C1
Kukruse 67 B9
Kuktiškės 69 E9
Kukulje 80 B6
Kukur 86 C3
Kukurečani 86 C5
Kula BG 82 C4
Kula HR 76 G4
Kula TR 85 G5
Kula YU 76 F6
Kulalar 85 G5
Kulata 81 B6
Kulata 87 B8
Kulautuva 68 E6
Kūļciems 66 G3
Kuldiga 66 G2
Kulefli 85 B4
Kuleli 85 B3
Kulennoinen 65 D10
Kulen Vakuf 80 C4
Kulesze 72 D5
Kulho 65 B11
Kulia 54 G3
Kuliai 68 D4
Kulju 64 E4
Kullaa 64 D3
Kullamaa 66 C5
Kullerud 42 C6
Küllstedt 40 B5
Kulltorp 45 B8
Kulmain 41 D7
Kulmbach 41 D7
Kuloharju 63 B9
Külsheim 40 E4
Kultima 58 G5
Kuluntalahti 63 E8
Külupenai 68 C3
Kulva 69 E7
Kulveraliki 63 F8
Kulykiv 73 D6
Kumachevo 68 F2
Kumane 77 F8
Kumanica 81 E11
Kumanovo 82 G3
Kumbara 85 F6
Kumberg 39 E11
Kumbri 68 B5
Kumbulj 69 D10
Kumburun 85 E1
Kumhausen 41 G8
Kumkadi 85 D5
Kumkale 85 E1
Kumköy 85 B6
Kumla 46 C6
Kumla kyrkby 47 B8
Kumlinge 53 G9
Kummer 43 D7
Kummerow 43 C9
Kummersdorf-Alexanderdorf 43 F10
Kummersdorf Gut 43 F10
Kummunkylä 65 A7
Kumpuranta 65 C10
Kumpuselkä 63 G7
Kumpuvaara 63 E9
Kumrovec 39 G11
Kunadacs 76 D6
Kunágota 77 E9
Kunbaja 76 E6
Kunbaracs 76 D6
Kunčina 74 E6
Kunda 67 B8
Kunes 59 C8
Kunfehértó 76 E6
Kungälv 46 F2
Kungas 62 F4
Kungsängen 47 C9
Kungsäter 45 B7
Kungsbacka 44 B6
Kungsberg 52 F4
Kungsgården S 52 E5
Kungsgården S 52 G4
Kungshamn 46 E2
Kungshatt 47 C9
Kungsör 47 C7
Kunhegyes 77 C8
Kunice 74 B6
Kunín 75 E8
Kuningaküla 67 C9
Kuniów 75 B9
Kunmadaras 77 C8
Kunovice 75 F8
Kunowice 70 F3
Kunowo 70 G6
Kunpeszér 76 C6
Kunrau 43 E7
Kunštát 74 E6
Kunszállás 77 D7
Kunszentmárton 77 D8
Kunszentmiklós 76 C6
Künzsiget 76 B3
Kunvald 74 D6
Kunžak 74 F4
Künzell 40 C4
Künzelsau 40 F4
Künzing 41 G9
Kuohatti 63 F10
Kuohu 64 C6
Kuoksajärvi 61 E8
Kuoksu 60 C4
Kuolayarvi 61 D11
Kuolio 63 B9
Kuomiokoski 65 D8
Kuopio 65 B8
Kuoppala 62 G3
Kuorevesi 64 D5
Kuortane 64 B4
Kuortti 65 D7
Kuosku 61 C10
Kuouka 60 E3
Kup 75 B8
Kupari 81 G7
Küpeler 85 E4
Kupferberg 41 D7
Kupferzell 40 F4
Kupientyn 72 F4
Kupinec 39 H11
Kupinovo 81 B10

Kupiškis 69 D8
Kupjak 80 A2
Küplü 85 B2
Kuppenheim 40 F2
Kuprava 67 G9
Kupres 80 D6
Kuprešani 80 C6
Küps 40 D6
Kuranyets 69 F10
Kurapollye 69 E10
Kuratën 86 B2
Kurbnesh 86 B2
Kurd 76 E4
Kürdzhali 87 B11
Kurejoki 64 A4
Kuremaa 67 D8
Kuremäe 67 C9
Kuressaare 66 E3
Kurevere 66 D2
Kurienkylä 64 C4
Kurikka 64 B3
Kuřim 74 F6
Kurima 73 F2
Kurjala 65 B9
Kurjan 86 D2
Kurki 63 C8
Kurkiharju 65 A8
Kurkikylä 63 C9
Kurkimäki 65 B8
Kurmene 69 B8
Kürnare 83 F7
Kürnbach 40 F3
Kurolanlahti 65 A8
Kuropta 61 C12
Kurort Bad Gottleuba 41 B10
Kurort Kipsdorf 41 B10
Kurort Oberwiesenthal 41 C9
Kurort Schmalkalden 40 C5
Kurort Steinbach-Hallenberg 40 C5
Kurów 73 B3
Kurowice 71 G9
Kurravaara 60 B3
Kurrokvejk 55 C10
Kuršėnai 68 C5
Kursīši 68 B5
Kursu 61 D10
Kuršumlija 82 E2
Kuršumlijska Banja 82 E2
Kurtakko 60 C6
Kurtbey 85 B2
Kurtna 67 C9
Kurtovo Konare 83 G7
Kurtti 63 C9
Kurtto 63 D9
Kuru 64 D4
Kurvinen 63 C10
Kuryłówka 73 D4
Kurzelów 75 B11
Kurzeszyn 72 G2
Kurzętnik 71 D9
Kusa 67 G7
Kusadak 82 B1
Kuşadası 88 D2
Kuşçayır 85 E2
Kusel 13 B9
Kusey 43 E7
Kusfors 56 D2
Kushnytsya 73 G5
Kušići 81 E10
Kuside 81 F8
Kuślin 70 F5
Kusmark 56 D3
Küsnacht 37 C7
Küssnacht 37 D7
Kustavi 64 F2
Küsten 43 E7
Kusterdingen 38 B1
Kuštilj 77 G9
Kuşu 85 G6
Kuta 81 D8
Kutalli 86 D2
Kutas 76 E3
Kutemajärvi 65 C7
Kutenholz 42 D5
Kuti 81 G10
Kutina 76 G2
Kutjevo 76 G4
Kutlovo 81 D11
Kutná Hora 74 D4
Kutno 71 F9
Kutrikko 61 D10
Kuttainen 58 G5
Kuttanen 58 G5
Kuttura 59 G8
Kúty 75 G7
Kuty 78 A4
Kuukasjärvi 63 B7
Kuumu 63 E10
Kuurne 10 F4
Kuurtola 63 D9
Kuusaa FIN 62 F6
Kuusaa FIN 65 B7
Kuusajärvi 61 C7
Kuusajoki 61 C7
Kuusalu 66 B6
Kuusamo 63 B10
Kuusamonkylä 63 E10
Kuusankoski 65 E7
Kuusijärvi 63 C9
Kuusijoki 64 C3
Kuusiku 66 C6
Kuusiranta 63 E8
Kuusirati 62 E6
Kuusivaara 61 E9
Kuusjärvi 65 B10
Kuusjoki 64 F4
Kuuslahti 63 G8
Kuvansi 65 C8
Kuvaskangas 64 C2
Kuyka 78 A5
Kuyvozi 65 G11
Kužiai 68 C5
Kuzmice 73 G2
Kuzmin 76 G6
Kuźmina 73 E4
Kuz'molovskiy 65 G11
Kuznechnoye 65 E10
Kuźnia Raciborska 75 D9
Kuźnica 72 D6
Kuźnica Czarnkowska 70 E6
Kväcklingen 52 B4
Kværkeby 44 F6
Kværndrup 44 F4
Kvalfors 54 C6
Kvalnes N 57 B4
Kvalnes N 57 D2
Kvalnes N 57 E3
Kvalnes N 59 C12
Kvaløyhamn 54 C5
Kvaloysletta 58 D2
Kvaløyvåg 58 D2
Kvalsaukan 57 C3
Kvalsund 58 C6
Kvalsvik 50 D2
Kvalvåg 50 B5
Kvalvik 58 E3
Kvam 51 E7
Kvannås 57 B6
Kvanndal 48 B3
Kvanne 50 C5
Kvannli 54 D6
Kvänum 46 E4
Kvarnberg 52 E2
Kvarnbyn 56 E3
Kvarnriset 56 E3
Kvarnsand 47 B10
Kvarnsjö 52 C2
Kvarntäkt 52 F3
Kvarntorp 46 C6
Kvarv N 57 F3
Kvarv N 57 F3
Kvasice 75 F8
Kvasy 78 A3
Kveaune 54 F6
Kvėdarna 68 D4
Kveinsjøen 54 D5
Kvelde 49 D7
Kveli 54 E6
Kvenvær 50 A5
Kvevlax 62 G2
Kvibille 45 C7
Kvicksund 47 C7
Kvidinge 45 D7
Kvikkjokk 57 G5
Kvillsfors 45 B10
Kvinesdal 48 F4
Kvinlog 48 F4
Kvissleby 52 C5
Kvisvik 50 B5
Kvitblik 57 F3
Kviteberg 58 D5
Kviteseid 48 D5
Kvitnes N 57 C3
Kvitnes N 58 D3
Kvitsøy 48 E2
Kvívik 3 B8
Kvorning 44 D3
Kwaadmechelen 10 F6
Kwidzyn 71 C9
Kwieciszewo 71 E7
Kwilcz 70 F5
Kyan 52 E3
Kybartai 68 F5
Kycklingvattnet 55 E7
Kydrasivka 79 A12
Kyjov 75 F7
Kyläinpää 64 B3
Kylänlahti 63 G10
Kyläsaari 64 D2
Kyleakin 2 E3
Kyle of Lochalsh 2 E3
Kylerhea 2 E3
Kylestrome 2 C4
Kylland 48 F4
Kyllburg 13 A8
Kyllini 88 C3
Kylmäkoski 64 E4
Kylmälä 63 E7
Kymi 87 H9
Kymina 87 D7
Kyminlinna 65 F7
Kymönkoski 62 G6
Kyndby Huse 44 E6
Kyngäs 63 C7
Kynsiperä 63 B9
Kynsivaara 63 B9
Kynšperk nad Ohří 41 D8
Kypärävaara 63 E9
Kyparissia 88 D4
Kypasjärv 60 F5
Kyprinos 85 A1
Kyria 87 C9
Kyriaki 88 B5
Kyritz 43 E8
Kyrkås 52 A2
Kyrkhult 45 D9
Kyrksæterøra 50 B6
Kyrkslätt 64 G5
Kyrksten 46 C5
Kyrnychky 79 F11
Kyröskoski 64 D4
Kyrsyä 65 D9
Kyslytsya 79 G11
Kysucké Nové Mesto 75 E9
Kysucký Lieskovec 75 E10
Kytäjä 64 F5
Kythira 88 F6
Kythnos 89 D8
Kytökylä 62 E6
Kytömäki 63 D9
Kyustendil 82 G4
Kyyjärvi 64 A5
Kyynämöinen 64 B6
Kyynärö 64 D5

L

Laa an der Thaya 74 G6
Laaber 41 F7
La Adrada 26 D3
Laage 43 C8
Laagri 66 B5
Laaja 63 D9
Laajoki 64 F3
Laakajärvi 63 F9
La Alberca E 24 A7
La Alberca E 29 C10
La Alberca de Záncara 26 F6
La Alberguería de Argañán 24 B6
La Albuera 24 F6
La Aldehuela 26 D2
La Algaba 25 J7
La Aliseda de Tormes 26 D2
La Aljorra 29 D10
La Almarcha 27 E7
La Almolda 20 F6
La Almunia de Doña Godina 20 F4
Laanila 59 G9
Lääniste 67 E9
La Antilla 25 K5
Laapas 65 F8
Laarkirchen 39 C8
Laarne 10 F4
Laasala 64 B5
Laaslich 43 D7
Laatre EST 66 E6
Laatre EST 67 E7
Laatzen 42 F5
Laax 37 D8
La Azohía 29 D10
La Baconnière 15 E7
Labajos 23 G9
La Balme-de-Sillingy 36 F4
La Bañeza 23 D7
Labanoras 69 E9
La Barre-de-Monts 16 A1
La Barre-en-Ouche 15 D9
La Barthe-de-Neste 21 C7
Labarthe-Rivière 21 C7
La Bassée 10 G3
La Bastide-Clairence 20 B4
Labastide-d'Anjou 21 B9
La Bastide-de Bousignac 21 C9
La Bastide-de-Sérou 21 C9
La Bastide-l'Évêque 17 F8
Labastide-Murat 17 F7
La Bastide-Puylaurent 17 F11
Labastide-Rouairoux 21 B11
Labastide-St-Pierre 17 G7
La Bastide-sur-l'Hers 21 C10
La Bâthie 36 F4
La Bâtie-Neuve 19 B7
Lábatlan 76 B5
Labatut-Rivière 20 B6
La Baule-Escoublac 14 G5
La Bazoche-Gouet 15 E10
La Bazoge 15 E9
L'Abbaye 36 D4
Labégude 17 F12
La Bégude-de-Mazenc 18 B5
Labéjan 16 H5
Labenne 20 B4
La Bérarde 19 A7
Labergement-lès-Seurre 12 G6
Laberget 57 C5
La Bernerie-en-Retz 14 G6
Laberweinting 41 F8
Labin 35 D12
Labinot-Mal 86 C3
La Bisbal de Falset 21 F8
La Bisbal del Penedès 21 F9
La Bisbal d'Empordà 21 E11
Łabiszyn 71 E7
Lablachère 17 F12
Labljane 82 F2
Laboe 42 B6
La Bonneville-sur-Iton 15 D10
La Bouëxière 14 E6
Labouheyre 16 F3
La Bourboule 17 D9
Laboutarie 17 G8
La Bóveda de Toro 23 F7
Łabowa 73 E1
La Brède 16 F4
La Bresse 36 B5
La Brigue 19 C9
Labrit 16 G4
La Broque 13 E9
La Bruffière 15 G7
Labruguière 21 B10
L'Absie 16 B4
La Buisse 36 G3
Łabunie 73 C5
La Bussière 12 F3
Läby 47 B9
Laç AL 86 A2
Laç AL 86 B2
La Cabrera 23 G10
La Caillère 16 B3
Lacalahorra 29 E7
La Caletta 32 D4
Lacalm 17 E9
La Calmette 17 G12
La Calzada de Oropesa 26 E2
La Campana 25 J8
La Cañada de San Urbano 29 E8
La Cañada de Verich 20 G6
Lacanau 16 E3
Lacanau-Océan 16 E3
Lacanche 12 G5
La Canourgue 17 F10
La Capelle 12 B5
Lacapelle-Barrès 17 E9
Lacapelle-Marival 17 E8
Laćarak 76 G6
La Caridad 22 B5
La Carlota 28 D4
La Carolina 28 B6
Lacaune 17 G9
La Cava 21 G8
La Cavada 23 B10
La Cavalerie 17 G10
Lacave 17 E7
Lacaze 17 G9
Lacco Ameno 30 B4
Laceby 5 F10
Lacedonia 33 E10
La Cellera de Ter 21 E11
La Celle-St-Avant 15 G9
La Cerca 23 C11
La Cerollera 27 C10
Laces 38 F4
La Chaise-Dieu 17 D11
La Chaize-le-Vicomte 16 B2
La Chambre 36 G4
Lachania 88 H3
La Chapelaude 17 B9
La Chapelle 12 B6
La Chapelle-aux-Saints 17 E7
La Chapelle-d'Abondance 36 E5
La Chapelle-d'Aligné 15 F8
La Chapelle-d'Angillon 12 G2
La Chapelle-de-Guinchay 36 E2
La Chapelle-des-Fougeretz 14 E6
La Chapelle-en-Valgaudémar 36 H4
La Chapelle-en-Vercors 18 A6
La Chapelle-la-Reine 12 E3
La Chapelle-Laurent 17 E10
Lachapelle-sous-Aubenas 17 F12
La Chapelle-St-André 12 G4
La Chapelle-St-Luc 12 E5
La Chapelle-St-Quillain 13 G7
La Chapelle-St-Ursin 12 G2
La Chapelle-sur-Erdre 14 G6
Lachar 28 E6
La Charité-sur-Loire 12 G3
La Chartré-sur-le-Loir 15 F9
La Châtaigneraie 16 B3
La Châtre 17 B8
La Châtre-Langlin 17 B7
La Chaume 12 F6
La Chaussée-St-Victor 15 F10
La Chaussée-sur-Marne 12 D5
La Chaux-de-Fonds 36 C5
La Chaux-du-Dombief 36 D3
Lachendorf 42 E6
Lachen-Speyerdorf 40 E2
La Cheppe 12 C5
La Chèze 14 E5
Lachowo 72 D4
Lāči 69 C10
Lacići 76 F4
La Cierva 27 E7
La Ciotat 18 E6
La Cisterniga 23 E9
Łąck 71 F9
Lack 6 F5
Lackamore 7 L4
Läckeby 45 C11
Łącko 75 E12
La Clayette 17 B12
La Clusaz 36 F4
La Cluse 18 B6
La Cluse-et-Mijoux 36 D4
La Codosera 24 E5
La Concha 23 B10
La Condamine-Châtelard 19 B8
Laconi 32 F2
La Coquille 16 D6
La Coronada E 24 E8
La Coronada E 24 G8
La Côte-St-André 36 G2
La-Couarde-sur-Mer 16 C2
La Couronne 16 D5
Lacourt 21 C8
La Courtine 17 C8
La Couture-Boussey 15 D11
La Couvertoirade 17 G10
Lāčplēsis 69 B8
Lacq 20 B5
La Crau 19 E7
La Crèche 16 B4
Lacroix-Barrez 17 E9
La Croixille 15 E7
La Croix-Valmer 19 E7
Lacrouzette 21 A10
La Cumbre 24 D7
Lacunza 20 C3
Łączna 73 B1
Łącznik 75 C8
Ladánybene 76 C6
Ladbergen 11 D10
Ladce 75 F9
Lądek 71 F7
Lądek-Zdrój 75 C7
Ladelund 44 G2
Ladenburg 40 E3
Lădești 82 A6
Ladi 85 B1
Ladignac-le-Long 16 D6
Ladinhac 17 E9
Ladispoli 32 C4
Ladoeiro 24 C5
Ladomirová 73 F3
Ladon 12 E3
Ladozhskoye Ozero 65 G12
Ladushkin 71 B10
Ladybank 2 G6
Ladykirk 5 B8
Ladysford 3 D8
Lādzere 66 F3
Ładzice 75 B10
Ładzin 70 C3
Laekvere 67 C8
La Encina 27 G9
Laer 11 D9
La Ercina 23 C8
Lærdalsøyri 50 F4
Laerma 88 G4
Laerru 32 D2
La Espina 22 B6
La Estación 21 E10
La Estrella 26 E2
Laeva 67 D8
Lævvajåk 59 D8
La Fare-les-Oliviers 18 D5
La Fatarrella 21 F7
La Faurie 18 B6
La Faute-sur-Mer 16 B2
La Felipa 27 G8
La Fère 12 B4
La Ferrière 16 A2
La Ferrière-aux-Etangs 15 D8
La Ferté-Alais 12 E2
La Ferté-Bernard 15 E9
La Ferté-Frênel 15 D9
La Ferté-Gaucher 12 D4
La Ferté-Imbault 15 G11
La Ferté-Loupièrre 12 F4
La Ferté-Macé 15 D8
La-Ferté-Milon 12 C3
La Ferté-sous-Jouarre 12 D3
La Ferté-St-Aubin 15 F11
La Ferté-St-Cyr 15 F11
Laferté-sur-Amance 13 F7
Laferté-sur-Aube 12 E6
La Férte-Vidame 15 D10
La Ferté-Villeneuil 15 F10
Laffrey 18 A6
Lafitole 20 B6
Lafkos 87 G8
La Flèche 15 F8
La Florida 22 B6
Lafnitz 39 D11
La Fontaine-St-Martin 15 F9
La Font de la Figuera 27 G9
La Force 16 E5
La Forêt-sur-Sèvre 16 A3
La Forge 36 B5
Laforsen 52 D3
Lafortunada 21 D7
La Fouillade 17 F8
La Foux-d'Allos 19 C7
Lafrançaise 17 G7
La Fresneda 27 C11
La Frontera 27 D7
La Fuente de San Esteban 22 G6
La Fuliola 21 E8
La Gacilly 14 F5
La Galera del pla 21 G7
Lagan 45 C8
La Garde-Adhémar 18 C4
La Garde-Freinet 19 E7
Lagardelle-sur-Lèze 21 B9
Lagarelhos 22 E4
Lagares da Beira 24 B4
La Garnache 16 A1
La Garriga 21 E10
Lagarrigue 21 B10
La Garrovilla 24 E6
La Gaubretière 15 H7
Lagavara 6 D7
Lage 42 G4
Lagedi 66 B6
Lage Mierde 10 E6
Lagerfors 46 E5
Lagfors 52 C5
Lagg 4 C4
Laggan GB 2 E4
Laggan GB 2 E5
Lagganulva 2 F3
Laggarberg 52 C5
Laghey 6 F4
Laghtgeorge 7 J3
Łagiewniki 75 C7
La Gineta 27 F7
Lagkada 89 B11
Lagkadas 87 D7
Lagkadia 88 C4
La Glacerie 14 B6
Lagnieu 36 F3
Lagny-sur-Marne 12 D3
Lago 31 E8
Lagoa P 22 F5
Lagoa P 25 K3
Lago Menor 29 E10
Lagonegro 31 C7
Lagor 20 B5
Lagorce 16 E4
Lagord 16 C3
La Gornal 21 F9
Lagos GR 87 C11
Lagos P 25 K3
Lagosanto 35 D9
Łagów PL 70 F4
Łagów PL 73 C2
Lagrán 20 C2
La Granada de Riotinto 25 H6
La Granadella 21 F7
La Grand-Croix 17 D12
La Grande-Combe 17 F11
La Grande-Motte 18 D3
La Granja d'Escarp 21 F7
La Granjuela 28 B3
Lagrasse 21 C11
La Grave 19 A7
Lägsta 55 G10
La Guarda 24 F8
Laguardia 20 D2
La Guardia 26 E5
La Guardia de Jaén 28 C6
Laguarta 20 D6
Laguenne 17 D7
Laguépie 17 G8
La Guerche-de-Bretagne 15 F7
La Guerche-sur-l'Aubois 12 H3
Laguiole 17 F9
Laguna Dalga 23 D7
Laguna de Duero 23 F9
Laguna de Negrillos 23 D7
Lagundo 38 F4
Lagunilla 24 B7
Lagyna GR 85 B1
Lagyna GR 87 D7
La Haba 24 E7
Lahana 85 B3
La Haye-du-Puits 14 C6
La Haye-Pesnel 15 D7
Lähdejänkkä 60 E6
Lähden 11 C10
Lahenpää 60 D5
Laheycourt 12 D6
La Higuera 27 G8
Lahinch 7 K3
La Hiniesta 23 F7
La Hinojosa 27 E7
Lahnajärvi 60 D5
Lahnalahti 65 C8
Lahnanen 63 F7
Lahnasjärvi 63 F8
Lahnasuando 60 D5
Lahnstein 11 H10
Lahntal-Goßfelden 40 B3
Laholm 45 D7
Lahonci 76 E1
La Horcajada 24 B8
La Horra 23 E10
Lahoysk 69 G11
Lahr (Schwarzwald) 13 E10
Lähte 67 D8
Lahti FIN 64 E6
Lahti FIN 64 F2
Lahtiranta 62 D5
Laichingen 40 G4
Laide 2 D3
Laidi 68 B4
Laidze 66 G3
L'Aigle 15 D9
La Iglesuela 26 D3
La Iglesuela del Cid 27 D10
Laignes 12 F5
Laigueglia 34 F2
L'Aiguillon-sur-Mer 16 B2
Laihia 64 A3
Laikko 65 E10
Laiksjö 55 F9
Lailly-en-Val 15 F11
Laimont 12 D6
Lainate 34 C4
Lainio 60 B5
Laino Borgo 31 D8
Lairg 2 C5
La Iruela 29 C7
Laisbäck 55 D9
Laisheden 55 C10
Laissac 17 F9
Laisvall 55 B10
Laisvalls by 55 B10
Laitala 63 D9
Laitikkala 64 E5
Laitila 64 F2
Laiuse 67 D8
Laives 38 F5
Laižuva 68 C5
La Jana 27 D11
La Jarrie 16 C3
Lajatico 35 G7
La Javie 19 C7
Lajeosa 24 B6
Lajeosa do Mondego 22 G4
Lajkovac 81 C10
La Jonchère-St-Maurice 17 C7
La Jonquera 21 D11
Lajoskomárom 76 D4
Lajosmizse 76 C6
La Jumellière 15 G7
Lakaluoma 64 A4
Lakatnik 82 E5
Lakaträsk 60 E3
Lakavica MK 82 H1
Lakavica MK 86 B6
Lakenheath 9 C10
Lakhdenpokh'ya 65 D11
Laki 82 H4
Łąkie 70 D6
Lakitelek 77 D7
Lakka 86 G3
Lakki 88 E2
Lakkoi 89 G8
Lakkoma GR 87 D7
Lakkoma GR 87 D12
Lakkopetra 88 B3
Łąkociny 71 G7
Lakomäki 64 A6
Łąkorz 71 D9
Lakšárska Nová Ves 75 G7
Lakselv 59 D7
Lakselvsletta 58 E3
Laksfors 54 C6
Laktaši 80 B6
Lala 88 C4
La Lantejuela 28 D3
La Lapa 24 G6
Lalapaşa 83 G11
L'Albagés 21 F8
Lalbenque 17 F7
L'Alcudia 27 F10
L'Alcudia de Crespins 27 G10
Lalevade-d'Ardèche 17 F12
Lalëz 86 B2
Lalín 22 C3
Lalinac 82 D3
Lalinde 16 E6
La Línea de la Concepción 28 G3
Laliotis 88 B5
Lalley 18 B6
Lalm 50 E6
La Londe-les-Maures 19 E7
Laloșu 82 B6
Laloubère 20 B6
La Loupe 15 E10
Lalouvesc 17 E12
La Louvière 10 G5
Lalove 73 G4
La Loye 13 G7
L'Alpe-d'Huez 19 A7
Lalueza 20 E6
La Luisiana 28 D3
Laluque 16 G3
Lam 41 F9
Lama 33 C8
La Machine 17 A10
La Maddalena 32 C3
La Magdalena 23 C7
Lamagistère 16 G6
La Malène 17 F10
Lamalou-les-Bains 21 B11
Lama Mocogno 35 E7
La Manga del Mar Menor 29 D11
Lamanon 18 D5
La Marche 12 G3
Lamarche 13 E7
Lamarque 16 E3
La Massana 21 D9
Lamastre 17 E12
La Mata 26 E3
La Mata de los Olmos 20 G6
La Matilla 23 F10
Lambach 39 C8
Lamballe 14 E5
Lambersart 10 G3
Lambesc 18 D5
Łambinowice 75 C8
Lamborn 52 F3
Lambourn 9 E7
Lambrecht (Pfalz) 13 C10
Lambsheim 40 E2
Lamego 22 G4
La Meilleraye-de-Bretagne 14 F6
Lameiras 22 G5
Lamerdingen 38 C4
L'Ametlla de Mar 21 G8
Lamezia 31 F8
Lamia 86 G6
La Milesse 15 E9
Lamlash 4 B4
Lammhult 45 B9
Lammi FIN 62 G4
Lammi FIN 64 E6
Lamminkoski 64 C4
Lamminmaa 64 B3
Lamminperä 63 C7
Lamminvaara 61 F9
La Mojonera 29 E8
La Môle 19 E7
Lamon 35 B8
La Mongie 21 C7
La Monnerie-le-Montel 17 C11
La Morera 24 F6
Lamothe 17 D10
La Mothe-Achard 16 B2
Lamothe-Cassel 17 F7
La Mothe-St-Héray 16 B4
Lamotte-Beuvron 15 F11
La Motte-Chalancon 18 B5
La Motte-du-Caire 19 C7
Lamovita 80 B5
Lampaanjärvi 63 G7
Lampaul 14 E1
Lampaul-Guimilau 14 E3
Lampaul-Plouarzel 14 E2
Lampeia 88 C4
Lampeland 48 C6
Lamperila 65 A8
Lampertheim 40 E2
Lampertswalde 43 H10
Lampeter 8 C3
Lampinou 87 F8
Lampinsaari 62 E6
Lampiselkä 61 C9
Lamprechtshausen 39 C7
Lampsijärvi 61 E7
Lamsfeld-Groß Liebitz 70 G3
Lamspringe 42 G5
Lamstedt 42 C4
Lamu 63 F7
La Mudarra 23 E8
La Muela 20 F5
Lamujoki 63 E7
La Mure 18 A6
Lamure-sur-Azergues 17 C12
Lana 38 F4
Lanabukt 59 D12
Lanaja 20 E6
Lanaken 11 F7
La Napoule 19 D8
Lanarce 17 E11
Lanark 4 B6
La Nava 25 H6
La Nava de Ricomalillo 26 E2
La Nava de Santiago 24 E6
Lancaster 5 E7
Lanchester 5 D8
Lanciano 33 C8
Lanckorona 75 D11
Łańcut 73 D3
Lancy 36 E4
Landau an der Isar 41 G9
Landau in der Pfalz 40 F2
Landbobyn 52 F2
Lande 54 D5
Landeck 38 E3
Landeleau 14 E3
Landerneau 14 E2
Landersheim 13 D10
Landeryd 45 C7
Landesbergen 42 E4
Landete 27 E8
Landévant 14 F4
Landgraaf 11 F8
Landiras 16 F4
Landivisiau 14 D3
Landivy 15 E7
Landkirchen auf Fehmarn 43 B7
Landön 55 G7
Landos 17 E11
Landquart 37 D9
Landrecies 12 A4
Landres 13 C7
Landsberg 41 A8
Landsberg am Lech 38 C4
Landsbro 45 B10
Landshut 41 G8
Landskrona 45 E7
Landstuhl 13 C10
Landudec 14 E2
Landvetter 46 F3
Landze 66 G2
Lanesborough 7 H5
Lanesøyra 58 D3
Lanester 14 F4
La Neuve-Lyre 15 D10
La Neuveville 36 D5
La Neuville-au-Pont 12 C6
Laneuville-sur-Meuse 12 C6
Lång 46 C4
Långå 44 D3
Langa 23 G8
Långå 51 C11
Langa de Duero 23 E11
Långalma 52 G6
Långåminne 64 A2
Långan 55 G7
Langangen 49 E7
Långås 44 C6
Långasjö 45 D10
Langau 74 F5
Långbäck 55 D9
Långbäcken 55 F11
Langballig 44 G3
Långban 46 B5
Långbo S 52 E4
Långbo S 52 F4
Langbunes 59 C12
Langdorf 41 F9
Langeac 17 E10
Langeais 15 G9
Langebæk 44 G6
Langebrück 41 B10
Långed 56 G2
Langedijk 10 C6
Langeid 48 E4
Längelmäki 64 D5
Langeln 42 G6
Langelsheim 42 G6
Langemark 10 F3
Langemyr 48 F5
Langen D 40 D3
Langen D 42 C4
Langenaltheim 40 F6
Langenau 40 G5
Langenberg 42 G3
Langenburg 40 F4
Langeneichstädt 41 A7
Langenenslingen 37 A8
Langenes 57 B3
Langenfeld 38 E4
Langenfeld (Rheinland) 11 F9
Langenhagen 42 F5
Langenhahn 11 G10
Langenhorn 44 G2
Langenleuba-Oberhain 41 B8
Langenlois 39 B11
Langenlonsheim 13 B10
Langennaundorf 43 G10
Langen-neufnach 40 H5
Langenorla 41 C7
Langenpreising 41 G7
Langenselbold 40 D3
Langenthal 36 C6
Langenwang 39 D11
Langenweddingen 43 F7
Langenzenn 40 E6
Langenzersdorf 74 G6
Langeoog 42 C2
Langeskov 44 F4
Langesund 49 E7
Langevåg N 48 C2
Langevåg N 50 C3
Langewiesen 40 C6
Langfjordbotn 58 D5
Langgöns 40 C3
Langhagen 43 C8
Langham 9 B8
Langhamn 57 B5
Långhed 52 E4
Länghem 46 F4
Langhirano 34 D6
Langholm 5 C7
Langhus 49 C8
Långlöt 45 C12
Långnäs 52 G4
Langnau 36 D6
Langnes N 57 B6
Langnes N 59 C10
Langnes N 59 E11
Langø 44 G5
Langogne 17 E11
Langoiran 16 E4
Langon 16 F4
Langport 8 F5
Langquaid 41 F8
Langreo 23 B7
Langres 13 F7
Langschlag 39 B10
Långsel 60 E4
Långsele S 52 B5
Långsele S 55 F11
Langset N 51 G8
Langset N 54 B6
Langset N 57 F3
Långshyttan 52 G4
Långsjöby 55 D9
Långskog 52 C5
Langslett 58 D4
Langstrand 58 B6
Långsund 56 C4
Langtoft 5 E10
Långträsk S 56 C2
Långträsk S 56 C4
Långträsk S 56 D1
Langueux 14 E5
Languidic 14 F4
Languilla 23 F11
Långvattnet S 55 G9
Långvattnet S 55 G10
Långvattnet S 56 E2
Långviken 55 C11
Långviksmon 55 G11
Långvinds bruk 52 E5
Langwarden (Butjadingen) 42 C3
Langwathby 5 D7
Langwedel D 42 B5
Langwedel D 42 E4
Langweid am Lech 40 G6
Łanięta 71 F9
Lanivet 8 G2
Lanjarón 28 E6
Lankojärvi 60 D6
Lanloup 14 D4
Lanmeur 14 D3
Lanna S 45 B8
Lanna S 46 C6
Länna 47 B9
Lannach 39 E10
Lannavaara 60 B4
Lannemezan 21 B7
Lannepax 16 G5
Lannevesi 64 B6
Lannilis 14 D2
Lannion 14 D4
Lannoy 10 G4
Lanobre 17 D9
La Nocle-Maulaix 17 A11
L'Anoia 21 F9
Lanouaille 16 D6
Lánov 74 C5
Lansån 60 E5
Lansen 43 C9
Länsikioski 62 B5
Länsikylä 64 B4
Länsipää 62 B5
Länsiranta 61 C8
Länsi-Teisko 64 D4
Lansjärv 60 E4
Lanškroun 74 D6
Lanslebourg-Mont-Cenis 36 G5
Lanta 21 B9
Lantadilla 23 D9
Lanton 16 E3
Lantosque 19 C9
Lantriac 17 E11
Lanty 17 A11
La Nucía 27 G10
Lanuéjouls 17 F8
Lanurile 79 G9
Lanusei 32 F3
Lanuvio 32 D6
Lanvollon 14 D4
Łany 75 D9
Lánycsók 76 E5
Lanz 43 D7
Lanzahita 26 D2
Lanzenkirchen 39 C12
Lanžhot 75 G7
Lanzo Torinese 36 G6
Laon 12 B4
Laons 15 D10
La Paca 29 C9
La Pacaudière 17 C11
Lapajärvi 61 D10
Lapalisse 17 B11
La Pallice 16 C2
La Palma 29 D11
La Palma del Condado 25 J6
La Palme 21 C11
Lapalud 18 C4
La Palud-sur-Verdon 19 D7
Lapanj 86 D3
Łapanów 75 D12
Lapardha 86 D2
La Parra 24 F6
La Parra de Las Vegas 27 E7
Lapas 88 B3
La Pellerine 15 E7
La Penne 19 C8
La Penne-sur-Huveaune 18 E6
La Peraleja 26 D6
La Pesga 24 B7
La Petite-Pierre 13 D9
La Peza 29 D7
Lapford 8 F4
Lapijoki 64 E2
La Pinilla 29 D10
Lapinjärvi 65 F7
Lapinkylä 64 G5
Lapinlahti 63 G8
Lapinneva 64 C4
Lapinsalo 63 F7
La Plagne 36 G4
La Plaza 22 B6
Laplume 16 G5
Lapmežciems 66 G4
La Pobla de Claramunt 21 F9
La Pobla del Duc 27 G10
La Pobla de Lillet 21 D10
La Pobla de Montornès 21 F9
La Pobla de Segur 21 D8
La Pobla de Vallbona 27 F10
La Pola de Gordón 23 C7
La Pommeraye 15 G7
La Porta 19 E11
La Portellada 20 G6
La Portera 27 F9
Lapoș 78 G6
La Pouëze 15 F7
Lapoutroie 36 A5
Lapovo 82 C1
Lappajärvi 62 G4
Lappe 47 C7
Lappea 60 D6
Lappeenranta 65 E9
Lappersdorf 41 F8
Lappetelä 63 G8
Lappfjärd 64 C2
Lappfors 62 G4
Lappi FIN 62 D6
Lappi FIN 63 D10
Lappi FIN 64 E2
Lappila 64 F6
Lappo 64 G2
Lappohja 64 G4
Lappträsk 56 B5
Lappuluobbal 58 E6
La Preste 21 D10
La Proveda de Soria 20 E2
Lâpseki 85 D2
Laptevo 67 H11
Lapua 64 A4
La Puebla de Almoradiel 26 F5
La Puebla de Arganzón 20 C2
La Puebla de Cazalla 28 D3
La Puebla de los Infantes 28 C3
La Puebla del Río 25 K7
La Puebla de Montalbán 26 E3
La Puebla de Valdavia 23 C9
La Puebla de Valverde 27 D9
La Puerta de Segura 29 B8
Lăpugiu de Jos 77 F11
La Punt 37 E9
Lăpuș 78 C2
Lăpușata 82 A6
Lapușna 79 D10
Lăpușnicel 82 A3
Lăpușnicu Mare 82 A3
Lapušnik 82 F1
Łapy 72 E5
L'Aquila 33 C7
Laracha 22 B2
Laracor 7 H6
Laragh 7 K7
Laragne-Montéglin 18 C6
La Rambla 28 D4
Laranueva 20 G2
La Rasa 23 F11
La Ravoire 36 G3
Larbert 2 G6
L'Arboç 21 F9
L'Arbresle 36 F2
Lärbro 47 F10
Larceveau-Arros-Cibits 20 B5
Larchamp 15 E7
Larchant 12 E3
Larche F 17 E7
Larche F 19 B8
Lardaro 34 B6
Larderello 35 G7
Lardero 20 D2
Lardos 88 G4
Laredo 23 B11
La Redorte 21 B11
Laren NL 10 D6
Laren NL 11 D8
La Réole 16 F4
Largan 6 G3
L'Argentière-la-Bessée 19 B7
Largoward 3 G7
Largs 4 B4
Largu 84 A2
Lari 34 G6
Lariano 32 D6
La Riba 21 F8
La Riba de Escalote 20 F2
La Ricamarie 17 D12
La Riche 15 G9
La Rinconada 25 J7
Larino 33 D9
Larionovo 65 E11
Larisa 86 F6
Larkhall 4 B5
Larkollen 49 D8
Larling 9 C11
L'Armentera 21 D11
Larmor-Plage 14 F4
Larne 6 E7
La Robla 23 C7
La Roca de la Sierra 24 E6
La Roche 36 D5
La Roche-Bernard 14 F5
La Roche-Canillac 17 E8
La Roche-Chalais 16 E5
La Roche-de-Rame 19 B7
La Roche-Derrien 14 D4
La Roche-des-Arnauds 18 B6
La Roche-en-Ardenne 13 A7
La Rochefoucauld 16 C5
La Rochelle 16 C3
Larochemillay 17 A11
La Roche-Posay 16 A6
La Roche-sur-Foron 36 F4
La Roche-sur-Yon 16 B2
La Rochette 36 G4
Larochette 13 B8
La Roda 27 F7
La Roda de Andalucía 28 D4
La Roë 15 F7
Laroles 29 E7
La Romana 29 B11
La Romieu 16 G5
Laroquebrou 17 E8
La Roquebrussanne 18 E6
La Roque-d'Anthéron 18 D5
Laroque-d'Olmes 21 C9
La Roque-Ste-Marguerite 17 G10
Laroque-Timbaut 16 F6
La Rouquette 17 F8
Larraga 20 D3
Larrasoaña 20 C4
Larrau 20 C5
Larrazet 16 G6
Larressingle 16 G5
Larressore 20 B4
Larrión 20 C3
Larsbo 47 A7
Larseng 58 E2
Larsmo 62 F3
Larsnes 50 D2
Laruns 20 C6
Laruscade 16 E4
Larv 46 E4
Larva 29 C7
Larvik 49 E7
Larymna 88 A6
Lasà 38 F4
Lasalle 17 G11
La Salle 36 F5
La Salle les Alpes 19 A7
La Salvetat-Peyralès 17 F8
La Salvetat-sur-Agout 21 B11
Läsänkoski 65 C8
Las Arenas 23 B8
Lasarte-Orio 20 B3
La Sauvetat 16 G5
La Sauvetat-du-Dropt 16 F5
La Savina 29 H7
Lasberg 39 B9
Las Berlanas 23 G9
Låsby 44 D3
Las Cabezas de San Juan 25 K7
Lascari 30 E4
Las Casas 27 E10
Lascuarre 21 D7
La Seca 23 F8
La Secuita 21 F8
La Séguinière 15 G7
La Selva del Camp 21 F8
La Selve 17 G9
La Sènia 21 G7
La Seyne-sur-Mer 18 E6
Las Herencias 26 E2
Łasin 71 D9
Lasinja 39 H11
Łask 71 H9
Łaskarzew 72 G3
Laško 39 G10
Laskowa 75 E12
Laskowice 71 D8
Laskowiec 72 D3
Las Labores 26 F5
Laslea 78 E3
Las Majadas 27 D7
Las Menas 29 D8
Las Mesas 26 F6
Las Navas de la Concepción 25 H8
Las Navas del Marqués 23 G9
Las Negras 29 E9
La Solana 26 G5
La Souterraine 17 B7
Lasovo 82 D3
Lasowice Małe 75 B9
Las Palas 29 D10
Las Pedroñeras 26 F6
Las Pedrosas 20 E5
La Spezia 34 E5
Las Plassas 32 F2
Las Rotas 27 G11
Las Rozas de Madrid 26 D4
Lassahn 43 C7
Lassan 43 C10
Lassay-les-Châteaux 15 E8
Lassemoen 54 E5
Lässerud 46 B3
Lasseube 20 B6
Lassigny 12 B3
Lassila 64 D3
Lassing A 39 C10
Lassing A 39 D9
Laßnitzhöhe 39 E11
Lastebasse 35 B7
Las Terreras 29 C9
Las Torres de Cotillas 29 C10
Lastours 21 B10
Lastovo 80 F5
Lastra a Signa 35 F7
Lastras de Cuéllar 23 F10
Lastrup 11 C10
Lastukoski 63 G9
Lastva 81 G8
La Suze-sur-Sarthe 15 F9
Lašva 81 D7
Lasva 67 E9
Las Veguillas 23 G7
Las Ventas con Peña Aguilera 26 E3
Las Ventas de San Julián 26 E2
Łaszczów 73 C6
Laszki 73 D4
La Talaudière 17 D12
Laterza 31 B9
La Teste 16 F3
Lathen 11 B9
Latheron 2 C6
Latheronwheel 2 C6
La Thuile 36 F5
Lathus 16 B6
Latiano 31 B11
Latikberg 55 E9
Latillé 16 B5
Latina 32 D6
Latisana 35 B10
Latorpsbruk 46 C6
La Torre de Cabdella 21 D8
La Torre de Esteban Hambrán 26 D3
La Tour-Blanche 16 D5
La Tour-d'Aigues 18 D6
La Tour-d'Auvergne 17 D9
Latour-de-France 21 C11
La Tour-du-Crieu 21 B9
La Tour-du-Pin 36 G3
La Tour-sur-Orb 21 A12
Latowicz 72 G4
La Tranche-sur-Mer 16 B2
La Tremblade 16 C3
La Trimouille 16 B6
La Trinité 19 D9
La Trinité-Porhoët 14 E5
La Trinité-sur-Mer 14 F4
Latronico 31 C8
Latronquière 17 E8
Lattarico 31 E8
Lattes 18 D3
Lattomeri 64 D2
La Turballe 14 G5
Latva FIN 62 E6
Latva FIN 63 C8
Latvajärvenperä 61 G10
Laubach D 13 A9
Laubach D 40 C3
Lauben 37 B10
Laubere 66 G6
Laubusch 74 A3
Lauchhammer 43 H10
Lauchringen 37 B7
Lauciene 66 G3
Lauda-Königshofen 40 E4
Lauder 5 B7
Lauderi 69 C12
Laudona 69 B9
Laudun 18 C4
Lauenau 42 F5
Lauenbrück 42 D5
Lauenburg (Elbe) 42 D6
Lauenförde 42 G5
Lauf an der Pegnitz 40 E6
Laufen 36 C6
Laufenberg 36 C6
Laugnac 16 F5
Lauingen (Donau) 40 G5
Laujar de Andarax 29 E7
Laukaa 65 B7
Laukeng 58 D5
Lauker 56 C2
Laukka 62 D6
Laukkala 63 G7
Laukkoski 64 F6
Laukkuluspa 60 B2
Laukna 66 C5
Lauksargiai 68 E4
Laukslett 58 E2
Lauksletta 58 C4
Lauksodis 69 C7
Laukuva 68 D4
Laukvik N 54 F3
Laukvik N 57 A6
Laukvik N 57 D2
Laukvik N 57 E3
Laukvik N 58 D6
Laukvik N 59 B11
Laukžemė 68 C3
Laulasmaa 66 B5
Launac 16 G6
Launceston 8 F3
La Unión 29 D11
Launkalne 67 F7
Launonen 64 F5
Laupen 36 D5
Laupheim 40 H4
Laupstad 57 D3
Lauragh 7 N2
Lauraguel 21 C10
Laurbjerg 44 D3
Laureana di Borrello 31 G8
Laurencekirk 3 F7
Laurencetown 7 J4
Laurens 18 D2
Laurenzana 31 C8
Lauria 31 C7
Laurière 17 C7
Laurieston 4 D5
Laurila 62 B5
Laurino 31 C7
Lauris 18 D5
Laurito 31 C7
Lausanne 36 E4
Lauscha 40 C6
Laußig 43 G9
Laußnitz 41 B10
Laussonne 17 E11
Laussou 16 F6
Lauta 74 A3
Lautamaa 62 B5
Lautenbach 40 G2
Lauter 41 C9
Lauterbourg 40 F2
Lauterbrunnen 36 D6
Lautere 67 G7
Lauterecken 13 B10
Lauterhofen 41 E7
Lautersbach (Hessen) 40 C4
Lautertal 40 C6
Lautiosaari 62 B5
Lautrec 17 G8
Lauttavaara 63 D8
Lauttijärvi 64 C2
Lauve 49 E7
Lauvsnes 54 F3
Lauvstad 50 D2
Lauvuskylä 63 F10
Lauvvik 48 E3
Lauzerte 16 F6
Lauzès 17 F7
Lauzun 16 F5
Lavagna 34 E4
Laval 15 E7
Lavala 63 C10
Lavalette 21 B10
La Valle 38 F5
Lavamünd 39 F10
Lavangen 57 C5
Lavangsnes 57 C5
Lavara 85 B2
Lavardac 16 G5
Lavardens 16 G5
Lavassaare 66 D5
Lavaur 21 A9
Lavaveix-les-Mines 17 C8
Lavdar i Korçës 86 D3
Lavdas 86 E4
La Vecilla 23 C7
La Vega 23 B9
La Vega de Riosa 23 B7
La Vega de Sariego 23 B7
Lavelanet 21 C9
La Vellés 23 G7
Lavello 33 E11
Laven 44 D3
Lavena Ponte Tresa 34 B3
Lavenham 9 C10
Laveno 34 B3
La Ventosa 26 D6
La Verdière 18 D6
La Vernarède 17 F11
La Verpillière 36 F2
La Verrie 15 H7
La Veuve 12 C5
Lavia 64 D3
Laviano 31 B7
La Victoria 28 D4
La Vid 23 E11
Lavik 57 B6
La Villa 32 C1
La Villa de Don Fadrique 26 E5
La Ville-aux-Clercs 15 F10
La Villedieu 17 E10
Lavilledieu 17 F12
La Villedieu-du-Clain 16 B5
Lavinio-Lido di Enea 32 D5
Laviron 13 G8
Lavis 38 G4
Lavit 16 G6
Lavoriškės 69 F9
La Voulte-sur-Rhône 18 B4
Lavoûte-Chilhac 17 E10
Lavoûte-sur-Loire 17 E11
Lavradio 24 F2
Lavre 24 F3
Lavrio 89 C8
Lavsjö 55 F9
Lawers 2 F5
Lawford 9 D11
Lawrencetown 6 F7
Ławsk 72 D4
Ławszowa 74 A5
Ławy 70 E4
Laxå 46 D5
Laxbäcken 55 E9
Laxe 22 B2
Laxey 4 E5
Laxford Bridge 2 C4
Laxnäs 55 C8
Laxne 47 C8
Laxo 3 B12
Laxou 13 D8
Laxsjö 55 G7
Laxvik 45 C7
Laxviken 55 G7
Layana 20 D4
La Yesa 27 E9
Läyliäinen 64 F5
Layos 26 E4
Layrac 16 G6
Laz 39 G11
Laza E 22 E4
Laza RO 79 D8
Lazagurría 20 D3
Lazarata 86 H3
Lăzarea 78 D5
Lăzăreni 77 D11
Lazarevac 81 C11
Lazarev Krst 81 G9
Lazarevo 77 G8
Lazdijai 72 B6
Lazdininkai 68 C3
Lazdona 67 G7
Lazdukalns 67 G8
Lazeshchyna 78 A3
Lazise 35 C7
Łaziska 73 B3
Łaziska Górne 75 D10
Lazkao 20 C3
Lázně Bělohrad 74 C5
Lázně Bohdaneč 74 D5
Lázně Kynžvart 41 D8
Laznica 82 C3
Lazonby 5 D7
Lazuri 77 B12
Lazuri de Beiuș 77 D11
Leabgarrow 6 E4
Leadburn 4 B6
Leadenham 5 G10
Leadhills 4 C6
Leamington Spa, Royal 9 C7
Leányfalu 76 B6
Leap 7 N3
Leasingham 5 G10
Leatherhead 9 E9
Łeba 71 A7
Lebach 13 C9
Lebane 82 E3
Le Barcarès 18 F2
Le Barp 16 F3
Le Bar-sur-Loup 19 D8
Lebbeke 10 F5
Le Béage 17 E11
Le Beausset 18 E6
Lebedivka 79 F12
Lébénymiklós 76 B3
Lebesby 59 C9
Le Bez 21 A10
Lebiez 10 G2
Le Biot 36 E4
Le Blanc 16 B6
Le Bleymard 17 F11
Łebno 71 B8
Le Bois-d'Oingt 17 C12
Le Bois-Plage-en-Ré 16 C2
Le Boréon 19 C9
Lębork 71 B7
Le Boulou 21 D11
Le Boupère 16 A3
Le Bourg 17 E8
Le Bourg-d'Oisans 19 A7
Le Bourget-du-Lac 36 F3
Le Bousquet-d'Orb 21 A12
Le Breuil F 12 D4
Le Breuil F 17 A12
Lebrija 25 K7
Le Brouilh-Monbert 21 A7
Le Brusquet 19 C7
Lebução 22 E4
Le Bugue 16 E6
Le Buisson 17 F10
Le Buisson-de-Cadouin 16 E6
Łebunia 71 B7
Lebus 70 F3
Lebusa 43 G10
Lebyazh'ye 65 G10
Leça da Palmeira 22 F2
Leça do Bailio 22 F2
Le Cannet-des-Maures 19 E7
Le Cateau-Cambrésis 12 A4
Le Catelet 12 A4
Le Caylar 17 G10
Le Cayrol 17 F9
Lecce 31 C11
Lecco 34 B4
Lece 82 E2
Lécera 20 F5
Lech 38 D3
Lechaina 88 C3
Lechaio 88 C6
Le Chambon-Feugerolles 17 D12
Lechaschau 38 D4
Le Château-d'Oléron 16 C3
Le Châtelard 36 F4
Le Châtelet 17 B8
Lechbruck 38 D4
Le Chêne 12 D5
Le Chesne 12 B6
Le Cheylard 17 E12
Le Cheylas 36 G3
Lechința 78 C3
Lechlade 9 D7
Lechovo 86 D5
Lechtingen (Wallenhorst) 11 C10
Leciñena 20 E5
Leck 44 G2
Leckaun 6 G4
Leckmelm 2 D4
Le Clapier 17 G10
Le Collet-de-Dèze 17 F11
Le Conquet 14 E2
Le Coudray-St-Germer 15 C11
Lécousse 15 E7
Le Crès 18 D3
Le Creusot 17 A12
Lecrín 28 E6
Le Croisic 14 G5
Le Crotoy 10 H1
Lectoure 16 G6
Lecumberri 20 C3
Łęczna 73 B4
Łęczyca 71 G9
Łęczyce 71 B7
Ledaig 2 F4
Ledaña 27 F8
Ledanca 20 G2
Lēdas 66 G3
Ledbury 8 D6
Lede 10 F5
Ledeč nad Sázavou 74 E4
Ledenice BIH 81 B8
Ledenice CZ 74 F4
Lédergues 17 G9
Ledesma 23 F7
Lédignan 17 G11
Ledigos 23 D8
Ledmore 2 C4
Lednica 75 F9
Lednice 75 G7
Lednické Rovne 75 F9
Le Donjon 17 B11
Le Dorat 16 B6
Ledrada 24 B7
Lēdurga 66 F6
Ledusjö 56 G2
Ledvattsfors 55 D11
Łędyczek 70 D6
Łędzin 70 C4
Łędziny 75 D10
Leeds 5 F8
Leedstown 8 G2
Leek GB 5 G8
Leek NL 11 B8
Leeming 5 E8
Lee Moor 8 G3
Leende 11 E7
Leerdam 10 D6
Leer (Ostfriesland) 11 B10
Leese 42 E4
Leeuwarden 11 B7
Leevaku 67 E9
Leevi 67 E9
Leezen D 42 C6
Leezen D 43 C7
Le Faou 14 E3
Le Faouët 14 E4
Le Fenouiller 16 A1
Lefkada 86 G4
Lefkes 89 D10
Lefkimi 85 B1
Lefkimmi 86 F2
Lefkogeia 87 B9
Lefkonas 87 C8
Lefkopigi 86 E5
Lefkothea 86 E5
Lefktra 88 B6
Le Fleix 16 E5
Le Folgoët 14 D2
Le Fossat 21 B9
Le Fousseret 21 B8
Le Fugeret 19 C8
Le Fuilet 15 G7
Leganés 26 D4
Leganiel 26 D6
Legau 37 B9
Le Gault-Soigny 12 D4
Le Gault-St-Denis 15 E11
Legazpia 20 C2
Legde 43 E8
Legden 11 D9
Legé 16 A2
Lège-Cap-Ferret 16 E3
Le Genest-St-Isle 15 E7
Leggs 6 F5
Legionowo 72 F2
Léglise 13 B7
Legnago 35 C8
Legnano 34 C4
Legnica 74 B6
Legnickie Pole 74 B6
Le Gond-Pontouvre 16 D5
Łęgowo 71 B8
Legrad 76 E2
Le Grand-Bornand 36 F4
Le Grand-Bourg 17 C7
Le Grand-Lemps 36 G3
Le Grand-Lucé 15 F9
Le Grand-Pressigny 15 H10
Le Grand-Quevilly 15 C10
Le Grand-Serre 36 G2
Le Grau-du-Roi 18 D3
Le Gros Theil 15 C10
Le Gua 36 H3
Léguevin 17 H7
Legutiano 20 C2
Legyesbénye 77 A9
Le Havre 15 B9
Lehe 42 B4
Lehliu 84 B2
Lehliu-Gară 84 B2
Lehmäjoki 64 A3
Lehmikumpu 62 B6
Lehmivaara 60 D6
Lehmo 65 B10
Lehndorf 41 B8
Lehnice 76 A3
Lehnin 43 F9
Le Hohwald 13 E9
Léhon 14 E6
Le Horps 15 E8
Lehota 76 A4
Le Houga 16 G4
Lehrberg 40 E5
Lehre 42 F6
Lehrte 42 F5
Lehsen 43 D7
Lehtimäki 64 B5
Lehtiniemi 61 E10
Lehto 63 B10
Lehtopää 62 E5
Lehtovaara FIN 61 D8
Lehtovaara FIN 63 C8
Lehtovaara FIN 63 C10
Lehtovaara FIN 63 E10
Lehtovaara FIN 63 F8
Lehtovaara FIN 63 G9
Lehtse 67 C7
Leibertingen 37 B8
Leiblfing 41 G8
Leibnitz 39 E11
Leicester 9 B8
Leiden 10 D5
Leiderdorp 10 D5
Leidschendam 10 D5
Leie 67 D7
Leiferde 42 F6
Leigh 5 G7
Leighlinbridge 7 K6
Leighton Buzzard 9 D8
Leikanger N 50 D2
Leikanger N 50 F3
Leimaņi 69 C9
Leimen 40 E3
Leinburg 41 E7
Leine 50 F5
Leinefelde 42 H6
Leini 34 C2
Leino 63 C9
Leinzell 40 F4
Leioa 23 B12
Leipalingis 72 C6
Leipheim 40 G5
Leipivaara 63 D8
Leipojärvi 60 D4
Leipzig 43 H8
Leira N 50 B5
Leira N 50 F6
Leira N 54 B5
Leirado 22 D3
Leiråmoen 57 G3
Leiranger 57 E3
Leirbotn 58 C6
Leiria 24 C2
Leirlia 54 E6
Leiro 22 D3
Leirvåg 50 G1
Leirvík 3 B9
Leirvik N 48 C2
Leirvik N 50 F2
Leirvik N 54 E4
Leirvika 54 B6
Leisach 39 E7
Leisi 66 D3
Leisnig 41 B9
Leißling 41 B7
Leiston 9 C11
Leitrim 6 G4
Leitzkau 43 F8
Leive 61 E7
Leivonmäki 65 C7
Leivset 57 F3
Leiwen 13 B9
Leixlip 7 J6
Leiza 20 C3
Lejasciems 67 G8
Lejasstrazdi 68 B6
Leka 88 D1
Lekaj 86 C2
Lekangen 57 B5
Lekani 87 C10
Łęka Opatowska 75 B9
Lekárovce 73 G3
Łękawica 75 E10
Lekbibaj 81 G10
Lekėčiai 68 E6
Lekenik 76 F1
Lekeryd 46 F5
Lekhchevo 82 D6
Łęki Szlacheckie 75 B11
Leknes 50 D3
Łęknica 70 H3
Lekoes 57 D2
Lekowo 70 C4
Leksand 52 F3
Leksvik 54 G3
Leland 54 B5
Le Langon 16 B3
Le Lardin-St-Lazare 17 E7
Le Lauzet-Ubaye 19 B7
Le Lavandou 19 E7
Leleasca 83 B7
Leles 73 G3
Lelești 78 G1
Le Leuy 16 G3
Lelice 71 E10
Le Lion-d'Angers 15 F7
Leliūnai 69 D8
Lelkowo 72 B2
Lelle 66 C6
Le Locle 36 D5
Le Louroux-Béconnais 15 F7
Lelów 75 C11
Le Luc 19 E7
Le Lude 15 F9
Lelystad 11 C7
Lem 44 E1
Le Malzieu-Ville 17 E10
Le Mans 15 E9
Le Markstein 36 B5
Le Mas-d'Agenais 16 F5
Le Mas-d'Azil 21 C9
Le Masnau-Massuguiès 17 G9
Le Massegros 17 F10
Le Mayet-de-Montagne 17 C11
Le May-sur-Èvre 15 G7
Lembach im Mühlkreis 39 B8
Lemberg D 13 C10
Lemberg F 13 C9
Lembeye 20 B6
Lembras 16 E5
Lembruch 42 E3
Lemele 11 C8
Le Mêle-sur-Sarthe 15 D9
Le Merlerault 15 D9
Le Mesnil-sur-Oger 12 D5
Lemetinvaara 63 E9
Lemgo 42 F4
Lemi 65 E8
Lemierzyce 70 F4
Lemland 53 H8
Lemmenjoki 59 F8
Lemmer 11 B7
Lemnia 78 E6
Le Molay-Littry 15 C7
Le Monastier 17 F10
Le Monastier-sur-Gazeille 17 E11
Le Monêtier-les-Bains 19 A7
Le Montet 17 B10
Lempäälä 64 E4
Lempdes F 17 C10
Lempdes F 17 D10
Lempyy 65 B8
Lemu 64 F3
Le Muy 19 D7
Lemvig 44 D1
Lemwerder 42 D4
Lemybrien 7 M5
Lena 51 G8
Lenart 39 F11
Lēnas 68 B4
Lenauheim 77 F9
Lencloître 16 A5
Lencouacq 16 G4
Lend 39 D7
Lendak 75 F12
Lendava 76 D1
Lendery 63 G12
Lendinara 35 D8
Lendum 44 B4
Lenë 86 B3
Lenešice 41 C10
Le Neubourg 15 C10
Lengau A 38 D6
Lengau A 39 C7
Lengdorf 41 H8
Lengefeld 41 C9
Lengenes 57 D5
Lengenfeld 41 C8
Lengenwang 38 C4
Lengerich D 11 C10
Lengerich D 11 D10
Lenggries 38 D5
Lengnau 36 C5
Lengyeltóti 76 D3
Lenham 9 E10
Lenhovda 45 C10
Lenine 79 C12
Léning 13 D9
Le Nizan 16 F4
Lenkimai 68 C3
Lenna 34 B5
Lennartsfors 46 C2
Lennartsnäs 47 C9
Lenne 42 G5
Lennestadt 11 F10
Lenningen 40 G4
Lennsjö 52 D4
Leno 34 C6
Le Noirmont 36 C5
Lenola 33 D7
Le Nouvion-en-Thiérache 12 A4
Lens B 10 G4
Lens F 10 G3
Lensahn 42 B6
Lensvik 54 G2
Lent 36 E2
Lentas 89 G9
Lenti 76 D1
Lentiai 35 B9
Lentiira 63 E10
Lenting 41 F7
Lentini 30 F6
Lentvaris 69 F8
Lenvik 57 C5
Lenzburg 37 C7
Lenzen 43 D7
Lenzing 39 C8
Lenzkirch 37 B7
Leoben A 39 D10
Leoben A 39 E8
Leobersdorf 76 B1
Leogang 39 D7
Léognan 16 E4
Leominster 8 C5
Léon 16 G2
León 23 D7
Leonberg 40 F3
Léoncel 18 A5
Leonding 39 B9
Leonessa 32 B6
Leonforte 30 F5
Leonidi 88 D6
Leontari 86 G6
Leontario 88 D4
Leopoldov 75 G8
Leopoldsburg 10 F6
Leopoldsdorf im Marchfelde 74 H6
Leopoldshagen 43 C10
Leopoldshöhe 42 F4
Leorda 78 B6
Leordeni 83 B8
Leordina 78 B3
Leova 79 E9
Leovo Brdo 81 E9
Lepaa 64 E5
Le Palais 14 G4
Le Palais-sur-Vienne 17 C7
Le Pallet 15 G7
Le Parcq 10 G2
Lepassaare 67 E9
Le Passage 16 G5
Le Pavillon-Ste-Julie 12 E5
Lepe 25 K5
Le Péage-de-Roussillon 36 G2
Le Périer 18 A6
Le Perthus 21 D11
Le Pertre 15 E7
Le Petit-Quevilly 15 C10
Le Pian-Médoc 16 E3
Le Pin-au-Haras 15 D9
L'Épine F 12 D5
L'Épine F 18 B6
Le Pin-la-Garenne 15 E9
Lepistönmäki 62 G4
Lepitsa 82 D6
Le Pizou 16 E5
Le Plan 21 B8
Le Plessis-Belleville 12 C3
Le Poët 18 C6
Lepoglava 39 F11
Le Poinçonnet 17 A7
Le Poiré-sur-Vie 16 A2
Le Pont-de-Beauvoisin 36 G3
Le Pont-de-Claix 36 G3
Le Pont-de-Monvert 17 F11
Le Pontet 18 C5
Leporano 31 C10
Le Porge 16 E3
Le Porge-Océan 16 E2
Le Portel 10 G1
Leposavić 81 F11
Le Pouldu 14 F3
Le Pouliguen 14 G5
Lepoura 89 B8
Le Pouzin 18 B4
Leppäjärvi 58 G6
Leppäkoski 64 F5
Leppälä FIN 59 D9
Leppälä FIN 63 C9
Leppälähkylä 64 B4
Leppälahti FIN 63 G8
Leppälahti FIN 65 B10
Leppäselkä 63 G7
Leppävesi 64 C6
Leppävirta 65 B8
Leppiaho 62 B6
Leppikoski 63 C7
Leppiniemi 63 D7
Le Pradet 19 E7
Lepsala 65 D7
Lepsäma 64 G5
Lepseny 76 C4
Leptokarya 87 E7
Le-Puy-en-Velay 17 E11
Le Puy-Notre-Dame 15 G8
Le Puy-Ste-Réparade 18 D6
Le Quesnoy 10 H4
Lequile 31 C11
Ler 51 B7
Le Raincy 12 D3
Léran 21 C10
Lerberget 45 D7
Lercara Friddi 30 E3
Lerdala 46 E4
Léré 12 G3
Le Relecq-Kerhuon 14 E2
Lerești 78 G4
Lerici 34 F5
Lérida 21 E7
Lerín 20 D3
Lerma 23 E10
Lerm-et Musset 16 F4
Lermoos 38 D4
Lerot 46 B3
Le Rouget 17 E8
Lérouville 13 D7
Le Rozier 17 G10
Lerum 46 F3
Le Russey 36 C5
Lervik 49 D8
Lerwick 3 C12
Lesa 34 B3
Les Abrets 36 G3
Lesaca 20 B4
Les Aix-d'Angillon 12 G3
Lešak 81 F11
Les Andelys 15 C11
Les Angles F 18 C4
Les Angles F 21 D10
Lešani 86 C4
Les Arcs 36 G5
Les Aubiers 15 H8
Les Avellanes 21 E8
Les Avenières 36 F3
Les Bondons 17 F11
Les Bordes 12 F2
Les Borges Blanques 21 F8
Les Borges del Camp 21 F8
Les Bouchoux 36 E3
Les Brenets 36 D5
Lesbury 5 C8
Les Cabannes 21 C9
L'Escala 21 D12
L'Escale 19 C7
Les Cammazes 21 B10
Lescar 20 B6
L'Escarène 19 D9
Les Cases d'Alcanar 27 D11
Lesce 39 F9
Lesconil 14 F2
Les Contamines-Montjoie 36 F5
Lescure-d'Albigeois 17 G8
Les Deux-Alpes 36 H4
Les Diablerets 36 E5
Les Échelles 36 G3
Les Églisottes-et-Chalaures 16 E4
Le Seignus-d'Allos 19 C8
Le Sel-de-Bretagne 14 F6
Le Sen 16 G4
Le Sentier 36 D4
Les Éparges 13 C7
Les Epesses 16 A3
Les Escaldes 21 D9
Les Essards-Taignevaux 13 H7
Les Essarts 16 A2
Le Seu d'Urgell 21 D9
Les Eyzies-de-Tayac-Sireuil 16 E6
Les Fins 13 G8
Les Forges 13 E8
Les Fourgs 36 D4
Les Gets 36 E4
Les Herbiers 16 A3

Les Houches 36 F5
Lesichevo 83 F7
Lesično 39 G11
Lesidren 83 E7
Lesina 33 D10
Les Issambres 19 E8
Lesja 50 D6
Lesjöfors 46 B5
Leskava 68 F6
Leskelä 62 E6
Lesko 73 E4
Leskoec 86 C4
Leskova 81 F10
Leskovac 82 E3
Leskovik 86 E3
Leskovo 84 D3
Les Landes-Genusson 15 H7
Les Lecques 18 E6
Leslie 2 G6
Les Lucs-sur-Boulogne 16 A2
Lesmahagow 4 B5
Les Marches 36 G4
Les Martres-de-Veyre 17 D10
Les Matelles 17 G11
Les Mées 18 C6
Les Menuires 36 G4
Lesmont 12 E5
Les Mureaux 15 D11
Lešná 75 E8
Lešna 74 B4
Lesneven 14 D2
Leśnica 75 C9
Lešnica 81 C9
Leśniów Wielki 70 G4
Lesogorskiy 65 E10
Les Ollières-sur-Eyrieux 18 B4
Lesovaara 63 C10
Lesovo 83 G11
Lesparre-Médoc 16 D3
Les Peintures 16 E4
Lesperon 16 G3
Lespezi 79 C7
Les Pieux 14 B6
Lespignan 21 B12
Lespinassière 21 B11
Les Planches-en-Montagne 36 D4
Les Planes d'Hostoles 21 E11
L'Espluga Calba 21 F8
L'Espluga de Francolí 21 F8
Les Ponts-de-Cé 15 G8
Les Ponts-de-Martel 36 D5
Les Preses 21 D10
Lespugue 21 B7
Les Rosiers 15 G8
Les Rousses 36 E4
Les Sables-d'Olonne 16 B2
Lessach 39 D8
Les Salles-du-Gardon 17 F11
Lessay 14 C6
Lessebo 45 C10
Les Sièges 12 E4
Lessines 10 G4
Les Sorinières 14 G6
Lestene 68 B5
Les Ternes 17 E10
Les Thuiles 19 B7
Lestijärvi 62 G5
Leština 75 D7
Lestrade 17 G9
Les Trois-Moutiers 15 G9
Leșu 78 C4
Lesura 82 D6
Les Useres 27 D10
Les Vans 17 F11
Les Vignes 17 F10
Leszczyn 70 C4
Leszkowice 73 A4
Leszno PL 70 G6
Leszno PL 72 F2
Leszno Górne 74 A5
Létavértes 77 C10
Letca 78 C1
Leţcani 79 C8
Letca Nouă 83 C9
Letchworth 9 D9
Letea Veche 79 D7
Le Teich 16 F3
Le Teil 18 B4
Le Teilleul 15 D7
Le Temple 16 E3
Letenye 76 E2
Le Theil 15 E9
Le-Theil-de-Bretagne 14 F6
Le Thillot 36 B5
Le Tholy 36 B5
Le Thor 18 C5
Letino 33 D8
Letkés 76 B5
Letnitsa 83 D8
Letoianni 30 E6
Letonice 75 F7
Le Touquet-Paris-Plage 10 G1
Le Touvet 36 G3
Letovice 74 E6
L'Étrat 17 D12
Le Trayas 19 D8
Le Tréport 15 A10
Letsbo 52 D3
Letschin 70 E3
Letterfinish 7 N2
Letterkenny 6 E5
Lettermacaward 6 E4
Letterston 8 D2
Letur 29 B9
Le Tuzan 16 F4
Letzlingen 43 F7
Leu 82 C6
Leubingen 40 B6
Leuc 21 B10
Leucate 21 C11
Leuchars 3 G7
Leuchtenberg 41 E8
Leud 78 B3
Leuenberg 43 E10
Leuglay 12 F6
Leuk CH 36 E6
Leuk CH 36 E6
Leukerbad 36 E6
Leumrabhagh 2 C2
Leuna 43 H8
Leusden 11 D7
Leușeni 79 D9
Leutasch 38 D4
Leutenberg 41 C7
Leutershausen 40 E5
Leutesdorf 11 G9
Leutkirch im Allgäu 37 B9
Leuvanjoki 62 C6
Leuven 10 F6
Leuze-en-Hainaut 10 G4
Levadeia 88 B6
Le Val 19 D7
Le Vallinot-Longeau-Percey 13 F7
Levan 86 D1
Levänen 65 E9
Levang 54 B5
Levanger 54 G4
Levanjska Varoš 76 G4
Levanto FIN 64 F6
Levanto I 34 E5
Leva Reka 82 F4
Leväsjoki 64 D2
Levél 76 B3
Levelek 77 B10
Leven GB 3 G7
Leven GB 5 F10
Levens F 19 D9
Levens GB 5 E7
Levenwick 3 C12
Leverano 31 C11
Leverburgh 2 D2
Le-Verdon-sur-Mer 16 D3
Leverkusen 11 F9
Le Vernet 21 B9
Lèves 15 E11
Levet 12 H2
Levice 75 H9
Levico Terme 35 B8
Levidi 88 C5
Levie 19 G11
Levier 13 H8
Le Vigan 17 G10
Lévignac 21 A8
Lévignacq 16 G3
Levijoki 64 A5
Le Ville 35 G9
Levinovac 76 F3
Le-Vivier-sur-Mer 14 D6
Levka 83 G10
Levoča 73 F1
Levonperä 62 F6
Levo-oja 63 C7
Levroux 15 H11
Levski 83 D8
Levunovo 87 B8
Lewes 9 F9
Lewin Brzeski 75 C8
Lewin Kłodzki 74 C6
Leyburn 5 E8
Leyland 5 F7
Leyme 17 E8
Leysin 36 E5
Leytron 36 E5
Leżajsk 73 D4
Lézan 17 G11
Lézat-sur-Lèze 21 B9
Lezay 16 B4
Lezhë 86 B2
Lézignan-Corbières 21 B11
Lezoux 17 C10
Lezuza 27 G7
Lgota Górna 75 C10
Lgota Wielka 75 B10
Lhenice 74 F3
Lherm 21 B8
L'Hermenault 16 B3
L'Honor-de-Cos 17 G7
L'Horme 17 D12
L'Hospitalet 17 F7
L'Hospitalet de l'Infant 21 G8
L'Hospitalet de Llobregat 21 F10
L'Hospitalet-du-Larzac 17 G10
L'Hospitalet-près-l'Andorre 21 C9
L'Hostal del Alls 21 G7
L'Huisserie 15 E7
Lhuître 12 D5
Lia 57 C5
Liabøen 50 B5
Liancourt 12 C2
Lianokladi 86 G6
Liapades 86 F2
Liart 12 B5
Liarvåg 48 D2
Liatorp 45 C9
Libáň 74 C4
Libatse 66 D5
Libberton 4 B6
Libčany 74 D5
Libčeves 41 C10
Liberadz 72 E2
Liberec 74 C4
Liběšice 74 C3
Libiąż 75 D10
Libice nad Cidlinou 74 D4
Libin 12 B6
Libina 75 D7
Libochovice 41 C10
Libofshë 86 C2
Libohovë 86 E3
Libouchec 41 C10
Libourne 16 E4
Libramont 13 B7
Librazhd 86 C3
Librilla 29 C10
Libros 27 D8
Licata 30 G4
Licciana Nardi 34 E5
Licenza 32 C6
Liceras 23 F11
Lich 40 C3
Lichfield 9 B7
Lichnov 75 D8
Lichnowy 71 B9
Lichte 40 C6
Lichtenau D 13 D10
Lichtenau D 42 G4
Lichtenau im Waldviertel 39 B10
Lichtenfels 40 D6
Lichtenstein 41 C8
Lichten-tanne 41 C8
Lichtenvoorde 11 D8
Lichtenwörth 76 B1
Lichterfelde 43 E10
Lichtervelde 10 F3
Līči LV 66 F6
Līči LV 69 C10
Lička Jesenica 80 B3
Lički Osik 80 C3
Licko Lešće 80 B2
Licodia Eubea 30 G5
Licques 10 G2
Līčupe 66 G6
Licurici 82 A6
Lida 69 H8
Lidečko 75 F8
Liden 52 B5
Lidhult 45 C8
Lidingö 47 C9
Lidköping 46 E4
Lido 35 C9
Lido Adriano 35 E9
Lido di Classe 35 E9
Lido di Foce Verde 32 D6
Lido di Jesolo 35 C10
Lido di Metaponto 31 C9
Lido di Ostia 32 D5
Lido di Siponto 33 D11
Lido di Spina 35 D9
Lidoriki 88 A5
Lidsälen 51 G11
Lidsjöberg 55 F8
Lidumnieki 69 B11
Lidzbark 71 D10
Lidzbark Warmiński 72 B2
Liebenau D 42 E4
Liebenau D 42 H4
Liebenburg 42 F6
Liebenfels 39 E9
Liebenwalde 43 E10
Lieberose 70 G3
Liebert-wolkwitz 43 H8
Liebling 77 F9
Lieboch 39 E10
Liebstadt 41 B10
Liedakkala 62 B5
Liédena 20 C4
Liedenpohja 64 C4
Liège 11 G7
Liegi 68 B3
Liehittäjä 60 E6
Liekokylä 63 B7
Lieksa 63 G11
Lielauce 68 B5
Lielbērze 68 B6
Lielirbe 66 F2
Lieljumprava 69 B8
Lielklapari 69 C10
Lielmēmele 69 C8
Lielvārde 69 B8
Lielvircava 68 B6
Lien S 52 B4
Lien S 54 G6
Lienen 11 D10
Lienz 39 E7
Liepa 66 F6
Liepāja 68 B3
Liepāre 68 B6
Liepas 69 C9
Liepe 43 E10
Liepen 43 C10
Liepene 66 F2
Liepgarten 43 C10
Liepimäjärvi 60 B6
Lieplaukalė 68 C4
Lieplaukė 68 C4
Liepna 67 F9
Lieponys 69 F7
Liepupe 66 F5
Lier B 10 F5
Lier N 49 B9
Lierbyen 49 C7
Liernais 12 G5
Lierneux 11 H7
Liesek 75 E11
Lieso 64 E6
Liessel 11 E7
Liestal 36 C6
Lieš28tany 75 F9
Liești 79 F8
Lietavská Lúčka 75 F9
Lietekylä 63 D9
Lieto 64 F3
Liétor 27 H7
Lievestuore 65 C7
Liévin 10 G3
Lievoperä 63 E7
Liezen 39 D9
Liezēre 67 G7
Liffol-le-Grand 13 E7
Lifford 6 E5
Liffré 14 E6
Lifton 8 F3
Ligardes 16 G5
Ligatne 66 G6
Ligist 39 E10
Lignano Pineta 35 B11
Lignano Sabbiadoro 35 B11
Lignan-sur-Orb 18 E2
Ligné 15 G7
Ligneuville 11 G8
Lignières 17 A8
Ligny-en-Barrois 13 D7
Ligny-le-Châtel 12 F4
Ligonchio 34 E6
Ligota 71 G7
Ligowo 71 E9
Ligueil 15 G10
Lihme 44 C2
Lihula 66 D4
Liigvalla 67 C7
Liikasenvaara 61 E11
Liikavaara 60 D3
Liimattala FIN 64 B6
Liimattala FIN 65 B7
Liipantönkkä 64 A3
Liittoperä 63 F7
Liiva 66 D4
Lijar 29 D8
Liješće 76 G4
Lijeska 81 D9
Lijeva Rijeka 81 G9
Lijevi Dubravčak 76 F1
Likavka 75 F10
Likenäs 51 G10
Līksna 69 C10
Lilaia 86 H6
Liland N 57 D2
Liland N 57 D5
Lilaste 66 G5
L'Île-Bouchard 15 G9
L'Île-Rousse 19 E11
Lilienfeld 39 C11
Lilienthal 42 D4
Liljendal FIN 65 F7
Liljendal S 46 A5
Lilkovo 83 G7
Lillå 60 E3
Lilla Edet 46 E3
Lillåfors 60 E4
Lilla Tjärby 45 D7
Lillby 62 G4
Lille B 10 F6
Lille F 10 G3
Lillebo 51 E9
Lillebonne 15 B9
Lillehammer 51 F7
Lillers 10 G2
Lillesand 48 F5
Lilleshall 8 B6
Lille Skensved 44 F6
Lillestrøm 49 C8
Lille Værløse 44 E6
Lillfjäten 51 D10
Lillhamra 52 E2
Lillhärdal 51 E11
Lillholmsjö 55 G7
Lillholmträsk 56 D1
Lilliesleaf 5 B7
Lillkågeträsk 56 D3
Lillkyrka 47 C8
Lillmörtsjö 52 C4
Lillo 26 E5
Lillögda 55 F10
Lillpite 56 C3
Lillroten 52 C5
Lillsaivis 60 E4
Lillsele 55 F11
Lillselet 60 E5
Lillskog 52 D3
Lillström 52 C4
Lillsved 52 C2
Lillviken 57 G4
Lilyache 82 D6
Lilyak 83 E10
Lilyanovo 87 B8
Lima 51 F11
Limana 35 B9
Limanköy 84 G4
Limanowa 75 E12
Limanu 84 D4
Limatola 33 E8
Limavady 6 E6
Limay 15 C11
Limbach 40 E3
Limbach-Oberfrohna 41 B9
Limbadi 31 F8
Limbaži 66 F6
Limbourg 11 G7
Limburg an der Lahn 11 G10
Lime 44 D4
Limedsforsen 51 G11
Limenaria 87 D10
Limenas 89 B11
Limerick 7 L4
Limin Chersonisou 89 G10
Limingen 54 E6
Limingoån 60 D5
Liminka 62 D6
Liminpuro 63 E8
Limmared 45 B8
Limmen 10 C6
Limnes 88 C6
Limni 87 H8
Limnochori 86 D5
Limoges 17 C7
Limogne-en-Quercy 17 F7
Limone Piemonte 19 C9
Limonest 36 F2
Limone sul Garda 35 B7
Limosano 33 D9
Limoux 21 C10
Limpias 23 B11
Lin 86 C3
Linå 44 D3
Linards 17 C7
Linares 28 C6
Linares de Mora 27 D10
Linares de Riofrío 24 A7
Linaria 87 G10
Lincent 10 G6
Lincoln 5 G10
Lind 44 E2
Lindas 50 G2
Lindau D 42 A5
Lindau D 43 F8
Lindau (Bodensee) 37 C9
Lindberg 41 F9
Linde 44 D1
Lindelse 44 G4
Linden D 40 C3
Linden D 42 B4
Lindenberg D 43 D8
Lindenberg D 70 F3
Lindenberg im Allgäu 37 B9
Lindenfels 40 E3
Lindern (Oldenburg) 11 B10
Lindesberg 46 C6
Lindesnäs 52 G2
Lindewitt 44 G2
Lindfield 9 F9
Lindholmen 47 C9
Lindi 66 D5
Lindknud 44 F2
Lindkoski 65 F7
Lindlar 11 F9
Lindome 44 B6
Lindores 2 G6
Lindos 88 G4
Lindoso 22 E3
Lindow 43 E9
Lindsdal 45 C11
Lindsjö 52 C5
Lindstedt 43 E7
Lindved 44 E3
Lindwedel 42 E5
Linge 50 D4
Lingen (Ems) 11 C9
Lingenfeld 40 F2
Lingfield 9 E9
Linghed 52 F3
Linghem 47 E7
Lingolsheim 13 D10
Lingrasmo 58 E3
Linguaglossa 30 E6
Linguizzetta 19 F12
Linhares 24 A5
Linia 71 B7
Liniewo 71 C8
Linkmenys 69 E9
Linköping 47 E7
Linksness 3 E9
Linkuva 68 C6
Linlithgow 4 B6
Linna 67 E7
Linnamäe EST 66 C4
Linnamäe EST 67 E8
Linnankylä 64 C4
Linneryd 45 C10
Linnich 11 F8
Linow 43 D9
Linsell 51 D11
Linsidemore 2 C5
Linthal 37 D8
Linthe 43 F9
Lintig 42 C4
Lintrup 44 F2
Lintula 61 B7
Linum 43 E9
Linxe 16 G2
Linyola 21 E8
Linz 39 B9
Linz am Rhein 11 G9
Linzoáin 20 C4
Lioboml' 73 B6
Lioliai 68 D5
Lioni 30 B6
Lion-sur-Mer 15 C8
Liorac-sur-Louyre 16 E6
Lipa BIH 80 E6
Lipa PL 72 E2
Lipănești 78 G6
Lipany 73 F2
Lipar 76 F6
Lipari 30 D6
Lipava 69 E12
Lipawki 69 C11
Lipcani 79 A7
Lipce Reymontowskie 71 G10
Liperi 65 B10
Liphook 9 F8
Lipiany 70 E4
Lipik 76 G2
Lipinki 73 E2
Lipinki Łużyckie 70 G4
Lipiny 70 G5
Lipka 70 D6
Lipki Wielkie 70 E4
Lipkovo 82 G2
Lipljan 82 F2
Lipnica BIH 81 C7
Lipnica PL 71 C7
Lipnica PL 71 D9
Lipnica PL 75 C12
Lipnik 73 C2
Lipník nad Bečvou 75 E8
Lipnița 84 C3
Lipnitsa 82 E6
Lipno PL 70 G6
Lipno PL 71 E9
Lipolist 81 C9
Liposthey 16 F3
Lipova RO 77 E10
Lipova RO 79 D8
Lipová 76 A4
Lipovac HR 76 G6
Lipovac YU 82 D3
Lipová-Lázně 75 D7
Lipovăț 79 D9
Lipovec 75 E7
Lipoveni 79 D10
Lipovljani 76 G2
Lipovo 72 B4
Lipovu 82 C6
Lipowiec 72 D3
Lipowiec Kościelny 71 D10
Lipowina 71 B10
Lippoldsberg (Wahlsburg) 42 G5
Lippstadt 42 G3
Lipsk 72 C6
Lipsko 73 B3
Liptál 75 F8
Liptovská Kokava 75 F11
Liptovská Lúžna 75 F10
Liptovská Osada 75 F10
Liptovská Teplička 75 F11
Liptovské Revúce 75 F10
Liptovský Hrádok 75 F11
Liptovský Mikuláš 75 F11
Lipusz 71 C7
Lipůvka 74 E6
Liqenas 86 D4
Liré 15 G7
Lis 86 B2
Lisa RO 78 F4
Lisa RO 83 D8
Lisac BIH 80 D6
Lisac HR 81 F7
Lisacul 7 H4
Lisbane 6 F7
Lisbellaw 6 F5
Lisboa 24 F2
Lisburn 6 F7
Liscannor 7 K3
Liscarney 7 H3
Liscarroll 7 M3
Lisciano Niccone 35 G9
Lișcoteanca 84 A3
Lisdoonvarna 7 K3
Liseleje 44 E6
Lisets 83 E7
Lisewo 71 D8
Lisgarode 7 K4
Lisgoold 7 M4
Lisia Góra 73 D2
Lisięcice 75 D8
Lisieux 15 C9
Lisiy Nos 65 G11
Lisjö 47 B7
Liskeard 8 G3
Lisková 75 F10
Lisków 71 G8
Lisky 79 G11
Lisle 16 D5
Lislea 6 E6
L'Isle-Adam 12 C2
L'Isle-de-Noé 21 B7
L'Isle-d'Espagnac 16 D5
L'Isle-en-Dodon 21 B8
L'Isle-Jourdain F 16 B6
L'Isle-Jourdain F 21 A8
L'Isle-sur-la-Sorgue 18 C5
L'Isle-sur-le-Doubs 13 G8
L'Isle-sur-Serein 12 F5
Lisle-sur-Tarn 17 G8
Lisma 59 G7
Lismakin 7 K5
Lismanaapa 61 C8
Lismarka 51 F8
Lismore 7 M5
Lisna 69 C12
Lisnagry 7 L4
Lisnakill 7 M6
Lisnarrick 6 F5
Lisnaskea 6 G5
Lisne 79 E11
Lišov 74 F4
Lisów 75 C10
Lispole 7 M2
Lisronagh 7 L5
Lisryan 7 H5
Liss 9 F8
Lissan 6 E6
Lisse 10 D5
Lisskogsbrändan 51 G11
Lissone 34 B4
Lissycasey 7 K3
List 44 G1
Listed 45 F10
Listerby 45 D10
Listerlin 7 L6
Lištica 80 E6
Listowel 7 L3
Listrac-Médoc 16 E3
Listry 7 M2
Liszki 75 D11
Liszkowo 71 D7
Lit 52 A2
Lița 83 D8
Litakovo 82 E6
Litava 75 G10
Litene 67 G8
Liteni 79 B7
Litér 76 C4
Lit-et-Mixe 16 G2
Lithakia 88 C2
Lithines 89 G11
Lithio 89 B11
Litija 39 G10
Litke 75 H11
Litlefjord 59 B7
Litmalahti 65 B9
Litmaniemi 65 B9
Litochoro 87 E7
Litoměřice 74 C3
Litomyšl 74 D6
Litovel 75 E7
Litschau 74 F4
Littau 37 D7
Littleborough 5 F8
Littlehampton 9 F8
Littlemill 2 D6
Littlemore 9 D7
Little Oakley 9 D11
Littleport 9 C10
Littlestone-on-Sea 9 F11
Littleton 7 L5
Littoinen 64 F3
Litva 81 C8
Litvínov 41 C10
Litzendorf 40 D6
Liudvinavas 72 B5
Liukkunen 63 G11
Livada RO 77 E10
Livada RO 78 B1
Livadaki 88 C4
Livădeni 79 A9
Livadero 87 C9
Livadi GR 86 E6
Livadi GR 89 D8
Livadia 87 C7
Livanates 87 H7
Līvāni 69 C9
Livari 81 H9
Livarot 15 C9
Livbērze 68 B6
Liverdun 13 D8
Livernon 17 F8
Liverpool 5 G7
Livezeni 78 D3
Livezi RO 79 E7
Livezi RO 82 A6
Livezile RO 78 C3
Livezile RO 78 E2
Livezile RO 82 B4
Līvi 66 G6
Livigno 37 E9
Livingston 4 B6
Livno 80 D5
Livo 63 C7
Livold 39 H10
Livonniska 63 B8
Livorno 34 G6
Livorno Ferraris 34 C2
Livron-sur-Drôme 18 B5
Livža 69 B10
Liw 72 F4
Lixnaw 7 L2
Lixouri 88 B2
Liyadero 86 E6
Lizard 8 H2
Lizarraga 20 C3
Lizdēni 66 F6
Lizums 67 G8
Lizy-sur-Ourcq 12 C3
Lizzanello 31 C11
Lizzano 31 C10
Ljaljenča 81 B9
Lješane 81 G11
Ljeskode Vode 81 B7
Ljig 81 C11
Ljønes 57 F3
Ljørdal 51 F10
Ljosland 48 E4
Ljøsne 50 F4
Ljuberađa 82 E4
Ljubija 80 B5
Ljubinje 81 F7
Ljubiš 81 E10
Ljubljana 39 G9
Ljubogošta 81 D8
Ljubovija 81 D9
Ljubuški 80 F6
Ljugarn 47 G10
Ljung 46 F4
Ljungå 52 B4
Ljungaverk 52 C4
Ljungby S 45 C8
Ljungby S 55 D11
Ljungbyhed 45 E7
Ljungbyholm 45 C11
Ljungdalen 51 C10
Ljungsarp 45 B8
Ljungsbro 46 E6
Ljungskile 46 E2
Ljupina 76 G3
Ljuša 80 C6
Ljuså 56 B4
Ljušči Palanka 80 B4
Ljusdal 52 D4
Ljusfallshammar 46 D6
Ljusne 52 E5
Ljusnedal 51 C10
Ljustorp 52 C5
Ljusträsk 56 B2
Ljusvattnet 56 E3
Ljuti Dolac 80 E6
Ljutomer 39 F11
Llagostera 21 E11
Llamas de la Ribera 23 C7
Llanaelhaearn 8 B3
Llanarth 8 C3
Llanarthney 8 D3
Llanbadarn Fawr 8 C3
Llanbadrig 4 G5
Llanbedr 8 B3
Llanbedrog 8 B3
Llanberis 4 G5
Llanbister 8 C4
Llanblethian 8 E4
Llançà 21 D12
Llandanwg 8 B3
Llandderfel 8 B4
Llandeilo 8 D4
Llandissilio 8 D2
Llandovery 8 D4
Llandrillo 8 B4
Llandrindod Wells 8 C4
Llandudno 4 G5
Llandwrog 4 G5
Llandysul 8 D3
Llanegwad 8 D3
Llaneilian 4 G5
Llanelli 8 D3
Llanelltyd 8 B4
Llanelwy 4 G6
Llanerchymedd 4 G5
Llanes 23 B9
Llanfaelog 4 G5
Llanfair Caereinion 8 B4
Llanfairfechan 4 G5
Llanfairpwllgwyngyll 4 G5
Llanfair Talhaiarn 4 G6
Llanfihangel-ar-Arth 8 D3
Llanfyllin 8 B5
Llangadfan 8 B4
Llangadog 8 D4
Llangefni 4 G5
Llangeler 8 D3
Llangelynin 8 B3
Llangoed 4 G5
Llangollen 8 B5
Llangurig 8 C4
Llangynidr 8 D5
Llanidloes 8 C4
Llanilar 8 C3
Llanishen 8 E5
Llanllwchaiarn 8 C5
Llanllyfni 4 G5
Llannon 8 D3
Llanon 8 C3
Llanrhaeadr-ym-Mochnant 8 B4
Llanrhidian 8 D3
Llanrhystud 8 C3
Llanrug 4 G5
Llanrumney 8 E5
Llanrwst 4 G6
Llansanffraid Glan Conwy 4 G6
Llansannan 4 G6
Llansawel 8 D3
Llantilio Pertholey 8 D5
Llantrisant 8 E4
Llantwit Major 8 E4
Llanuwchllyn 8 B4
Llanwddyn 8 B4
Llanwenog 8 D3
Llanwnda 4 G5
Llanwnog 8 C4
Llanwrtyd Wells 8 C4
Llanybydder 8 D3
Llardecans 21 F7
Llaurí 27 F10
Llavorsí 21 D8
Llay 4 G6
Lledrod 8 C4
Lleida 21 E7
Llera 24 G7
Llerena 24 G7
Llíria 27 E10
Llívia 21 D10
Llodio 23 B12
Llombai 27 F10
Lloret de Mar 21 E11
Lloseta 29 F9
Llubí 29 F10
Llucmajor 29 F9
Lniano 71 D8
Lo 10 F3
Loamneș 78 F2
Loano 34 E2
Loarre 20 D5
Löbau 74 B4
Lobbæk 45 G9
Löbejün 43 G8
Lobera de Onsella 20 D5
Lobērģi 67 F7
Łobez 70 C4
Löbnitz 43 B9
Łobodno 75 B10
Lobón 24 F6
Lobonäs 52 E3
Lobstädt 41 B8
Loburg 43 F8
Łobżenica 70 D6
Locana 36 G6
Locarno 37 E7
Locate di Triulzi 34 C4
Loccum (Rehburg-Loccum) 42 F4
Loceri 32 F3
Lochaline 2 F3
Lochau 38 D2
Lochawe 2 F4
Lochboisdale 2 E1
Lochcarron 2 E3
Lochdon 2 F3
Lochearnhead 2 G5
Lochem 11 D8
Lochen 39 C7
Lochend 2 D5
Loches 15 G10
Loch Garman 7 L6
Lochgelly 2 G6
Lochgilphead 2 G4
Lochgoilhead 2 G4
Lochinver 2 C4
Lochmaben 4 C6
Lochmaddy 2 D1
Lochovice 41 D10
Łochów 72 F3
Lochranza 4 B4
Lochristi 10 F4
Loch Sgioport 2 E1
Lockenhaus 76 C1
Lockerbie 4 C6
Lockne 52 B2
Löcknitz 70 D3
Locks Heath 9 F7
Lockton 5 E9
Locmaria-Plouzané 14 E2
Locmariaquer 14 F4
Locminé 14 F4
Locorotondo 31 B10
Locquirec 14 D3
Locri 31 G8
Locronan 14 E3
Loctudy 14 F3
Loculi 32 E3
Löddeköpinge 45 E7
Lödderitz 43 G8
Loddin 43 B10
Lødding 54 E4
Loddiswell 8 G4
Loddon 9 C11
Lodè 32 E3
Lode 66 F6
Loděnice 74 D3
Lodersleben 41 A7
Löderup 45 F9
Lodève 17 G10
Lodi 34 C5
Løding 57 F3
Lødingen 57 D4
Lodi Vecchio 34 C4
Lodosa 20 D3
Lödöse 46 F3
Łodygowice 75 E10
Łódź 71 G9
Loeches 26 D5
Löf 11 H10
Løfallstrand 48 C3
Lofer 38 D6
Löffingen 37 B7
Lofos 86 E6
Lofsdalen 51 D11
Loftahammar 47 F8
Lofthus N 48 B3
Lofthus N 57 E4
Loftus 5 D9
Log 39 F8
Loga 48 F3
Logan 4 C5
Logatec 35 B12
Lögda 55 F11
Lögdeå 56 G2
Loggerheads 8 B6
Loghill 7 L3
Logkanikos 88 D5
Logofteni 79 B8
Logrești 82 A6
Logron 15 E10
Logroño 20 D2
Logrosán 24 D8
Løgstør 44 C2
Løgstrup 44 D3
Løgten 44 D4
Løgumkloster 44 G2
Lohals 44 F5
Lohberg 41 F9
Lohéac 14 F6
Lohe-Rickelshof 42 B4
Lohfelden 40 B4
Lohijärvi 60 E6
Lohilahti 65 D9
Lohiluoma 64 B3
Lohiniva 61 D7
Lohiranta 63 B9
Lohja 64 G5
Lohjan kunta 64 G5
Lohmar 11 F9
Lohme 43 A10
Lohmen D 41 B10
Lohmen D 43 C8
Löhnberg 40 C2
Löhne 42 F4
Lohne (Oldenburg) 42 E3
Lohra 40 C3
Lohr am Main 40 D4
Lohsa 74 A3
Lohtaja 62 F4
Lohusuu 67 C8
Loiano 35 E8
Loigny-la-Bataille 15 E11
Loimaa 64 F4
Loimaan kunta 64 F4
Loiré 15 F7
Loire-sur-Rhône 17 D12
Loiri-Porto San Paolo 32 D3
Loiron 15 E7
Loisy-sur-Marne 12 D5
Loitz 43 C9
Loivos 22 E4
Loivos do Monte 22 F3
Loja E 28 E5
Loja LV 66 G5
Løjt Kirkeby 44 G3
Loka brunn 46 B5
Lokakylä 64 A6
Lokalahti 64 F2
Lokavec 35 B12
Lokca 75 E10
Loke 52 B2
Løken 49 C9
Lokeren 10 F5
Loket 41 D9
Lokev 35 B12
Lokka 61 B9
Løkken DK 44 B3
Løkken N 51 B7
Lokkiperä 62 F5
Lőkösháza 77 E9
Lokrume 47 F10
Loksa 67 B7
Løksa 57 C5
Løksebotn 57 C5
Lokuta 66 D6
Lokuti 66 C6
Lokve HR 80 A1
Lokve SLO 35 B12
Lokve YU 77 G9
Løkvoll 58 E3
Lolishniy Shepit 78 A4
Lollar 40 C3
L'Olleria 27 G10
Lom BG 82 C5
Lom N 50 E5
Łomazy 72 G5
Lombez 21 B8
Lombheden 60 E5
Lomborg 44 D1
Lomello 34 C3
Lomen 50 F6
Łomianki 72 F2
Lomma 45 E7
Lommatzsch 41 B9
Lomme 10 G3
Lommel 11 F7
Łomnica 70 F5
Lomnice 74 E6
Lomnice nad Lužnicí 74 F4
Lomnice nad Popelkou 74 C5
Lomoriosov 65 G10
Lompolo 61 B7
Lomsdalen 51 G7
Lomsjö 55 F9
Lomsti 83 D10
Lomträsk S 56 C2
Lomträsk S 60 E5
Łomża 72 D4
Lonato 34 C6
Lønborg 44 E1
Lončari 81 B8
Lončarica 76 F3
Londa 35 F8
Londerzeel 10 F5
Londinières 15 B11
London 9 E9
Londonderry 6 E5
Lone 69 C8
Long 15 A11
Longa 88 E4
Longages 21 B8
Longare 35 C8
Longares 20 F4
Longarone 38 F6
Long Ashton 8 E5
Long Bennington 9 B8
Longbridge Deverill 8 E6
Longchaumois 36 E3
Long Compton 9 D7
Long Crendon 9 D8
Long Eaton 9 B7
Longecourt-en-Plaine 12 G6
Longerak 48 E5
Longeville-en-Barrois 12 D6
Longeville-sur-Mer 16 B2
Longford 7 H5
Longframlington 5 C8
Longhope GB 3 F9
Longhope GB 8 D6
Longhorsley 5 C8
Longhoughton 5 C8
Long Itchington 9 C7
Longlier 13 B7
Long Melford 9 D10
Longmorn 2 D6
Longny-au-Perche 15 D10
Longobardi 31 E8
Longobucco 31 E9
Longomel 24 D4
Longos 86 G3
Longos Vales 22 E2
Longpré-les-Corps-Saints 10 H2
Long Preston 5 E7
Longré 16 C4
Longridge 5 F7
Longroiva 22 G5
Long Stratton 9 C11
Long Sutton 9 B9
Longton 5 F7
Longtown 5 C7
Longueau 12 B2
Longué-Jumelles 15 G8
Longuenesse 10 G2
Longueville 12 D4
Longueville-sur-Scie 15 B10
Longuyon 13 C7
Longwood 7 J6
Longwy 13 B7
Lonigo 35 C8
Lonin 48 C6
Löningen 11 C10
Łoniów 73 C2
Lonja 76 G2
Lonjica 76 F1
Lonkan 57 C3
Lonkka 61 H11
Lonlay-l'Abbaye 15 D7
Lönneberga 45 B11
Lons 20 B6
Lönsboda 45 D9
Lonsee 40 G5
Lons-le-Saunier 36 D3
Lønstrup 44 B3
Lónya 77 A11
Loo 66 B6
Loon op Zand 10 E6
Loosdorf 39 C10
Loose 9 E10
Lopadea Nouă 78 E2
Lopar 80 B1
Lopare 81 C8
Lopătari 79 G7
Lopate 82 G2
Lopatica 86 C4
Łopatki 71 H9
Lopatnic 79 A7
Lopatovo 67 E10
Lopcombe Corner 9 E7
Lõpe 66 D5
Lopera 28 C5
Łopiennik Górny 73 B5
Lopigna 19 F11
Loppa 58 C4
Loppersum 11 A9
Loppi 64 F5
Lopra 3 C9
Lopushna 78 A4
Łopuszno 75 B12
Lopyan 82 E6
Lora 50 D5
Lora del Río 25 J8
Loranca de Tajuña 26 D5
Lorås 55 H8
Lörby 45 E9
Lorca 29 D9
Lorch D 13 A10
Lorch D 40 G4
Lorcha 27 G10
Lordelo 22 F4
Lordosa 22 G3
Lørenskog 49 C8
Loreo 35 D9
Loreto 35 G11
Loreto Aprutino 33 B8
Lorgues 19 D7
Lorient 14 F4
Lorignac 16 D3
Loriguilla 27 E9
Lőrinci 77 B7
Loriol-sur-Drôme 18 B5
Lormes 12 G4
Loro Ciuffenna 35 G8
Loro Piceno 35 G11
Lörrach 36 B6
Lorrez-le-Bocage-Préaux 12 E3
Lorris 12 F3
Lorsch 40 E3
Lørslev 44 B3
Lörstrand 52 E4
Lörudden 52 C5
Lorup 11 B10
Lorupe 66 G6
Los 52 D3
Losacino 22 E6
Losa del Obispo 27 E9
Los Alcázares 29 C11
Los Algezares 29 C10
Los Arcos 20 D3
Losar de la Vera 24 B8
Los Arenales del sol 29 B11
Los Barrios 25 M8
Los Barrios de Luna 23 C7
Los Belones 29 D11
Los Cantareros 29 C10
Los Corrales 28 E4
Los Corrales de Buelna 23 B10
Loscos 20 G5
Los Dolores 29 D10
Løset 51 F8
Los Gallardos 29 E9
Loshchynivka 79 G10
Losheim 13 B9
Los Hinojosos 26 E6
Łosice 72 F5
Łosinka 72 E6
Łosiów 75 C8
Los Maldonados 29 C10
Los Molinos 23 G10
Losna 51 F7
Los Navalmorales 26 E3
Los Navalucillos 26 E3
Løsning 44 E3
Losomäki 63 G9
Losone 37 E7
Łososina Dolna 73 E1
Losova 79 C10
Losovaara 63 D9
Los Palacios y Villafranca 25 K7
Los Pandos 23 C10
Los Pedrones 27 F9
Los Pozuelos de Calatrava 26 G4
Los Rábanos 20 E2
Los Royos 29 C9
Lossa (Finne) 41 B7
Los Santos 24 A7
Los Santos de Maimona 24 G6
Loßburg 40 G2
Losse 16 G4
Losser 11 D9
Lossiemouth 2 D6
Lößnitz 41 C9
Lostallo 37 E8
Loštice 75 E7
Los Tojos 23 B9
Lostwithiel 8 G3
Los Villares 28 D6
Los Yébenes 26 F4
Löt 45 C12
Lote 50 E3
Loten 48 D2
Løten 51 G8
Loth 3 E10
Lothmore 2 C6
Lotorp 47 D7
Lotte 11 D10
Lottefors 52 E4
Löttorp 45 B12
Lottstetten 37 B7
Lotva 69 E10
Lotyń 70 C6
Lotzorai 32 F3
Louannec 14 D4
Loučeň 74 D4
Loučná nad Desnou 75 D7
Loučovice 39 B9
Loudéac 14 E5
Loudes 17 E11
Loudun 15 G9
Loue 61 F7
Loué 15 F8
Louejärvi 61 E7
Louejoki 61 E7
Loughborough 9 B7
Loughbrickland 6 F7
Lougher 7 M2
Loughgall 6 F6
Loughglinn 7 H4
Loughrea 7 J4
Loughton 9 D9
Lougratte 16 F6
Louhans 36 D2
Louka 75 F8
Loukas 88 C5
Loukisia 89 B7
Loukkojärvi 62 C6
Loukusa 63 B8
Loulay 16 C4
Loulé 25 K4
Louny 41 C10
Loupiac 16 F4
Lourdes 20 C6
Lourdoueix-St-Pierre 17 B8
Louriçal 24 C2
Lourinhã 24 E1
Lourmarin 18 D5
Louros 86 G4
Lourosa 22 G2
Loury 15 E11
Lousã 24 B3
Lousa 24 F2
Lousada 22 F3
Louth GB 5 G10
Louth IRL 6 G6
Loutra GR 85 F2
Loutra GR 89 D8
Loutra Aidipsou 87 G7
Loutra Eleftheron 87 D9
Loutraki GR 86 C6
Loutraki GR 86 G4
Loutraki GR 88 C6
Loutra Kyllinis 88 C3
Loutra Smokovou 86 G6
Loutra Ypatis 86 G6
Loutro GR 86 E6
Loutro GR 86 G4
Loutros GR 85 C1
Loutros GR 86 D6
Louvain 10 F6
Louverné 15 E7
Louvie-Juzon 20 C6
Louviers 15 C10
Louvigné-du-Désert 15 E7
Louvroil 10 H5
Louze 12 E6
Lov 44 F6
Lövånger 56 E3
Lovas 76 G6
Lovasberény 76 C5
Lovászi 76 D1
Lovászpatona 76 C3
Lovberg 55 D7
Lövberga 55 G8
Lovćenac 77 F7
Lovčica-Trubín 75 G10
Løve 44 F5
Lovech 83 E7
Løvel 44 D3
Lovendegem 10 F4
Lovere 34 B5
Lovero 37 E10
Lövestad 45 E8
Loviisa 65 F7
Lovik 57 C4
Lovikka 60 C5
Lovinac 80 C3
Lovinobaňa 75 G11
Lovisa 65 F7
Lovište 80 F5
Lovliden 55 E9
Løvlund 51 F7
Lövnäs S 51 F11
Lövnäs S 55 B10
Lövnäs S 55 E8
Lövnäsvallen 51 E11
Lovnidol 83 E8
Lövő 76 B2
Lovosice 41 C10
Lovraeid 48 D3
Lovran 35 C12
Lovreč 35 C12
Lovreć 80 E5
Lovrenc 39 F10
Lovrin 77 F8
Lövsele 56 E3
Lövsjö 55 E8
Lövsjön 52 G2
Lövstabruk 52 G6
Lövstalöt 47 B9
Lövstrand 55 F8
Lövtjärn 52 F4
Lovund 54 B5
Lövvik S 52 B6
Lövvik S 55 F8
Łowcza 73 B5
Löwenberg 43 E9
Löwenstein 40 F4
Lower Ballinderry 6 F7
Lower Cam 8 D6
Lowestoft 9 C12
Lowick 5 B8
Łowicz 71 F10
Low Street 9 B11
Łowyń 70 F5
Loxstedt 42 D4
Löyä 64 B4
Loyettes 36 F2
Löytö 65 D8
Löytökylä 63 C7
Löytövaara 63 B9
Lozarevo 84 F2
Lozen BG 82 F5
Lozen BG 83 D9
Lozenets 84 G3
Lozna RO 78 C1
Lozna YU 82 D1
Loznica 81 C9
Loznitsa BG 83 D11
Loznitsa BG 84 C3
Lozorno 75 G7
Lozovac 80 D3
Lozovik 82 B2
Lozoya 23 G10
Lozoyuela 23 G10
Lozuvata 79 A12
Lozzo di Cadore 38 F6
Luanco 23 A7
Luarca 22 B6
Lubaczów 73 D5
Lubań 74 B4
Lubāna 67 G8
Lubanowo 70 D3
Lübars 43 F8
Lubartów 73 A4
Lubasz 70 E6
Lubawa 71 D10
Lubawka 74 C6
Lübbecke 42 F4
Lubbeek 10 F6
Lübben 43 G10
Lübbenau 43 G10
Lübbow 43 E7
Lubczyna 70 D3
Lube 66 F3
Lübeck 42 C6
Ľubeľa 75 F10
Lubenec 41 D9
Lubeník 75 G12
Lubersac 17 D7
Lübesse 43 D7
Lubezere 66 F3
Lubiai 68 D4
Lubián 22 E5
Łubianka 71 D8
Lubiąż 74 B6
Lubichowo 71 C8
Lubicz Dolny 71 E8
Lubięcin 70 G5
Lubień 75 E11
Lubień Kujawski 71 F9
Lubieszewo 70 D5
Lubiń 70 G6
Lubin 74 A6
Lubina 75 G8
Lubiszyn 70 E4
Lublin 73 B4
Lubliniec 75 C9
Lubmin 43 B10
Lubnia 71 C7
Łubniany 75 C8
Lubnica MK 86 B6
Lubnica YU 82 C3
Łubnice PL 73 C2
Łubnice PL 75 B9
Lubniewice 70 F4
Łubno PL 70 B6
Łubno PL 71 F9
Lubno 70 D5
Lubochnia 71 G10
Lubomierz 74 B5
Lubomino 72 C2
Luboń 70 F6
Luborzyca 75 D11
L'ubotice 73 F2
Ľubotín 73 F1
Lubowidz 71 D10
Łubowo PL 70 D5
Łubowo PL 71 F7
Lubraniec 71 F8
Lubrín 29 D9
Lubrza PL 70 F4
Lubrza PL 75 C8
Lubsko 70 G4
Lübstorf 43 C7
Lubstów 71 F8
Lubsza 75 B8
Lübtheen 43 D7
Luby 41 D8
Lubycza Królewska 73 D5
Lübz 43 D8
Luc F 17 F9
Luc F 17 F11
Lucainena de las Torres 29 E9
Lucan 7 J6
Lučani 81 D10
Lúcar 29 D8
Luçay-le-Mâle 15 G11
Lucca 34 F6
Lucca Sicula 30 F3
Lucé 15 E11
Luče 39 F9
Lucena 28 D5
Lucena de Jalón 20 F4
Lucena del Cid 27 D10
Lucena del Puerto 25 J6
Lucenay-lès-Aix 17 A10
Lucenay-l'Évêque 12 G5
Luc-en-Diois 18 B6
Lučenec 75 G11
Luceni 27 A8
Lucera 33 D10
Lucéram 19 D9
Lucfalva 77 A7
Luchay 69 E10
Luchayka 69 E11
Luché-Pringé 15 F9
Lucheux 12 A2
Lüchow 43 E7
Luchy 12 B2
Luciana 26 G3
Lucień 71 F9
Lucieni 83 A9
Lucignano 35 G8
Lucija 35 C11
Lucillo de Somoza 22 D6
Lučine 35 B12
Lucito 33 D9
Luciu 84 A2
Lucka 41 B8
Luckau 43 G10
Luckenwalde 43 F9
Lucksta 52 C5
Lückstedt 43 E7
Lúčky 75 F10
Luco dei Marsi 33 C7
Luçon 16 B3
Lucq-de-Béarn 20 B5
Luc-sur-Mer 15 C8
Lucy-le-Bois 12 F4
Ludag 2 E1
Ludanice 75 G9
Ludányhalászi 76 A6
Ludbreg 76 E2
Lüdenscheid 11 F10
Lüderitz 43 E8
Lüdersdorf 42 C6
Ludești 83 A8
Ludgershall 9 E7
Lüdinghausen 11 E10
Ludlow 8 C5
Ludogortsi 83 D11
Ludoni 67 E11
Ludoș 78 F2
Luduș 78 E2
Ludvigsborg 45 E8
Ludvika 46 A6
Ludwigsau-Friedlos 40 B4
Ludwigsburg 40 F4
Ludwigsfelde 43 F9
Ludwigshafen 37 B8
Ludwigshafen am Rhein 40 E2
Ludwigslust 43 D7
Ludwigsstadt 41 C7
Ludwin 73 B4
Ludza 69 B11
Lüe 16 F3
Luelmo 22 F6
Lüerdissen 42 G5
Luesia 20 D5
Lueta 78 E5
Lug BIH 81 F7
Lug HR 76 F5
Luga 67 D12
Lugagnano Val d'Arda 34 D5
Lugano 34 B4
Lūganuse 67 B8
Lugau 41 C9
Lugaži 67 F7
Lügde 42 G4
Luglon 16 G3
Lugnano in Teverina 32 B5
Lugnäs 46 D4
Lugnvik S 52 A2
Lugnvik S 52 B6
Lugo E 22 C4
Lugo I 35 E9
Lugo-di-Nazza 19 F11
Lugoj 77 F10
Lugones 23 B7
Lugos 16 F3
Lugrin 36 E4
Lugros 29 D7
Luhačovice 75 F8
Luhalahti 64 D4
Luhamaa 67 F9
Luhanka 64 D6
Luhden 42 F4
Luhe-Wildenau 41 E8
Lühmannsdorf 43 B10
Luhtapohja 65 B11
Luhtikylä 64 F6
Luhy UA 78 A3
Luhy UA 79 A11
Luica RO 83 C11
Luica RO 83 C11
Luik 11 G7
Luikonlahti 65 A9
Luimneach 7 L4
Luino 34 B3
Luintra 22 D4
Luiro FIN 61 C9
Luiro FIN 61 C10
Luisant 15 E11
Luizi Călugăra 79 D7
Luka BIH 81 E7
Luka YU 82 C3
Lukácsháza 76 C1
Luka nad Jihlavou 74 E5
Lukavac 81 C8
Lukavec 74 E4
Lukavica 81 B7
Łukawiec 73 D5
Luke 82 F3
Lukeswell 7 L6
Lūki 83 G8
Lukivtsi 78 A5
Lukkaroistenperä 62 E5
Lukov 75 F8
Lukovë 86 E2
Lukovit 83 E7
Lukovo HR 80 B2
Lukovo YU 82 C3
Lukovo YU 82 E1
Lukovo Šugare 80 C2
Lukovytsya 78 A6
Łuków 72 G4
Łukowa 73 D4
Łukowisko 72 G5
Lukšiai 68 E5
Lukštai 69 C9
Luky 73 E5
Lula 32 E3
Luleå 56 C4
Lüleburgaz 85 B3
Lüllemäe 67 F8
Lullymore 7 J6
Lümanda 66 E2
Lumbarda 80 F5
Lumbier 20 C4
Lumbrales 22 G5
Lumbreras 20 D2
Lumbres 10 G2
Lumby 44 F4
Lumezzane 34 B6
Lumijoki 62 D6
Lumimetsä 62 E6
Lumina 84 C4
Lumio 19 E11
Lummelunda 47 F10
Lummen 10 F6
Lumparland 53 H8
Lumphanan 3 E7
Lumpiaque 20 E4
Lumpzig 41 B8
Lumsheden 52 F4
Luna E 20 D5
Luna RO 78 D2
Lunamatrona 32 F2
Lunano 35 F9
Lunas 17 G10
Lunca MD 79 C11
Lunca RO 77 D11
Lunca RO 78 D3
Lunca RO 79 B7
Lunca RO 83 C8
Lunca Banului 79 D9
Lunca Bradului 78 D4
Lunca Cernii de Jos 77 F12
Lunca Corbului 83 B8
Lunca de Jos 78 D6
Lunca de Sus 78 D6
Lunca Ilvei 78 C4
Lunca Mureșului 78 E2
Luncavița RO 77 G11
Luncavița RO 79 G9
Luncoiu de Jos 77 E12
Lund DK 44 E3
Lund N 54 E4
Lund N 57 C6
Lund N 57 E3
Lund S 45 E7
Lundamo 51 B7
Lundbjörken 52 F2
Lundby DK 44 F6
Lundby DK 44 G4
Lunde DK 44 E1
Lunde DK 44 F4
Lunde N 48 D6
Lunde N 58 F2
Lunde S 52 B6
Lundeborg 44 F4
Lundebyvollen 51 G9
Lundegård 48 G4
Lunden 42 B4
Lundin Links 3 G7
Lundsbrunn 46 E4
Lundsjön 55 G7
Lünebach 13 A8
Lüneburg 42 D6
Lunel 18 D3
Lünen 11 E10
Lunery 12 H2
Lunéville 13 D8
Lungani 79 C8
Lunger 47 C7
Lungern 37 D7
Lungro 31 D8
Lungsjön 55 H9
Lunguletu 83 B9
Lunino 68 E4
L'Union 21 A9
Lunkkaus 61 C10
Lunna 72 D7
Lunnäset 51 C11
Lünne 11 C10
Lunneborg 58 E2
Lunow 70 E3
Luogosanto 32 D3
Luohua 62 E6
Luokė 68 D5
Luokkala 63 D9
Luola-aapa 62 B6
Luoma-aho 64 A4
Luopa 64 B3
Luopajärvi 64 B3
Luopioinen 64 E5
Luostari 59 E12
Luosto 61 D9
Luosu 60 C6
Luoto 62 F3
Luotolahti 65 E8
Luovankylä 64 C2
Luovtejok 59 C10
Lupac 77 G10
Lupandi 69 D11
Łupawa 71 B7
Lupeni RO 78 E4
Lupeni RO 78 G1
Lupiac 21 A7
Lupiñén 20 D5
Lupión 28 C6
Łupków 73 F3
Lupoglav 35 C12
Łupowo 70 E4
Luppa 43 H9
Lupponerä 63 D8
Luppy 13 D8
Lupșa 78 E1
Lupșanu 84 B2
Luque 28 D5
Luras 32 D3
Lurbe-St-Christau 20 B5
Lurcy-Lévis 17 A9
Lure 13 F8
Lurgan GB 6 F7
Lurgan IRL 7 H4
Luri 19 E12
Lurøy 54 B5
Lurs 18 C6
Lurudal 54 F5
Lury-sur-Arnon 15 G11
Lusciano 30 B5
Luserna San Giovanni 19 B9
Lushnjë 86 C2
Lusi 65 E7
Lusignan 16 B5
Lusigny-sur-Barse 12 E5
Lusk 7 H7
Lus-la-Croix-Haute 18 B6
Lusminki 63 B10
Lusnić 80 D5
Luso 24 B3
Luspa 58 G5
Luspebryggan 60 D2
Lussac 16 E4
Lussac-les-Châteaux 16 B6
Lussac-les-Églises 16 B6
Lussan 17 G12
Lüssow 43 C8
Lusta 2 D2
Lustad 54 F5
Lustenau 38 D2
Luster 50 E4
Lustivere 67 D7
Lustosa 22 F3
Łuszkowo 70 G6
Luszyn 71 F10
Lutago 38 E5
Lütau 42 D6
Lütetsburg 42 C2
Lutherstadt Wittenberg 43 G9
Lütjenburg 42 B6
Lutnes 51 F10
Lutocin 71 E10
Lutomiersk 71 G9
Luton 9 D9
Lutowiska 73 F4
Lutriņi 68 B4
Lutry 72 C2
Lutter am Barenberge 42 G6
Lutterbach 36 B5
Lutterworth 9 C8
Lututów 75 A9
Lützelbach 40 E3
Lützen 41 B8
Lutzingen 40 G5
Lutzmannsburg 76 C2
Lützow 43 C7
Luua 67 D8
Luujoki 62 B6
Luukkola 65 D9
Luukkonen 65 D9
Luumäen kk 65 E8
Luumäki 65 E8
Luunja 67 D8
Luupujoki 63 F7
Luupuvesi 63 F7
Luusniemi 65 C8
Luusua 61 E9
Luvia 64 E2
Luvos 60 E1
Lux 12 G6
Luxembourg 13 B8
Luxe-Sumberraute 20 B5
Luxeuil-les-Bains 13 F8
Luxey 16 F4
Luyego de Somoza 22 D6
Luz P 24 G5
Luz P 25 K2
Luz P 25 K4
Luzaga 20 G2
Lužani 76 G3
Luzarches 12 C2
Luz-Ardiden 20 C6
Luže 74 D6
Luzech 17 F7
Lužec nad Vltavou 74 C3
Luzenac 21 C9
Luzern 37 D7
Luzhki 69 E11
Luzianes 25 J3
Luz i Madh 86 C2
Luzino 71 B8
Luzmela 23 B9
Łużna 73 E2
Lūžņas 66 F2
Lūznava 69 C11
Luzón 20 G3
Luz-St-Sauveur 20 C6
Luzy 17 A11
Luzzara 34 D6
Luzzi 31 E8
L'viv 73 E6
Lwówek 70 F5
Lwówek Śląski 74 B5
Lyady 67 D11
Lyaskelya 65 D12
Lyaskovets 83 E9
Lyavoshki 69 D10
Lybokhora 73 F4
Lybster 2 C6
Lychen 43 D10
Lycksaberg 55 D10
Lycksele 55 E11
Lydd 9 F11
Lyderslev 44 F6
Lydford 8 F3
Lydney 8 D6
Lyeninski 72 F6
Lyfjord 58 D2
Lygna 51 G8
Lygourio 88 C6
Lygumai 68 C6
Lykofos 85 B1
Lykoporia 88 B5
Lyly 64 D5
Lylykylä 63 D9
Lyman 79 F12
Lymans'ke UA 79 D12
Lymans'ke UA 79 G10
Lyme Regis 8 F5
Lymington 9 F7
Lymm 5 G7
Lynäs 52 E4
Lyndhurst 9 F7
Lyne 44 E2
Lyneham 8 E6
Lynemore 2 E6
Lyness 3 E9
Lyngby 44 D4
Lyngdal 48 F4
Lyngmoen 58 D3
Lyngså 44 B4
Lyngseidet 58 E3
Lyngsnes 54 E4
Lynmouth 8 E4
Lynton 8 E4
Lyntupy 69 E9
Lyökki 64 F2
Lyon 36 F2
Lyons-la-Forêt 15 C11
Lyrestad 46 D5
Lyrkeia 88 C5
Lysabild 44 G3
Lysá pod Makytou 75 F9
Łyse 72 D3
Lysebotn 48 E3
Lysekil 46 E2
Lyshchytsy 72 F6
Lysice 74 E6
Lysnes 57 B6
Łysomice 71 E8
Lysøysund 54 G2
Lysroll 57 D4
Lyss 36 D5
Lysvik 46 B4
Łyszkowice 71 G10
Lytchett Minster 8 F6
Lytham St Anne's 4 F6
Lytovezh 73 C6
Lyubashivka 79 B12
Lyubcha 69 H9
Lyuben 83 F7
Lyubimets 83 G10
Lyublino 68 F2
Lyubokhyny 73 A6
Lyubomyrka 79 B11
Lyubyntsi 73 F6
Lyulyakovo 84 E2

M

Maakeski 64 E6
Maalahti 64 A2
Maalismaa 62 C6
Maam 7 H3
Maaninka 63 G8
Maaninkavaara 61 E10
Maanselkä 63 F9
Maaralanpera 63 F7
Maardu 66 B6
Maaria 64 F3
Maarianvaara 65 B9
Maarssen 10 D6
Maas 6 E4
Maasbracht 11 F7
Maasbree 11 E8
Maaseik 11 F7
Maaselkä 63 E10
Maasen 42 E4
Maasland 10 D5
Maasmechelen 11 F7
Maassluis 10 D5
Maastricht 11 F7
Määttälä 62 F5
Määttälänvaara 63 B10
Maavesi 65 C8
Mablethorpe 5 G11
Macael 29 D8
Maçanet de Cabrenys 21 D11
Maçanet de la Selva 21 E11
Mação 24 D4
Măcărești 79 C9
Macastre 27 F9
Maccagno 34 B3
Macchiagodena 33 D8
Macclesfield 5 G8
Macduff 3 D7
Macea 77 E9
Maceda E 22 D4
Maceda P 22 G2
Macedo de Cavaleiros 22 F5
Maceira P 22 G4
Maceira P 24 D2
Macelj 39 F11
Macerata 35 G11
Macerata Feltria 35 F9
Măceșu de Jos 82 C6
Măceșu de Sus 82 C6
Machados 24 G5
Machairas 86 H4
Machault 12 C5
Machecoul 14 H6
Machen 8 E5
Machern 43 H9
Machliny 70 D5
Machov 74 C6
Machowa 73 D2
Machrihanish 4 C3
Machynlleth 8 C4
Maciejowice 72 G3
Măcin 79 G9
Macinaggio 19 D12
Măciuca 82 B6
Mačkatica 82 F3
Mackenrode 42 G6
Mačkovci 39 E11
Macomer 32 E2
Mâcon 36 E2
Macosquin 6 E6
Macotera 23 G8
Macroom 7 M3
Macugnaga 34 B2
Mačvanska Mitrovica 81 B10
Mačvanski Pričinović 81 B10
Mád 77 A9
Madan BG 82 D5
Madan BG 87 B11
Mädan 52 B6
Madängsholm 46 E5
Madara 84 E2
Madaras 76 E6
Mădăraș 77 D10
Mădârjac 79 C8
Maddalena Spiaggia 32 G2
Maddaloni 33 E8
Made 10 E6
Madekoski 62 D6
Madeley 8 B6
Mäder 38 D2
Maderuelo 23 F11
Madetkoski 61 B9
Madiran 20 B6
Madley 8 D5
Madliena 66 G6
Madocsa 76 D5
Madona 67 G7
Madonna di Campiglio 38 F4
Madrid 26 D4
Madridejos 26 F5
Madrigal de las Altas Torres 23 F8
Madrigal de la Vera 26 D2
Madrigal del Monte 23 D10
Madrigalejo 24 E8
Madrigueras 27 F8
Madroñera 24 D7
Mădulari 82 B6
Madzharovo 85 A1
Mæl 48 C6
Maël-Carhaix 14 E4
Maella 21 F7
Maello 26 C3
Maenclochog 8 D2
Maenza 32 D6
Mære 54 G4
Măeriște 77 C12
Maestu 20 C2
Mäetaguse 67 C9
Mafra 24 E1
Magacela 24 F7
Magalas 18 D2
Magallón 20 E4
Magalluf 29 F9
Magaña 20 E3
Magašici 81 C9
Magaz 23 E9
Magdala 41 B7
Magdeburg 43 F7
Magdeburgerforth 43 F8
Magenta 34 C3
Magescq 16 G2
Măgești 77 C11
Maggia 37 E7
Maghera 6 E6
Magherafelt 6 E6
Magheralin 6 F7
Măgherani 78 D4
Maghery 6 F6
Maghull 5 F7
Magione 35 G9
Măgiotsa 67 E9
Măgirești 79 D7
Magisano 31 E9
Maglaj 81 C7
Magland 36 F4
Maglavit 82 C5
Magliano de'Marsi 33 C7
Magliano in Toscana 32 B3
Magliano Sabina 32 C5
Maglič 81 E11
Maglie 31 C11
Maglód 76 C6
Magnac-Laval 16 B6
Magné 16 B4
Magnières 13 E8
Magnor 49 C9
Magnuszew 72 G3
Magny-Cours 17 A10
Magny-en-Vexin 15 C11
Mágocs 76 E4
Magoula 88 D5
Magstrup 44 F3
Magueija 22 G3
Maguilla 24 G7
Maguiresbridge 6 G5
Măgura RO 79 D7
Măgura RO 83 C9
Magura 82 F1
Măgura Ilvei 78 C4
Măgurele RO 78 G6
Măgurele RO 83 B10
Măgureni 83 A9
Măguri-Răcătău 78 D1
Magy 77 B10
Magyaralmás 76 C4
Magyaratád 76 E4
Magyarbánhegyes 77 E9
Magyarbóly 76 F5
Magyaregregy 76 E4
Magyarhomorog 77 C10
Magyarkeszi 76 D4
Magyarnándor 76 B6
Magyarpolány 76 C3

Magyarszék 76 E4
Mahala 78 A6
Maheriv 73 D5
Mahíde 22 E6
Mahlberg 13 E10
Mahlsdorf 43 E7
Mahlu 64 B6
Mahlwinkel 43 F8
Mahmudia 79 G11
Mahmudiye 85 E1
Mahmutköy 85 C2
Mahmutlar 85 F5
Mahón 29 E12
Mahora 27 F8
Mahovo 76 F1
Mähring 41 D8
Mahtra 66 C6
Maia 22 F2
Maials 21 F7
Măicănești 79 G8
Maîche 36 C5
Maida 31 F8
Maiden Bradley 8 E6
Maidenhead 9 E8
Maiden Newton 8 F6
Maidens 4 C4
Maidstone 9 E10
Maienfeld 37 D9
Maierato 31 F8
Maierhöfen 37 B9
Maieru 78 C4
Măieruș 78 F5
Maignelay-Montigny 12 B3
Maijanen 61 D7
Maillane 18 D4
Maillas 16 F4
Maillebois 15 D10
Maillezais 16 B3
Mailly-la-Ville 12 F4
Mailly-le-Camp 12 D5
Mailly-Maillet 12 A3
Mailovac 82 B2
Mainbernheim 40 E5
Mainburg 41 G7
Mainham 7 J6
Mainhardt 40 F4
Mainiemi 65 D7
Mäinnikkö 60 C5
Mainsat 17 C8
Maintenon 15 D11
Mainua 63 E8
Mainvilliers 15 E11
Mainz 40 D2
Maiolati Spontini 35 G11
Maiorca 24 B2
Maiorga 24 D2
Mairena del Alcor 25 J7
Maisach 40 H6
Maishofen 39 D7
Maišiagala 69 F8
Maissau 39 B11
Maisse 12 E2
Maitenbeth 41 H8
Maivala 63 B10
Majadahonda 26 D4
Majadas de Tiétar 24 C7
Majava 63 B9
Majavatn 54 D6
Majdan 80 C5
Majdan Królewski 73 D3
Majdan Niepryski 73 C5
Majdanpek 82 B3
Majovakylä 63 B7
Majs 76 F5
Majšperk 39 F11
Majtum 60 E2
Makád 76 C5
Makarove UA 73 H4
Makarove UA 79 C12
Makarska 80 E5
Mäkelänranta 63 D10
Makhnovka 67 F11
Mäkikylä 64 B5
Makkola 65 C10
Makkoshotyka 73 H2
Makkum 11 B7
Maklár 77 B8
Makljenovac 81 C7
Makó 77 E8
Makoņkalns 69 C11
Mąkoszyce 75 B8
Makov 75 E9
Makovac 82 F2
Maków PL 71 G10
Maków PL 73 B2
Mąkowarsko 71 D7
Maków Mazowiecki 72 E3
Maków Podhalański 75 E11
Makrakomi 86 G6
Makresh 82 D4
Makri 85 C1
Makrinitsa 87 F7
Makrisia 88 C4
Makrochori 86 D6
Makrychori 86 E6
Makrygialos GR 87 D7
Makrygialos GR 89 G11
Makryrrachi 86 G6
Maksamaa 62 G3
Maksniemi 62 B5
Maksymilianowo 71 D7
Mala IRL 7 M4
Mala S 45 D8
Malá 28 E6
Malå 55 D11
Mala Bosna 76 E6
Mala Čista 80 D3
Malacky 75 G7
Maladzyechna 69 G10
Málaga 28 E5
Malagón 26 F4
Malahide 7 J7
Malahvianvaara 63 D10
Malaia 78 G2
Mălăiești 79 D12
Mala Kladuša 80 B3
Malalbergo 35 D8
Malá Lehota 75 G9
Malamocco 35 C9
Malancourt 12 C6
Malandrino 88 B5
Malangen 58 E2
Malangseidet 58 E2
Malanów 71 G8
Malansac 14 F5
Malaryta 72 G6
Mäläskä 63 E7
Mala Subotica 76 E1
Malaucène 18 C5
Malaunay 15 B10
Malaussanne 20 B6
Mälävaara 61 D10
Malåvännäs 55 D11
Mała Wieś 71 F10
Malax 64 A2
Malaya Byerastavitsa 72 D6
Malbekkvatn 59 E11
Malbork 71 C9
Malborn 13 B9
Malbouzon 17 F10
Malbuisson 36 D4
Malcesine 35 B7
Malchin 43 C9
Malchow 43 D8
Malcocinado 24 G8
Malcov 73 F2
Malczyce 74 B6
Măldăeni 83 C8
Măldărești 78 G2
Maldegem 10 F4
Malden 11 E7
Maldon 9 D10
Małdyty 68 G1
Malè 38 F4
Malechowo 70 B6
Malejān 27 A8
Maleme 89 F7
Malemort-sur-Corrèze 17 E7
Malente 42 B6
Målerås 45 C10
Males 89 G10
Malesco 37 E7
Malesherbes 12 E2
Malesina 87 H8
Malestroit 14 F5
Maletto 30 E5
Malevo 83 G9
Malexander 46 F6
Malfa 30 D5
Malgersdorf 41 G9
Malgovik 55 E9
Malgrat de Mar 21 E11
Malia 89 G10
Malicorne-sur-Sarthe 15 F8
Maliena 67 F9
Mali Iđoš 77 F7
Malijai 19 C7
Målilla 45 B11
Mali Lošinj 80 C1
Mali Mokryany 73 E5
Malin 6 D5
Malin Beg 6 F4
Málinec 75 G11
Malines 10 F5
Mălini 78 C6
Malin More 6 F4
Malinovka 69 C10
Malinska 80 B1
Maliq 86 D3
Mališevo 81 G11
Maliskylä 62 F6
Malissard 18 A5
Maliuc 79 G11
Mali Zvornik 81 C9
Maljasalmi 65 B9
Malkara 85 C3
Małkinia Górna 72 E4
Malko Gradishte 83 H10
Malko Tŭrnovo 84 G3
Mallaig 2 E3
Mållångsbo 52 E3
Mallemort 18 D5
Mallén 20 E4
Mallentin 43 C7
Mallersdorf 41 G8
Malles Venosta 37 D10
Mallica 85 F3
Malling 44 E4
Malliß 43 D7
Mallnitz 39 E7
Mallow 7 M4
Mallusjoki 64 F6
Mallwyd 8 B4
Malm 54 F4
Malmån 52 B5
Malmbäck 45 B9
Malmberget 60 D3
Malmby 47 C8
Malmédy 11 G8
Malmein 48 E3
Malmesbury 8 E6
Malmköping 47 C8
Malmö 45 F7
Malmslätt 46 E6
Malnaș 78 E5
Malnate 34 B3
Malnava 69 B11
Malnes 57 C3
Malo 35 B8
Malo Crniće 82 B2
Małogoszcz 75 B12
Malo Konare 83 G7
Małomice 70 H4
Malomir 83 G11
Malomozhayskoye 68 E4
Malón 20 E4
Malonas 88 G4
Malonno 34 B6
Malonty 39 B9
Malorad 82 D6
Malošište 82 E3
Malo Titavo 80 C4
Malovăț 82 B4
Måløy 50 D2
Maloye-Lugovoye 68 F2
Malpartida de Cáceres 24 D6
Malpartida de la Serena 24 F8
Malpartida de Plasencia 24 C7
Malpas 5 G7
Malpica 22 B2
Malpica de Tajo 26 E3
Malpica do Tejo 24 D5
Mālpils 66 G6
Malsch 40 F2
Malsfeld 40 B4
Malšice 74 E4
Målsnes 58 E2
Målsryd 46 F4
Målsta 52 B2
Malta A 39 E8
Malta LV 69 C10
Malta P 22 G5
Maltastrupi 69 B10
Maltby 5 G9
Maltby le Marsh 5 G11
Maltepe 85 D3
Malterdingen 36 A6
Malters 37 D7
Malton 5 E9
Malu cu Flori 78 G4
Maluenda 20 F4
Malŭk Izvor 83 H9
Malu Mare 82 C6
Malung 51 G11
Malungsfors 51 G11
Mālupe 67 F9
Mălureni 78 G4
Mălușteni 79 E9
Małuszów 70 F4
Maluszyn 75 B11
Malva 23 E7
Malvaglia 37 E8
Malveira 24 E2
Malvik 54 H3
Mályi 77 A9
Mały Płock 72 D4
Malý Šariš 73 F2
Malyy Bereznyy 73 G4
Mamaia 84 C5
Mamarchevo 83 G11
Mamarrosa 24 B3
Mambrilla de Castejón 23 E10
Mamer 13 B8
Mamers 15 E9
Mamiči 80 E6
Mamirolle 13 G8
Mammaste 67 E8
Mammendorf 40 H6
Mammola 31 G8
Mamoiada 32 E3
Mamone 32 E3
Mamonovo 71 B10
Mamuras 86 B2
Mamuša 81 G11
Mana 79 C10
Maňa 76 A4
Manacor 29 F10
Manage 10 G5
Manamansalo 63 E8
Mañaria 20 B2
Månäs 51 G10
Manasia 83 B11
Manasterz 73 D4
Manastir 83 H8
Mânăstirea 84 C2
Mânăstirea Cașin 79 E7
Mânăstirea Humorului 78 B5
Manastirica 82 B2
Manastirsko 83 D11
Mânăștiur 77 F11
Mancelos 22 F3
Mancera de Abajo 23 G8
Mancha Real 28 C6
Manchester 5 G7
Manching 41 G7
Manchita 24 F7
Manciano 32 B4
Manciet 16 G5
Mandal 48 G4
Måndalen 50 C4
Mandalo 86 C6
Mandas 32 F3
Mandatoriccio 31 E9
Mandayona 20 G2
Mandelieu-la-Napoule 19 D8
Mandello del Lario 34 B4
Manderscheid 13 A9
Mandeure 36 C5
Mandino Selo 80 E6
Mándok 73 H3
Mandra 89 B7
Mândra 78 F4
Mandraki 88 F2
Mandres-en-Barrois 13 E7
Mândrești 79 B10
Mandriko 88 G3
Mandritsa 85 B1
Manduel 17 G12
Manduria 31 C10
Mane F 18 C6
Mane F 21 C8
Manea 9 C9
Măneciu 78 G6
Manerbio 34 C6
Mañeru 20 C3
Mănești RO 83 A8
Mănești RO 83 A9
Manětín 41 D9
Manfredonia 33 D11
Mangalia 84 C4
Manganeses de la Lampreana 23 E7
Manganeses de la Polvorosa 23 E7
Mångberg 52 F2
Mångbyn 56 E3
Manger 50 G1
Mangiennes 13 C7
Mangotsfield 8 E6
Mångsbodarna 51 F11
Mangualde 22 G4
Manhay 11 H7
Manhuelles 13 C7
Mani 85 B2
Maniace 30 E5
Maniago 39 G7
Maniakoi 86 D4
Manieczki 70 F6
Manilva 28 F3
Manisa 85 G3
Manises 27 F10
Manjärvträsk 56 C2
Manjaur 56 E2
Mank 39 C10
Månkarbo 52 G5
Mankila 62 E6
Manlay 12 G5
Manlleu 21 E10
Manna 88 C5
Männamaa 66 C3
Mannersdorf an der Rabnitz 76 C1
Mannheim 40 E2
Männikuste 66 D5
Manningtree 9 D11
Manolas 88 B3
Manole 83 G8
Manoleasa 79 B7
Manoppello 33 C8
Manorbier 8 D2
Manorhamilton 6 F4
Manosque 18 D6
Manowo 70 B5
Manresa 21 E9
Månsåsen 52 B2
Manschnow 70 F3
Mansfeld 43 G7
Mansfield 5 G9
Mansfield Woodhouse 5 G9
Mansilla 23 D12
Mansilla de las Mulas 23 D7
Mansle 16 C5
Manso 19 F10
Mansonville 16 G6
Mansores 22 G3
Manston 8 F6
Månsträsk 55 C11
Mantamados 85 F2
Mantasia 86 G6
Manteigas 24 B4
Mantel 41 E8
Mantes-la-Jolie 15 D11
Mantes-la-Ville 15 D11
Manthelan 15 G10
Mantila 64 B3
Mantoche 13 G7
Mantorp 46 E6
Mantoudi 87 H8
Mantova 35 C7
Mäntsälä 64 F6
Mänttä 64 C5
Mäntyharju 65 D7
Mäntyjärvi FIN 61 E7
Mäntyjärvi FIN 63 B8
Mäntylahti 63 G8
Mäntyluoto 64 D2
Mäntyvaara 60 D4
Manuel 27 G10
Manulla 7 H3
Mány 76 B5
Manyas 85 D4
Manzac-sur-Vern 16 E5
Mânzălești 79 G7
Manzanal de Arriba 22 E6
Manzanal del Puerto 22 D6
Manzanares 26 G5
Manzanares el Real 23 G10
Manzaneda 22 D4
Manzanedo 23 C10
Manzaneque 26 E4
Manzanera 27 E9
Manzanilla 25 J6
Manzano 35 B11
Manzat 17 C9
Manziana 32 C5
Manziat 36 E2
Maoča 81 B8
Maqellarë 86 B3
Maqueda 26 E3
Mara 32 E2
Marac 12 F6
Maracalagonis 32 G3
Marachkova 69 D12
Mărăcineni RO 79 G7
Mărăcineni RO 83 A8
Maradik 77 G7
Maråker 52 F5
Maranchón 20 G3
Maranello 35 E7
Maranhão 24 E4
Marano 35 E7
Marano di Napoli 30 B5
Marano sul Panaro 35 E7
Marans 16 B3
Maranville 12 E6
Mărășești 79 F8
Mărașu 84 A3
Maratea 31 D7
Marateca 24 F3
Marathea 86 F6
Marathias 88 B4
Marathokampos 88 D1
Marathonas 89 B7
Marathopoli 88 D3
Maraussan 18 E2
Maraye-en-Othe 12 E4
Marazion 8 G1
Marazliyivka 79 E12
Marbach 36 D6
Marbach am Neckar 40 F4
Marbäck 46 F4
Marbella 28 F4
Marboz 36 E2
Marburg an der Lahn 40 C3
Marby 52 B2
Marça 27 B12
Marcali 76 D3
Marcaltő 76 C3
Marčana 35 D12
Marcaria 34 C6
Marcellina 32 C6
Marcelová 76 B4
Marcenais 16 E4
Marcenat 17 D9
March 9 C9
Marchamalo 23 G11
Marchaux 13 G8
Marche-en-Famenne 11 H7
Marchegg 75 H7
Marchena 25 J8
Marchenoir 15 F10
Marcheprime 16 E3
Marchiennes 10 G4
Marchin 10 G6
Marchtrenk 39 C9
Marciac 21 B7
Marciana 32 B1
Marciana Marina 32 B1
Marcianise 33 E8
Marciano della Chiana 35 G8
Mārciena 69 B9
Marcigny 17 B11
Marcilhac-sur-Célé 17 F7
Marcilla 20 D3
Marcillac 16 D4
Marcillac-la-Croisille 17 D8
Marcillac-Vallon 17 F9
Marcillat-en-Combraille 17 C9
Marcilly-en-Gault 15 G11
Marcilly-en-Villette 15 F11
Marcilly-le-Hayer 12 E4
Marcilly-sur-Eure 15 D10
Marcinkonys 69 G7
Marcinkowice PL 70 D5
Marcinkowice PL 73 E1
Marcinowice 74 B6
Marciszów 74 B6
Marck 10 F2
Marckolsheim 36 A6
Marco de Canaveses 22 F3
Marcoing 12 A3
Marcòn 35 C9
Marcoux 19 C7
Marcq-en-Barœul 10 G3
Mărculești 79 B9
Mårdaklev 45 B7
Mardarivka 79 B12
Mardeuil 12 C5
Mårdsele 56 E1
Mårdsjö S 52 A3
Mårdsjö S 55 F9
Mårdudden 60 E4
Marebbe 38 F5
Marennes 16 C3
Maresfield 9 F9
Mareuil 16 D5
Mareuil-sur-Arnon 17 A8
Mareuil-sur-Ay 12 C5
Mareuil-sur-Lay-Dissais 16 B2
Marey-sur-Tille 12 F6
Margarites 89 G9
Mărgăritești 79 G7
Margariti 86 F3
Margate 9 E11
Mărgău 77 D12
Margecany 73 G2
Margerie-Hancourt 12 D5
Margherita di Savoia 33 E11
Marghita 77 C11
Margina 77 F11
Marginea 78 B5
Mărgineni RO 79 D7
Mărgineni RO 79 D7
Margionys 69 G7
Margone 36 G5
Margonin 70 E6
Margraten 11 F7
Marguerittes 17 G12
Margut 12 B6
Marhaň 73 F2
María 29 C9
Maria Anzbach 39 C11
Mariac 17 E12
Mariager 44 C3
Maria Lankowitz 39 E10
Maria Luggau 39 E7
Marialva 22 G4
Mariampole 69 C11
Mariana 27 D7
Marianhamina 53 H8
Mariannelund 46 F6
Mariano Comense 34 B4
Marianopoli 30 F4
Marianowo 70 D4
Mariánské Lázně 41 D8
Mariapfarr 39 E8
Maria Saal 39 F9
Mariazell 39 C10
Maribo 44 G5
Maribor 39 F11
Marieberg 46 C6
Marieby 52 B2
Mariefred 47 C8
Mariehamn 53 H8
Marieholm S 45 B8
Marieholm S 45 E7
Mariembourg 12 A5
Marienberg 41 C9
Marienhafe 42 C2
Marienhagen 42 F5
Marienheide 11 F10
Mariental 43 F7
Mariestad 46 D5
Marifjøra 50 F4
Marigliano 30 B5
Marignana 19 F11
Marignane 18 D5
Marigné-Laillé 15 F9
Marigny 15 C7
Marigny-le-Châtel 12 E4
Marijampolė 72 B5
Marikaj 86 B2
Marikostinovo 87 B8
Marín 22 D2
Marina di Alberese 32 B3
Marina di Amendolara 31 D9
Marina di Arbus 32 G1
Marina di Camerota 31 C7
Marina di Campo 32 B1
Marina di Carrara 34 F5
Marina di Castagneto Donoratico 34 G6
Marina di Cecina 34 G6
Marina di Chieuti 33 C10
Marina di Gioiosa Ionica 31 G8
Marina di Grosseto 32 B3
Marina di Leuca 31 D12
Marina di Massa 34 F5
Marina di Novaglie 31 D12
Marina di Palma 30 G4
Marina di Pulsano 31 C10
Marina di Ragusa 30 G5
Marina di Ravenna 35 E9
Marinaleda 28 D4
Marina Palmense 35 G12
Marina Romea 35 E9
Marina Schiavonea 31 D9
Marinella 30 F2
Marineo 30 E3
Marines E 27 E10
Marines F 15 C11
Maringues 17 C10
Marinha das Ondas 24 C2
Marinha Grande 24 C2
Marinhas 22 F2
Marinići 80 A1
Marinka 84 F3
Marinkainen 62 F4
Mārinkalns 67 F8
Marino 32 D5
Mar'insko 67 C10
Mariotto 31 A9
Mărișelu 78 C3
Maritsa 88 G4
Marizy 17 B12
Marjaliza 26 F4
Märjamaa 66 C5
Marjaniemi 62 D5
Marjokylä 63 D10
Marjonieemi 64 E6
Marjovaara 65 B11
Marjusaari 62 G5
Mark GB 8 E5
Mark S 55 E8
Markaryd 45 D8
Markaz 77 B7
Markby 62 G3
Markdorf 37 B8
Markebäck 46 D6
Markelo 11 D8
Market Deeping 9 B9
Market Drayton 8 B6
Market Harborough 9 C8
Markethill 6 G6
Market Rasen 5 G10
Market Warsop 5 G9
Market Weighton 5 F9
Markgröningen 40 F3
Markhus 48 C3
Marki 72 F3
Markina-Xemein 20 B2
Markinch 2 G6
Märkisch Buchholz 43 F10
Markitta 60 D4
Markivka 79 D12
Markkina 58 G5
Markkleeberg 41 B8
Markkula 62 F5
Marklohe 42 E4
Marknesse 11 C7
Markneukirchen 41 C8
Markopoulo 89 C7
Markovac YU 77 G10
Markovac YU 82 C1
Markovac Našički 76 F4
Markovac Trojstveni 76 F2
Markowa 73 D3
Markranstädt 41 B8
Marksuhl 40 B5
Markt Allhau 39 D11
Marktbergel 40 E5
Markt Berolzheim 40 F6
Markt Bibart 40 E5
Markt Erlbach 40 E6
Markt Hartmannsdorf 39 E11
Marktheidenfeld 40 D4
Markt Indersdorf 41 G7
Marktjärn 52 C4
Marktl 41 H9
Marktleugast 41 D7
Marktoberdorf 38 C4
Marktoffingen 40 F5
Markt Piesting 39 C11
Marktredwitz 41 D8
Markt Rettenbach 37 B10
Markt Schwaben 38 C5
Marktseft 40 E5
Markt St Martin 76 B1
Markt Wald 37 A10
Markusevec 39 G11
Markušica 76 G5
Markušovce 73 F1
Markuszów 73 B3
Marl D 11 E9
Marl D 42 F3
Marlborough 9 E7
Marldon 8 G4
Marle 12 B4
Marlengo 38 F4
Marlenheim 13 D10
Marlhes 17 D12
Marlishausen 40 B6
Marlow D 43 B9
Marlow GB 9 E8
Marly CH 36 D5
Marly F 10 G4
Marly F 13 C8
Marma 52 G5
Marmagne F 12 G2
Marmagne F 36 D1
Marmande 16 F5
Marmara GR 86 G6
Marmara TR 85 C4
Marmaracık 85 B4
Marmaraereğlisi 85 C4
Marmari 89 B8
Marmaro 85 G1
Marmelar 24 G4
Marmeleira 24 E2
Marmelete 25 J3
Marmirolo 35 C7
Marmolejo 28 C5
Marmoutier 13 D9
Marnardal 48 F4
Marnäs 52 F3
Marnay 13 G7
Marne 42 C4
Marne-la-Vallée 12 D3
Marnes 57 F2
Marnitz 43 D8
Maroldsweisach 40 D6
Marolles-les-Braults 15 E9
Maromme 15 C10
Maroneia 87 C12
Maroslele 77 E8
Marostica 35 B8
Maroué 14 E5
Marpingen 13 C9
Marpissa 89 D10
Marple 5 G8
Marpod 78 F3
Marquartstein 38 C6
Marquion 10 H3
Marquise 10 F1
Marquixanes 21 C10
Marradi 35 F8
Marrasjärvi 61 D7
Marraskoski 61 D7
Marrubiu 32 F2
Marrum 11 A7
Mârșa 83 B9
Marsac-en-Livradois 17 D11
Marsac-sur-Don 14 F6
Marsaglia 34 D4
Marsal 13 D8
Marsala 30 E1
Mârșani 82 C6
Marsanne 18 B5
Marsberg 42 H4
Marsciano 32 A5
Marseillan 18 E2
Marseille 18 E5
Marseille-en-Beauvaisis 15 B11
Marsico Nuovo 31 C7
Marsico Vetere 31 C7
Marsjärv 60 E4
Mårslet 44 E4
Mārsnēni 67 F7
Marssac-sur-Tarn 17 G8
Märsta 47 B9
Marstal 44 G4
Märstetten 37 C8
Marston 9 D7
Marstrand 46 F2
Marstrup 44 F3
Märsylä 62 F4
Marta 32 B4
Mårtanberg 52 F3
Martano 31 C12
Martel 17 E7
Martelange 13 B7
Martellago 35 C9
Martello 38 F4
Mártély 77 E8
Marten 83 C10
Martfeld 42 E4
Martfű 77 C8
Marthon 16 D5
Martiago 24 B6
Martignacco 35 B11
Martigné-Briand 15 G8
Martigné-Ferchaud 15 F7
Martigné-sur-Mayenne 15 E8
Martigny 36 E5
Martigny-le-Comte 17 B12
Martigny-les-Bains 13 E7
Martigny-les-Gerbonvaux 13 E7
Martiherrero 23 G9
Martim 22 F2
Martim Longo 25 J4
Martimporra 23 B7
Martin 75 F10
Martina Franca 31 B10
Martin Brod 80 C4
Martinchel 24 D3
Martinci 76 G6
Martinci Čepinski 76 F5
Martín de la Jara 28 E4
Martín del Río 20 G5
Martín de Yeltes 22 G6
Martinengo 34 C5
Mărtinești 78 F1
Martinet 21 D9
Martinfeld 42 H6
Martinganza 24 D2
Mărtiniș 78 E5
Martín Muñoz de las Posadas 26 C3
Martinniemi 61 G7
Martino 88 A6
Martinsberg 39 B10
Martinšćica 80 B1
Martinsicuro 33 B8
Martis 32 D2
Martizay 16 A6
Martlesham 10 D1
Martley 8 C6
Martna 66 C4
Martock 8 F5
Martonvaara 65 A10
Martorell 21 F10
Martos 28 C6
Martres-Tolosane 21 B8
Mårtsbo 52 G5
Martti 61 C10
Marttila FIN 64 F4
Marttila FIN 64 F6
Marttisenjärvi 63 F7
Marugán 23 G9
Maruggio 31 C10
Marum NL 11 B8
Marum S 47 B10
Mărunței 83 C7
Mārupe 66 G5
Maruszów PL 73 B3
Maruszów PL 73 C3
Marvão 24 D5
Marvejols 17 F10
Marville 13 C7
Marxheim 40 G6
Marxzell 40 F2
Märy 64 F4
Mar"yanivka 79 C12
Marykirk 3 F7
Marynychi 78 A4
Marypark 2 D6
Maryport 4 D6
Marywell 3 E7
Marzabotto 35 E7
Marzahna 43 F9
Marzahne 43 E9
Marzamemi 30 G6
Marzan 14 F5
Mărzănești 83 C9
Marzling 41 G7
Masa 23 C10
Masainas 32 H2
Masalavés 27 F10
Masari 88 G4
Mas-Cabardès 21 B10
Mascali 30 E6
Mascalucia 30 F6
Mascaraque 26 E4
Mascarenhas 22 F5
Maschito 31 B7
Masclat 17 E7
Mas de Barberans 21 G7
Mas de las Matas 20 G6
Masegosa 27 D7
Masegoso 27 G7
Masegoso de Tajuña 20 G2
Maselheim 37 A9
Måselv 58 E2
Masera 37 E7
Maserada sul Piave 35 B9
Masevaux 36 B5
Masfjorden 50 G2
Mas-Grenier 16 G6
Masham 5 E8
Masi 58 E6
Maside 22 D3
Masi Torello 35 D8
Maskaur 55 C10
Masku 64 F3
Maslenika 80 C3
Maslinica 80 E4
Mașloc 77 E10
Maslovare 80 C6
Masłowice 75 B11
Masone 34 E3
Masquefa 21 F9
Massa 34 F6
Massa Fiscaglia 35 D9
Massafra 31 B10
Massa Lombarda 35 E8
Massa Lubrense 30 B5
Massamagrell 27 F10
Massa Marittimo 35 H7
Massa Martana 32 B5
Massarosa 34 F6
Massat 21 C9
Massay 15 G11
Maßbach 40 D5
Masseret 17 D7
Masseube 21 B7
Massford 6 F7
Massiac 17 D10
Massiaru 66 E5
Massimino 34 E2
Massing 41 G8
Mas-St-Chély 17 F10
Măstăcani 79 F9
Mastershausen 11 H9
Masterud 49 B10
Mastichari 88 F2
Mastrevik 50 G1
Masua 32 G1
Masugnsbyn 60 C4
Masullas 32 F2
Måsvik 58 D2
Masyevichy 72 G6
Maszewo PL 70 D4
Maszewo PL 70 G4
Maszewo PL 71 B7
Maszewo Duże 71 F9
Matabuena 23 F10
Matadepera 21 F10
Mataguži 81 G9
Matala FIN 62 B6
Matala GR 89 G9
Matalalahti 63 F8
Matalebreras 20 E3
Matallana de Valmadrigal 23 D8
Matamala de Almazán 20 F2
Matamorosa 23 C10
Mataporquera 23 C10
Matapozuelos 23 F9
Matara 63 G10
Mataragka GR 86 F6
Mataragka GR 88 A3
Mataraselkä 61 C9
Mataró 21 F10
Mataruge 81 E9
Mataruška Banja 81 E11
Mătăsari 82 A5
Mătăsaru 83 B9
Mätäsvaara 63 G10
Matca 79 F8
Mateești 78 G2
Matei 78 D3
Matelica 35 G10
Matera 31 B9
Materija 35 C12
Mateševo 81 F9
Mátészalka 77 B11
Mateuți 79 B11
Matfors 52 C5
Matha 16 C4
Mathay 36 C5
Mathi 36 G6
Matignon 14 D5
Matigny 12 B3
Matilda 64 G4
Matinlompolo 60 D6
Matino 31 C11
Matīši 66 F6
Matkaniva 62 E6
Matkavaara 63 E9
Matku 64 E4
Matkule 66 G3
Matlock 5 G8
Matosinhos 22 F2
Matour 17 B12
Matraballa 77 B7
Mátraderecske 77 B7
Mátramindszent 77 B7
Matrand 49 C9
Mátraszele 77 A7
Mátraszőlős 77 B7
Mátraterenye 77 A7
Mátraverebély 77 B7
Matre N 48 C2
Matre N 50 G2
Matrei am Brenner 38 E5
Matrei in Osttirol 38 E6
Matsdal 55 D8
Matsouki 86 H5
Matt 37 D8
Mattaincourt 13 E8
Mattersburg 76 B1
Mattighofen 39 C7
Mattila 56 B6
Mattilanmäki 61 D10
Mattinata 33 D11
Mattinen 61 F7
Mattisudden 60 E2
Mattmar 51 B11
Mattsmyra 52 E3
Måttsund 56 C4
Matuizos 69 G7
Matulji 80 A1
Matúškovo 76 A3
Maubert-Fontaine 12 B5
Maubeuge 10 H5
Maubourguet 20 B6
Maubuisson 16 E3
Mauchline 4 B5
Maud 3 D8
Mauerbach 76 A1
Mauerkirchen 39 C7
Mauerstetten 38 C4
Maughold 4 E5
Mauguio 18 D3
Maukkula 65 B11
Maula 62 B5
Maulbronn 40 F3
Mauléon 15 H7
Mauléon-Barousse 21 C7
Mauléon-d'Armagnac 16 G4
Mauléon-Licharre 20 B5
Maulévrier 15 G7
Mauna 58 G5
Maunu 58 G5
Maunujärvi 61 C7
Maunula 62 C6
Maura 51 H8
Maure-de-Bretagne 14 F6
Maureillas-las-Illas 21 D11
Măureni 77 G10
Maurens 16 E5
Mauriac F 16 E4
Mauriac F 17 D8
Mauricemills 7 K3
Maurnes 57 C3
Mauron 14 E5
Mauroux 16 F6
Maurs 17 E8
Maurset 48 B4
Maurstad 50 D2
Mauru 62 B6
Maury 21 C11
Maussanne-les-Alpilles 18 D5
Mauterndorf 39 E8
Mautern in Steiermark 39 D9
Mauth 41 F10
Mauthausen 39 B9
Mauthen 39 F7
Mauves 18 A5
Mauvezin 16 G6
Mauvoisin 36 F5
Mauzé-sur-le-Mignon 16 B3
Mavranaioi 86 E5
Mavrochori 86 D5
Mavrodendri 86 D5
Mavrodin 83 C8
Mavrokklisi 85 B1
Mavrommati GR 86 F5
Mavrommati GR 88 B6
Mavrommati GR 88 D4
Mavrothalassa 87 C9
Mavrovë 86 D2
Mavrovo 86 B4
Mavrovouni GR 86 D6
Mavrovouni GR 86 F6
Maxent 14 F6
Maxial 24 E2
Maxieira 24 D4
Măxineni 79 G8
Maxmo 62 G3
Maya 20 B4
Mayakovskoye 72 B4
Maybole 4 C4
Maydan 73 G5
Mayen 11 G9
Mayenne 15 E8
Mayet 15 F9
Mayfield 9 F10
Mayobridge 6 G7
Mayorga 23 D8
Mäyränperä 62 E6
Mayres 17 F11
Mayrhofen 38 E5
Mäyry 64 B4
May's Corner 6 G7
Máza 76 E4
Mazagón 25 K6
Mazagran 12 C5
Mažaičiai 68 E4
Mazaleón 21 G7
Mazamet 21 B10
Mazan 18 C5
Mazara del Vallo 30 F2
Mazarakia 86 F3
Mazarambroz 26 E4
Mazarete 20 G3
Mazarrón 29 D10
Mazé 15 G8
Mažeikiai 68 C4
Mazeniai 69 D7
Mazères 21 B9
Mazerolles 20 B6
Mazet-St-Voy 17 E12
Mazeyrolles 16 F6
Mazı 88 E3
Mazières-en-Gâtine 16 B4
Mazirbe 66 F3
Mažonai 68 E4
Mazsalaca 66 E6
Mažučište 86 B5
Mazzano 34 C6
Mazzano Romano 32 C5
Mazzarino 30 F4
Mazzarrone 30 G5
Mazzo di Valtellina 37 E10
Mborje 86 D4
Mbrostar 86 D2
Meadela 22 E2
Mealhada 24 B3
Mealsgate 4 D6
Meana Sardo 32 F2
Meare 8 E5
Measham 9 B7
Meåstrand 52 A4
Meaulne 17 B9
Méaulte 12 B3
Meaux 12 D3
Meauzac 17 G7
Mechelen 10 F5
Mechernich 11 G8
Mechowo 70 C4
Mechterstädt 40 B5
Mecidiye TR 85 C2
Mecidiye TR 85 C6
Mecidiye TR 85 G4
Měčín 41 E10
Mecina-Bombarón 29 E7
Męcinka 74 B6
Meckenbeuren 37 B9
Meckenheim 11 G9
Meco 26 D5
Mecseknádasd 76 E5
Meda 22 G4
Međa 77 F9
Medåker 47 C7
Međas 81 C8
Meddersheim 13 B10
Mede 34 D3
Medebach 40 B3
Međeđa 81 D9
Medeikiai 69 C8
Medelås 55 E11
Medelim 24 C5
Medellín 24 E7
Medemblik 10 C6
Medena-Selišta 80 D5
Medeno Polje 80 C4
Medenychi 73 E6
Međes 81 B9
Medesano 34 D6
Medgidia 84 C4
Medgyesbodzás 77 D9
Medgyesegyháza 77 E9
Medhamn 46 C5
Mediana 20 F5
Mediaș 78 E3
Medicina 35 E8
Medieșu Aurit 78 B1
Medinaceli 20 F2
Medina de las Torres 24 G6
Medina del Campo 23 F8
Medina de Pomar 23 C11
Medina de Rioseco 23 E8
Medina-Sidonia 25 M7
Medingėnai 68 D4
Medinilla 24 B8
Medininkai 69 F9
Mediona 21 F9
Médis 16 D3
Medkovets 82 D5
Medle 56 E3
Medlov 75 E7
Medneva 67 G9
Medolla 35 D7
Medousa 87 B11
Medovoye 72 B2
Mędrzechów 73 D2
Medsėdžiai 68 C4
Medskog 52 F4
Medskogsbygget 51 C10
Medstugan 54 G5
Međugorje 80 F6
Međuhana 82 E2
Medulin 35 D12
Međumajdan 76 G1
Medumi 69 D9
Meduno 39 F7
Međurečje 81 E11
Međuvođe 76 G2
Medveđa YU 82 C2
Medveđa YU 82 D1
Medveđa YU 82 E2
Medviđa 80 D3
Medvode 39 G9
Medyka 73 E4
Medze 68 B3
Medzev 73 G2
Medzibrod 75 G10
Medzilaborce 73 F3
Meenaclady 6 D4
Meenavean 6 F4
Meerane 41 B8
Meerapalu 67 D9
Meerbeck 42 F4
Meerbusch 11 F8
Meersburg 37 B8
Meerssen 11 F7
Mées 16 G3
Meeuwen 11 F7
Mefjordvær 57 A5
Mega Chori 86 G5
Mega Dereio 85 B1
Megala Kalyvia 86 F5
Megali Panagia 87 D8
Megali Volvi 87 D8
Megalochori 86 F5
Megalo Chorio 88 G3
Megalo Livadi 89 D8
Megalopoli 88 D4
Megara 88 B6
Megardssætra 54 F5
Megève 36 F4
Megyaszó 77 A9
Mehadia 82 A4
Mehadica 77 G11
Mehamn 59 B9
Mehedeby 52 G5
Mehikoorma 67 E9
Méhkerék 77 D10
Mehren 13 A9
Mehring 13 B9
Mehrstetten 40 G4
Mehtäkylä 62 E5
Mehun-sur-Yèvre 12 G2
Meidrim 8 D3
Meigh 6 G7
Meigle 2 F6
Meijel 11 E7
Meikleour 2 F6
Meilen 37 C7
Meilhan 16 G3
Meillac 14 E6
Meillant 17 A9
Meillerie 36 E5
Meimoa 24 B5
Meina 34 B3
Meine 42 F6
Meinersen 42 F6
Meinerzhagen 11 F10
Meiningen 40 C5
Meira 22 B4
Meiringen 37 D7
Meisdorf 43 G7
Meisenheim 13 B10
Meißen 41 B10
Meitingen 40 G6
Meix-devant-Virton 13 B7
Mejlby 44 D3
Mejorada 26 E2
Mejorada del Campo 26 D5
Mejrup 44 D2
Meka Gruda 81 F8
Mekinje 39 F9
Mel 35 B9
Melalahti 63 E8
Melampes 89 G9
Melanthi 86 D4
Melay F 13 F7
Melay F 15 G8
Melazzo 34 D3
Melbå 57 C4
Melbārži 67 G7
Melbourn 9 D9
Melbu 57 C3
Melby 3 C11
Melchow 43 E10
Meldal 51 B7
Meldola 35 E9
Meldorf 42 B4
Mele 34 E3
Melegnano 34 C4
Melenci 77 F8
Melendugno 31 C12
Melfi 31 B7
Melfjordbotn 57 G2
Melgaço 22 D3
Melgar de Arriba 23 D8
Melgar de Fernamental 23 D9
Melgar de Tera 22 E6
Melgven 14 F3
Melhus 51 B7
Melia 87 F7
Meliana 27 F10
Melick 11 F8
Melicucco 31 G8
Mélida 20 D4
Melide 22 C3
Melides 24 G2
Meligalas 88 D4
Meliki 86 D6
Melilli 30 G6
Melinești 82 B6
Mélisey 13 F8
Melissa GR 87 C10
Melissa I 31 E9
Melissano 31 D11
Melissochori 88 B6
Melissopetra 86 E3
Melitaia 86 G6
Meliti 86 C5
Melito di Porto Salvo 31 H7
Melivoia GR 87 B11
Melivoia GR 87 F7
Melk 39 B10
Melkadalen 57 D5
Melkefoss 59 E11
Melksham 8 E6
Mellac 14 F3
Mellach 39 E11
Mellajärvi 61 E7
Mellakoski 60 E6
Mellanfjärden 52 D5
Mellansel 55 H11
Mellansjö 52 C3
Mellanström 55 C10
Mellau 38 D2
Mellbystrand 45 D7
Melle B 10 F4
Melle D 42 F3
Melle F 16 B4
Mellen 43 D7
Mellenbach-Glasbach 40 C6
Mellendorf (Wedemark) 42 E5
Mellensee 43 F10
Mellerud 46 D3
Mellerup 44 D4
Mellgård 52 B3
Mellilä 64 F4
Mellin 43 E7
Mellingen 41 B7
Mellösa 47 C8
Mellrichstadt 40 C5
Melmerby 5 D7
Melnica 82 B2
Melnik 87 B8
Mělník 74 C3
Mel'nikovo 65 E10
Melnitsa 83 G11
Melnsils 66 F3
Melón 22 D3
Meloy 57 C3
Meløysund 57 G2
Melrand 14 F4
Melres 22 G3
Melrose 5 B7
Mels 37 D8
Melsdorf 42 B5
Melsungen 40 B4
Melsvik 58 D5
Meltaus 61 D7
Meltham 5 F8
Melton 9 C11
Melton Mowbray 9 B8
Meltosjärvi 61 E7
Melun 12 D3
Melvaig 2 D3
Melvich 2 B5
Mélykút 76 E6
Melzo 34 C4
Memaliaj 86 D2
Membrey 13 F7
Membrilla 26 G5
Membrío 24 D5
Mēmele 69 B7
Memleben 41 B7
Memmelsdorf 40 D6
Memmingen 37 B9
Memmingerberg 37 B10
Memsie 3 D8
Menaggio 34 B4
Menai Bridge 4 G5
Menaldum 11 B7
Menars 15 F11
Menasalbas 26 E3
Menat 17 C9
Menata 35 E9
Menaucourt 13 D7
Mendaro 80 B2
Mendavia 20 D3
Mende 17 F10
Mendenitsa 87 H7
Menden (Sauerland) 11 E10
Mendig 11 G9
Mendiga 24 D2
Mendigorría 20 C3
Menditte 20 B5
Mendrisio 34 B4
Ménéac 14 E5
Menemen 85 G3
Menen 10 G3
Menesjärvi 59 F8
Ménesplet 16 E5
Ménessaire 12 G5
Menet 17 D9
Menetou-Salon 12 G2
Menfi 30 F2
Mengabril 24 E7
Meņģele 69 B8
Mengen 37 B8
Mengerskirchen 40 C2
Mengeš 39 G9
Mengíbar 28 C6
Menidi 86 G4
Ménigoute 16 B4
Ménil-la-Tour 13 D7
Ménil-sur-Belvitte 13 E8
Menin 10 G3
Menkijärvi 64 A4
Menkulas 86 D4
Mennecy 12 D2
Mennetou-sur-Cher 15 G11
Menou 12 G4
Mens 18 B6
Mensignac 16 D5
Menslage 11 C10
Mentana 32 C5
Menteroda 42 H6
Menton 19 D9
Méntrida 26 D4
Menznau 36 D6
Méobecq 17 A7
Meolo 35 B9
Meppel 11 C8
Meppen 11 C9
Mequinenza 21 F7
Mer 15 F11
Méra 73 H2
Mera 79 F7
Merag 80 B1
Meråker 54 H4
Meråkervollen 54 H4
Merano 38 F4
Méraq 20 B6
Merasjärvi S 60 B5
Merasjärvi S 60 C4
Merate 34 B4
Merbes-le-Château 10 G5
Mercadal 29 E11
Mercatale 35 G9
Mercatello sul Metauro 35 F9
Mercatino Conca 35 F10
Mercato San Severino 30 B6
Mercato Saraceno 35 F9
Merćez 82 E1
Merching 40 H6
Merchtem 10 F5
Mercœur 17 E8
Mercogliano 30 B6
Mercuès 17 F7
Mercurey 12 H6
Merdrignac 14 E5
Mērdzene 69 B11
Mere B 10 F5
Mere GB 8 F6
Méreau 15 G11
Merei 79 G7
Merelbeke 10 F4
Meremäe 67 F9
Merenberg 11 G11
Mereni MD 79 D11
Mereni RO 83 C9
Mereni RO 84 C4
Mérens-les-Vals 21 C9
Merești 78 E5
Méréville 15 E11
Merghindeal 78 F4
Mergozzo 34 B3
Meria 19 D12
Méribel-les-Allues 36 G4
Meriç 85 B2
Merichas 89 D8
Merichleri 83 G9
Mérida 24 E6
Meriden 9 C7
Merijärvi 62 E5
Merikarvia 64 D2
Meriläinen 62 G5
Merimasku 64 F2
Měřín 74 E5
Mérindol 18 D5
Mering 40 H6
Merișani 83 A8
Mérk 77 B11
Merkendorf A 76 D1
Merkendorf D 40 F6
Merkenes 57 G4
Merkinė 72 B6
Merklín 41 E9
Merklingen 40 G4
Merlara 35 C8
Mer-les-Bains 15 A10
Merlevenez 14 F4
Merlines 17 D9
Mern 44 G6
Mērnieki 66 E5
Mernye 76 D4
Merošina 82 E3
Merrey 13 E7
Mersch 13 B8
Merseburg (Saale) 43 H8
Mērsrags 66 F4
Mertajärvi 58 G5
Mertert 13 B8
Merthyr Tydfil 8 D4
Mertingen 40 G6
Mértola 25 J4
Mertzwiller 13 D10
Méru 12 C2
Mervans 36 D2
Mervent 16 B3
Merville F 10 G3
Merville F 17 G7
Méry-sur-Seine 12 D4
Merzen 11 C10
Merzig 13 C8
Mesagne 31 B11
Mesagros 89 C7
Mésanger 15 G7
Mesão Frio 22 F3
Mesaria 89 E10
Meschede 42 H3
Meschers-sur-Gironde 16 D3
Mešeišta 86 C4
Meselefors 55 F9
Mesenikolas 86 F5
Meseșenii de Jos 77 C12
Mesgrigny 12 E4
Mesi 87 C11
Mesići 81 D9
Mesihovina 80 E6
Mesimeri 87 D7
Mesinge 44 F4
Meskla 89 G8
Meškuičiai 68 C6
Meslay-du-Maine 15 F8
Mesnay 13 H7
Mesocco 37 E8
Mesochora 86 F5
Mesochori 86 F6
Mesola 35 D9
Mesolongi 88 B3
Mesón do Vento 22 B3
Mesongi 86 F2
Mesopotamia 86 D4
Mesopotamo 86 G3
Mesoraca 31 E9
Mesotopos 85 F1
Mesquer 14 G5
Messac 14 F6
Messanges 16 G2
Meßdorf 43 E7
Messei 15 D8
Messeix 17 D9
Messejana 25 H3
Messina 31 E7
Messincourt 12 B6
Messingen 11 C10
Messini 88 D4
Meßkirch 37 B8
Messlingen 51 C10
Meßstetten 37 A8
Mesta BG 82 H6
Mesta GR 89 B11
Mestanza 28 B5
Městec Králové 74 D4
Mestervik 58 E2
Mesti 87 C12
Mestlin 43 C8
Město Albrechtice 75 D8
Město Touškov 41 E9
Mestre 35 C9
Mesves-sur-Loire 12 G3
Mesztegnyő 76 D3
Meta 30 B5
Métabief 36 D4
Metagkitsi 87 D8
Metajna 80 C2
Metalliko 87 C7
Metallostroy 67 B12
Metaxades 85 B1
Metelen 11 D9
Meteș 78 E1
Metfield 9 C11
Methana 88 C6
Metheringham 5 G10
Methlick 3 D8
Methoni 88 E4
Methven 2 F6
Methwold 9 C10
Metković 80 F6
Metlika 39 H10
Metnitz 39 E9
Metochi GR 87 H9
Metochi GR 88 B3
Metochi GR 88 C6
Metovnica 82 C3
Mētriena 69 B9
Metsäkansa 64 E4
Metsäkylä 63 C9
Metsakylä 65 F8
Metsälä 63 B8
Metsämaa 64 E4
Metschow 43 C9
Metsküla 66 D3
Metslawier 11 A8
Metsovo 86 F4
Mettäjärvi 60 D6
Mettendorf 13 B8
Mettenheim 41 H8
Mettet 10 G6
Mettevoll 58 D4
Mettingen 11 C10
Mettlach 13 C8
Mettmann 11 F9
Mettray 15 G9
Metz 13 C8
Metzervisse 13 C8
Metzingen 40 G4
Meudt 11 G10
Meulan 15 C11
Meulebeke 10 F4
Meung-sur-Loire 15 F11
Meuselwitz 41 B8
Meuzac 17 D7
Mevagissey 8 G2
Mexborough 5 G9
Meximieux 36 F2
Mey 2 B6
Meyenburg 43 D8
Meylan 36 G3
Meymac 17 D8
Meyrargues 18 D6
Meyronnes 19 B8
Meyrueis 17 G10
Meyssac 17 E7
Meythet 36 F4
Mezapos 88 E5
Mežāre 69 B9
Mežciems 68 B6
Mezdra 82 E6
Mèze 18 D3
Mézel 19 C7
Mežgale 69 C9
Mezhdurech'ye 68 F3
Meziboří 41 C10
Mežica 39 F10
Mézidon-Canon 15 C8
Mézières-en-Brenne 17 A7
Mézières-sur-Issoire 16 C6
Mézilhac 17 E12
Mézilles 12 F3
Mezimeští 74 C6
Mézin 16 G5
Mezio 22 G3
Mezőberény 77 D9
Mezőcsát 77 B9
Mezőcsokonya 76 E3
Mezőfalva 76 D5
Mezőgyán 77 D10
Mezőhegyes 77 E9
Mezőkeresztes 77 B8
Mezőkovácsháza 77 E9
Mezőkövesd 77 B8
Mezőlak 76 C3
Mezőnyárád 77 B8
Mezőörs 76 B4
Mézos 16 G3
Mezőszemere 77 B8
Mezőszentgyörgy 76 C4
Mezőszilas 76 D5
Mezőtárkány 77 B8
Mežotne 69 B7
Mezőtúr 77 D8
Mezözombor 77 A9
Mezquita de Jarque 27 C9
Mežvalde 66 G2
Mežvidi LV 68 B5
Mežvidi LV 69 B11
Mezzana 38 F4
Mezzanego 34 E4
Mezzano 38 G5
Mezzocorona 38 F4
Mezzojuso 30 E3
Mezzoldo 34 B5
Mezzolombardo 38 F4
Miabhig 2 C2
Miączyn 73 C5
Miajadas 24 E7
Mialet 16 D6
Miały 70 E5
Miasteckzo Krajeńskie 70 E6
Miastko 70 C6
Miastków Kościelny 72 G4
Miastkowo 72 D4
Mica RO 78 C2
Mica RO 78 E3
Micăsasa 78 E3
Micești 83 A8
Miceștii de Câmpie 78 D3
Michaľany 73 G3
Michalová 75 G11
Michalovce 73 G3
Michałów 75 C12
Michałów Górny 72 G3
Michałowice PL 75 B8
Michałowice PL 75 D11
Michałowo 72 E6
Michelau in Oberfranken 40 D6
Michelbach an der Bilz 40 F4
Micheldorf 39 E9
Micheldorf in Oberösterreich 39 C9
Michelfeld 40 F4
Michelstadt 40 E3
Michendorf 43 F9
Michorzewo 70 F5
Michów 72 H4
Mickelspiltom 65 F7
Mickelsträsk 56 F2
Mickleton GB 5 D8
Mickleton GB 9 D7
Miclești 79 C10
Midbea 3 E10
Middagsbukt 58 E2
Middelburg 10 E4
Middelfart 44 F3
Middelharnis 10 E5
Middelkerke 10 F3
Middelstum 11 A8
Middenbeemster 10 C6
Middenmeer 10 B6
Middleham 5 E8
Middlemarsh 8 F6
Middlesbrough 5 D9
Middleton 5 F7
Middleton Cheney 9 D7
Middleton in Teesdale 5 D8
Middletown 6 G6
Middlewich 5 G7
Midhurst 9 F8
Midleton 7 M4
Midlum 42 C4
Midsund 50 C3
Midtgård 59 D12
Midtskogberget 51 F9
Miðvágur 3 B8
Mid Yell 3 B12
Miechów 75 C11
Miechów Charsznica 75 C11
Miedes 20 F4
Miedziana Góra 73 B1
Miedzichowo 70 F5
Miedzna 72 F4
Miedźna 75 D10
Miedźno 75 B10
Międzybórz 75 A8
Międzychód 70 E5
Międzylesie 74 D6
Międzyrzec Podlaski 72 G5
Międzyrzecz 70 F4
Międzyzdroje 70 C3
Miehikkälä 65 F8
Miehlen 11 H10
Miejsce Piastowe 73 E3
Miejska-Górka 70 G6
Miękinia 75 B7
Miekojärvi 60 E5
Miélan 21 B7
Mielec 73 D2
Mielęcin 70 D5
Mieleszyn 71 E7
Mielno 70 B5
Mieluskylä 62 E6
Mielżyn 71 F7
Mieming 38 D4
Mierasjärvi 59 E9
Mieraslompolo 59 E9
Miercurea-Ciuc 78 E5
Miercurea Nirajului 78 D4
Miercurea Sibiului 78 F2
Mieres E 21 D11
Mieres E 23 B7
Mierlo 11 E7
Mieron 58 E6
Mieroszów 74 C6
Miers 17 E7
Mierzęcice 75 C10
Mierzyn 70 D3
Miesau 13 C10
Miesbach 38 C5
Mieścisko 71 E7
Miesenbach 13 C10
Mieslahti 63 E8
Miessaure 60 E3
Mieste 43 F7
Mieszków 71 G7
Mieszkowice 70 E3
Mietingen 37 A9
Mietków 74 B6
Mietoinen 64 F3
Miettilä 65 E10
Mieussy 36 E4
Mieza 22 F5
Migennes 12 F4
Miglianico 33 C8
Migliarino 35 D9
Migliaro 35 D9
Miglionica 31 B8
Mignaloux-Beauvoir 16 B5
Mignano Monte Lungo 33 E8
Mignovillard 36 D4
Miguel Esteban 26 F5
Miguelturra 26 G4
Mihăești RO 78 G3
Mihăești RO 78 G4
Mihăești RO 83 C8
Mihai Bravu RO 83 C10
Mihai Bravu RO 84 A5
Mihăileni RO 78 B6
Mihăileni RO 78 E5
Mihăileni RO 78 F3
Mihăilești RO 83 A11
Mihăilești RO 83 B10
Mihail Kogălniceanu RO 79 G10
Mihail Kogălniceanu RO 84 B3
Mihail Kogălniceanu RO 84 B4
Mihailovca 79 D11
Mihai Viteazu RO 78 D2
Mihai Viteazu RO 84 B5
Mihajlovac YU 82 B1
Mihajlovac YU 82 B4
Mihajlovo 77 G8
Mihălășeni 79 B7
Miháld 76 E2
Mihalț 78 E2
Mihályi 76 B2
Miheșu de Câmpie 78 D3
Mihla 40 B5
Miiluranta 63 F7
Mijares 26 D2
Mijas 28 F4
Mijdrecht 10 D6
Mijoska 81 F9
Mikepércs 77 C10
Mikhalishki 69 F9
Mikhalkovo 83 G7
Mikhaltsi 83 E9
Mikhaylovo BG 82 D6
Mikhaylovo BG 83 G9
Mikitamäe 67 E9
Mikkeli 65 D8
Mikkelin mlk 65 D8
Mikkelvik 58 D2
Mikkola 61 C8
Mikladalur 3 A9
Miklavž 39 F11
Miklebostad 57 C5
Mikleuš 76 F3
Mikołajki 72 C3
Mikołajki Pomorskie 71 C9
Mikołów 75 D10
Mikoszewo 71 B9
Mikra Volvi 87 D8
Mikre 83 E7
Mikro Dereio 85 B1
Mikrokambos 87 C7
Mikromilia 87 B9
Mikropoli 87 C9
Mikrothives 87 G7
Mikrovalto 86 E5
Mikstat 71 H7
Mikuláš 74 D5
Mikulasovice 74 B3
Mikulčice 75 F7
Mikulov 74 F6
Mikulovice 75 D7
Mikušovce 75 F9
Miladinovci 82 G2
Milagro 20 D3
Milagros 23 F10
Miłakowo 71 C10
Milano 34 C4
Milano Marittima 35 E9
Milanówek 72 F2
Milaș 78 D3
Milas 88 E3
Milatkoviće 81 E11
Milatos 89 G10
Milazzo 30 D6
Milborne Port 8 F6
Milcoiu 78 G3
Milcov 83 B7
Milcovul 79 F8
Mildenhall 9 C10
Mildstedt 42 B4
Mileanca 79 A7
Milejczyce 72 F5
Milejewo 71 B9
Milejów 73 B4
Milena 30 F4
Milești 79 C9
Milestone 7 L4
Mileto 31 F8
Milevsko 74 E3
Milfield 5 B8
Milfontes 25 H2
Milford IRL 6 E5
Milford IRL 7 L3
Milford Haven 8 D2
Milhão 22 E5
Milhaud 17 G12
Miliana 87 G8
Milići 81 D9
Milicz 70 H6
Milies 87 F8
Milíkov 75 E9
Milín 41 E10
Milis 32 F2
Militello in Val di Catania 30 F5
Miliyeve 78 A4
Milizac 14 E2
Miljana 39 G11
Miljeno 81 E9
Miljevina 81 E8
Milkel 74 A3
Miłki 72 C4
Milkovitsa 83 D8
Milk'ovtsi 82 F4
Mill 11 E7
Millares 27 F9
Millas 21 C11
Millau 17 G10
Millay 17 A11
Millbrook GB 8 G3
Millbrook IRL 7 H6
Millesimo 34 E2
Millevaches 17 D8
Millford 6 F6
Millhouse 4 B4
Millières 13 E7
Millisle 6 F8
Millom 4 E6
Millport 4 B4
Millstatt 39 E8
Millstreet IRL 7 M3
Millstreet IRL 7 M5
Milltown IRL 7 H3
Milltown IRL 7 J6
Milltown IRL 7 M2
Milltown IRL 7 M2
Milltown Malbay 7 K3
Milly-la-Forêt 12 E2
Milmarcos 20 G3
Milmersdorf 43 D10
Milna 80 E4
Milnathort 2 G6
Milngavie 4 B5
Milnthorpe 5 E7
Milo 30 E6
Miłocice 70 C6
Milohnić 80 B1
Miłomłyn 71 C10
Miłoradz 71 C9
Milos 89 E8
Miloșești 84 B2
Miloševo 82 F1
Miłosław 71 F7
Milot 86 B2
Milotice 75 F7
Milovaig 2 D2
Milovice 74 D4
Milow D 43 D7
Milow D 43 E8
Milówka 75 E10
Miltach 41 F9
Miltenberg 40 E4
Miltiņi 68 B6
Milton GB 2 E5
Milton GB 2 F6
Milton Keynes 9 D8
Miltzow 43 B9
Milutinovac 82 D2
Milverton 8 F5
Milz 40 C5
Milzau 41 A7
Mimizan 16 F2
Mimizan-Plage 16 F2
Mimoň 74 C4
Mina de São Domingos 25 J5
Minas de Riotinto 25 H6
Minateda 29 B9
Minaya 27 F7
Minde 24 D3
Mindelheim 37 B10
Mindelstetten 41 F7
Minden 42 F4
Mindnes 54 C5
Mindszent 77 D7
Mindszentgodisa 76 E4
Mindtangen 54 C5
Mindūnai 69 E9
Mindya 83 E9
Minehead 8 E4
Mineo 30 F5
Mineralni Bani 83 G9
Minerbio 35 D8
Minervino Murge 33 E11
Minfeld 40 F2
Minger 79 D10
Minglanilla 27 F8
Mingorría 23 G9
Miniac-Morvan 14 D6
Minićevo 82 D3
Minihof-Liebau 39 E11
Minne 52 C3
Minnertsga 11 B7
Minnesund 51 G8
Minnetler 85 F6
Minnigaff 4 D5
Minot 12 F6
Minsk 69 H11
Mińsk Mazowiecki 72 F3
Minsterley 8 B5
Mintilogli 88 B4
Mintiu Gherlii 78 C2
Mintlaw 3 D8
Mintraching 41 F8
Minturno 33 E7
Minucciano 34 E6
Minusio 37 E8
Mionica 81 C10
Mionnay 36 F2
Mios 16 F3
Mira E 27 E8
Mira I 35 C9
Mira P 24 B2
Mirabeau 18 D6
Mirabel E 24 C7
Mirabel F 17 G7
Mirabel-aux-Baronnies 18 C5
Mirabella Eclano 33 E9
Mirabella Imbaccari 30 F5
Miradoux 16 G6
Miraflores de la Sierra 23 G10
Miralcamp 27 A12
Miramare 35 F10
Miramas 18 D5
Mirambeau 16 D4
Mirambel 27 D10
Miramont-de-Guyenne 16 F5
Miranda de Arga 20 D3
Miranda de Ebro 23 C12
Miranda del Castañar 23 H7
Miranda do Corvo 24 B3
Miranda do Douro 22 F6
Mirande 21 B7
Mirandela 22 F5
Mirandilla 24 E7
Mirandola 35 D7
Mirandol-Bourgnounac 17 G8
Miranje 80 D3
Mirano 35 C9
Miras 86 D4
Miraš 82 F2
Mirăslău 78 E2
Miratovac 82 G2
Miravci 86 B6
Miravet 27 C12
Miravete de la Sierra 27 D9
Mircea Vodă RO 79 G8
Mircea Vodă RO 84 C4
Mircești 79 C7
Mircze 73 C6
Mirebeau F 13 G7
Mirebeau F 16 A5
Mirecourt 13 E8
Miren 35 B11
Mirepoix 21 C9
Mireșu Mare 78 C1
Miřetice 74 D5
Miričina 81 C8
Mirkovci 76 G5
Mirkovo 82 F6
Mirlović Zagora 80 D4
Mirna 39 G10
Mirna Peč 39 G10
Mirocin 73 D4
Mirocin Górny 70 G4
Mironeasa 79 D8
Miroševce 82 E3
Miroși 83 B8
Miroslava 79 C8
Miroslavas 72 B6
Mirosławiec 70 D5
Miroslovești 79 C7
Mirošov 41 E10
Mirostowice Dolne 74 A4
Mirotice 41 E10

Mirovice 41 E10
Mirovtsi 84 D2
Mirow 43 D9
Mirşid 78 C1
Mirsk 74 B5
Mirto Crosia 31 D9
Mirueña de los Infanzones 23 G8
Mirzec 73 B2
Misano Adriatico 35 F10
Mişca 77 D10
Mischii 82 B6
Miserey-Salines 13 G7
Misi 61 E8
Misilmeri 30 E3
Mišinci 81 B7
Miske 76 E6
Miskolc 77 A9
Mislina 80 F6
Mislinja 39 F10
Mišnjak 80 B2
Mison 18 C6
Missanello 31 C8
Missenträsk 56 D2
Missillac 14 G5
Misso 67 F9
Mistegna 85 F2
Mistelbach 74 G6
Mistelgau 41 D7
Misten 57 F3
Misterbianco 30 F6
Misterhult 45 B12
Misterton 5 G9
Mistretta 30 E5
Mistros 89 A7
Misurina 38 F6
Misvær 57 F3
Mitandersfors 46 B3
Mitchelstown 7 M4
Mithymna 85 F1
Mitoc 79 A7
Mitrašinci 82 H4
Mitreni 83 C11
Mitropoli 86 F5
Mitrousi 87 C8
Mitrova Reka 81 E11
Mitry-Mory 12 D3
Mittådalen 51 C10
Mittelberg A 38 D3
Mittelberg A 38 E4
Mittelbiberach 37 B9
Mittelkalbach 40 C4
Mittenwald 38 D4
Mittenwalde D 43 D10
Mittenwalde D 43 F10
Mitterbach am Erlaufsee 39 C10
Mitterding 41 G9
Mitterdorf im Mürztal 39 D11
Mittersheim 13 D9
Mittersill 38 D6
Mitterskirchen 41 G9
Mitterteich 41 D8
Mittet 50 C4
Mittiliden 54 E6
Mittweida 41 B9
Mitwitz 40 D6
Mizhhir"ya 73 G5
Mizil 78 G6
Miziya 82 D6
Mjällby 45 E9
Mjällom 52 B6
Mjedë 86 A2
Mjelde N 57 E3
Mjelde N 58 E2
Mjöbäck 45 B7
Mjölby 46 E6
Mjølfell 50 G3
Mjolnarodden 57 D1
Mjönäs 46 B4
Mjøndalen 49 C7
Mjønes 57 F3
Mjösjöby 55 G11
Mjösund 64 G3
Mjöträsk 60 F5
Mjövattnet S 52 B5
Mjövattnet S 56 E3
Mladá Boleslav 74 C4
Mladá Vožice 74 E4
Mladé Buky 74 C5
Mladenovac 81 C11
Mladenovo 76 G6
Mladikovine 80 C6
Mladinovo 83 G10
Mlado Nagoričane 82 G3
Mława 72 D2
Mlekarevo 83 F10
Mlinice 80 C6
Mlinište 80 C5
Młodzieszyn 71 F10
Młynary 71 B10
Młynarze 72 E3
Mnichovice 74 D4
Mnichovo Hradiště 74 C4
Mnichów 75 C12
Mniów 75 B12
Mníšek nad Hnilcom 73 G1
Mníšek pod Brdy 74 D3
Mniszew 72 G3
Mniszków 75 A11
Mo N 50 G2
Mo S 52 A5
Mo S 52 E4
Mo S 52 F4
Mo S 55 G9
Moacşa 78 F6
Moaña 22 D2
Moara 78 B6
Moara Domnească 79 B8
Moara Vlăsiei 83 B10
Moate 7 J5
Mobberley 5 G7
Moča 76 B5
Moçarria 24 E2
Mocejón 26 E4
Močenok 75 H8
Mochales 20 F3
Mochos 89 G10
Mochowo 71 E9
Mochy 70 G5
Mociu 78 D2
Möckern 43 F8
Mockfjärd 52 G2
Möckmühl 40 E4
Mockrehna 43 G9
Mockträsk 56 C4
Moclín 28 D6
Moclinejo 28 E5
Mocra 79 B11
Mocsa 76 B4
Modane 36 G4
Modave 11 G7
Modbury 8 G4
Modelu 84 C2
Modena 35 D7
Modi 87 H7
Modica 30 G5
Modigliana 35 E8
Modliborzyce 73 C4
Mödling 76 A1
Modliszewice 75 B12
Modra 75 G7
Modran 81 B7
Modrany 76 B4
Modreeny 7 K4
Modriach 39 E10
Modriča 81 B7
Modrište 86 B4
Modruš 80 B2
Modrý Kameň 75 H10
Modugno 31 A9
Moëlan-sur-Mer 14 F3
Moelfre 4 G5
Moelv 51 F8
Moen N 54 G5
Moen N 58 E2
Moena 38 F5
Moergestel 10 E6
Moers 11 E8
Moffat 4 C6
Mofreita 22 E5
Moftin 77 B12
Mogadouro 22 F5
Mogata 47 E7
Mögelin 43 E8
Møgeltønder 44 G2
Mogenstrup 44 F6
Mogersdorf 39 E12
Moggio Udinese 39 F7
Mogielnica 72 G2
Mogila 86 C5
Mogilany 75 D11
Mogilishte 84 D4
Mogilno 71 E7
Moglia 35 D7
Mogliano 35 G11
Mogliano Veneto 35 C9
Mogón 29 C7
Mogorella 32 F2
Mogoş 78 E1
Mogoşani 83 B9
Mogoşeşti 79 C8
Mogoşeşti-Siret 79 C7
Mogoşoaia 83 B10
Moguer 25 K6
Mogyoród 76 B6
Mohács 76 F5
Moharque 29 B9
Mohed 52 E5
Moheda 45 C9
Mohedas de Granadilla 24 B7
Mohedas de la Jara 26 E2
Mohelnice 75 E7
Mohelno 74 F6
Mohernando 26 C5
Mohil 7 K5
Mohill 6 G5
Möhkö 65 B12
Möhlau 43 G8
Möhlin 36 C6
Moholm 46 D5
Mohora 76 B6
Mohorn 41 B10
Mohrkirch 42 A5
Moi N 48 F3
Moi N 48 F4
Moià 21 E10
Moiano 33 E9
Moieciu 78 G5
Moilets-et-Maa 16 G2
Moimenta da Beira 22 G4
Moineşti 78 E6
Moingt 17 D11
Moira 6 F7
Mo i Rana 55 B7
Moirans 36 G3
Moirans-en-Montagne 36 E3
Moirax 16 G6
Moires 89 G9
Mõisaküla 66 E6
Moisburg 42 D5
Moisdon-la-Rivière 15 F7
Moisei 78 B3
Moisiovaara 63 E10
Moislains 12 B3
Moissac 16 G6
Moissac-Bellevue 19 D7
Moïta 19 F12
Moita P 24 B3
Moita P 24 C2
Moita P 24 F2
Moixent-Mogente 27 G9
Mojácar 29 E9
Mojados 23 F9
Mojkovac 81 F9
Mojmírovce 75 H8
Mojstrana 39 F8
Mojzesovo 76 A4
Møkkevik 57 D2
Möklinta 47 B8
Mokobody 72 F4
Mokrá Hora 74 F6
Mokrance 73 G2
Mokre 73 D1
Mokren 83 F11
Mokresh 82 D5
Mokrievo 87 B7
Mokrin 77 F8
Mokro 81 D8
Mokronog 39 G10
Mokronoge BIH 80 C4
Mokronoge BIH 80 D6
Möksy 64 A5
Mol B 10 F6
Mol YU 77 F7
Mola di Bari 31 A9
Molaoi 88 E6
Molare 34 D3
Molares 22 F3
Molbergen 11 B10
Mölbling 39 E9
Mølby 44 F2
Mold 4 G6
Moldava nad Bodvou 73 G2
Molde 50 C4
Moldjord 57 F3
Moldova Nouă 82 B2
Moldova-Sulița 78 B4
Moldoveni 79 D7
Moldovița 78 B5
Møldrup 44 C3
Moldvik 57 C4
Moledo P 22 E2
Moledo P 22 G3
Molelos 24 A4
Molescroft 5 F10
Molesmes 12 F5
Moleşti 79 D10
Molėtai 69 E8
Molfetta 31 A9
Molfsee 42 B5
Moliden 52 A6
Molières F 17 E8
Molières F 17 F7
Molina Aterno 33 C7
Molina de Aragón 20 G3
Molina de Segura 29 C10
Molina di Ledro 35 B7
Molinara 33 E9
Molinaseca 22 D6
Molinella 35 D8
Molines-en-Queyras 19 B8
Molinet 17 B11
Molinges 36 E3
Molinicos 29 B8
Molini di Tures 38 E5
Molino de Villobas 20 D6
Molinos 20 G6
Molins de Rei 21 F10
Moliterno 31 C7
Molitg-les-Bains 21 C10
Molkojärvi 61 C7
Molkom 46 B4
Mollas 86 C2
Mölle 45 D7
Molledo 23 B10
Möllenbeck 43 D10
Möllenhagen 43 C9
Mollerussa 21 E8
Molles 17 C10
Mollet del Vallès 21 F10
Molliens-Dreuil 15 B11
Mollis 37 D8
Molln 39 C9
Mölln D 42 C6
Mölln D 43 C9
Molló 21 D10
Mollösund 46 F2
Mölltorp 46 E5
Mölnbo 47 D9
Mölnlycke 46 F3
Molnytsya 78 A6
Moloha 79 E12
Molompize 17 D10
Molos 87 G7
Moloy 12 F6
Molpe 64 B2
Molschleben 40 B6
Molunat 81 G8
Molve 76 E2
Molveno 38 G4
Molvízar 28 E6
Mombaldone 34 E3
Mombeltrán 26 D2
Mombercelli 34 D3
Mömbris 40 D3
Mombuey 22 E6
Momchilgrad 87 B11
Momignies 12 A5
Momo 34 C3
Momuy 16 H3
Monå 62 G3
Monachil 28 E6
Monacia-d'Aullène 19 G11
Monaghan 6 G6
Monamolin 7 L7
Monäs 62 G3
Monashi 79 E12
Monasterace 31 G9
Monasterevan 7 J6
Monastir 32 G2
Monastiraki 86 G4
Monbahus 16 F5
Monbazillac 16 E5
Monbéqui 17 G7
Monbrun 16 H6
Moncada 27 F10
Moncalieri 34 D2
Moncalvo 34 D2
Monção 22 E2
Moncarapacho 25 K4
Moncaut 16 G5
Moncel-sur-Seille 13 D8
Mönchengladbach 11 F8
Mönchhof 76 B2
Monchio delle Corti 34 E6
Monchique 25 J3
Mönchsdeggingen 40 G5
Monclar 16 F5
Monclar-de-Quercy 17 G7
Moncófar 27 E10
Moncontour F 14 E5
Moncontour F 16 A4
Moncoutant 16 A4
Moncrabeau 16 G5
Monda 28 F4
Mondariz 22 D2
Mondariz-Balneario 22 D2
Mondavezan 21 B8
Mondavio 35 F10
Mondéjar 26 D5
Mondello 30 E3
Mondeville 15 C8
Mondolfo 35 F10
Mondoñedo 22 B4
Mondorf-les-Bains 13 B8
Mondoubleau 15 F10
Mondovì 34 E2
Mondragon 18 C4
Mondragón 20 C2
Mondragone 33 E7
Mondsee 39 C7
Monea 6 F5
Moneasa 77 E11
Moneen 7 J3
Moneglia 34 E4
Monegrillo 20 E6
Monein 20 B5
Monemvasia 88 E6
Monesiglio 34 E2
Monesterio 25 H7
Monestier-de-Clermont 18 A6
Monestiés 17 G8
Monéteau 12 F4
Moneygall 7 K5
Moneymore 6 F6
Moneyneany 6 E6
Moneyreagh 6 F7
Monfalcone 35 B11
Monfecorvino Rovella 30 B6
Monflanquin 16 F6
Monfort 16 G6
Monforte E 22 D4
Monforte P 24 E5
Monforte da Beira 24 C5
Monforte d'Alba 34 D2
Monforte del Cid 29 B11
Monforte de Moyuela 20 G5
Monfortinho 24 C5
Monghidoro 35 E8
Mongrando 34 C2
Mongstad 50 G1
Monguelfo 38 E6
Monheim 40 F6
Moniaive 4 C5
Monieux 18 C5
Monifieth 3 F7
Monilea 7 H5
Mõniste 67 F8
Monistrol-d'Allier 17 E11
Monistrol de Calders 21 E10
Monistrol de Montserrat 21 E9
Monistrol-sur-Loire 17 D11
Monivea 7 J4
Mönkeberg 42 B6
Mońki 72 D5
Monkokehampton 8 F3
Monléon-Magnoac 21 B7
Monmouth 8 D5
Monnaie 15 F10
Mönni 65 B11
Monninkylä 64 F6
Monok 73 H2
Monolithos 88 G3
Monopoli 31 B10
Monor H 76 C6
Monor RO 78 D3
Monostorapáti 76 D3
Monostorpályi 77 C10
Monóvar 29 B11
Monpazier 16 F6
Monreal 20 C4
Monreal del Campo 20 G4
Monreale 30 E3
Monreith 4 D5
Monroy 24 D7
Monroyo 20 G6
Mons B 10 G5
Mons F 19 D8
Mons F 21 B11
Monsampolo del Tronto 33 B7
Monsaraz 24 G5
Monschau 11 G8
Monsec 16 D5
Monségur 16 F5
Monselice 35 C8
Monsempron-Libos 16 F6
Monserrat 27 F10
Mønsted 44 D2
Monster 10 D5
Mönsterås 45 C11
Monsummano Terme 35 F7
Monta 34 D2
Montabaur 11 G10
Montaberner 27 G10
Montady 18 E2
Montagnac 18 D2
Montagnana 35 C8
Montagne 16 E4
Montagnol 17 G10
Montagny 17 C12
Montagrier 16 D5
Montaigu 15 H7
Montaigu-de-Quercy 16 F6
Montaigut 17 C9
Montaigut-sur-Save 21 A8
Montaione 35 G7
Montalbán 20 G5
Montalbán de Córdoba 28 D4
Montalbano Elicona 30 E6
Montalbano Jonico 31 C9
Montalbo 26 E6
Montalcino 35 H8
Montale 35 F7
Montalegre 22 E4
Montalieu-Vercieu 36 F3
Montalivet-les-Bains 16 D3
Montallegro 30 F3
Montalto delle Marche 33 A7
Montalto di Castro 32 C4
Montalto Marina 32 C4
Montalto Uffugo 31 E8
Montalvão 24 D4
Montamarta 23 E7
Montana BG 82 D5
Montana CH 36 E6
Montanejos 27 E10
Montaner 20 B6
Montano Antilia 31 C7
Montans 17 G8
Montaquila 33 D8
Montargil 24 E3
Montargis 12 F3
Montastruc-la-Conseillère 17 G7
Montataire 12 C2
Montauban 17 G7
Montauban-de-Bretagne 14 E6
Montaudin 15 E7
Montauriol 16 F5
Montaut F 16 G3
Montaut F 20 B6
Montaut F 21 B9
Montayral 16 F6
Montbard 12 F5
Montbarrey 13 G7
Montbazens 17 F8
Montbazin 18 D3
Montbazon 15 G10
Montbéliard 36 C5
Montbenoît 13 H8
Montbeton 17 G7
Montblanc 21 F8
Montbozon 13 G8
Montbrió del Camp 21 F8
Montbrison 17 D11
Montbron 16 D5
Montbrun 17 F8
Montbrun-les-Bains 18 C6
Montcada i Reixac 21 F10
Montcavrel 10 G2
Montceau-les-Mines 17 B12
Montcenis 17 A12
Montchanin 17 A12
Montcornet 12 B5
Montcresson 12 F3
Montcuq 17 F7
Montcy-Notre-Dame 12 B6
Montdardier 17 G10
Mont-Dauphin 19 B8
Mont-de-Marsan 16 G4
Montdidier 12 B3
Mont-Dore 17 D9
Monteagudo 20 E4
Monteagudo de las Salinas 27 E7
Monteagudo de las Vicarías 20 F3
Montealegre del Castillo 27 G8
Montebello Ionico 31 H7
Montebello Vicentino 35 C8
Montebelluna 35 B9
Montebourg 15 C7
Montebruno 34 E4
Montecalvo in Foglia 35 F10
Montecalvo Irpino 33 E9
Monte-Carlo 19 D9
Montecarotto 35 G10
Montecassiano 35 G11
Monte Castello di Vibio 32 B5
Montecastrilli 32 B5
Montecatini Terme 35 F7
Montecatini Val di Cecina 35 G7
Montecchio 35 F10
Montecchio Emilia 34 D6
Montecchio Maggiore 35 C8
Montech 17 G7
Montechiaro d'Asti 34 D2
Montechiarugolo 34 D6
Montecilfone 33 C9
Monte Córdova 22 F2
Montecorice 30 C6
Montecosaro 35 G11
Montecreale Valcellina 38 G6
Montecreto 35 E7
Monte da Pedra 24 D4
Monte das Flores 24 F4
Montederramo 22 D4
Monte di Procida 30 B4
Monte do Trigo 24 G4
Montefalco 32 B5
Montefalcone 33 D9
Montefalcone di Val Fortore 33 E9
Montefano 35 G11
Montefelcino 35 F10
Montefiascone 32 B4
Montefiore dell'Aso 35 H12
Montefiorino 34 E6
Montefortino 33 A7
Montefranco 32 B6
Montefrío 28 D5
Montegiordano 31 C9
Montegiorgio 35 G11
Monte Gordo 25 K5
Montegranaro 35 G11
Montegrotto Terme 35 C8
Montehermoso 24 C6
Monteiasi 31 C10
Monteils 17 G7
Montejaque 28 E3
Montejícar 28 D6
Montejo de la Sierra 23 G11
Montelabbate 35 F10
Montelanico 32 D6
Montelavar 24 F1
Montel-de-Gelat 17 C9
Monteleone di Puglia 33 E10
Monteleone di Spoleto 32 B6
Monteleone d'Orvieto 32 A4
Monteleone Rocca Doria 32 E2
Montelepre 30 E3
Montelibretti 32 C6
Montélier 18 A5
Montélimar 18 B4
Montella 30 B6
Montellano 25 K8
Montels 21 C9
Montelupo Fiorentino 35 F7
Montelupone 35 G11
Montemaggiore Belsito 30 E4
Montemagno 34 D3
Montemarciano 35 F11
Montemayor 28 D4
Montemayor de Pililla 23 F9
Montemboeuf 16 C5
Montemesola 31 B10
Montemiletto 33 E9
Montemilone 33 E11
Montemolín 24 G7
Montemonaco 33 B7
Montemor-o-Novo 24 F3
Montemurlo 35 F7
Montemurro 31 C8
Montenay 15 E7
Montendre 16 D4
Montenegro de Cameros 20 E2
Montenero di Bisaccia 33 C9
Montenerodomo 33 C8
Monte Porzio 35 F10
Monteprandone 33 A7
Montepulciano 35 H8
Monterblanc 14 F5
Monterchi 35 G9
Monte Real 24 C2
Montereale 32 B6
Montereau-faut-Yonne 12 E3
Monte Redondo 24 C2
Monterenzio 35 E8
Monteriggioni 35 G7
Monteroduni 33 D8
Monte Romano 32 C4
Monteroni d'Arbia 35 G8
Monteroni di Lecce 31 C11
Monterosso Almo 30 G5
Monterosso Calabro 31 F8
Monterotondo 32 C5
Monterotondo Marittimo 35 G7
Monterrei 22 E4
Monterroso 22 C3
Monterrubio de la Serena 24 F8
Monterubbiano 35 H12
Montesa 27 G9
Monte San Biagio 33 E7
Monte San Giovanni Campano 33 D7
Montesano Salentino 31 D12
Montesano sulla Marcellana 31 C7
Monte San Savino 35 G8
Monte Santa Maria Tiberina 35 G9
Monte Sant'Angelo 33 D11
Monte San Vito 35 G11
Montesarchio 33 E9
Montescaglioso 31 B9
Montesclaros 26 D2
Montescudaio 34 G6
Montese 35 E7
Montesilvano 33 B8
Montespertoli 35 F7
Montesquieu 16 G6
Montesquieu-Volvestre 21 B8
Montesquiou 21 B7
Montestruc-sur-Gers 16 G6
Montes Velhos 25 H3
Monteux 18 C5
Montevago 30 E2
Montevarchi 35 G8
Montevecchia 32 G2
Monteverde 33 E10
Montevil 24 G3
Montfaucon F 15 G7
Montfaucon F 17 F7
Montfaucon-d'Argonne 12 C6
Montfaucon-en-Velay 17 E12
Montferran-Savès 21 A8
Montferrat 19 D7
Montferrier 21 C9
Montfort F 14 E6
Montfort F 20 B5
Montfort-en-Chalosse 16 G3
Montfort-l'Amaury 15 D11
Montfort-le-Gesnois 15 E9
Montfort-sur-Risle 15 C9
Montgai 21 E8
Montgaillard F 16 G6
Montgaillard F 21 B7
Montgaillard F 21 C9
Montgenèvre 19 A8
Montgeron 12 D2
Montgiscard 21 B9
Montgivray 17 B8
Montgomery 8 C5
Montguyon 16 D4
Monthermé 12 B6
Monthey 36 E5
Monthois 12 C6
Monthureux-sur-Saône 13 E7
Monti 32 D3
Monticelli d'Ongina 34 D5
Monticello 19 E11
Montichiari 34 C6
Monticiano 35 G7
Montiel 26 G6
Montier-en-Der 12 E6
Montieri 35 G7
Montiers-sur-Saulx 12 D6
Montiglio 34 D2
Montignac 16 E6
Montignies-le-Tilleul 10 G5
Montignoso 34 F6
Montigny 13 D9
Montigny-la-Resie 12 F4
Montigny-lès-Metz 13 C8
Montigny-sur-Aube 12 F6
Montijo E 24 E6
Montijo P 24 F2
Montilla 28 D4
Montillana 28 D6
Montivilliers 15 B9
Montizón 29 B7
Montjaux 17 G9
Montjean 15 E7
Montjovet 36 F6
Montlaur 21 B11
Montlieu-la-Garde 16 D4
Mont-Louis 21 D10
Montluçon 17 B9
Montluel 36 F2
Montmarault 17 B9
Montmartin-sur-Mer 14 D6
Montmédy 13 B7
Montmélian 36 G4
Montmelo 21 F10
Montmeyran 18 B5
Montmeyan 19 D7
Montmirail F 12 D4
Montmirail F 15 E10
Montmirey-le-Château 13 G7
Montmoreau-St-Cybard 16 D5
Montmorillon 16 B6
Montmorin 18 B6
Montmorot 36 D3
Montmort-Lucy 12 D4
Montoir-de-Bretagne 14 G5
Montoire-sur-le-Loir 15 F10
Montoison 36 H2
Montoito 24 F4
Montola 65 C8
Montón 27 B8
Montone 35 G9
Montopoli di Sabina 32 C5
Montorio al Vomano 33 B7
Montoro 28 C5
Montory 20 B5
Montournais 16 A3
Montpelier 7 K4
Montpellier 18 D3
Montpeyroux 17 F9
Montpezat 16 F5
Montpézat 21 B8
Montpezat-de-Quercy 17 F7
Montpezat-sous-Bauzon 17 E12
Montpon-Ménestérol 16 E5
Montpont-en-Bresse 36 E2
Mont-ras 21 E12
Montréal F 12 F5
Montréal F 16 G5
Montréal F 21 B10
Montredon-Labessonnié 17 G8
Montréjeau 21 C7
Montrésor 15 G10
Montresta 32 E2
Montret 36 D2
Montreuil 10 G1
Montreuil-Bellay 15 G8
Montreuil-Juigné 15 F8
Montreux 36 E5
Montrevault 15 G7
Montrevel-en-Bresse 36 E2
Montrichard 15 G10
Montricoux 17 G7
Montriond 36 E5
Mont-roig del Camp 21 G8
Montrond 36 D3
Montrond-les-Bains 17 D12
Montrose 3 F7
Montroy 27 F10
Monts 15 G9
Montsalvy 17 E9
Montsauche-les-Settons 12 G5
Montségur 21 C9
Montseny 21 E10
Montsoué 16 G4
Mont-sous-Vaudrey 13 H7
Monts-sur-Guesnes 15 H9
Mont-St-Aignan 15 C10
Mont-St-Jean 12 G5
Mont-St-Martin 13 B7
Mont-St-Michel 14 D6
Mont-St-Vincent 36 D1
Montsûrs 15 E8
Montsuzain 12 E5
Montuïri 29 F9
Montvalent 17 E7
Montville 15 B10
Montzéville 12 C6
Monza 34 C4
Monzelfeld 13 B9
Monzón 21 E7
Monzón de Campos 23 D9
Moone 7 K6
Moorbad Lobenstein 41 C7
Moordorf (Südbrookmerland) 11 A9
Moorends 5 F9
Moorenweis 38 C4
Moorfields 6 E7
Moorrege 42 C5
Moorslede 10 F3
Moorweg 42 C2
Moos 41 G9
Moosbach 41 E8
Moosburg 39 F9
Moosburg an der Isar 41 G7
Moosinning 41 H7
Mooste 67 E9
Mór 76 C4
Mora E 26 E4
Mora P 24 E3
Mora S 52 F2
Mora S 52 G3
Móra d'Ebre 21 G7
Mora de Rubielos 27 D9
Moradillo de Roa 23 F10
Morąg 71 C10
Mórahalom 77 E7
Moraice 81 E9
Moraira 27 G11
Morais 22 F5
Moraïtika 86 F2
Morakovo 81 F9
Móra la Nova 21 F7
Moral de Calatrava 26 G5
Moraleda de Zafayona 28 E6
Moraleja 24 C6
Moraleja del Vino 23 F7
Moraleja de Sayago 23 F7
Morales del Vino 23 F7
Morales de Toro 23 F8
Morales de Valverde 23 E7
Moralina 22 F6
Moräng 56 C2
Morano Calabro 31 D8
Morano sul Po 34 C3
Morar 2 E3
Morăreşti 78 G3
Morasverdes 22 G6
Morata de Jalón 20 F4
Morata de Tajuña 26 D5
Moratalla 29 B9
Morava BG 83 D8
Morava MD 79 C11
Morava SLO 39 H10
Moravany CZ 74 D5
Moravany CZ 74 F6
Moravany SK 73 G3
Moravče 39 G10
Moravița 77 G9
Moravka 83 E10
Morávka 75 E9
Moravská Třebová 74 E6
Moravské Budějovice 74 F5
Moravské Lieskové 75 F8
Moravský Beroun 75 E8
Moravský Svätý Ján 75 G7
Morawica 73 C1
Morbach 13 B9
Morbegno 37 E9
Morbier 36 E4
Mörbisch am See 76 B2
Mörby 47 B9
Mörbylånga 45 D11
Morcenx 16 G3
Morciano di Leuca 31 D12
Morciano di Romagna 35 F10
Morcone 33 E9
Mordelles 14 E6
Mordoğan 85 G2
Mordy 72 F4
More 66 G6
Moréac 14 F4
Moreanes 25 J4
Morebattle 5 B7
Morecambe 5 E7
Moreda E 23 B7
Moreda E 29 D7
Morée 15 F10
Mörel 36 E6
Morella 20 G6
Moreni 83 A9
Morenish 2 F5
Morentín 20 C3
Moreruela de Tábara 23 E7
Mores 32 E2
Morestel 36 F3
Moretonhampstead 8 F4
Moreton-in-Marsh 9 D7
Moret-sur-Loing 12 E3
Moretta 19 B9
Moreuil 12 B2
Morez 36 E4
Morfa Nefyn 8 B3
Morfasso 34 D5
Morfi GR 86 E4
Morfi GR 86 F3
Morfovouni 86 F5
Morgat 14 E2
Morgedal 48 D5
Morges 36 E4
Morgex 36 F5
Morgongåva 47 B8
Morhange 13 D8
Mori 35 B7
Moria 85 F2
Moricone 32 C6
Morienval 12 C3
Moriles 28 D4
Morina 81 G11
Morinë 81 H11
Moringen 42 G5
Morino 33 D7
Moritzburg 41 B10
Morjärv 56 B5
Mork 50 B4
Mørke 44 D4
Morkkaperä 61 D9
Mørkøv 44 E5
Morkovice 75 F7
Mörkret 51 E10
Morlaàs 20 B6
Morlaix 14 D3
Morlanne 20 B5
Morlanwelz 10 G5
Mörlenbach 40 E3
Morley F 12 D6
Morley GB 5 F8
Morley's Bridge 7 M3
Mörlunda 45 B11
Mormanno 31 D8
Mormant 12 D3
Mornant 36 F2
Mornas 18 C4
Mornese 34 D3
Mörnsheim 40 F6
Moroeni 78 G5
Morolo 32 D6
Morón de Almazán 20 F2
Morón de la Frontera 25 K8
Moros 20 F3
Morosaglia 19 E11
Morottaja 61 E10
Morović 76 G6
Morozova 65 G12
Morozovo 83 F9
Morozzo 34 E2
Morpeth 5 C8
Mørrevatnet 54 G3
Morrfjord 57 D3
Morriston 8 D4
Morrovalle 35 G11
Mörrum 45 D9
Morsbach 11 F10
Morschen 40 B4
Morshyn 73 F6
Mörsil 51 B11
Morskoga 46 B6
Morskogen 49 B8
Morsum 42 E4
Mørsvikbotn 57 E4
Mortagne-au-Perche 15 D9
Mortagne-sur-Gironde 16 D3
Mortagne-sur-Sèvre 15 G7
Mortágua 24 B3
Mortain 15 D7
Mortara 34 C3
Morteau 13 G8
Morteaux-Coulibœuf 15 D8
Mörtebo 52 F4
Mortegliano 35 B11
Mortelle 31 D7
Mortensnes N 58 C6
Mortensnes N 59 C10
Mortimer's Cross 8 C5
Morton 9 B9
Mortrée 15 D9
Mörtschach 39 E7
Mortsel 10 F5
Mörtsjön 55 G7
Mortsund 57 D2
Morud 44 F4
Morunglav 83 B7
Morville 8 C6
Mor'ya 65 G12
Moryń 70 E3
Morzeszczyn 71 C8
Morzine 36 E5
Mosar 69 E11
Mosås 46 C6
Mosätt 51 D11
Mosbach 40 E3
Mosbjerg 44 B4
Mosborough 5 G9
Mosby 48 F5
Moscavide 24 F2
Mošćenica 76 G1
Mošćenička Draga 80 A1
Moschopotamos 86 D6
Mosciano Sant'Angelo 33 B7
Mościcha 72 D5
Moscovei 79 F10
Moscow 4 B5
Moseby 44 B3
Mosėdis 68 C3
Mosel 41 C8
Möser 43 F8
Mosina 70 F6
Mosjö 52 A6
Mosjøen 54 C6
Moskaret 51 D7
Mosko 81 F7
Moskorzew 75 C11
Moskosel 56 B2
Moskuvaara 61 C9
Moslavna Podravska 76 F4
Moşna RO 78 E3
Moşna RO 79 D9
Moşnița Nouă 77 F9
Moşoaia 83 A8
Moso in Passiria 38 E4
Mosonmagyaróvár 76 B3
Mosonszolnok 76 B2
Mošovce 75 F10
Mosqueruela 27 D10
Moss 49 D8
Mossala 64 G2
Mossat 3 E7
Mossbo 52 E4
Mössingen 40 G3
Mossley GB 5 F8
Mossley GB 6 F7
Moss-side 6 D6
Mosstakan 46 B3
Most BG 83 H9
Most CZ 41 C10
Mostar 81 E7
Mosteiro E 22 B4
Mosteiro E 22 D2
Mosteiro P 24 C4
Mosteiro P 25 H4
Mostek 74 C5
Moşteni 83 C9
Mosterhamn 48 C2
Mostkowo PL 70 E4
Mostkowo PL 71 C10
Most na Soči 39 G8
Móstoles 26 D4
Mostová 75 H8
Mosty 72 G5
Mostys'ka 73 E5
Mosty u Jablunkova 75 E9
Mosvik 54 G3
Mosyr 73 B6
Moszczenica 71 H10
Mota del Cuervo 26 F6
Mota del Marqués 23 E8
Moţăieni 78 G5
Motala 46 E6
Motarzyno 71 B7
Moţăţei 82 C5
Moţca 79 C7
Motherwell 4 B5
Môtiers 13 H8
Motike BIH 80 B5
Motike BIH 80 C5
Motilla del Palancar 27 F7
Motilleja 27 F8
Motjärnshyttan 46 B5
Motoşeni 79 E8
Motovun 35 C12
Motril 28 E6
Motru 82 A5
Mõtsu 66 D4
Motta Montecorvino 33 D10
Motta San Giovanni 31 G7
Motta Visconti 34 C4
Motten 40 C4
Möttingen 40 F5
Mottola 31 B9
Möttönen 62 G5
Mötz 38 D4
Mou 44 C4
Mouans-Sartoux 19 D8
Moucha 86 G5
Mouchamps 16 A3
Mouchan 16 G5
Mouchard 13 H7
Moudon 36 D5
Moudros 87 E11
Mougins 19 D8
Mouhijärvi 64 D4
Moularès 17 G8
Moulay 15 E8
Mouleydier 16 E5
Mouliherne 15 G9
Moulin-Neuf 21 C10
Moulins 17 B10
Moulins-Engilbert 12 H4
Moulins-la-Marche 15 D9
Moulis-en-Médoc 16 E3
Moulismes 16 B6
Moult 15 C8
Moulton GB 9 C8
Moulton GB 9 C10
Mount Bellew 7 J4
Mountbenger 4 B6
Mountcharles 6 F4
Mountcollins 7 L3
Mount Hamilton 6 E6
Mountjoy GB 6 F5
Mountjoy GB 6 F6
Mountmellick 7 J5
Mount Norris 6 G6
Mount Nugent 7 H5
Mountrath 7 K5
Mountshannon 7 K4
Mountsorrel 9 B8
Moura 24 G5
Mourão 24 G5
Mourenx 20 B5
Mouriès 18 D5
Mouries 87 C7
Mouriki 88 B6
Mourisca do Vouga 22 G2
Mouriscas 24 D4
Mournies 89 F8
Mourujärvi 61 E10
Mouscron 10 G4
Moussac 17 G12
Moussey 13 E9
Moussoulens 21 B10
Moussy 12 G4
Moustéru 14 D4
Moustey 16 F3
Moustheni 87 C9
Moustiers-Ste-Marie 19 D7
Mouthe 36 D4
Mouthier-Haute-Pierre 13 G8
Mouthiers-sur-Boëme 16 D5
Mouthoumet 21 C11
Moutier 36 C5
Moutier-d'Ahun 17 C8
Moûtiers 36 G4
Moutiers-les-Mauxfaits 16 B2
Moutnice 75 F7
Moutsouna 89 D10
Moux 21 B11
Moux-en-Morvan 12 G5
Mouy 12 C2
Mouzaki GR 86 F5
Mouzaki GR 88 C3
Mouzay 12 C6
Mouzon 12 B6
Moviken 52 D4
Movila 84 B3
Movila Miresii 79 G8
Movileni RO 79 C8
Movileni RO 79 F8
Movileni RO 83 B7
Movilița RO 79 F8
Movilița RO 83 B10
Moville 6 D6
Movollen 51 B9
Mowtie 3 E8
Moy GB 2 E5
Moy GB 6 F6
Moya 27 E8
Moyard 7 H2
Moyasta 7 L3
Moycullen 7 J3
Moy-de-l'Aisne 12 B4
Moyenneville 15 A11
Moygashel 6 F6
Möykkylänperä 62 E5
Möykkyylänperä 63 E7
Moylaw 6 G3
Moylett 6 G6
Moylough 7 J4
Moymore 7 K4
Moyne 6 G5
Moyvalley 7 J6
Moyvore 7 H5
Mozac 17 C10
Mozăceni 83 B8
Mozárbez 23 G7
Mozelj 39 H10
Mozelos 22 G3
Mozgovo 82 D2
Mozirje 39 F10
Mozoncillo 23 F10
Mozsgó 76 E4
Mozyr' 72 B3
Mračaj 80 D6
Mrągowo 72 C3
Mrákov 41 E9
Mrakovica 76 G2
Mramor 81 F7
Mramorak 82 A1
Mratinje 81 E8
Mrčajevci 81 D11
Mrežičko 86 C6
Mrkalji 81 D8
Mrkonjić-Grad 80 C5
Mrkopalj 80 A2
Mrmoš 82 D2
Mrocza 71 D7
Mroczeń 75 B8
Mroczków 73 B1
Mroczno 71 D10
Mrozy 72 F4
Mścice 70 B5
Mściwojów 74 B6
Mšené Lázně 74 C3
Mšeno 74 C4
Mshinskaya 67 C12
Mstów 75 B10
Mstsizh 69 F12
Mszana 75 D9
Mszana Dolna 75 E11
Mszczonów 72 G2
Muccia 35 H10
Much 11 F9
Muchalls 3 E8
Mucharz 75 D11
Mücheln (Geiseltal) 43 H8
Muchow 43 D7
Muchówka 75 D12
Much Wenlock 8 C6
Mucientes 23 E9
Mücka 74 A4
Mücke Große-Eichen 40 C3
Mücke-Nieder-Ohmen 40 C3
Muckross 7 M3
Múcsony 73 H1
Mudanya 85 D6
Müden (Aller) 42 E6
Müden (Örtze) 42 E6
Mudersbach 11 F10
Mŭdrets 83 G10
Muel 20 F5
Muelas del Pan 23 F7
Muff 6 E5
Muga de Sayago 22 F6
Mugardos 22 B3
Muge 24 E2
Mügeln D 41 B9
Mügeln D 43 G9
Mugeni 78 E4
Muggia 35 B12
Müglen 84 F2
Mŭglizh 83 F9
Mugron 16 G3
Mühlacker 40 F3
Mühlanger 43 G9
Mühlbachl 38 E5
Mühlberg D 40 B6
Mühlberg D 43 H9
Mühldorf 39 E7
Mühldorf am Inn 41 H8
Mühldorf bei Feldbach 39 E11
Mühlen 39 E9
Mühlenbeck 43 E10
Mühlhausen D 40 F3
Mühlhausen D 41 F7
Mühlhausen (Thüringen) 40 B5
Mühltroff 41 C7
Muhola 62 G6
Muhos 62 D6
Muhr am See 40 F6
Muhur 86 B3
Muineachán 6 G6
Muine Bheag 7 L6
Muiños 22 E3
Muirdrum 3 F7
Muirhead 3 F7
Muirkirk 4 B5
Muir of Ord 2 D5
Muizon 12 C5
Mujdić 80 C5
Mujejärvi 63 F10
Mukacheve 73 G4
Mukařov 74 D4
Mukhavyets 72 G6
Mukhovo 82 F6
Mukkala 61 D11
Mukkavaara 61 C10
Mukran 43 A10
Mula 29 C10
Mulbarton 9 C11
Muleby 45 F9
Mulešići 81 B7
Mulfingen 40 E4
Mülheim an der Ruhr 11 E9
Mülheim-Kärlich 11 G10
Mulhouse 36 B5
Muljava 39 G10
Mullagh IRL 7 H6
Mullagh IRL 7 J6
Mullaghroe 6 G4
Mullany's Cross 6 G3
Mullartown 6 G7
Müllheim 36 B6
Mullhyttan 46 C5
Mullingar 7 H5
Mullion 8 H2
Müllrose 70 F3
Mullsjö 46 F5
Mulrany 6 G2
Mulsanne 15 F9
Mulseryd 46 F5
Multia 64 B5
Multiperä 63 B11
Mumbles, The 8 E4
Mümliswil 36 C6
Munakka 64 B3
Muñana 23 G8
Munapirtti 65 F7
Münchberg 41 D7
Müncheberg 70 F3
München 38 C5
Münchenbernsdorf 41 B7
Münchenbuchsee 36 D6
Münchhausen 40 B3
Münch-steinach 40 E6
Münchwilen 37 C8
Mundaka 20 B2
Mundesley 9 B11
Mundford 9 C10
Mundheim 48 B2
Munebrega 20 F4
Munera 26 G6
Mungia 20 B2
Mungret 7 L4
Muñico 23 G8
Muniesa 20 G5
Munilla 20 D3
Munka-Ljungby 45 D7
Munkbyn 52 C4
Munkebo 44 F4
Munkedal 46 E2
Munkelva 59 D11
Munken 54 G2
Munkflohögen 55 G7
Munkfors 46 B4
Munklia 57 D5
Munksund 56 D4
Munktorp 47 C7
Munkzwalm 10 F4
Munne 65 E8
Münnerstadt 40 D5
Munningen 40 F6
Muñogalindo 23 G8
Munsala 62 G3
Münsingen CH 36 D6
Münsingen D 40 G4
Münster A 38 D5
Münster CH 37 E7
Münster D 11 D10
Münster D 40 D3
Münster D 42 E5
Munster 36 B5
Münsterdorf 42 C5
Münsterhausen 40 G5
Muntendam 11 B9
Munteni 79 F8
Munteni-Buzău 84 B2
Muntenii de Jos 79 D9
Münzenberg 40 C3
Münzkirchen 39 B8
Muodoslompolo 60 B6
Muonio 60 B6
Muonion-alusta 60 B6
Muotathal 37 D7
Muotkajärvi 58 G6
Muotkavaara 60 B6
Mur 81 F11
Muradiye TR 85 D4
Muradiye TR 85 G3
Murakeresztúr 76 E2
Muráň 75 G11
Muras 22 B4
Murasson 17 G9
Muraste 66 B5
Muraszemenye 76 E2
Murat 17 E9
Muratlı 85 B3
Murato 19 E11
Murat-sur-Vèbre 21 A11
Murau 39 E9
Muravera 32 G3
Murazzano 34 E2
Murça 22 F4
Murchante 20 E4
Mŭrchevo 82 D5
Murchin 43 C10
Murcia 29 C10
Murczyn 71 E7
Mur-de-Barrez 17 E9
Mûr-de-Bretagne 14 E4
Mur-de-Sologne 15 G11
Mureck 39 E11
Mürefte 85 C3
Muret 21 B9
Murgeni 79 E9
Murgenthal 36 C6
Murgeşti 79 G7
Murguía 20 C2
Muri CH 36 D6
Muri CH 37 C7
Murias de Paredes 22 C6
Muriedas 23 B10
Murighiol 79 G11
Murillo de Río Leza 20 D2
Murillo el Fruto 20 D4
Murino 81 G10
Murisengo 34 D2
Murjāni 66 G5
Murjek 60 E3
Murley 6 F5
Murlo 35 G8
Murmastiene 69 B10
Murnau am Staffelsee 38 D4
Muro E 29 F10
Muro F 19 E11
Muro P 22 F2
Muro de Alcoy 27 G10
Murol 17 D9
Murole 64 D5
Muro Lucano 31 B7
Muron 16 C3
Murony 77 D9
Muros E 22 B6
Muros E 22 C1
Muros I 32 D2
Murovane 73 C6
Murów 75 B8
Murowana-Goślina 70 F6
Murrë 86 B3
Murrhardt 40 F4
Murronkylä 63 D7
Murroogh 7 J3
Mûrs-Erigné 15 G8
Murska Sobota 39 F11
Mursko Središće 76 D1
Murtas 29 E7
Murtede 24 B3
Murten 36 D5
Murter 80 D3
Murtino 87 B7
Murto 62 D6
Murtolahti 65 A9
Murtomäki 63 F8
Murtovaara 63 B10
Murueta 20 B2
Murumoen 54 F6
Murvica 80 D2
Murviel-lès-Béziers 18 D2
Mürzsteg 39 D11
Murzynowo 70 E4
Mürzzuschlag 39 D11
Mūsa 69 C7
Musbury 8 F5
Muschwitz 41 B8
Musei 32 G2
Muselievo 83 D8
Musile di Piave 35 B10
Muskö 47 D9
Mussalo 65 F7
Musselburgh 4 B6
Musselkanaal 11 B9
Mussidan 16 E5
Mussomeli 30 F4
Musson 13 B7
Mussy-sur-Seine 12 F5
Mustafakemalpaşa 85 D5
Müstair 37 D10
Mustamaa FIN 63 E7
Mustamaa FIN 64 A4
Mustasaari 62 G2
Mustavaara FIN 63 C9
Mustavaara FIN 63 E9
Mustinlahti 65 B9
Mustjala 66 D2
Mustla 67 E7
Mustola 59 F10
Mustolanmäki 63 G9
Mustolanmutka 63 F9
Mustvee 67 C8
Mušutište 82 G1
Muszaki 72 D2
Muszyna 73 F2
Muta 39 F10
Mutala 64 D4
Mutalahti 65 B12
Mütevelli 85 G4
Muthill 2 G6
Mutilva Baja 20 C4
Mutné 75 E10
Mutriku 20 B2
Mutterstadt 40 E2
Mutxamel 29 B11
Mutzig 13 D10
Mutzschen 41 B9
Muuga 67 C8
Muukajärvi 60 E5
Muuksi 67 B7
Muurame 64 C6
Muurasjärvi 62 G6
Muurikkala 65 F8
Muurla 64 G4
Muurola FIN 61 E7
Muurola FIN 65 F8
Muuruvesi 65 A9
Muxía 22 B1
Muzillac 14 F5
Mužla 76 B5
Myadzyel 69 F10
Myahuny 69 E10
Myaretskiya 69 E11
Myazhany 69 D10
Mybster 2 B6
Myckelgensjö 55 G10
Myckle 56 E3
Myedna 72 G6
Myggenäs 46 F2
Myggsjö 52 E2
Myhinpää 65 B7
Myjava 75 G8
Mykanów 75 B10
Mykhal'cha 78 A5
Mykhaylivka 79 F12
Myki 87 C11
Myklebostad 57 E3
Mykolayiv 73 E6
Mykolayivka UA 79 E11
Mykolayivka UA 79 F12
Mykolayivka-Novorosiys'ka 79 E12
Mykonos 89 D10
Mykytychi 73 B6
Myllykoski 65 F7
Myllykylä FIN 64 B3
Myllykylä FIN 64 G4
Myllykylä FIN 65 F8
Myllylahti 63 D10
Myllymäki 64 B5
Myloi 88 C5
Mylopotamos 88 F6
Mynämäki 64 F3
Mynttilä 65 D8
Myon 13 G7
Myory 69 D11
Myra 87 F7
Myrås 55 C10
Myre N 57 B4
Myre N 57 C3
Myresjö 45 B10
Myrhaug 51 C8
Myrheden 56 C2
Myrhult 46 D5
Myrina 87 E11
Myriokefala 89 G8
Myrkky 64 C2
Myrland N 57 C4
Myrland N 57 D1
Myrland N 57 D3
Myrlandshaugen 57 C5
Myrmoen 51 C9
Myrne 79 F11
Myrnes 58 C5
Myrnopillya 79 E11
Myrsini GR 88 C3
Myrsini GR 88 E5
Myrskylä 64 F6
Myrties 88 F2
Myrtos 89 G10
Myrviken 52 B2
Mysen 49 D8
Myshall 7 L6
Myślachowice 75 D10
Mysłakowice 74 B5
Myślenice 75 D11
Myślibórz 70 E3
Myślice 71 C9
Mysłowice 75 D10
Mysovka 68 E3
Myssjö 52 B2
Mystras 88 D5
Myszków 75 C10
Myszyneic 72 D3
Mytikas 86 H4
Mytilini 85 F2
Mytilinioi 88 D2
Mýtna 75 G11
Mýto 41 E10

N

Nå 48 B3
Naaldwijk 10 D5
Naamankylä 63 D7
Naamijoki 60 D6
Naantali 64 F3
Naapurinvaara 63 E9
Näärinki 65 D8
Naarn im Machlande 39 B9
Naartijärvi 56 B5
Naarva 65 A12
Naas 7 J6
Näätämö 59 D10
Näätänmaa 65 B9
Näätävaara 63 D10
Nabburg 41 E8
Nábrád 77 A11
Načeradec 74 E4
Nacha 69 G8
Náchod 74 C6
Nacina Ves 73 G3
Näckådalen 52 E2
Nackel 43 E9
Näcksjö 52 E5
Nacpolsk 72 F2
Nad 7 M3
Nadalj 77 G7
Nadarzyce 70 D6
Nadarzyn 72 F2
Naddvik 50 F4
Nadeş 78 E4
Nădlac 77 E8
Nădrag 77 F11
Nadrichne 79 E11
Nádudvar 77 C9
Năeni 78 G6
Nærbø 48 E2
Næroset 51 F8
Nærsnes 49 C8
Næsbjerg 44 E2
Næstved 44 F6
Näfels 37 C8
Nafferton 5 E10
Nafpaktos 88 B4
Nafplio 88 C6
Nagele 11 C7
Naggen 52 C4
Naglarby 52 G3
Nagļi 69 B10
Nagłowice 75 C11
Nagold 40 G3
Nagore 20 C4
Nago-Torbole 35 B7
Nagu 64 G3
Nagyatád 76 E3
Nagybajom 76 E3
Nagybánhegyes 77 E9
Nagybaracska 76 E5
Nagybarca 73 H1
Nagyberény 76 D4
Nagyberki 76 E4
Nagycenk 76 B2
Nagycsécs 77 B9
Nagycserkesz 77 B10
Nagydobos 77 A11
Nagydorog 76 D5
Nagyecsed 77 B11
Nagyfüged 77 B7
Nagyhalász 77 A10
Nagyharsány 76 F4
Nagyhegyes 77 B9
Nagyigmánd 76 B4
Nagyiván 77 C9
Nagykálló 77 B10
Nagykanizsa 76 E2
Nagykapornak 76 D2
Nagykáta 77 C7
Nagykereki 77 C10
Nagykónyi 76 D4
Nagykőrös 77 C7
Nagykörű 77 C8
Nagykovácsi 76 B5
Nagylak 77 E8
Nagylóc 76 A6
Nagylók 76 D5
Nagylózs 76 B2
Nagymágocs 77 D8
Nagymaros 76 B5
Nagynyárád 76 F5
Nagyoroszi 76 B6
Nagyrécse 76 D2
Nagyréde 77 B7
Nagyszénás 77 D8
Nagyszokoly 76 D4
Nagytarcsa 76 B6
Nagytőke 77 D8
Nagyvarsány 77 A11
Nagyvázsony 76 D3
Nagyvisnyó 77 A8
Naha 67 E9
Naharros 26 E6
Nahe 42 C6
Nahirne 79 G10
Nahrendorf 42 D6
Naidăş 82 A2
Naila 41 C7
Nailloux 21 B9
Nailsworth 8 D6
Naimakka 58 F4
Naintré 16 A5
Naipköy 85 C3
Nairn 2 D6
Naives-Rosières 12 D6
Naizin 14 F4
Najac 17 F8
Nájera 20 D2
Näkkälä 58 G6
Nakkerud 49 B7
Nakkila 64 E3
Náklo 75 E7
Nakło 75 C11
Naklo 39 F9
Nakło nad Notecią 71 D7
Nakomiady 72 C3
Nākotne 68 B6
Nakovo 77 F8
Nakskov 44 G5
Nalbant 79 G10
Nalda 20 D2
Nälden 52 A2
Nałęczów 73 B3
Nálepkovo 73 G1
Nalibaki 69 H10
Näljänkä 63 C9
Nalkki 63 D8
Nalliers 16 B3
Nalžovské Hory 41 E10
Namborn 13 B9
Nambroca 26 E4
Namdalseid 54 F4
Náměšť nad Oslavou 74 F6
Náměšť na Hané 75 E7
Námestovo 75 E10
Nämpnäs 64 B2
Namsos 54 F4
Namsskogan 54 E6
Namsvatn 54 E6
Namur 10 G6
Namysłów 75 B8
Nana 83 C11
Nána 76 B5
Nançay 12 G2
Nanclares de la Oca 20 C2
Nancy 13 D8
Năneşti 79 F8
Nangis 12 D3
Nannestad 51 H8
Nanov 83 C8
Nans-les-Pins 18 E6
Nant 17 G10
Nanterre 12 D2
Nantes 14 G6
Nanteuil-le-Haudouin 12 C3
Nantiat 16 C6
Nantua 36 E3
Nantwich 5 G7
Naousa GR 86 D6
Naousa GR 89 D10
Napajedla 75 F8
Napiwoda 72 D2
Napkor 77 B10
Napola 30 E2
Napoli 30 B5
Napp 57 D2
Năpradea 78 C1
Náquera 27 E10
När 47 G10
Nåra 50 F1
Narach BY 69 E10
Narach BY 69 F10
Nárai 76 C1
Narberth 8 D2
Narbolia 32 F2
Narbonne 21 B11
Narbonne-Plage 18 E2
Narborough 9 B10
Narbuvoll 51 D9
Narcao 32 G2
Narcy 12 G3
Nardò 31 C11
Narechenski Bani 83 G8
Narew 72 E6
Narewka 72 E6
Närhilä 65 B7
Narin 6 E4
Nāriņciems 66 G3
Narkaus 61 E8
Narken 60 D5
Narlıdere 85 H3
Narni 32 B5
Naro 30 F4
Narol 73 D5
Närpes(Narpiö) 64 B2
Narrosse 16 G3
Narta 76 F2
Nartë 86 D1
Năruja 79 F7
Naruska 61 D11
Naruszewo 72 F2
Narva EST 67 B10
Narva FIN 64 E4
Narva-Jõesuu 67 B10
Närvijoki 64 B2
Narvik 57 D5
Narzole 34 D2
Narzym 72 D2
Näs FIN 53 G8
Nås N 48 D6
Näs S 47 G9
Näs S 52 B2
Nås S 52 G2
Naşa 85 F6
Näsåker 55 H9
Năsăud 78 C3
Nasavrky 74 D5
Näsberg 52 D3
Nasbinals 17 F10
Näs bruk 47 A7
Näsby 45 D11
Našec 81 G11
Näset 52 F3
Našice 76 G4
Nasielsk 72 F2
Näske 52 B6
Näsliden 56 D1
Naso 30 E5
Nassau 11 G10
Nassereith 38 D4
Nässja 46 E6
Nässjö 46 F6
Nässjö 55 G9
Nassogne 13 A7
Nästansjö 55 E9
Nästeln 52 C2
Nastola 65 E7
Năsturelu 83 D9
Näsum 45 D9
Nasutów 73 B4
Näsviken 52 D5
Näsviken 55 G8
Naszály 76 B4
Natalinci 82 C1
Nateby 5 E7
Naters 36 E6
Nattavaara by 60 D3
Nattavaara Station 60 D3
Nattheim 40 G5
Nättraby 45 D10
Naturno 38 F4
Naucelle 17 G8
Naucelles 17 E9
Naudaskalns 67 G9
Nauders 38 E3
Naudīte 68 B5
Nauen 43 E9
Nauendorf 43 G8
Nauheim 40 D2
Naujac-sur-Mer 16 D3
Naujamiestis 69 D7
Naujasis Daugėliškis 69 E9
Naujoji Akmenė 68 C5
Naujoji Vilnia 69 F8
Naukšēni 66 E6
Naul 7 H7
Naulaperä 63 D8
Naulavaara 63 F9
Naumburg (Hessen) 40 B3
Naumburg (Saale) 41 B7
Naundorf D 41 B9
Naundorf D 41 B10
Naunhof 43 H9
Naurstad 57 F3
Naustbukta 54 E4
Naustdal 50 E2
Nauste 50 C5
Nautijaur 60 D2
Nautsi 59 F10
Nautsund 50 F2
Nauvo 64 G3
Nava 23 B7
Navacepeda de Tormes 26 D2
Navacerreda 23 G10
Navaconcejo 24 B7
Nava de Arévalo 23 G9
Nava de la Asunción 23 F9
Nava del Rey 23 F8
Nava de Sotrobal 26 C2
Navadrutsk 69 E11
Navafría 23 G10
Navahermosa 26 E3
Navajas 27 E10
Naval 21 D7
Navalagamella 26 D4
Navalcaballo 20 E2
Navalcán 26 E2
Navalcarnero 26 D4
Navalero 23 E12
Navalmanzano 23 F9
Navalmoral 26 D3
Navalmoral de la Mata 24 C8
Navalonguilla 24 B8
Navalosa 26 D2
Navalperal de Pinares 26 D3
Navalpino 26 F3
Navaluenga 26 D3
Navalvillar de Ibor 24 D8
Navalvillar de Pela 24 E8
Navamorcuende 26 D3
Navan 7 H6
Navarcles 21 E10
Navardún 20 D4
Navarredonda de la Rinconada 22 G6
Navarrenx 20 B5
Navarrés 27 F9
Navarrete 20 D2
Navarrevisca 26 D2
Navàs 21 E9
Navas de Estrena 26 F3
Navas de Jorquera 27 F8
Navas del Madroño 24 D6
Navas del Rey 26 D3
Navas de Oro 23 F9
Navas de San Juan 29 C7
Navaseués 20 C4
Navasfrías 24 B6
Navata 21 D11
Navatalgordo 26 D2
Nave I 34 C6
Nave P 25 K3
Nave de Haver 24 A6
Nävekvarn 47 D8
Navelli 33 C7
Nåverdal 51 C7
Näverede 52 A3
Nave Redonda 25 J3
Näverkärret 46 B6
Näverrys 62 B6
Naverstad 46 D2
Naves 17 D7
Navès 21 E9
Navezuelas 24 D8
Navia 22 B5
Navilly 12 H6
Navit 58 D5
Năvodari 84 B5
Nävragöl 45 D10
Nawojowa 73 E1
Naxos 89 D10
Nay-Bourdettes 20 B6
Nazaré 24 D2
Nazelles-Négron 15 G10
Nazza 40 B5
Ndroq 86 C2
Nea Agathoupoli 87 D7
Nea Alikarnassos 89 G10
Nea Anchialos 87 G7
Nea Apollonia 87 D8
Nea Artaki 89 A7
Nea Efesos 86 E6
Nea Epidavros 88 C6
Nea Filadelfeia 89 B7
Nea Fokaia 87 E8
Nea Ieraklitsa 87 C10
Nea Ionia 87 F7
Nea Kallikrateia 87 D7
Nea Karvali 87 C10
Nea Karya 87 C10
Nea Kerdylia 87 D9
Nea Kios 88 C5
Nea Koroni 88 E4
Nea Lampsakos 89 B7
Neale 7 H3
Nea Liosia 89 B7
Nea Madytos 87 D8
Nea Makri 89 B7
Nea Malgara 87 D7
Nea Mesimvria 87 D7
Nea Michaniona 87 D7
Nea Moudania 87 E8
Nea Pella 87 D7
Nea Peramos GR 87 C9
Nea Peramos GR 89 B7
Nea Plagia 87 E8
Neapoli GR 86 D5
Neapoli GR 88 E6
Neapoli GR 89 G10
Nea Poteidaia 87 E8
Nea Roda 87 D9
Nea Santa GR 85 B1
Nea Santa GR 87 C7
Nea Silata 87 D8
Nea Styra 89 B8
Neath 8 D4
Nea Tiryntha 88 C5
Nea Triglia 87 D8
Neaua 78 E4
Nea Vyssa 85 A2
Nea Zichni 87 C9
Nebel 44 G1
Nébias 21 C10
Nebljusi 80 C3
Nebra (Unstrut) 43 H7
Nebreda 23 E10
Nechanice 74 D5
Neckargemünd 40 E3
Neckarsteinach 40 E3
Neckarsulm 40 F4
Neckartenzlingen 40 G4
Necşeşti 83 C8
Necton 9 B10
Nečujam 80 E4
Neda 22 B3
Nedansjö 52 C5
Nedašov 75 F8
Neddemin 43 C9
Neded 76 A4
Nedelino 87 B11
Nedelišće 76 E1
Nederby 44 C2
Nederhögen 52 C2
Neder Hvam 44 D3
Nedervetil 62 F4
Neder Vindinge 44 G6
Nederweert 11 F7
Nedlitz 43 F8
Nedožery-Brezany 75 F9
Nedrebø 48 E3
Nedre Saxnäs 55 D10
Nedre Soppero 60 B4
Nedstrand 48 D2
Nedvědice 74 E6
Nedyalsko 84 F2
Nędza 75 D9
Needham Market 9 C11
Neermoor 11 A10
Neerpelt 11 F7
Neetze 42 D6
Nefyn 8 B3
Negenborn 42 G5
Negoi 82 C5
Negomir 82 A5
Negorci 86 C6
Negoslavci 76 G6
Negotin 82 C4
Negotino MK 82 G1
Negotino MK 86 B6
Negrar 35 C7
Negraşi 83 B8
Negredo 20 G2
Negreira 22 C2
Nègrepelisse 17 G7
Negreşti 79 D8
Negreşti-Oaş 78 B1
Negri 79 D7
Negru Vodă 84 C4
Nehoiu 78 G6
Neiden 59 D11
Neiderbronn-les-Bains 13 D10
Neitaskaite 60 E4
Neitsuanto 60 C3
Neittävä 63 E7
Neive 34 D2
Nejdek 41 C9
Nekézseny 77 A8
Nekla 71 F7
Neksø 45 G10
Nelas 24 A4
Nellim 59 F10
Nellingen 40 G4
Nelson 5 F7
Nemaitonys 69 F7
Neman 68 E4
Nemanjica 82 G3
Nemanskoye 68 E4
Nembro 34 B5
Nemea 88 C5
Nemenčine 69 F8
Nemesgulács 76 D3
Nemesnádudvar 76 E6
Nemesvámos 76 C4
Nemesvid 76 D3
Németkér 76 D5
Neměžis 69 F8
Nemours 12 E3
Nemsdorf-Göhrendorf 43 H7
Nemšová 75 F9
Nemunaitis 72 B6
Nemunėlio Radviliškis 69 C7
Nemyriv 73 D5
Nenagh 7 K4
Nendaz 36 E5
Nenince 76 A6
Nenita 89 B11
Nennhausen 43 E9
Nennslingen 40 F6
Nenonpelto 65 C8
Nentershausen 40 B5
Nenthead 5 D7
Nenzing 38 E2
Neo Agioneri 87 C7
Neochoraki 88 B6
Neochori GR 85 B2
Neochori GR 86 F6
Neochori GR 86 G4
Neochori GR 86 G5
Neochori GR 87 C7

Neochori GR 88 B3
Neo Erasmio 87 C10
Neoi Epivates 87 D7
Neo Karlovasi 88 D2
Neo Monastiri 86 G6
Neoneli 32 F2
Neo Petritsi 87 C8
Neorić 80 E4
Neos Kafkasos 86 C5
Neos Marmaras 87 E9
Neos Mylotopos 86 C6
Neo Souli 87 C8
Neos Pagontas 87 H8
Neos Pyrgos 87 G7
Neos Skopos 87 C8
Néoules 19 E7
Nepi 32 C5
Nepomuk 41 E10
Nérac 16 G5
Neratovice 74 D3
Nerău 77 F8
Neravai 72 C6
Nerchau 41 B9
Nercillac 16 C4
Nerdal 50 C6
Nerde Gärdsjö 52 F3
Néré 16 C4
Nereju 79 F7
Neresheim 40 G5
Neresnica 82 B3
Neresnytsya 78 A2
Nereta 69 C8
Nereto 33 B7
Nerezine 80 C1
Nerežišće 80 E4
Néris-les-Bains 17 B9
Nerja 28 E6
Nerkoo 63 G8
Nerlia 54 C6
Nerokouros 89 F8
Néronde 17 C12
Nérondes 12 H3
Neroth 13 A9
Nerpio 29 C8
Nersac 16 D5
Nersingen 40 G5
Nerskogen 50 C6
Nerushay 79 F12
Nerva 25 H6
Nervesa della Battaglia 35 B9
Nervi 19 C12
Nervieux 17 C11
Nes FR 3 B9
Nes N 48 D6
Nes N 51 G7
Nes N 57 D3
Nes N 57 D4
Nes NL 11 A7
Nesbyen 48 B6
Neschwitz 74 B3
Nesebŭr 84 F3
Neset 58 C4
Nes Flaten 48 C3
Nesgrenda 48 E6
Nesheim 48 D2
Nesje 57 D2
Nesjegjerde 50 C4
Nesland 57 D1
Neslandsvatn 48 E6
Nesle 12 B3
Nesna 54 B5
Nesovice 75 F7
Nessa 19 E11
Nesse 42 C2
Nesseby 59 C10
Nesselwang 37 B10
Nesslau 37 C8
Nessodtangen 49 C8
Nestani 88 C5
Nestby 57 F3
Nesterov 68 F5
Neston 4 G6
Nestorio 86 D4
Nestoyita 79 B11
Nesttun 48 B2
Nesvady 76 B4
Nesvatnstemmen 48 E5
Nesvik 48 D3
Nethy Bridge 2 E6
Netolice 74 F3
Netphen 40 B2
Netra (Ringgau) 40 B5
Netretić 39 H10
Netstal 37 D8
Nettancourt 12 D6
Nettersheim 11 G8
Nettetal 11 E8
Nettuno 32 D5
Netvořice 74 D3
Neu-Anspach 40 D3
Neuberend 42 A5
Neuberg an der Mürz 39 D11
Neubeuern 38 C6
Neubiberg 38 C5
Neubrandenburg 43 C9
Neubruchhausen 42 E4
Neubukow 43 B7
Neubulach 40 G3
Neuburg an der Donau 40 G6
Neuburg-Steinhausen 43 C7
Neuburxdorf 43 H10
Neuchâtel 36 D5
Neu Darchau 42 D6
Neudietendorf 40 B6
Neudorf 76 B1
Neudrossenfeld 41 D7
Neuenbürg 40 F3
Neuendettelsau 40 F6
Neuenhagen Berlin 43 E10
Neuenhaus 11 C9
Neuenhof 37 C7
Neuenkirch 37 C7
Neuenkirchen D 11 C10
Neuenkirchen D 11 D9
Neuenkirchen D 11 F9
Neuenkirchen D 42 B4
Neuenkirchen D 42 C4
Neuenkirchen D 42 D5
Neuenkirchen D 42 E4
Neuenkirchen D 43 A10
Neuenkirchen D 43 B10
Neuenkirchen (Oldenburg) 11 C10
Neuenstadt am Kocher 40 F4
Neuenwalde 42 C4
Neuerburg 13 A8
Neufahrn bei Freising 41 G7
Neufahrn in Niederbayern 41 G8
Neufchâteau B 13 B7
Neufchâteau F 13 E7
Neufchâtel-en-Bray 15 B11
Neufchâtel-Hardelot 10 G1
Neufchâtel-sur-Aisne 12 C5
Neufeld 42 C4
Neufeld an der Leitha 76 B1
Neuffen 40 G4
Neufra 40 H3
Neugersdorf 74 B4
Neuharlingersiel 42 C3
Neuhaus A 39 C10
Neuhaus A 39 F10
Neuhaus am Inn 39 B8
Neuhaus am Klausenbach 76 D1
Neuhaus am Rennweg 40 C6
Neuhaus an der Pegnitz 41 E7
Neuhausen CH 37 B7
Neuhausen D 40 G3
Neuhausen D 41 C10
Neuhausen ob Eck 37 B8
Neuhaus (Oste) 42 C4
Neuhof 40 C4
Neuhof an der Zenn 40 E6
Neuhofen an der Krems 39 C9
Neuillé-Pont-Pierre 15 F9
Neuilly 12 G4
Neuilly-en-Thelle 12 C2
Neuilly-le-Réal 17 B10
Neuilly-l'Évêque 13 F7
Neuilly-St-Front 12 C4
Neukalen 43 C9
Neu Kaliß 43 D7
Neukirch 74 B3
Neukirchen D 40 B4
Neukirchen D 41 C9
Neukirchen D 43 B7
Neukirchen D 44 G2
Neukirchen am Großvenediger 38 D6
Neukirchen an der Enknach 39 C7
Neukirchen an der Vöckla 39 C8
Neukirchen-Balbini 41 F8
Neukirchen beim Heiligen Blut 41 F9
Neukirchen vorm Wald 41 G9
Neukloster 43 C7
Neulengbach 39 C11
Neuler 40 F5
Neulewin 70 E3
Neulikko 63 D8
Neulise 17 C11
Neu Lübbenau 43 F10
Neum 80 F6
Neumark 41 C8
Neumarkt im Mühlkreis 39 B9
Neumarkt in der Oberpfalz 41 F7
Neumarkt in Steiermark 39 E9
Neumarkt-St Veit 41 G8
Neumünster 42 B5
Neunburg vorm Wald 41 E8
Neundorf 41 C8
Neung-sur-Beuvron 15 F11
Neunkirch 37 B7
Neunkirchen A 39 C11
Neunkirchen D 11 G10
Neunkirchen D 13 C9
Neunkirchen am Brand 40 E6
Neunkirchen am Sand 41 E7
Neuötting 41 H8
Neupetershain 70 H3
Neupölla 39 B10
Neureichenau 41 G10
Neuruppin 43 E9
Neusalza-Spremberg 74 B3
Neuschönau 41 F10
Neusiedl am See 76 B2
Neusorg 41 D7
Neuss 11 F8
Neussargues-Moissac 17 E9
Neustadt D 37 B7
Neustadt D 41 C7
Neustadt D 43 E8
Neustadt am Kulm 41 D7
Neustadt am Rübenberge 42 E5
Neustadt an der Aisch 40 E6
Neustadt an der Donau 41 F7
Neustadt an der Waldnaab 41 E8
Neustadt an der Weinstraße 40 E2
Neustadt bei Coburg 40 C6
Neustadt-Glewe 43 D7
Neustadt (Harz) 42 G6
Neustadt (Hessen) 40 B3
Neustadt in Holstein 42 B6
Neustadt in Sachsen 74 B3
Neustadt (Wied) 11 G10
Neustift im Stubaital 38 E5
Neustrelitz 43 D9
Neutraubling 41 F8
Neutrebbin 70 E3
Neu-Ulm 40 G5
Neuvéglise 17 E9
Neuvic F 16 E5
Neuvic F 17 D8
Neuville-aux-Bois 15 E11
Neuville-de-Poitou 16 B5
Neuville-les-Dames 36 E2
Neuville-lès-Dieppe 15 B10
Neuville-sur-Saône 36 F2
Neuvilly-en-Argonne 12 C6
Neuvy-Grandchamp 17 B11
Neuvy-le-Roi 15 F9
Neuvy-Pailloux 17 A8
Neuvy-St-Sépulchre 17 B8
Neuvy-sur-Barangeon 12 G2
Neuweiler 40 G3
Neuwied 11 G10
Neuwittenbek 42 B5
Neu Wulmstorf 42 D5
Neu Zauche 70 G3
Neuzelle 70 G3
Neu Zittau 43 F10
Névache 19 A8
Nevarėnai 68 C4
Neveja 66 F3
Neveklov 74 E3
Nevele 10 F4
Neverfjord 58 C6
Nevernes 54 D5
Neverness 57 C3
Neveronys 69 E7
Nevers 12 G3
Nevesinje 81 E7
Nevestino 82 G4
Névez 14 F3
Neviano 31 C11
Néville 15 B10
Nevlunghavn 49 E7
Nevsha 84 E2
New Abbey 4 D6
New Aberdour 3 D8
New Alresford 9 F8
Newark-on-Trent 5 G9
Newbawn 7 L6
Newbiggin-by-the-Sea 5 C8
Newbliss 6 G6
Newborough 9 B9
Newbridge GB 8 D5
Newbridge IRL 7 J6
New Buildings 6 E5
Newburgh GB 2 G6
Newburgh GB 3 E8
Newbury 9 E7
Newby Bridge 5 E7
Newcastle GB 6 G7
Newcastle GB 8 C5
Newcastle IRL 7 J6
Newcastle IRL 7 K7
Newcastle Emlyn 8 D3
Newcastleton 5 C7
Newcastle-under-Lyme 5 G7
Newcastle upon Tyne 5 D8
Newcastle West 7 L3
New Cumnock 4 C5
New Deer 3 D8
Newel 13 B8
Newent 8 D6
New Galloway 4 C5
Newhaven 9 F9
New Inn IRL 6 G6
New Inn IRL 7 J4
Newinn 7 L5
New Kildimo 7 L3
Newmarket GB 2 C2
Newmarket GB 9 C10
Newmarket IRL 7 L5
Newmarket IRL 7 M3
Newmarket-on-Fergus 7 K3
Newmarkt am Wallersee 39 C7
Newmill 3 D7
New Milton 9 F7
Newnham 8 D6
New Pitsligo 3 D8
Newport GB 2 C6
Newport GB 8 B6
Newport GB 8 D2
Newport GB 8 E5
Newport GB 9 D10
Newport GB 9 F7
Newport IRL 7 H3
Newport IRL 7 K4
Newport-on-Tay 3 F7
Newport Pagnell 9 D8
Newport Trench 6 F6
New Quay 8 C3
Newquay 8 G2
New Radnor 8 C5
New Romney 9 F11
New Ross 7 L6
Newry 6 G7
New Scone 2 F6
Newton GB 2 G4
Newton GB 5 F7
Newton Abbot 8 G4
Newton Aycliffe 5 D8
Newton Ferrers 8 G3
Newtonhill 3 E8
Newton-le-Willows 5 G7
Newton Mearns 4 B5
Newtonmore 2 E5
Newton Stewart 4 D5
Newtown GB 8 C4
Newtown GB 8 C6
Newtown IRL 7 J4
Newtown IRL 7 K6
Newtown IRL 7 L4
Newtown IRL 7 L4
Newtownabbey 6 F7
Newtownards 6 F7
Newtownbutler 6 G5
Newtown Crommelin 6 E7
Newtown Forbes 7 H5
Newtownmountkennedy 7 K7
Newtown St Boswells 5 B7
Newtownstewart 6 E5
Nexon 16 D6
Neyland 8 D2
Nezamyslice 75 E7
Nezavertailovca 79 D12
Nézsa 76 B6
Nezvěstice 41 E10
Nianfors 52 E4
Niata 88 E6
Nibbiano 34 D4
Nibe 44 C3
Nīca 68 C3
Nicastro 31 F8
Nice 19 D9
Nīcgale 69 C9
Nichelino 19 A9
Nickelsdorf 76 B2
Nicolae Bălcescu RO 79 B7
Nicolae Bălcescu RO 79 E7
Nicolae Bălcescu RO 83 A7
Nicolae Bălcescu RO 83 B11
Nicolae Bălcescu RO 84 A4
Nicolae Bălcescu RO 84 B4
Nicolae Titulescu 83 C8
Nicolaevca 79 B9
Nicolosi 30 F6
Nicoreni 79 B9
Nicorești 79 F8
Nicosia 30 E5
Nicotera 31 F8
Nicșeni 79 B7
Niculești 83 B10
Niculițel 79 G10
Nida 68 E3
Nidau 36 C5
Nidda 40 C3
Nidzica 72 D2
Niebla 25 J6
Nieborów 71 G10
Niebüll 44 G2
Niebylec 73 E3
Niechanowo 71 F7
Niechcice 75 B11
Niechłonin 71 D10
Niechlów 70 G5
Niechorze 70 C4
Niedenstein 40 B4
Niederaichbach 41 G8
Niederanven 13 B8
Niederaula 40 B4
Niederbipp 36 C6
Niederbrechen 40 C2
Niederfinow 43 E10
Nieder-Gemünden 11 G12
Nieder-görsdorf 43 G9
Niederkassel 11 F9
Niederkirchen 13 B10
Niederkrüchten 11 F8
Niederndorf 38 D6
Niedernhall 40 F4
Niedernhausen 40 D2
Niederoderwitz 74 B4
Nieder-Rodenbach 40 D3
Niederroßla 41 B7
Niedersachswerfen 42 G6
Niederselters 40 C2
Niederstetten 40 E5
Niederurnen 37 C8
Niederviehbach 41 G8
Niederwerrn 40 D5
Niederzissen 11 G9
Niedrzwica Duża 73 B4
Niedźwiada 72 H5
Niedźwiadna 72 D4
Niefern-Öschelbronn 40 F3
Niegosław 70 E5
Niegosławice 70 H5
Niegowa 75 C10
Niegripp 43 F8
Nieheim 42 G4
Niekłań Wielki 73 B1
Niekursko 70 D5
Nielisz 73 C5
Niemberg 43 G8
Niemce 73 B4
Niemcza 75 C7
Niemegk 43 F9
Niemelä FIN 59 D10
Niemelä FIN 61 E11
Niemelänkylä 62 E5
Niemenkylä FIN 64 B3
Niemenkylä FIN 64 E2
Niemenpää 60 F6
Niemis 60 E6
Niemisel 56 B4
Niemisjärvi FIN 65 A8
Niemisjärvi FIN 65 C7
Niemiskylä 63 F7
Niemodlin 75 C8
Niemysłów 71 G8
Nienadówka 73 D3
Nienburg (Saale) 43 G8
Nienburg (Weser) 42 E4
Niepars 43 B9
Niepołomice 75 D12
Nieporęt 72 F3
Nierstein 40 D2
Niesa 60 C6
Niesi 61 D8
Niesky 74 B4
Nieświń 75 B12
Nieszawa 71 E8
Nietsak 60 D3
Nietulisko Duże 73 B2
Nieul 16 C6
Nieuw-Bergen 11 E8
Nieuwegein 10 D6
Nieuwe-Niedorp 10 C6
Nieuwe Pekela 11 B9
Nieuwerkerk 10 E5
Nieuwerkerk aan de IJssel 10 D6
Nieuwerkerken 10 F6
Nieuweschans 11 B9
Nieuwe-Tonge 10 E5
Nieuwkoop 10 D6
Nieuwolda 11 B9
Nieuwpoort 10 F3
Nieuw-Vennep 10 D6
Niewęgłosz 72 G5
Niezabyszewo 71 B7
Nigrán 22 D2
Nīgrande 68 B4
Nigrita 87 C8
Nigüelas 28 E6
Niherne 15 H11
Niinilahti 64 A6
Niinimaa 64 B4
Niinimäki 65 C9
Niinisalo 64 D3
Niinivaara 65 A9
Niinivesi 65 A7
Niirokumpu 61 E10
Níjar 29 E8
Nijemci 76 G6
Nijkerk 11 D7
Nijlen 10 F6
Nijmegen 11 D7
Nijverdal 11 C8
Nikaia 86 F6
Nikaranperä 64 B6
Nikel' 59 E11
Niki 86 C5
Nikisiani 87 C9
Nikitas 87 E8
Nikkala 56 C6
Nikkaluokta 60 B2
Nikkaroinen 64 E6
Nikkeby 58 D4
Nikodin 86 B5
Nikolaevo BG 83 E7
Nikolaevo BG 83 F9
Nikola-Kozlevo 84 D2
Nikolayevo 67 E11
Nikoleia 87 C8
Nikolovo 83 C10
Nikolsdorf 39 E7
Nikopol 83 D8
Nikopoli 86 G4
Nīkrāce 68 B4
Nikšić 81 F8
Nikyup 83 E9
Nilivaara FIN 61 B7
Nilivaara S 60 C4
Nilsiä 63 G9
Nilvange 13 C8
Nim 44 E3
Nîmes 17 G12
Nimigea 78 C3
Nimis 39 F7
Nimisenkangas 63 F9
Nimisjärvi 63 E7
Nimtofte 44 D4
Nin 80 C2
Nina 67 D9
Nindorf 42 B4
Ninemile Bar 4 C5
Ninemilehouse 7 L5
Ninove 10 F5
Niort 16 B4
Nirza 69 B11
Niš 82 D3
Nisa 24 D4
Nisbet 5 B7
Niscemi 30 G5
Niška Banja 82 E3
Niskankorpi 62 G5
Niskanpera 61 E8
Nisko 73 C3
Niskos 64 C4
Nismes 12 A5
Nispen 10 E5
Nisporeni 79 C9
Nissafors 45 B8
Nissan-lez-Enserune 18 E2
Nissilä 63 F7
Nissinvaara 63 B10
Nissoria 30 F5
Nissumby 44 D1
Nissum Seminarieby 44 D1
Nistelrode 11 E7
Nistorești 79 F7
Nītaure 66 G6
Nitra 75 G8
Nitrianske Hrnčiarovce 75 G9
Nitrianske Pravno 75 F9
Nitrianske Rudno 75 F9
Nitrianske Sučany 75 G9
Nitry 12 F4
Nitta 46 F4
Nittedal 49 C8
Nittel 13 B8
Nittenau 41 F8
Nittendorf 41 F7
Nittorp 45 B8
Niukkala 65 D10
Nivå 45 E7
Niva 63 E10
Nivala 62 F5
Nivankylä 61 E7
Nivanpää 60 D6
Nivelles 10 G5
Nivenskoye 72 B2
Nivillac 14 F5
Nivillers 12 C2
Nivnice 75 F8
Nivolas-Vermelle 36 G3
Nivyanin 82 D6
Niwiska 73 D3
Nižbor 41 D10
Nižná 75 E11
Nižná Slaná 75 G12
Nižný Hrabovec 73 G3
Nižný Hrušov 73 G3
Nižný Žipov 73 G3
Nizza di Sicilia 30 E6
Nizza Monferrato 34 D3
Njavve 57 G6
NjegovuŽa 81 F9
Një Maj 86 D3
Njetjavare 60 D3
Njivice 80 B1
Njurundabommen 52 C5
Njutånger 52 E5
No 44 D1
Noaillan 16 F4
Noailles 12 C2
Noain 20 C4
Noale 35 C9
Noalejo 28 D6
Noasca 36 G5
Nöbbele 45 C10
Nobber 7 H6
Nobitz 41 B8
Noblejas 26 E5
Noćaj 81 B9
Nocé 15 E9
Nocera Inferiore 30 B5
Nocera Terinese 31 E8
Nocera Umbra 35 G10
Noceto 34 D6
Nöchling 74 H4
Noci 31 B10
Nociglia 31 C12
Nociūnai 69 E7
Nocrich 78 F3
Nødebo 44 E6
Nodeland 48 F5
Nödinge 46 F3
Nodland 48 F3
Nods 13 G8
Noé 21 B8
Noepoli 31 C8
Noer 42 B5
Nœux-les-Mines 10 G3
Noez 26 E4
Nofuentes 23 C11
Nogales 24 F6
Nogara 35 C7
Nogaro 16 G4
Nogent 13 E7
Nogent-le-Bernard 15 E9
Nogent-le-Roi 15 D11
Nogent-le-Rotrou 15 E10
Nogent-sur-Aube 12 E5
Nogent-sur-Oise 12 C2
Nogent-sur-Seine 12 E4
Nogent-sur-Vernisson 12 F3
Nogersund 45 E9
Nógrád 76 B6
Nógrádmegyer 77 A7
Nógrádsáp 76 B6
Nograles 23 F12
Noguera 27 D8
Noguères 20 B5
Nogueruelas 27 D9
Nohant-Vic 17 B8
Nohfelden 13 B9
Nohic 17 G7
Noia 22 C2
Noicattaro 31 A9
Noidans-lès-Vesoul 13 F8
Noilhan 21 B8
Noirétable 17 C11
Noirmoutier-en-l'Île 14 G5
Noisseville 13 C8
Noja 23 B11
Nojorid 77 C10
Nokia 64 D4
Nol 46 F3
Nolay 12 H6
Noli 34 E3
Nolimo 61 E10
Nolmyra 47 A8
Nólsoy 3 B9
Nombela 26 D3
Nomeland 48 D4
Nomenj 39 F8
Nomeny 13 D8
Nomia 88 E6
Nonancourt 15 D10
Nonantola 35 D7
Nonaspe 21 F7
None 19 A9
Nonières 17 E12
Nonnweiler 13 B9
Nontron 16 D6
Nonza 19 E11
Nõo 67 E8
Noordwijk-Binnen 10 D5
Noordwijkerhout 10 D5
Noordwolde 11 B8
Noormarkku 64 D2
Nopankylä 64 B3
Noppikoski 52 E2
Nor 52 E4
Nora S 46 C6
Nora S 52 C5
Nørager 44 C3
Noragugume 32 E2
Norberg 47 B7
Norcia 32 B6
Nordagutu 48 D6
Nordanå 52 B5
Nordanås S 55 C11
Nordanås S 55 D8
Nordanås S 55 F11
Nordanede 52 C4
Nordankäl 55 G9
Nordannälden 55 H7
Nordano 47 A7
Nordborg 44 G3
Nordbotn 58 D5
Nordby DK 44 E4
Nordby DK 44 F1
Norddeich 42 C2
Norðdepil 3 A9
Norddorf 44 G1
Norddyrøy 54 G1
Nordeide 50 F2
Nordeidet 58 D3
Norden 42 C2
Nordendorf 40 G6
Nordenham 42 D3
Nordenskov 44 E2
Norderåsen 55 H7
Norderney 42 C2
Norderö 52 B2
Norderstedt 42 C5
Nordfjord 59 C11
Nordfjordbotn 58 E2
Nordfjordeid 50 D2
Nordfold 57 E3
Nordhalben 41 C7
Nordhallen 54 H5
Nordhastedt 42 B4
Nordhausen 42 H6
Nordheim 40 F3
Nordholz 42 C4
Nordhorn 11 C9
Nordhuglo 48 C2
Nordingrå 52 B6
Nordkil 57 D4
Nordkirchen 11 E10
Nordkisa 49 B8
Nordkjosbotn 58 E3
Nordland 57 E1
Nord-Leirvåg 59 D11
Nordlenangen 58 D3
Nordli 54 F6
Nördlingen 40 F5
Nordmaling 56 G2
Nordmannvik 58 D3
Nordmela 57 B4
Nordnesøy 54 A5
Nordøyvågen 54 B5
Norðragøta 3 B9
Nordråk 51 G7
Nordsand 57 C4
Nordsinni 51 G7
Nordsjö S 52 E4
Nordsjö S 55 G9
Nordsjona 54 B6
Norðskáli 3 B8
Nordskjør 54 F3
Nordskot 57 E3
Nordstemmen 42 F5
Nord-Værnes 57 G1
Nordvågen 59 B8
Nordvik N 57 F3
Nordvik S 52 B6
Nordvika 50 A5
Nordwalde 11 D10
Nore 52 D4
Noreikiškės 68 F6
Norem 54 G3
Noreña 23 B7
Noresund 49 B7
Norg 11 B8
Norheimsund 48 B3
Norinkylä 64 B3
Norje 45 D9
Norma 32 D6
Norn 52 G3
Nornäs 51 E11
Noroy-le-Bourg 13 F8
Norppa 62 F4
Norra Åsum 45 E9
Norra Blommaberg 52 E3
Norra Bredåker 56 B3
Norra bro 46 C6
Norra Fjällnäs 55 C8
Norra Holmnäs 56 C2
Norråker 55 F8
Norra Klagshamn 45 F7
Norra Malånäs 55 D11
Norra Prästholm 56 B4
Norra Rödupp 60 E5
Norra Skärvången 55 G7
Norra Vallgrund 62 G2
Norra Vi 46 F6
Norrbäck S 52 D4
Norrbäck S 55 E10
Norrbo 52 D4
Norrboda S 52 F3
Norrboda S 52 G6
Norrby FIN 62 F3
Norrby S 47 B10
Norrbyberg 55 E11
Norrbyn 56 G2
Norrbyskär 56 G2
Nørre Åby 44 F3
Nørre Alslev 44 G6
Nørreballe 44 G5
Nørre Bork 44 E1
Nørre Broby 44 F4
Nørre Felding 44 D2
Nørre Halne 44 B3
Nørre Kongerslev 44 C4
Nørre Nebel 44 E1
Norrent-Fontes 10 G2
Nørre Snede 44 E3
Nørresundby 44 C3
Nørre Vejrup 44 F2
Nørre Vorupør 44 C1
Norrfällsviken 52 B6
Norrfjärden S 52 D5
Norrfjärden S 56 C4
Norrfjärden S 56 F3
Norrflärke 55 G10
Norrfors S 55 F11
Norrfors S 55 G11
Norrgårdssälen 51 F11
Norr-Greningen 52 A3
Norrhult-Klavreström 45 B10
Norrköping 47 E7
Norrlångträsk 56 D3
Norr-Moflo 55 H9
Norrnäs 64 B2
Norrsjön 55 E8
Norrskedika 52 G6
Norrstig 52 C6
Norrstrand 55 C11
Norrsundet 52 F5
Norrtälje 47 B10
Norrtjärn 52 F5
Norrvåge 53 A7
Norrvik 55 E10
Nors 44 C2
Norsholm 47 E7
Norsjö 56 D2
Nörten-Hardenberg 42 G5
Northallerton 5 E8
Northam 8 F3
Northampton 9 C8
North Berwick 3 G7
Northborough 9 B9
North Cave 5 F9
North Duffield 5 F9
Northeim 42 G5
North Ferriby 5 F10
North Grimston 5 E9
North Hykeham 5 G10
North Leigh 9 D7
North Shields 5 C8
North Somercotes 5 G10
North Sunderland 5 B8
North Tidworth 9 E7
Northton 2 D2
North Walsham 9 B11
Northwich 5 G7
Nortmoor 11 B10
Norton GB 5 E9
Norton GB 9 C10
Norton Fitzwarren 8 F5
Nortorf 42 B5
Nortrup 11 C10
Nort-sur-Erdre 14 G6
Norup 44 C4
Norvasalmi 61 E8
Norwich 9 B11
Norwick 3 A12
Noşlac 78 E2
Nøss 57 B3
Nossa Senhora da Boa Fé 24 F4
Nossa Senhora da Graça de Póvoa e Meadas 24 D4
Nossa Senhora da Graça do Divor 24 F4
Nossa Senhora da Graça dos Degolados 24 E5
Nossa Senhora das Neves 25 H4
Nossa Senhora de Machede 24 F4
Nossebro 46 E3
Nossen 41 B9
Nossendorf 43 C9
Nossentiner Hütte 43 C8
Noszlop 76 C3
Noszvaj 77 B8
Notaresco 33 B7
Notia 86 C6
Nőtincs 76 B6
Nötö 66 A2
Noto 30 G6
Notodden 48 D6
Notre-Dame-de-Bellecombe 36 F4
Notre-Dame-de-Gravenchon 15 C9
Notre-Dame-de-Monts 16 A1
Notre-Dame-d'Oé 15 G10
Nötsch im Gailtal 39 F8
Nottensdorf 42 D5
Nottingham 9 B8
Nottuln 11 D9
Notviken 56 C4
Nouan-le-Fuzelier 15 F11
Nouans-les-Fontaines 15 G10
Nouart 12 C6
Nõuni 67 E8
Nousiainen 64 F3
Nousionmäki 65 A9
Nousu 61 D10
Nouvion 10 H1
Nouzilly 15 F10
Nouzonville 12 B6
Nõva 66 C4
Nova 76 D2
Nová Baňa 75 G9
Nova Breznica 82 G2
Nova Bukovica 76 F3
Nová Bystřice 74 F4
Nová Cerekev 74 E4
Novachene BG 82 E6
Novachene BG 83 D8
Novaci MK 86 C5
Novaci RO 78 G2
Nova Crnja 77 F8
Nová Dedina 76 A5
Novadnieki 68 B5
Nová Dubnica 75 F9
Novafeltria 35 F9
Nova Gorica 35 B11
Nova Gradiška 76 G3
Nova Ivanivka 79 F11
Novaj 77 B8
Novajidrány 73 G2
Nova Kamena 84 D2
Nova Kasaba 81 C9
Novaki 39 H11
Novakovo 83 G8
Nováky 75 G9
Novales E 20 E6
Novales E 23 B10
Nova Levante 38 F5
Novalja 80 C2
Novallas 20 E4
Nová L'ubovňa 73 F1
Nova Makhala 83 G7
Nova Nadezhda 83 G9
Nova Nekrasivka 79 G10
Nová Paka 74 C5
Nova Pazova 81 B11
Nova Pokrovka 79 F11
Novara 34 C3
Novara di Sicilia 30 E6
Nová Role 41 D9
Nova Sela 80 F6
Nova Siri 31 C9
Novate Mezzola 37 E8
Nova Topola 76 G3
Nova Varoš 81 E10
Nova Vas 39 G9
Nová Včelnice 74 F4
Nová Ves I 74 D4
Nová Ves nad Žitavou 75 G9
Nova Zagora 83 F10
Nové Hrady 74 G4
Novelda 29 B11
Novellara 35 D7
Nové Město nad Metuj 74 C6
Nové Mesto nad Váhom 75 G8
Nové Město na Moravé 74 E6
Nové Město pod Smrkem 74 B4
Nove Misto 73 E4
Noventa di Piave 35 B10
Noventa Vicentina 35 C8
Noves 18 D5
Novés 26 E3
Nové Veselí 74 E5
Nové Zámky 76 B4
Novgorodka 67 G10
Novgrad 83 D9
Novi Banovci 81 B11
Novi Bečej 77 F7
Novi di Modena 35 D7
Novi Dojran 87 C7
Noviergas 20 E3
Novi Grad 76 G4
Novigrad HR 35 C11
Novigrad HR 80 D3
Novigrad Podravski 76 E2
Novi Iskŭr 82 F5
Novi Karlovci 77 G7
Novi Khan 82 F6
Novi Kneževac 77 E7
Novi Kozarci 77 F8
Novi Ligure 34 D3
Novi Marof 76 E1
Novion-Porcien 12 B5
Novi Pazar BG 84 D2
Novi Pazar YU 81 F11
Novi Sad 77 G7
Novi Šeher 81 C7
Novi Slankamen 77 G8
Novi Travnik 80 D6
Novi Vinodolski 80 B2
Novo Beograd 81 B11
Novoborysivka 79 C12
Novočići 81 F7
Novo Delchevo 87 B8
Novo Korito 82 D4
Novo Mesto 39 G10
Novo Miloševo 77 F8
Novomoskovskiy 72 B2
Novomykolayivka 79 F12
Novo Orahovo 77 F7
Novo Oryakhovo 84 E3
Novopetrivka 79 C12
Novo Poljance 82 F1
Novorzhev 67 G11
Novosamarka 79 B12
Novosedly 74 F6
Novoselë AL 86 A3
Novoselë AL 86 D1
Novoselec 76 F1
Novoselets 83 F10
Novoselija 80 B5
Novoselivka UA 79 B12
Novoselivka UA 79 D12
Novo Selo BG 82 C4
Novo Selo BG 82 G4
Novo Selo BG 83 C10
Novo Selo BG 83 H10
Novo Selo BIH 76 G4
Novo Selo BIH 76 G4
Novo Selo MK 87 B7
Novo Selo YU 82 D1
Novoselovo 71 B10
Novoseltsi 84 F2
Novosel'ye 67 E11
Novoselytsya 78 A6
Novosil's'ke 79 G10
Novostroyevo 72 B4
Novot' 75 E10
Novoukrayinka 79 D12
Novovolyns'k 73 C6
Novoyavorivs'ke 73 D5
Novska 76 G2
Nový Bor 74 C3
Nový Bydžov 74 D5
Novy-Chevrières 12 B5
Novy Dvor 69 H7
Nový Hrozenkov 75 E9
Nový Jičín 75 E8
Nový Knín 74 E3
Nový Malín 75 D7
Novy Pahost 69 D11
Nový Rychnov 74 E5
Novyya Kruki 69 D11
Novyy Izborsk 67 F10
Novyy Rozdil 73 E6
Nový Život 76 A3
Nowa Brzeźnica 75 B10
Nowa Cerekwia 75 D8
Nowa Chodorówka 72 D5
Nowa Dęba 73 C3
Nowa Karczma 71 B8
Nowa Ruda 74 C6
Nowa Sarzyna 73 D4
Nowa Słupia 73 C2
Nowa Sól 70 G5
Nowa Sucha 71 F10
Nowa Wieś Ełcka 72 C4
Nowa Wieś Lęborskie 71 B7
Nowa Wieś Wielka 71 E7
Nowa Wola 72 E6
Nowa Wola Gołębiowska 73 A2
Nowe 71 C8
Nowe Brusno 73 D5
Nowe Brzesko 75 D12
Nowe Czarnowo 70 D3
Nowe Miasteczko 70 G5
Nowe Miasto 72 E2
Nowe Miasto Lubawskie 71 D9
Nowe Miasto nad Pilicą 72 G2
Nowe Miasto nad Wartą 71 G7
Nowe Ostrowy 71 F9
Nowe Piekuty 72 E5
Nowe Skalmierzyce 71 G7
Nowe Warpno 70 C3
Nowinka 72 C5
Nowogard 70 C4
Nowogród 72 D4
Nowogród Bobrzański 70 G4
Nowogródek Pomorski 70 E4
Nowogrodziec 74 B5
Nowosady 72 E6
Nowosielce 73 E3
Nowosolna 71 G9
Nowotaniec 73 E3
Nowowola 72 D6
Nowy Bartków 72 F4
Nowy Duninów 71 F9
Nowy Dwór PL 68 H6
Nowy Dwór PL 71 D7
Nowy Dwór Gdański 71 B9
Nowy Dwór Mazowiecki 72 F2
Nowy Kawęczyn 72 G2
Nowy Korczyn 73 D1
Nowy Lubliniec 73 D5
Nowy Sącz 73 E1
Nowy Staw 71 B9
Nowy Targ 75 E11
Nowy Tomyśl 70 F5
Nowy Wiśnicz 75 D12
Nowy Żmigród 73 E2
Noyal-Muzillac 14 F5
Noyalo 14 F5
Noyal-Pontivy 14 E4
Noyant 15 F9
Noyarey 36 G3
Noyen-sur-Sarthe 15 F8
Noyers 12 F5
Noyers-sur-Cher 15 G11
Noyers-sur-Jabron 18 C6
Noyon 12 B3
Nozay 14 F6
Nozdrzec 73 E3
Nozeroy 36 D4
Nuaillé-d'Aunis 16 B3
Nuasjärvi 61 D7
Nübel 42 A5
Nubledo 23 B7
Nucet 77 E11
Nuci 83 B10
Nucșoara 78 G4
Nudersdorf 43 G9
Nüdlingen 40 D5
Nudyzhe 73 B6
Nueil-sur-Argent 15 H8
Nuenen 11 E7
Nueno 20 D6
Nuestra Señora del Pilar 29 H7
Nueva 23 B8
Nueva-Carteya 28 D5
Nueva Jarilla 25 L7
Nuez de Ebro 27 B9
Nufăru 79 G11
Nughedu di San Nicolò 32 E2
Nuijamaa 65 E9
Nuillé-sur-Vicoin 15 F7
Nuits 12 F5
Nuits-St-Georges 12 G6
Nukari 64 F6
Nukši 69 B11
Nuland 11 E7
Nule 32 E3
Nules 27 E10
Nulvi 32 D2
Numana 35 G11
Numansdorp 10 E5
Nummela 64 G5
Nummi FIN 64 F3
Nummi FIN 64 G4
Nummijärvi 64 C3
Nummikoski 64 C3
Nünchritz 41 B10
Nuneaton 9 C7
Nunnanen 59 G7
Nunnanlahti 63 G10
Nuñomoral 24 B7
Nunsdorf 43 F10
Nunspeet 11 C7
Nuojua 63 E7
Nuoksujärvi 60 D5
Nuolijärvi 63 F9
Nuoramoinen 64 D6
Nuorgam 59 D9
Nuoritta 63 D7
Nuoro 32 E3
Nuorunka 63 B8
Nuottavaara 60 D6
Nuottikylä 63 D9
Nur 72 E4
Nuragus 32 F2
Nurallao 32 F2
Nuraminis 32 G2
Nureci 32 F2
Nuriye 85 G4
Nurmaa 65 E7
Nurmes 63 G10
Nurmesperä 62 F6
Nurmijärvi FIN 63 G10
Nurmijärvi FIN 64 F5
Nurmo 64 B4
Nürnberg 40 E6
Nurney 7 K6
Nurri 32 F3
Nurste 66 D3
Nürtingen 40 G4
Nurzec-Stacja 72 F5
Nus 36 F6
Nusco 30 B6
Nușeni 78 C3
Nușfalău 77 C12
Nusfjord 57 D1
Nusnäs 52 F2
Nusplingen 37 A8
Nußbach 39 C9
Nußdorf 38 C6
Nußdorf am Inn 38 C6
Nuštar 76 G5
Nustrup 44 F2
Nuth 11 F7
Nutheim 48 D5
Nuttuperä 62 F6
Nuuksujärvi 60 C5
Nuupas 63 B7
Nuutajärvi 64 E4
Nuutila 63 E7
Nuutilanmaki 65 D8
Nuvsvåg 58 C5
Nuvvus 59 D8
Nuxis 32 G2
Nüziders 38 E2
Nya Bastuselet 55 D11
Nyåker S 55 G10
Nyåker S 56 G2
Nyárád 76 C3
Nyáregyháza 76 C6
Nyárlőrinc 77 D7
Nyársapát 77 C7
Nybble 46 C5
Nybergsund 51 F10
Nyborg DK 44 F4
Nyborg N 59 C10
Nyborg S 56 C5
Nybro 45 C11
Nybrostrand 45 F8
Nyby FIN 64 B2
Nyby N 59 D7
Nyby S 52 A3
Nybyn S 52 A6
Nybyn S 52 E3
Nybyn S 56 C3
Nýdek 75 E9
Nydri 86 H4
Nye 45 B10
Nyeharelaye 69 H10
Nyékládháza 77 B9
Nyelv 59 D10
Nyergesújfalu 76 B5
Nyhammar 52 G2
Nyhem S 52 B3
Nyhem S 55 C10
Ny Højen 44 E3
Nyhus 58 E2
Nyhyttan 46 B6
Nyírábrány 77 B11
Nyíracsád 77 B10
Nyírád 76 C3
Nyíradony 77 B10
Nyírbátor 77 B11
Nyírbéltek 77 B11
Nyírbogát 77 B11
Nyírbogdány 77 A10
Nyíregyháza 77 B10
Nyírgelse 77 B10
Nyírgyulaj 77 B11
Nyíribrony 77 A10
Nyírkáta 77 B11
Nyírmada 77 A11
Nyírmeggyes 77 B11
Nyírmihálydi 77 B10
Nyírpazony 77 B10
Nyírtass 77 A11
Nyírtelek 77 A10
Nyírtét 77 A10
Nyírtura 77 A10
Nyírvasvári 77 B11
Nykarleby 62 G3
Nyker 45 F9
Nykil 46 E6
Nykøbing 44 G6
Nykøbing Mors 44 C2
Nykøbing Sjælland 44 E5
Nyköping 47 D8
Nykrogen 47 B7
Nykroppa 46 B5
Nyksund 57 C3
Nykvåg 57 C2
Nykvarn 47 C9
Nykyrke 46 D6
Nyland S 52 B6
Nyland S 56 G1
Nyland S 56 G2
Nylars 45 G9
Nyliden 55 G11
Nymburk 74 D4
Nymfes 86 F2
Nymindegab 44 E1
Nymoen 58 C4
Nynäshamn 47 D9
Nyneset 54 F5
Ny Nørup 44 E3
Nyoiseau 15 F7
Nyon 36 E4
Nyons 18 C5
Nyråd 44 G6
Nýřany 41 E9
Nýrsko 41 F9
Nyrud 59 E11
Nysa 75 C7
Nysäter 46 C3
Nysätern 51 C11
Nysättra 47 B10
Nysted DK 44 G6
Nysted N 58 F2
Nystrand 56 C3
Nyträsk 56 D3
Nytrøa 58 F2
Nyúl 76 B3
Nyvoll 58 C6
Nyzhankovychi 73 E4
Nyzhni Petrivtsi 78 A5
Nyzhni Vorota 73 G5
Nyzhniy Bystryy 73 H5
Nyzhnya Vysots'ke 73 F5
Nyzhnya Yablun'ka 73 F4

O

Oadby 9 C8
Oakengates 8 B6
Oakham 9 B8
Oakley GB 9 C8
Oakley GB 9 D8
Oakley GB 9 E8
Oancea 79 F9
Oandu 67 C8
Oarja 83 B8
Oarța de Jos 78 C1
Obalj 81 E7
Oban 2 F4
O Barco 22 D5
Obârșia 83 C7
Obârșia-Cloșani 77 G12
Obârșia de Câmp 82 C5
Obbola 56 G2
Obdach 39 E9
Obecnice 41 E10
Obedinenie 83 D9
Obejo 28 C4
Obeliai 69 C9
Oberaich 39 D10
Oberalm 39 C7
Oberammergau 38 D4
Oberasbach 40 E6
Oberau 38 D4
Oberaudorf 38 D6
Oberderdingen 40 F3
Oberding 41 G7
Oberdrauburg 39 E7
Oberegg 37 C9
Oberelsbach 40 C5
Oberfell 11 H10
Obergebra 42 H6
Obergösgen 36 C6
Ober-Grafendorf 39 C11
Obergriesbach 40 G6
Obergünzburg 37 B10
Obergurgl 38 E4
Obergurig 74 B3
Oberhaag 39 F10
Oberhaid 40 D6
Oberharmersbach 40 G2
Oberhausen D 11 E9
Oberhausen D 40 G6
Oberheldrungen 43 H7
Oberhof 40 C6
Oberhofen 36 D6
Oberkirch 13 D10
Oberkochen 40 G5
Oberkotzau 41 D7
Oberlangen 11 B9
Oberlung-witz 41 C9
Obermarchtal 40 H4
Obermaßfeld-Grimmenthal 40 C5
Obermoschel 13 B10
Obernai 13 E10
Obernberg am Inn 41 G9
Oberndorf 42 C4
Oberndorf am Lech 40 G6
Oberndorf am Neckar 40 H3
Oberndorf bei Salzburg 39 C7
Oberneukirchen 39 B9
Obernfeld 42 G6
Obernheim 37 A8
Obernheim-Kirchenarnbach 13 C10
Obernkirchen 42 F4
Obernzell 39 B8
Oberpullendorf 76 B1
Oberried 36 B6
Oberrieden 37 B10
Oberriet 37 C9
Ober-Roden 40 D3
Oberroßla 41 B7
Oberrotweil 36 B6
Oberschneiding 41 G8
Oberschützen 76 C1
Obersiebenbrunn 75 H7
Obersinn 40 D4
Oberspier 42 H6
Oberstadion 37 A9
Oberstaufen 37 C9
Oberstdorf 37 C10
Oberstenfeld 40 F4
Oberthal 13 B9
Obertilliach 38 E6
Obertraubling 41 F8
Obertrubach 41 E7
Obertshausen 40 D3
Oberursel (Taunus) 40 D3
Obervellach 39 E7
Oberviechtach 41 E8
Oberwald 37 E7
Oberwart 76 C1
Oberwölbling 39 B11
Oberwölz 39 D9
Óbidos 24 D2
Obilić 82 F1
Obing 38 C6
Obinitsa 67 E9
Obitel 83 E11
Objat 17 D7
Objazda 70 B6
Öblarn 39 D8
Obleševo 82 G4
Oblikë e Madhe 81 H9
Obnova 83 D8
Oboga 82 B6
O Bolo 22 D5
Obón 20 G5
Oborci 80 D6
Oborín 73 G3
Oborishte 82 F6
Oborniki 70 E6
Oborniki Śląskie 75 B7
Obrazów 73 C3
Obreja 77 G11
Obrenovac 81 C11
Obretenik 83 D9
Obrež YU 81 B10
Obrež YU 82 D2
Obrigheim 40 E3
Obrnice 41 C10
Obrochishte 84 D4
Obrov 35 C12
Obrovac HR 80 C3
Obrovac YU 76 G6
Obrowo 71 E8
Obrtići 81 D8
Obruchishte 83 G10
Obryte 72 E3
Obrzycko 70 E6
Obsza 73 D4
Obudovac 81 B8
Obzor 84 E3
O Cádabo 22 C4
Ocaklar 85 D4
Ocana 19 F11
Ocaña 26 E5
O Castelo 22 E2
O Castro 22 D3
Occhiobello 35 D8
Occimiano 34 D3
Očevlja 81 D8
Ochagavía 20 C5
Ochiltree 4 C5
Ochla 70 G4
Ochodnica 75 E9
Ochsenfurt 40 E5
Ochsenhausen 37 B9
Ochthonia 89 A8
Ochtrup 11 D9
Ocke 51 B11
Ockelbo 52 F4
Öckerö 46 F2
Ockholm 44 G2
Ocksjön 52 C2
Ocland 78 E5
Ocna de Fier 77 G10
Ocna Mureș 78 E2
Ocna Sibiului 78 F2
Ocna Șugatag 78 B2
Ocnele Mari 78 G3
Ocnița 83 A9
Ocolina 79 A9
Ocoliș 78 E1
O Convento 22 D2
O Corgo 22 C4
Ocrkavlje 81 E8
Öcsa 76 C6
Öcsény 76 E5
Öcsöd 77 D8
Octeville 14 B6
Octeville-sur-Mer 15 B9
Ocypel 71 C8
Odăile 79 G7
Ödåkra 45 D7
Odda 48 C3
Odden 58 E3
Oddense 44 C2
Odder 44 E4
Oddsta 3 B12
Ödeborg 46 E2
Odeceixe 25 J2
Odeleite 25 J5
Odelouca 25 K3
Odelzhausen 40 G6
Odemira 25 J3
Odena 21 E9
Odensbacken 46 C6
Odensberg 46 E4
Odense 44 F4
Odensjö 46 F5
Odensvi 47 F7
Oderberg 43 E10
Oderin 43 F10
Oderzo 35 B9
Ödeshog 46 E5
Odiáxere 25 K3
Odiham 9 E8
Ødis 44 F3
Odivelas P 24 F2
Odivelas P 24 G3
Ödkarby 53 G8
Odobești RO 79 F7
Odobești RO 83 B9
Odolanów 71 H7
Odolena Voda 74 D3
Odón 20 G4
Odoorn 11 B9
Odorheiu Secuiesc 78 E5
Odry 75 E8
Odrzywół 72 H2
Ödsmål 46 E2
Ødsted 44 E3
Odŭrne 83 D8
Odžaci BIH 81 E7
Odžaci YU 76 F6
Odžak BIH 76 G4
Odžak BIH 80 D5
Odžak BIH 81 E7
Odžak YU 81 E9
Odziena 69 B9
Oebisfelde 43 F7
Oedelsheim (Oberweser) 42 G5
Oederan 41 B9
Oeffelt 11 E7
Oegstgeest 10 D5
Oeiras 24 F1
Oelde 42 G3
Oelixdorf 42 C5
Oelsnitz D 41 C8
Oelsnitz D 41 C9
Oenkerk 11 B7
Oensingen 36 C6
Oerel 42 D4
Oering 42 C6
Oerlenbach 40 D5
Oerlinghausen 42 G4
Oestrich-Winkel 13 A10
Oettersdorf 41 C7
Oettingen in Bayern 40 F6
Oetz 38 D4
Oetzen 42 D6
Oeversee 44 G3
Œyréluy 20 A5
Ofatinți 79 B11
Ófehértó 77 B11
Ofena 33 C7
Offanengo 34 C5
Offemont 36 B5
Offenbach am Main 40 D3
Offenberg 41 F9
Offenburg 13 E10
Offerdal 54 H6
Offersøy 57 D4
Offida 33 A7
Offingen 40 G5
Offranville 15 B10
Ofte 48 D5
Ofterdingen 40 G3
Oftersheim 40 E3
Ogenbargen 42 C2
Oger 12 D5
Ogeu-les-Bains 20 B5
Ogéviller 13 D9
Oggevatn 48 F5
Ogliastro 19 E11
Ogliastro Cilento 30 C6
Ogmore 8 E4
Ognyanovo 87 B9
Ogonelloe 7 K4
Ogošte 82 F2
Ogoya 82 E6
Ogra 78 E3
Ogre 66 G5
Ogren 86 D3
Ogresgals 66 G6
Ogrezeni 83 B9
Ogrodniki 72 F3
Ogrodzieniec 75 C11
Ogrosen 43 G10
O Grove 22 D2
Ogulin 80 A2
Oğulpaşa 85 A2
Ohaba 78 E2
Ohaba Lungă 77 F10
Ohanes 29 E8
Ohey 10 G6
Ohkola 64 F6
Ohlsbach 13 E10
Ohlstadt 38 D4
Ohne 11 D9
Ohorn 41 B10
Ohrady 76 A3
Ohrdruf 40 B6
Ohrid 86 C4
Öhringen 40 F4
Ohtaanniemi 65 B9
Ohtanajärvi 60 D5
Ohukotsu 66 C5
Oia 89 F10
Oiã 24 A3
Oiartzun 20 B3
Øie 54 E5
Oignies 10 G3
Oijärvi 62 B6
Oijusluoma 63 B10
Oikarainen 61 E8
Oilgate 7 L6
Oímbra 22 E4
Oinacu 83 C10
Oinas 61 D9
Oinasjärvi 63 F8
Oinofyta 89 B7
Oinoi 89 B7
Oiron 15 H8
Oiselay-et-Grachaux 13 G7
Oisemont 15 B11
Oisseau 15 E8
Oissel 15 C10
Oisu 67 D7
Õisu 67 E7
Oitti 64 F6
Oituz 79 E7
Oitylo 88 E5
Oivanki 63 B10
Oizon 12 G3
Öja FIN 62 F3
Öja S 47 H10
Ojakkala 64 G5
Ojakylä FIN 62 C6
Ojakylä FIN 62 D5
Ojakylä FIN 62 E6
Ojanperä 63 E7
Öjarn 55 G7
Ojdula 78 F6
Öje 51 G11
Öjebyn 56 C3
Öjeforsen 52 D3
Ojén 28 F4
Öjingsvallen 52 D2
Ojos Negros 20 G4
Ojrzeń 72 E2
Öjung 52 E3
Okalewo 71 E9
Okány 77 D9
Økdal 51 B7
Okehampton 8 F3
Okhotnoye 68 E4
Oklaj 80 D4
Oknö 47 H8
Okoč 76 B4
Okonek 70 D6
Okopy 73 B6
Ököritófülpös 77 B11
Okorsh 84 D2
Okříšky 74 F5
Okrouhlice 74 E5
Okrúhle 73 F2
Oksa 75 C11
Öksajärvi 60 C5
Oksakoski 62 G5
Oksava 62 F6
Oksbøl DK 44 E1
Oksbøl DK 44 G3
Øksfjord 58 C5
Øksnes 57 C3
Økseneshamn 57 D3
Oksvoll 54 G2
Okučani 76 G3
Olague 20 C4
Olaine 68 B6
Olalhas 24 D3
Oland 48 E5
Olănești 79 E12
Olanu 83 A7
Olargues 21 B11
Olari 77 E10
Olaszliszka 73 H2
Olave 20 C4
Oława 75 B7
Olazagutía 20 C3
Olba 27 D9
Olbendorf 76 C1
Olbernhau 41 C9
Olbersdorf 74 B4
Olbersleben 41 B7
Olbia 32 D3
Olbięcin 73 C3
Olbramovice 74 E4
Olcea 77 D10
Oldcastle 7 H6
Old Dailly 4 C4
Oldebroek 11 C7
Oldedalen 50 E3
Oldehove 11 A8
Oldeide 50 E1
Oldemarkt 11 B7
Olden N 50 E3
Olden S 54 G6
Oldenbrok 42 D3
Oldenburg 42 D3
Oldenburg in Holstein 43 B7
Oldendorf 42 C4
Oldenswort 42 B4
Oldenzaal 11 C9
Olderdalen 58 D3
Oldereid 57 F3
Olderfjord 59 C7
Oldernes 59 C7
Oldervik N 57 G1
Oldervik N 58 C6
Oldervik N 58 D3
Oldham 5 F8
Old Head 7 N4
Oldisleben 43 H7
Old Leake 5 G10
Oldmeldrum 3 E7
Oldsum 44 G1
Oldtown 7 H7
Oleby 46 A4
Olecko 72 C4
Oleggio 34 C3
Oleiros 24 C4
Oleksandrivka 79 C12
Olekseyivka 79 B11
Olemps 17 F9
Olen 10 F6
Ølen 48 C2
Olesa de Montserrat 21 F9
Oleśnica PL 73 C2
Oleśnica PL 75 B7
Olešnice 74 E6
Olesno PL 73 D2
Olesno PL 75 B9
Oleszyce 73 D5
Olette 21 D10
Olevano Romano 32 D6
Olfen 11 E9
Olgina 67 B10
Olginate 34 B4
Ølgod 44 E2
Olgrinmore 2 B6
Olhalvo 24 E2
Olhão 25 K4
Olhava 62 C6
Ølholm 44 E3
Olho Marinho 24 D2
Ol'hopil' 79 A12
Oliana 21 E9
Olías del Rey 26 E4
Oliena 32 E3
Oliete 20 G5
Oligastro Marina 30 C6
Olingdal 52 D2
Olingsjövallen 52 D2
Oliola 21 E8
Olite 20 D4
Oliva 27 G10
Oliva de la Frontera 24 G5
Oliva de Mérida 24 F7
Olival 24 C3
Olivares 25 J7
Olivares de Júcar 27 E7
Oliveira de Azeméis 22 G2
Oliveira de Frades 22 G3
Oliveira do Arda 22 G3
Oliveira do Bairro 24 A3
Oliveira do Conde 24 B4
Oliveira do Douro 22 F2
Oliveira do Hospital 24 B4
Oliveirinha 22 G2
Olivenza 24 F5
Oliveri 30 E6
Olivet 15 F11
Oliveto Citra 30 B6
Oliveto Lucano 31 B8
Olivone 37 E8
Ol'ka 73 F3
Olkijoki 62 D5
Olkiluoto 64 E2
Olkkajärvi 61 E8
Olkusz 75 D11
Ollaberry 3 B12
Ollerton 5 G9
Ollerup 44 G4
Olliergues 17 D11
Ollila FIN 61 E11
Ollila FIN 64 F4
Ollilanniemi 63 E9
Ollioules 18 E6
Ollo 20 C3
Öllölä 65 C11
Ollolai 32 E3
Ollon 36 E5
Ollsta 55 H8
Ölmbrotorp 46 C6
Ölme 46 C5
Olmedilla de Roa 23 E10
Olmedo E 23 F9
Olmedo I 32 D1
Olmeta-di-Tuda 19 E11
Olmeto 19 G11
Olmos de Ojeda 23 C9
Olney 9 C8
Olocau 27 E10
Olocau del Rey 20 G6
Olofsfors 56 G2
Olofstorp 46 F3
Olofström 45 D9
Olombrada 23 F10
Olomouc 75 E7
Olonne-sur-Mer 16 B2
Olonzac 21 B11
Oloron-Ste-Marie 20 B5
Olost 21 E10
Olot 21 D10
Oloví 41 D8
Olovo 81 D8
Olpe 11 F10
Olřišov 75 D8
Olšany 75 D7
Olšany u Prostějova 75 E7
Olsätter 46 B4
Olsbenning 47 B7
Olsberg D 42 H3
Olsberg N 58 E2
Ölsboda 46 C5
Olsfors 46 F3
Olshammar 46 D6
Olsøy 54 G3
Olst 11 C8
Ølsted DK 44 E3
Ølsted DK 44 E6
Ølstykke 44 E6
Olszanica 73 E4
Olszanka 75 B8
Olszany 73 E4
Olszewo-Borki 72 E3
Olsztyn PL 72 C2
Olsztyn PL 75 C10
Olsztynek 72 D2
Olszyn 72 F5
Olszyna 74 B5
Olszyny 73 E1
Oltedal 48 E3
Olten 36 C6
Oltenești 79 D9
Olteni 83 C8
Oltenița 83 C11
Oltina 84 C3
Olula del Río 29 D8
Olustvere 67 D7
Olvan 21 E10
Olvasjärvi 63 D8
Ólvega 20 E3
Olvena 21 D7
Olvera 28 E3
Olympias GR 86 E6
Olympias GR 87 D9
Olynthos 87 E8
Olzai 32 E3
Oma 48 B2
Omagh 6 F5
Omalos 89 G8
Omarchevo 83 F10
Omarska 80 B5
Ombersley 8 C6
Omedu 67 D8
Omegna 34 B3
Ömerköy 85 E4
Ömerli 85 D4
Omessa 19 F11
Omiš 80 E5
Omišalj 80 A1
Ommen 11 C8
Omne 52 B6
Omolio 87 E7
Omoljica 81 B11
Omont 12 B6
Ömossa 64 C2
Omurtag 83 E10
Omvriaki 86 G6
Ona 50 C3
Oña 23 C11
Onani 32 E3
Onano 32 B4
Oñati 20 C2
Oncala 20 E3
Oncești 79 E8
Onchan 4 E5
Onda 27 E10
Ondara 27 G11
Ondarroa 20 B2
Ondřejov 74 D4
Ondres 20 B4
Oneglia 34 F2
Onesse-et-Laharie 16 G3
Onești 79 E7
Onet-le-Château 17 F9
Onga 73 H2
Oniceni 79 D8
Onich 2 F4
Onifai 32 E3
Oniferi 32 E3
Onițcani 79 C11
Onkamaa 65 F8
Onkamo FIN 61 D11
Onkamo FIN 62 C6
Onkamo FIN 65 C11
Onkiniemi 65 D7
Önnestad 45 E8
Önningby 53 H8
Ónod 77 A9
Onøya 54 B5
Onsala 44 B6
Onsbjerg 44 E4
Ønslev 44 G6
Onslunda 45 F8
Onstmettingen 40 H3
Onstwedde 11 B9
Ontiñena 20 E6
Ontinyent 27 G10
Ontojoki 63 F9
Onttola 65 B10
Ontur 27 G8
Onuškis LT 69 C8
Onuškis LT 69 F7
Onzain 15 F10
Onzonilla 23 D7
Oola 7 L4
Ooltgensplaat 10 E5
Oonurme 67 C8
Oostakker 10 F4
Oostburg 10 E4
Oostende 10 F3
Oostendorp 11 C7
Oosterend 10 B6
Oosterhesselen 11 C9
Oosterhout 10 E6
Oosterland 10 E5
Oosterwolde 11 B8
Oosterzele 10 F4
Oosthuizen 10 C6
Oostkamp 10 F4
Oostkapelle 10 E4
Oost-Souburg 10 E4
Oostvleteren 10 F3
Oost-Vlieland 10 B6
Ootmarsum 11 C9
Opaka 83 D10
Opalenica 70 F5
Opalenie 71 C8
Ópályi 77 B11
Opan 83 G9
Opařany 74 E3
Opatija 35 C12
Opatov 74 D6
Opatovice nad Labem 74 D5
Opatów PL 73 C2
Opatów PL 75 B9
Opatów PL 75 B10
Opatówek 71 G8
Opatowiec 73 D1
Opava 75 D8
Ope 52 B2
O Pedrouzo 22 C3
Opeinde 11 B8
Opfenbach 37 B9
Opi 33 D7
Oplotnica 39 F10
Opmeer 10 C6
Opochka 67 H10
Opočno 74 D6
Opoczno 75 A12
Opole 75 C8
Opole Lubelskie 73 B3
Oporelu 83 B7
Oporets' 73 G5
Opoul-Périllos 21 C11
Opovo 77 G8
Oppala 52 F5
Oppdal 51 C7
Oppeano 35 C7
Oppeby 47 F7
Oppedal 50 F2
Oppegard 49 C8
Oppenau 40 G2
Oppenheim 40 D2
Opphaug 54 G2
Opphus 51 F8
Oppido Lucano 31 B8
Oppido Mamertina 31 G8
Oppin 43 G8
Opponitz 39 C10
Oppurg 41 C7
Oprisavci 76 G4
Oprișor 82 C5
Oprtalj 35 C12
Opsa 69 D10
Opsaheden 51 G11
Optași-Măgura 83 B7
Ópusztaszer 77 E7
Opuzen 80 F6
Opwijk 10 F5
Őr 77 B11
Ora 38 F5
Øra 58 C4
Orada 24 F5
Oradea 77 C10
Oradour-sur-Glane 16 C6
Oradour-sur-Vayres 16 C6
Orah BIH 80 E6
Orah BIH 81 F7
Orahavičko Polje 81 C7
Orahova 76 G2
Orahovac 81 G11
Orahov Do 81 F7
Orahovica 76 F4
Oraio 87 C10
Oraiokastro 87 D7
Oraison 18 C6
Orajärvi 60 D6
Orakylä 61 C9
Orange 18 C5
Orani 32 E3
Oranienburg 43 E9
Oranmore 7 J3
Orašac BIH 80 C4
Orašac HR 81 F7
Orašac YU 82 E3
Orašje 76 G5
Orăștie 78 F1
Orăștioara de Sus 78 F1
Orașu Nou 78 B1
Öratjärn 52 E3
Orava EST 67 E9
Orava FIN 64 A4
Oravainen 62 G3
Oravais 62 G3
Oravala 65 E7
Öravan 55 E10
Oravankylä 62 G6
Öravattnet 52 A3
Oravi 65 C9
Oravikoski 65 B8
Oravisalo 65 C10
Oravița 77 G10
Oravivaara 63 D9
Oravská Polhora 75 E10
Oravské Veselé 75 E10
Oravský Podzámok 75 F10
Orba 27 G10
Örbäck 47 B7
Orbaden 52 E4
Ørbæk 44 F4
Orbais-l'Abbaye 12 D4
Orbara 20 C4
Orbassano 19 A9
Orbe 36 D4
Orbeasca 83 C9
Orbec 15 C9
Orbeni 79 E7
Orbetello 32 B3
Örbyhus 52 G5
Orca 24 C5
Orce 29 C8
Orcera 29 B8
Orchamps-Vennes 13 G8
Orchies 10 G4
Orchomenos 88 B6
Orchów 71 G9
Orchowo 71 F7
Orciano di Pesaro 35 F10
Orcières 19 B7
Orcival 17 D9
Ordan-Larroque 21 A7
Ordes 22 C3
Ordizia 20 C3
Ordona 33 E10
Orduña 23 C12
Ordzhonikidze 79 C12
Orea 27 D8
Örebäcken 51 E10
Orebić 80 F5
Örebro 46 C6
Řechov 74 F6
Öregcsertő 76 D6
Öreglak 76 D3
Öregrund 52 G6
Orehoved 44 G6
Oreini 87 C8
Orekhovitsa 83 D7
Orellana de la Sierra 24 E8
Orellana la Vieja 24 E8
Ören TR 85 H4
Ören TR 88 E4
Oreoi 87 G8
Orés 20 D5
Oresh 83 D8
Oreshak 83 E8
Orestiada 85 B2
Öreström 55 F11
Öretjändalen 52 B3
Oreye 11 G7
Orezu 84 B2
Orford 9 D11

Organi 87 C12
Organyà 21 D9
Orgaz 26 E4
Orgelet 36 E3
Ørgenvika 51 H7
Orgères-en-Beauce 15 E11
Orgita 66 C5
Orgiva 28 E6
Orgon 18 D5
Orgosolo 32 E3
Orhaneli 85 E6
Orhaniye TR 85 C2
Orhaniye TR 88 F4
Orhanlar 85 E4
Orhei 79 C10
Oria E 29 D8
Oria I 31 C10
Origny-Ste-Benoite 12 B4
Orihuela 29 C11
Orihuela del Tremedal 27 D8
Orikhivka 79 F11
Orikum 86 D1
Orimattila 64 F6
Oriniemi 64 E4
Orio 20 B3
Oriola 24 G4
Oriolo 31 C8
Oriolo Romano 32 C5
Oripää 64 F3
Orismala 64 A3
Orissaare 66 D3
Oristà 21 E10
Oristano 32 F2
Oristown 7 H6
Öriszentpéter 76 D1
Oriv 73 F5
Oriveden asema 64 D5
Orivesi 64 D5
Orizare 84 F3
Orizari 82 G4
Ørjavik 50 B4
Ørje 49 D9
Orkanger 51 B7
Örkelljunga 45 D7
Örkény 76 C6
Orla 72 E5
Orlamünde 41 C7
Orlane 82 E2
Orlat 78 F2
Orlea 83 D7
Orléans 15 F11
Orleşti 83 A7
Orlivka 79 G10
Orlová 75 D9
Orlov Dol 83 G10
Orlovets 83 D9
Orły 73 E4
Orlyak 84 D2
Orlyane 83 E7
Orma 86 C6
Ormanlı 85 B5
Ormaryd 46 F6
Ormea 34 E2
Örményes 77 C8
Örménykút 77 D8
Ormos 89 C9
Ormos Panormou 89 C9
Ormos Prinou 87 D10
Ormož 39 F11
Ormskirk 5 F7
Ormylia 87 E8
Ornaisons 21 B11
Ornans 13 G8
Ornäs 52 G3
Örnäsudden 55 C10
Ornavasso 34 B3
Ornbau 40 F6
Ornes 54 E6
Ørnes 57 G2
Orneta 71 B10
Ørnhøj 44 D2
Ornö 47 D10
Ornontowice 75 D9
Örnsköldsvik 53 A7
Orodel 82 C5
Orolik 76 G6
Orom 77 F7
Oron-la-Ville 36 E5
Oronoz 20 B4
Orońsko 73 B2
Oropa 34 B2
Oropesa E 26 E2
Oropesa E 27 E11
Ororbia 20 C3
Orosei 32 E4
Orosháza 77 D8
Oroslavje 39 G11
Oroszlány 76 C4
Orpierre 18 C6
Orrefors 45 C11
Orrios 27 D9
Orrmo 52 D2
Orroli 32 F3
Orrviken 52 B2
Orsa 52 F2
Orsara di Puglia 33 E10
Orsay 12 D2
Örsbäck 56 G2
Orsennes 17 B7
Örserum 46 F5
Orsières 36 F5
Örsjö 45 C11
Ørslev 44 G6
Ørsnes 50 C3
Orsogna 33 C8
Orsomarso 31 D8
Orşova 82 B4
Ørsta 50 D3
Ørsted 44 D4
Örsundsbro 47 B8
Ortacesus 32 G2
Ortakent 88 E3
Ortaköy 85 B5
Ortala 47 B10
Orta Nova 33 E11
Orte 32 B5
Orten 50 C3
Ortenberg D 13 E10
Ortenberg D 40 C3
Ortenburg 41 G9
Orth an der Donau 76 A2
Orthez 20 B5
Ortholmen 51 D11
Orthovouni 86 F5
Ortigosa 20 D2
Ortigueira 22 A3
Ørting 44 E4
Ortisei 38 F5
Orţişoara 77 F9
Ortnevik 50 F3
Orton 5 E7
Ortona 33 C8
Ortovera 34 F2
Ortrand 43 H10
Örträsk 55 F11
Ortueri 32 F2
Örtülüce 85 D3
Ørum DK 44 D3
Ørum DK 44 D4
Orune 32 E3
Orusco 26 D5
Orval 17 A9
Orvalho 24 C4
Orvault 14 G6
Orvieto 32 B5
Örviken 56 E3
Orvinio 32 C6
Oryakhovo 82 D6
Orzesze 75 D9
Orzinuovi 34 C5
Orzyny 72 C3
Orzysz 72 C4
Os 51 C8
Osa 48 B4
Osa de Vega 26 E6
Ošāni 69 B9
Osaonica 81 F11
Osbaldwick 5 F9
Øsby 44 F3
Osby 45 D8
Osbyholm 45 E8
Oščadnica 75 E10
Oschatz 41 B9
Oschersleben (Bode) 43 F7
Oschiri 32 D2
Ościsłowo 72 E2
Osdorf 44 H3
Osečina 81 C10
O Seixo 22 E2
Oseja de Sajambre 23 B8
Osek CZ 41 C10
Osek CZ 41 E10
Osen N 54 B6
Osen N 54 F3
Osenets 83 D10
Ošenieki 66 G2
Osera 20 F5
Oşeşti 79 D8
Oset 50 F6
Osetno 70 G5
Ősi 76 C4
Osica de Sus 83 C7
Osidda 32 E3
Osie 71 C8
Osięciny 71 E8
Osieczna PL 70 G6
Osieczna PL 71 C8
Osiecznica 74 A5
Osiek PL 71 C8
Osiek PL 71 D9
Osiek PL 72 G3
Osiek PL 73 C2
Osiek PL 75 D10
Osiek Jasielski 73 E2
Osiek Mały 71 F8
Osiek nad Notecią 71 D7
Osielsko 71 D7
Osiglia 34 E2
Osijek 76 F5
Osikovitsa 82 E6
Osilo 32 D2
Osimo 35 G11
Osina 70 C4
Osini 32 F3
Osiny 73 A3
Osio Sotto 34 B5
Osipaonica 82 B1
Osjaków 75 B10
Oskar 45 C11
Oskar-Fredriksborg 47 C10
Oskarshamn 45 B11
Oskarström 45 C7
Oskava 75 D7
Oskořínek 74 D4
Osľany 75 G9
Osli 76 B2
Oslo 49 C8
Osloß 42 F6
Osma E 23 C11
Osma FIN 61 D7
Osmancalı 85 G3
Osmancık 85 A3
Osmangazi 85 D6
Osmaniye TR 85 E5
Osmaniye TR 85 F6
Osmanki 63 F7
Osmanlı 84 H2
Os'mino 67 C11
Ösmo 47 D9
Osmolin 71 F10
Osmoloda 73 G6
Osnabrück 11 D10
Osno Lubuskie 70 F3
Osny 15 C11
Osoblaha 75 D8
Osogna 37 E8
Osojnik 81 F7
Osoppo 39 F7
Osor E 21 E11
Osor HR 80 C1
Oşorhei 77 C11
Osorno 23 D9
Osowa 72 B5
Osowa Sień 70 G5
Osøyri 48 B2
Ospedaletti 19 D9
Ospitaletto 34 C5
Oss 11 E7
Ossa 87 C8
Ossa de Montiel 26 G6
Ossana 38 F4
Osséja 21 D10
Ossès 20 B4
Ossiach 39 F8
Ossun 20 B6
Östa 47 A8
Östanå 45 D8
Östanfjärden 56 C5
Östansjö S 46 D6
Östansjö S 55 C11
Östanskär 52 C5
Östanvik 52 F3
Oštarije 80 A2
Ostaszewo 71 B9
Östavall 52 C3
Ostbevern 11 D10
Østbirk 44 E3
Östbjörka 52 F3
Østby N 49 D9
Østby N 51 F10
Östby 55 G10
Osted 44 F6
Ostellato 35 D9
Osten 42 C4
Ostend 10 F3
Ostenfeld (Husum) 42 B4
Østengård 44 E3
Österås 52 A5
Øster Assels 44 C2
Øster Bjerregrav 44 D3
Øster Brønderslev 44 B3
Osterburg (Altmark) 43 E8
Osterburken 40 E4
Østerby 44 C3
Osterby 42 B5
Österbybruk 47 A9
Österbymo 46 F6
Österede 52 B4
Österfärnebo 52 G4
Osterfeld 41 B7
Österforse 52 B5
Östergarn 47 G10
Östergraninge 52 B5
Österhankmo 62 G2
Osterhausen 41 A7
Osterhever 42 B4
Osterhofen 41 G9
Øster Højst 44 G2
Osterholz-Scharmbeck 42 D4
Øster Hornum 44 C3
Øster Hurup 44 C4
Østerild 44 C2
Øster Jølby 44 C2
Österjörn 56 D2
Østerlars 45 F10
Øster Lindet 44 F2
Österlisa 47 B10
Østermarie 45 F10
Östermark 64 G3
Ostermiething 39 C7
Ostermundigen 36 D6
Östernoret 55 F10
Östero 62 G3
Osterode am Harz 42 G6
Österskucku 52 B2
Östersund 52 B2
Östersundom 64 G6
Øster Tørslev 44 D4
Øster Ulslev 44 G5
Östervåla 47 A8
Øster Vedsted 44 F2
Øster Vrå 44 B4
Øster Vrøgum 44 E1
Osterwieck 42 G6
Østese 48 B3
Östhammar 52 G6
Ostheim vor der Rhön 40 C5
Osthofen 40 E2
Ostia 32 D5
Ostiano 34 C6
Ostiglia 35 D7
Ostiz 20 C4
Östloning 52 C5
Östmark 51 H10
Östmarkum 52 B6
Östnor 52 F2
Ostojićevo 77 F7
Ostoros 77 B8
Ostra I 35 F11
Ostra RO 78 C5
Östra Åliden 56 D2
Ostrach 37 B8
Östra Ed 47 F8
Östra Frölunda 45 B7
Östra Granberg 56 C2
Östra Grevie 45 F7
Östra Husby 47 E8
Östra Ljungby 45 D7
Östra Löa 46 B6
Östra Lovsjön 55 G7
Östra Ormsjö 55 F8
Östra Ryd 47 E7
Östra Skråmträsk 56 E3
Östra Sönnarslöv 45 E8
Östra Stugusjö 52 C3
Ostrau D 41 B9
Ostrau D 43 G8
Ostrava 75 D9
Östra Vemmerlöv 45 F9
Ostravice 75 E9
Östra Yttermark 64 B2
Oštrelj 80 C4
Ostren 86 B3
Ostřetín 74 D6
Ostrhauderfehn 11 B10
Östringen 40 F3
Ostritsa 83 D10
Ostritz 74 B4
Ostróda 71 C10
Ostromecko 71 D8
Ostroměř 74 C5
Ostroróg 70 E5
Ostrov BG 83 D7
Ostrov CZ 41 C9
Ostrov RO 84 A4
Ostrov RO 84 C2
Ostrov RUS 67 F10
Ostrov SK 75 G8
Ostroveni 82 D6
Ostrovo 83 D11
Ostrov u Macochy 75 E7
Ostrów 73 D2
Ostrówek PL 72 H5
Ostrówek PL 75 A9
Ostrowice 70 C5
Ostrowiec 70 B6
Ostrowiec Świętokrzyski 73 B2
Ostrowite PL 71 E9
Ostrowite PL 71 F7
Ostrów Lubelski 73 A4
Ostrów Mazowiecka 72 E4
Ostrowo 71 F8
Ostrów Wielkopolski 71 G7
Ostrowy nad Okszą 75 B10
Ostrožac BIH 80 B3
Ostrožac BIH 81 E7
Ostrożeń 72 G3
Ostrozub 81 G11
Østrup 44 C3
Ostrzeszów 75 A8
Ostseebad Ahrenshoop 43 B8
Ostseebad Binz 43 B10
Ostseebad Boltenhagen 43 C7
Ostseebad Dierhagen 43 B8
Ostseebad Göhren 43 B10
Ostseebad Graal-Müritz 43 B8
Ostseebad Kühlungsborn 43 B8
Ostseebad Prerow am Darß 43 B9
Ostseebad Rerik 43 B7
Ostseebad Sellin 43 B10
Ostseebad Wustrow 43 B8
Ostseebad Zingst am Darß 43 B9
Ostuni 31 B10
Ostvik 56 D3
Ostwald 13 D10
Osula 67 E8
Osuna 28 D4
Ošupe 67 G8
Osvallen 51 C10
Osvica 81 C7
Oswaldkirk 5 E9
Oswestry 8 B5
Oświęcim 75 D10
Ota 19 F10
Otalampi 64 G5
Otaņķi 68 B3
Otanmäki 63 E8
Otaslavice 75 E7
Otava 65 D8
Otavice 80 D4
Oteiza 20 C3
Oţeleni 79 C7
Oţelu Roşu 77 F11
Otepää 67 E8
Oteren 58 E3
Oterma 63 D8
Otero de Bodas 22 E6
Otervik 54 D4
Oteşani 78 G2
Oteševo 86 C4
Otfinów 73 D1
Othem 47 F10
Ötigheim 40 F2
Ötisheim 40 F3
Otišić 80 D4
Otívar 28 E6
Otley GB 5 F8
Otley GB 9 C11
Otmuchów 75 C7
Otnes 51 E8
Otočac 80 B2
Otok HR 76 G5
Otok HR 80 E5
Otoka 80 B4
Otopeni 83 B10
Otorowo 70 F5
Otovica 82 H3
Otranto 31 C12
Otricoli 32 B5
Otrokovice 75 F8
Otta 50 E6
Ottana 32 E2
Ottaviano 30 B5
Ottenby 45 D11
Ottendorf-Okrilla 41 B10
Ottenhöfen im Schwarzwald 40 G2
Ottenschlag 39 B10
Ottensheim 39 B9
Ottenstein 42 G5
Otterbäcken 46 D5
Otterburn 5 C8
Otter Ferry 2 G4
Otterfing 38 C5
Otterlo 11 D7
Otterndorf 42 C4
Ottersberg 42 D4
Ottersøy 54 E4
Otterstad 46 D4
Ottersweier 40 G2
Otterswick 3 B12
Otterup 44 F4
Öttevény 76 B3
Ottignies 10 G5
Ottmarsheim 36 B6
Ottobeuren 37 B10
Ottobrunn 38 C5
Öttömös 77 E7
Ottone 34 D4
Ottrau 40 B4
Ottsjö 51 B10
Ottsjön 55 G7
Ottweiler 13 C9
Otwock 72 F3
Otxandio 20 C2
Otyń 70 G5
Otzing 41 G9
Ouanne 12 F4
Ouarville 15 E11
Ouca 24 A3
Oucques 15 F10
Oud-Beijerland 10 D5
Oudehaske 11 B7
Oudemirdum 11 B7
Oudenaarde 10 F4
Oudenbosch 10 E5
Oudenburg 10 F3
Oude Pekela 11 B9
Oudeschild 10 B6
Oude-Tonge 10 E5
Oud-Gastel 10 E5
Oudon 15 G7
Oud-Turnhout 10 E6
Oud-Vossemeer 10 E5
Ouffet 11 G7
Oughterard 7 J3
Ougney 13 G7
Ouguela 24 E5
Ouistreham 15 C8
Oulainen 62 E5
Oulanka 61 E11
Oulchy-le-Château 12 C4
Oulder 11 H8
Oullins 36 F2
Oulton 9 C12
Oulu 62 D6
Oulunsalo 62 D6
Oulx 19 A8
Oundle 9 C9
Oupeye 11 G7
Ouranopoli 87 D9
Oure 44 F4
Ourense 22 D3
Ourique 25 J3
Ourol 22 B4
Ouroux-sur-Saône 36 D2
Ourville-en-Caux 15 B9
Oust 21 C8
Outakoski 59 E8
Outarville 15 E11
Outeiro 22 E6
Outeiro de Rei 22 B4
Outokumpu 65 B10
Outomuro 22 D3
Outreau 10 G1
Outwell 9 B10
Ouveillan 21 B11
Ouzouer-le-Marché 15 F11
Ouzouer-sur-Loire 12 F2
Ovada 34 D3
Ovanåker 52 E4
Ovanmo 55 G9
Ovar 22 G2
Ovaro 39 F7
Ovča 81 B11
Ovcha Mogila 83 D8
Ovcharovo 83 G10
Ovchepoltsi 83 F7
Ove 44 C3
Ovelgönne 42 D3
Överammer 52 A4
Överäng 54 G5
Överås 50 C5
Overath 11 F9
Överberg 52 D2
Overbister 3 E10
Øverbygd 58 F2
Överbyn 52 D5
Over Feldborg 44 D2
Øvergard 58 E3
Overhalla 54 E4
Överhogdal 52 C2
Överhörnäs 52 A6
Over Hornbæk 44 D3
Overijse 10 G5
Överissjö 55 F10
Over Jerstal 44 F2
Överkalix 60 E5
Overlade 44 C2
Överlännäs 52 B5
Överlida 45 B7
Övermalax 64 A2
Övermark 64 B2
Övermorjärv 62 A3
Övernäs 55 B10
Överö 53 H9
Overøye 50 C4
Overpelt 11 F7
Over Simmelkær 44 D2
Överstbyn 56 B4
Övertänger 52 F3
Overton GB 8 B5
Overton GB 9 E7
Övertorneå 60 E6
Överturingen 52 C2
Överum 47 F7
Ovezande 10 E4
Ovidiu 84 C4
Oviedo 23 B7
Oviglio 34 D3
Oviken 52 B2
Ovindoli 33 C7
Oviši 66 F2
Öv Långträsk 55 C11
Ovodda 32 F3
Övra 55 G9
Øvre Alta 58 D6
Øvre Årdal 50 F5
Øvre Åstbru 51 F8
Övre Bredåker 56 B3
Övre Flåsjön 60 F4
Øvre Kildal 58 D4
Övre-Konäs 54 G5
Øvrella 48 C6
Øvre Rendal 51 E8
Övre Soppero 60 B4
Övre Tväråsel 56 C3
Ovria 88 B4
Övsjöbyn 52 B4
Ovtrup 44 E1
Owen 40 G4
Owingen 37 B8
Owińska 70 F6
Owschlag 42 B5
Öxabäck 45 B7
Oxberg 52 F2
Oxelösund 47 D8
Oxenhope 5 F8
Oxentea 79 C11
Oxford 9 D7
Oxhalsö 47 B10
Oxie 45 F7
Oxkangar 62 G3
Oxshott 9 E9
Oxted 9 E9
Oxton 5 B7
Oxylithos 89 A8
Øyangen 54 H2
Øydegarden 50 B5
Øyenkilen 49 D8
Øyer 51 F7
Øyeren 51 H10
Øyjord 57 F3
Oy-Mittelberg 37 B10
Øynes N 57 C4
Øynes N 57 F3
Oyón 20 D2
Oyonnax 36 E3
Øyslebø 48 F4
Oyten 42 D4
Øyvatnet 57 C5
Oza 22 B3
Ozalj 39 H10
Ożarów 73 C3
Ożarów Mazowiecki 72 F2
Ožbalt 39 F10
Özbaşı 88 D3
Özbek 85 H2
Ózd 75 H12
Ož28dany 75 G11
Ożenna 73 E2
Ozersk 72 B4
Ozeta 20 C2
Ozieri 32 E2
Ozimek 75 C9
Ozimica 81 C7
Ozoir-le-Ferrière 12 D3
Ozolaine 66 F5
Ozoli LV 66 F6
Ozoli LV 66 G2
Ozoli LV 67 G7
Ozolmuiža 69 B11
Ozolnieki 68 B6
Ozora 76 D5
Ozorków 71 G9
Ozun 78 F5
Ozzano dell'Emilia 35 E8
Ozzano Monferrato 34 C3

P

Pääaho 63 C8
Pääjärvi 64 B5
Paakinmäki 63 E9
Paakkila 65 B9
Paakkola 62 B5
Paalasmaa 63 G10
Paaso 65 E7
Paasvere 67 C8
Paatela 65 C9
Paattinen 64 F3
Paatus 59 D8
Paavola 62 D6
Pabaiskas 69 E7
Paberžė 69 E8
Pabianice 71 G9
Pabillonis 32 F2
Pabiržė 69 C7
Pabneukirchen 39 B10
Pabradė 69 E9
Pabu 14 D4
Pacanów 73 C2
Paceco 30 E2
Pachia Ammos 89 G11
Pachino 30 G6
Pachni 87 B10
Paciano 35 H9
Pácin 73 H3
Pačir 76 F6
Pack 39 E10
Pačlavice 75 F7
Paços de Brandão 22 G2
Pacov 74 E4
Pacsa 76 D2
Păcureţi 78 G6
Pacyna 71 F10
Pacy-sur-Eure 15 C10
Paczków 75 C7
Padasjoki 64 E6
Padborg 44 G3
Padbury 9 D8
Padej 77 F7
Pađene 80 D4
Paderborn 42 G4
Paderne P 22 D3
Paderne P 25 K3
Paderne de Allariz 22 D4
Padeş 77 G12
Padesh 82 G5
Padew Narodowa 73 C2
Padežine 81 E7
Padiham 5 F7
Padina RO 84 A2
Pădina 82 B5
Padina YU 77 G8
Padinska Skela 81 B11
Padirac 17 E7
Padise 66 C5
Padoby 69 D11
Padoux 13 E8
Padova 35 C8
Padria 32 E2
Padrón 22 C2
Padru 32 D3
Padstow 8 G2
Padsvillye 69 E11
Padul 28 E6
Padula 31 C7
Paduli 33 E9
Padure 68 B3
Pădureni 79 D9
Paesana 19 B9
Paese 35 B9
Pag 80 C2
Pagani 30 B5
Paganica 33 C7
Paganico 32 A3
Pagėgiai 68 E4
Pagiriai LT 69 E7
Pagiriai LT 69 F8
Paglieta 33 C8
Pagny-sur-Moselle 13 D8
Pagondas 88 D2
Pagouria 87 C11
Pagramantis 68 E4
Paharova 60 D5
Páhi 76 D6
Pahkakoski 63 C7
Pahkakumpu FIN 61 D10
Pahkakumpu FIN 63 B9
Pahkala 62 E4
Pahkamäki 63 G7
Pähl 38 C4
Pahlen 42 B4
Pahranichny 72 D6
Pahtaoja 62 B6
Paião 24 C2
Paide 67 C7
Paignton 8 G4
Paihola 65 B11
Päijälä 64 D5
Paikuse 66 D5
Pailhès 21 B9
Paillet 16 F4
Paimbœuf 14 G6
Paimela 64 E6
Paimio 64 F3
Paimpol 14 D4
Paimpont 14 E5
Painswick 8 D6
Painten 41 F7
Paipis 64 F6
Paisley 4 B5
Paistu 67 E7
Paisua 63 G8
Päiväjoki 61 E9
Pajala 60 C5
Pajares de la Lampreana 23 E7
Pajarón 27 E8
Pajęczno 75 B10
Pajukoski 63 F9
Pajukoste 59 D9
Pajūris 68 D4
Pajuskylä 63 G7
Pajuvaara 63 C10
Páka 76 D2
Pakaa 64 F6
Pakalnė 68 E3
Pakalniai 69 D8
Pakapė 68 D6
Pakarila 65 B7
Pakisjärvi 60 E6
Pakkala 64 D5
Pakod 76 D2
Pakość 71 E7
Pakosław 70 G6
Pakoštane 80 D3
Pákozd 76 C5
Pakrac 76 G2
Pakruojis 68 C6
Paks 76 D5
Paksuniemi 60 B3
Pala 67 D8
Palacios del Sil 22 C6
Palacios de Sanabria 22 E6
Palaciosrubios 23 G8
Palade 66 C3
Palafrugell 21 E12
Palagianello 31 B9
Palagiano 31 B9
Palagonia 30 F5
Palaia 35 F7
Palaia Epidavros 88 C6
Palaia Fokaia 89 C7
Palaia Kavala 87 C10
Palaikastro 89 G11
Palaiochora GR 87 D8
Palaiochora GR 89 G7
Palaiochori GR 86 E5
Palaiochori GR 87 D8
Palaiochori GR 89 B7
Palaiokastritsa 86 F2
Palaiokastro 88 D2
Palaiokipos 85 F2
Palaiokomi 87 C9
Palaiomonastiro 86 F5
Palaiopoli 89 C9
Palaiopyrgos GR 86 F5
Palaiopyrgos GR 87 E7
Palaiopyrgos GR 88 B4
Palaiovracha 86 G6
Palairos 86 H4
Palaiseau 12 D2
Palamas 86 F6
Palamós 21 E12
Palamuse 67 D8
Palanca 78 D6
Palanga 68 C3
Pålänge 56 B5
Palanzano 34 E6
Palárikovo 76 A4
Palas de Rei 22 C3
Palata 33 D9
Pălatca 78 D2
Palau 32 C3
Palavas-les-Flots 18 D3
Palazzo Adriano 30 F3
Palazzolo Acreide 30 G6
Palazzolo sull'Oglio 34 C5
Palazzo San Gervasio 31 B8
Paldiski 66 B5
Pale 81 D8
Pāle 66 F5
Paleičiai 68 E3
Palena 33 C8
Palencia 23 E9
Palenciana 28 D5
Palenzuela 23 D10
Palermo AL 86 E2
Palermo I 30 E3
Paleśnica 73 E1
Palestrina 32 D6
Palėvenėlė 69 C8
Palež 81 D9
Palhaça 24 A3
Pálháza 73 G2
Paliano 32 D6
Palić 77 E7
Palinuro 30 C6
Paliouri 87 E8
Paliouria 86 E5
Palis 12 E4
Paliseul 12 B6
Palivere 66 C5
Palizzi 31 H8
Paljakka FIN 61 E11
Paljakka FIN 63 D9
Pälkäne 64 E5
Pålkem 60 E4
Palkino 67 F10
Palkisoja 59 G9
Palkovice 75 E9
Palladio 87 C11
Pallagorio 31 E9
Pallarés 24 G7
Pallas Green 7 L4
Pälli 63 D7
Palling 38 C6
Palluau 16 A2
Palluau-sur-Indre 17 A7
Palma 24 G3
Palma Campania 30 B5
Palma del Río 28 C3
Palma de Mallorca 29 F9
Palma di Montechiaro 30 G4
Palmadula 32 D1
Palmanova 35 B11
Palma Nova 29 F9
Palmaz 22 G2
Palmeira 22 F2
Palmela 24 F2
Palmi 31 G7
Pálmonostora 77 D7
Palmse 67 B7
Palnackie 4 D5
Palneca 19 F11
Palo del Colle 31 A9
Palohuornas 60 D4
Palojärvi FIN 58 G6
Palojärvi FIN 61 E7
Palojärvi FIN 61 E9
Palojoensuu 58 G5
Palokki 65 B9
Palomaa 59 E9
Palomäki 63 G9
Palomar de Arroyos 20 G5
Palomares del Río 25 J7
Palomas 24 F7
Palombara Sabina 32 C6
Palombaro 33 C8
Palomenė 69 E7
Palomera 27 E7
Palomeras del Campo 26 E6
Palomonte 30 B6
Palonoja 59 G9
Palonselkä 61 C7
Palonurmi 63 G9
Paloperä 61 E10
Palos de la Frontera 25 K6
Palosenjärvi 63 F8
Palotabozsok 76 E5
Palotáshalom 77 B7
Palovaara FIN 60 F6
Palovaara FIN 61 F8
Palovaara FIN 63 D10
Palovaara FIN 65 B11
Pals 21 E12
Pålsboda 46 D6
Palsmane 67 F7
Palsselkä 61 C8
Pålsträsk 56 C3
Paltamo 63 E8
Paltanen 65 C8
Paltaniemi 63 E8
Paltin 79 F7
Păltiniş RO 77 G11
Păltiniş RO 79 A7
Păltinoasa 78 B6
Pal'tsevo 65 F9
Paludi 31 D9
Paluel 15 B9
Paluknys 69 F8
Paluzza 39 F7
Palyatskishki 69 G8
Palyessye 69 E9
Palzem 13 B8
Pambukovica 81 C10
Pameče 39 F10
Pamfylla 85 F2
Pamhagen 76 B2
Pamiers 21 B9
Pampāļi 68 B4
Pamparato 34 E2
Pampelonne 17 G8
Pampilhosa 24 B3
Pampilhosa da Serra 24 C4
Pampliega 23 D10
Pamplona 20 C4
Pampow 43 C7
Pamproux 16 B4
Pamukçu 85 E4
Panaci 78 C5
Panagia GR 87 D10
Panagia GR 87 E11
Panagia GR 89 G10
Panagyurishte 83 F7
Panagyurski Kolonii 83 F7
Panahor 86 D2
Panaitolio 88 A3
Panaja 86 D1
Pănăşeşti 79 C10
Panassac 21 B7
Pănătău 78 G6
Panazol 17 C7
Pancalieri 19 B9
Pancarköy 85 B3
Pănceşti 79 E7
Pančevo 81 B11
Pancharevo 82 F5
Panciu 79 F7
Pancorbo 23 C11
Pâncota 77 E10
Pancrudo 20 G5
Pánd 77 C7
Pandėlys 69 C8
Pandino 34 C5
Pandrup 44 B3
Pandy 8 D5
Panelia 64 E3
Panemunė 68 E4
Panemunėlis 69 C8
Panes 23 B9
Pănet 78 D3
Panevėžys 69 D7
Panga 66 D2
Pângăraţi 78 D6
Panicale 32 A4
Panichkovo 83 G8
Panissières 17 C12
Paniza 20 F4
Panjas 16 G4
Panjevac 82 C2
Panjik 81 C7
Panka 63 G7
Pankajärvi 63 G11
Pankakoski 63 G11
Panki 75 B9
Pannarano 33 E9
Pannes 12 E3
Panni 33 E10
Panningen 11 E7
Pannonhalmo 76 B3
Panóias 25 H3
Panorama 87 D7
Panormos GR 89 C9
Panormos GR 89 F9
Panschwitz-Kuckau 74 B3
Pantanassa 88 E6
Päntäne 64 C3
Pantelimon RO 83 B10
Pantelimon RO 84 B4
Panticeu 78 C2
Panticosa 20 C6
Pantoja 26 E4
Panttikylä 64 C3
Panttila 64 B3
Pant-y-dwr 8 C4
Paola 31 E8
Pap 73 H3
Pápa 76 C3
Papades 87 G8
Papadianika 88 E6
Papasidero 31 D7
Pápateszér 76 C3
Papenburg 11 B10
Papendorf 43 B8
Papendrecht 10 D6
Papilė 68 C5
Papilys 69 C8
Papín 73 F3
Papkeszi 76 C4
Paplaka 68 B3
Papowo Biskupie 71 D8
Pappados 85 F2
Pappenheim 40 F6
Papradno 75 F9
Paprotnia 72 F4
Par 8 G2
Parabita 31 C11
Paraćin 82 C2
Paracuellos 27 E8
Paracuellos de Jarama 26 D5
Parád 77 B7
Parada E 22 D4
Parada P 24 A5
Parada de Ester 22 G3
Parada de Rubiales 23 F7
Paradas 25 K8
Paradeisi 88 G4
Paradeisia 88 D4
Paradeisos 87 C10
Paradela E 22 C5
Paradela P 22 E3
Paradela P 22 G4
Paradyż 75 A11
Paraf"yanava 69 F11
Parainen 64 G3
Parakalamos 86 E3
Parakka 60 C4
Parakoila 85 F1
Paralepa 66 C4
Paralia GR 88 B4
Paralia GR 88 B6
Paralia GR 88 E6
Paralia Avdiron 87 C11
Paralia Tyrou 88 D6
Paralio Astros 88 D5
Paramé 14 D6
Parâmio 22 E5
Páramo del Sil 22 C6
Paramythia 86 F3
Paranestio 87 C10
Paranhos 24 B4
Parantala 64 B6
Parapotamos 86 F3
Paras 58 E3
Parasznya 73 H1
Părău 78 F4
Parava 79 E7
Paravola 86 H5
Parcani 79 B10
Parcent 27 G10
Parcé-sur-Sarthe 15 F8
Parchen 43 F8
Parchim 43 D8
Parchovany 73 G3
Parchów 74 A5
Parchowo 71 B7
Parciaki 72 D3
Parcoul 16 D5
Parczew 72 G5
Pardais 24 F5
Pardies 20 B5
Pardilhó 22 G2
Pardoşi 79 G7
Pardubice 74 D5
Parechcha 72 C6
Paredes de Coura 22 E2
Paredes de Nava 23 D9
Pareja 26 D6
Parempuyre 16 E3
Parenti 31 E8
Parentis-en-Born 16 F3
Parets del Vallès 21 F10
Parey 43 F8
Parga 86 G3
Pârgăreşti 79 E7
Pargas 64 G3
Parghelia 31 F8
Pargny-sur-Saulx 12 D6
Pargolovo 65 G11
Parhalahti 62 E5
Päri 67 D7
Parigné-l'Évêque 15 F9
Parikkala 65 D10
Parincea 79 E8
Paris 12 D2
Parisot F 17 F8
Parisot F 17 G8
Parissavaara 65 B12
Pärjänsuo 63 C8
Pârjol 79 D7
Pârjolteni 79 C9
Park 6 E6
Parkajoki 60 B6
Parkalompolo 60 B5
Parkano 64 C4
Parkkila FIN 62 F6
Parkkila FIN 63 D9
Parkkila FIN 65 D8
Parkkima 62 F6
Parkkuu 64 D4
Parksepa 67 E8
Parkstein 41 E8
Parkua 63 F8
Parkumäki 65 C9
Parla 26 D4
Parlan 17 E8
Pârliţa MD 79 A9
Pârliţa MD 79 C9
Parma 34 D6
Parndorf 76 B2
Pärnu 66 D5
Pärnu-Jaagupi 66 D5
Parola 64 E5
Paron 12 E4
Paros 89 D9
Parowa 74 A4
Parrillas 26 E2
Pärsama 66 D3
Parsau 42 E6
Parsberg 41 F7
Pârscov 79 G7
Pârşcoveni 83 B7
Parsęcko 70 C6
Parstein 43 E10
Partakko 59 E9
Partaloa 29 D8
Partanna 30 E2
Parteboda 52 C3
Partenen 38 E3
Partenstein 40 D4
Pârteştii de Jos 78 B6
Parthenay 16 B4
Partheni 88 E2
Partinello 19 F10
Partinico 30 E3
Partizani BG 84 E2
Partizani YU 81 C11
Partizánska L'upča 75 F10
Partizánske 75 G9
Partney 5 G10
Parton 4 D6
Partry 7 H3
Partsi 67 E9
Parudaminys 69 F8
Pårup 44 D3
Parva 78 C3
Parviainen 56 B6
Påryd 45 D11
Parysów 72 G3
Parzęczew 71 G9
Pasai Donibane 20 B3
Paşaköy TR 85 C2
Paşaköy TR 85 E2
Paşaköy TR 85 E4
Pasaköy 85 G4
Pasalankylä 63 G9
Paşayiğit 85 C2
Paşcani 79 C7
Pasching 39 B9
Paseka 75 E7
Pas-en-Artois 12 A2
Pasewalk 43 C10
Pasi 65 E8
Pasiàn di Prato 35 B11
Pasiano di Pordenone 35 B10
Pasieki 72 E3
Pasiene 69 C12
Pasikovci 76 G3
Paskalevets 83 E9
Paskalevo 84 D3
Påskallavik 45 B11
Pasłęk 71 C9
Pasmajärvi 60 D6
Pašman 80 D2
Passage East 7 M6
Passail 39 D11
Passais 15 D7
Passau 39 B8
Passignano sul Trasimeno 35 G9
Passow 70 D3
Passy 36 F4
Pastavy 69 E10
Pastende 66 G3
Pasto 64 B4
Pastoriza 22 B4
Pastrana 26 D6
Păstrăveni 79 C7
Pašuliene 69 C9
Pasvalys 69 C7
Pašvitinys 68 C6
Pasym 72 C2
Pasytsely 79 B12
Paszab 77 A10
Paszowice 74 B6
Pásztó 77 B7
Pasztowa Wola 73 B2
Pata 75 H8
Pataias 24 D2
Patak 76 A6
Patana 62 G4
Pătârlagele 78 G6
Patay 15 E11
Patchway 8 E6
Pateley Bridge 5 E8
Pateniemi 62 D6
Patergassen 39 E8
Paterna 27 F10
Paterna del Campo 25 J6
Paterna del Madera 27 G7
Paterna del Río 29 E7
Paterna de Rivera 25 L7
Paternion 39 E8
Paternò 30 F6
Paterno 31 C7
Paternopoli 30 B6
Patersdorf 41 F9
Påterud 46 B3
Patiška Reka 82 H2
Pátka 76 C5
Patmos 89 D12
Patna 4 C5
Pątnów 75 B9
Patokoski 61 D7
Patoniemi 61 E10
Patoniva 59 D9
Patos 86 D2
Patra 88 B4
Pătrăuţi 78 B6
Patrica 32 D6
Patrick 4 E4
Patrimonio 19 E11
Patrington 5 F10
Pátroha 77 A10
Pattada 32 E3
Pattensen 42 F5
Patterdale 5 D7
Patti 30 E6
Pattijoki 62 D5
Pättikkä 58 F4
Pătulele 82 B4
Patumšiai 68 D5
Pâturages 10 G4
Páty 76 B5
Pau 20 B6
Păuca 78 E2
Paudorf 74 G5
Pauilhac 16 G6
Pauillac 16 E3
Paukarlahti 65 B8
Paukkaja 65 B11
Paukkeri 63 C8
Paul 24 B4
Paularo 39 F7
Păuleni-Ciuc 78 E5
Pauleşti 79 C10
Păuleşti 77 B12
Paulhac-en-Margeride 17 E10
Paulhan 18 D2
Paulilatino 32 F2
Paulinenaue 43 E9
Păuliş 77 E10
Pauliström 45 B10
Paüls dels Ports 21 G7
Paulx 14 H6
Păuneşti 79 E8
Pausa 41 C8
Păuşeşti 78 G3
Păuşeşti-Măglaşi 78 G3
Pauträsk 55 E10
Pauvres 12 C5
Pavel 83 D9
Pavel Banya 83 F8
Pavia I 34 C4
Pavia P 24 F4
Pavia di Udine 35 B11
Pavías 27 E10
Pavie 21 B7
Pavilly 15 B10
Pāvilosta 66 G1
Pavlešenci 82 G3
Pavliani 86 H6
Pavlikeni 83 E9
Pavliš 77 G9
Pavlivka UA 79 C12
Pavlivka UA 79 F11
Pavlos 88 A6
Pavlovac 76 F2
Pavlovce nad Uhom 73 G3
Pavlovsk 67 B12
Pavullo nel Frignano 35 E7
Pavy 67 E12
Päwesin 43 E9
Pawłosiów 73 D4
Pawłówek 71 D7
Pawłowice 70 G6
Pawłowiczki 75 D8
Pawonków 75 C9
Paxoi 86 G3
Paxton 5 B8
Payerbach 39 C11
Payerne 36 D5
Paymogo 25 H5
Payrac 17 E7
Payrin-Augmontel 21 B10
Payzac 17 D7
Pazardzhik 83 G7
Pazarič 81 D7
Pazarköy 85 E3
Pazin 35 C12
Paziols 21 C11
Pázmánd 76 C5
Pazo de Irixoa 22 B3
Pazos 22 D2
Pchelarovo 83 H9
Pchelin 82 F6
Pcim 75 E11
Pčinja 86 A5
Peacehaven 9 F9
Peal de Becerro 29 C7
Péaule 14 F5
Pébrac 17 E10
Peć 81 G11
Peccia 37 E7
Peccioli 35 G7
Pécel 76 C6
Peceneaga 79 G9
Pečenjevce 82 E3
Pechea 79 F9
Pechina 29 E8
Pechory 67 E9
Peći 80 C4
Pecica 77 E9
Pećigrad 80 B3
Pećinci 81 B10
Pecineaga 84 C4
Peciu Nou 77 F9
Pecka CZ 74 C5
Pecka YU 81 C9
Pečky 74 D4
Pęcław 70 G5
Pečovská Nová Ves 73 F2
Pecq 10 G4
Pécs 76 E4
Pécsvárad 76 E5
Pečurice 81 H9
Pęczniew 71 G8
Pedaso 35 H12
Pededze 67 F9
Pederobba 35 B9
Pedersker 45 G10
Pedersöre 62 G3
Pedino 87 C7
Pedrafita do Cebreiro 22 C5
Pedra Furada 22 F2
Pedrajas de San Esteban 23 F9
Pedralba 27 E9
Pedralba de la Pradería 22 E5
Pedraza de Campos 23 E9
Pedrera 28 D4
Pedro Abad 28 C5
Pedro Bernardo 26 D2
Pedroche 28 B4
Pedrógão P 24 C2
Pedrógão P 24 C5
Pedrógão P 24 G4
Pedrógão Grande 24 C3
Pedrógão Pequeno 24 C3
Pedrola 20 E4
Pedro-Martínez 29 D7
Pedro Muñoz 26 F6
Pedrosa 23 C10
Pedrosa del Príncipe 23 D10
Pedrosillo de los Aires 23 G7
Pedroso E 20 D2
Pedroso P 22 G2
Pedrouzos 22 C2
Peebles 4 B6
Peel 4 E4
Peenemünde 43 B10
Peer 11 F7
Peera 58 F4
Pefki 87 G8
Pefkofyto 86 E4
Pefkoi 89 G11
Pefkos 89 G10
Pega 24 B5
Pegalajar 28 C6
Pegau 41 B8
Peggau 39 D10
Pegli 34 E3
Pegnitz 41 E7
Pego E 27 G10
Pego P 24 D3
Pegões 24 F3
Pęgów 75 B7
Peguera 29 F9
Pehčevo 82 H4
Pehkolanlahti 63 E8
Pehlivanköy 85 B3
Peillac 14 F5
Peille 19 D9
Peine 42 F6
Peio 38 F4
Peipin 18 C6
Peipohja 64 E3
Peïra-Cava 19 C9
Peiraias 89 C7
Peißen D 43 G8
Peißen D 43 G8
Peißenberg 38 C4
Peiting 38 C4
Peitz 70 G3
Pekankylä 63 E10
Pekanpäa 60 F6
Pekkala 61 E9
Pelagićevo 81 B8
Pelago 35 F8
Pelahustán 26 D3
Pelarrodríguez 22 G6
Pelasgia 87 G7
Pelči 66 G2
Pełczyce 70 E4
Peleagonzalo 23 F7
Pelēči 69 C10
Pelekas 86 F2
Peleta 88 D6
Pelhřimov 74 E4
Pelinei 79 F10
Pelinia 79 B9
Pelishat 83 D8
Pélissanne 18 D5
Pelitköy 85 F3
Pelkoperä 62 E6
Pelkosenniemi 61 D9
Pella 87 D7
Pellaro 31 G7
Pellegrino Parmense 34 D5
Pellegrue 16 E5
Pellérd 76 E4
Pellesmäki 65 B8
Pellestrina 35 C9
Pellevoisin 15 H11
Pellinki 64 G6
Pellizzano 38 F4
Pello FIN 60 D6
Pello S 60 D6
Pellosniemi 65 D8
Pelm 11 H8
Peloche 26 F2
Pelovo 83 D7
Pelplin 71 C8
Pelsin 43 C10
Pelso 63 E7
Peltokangas 62 G5
Peltosalmi 63 G8
Peltovuoma 58 G6
Pélussin 36 G2
Pelvoux 19 B7
Pély 77 C8
Pelynt 8 G3
Pembrey 8 D3
Pembridge 8 C5
Pembroke 8 D2
Pembroke Dock 8 D2
Pembury 9 E10
Pemfling 41 F8
Pempelijärvi 60 D5
Peñacerrada 20 C2
Penacova 24 B3
Penafiel 22 F3
Peñafiel 23 E10
Peñaflor 28 C3
Peñaflor de Hornija 23 E8
Penagos 23 B10
Peñalba 20 F6
Peñalén 20 G3
Peñalsordo 26 G2
Penalva do Castelo 22 G4
Penamacor 24 B5
Peñaranda de Bracamonte 23 G8
Peñaranda de Duero 23 E11
Peñarroya de Tastavins 20 G6
Peñarroya-Pueblonuevo 28 B3
Peñarrubia 29 B9
Penarth 8 E5
Peñascosa 26 G6
Peñas de San Pedro 27 G7
Peñausende 23 F7
Penc 76 B6
Pencader 8 D3
Pěnčín 74 C4
Pendeen 8 G1
Pendilhe 22 G3
Pendine 8 D3
Pendlebury 5 F7
Penedo Gordo 25 H4
Penedono 22 G4
Penela 24 C3
Pénestin 14 G5
Penészlek 77 B11
Pengfors 56 F2
Pengsjö S 55 G10
Pengsjö S 56 F2
Penha Garcia 24 C5
Penha Longa 22 F3
Peniche 24 D1
Penicuik 4 B6
Penikkajärvi 63 B10
Peninki 62 G6
Peninver 4 C3
Peñíscola 27 D11
Penistone 5 F8
Penkridge 8 B6
Penkule 68 B6
Penkun 70 D3
Penly 15 B10
Penmarch 14 F2
Pennabilli 35 F9
Penna in Teverina 32 B5
Pennapiedimonte 33 C8
Pennautier 21 B10
Penne F 17 G7
Penne I 33 B8
Penne-d'Agenais 16 F6
Pennyghael 2 G3
Penrhiw-pal 8 D3
Penrhyn Bay 4 G6
Penrith 5 D7
Penryn 8 G2
Pensala 62 G3
Pentalofo 88 B3
Pentalofos GR 85 A1
Pentalofos GR 86 E4
Pentapoli 87 C8
Penteoria 88 B5
Pentinniemi 63 B7
Pentir 4 G5
Pentone 31 F9
Pentraeth 4 G5
Pentre 8 D4
Pentrefoelas 4 G6
Penttäjä 60 E6
Penttilänvaara 63 B9
Penvénan 14 D4
Penybont 8 C5
Pen-y-bont-fawr 8 B4
Pen-y-fai 8 E4
Penzance 8 G1
Penzberg 38 C5
Penzlin 43 D9
Péone 19 C8
Pepeni 79 B10
Pepingen 10 G5
Pepinster 11 G7
Peplos 85 C1
Pępowo 70 G6
Pëqin 86 C2
Peque 22 E6
Pér 76 B4
Pêra 25 K3
Perabroddzye 69 D11
Perachora 88 B6
Perafita 21 E10
Perä-Hyyppä 64 C3
Peraia GR 86 D5
Peraia GR 87 D7
Perais 24 D4
Perälä 64 B2
Peralada 21 D11
Peraleda de la Mata 24 C8
Peraleda del Zaucejo 24 G8
Peralejos 27 D9
Peralejos de las Truchas 27 D7
Perales del Alfambra 20 G5
Perales del Puerto 24 B6
Peralta 20 D3
Peralta de Alcofea 20 E6
Peralta de la Sal 21 E7
Peraltilla 20 E6
Peralva 25 K4
Peralveche 20 G2
Perama GR 86 F4
Perama GR 89 C7
Perama GR 89 G9
Perämäki 62 G3
Peramola 21 E8
Peranka 63 C10
Peränne 64 B5
Perä-Posio 61 F10
Perarolo di Cadore 38 F6
Peräseinäjoki 64 B4
Perast 81 G8
Perävaara 61 D9
Perbál 76 B5
Perchtoldsdorf 76 A1
Percy 15 D7
Perdasdefogu 32 F3
Perdaxius 32 G2
Perdifumo 30 C6
Perdiguera 20 E5
Perdika GR 86 F3
Perdika GR 89 C7
Perdiki 89 C11
Perdikkar 86 D5
Perduhovo Selo 80 D5
Perechyn 73 G4
Peredo 22 F5
Peregu Mare 77 E9
Perehins'ke 73 G6
Pereiras 25 J3
Pereiro E 22 B3
Pereiro P 25 J4
Pereiro de Aguiar 22 D4
Perekhrestove 79 C12
Pererâta 79 A7
Pereruela 23 F7
Peresecina 79 C10
Peressaare 67 C8
Peretu 83 C8
Pereyma 79 A12
Perfugas 32 D2
Perg 39 B9
Pergine Valdarno 35 G8
Pergine Valsugana 35 B7
Pergola 35 G10
Perho 62 G5
Periam 77 E9
Periana 28 E5
Pericei 77 C12
Périers 14 C6
Perieţi RO 83 B7
Perieţi RO 84 B2
Périgueux 16 E6
Perikleia 86 C6
Perila 66 B6
Perilla de Castro 23 E7
Perín-Chym 73 G2
Periprava 79 G12
Periş 83 B10
Perişani 78 G3
Perişor 82 C5
Perişoru 84 B3
Perissa 89 F10
Peristasi 87 E7
Peristera 87 D8
Peristerio 89 B7
Perithorio 87 B9
Perivoli GR 86 E4
Perivoli GR 86 F2
Perivoli GR 86 G6
Perivoli GR 86 G6
Perivolia 89 F8
Perjasica 80 A3
Perkáta 76 C5
Perkiömäki 62 G3
Perl 13 C8
Perlat 86 B2
Perleberg 43 D8
Perlejewo 72 F4
Perlez 77 G8
Perloja 69 G7
Perły 72 B3
Permani 39 H9
Permantokoski 61 E8
Përmet 86 E3
Pernå 65 F7
Pernarava 68 E6
Pernarec 41 D9
Pernegg an der Mur 39 D10
Pernersdorf 74 G6
Pernes 24 D3
Pernes-les-Fontaines 18 C5
Perni 87 C10
Pernik 82 F5
Perniö 64 G4
Perniön as. 64 G4
Pernitz 39 C11
Pernu 61 F9
Pero 34 C4
Peroguarda 25 H4
Pérols 18 D3
Péron 36 E3
Perondi 86 D2
Péronnas 36 E2
Péronne 12 B3
Perosa Argentina 19 A8
Pero Viseu 24 B5
Perpignan 21 C11
Perranporth 8 G2
Perrecy-les-Forges 17 B12
Perreux 17 C11
Perrigny 36 D3
Perros-Guirec 14 D4
Perrum-Äbmir 59 E9
Persan 12 C2
Persåsen 52 B2
Persberg 46 B5
Persbo 52 G3
Persenbeug 39 C10
Pershagen 47 C9
Pershamawskaya 69 D12
Pershore 8 C6
Pershotravneve 79 G11
Pershyttan 46 C6
Persnäs 45 C12
Persön 56 C4
Perstorp 45 D8
Perth 2 G6
Perthes 12 E3
Pertouli 86 F5
Perttaus 61 D7
Pertteli 64 F4
Perttula 64 F5
Pertuis 18 D6
Pertunmaa 65 D7
Pertusa 20 E6
Peruc 41 C10
Perućac 81 D9
Perucica 81 E8
Perugia 35 G9
Perukka 63 E7
Perunkajärvi 61 D8
Perushtitsa 83 G7
Perušić 80 C2
Péruwelz 10 G4
Pervalka 68 D3
Pervenchères 15 E9
Pervomaisc 79 D12
Pervomayskoye 65 G10
Perwez 10 G6
Pesadas de Burgos 23 C10
Pesaro 35 F10
Pescaglia 34 F6
Pescantina 35 C7
Pescara 33 B8
Pescari 82 B3
Pescasseroli 33 D7
Pesceana 83 A7
Peschadoires 17 C10
Peschici 33 C11
Peschiera del Garda 34 C6
Pescia 34 F6
Pescina 33 C7
Pescocostanzo 33 D8
Pescolanciano 33 D8
Pescopennataro 33 D8
Pescorocchiano 32 C6
Pesco Sannita 33 E9
Peseux 36 D5
Peshkopi 86 B3
Peshtera 83 G7
Pesiökylä 63 D9
Pesiönranta 63 D9
Pesmes 13 G7
Pesnica 39 F11
Pesquera de Duero 23 E10
Pessac 16 E3
Pessalompolo 60 E6
Pessan 21 A7
Pesse 11 C8
Pessin 43 E9
Peštani 86 C4
Peştera 84 C4
Peştişani 78 G1
Pestişu Mic 77 F12
Pesués 23 B9
Pešurići 81 D9
Petacciato 33 C9
Petäikkö 63 D7
Petäiskylä 63 F10
Petäjäjärvi 63 B7
Petäjäkangas 63 C7
Petäjäskoski FIN 61 E7
Petäjäskoski FIN 62 E5
Petäjävesi 64 C6
Petalax 64 B2
Petalidi 88 E4
Pétange 13 B7
Petas 86 G4
Petelea 78 D4
Peteranec 76 E2
Peterborough 9 C9
Peterculter 3 E8
Peterhead 3 D8
Péteri 76 C6
Peterlee 5 D9
Petersberg 40 C4
Petersdorf 40 G6
Petersdorf auf Fehmarn 43 B7
Petersfield 9 F8
Petershagen D 42 F4
Petershagen D 70 F3
Peterswell 7 J4
Pétervására 77 A7
Pethelinos 87 C9
Petilia Policastro 31 E9
Petín 22 D5
Petisträsk 56 E2
Petit-Mars 14 G6
Petit-Noir 13 H7
Petko Karavelovo 83 D9
Petko Slaveykov 83 E8
Petkula 61 C9
Petkus 43 G10
Petlovača 81 B9
Pet Mogili 83 F10
Petneháza 77 A11
Petőfibánya 77 B7
Petra E 29 F10
Petra GR 85 F1
Petrăchioaia 83 B10
Petrades 85 B2
Petralia-Soprana 30 E4
Petran 86 E3
Petrana 86 E5
Petrella Salto 32 C6
Petrella Tifernina 33 D9
Petrer 29 B11
Petreşti RO 77 B11
Petreşti RO 83 B9
Petreştii de Jos 78 D2
Petreto-Bicchisano 19 G11
Petriano 35 F10
Petricani 78 C6
Petrich 87 B8
Petrijevci 76 F5
Petrila 78 G1
Petrinja 76 G1
Petriş 77 E11
Petritoli 35 H11
Petrivka 79 D11
Petrivs'k 79 E11
Petrochori 88 A4
Petrodvorets 65 H10
Pétrola 27 G8
Petromäki 65 B8
Petronà 31 E9
Petroşani 78 G1
Petrota 85 A1
Petroussa 87 C9
Petrov 75 F7
Petrova 78 B3
Petrovac YU 81 G8
Petrovac YU 82 B2
Petrovany 73 F2
Petrovaradin 77 G7
Petrovec 82 G2
Petrovice 74 E3
Petrovice u Karvine 75 D9
Petroviči 81 D8
Petrovići 81 F8
Petrovo BG 87 B8
Petrovo RUS 68 F2
Petrovo Selo 82 B4
Petruma 65 B9
Petru Rareş 78 C2
Petruşeni 79 B8
Petřvald CZ 75 D9
Petřvald CZ 75 E9
Petsakoi 88 B4
Petsmo 62 G2
Petten 10 C6
Pettigo 6 F5
Pettineo 30 E4
Petting 39 C7
Pettneu am Arlberg 38 E3
Pettorano sul Gizio 33 C8
Petürch 82 E5
Petworth 9 F8
Peuerbach 39 B8
Peujard 16 E4
Peura 61 F7
Peurajärvi 63 B7
Peurasuvanto 61 B8
Pevensey 9 F10
Peveragno 19 C9
Pewsey 9 E7
Pewsum (Krummhörn) 11 A9
Pexonne 13 E9
Peymeinade 19 D8
Peyrat-le-Château 17 C7
Peyrehorade 20 B5
Peyriac-de-Mer 18 E1
Peyriac-Minervois 21 B11
Peyrieu 36 F3
Peyrins 36 H2
Peyrolles-en-Provence 18 D6
Peyruis 18 C6
Peyrusse-Grande 16 H5
Pézenas 18 D2
Pęzino 70 D4
Pezinok 75 H7
Pezuls 16 E6
Pfaffenberg 41 G8
Pfaffendorf 70 F3
Pfaffenhausen 37 A10
Pfaffenhofen an der Ilm 41 G7
Pfaffenhoffen 13 D10
Pfäffikon 37 C7
Pfaffing 38 C6
Pfalzgrafenweiler 40 G3
Pfarrkirchen 41 G9
Pfarrweisach 40 D6
Pfarrwerfen 39 D7
Pfedelbach 40 F4
Pflach 38 D4
Pfons 38 E5
Pförring 41 F7
Pforzen 38 C4
Pforzheim 40 F3
Pfreimd 41 E8
Pfronstetten 40 H4
Pfronten 37 C10
Pfullendorf 37 B8
Pfullingen 40 G4
Pfunds 38 E3
Pfungstadt 40 D3
Pfyn 37 B8
Phalsbourg 13 D9
Philippeville 12 A5
Philippsreut 41 F10
Pia 18 F1
Piacenza 34 D5
Piadena 34 C6
Piana F 19 F10
Piana GR 88 C5
Piana Crixia 34 E3
Piana degli Albanesi 30 E3
Piancastagnaio 32 B4
Piandimeleto 35 F9
Piàn di Scò 35 F8
Pianella 33 C8
Pianello Val Tidone 34 D4
Piano del Voglio 35 E7
Pianoro 35 E8
Pianosa 32 B1
Pianotolli-Caldarello 19 G11
Piansano 32 B4
Pianu 78 F1
Pias 25 H5
Piaseczno PL 70 E3
Piaseczno PL 72 G3
Piasek 70 E3
Piaski PL 70 G6
Piaski PL 73 B4
Piastów 72 F2
Piątek 71 G9
Piątnica Poduchowna 72 D4
Piatra 83 D8
Piatra Neamţ 78 D6
Piatra Olt 83 B7
Piatra ḑoimului 78 D6
Piau-Engaly 21 C7
Piazza al Serchio 34 E6
Piazza Armerina 30 F5
Piazza Brembana 34 B5
Piazzatorre 34 B5
Piazzola sul Brenta 35 C8
Pibrac 21 A8
Pićan 35 C12
Picar 86 E2
Picassent 27 F10
Picauville 15 C7
Picerno 31 B7
Picher 43 D7
Pichl bei Wels 39 C8
Pickering 5 E9
Pico 33 D7
Picón 26 G4
Picquigny 12 B2
Pidbuzh 73 F5
Pidhorodtsi 73 F5
Pidlisne 78 A5
Piebalgas 69 B7
Piechcin 71 E7
Piechowice 74 B5
Piecki 72 C3
Piecnik 70 D5
Piedicorte-di-Gaggio 19 F11
Piedicroce 19 F11
Piedimonte Etneo 30 E6
Piedimonte Matese 33 E8
Piedimulera 34 B2
Piedrabuena 26 G4
Piedrafita de Babia 22 C6
Piedrahita 26 D2
Piedralaves 26 D3
Piedras Albas 24 C5
Piedras Blancas 23 B7
Piedruja 69 D11
Piegaro 32 A4
Piégut-Pluviers 16 D6
Piehinki 62 E5
Piekary Śląskie 75 C10
Piekielnik 75 E11
Piekoszów 75 B12
Pieksämäen mlk 65 C8
Pieksämäki 65 C8
Pielavesi 63 G7
Pieleşti 82 B6
Pielgrzymka 74 B5
Pienava 68 B6
Pienięźnica 70 C6
Pieniężno 71 B10
Pieńkowo 70 B6
Piennes 13 C7
Pieńsk 74 B4
Pienza 35 H8
Piera 21 F9
Pierowall 3 D10
Pierre-Buffière 17 D7
Pierre-Châtel 18 A6
Pierre-de-Bresse 36 D2
Pierrefeu-du-Var 19 E7
Pierrefitte-Nestalas 20 C6
Pierrefitte-sur-Aire 13 D7
Pierrefonds 12 C3
Pierrefontaine-les-Varans 13 G8
Pierrefort 17 E9
Pierrelatte 18 C4
Pierrepont 13 C7
Pierres 15 D11
Pierrevert 18 D6
Piertinjaure 60 E2
Pierzchnica 73 C1
Piesau 40 C6
Pieścirogi 72 F2
Piesendorf 39 D7
Pieski 70 F4
Piešťany 75 G8
Pieszkowo 72 B2
Pieszyce 74 C6
Pietarsaari 62 F3
Pietrabbondante 33 D8
Pietracatella 33 D9
Pietracorbara 19 E12
Pietra-di-Verde 19 F12
Pietragalla 31 B7
Pietralba 19 E11
Pietra Ligure 34 E2
Pietralunga 35 G9
Pietramelara 33 E8
Pietramontecorvino 33 D10
Pietraperzia 30 F4
Pietraporzio 19 C8
Pietrari 78 G3
Pietrasanta 34 F6
Pietroasa 77 D12
Pietroasele 79 G7
Pietroşani 83 D9
Pietrosella 19 G11
Pietroşiţa 78 G5
Pietrowice Wielkie 75 D8
Pieve d'Alpago 38 G6
Pieve del Cairo 34 D3
Pieve di Bono 34 B6
Pieve di Cadore 38 F6
Pieve di Cento 35 D8
Pieve di Soligo 35 B9
Pieve di Teco 34 F2
Pieve Fosciana 34 E6
Pievepelago 34 E6
Pieve Santo Stefano 35 F9
Pieve Torina 35 H10
Pieve Vergonte 34 B2
Piffonds 12 E3
Pigai 88 D5
Pigi GR 85 F2
Pigi GR 86 F5
Piglio 32 D6
Pigna 19 C9
Pignataro Interamna 33 D7
Pignataro Maggiore 33 E8
Pignola 31 B7
Pihlajakoski 64 D6
Pihlajalahti FIN 64 C5
Pihlajalahti FR 65 D9
Pihlajavaara 65 A12
Pihlajavesi 64 C5
Pihlava 64 D2
Pihtipudas 62 G6
Piikkiö 64 F3
Piilijärvi 60 C3
Piiloperä 61 E10
Piippola 62 E6
Piipsjärvi 62 E5
Piirsalu 66 C5
Piispa 63 G9
Piispajärvi 63 C10
Piittisjärvi 61 E9
Pijnacker 10 D5
Pike, The 7 M5
Pikkarala 62 D6

Pikkula 63 C7
Piktupėnai 68 E4
Pila 35 D9
Piła 70 D6
Pilas 25 J7
Pilawa 72 G3
Piława Górna 75 C7
Pilchowice 75 D9
Pilda 69 B11
Piles 27 G10
Pilgrimstad 52 B3
Pili 87 H8
Pilica 75 C11
Pilis 76 C6
Piliscsaba 76 B5
Pilisszántó 76 B5
Pilisszentiván 76 B5
Pilisvörösvár 76 B5
Pill 38 D5
Pilling 5 F7
Pilníkov 74 C5
Pilpala 64 F5
Pilsach 41 E7
Pilskalns 67 G8
Pilsting 41 G8
Piltene 66 G2
Pilträsk 56 C2
Pilu 77 D9
Pilviškiai 68 F6
Pilzno 73 D2
Pimentel 32 G2
Pimperne 8 F6
Pimpiö 60 D5
Pina 20 F5
Piña de Campos 23 D9
Piña de Esgueva 23 E9
Piñar 28 D6
Pınarbaşı 85 E1
Pınarca 85 B4
Pinarejo 27 E7
Pınarhisar 85 A4
Pınarköy 88 E4
Pınarlıbelen 88 E3
Pinasca 19 A9
Pincehely 76 D5
Pinchbeck 9 B9
Pińczów 73 C1
Pindstrup 44 D4
Pineda de Cigüela 26 E6
Pineda de la Sierra 23 D11
Pineda de Mar 21 E11
Pinela 22 E6
Piñel de Abajo 23 E10
Pinerolo 19 B9
Pineto 33 B8
Piney 12 E5
Pinggau 39 D11
Pinhal Novo 24 F2
Pinhanços 24 B4
Pinhão 22 F4
Pinheiro 24 G2
Pinheiro Grande 24 D3
Pinhel 22 G5
Pinhoe 8 F4
Pinilla de Molina 20 G3
Pinilla de Toro 23 E8
Pinkafeld 39 D11
Pinneberg 42 C5
Pinnow 70 G3
Pino E 22 F6
Pino F 19 D11
Pino del Río 23 C9
Pinofranqueado 24 B6
Pinols 17 E10
Piñor 22 D3
Pinoso 29 B10
Pinos-Puente 28 D6
Pinsac 17 E7
Pinseque 20 E5
Pinsiö 64 D4
Pinsoro 20 D4
Pintamo 63 C8
Pintano 20 D5
Pinto 26 D4
Pinwherry 4 C4
Pinzano al Tagliamento 39 G7
Pinzio 22 G5
Pinzolo 38 G4
Piobbico 35 G10
Piolenc 18 C4
Pioltello 34 C4
Piombino 32 A2
Piombino Dese 35 B9
Pionerskiy 68 E2
Pionki 73 H3
Pionsat 17 C9
Pioraco 35 G10
Piornal 24 B7
Piossasco 19 A9
Piotrkowice 75 A7
Piotrków Kujawski 71 F8
Piotrków Trybunalski 75 A11
Piove di Sacco 35 C9
Piovene Rocchette 35 B8
Piperskärr 47 F8
Pipirig 78 C6
Pipriac 14 F6
Piqeras 86 E2
Pir 77 C11
Piraino 30 E5
Piran 35 C11
Pirčiupiai 69 G8
Pirg 86 D4
Pirgovo 83 D9
Piriac-sur-Mer 14 G5
Piricse 77 B11
Pirin 87 B8
Pirinçşi 85 B6
Pirkkala 64 D4
Pirmasens 13 C10
Pirna 41 B10
Pirnmill 4 B4
Pirot 82 E4
Pirovac 80 D3
Pirtó 76 E6
Pirttijoki 63 D8
Pirttikoski FIN 61 E9
Pirttikoski FIN 62 E5
Pirttikoski FIN 64 E5
Pirttimäki FIN 63 F7
Pirttimäki FIN 63 F9
Pirttimäki FIN 65 A7
Pirttinen 62 G4
Pirttivaara 63 C10
Pirttivuopio 60 B2
Pisa FIN 61 E7
Pisa I 34 F6
Pisanets 83 D10
Pisarovina 39 H11
Pisarovo 83 D7
Pischelsdorf in der Steiermark 39 E11
Pişchia 77 F9
Pisciotta 30 C6
Pişcolt 77 B11
Piscu 79 F9
Piscu Vechi 82 C5
Pišece 39 G11
Písečná 75 D7
Písek CZ 74 E3
Písek CZ 75 E10
Pishcha 72 G6
Pishchana 79 A12
Pishchanka 79 A10
Pisisaare 67 D7
Piskokefalo 89 G11
Piškorevci 76 G5
Pisoderi 86 D4
Pisogne 34 B6
Pissonas 89 A7
Pissos 16 F3
Pistiana 86 F4
Pisticci 31 C9
Pisto 63 C10
Pistoia 35 F7
Pisz 72 C4
Piszczac 72 G5
Pitagowan 2 F5
Pitäjänmäki 62 G6
Pitarque 20 G5
Piteå 56 C3
Pitești 83 A8
Pithiviers 12 E2
Pitigliano 32 B4
Pitkäjärvi 64 F4
Pitkälä 65 D10
Pitkälahti 65 B8
Pitkäsenkylä 62 E5
Pitlochry 2 F6
Pitomača 76 F3
Pitrags 66 F3
Pîtres 15 C10
Pitres 29 E7
Pitscottie 3 G7
Pitsineïka 88 B4
Pitstone 9 D8
Pitsund 56 D4
Pitt 9 F7
Pittem 10 F4
Pitten 76 B1
Pittentrail 2 C5
Pittenweem 3 G7
Pitvaros 77 E8
Pivašiūnai 69 F7
Pivka 35 B12
Pivnice 76 G6
Piwniczna 73 E1
Piyadeler 85 H5
Pizarra 28 E4
Pizzighettone 34 C5
Pizzo 31 F8
Pizzoferrato 33 C8
Pizzoli 32 B6
Pjedsted 44 E3
Pjelax 64 C2
Pjenovac 81 D8
Pjesker 56 C2
Plaaz 43 C8
Plabennec 14 D2
Placencia de las Armas 20 B2
Plachkovtsi 83 E9
Plăcis 66 F6
Plaffeien 36 D5
Plagia 87 C7
Plăieșii de Jos 78 E6
Plaintel 14 E4
Plaisance 20 A6
Plaisance-du-Touch 21 B8
Plaisir 15 D11
Plaka GR 86 F4
Plaka GR 87 E11
Plaka GR 88 D6
Plakhtiyivka 79 E12
Plakovo 83 E9
Plana BIH 81 F7
Planá 41 D9
Plana GR 87 D8
Planá nad Lužnicí 74 E4
Plaňany 74 D4
Plancher-Bas 36 B5
Plancoët 14 D5
Plancy-l'Abbaye 12 D5
Plan-de-Baux 18 B5
Plan-de-la-Tour 19 E7
Plandište 77 G9
Planegg 38 C5
Planeja 81 G11
Planès 21 D10
Plāņi 67 F7
Plánice 41 E10
Planina SLO 35 B12
Planina SLO 39 G10
Planina YU 81 C9
Planinica 82 C3
Planjane 80 D4
Plankenfels 41 D7
Planos 88 C2
Plasencia 24 C7
Plasencia del Monte 20 D5
Plaški 80 B2
Plassen 51 F10
Plášťovce 76 A5
Plasy 41 D9
Plataies 88 B6
Platamona Lido 32 D1
Platamonas GR 87 C10
Platamonas GR 87 E7
Platania GR 87 G8
Platania I 31 E8
Platanistos 89 B8
Platanorrevma 86 E6
Platanos GR 87 G7
Platanos GR 88 C4
Platanos GR 89 F7
Platanos GR 89 G9
Platanovrysi 88 B4
Plătărești 83 B10
Platarıa 86 F3
Plate 43 C7
Plateliai 68 C4
Platerów 72 F5
Plati 85 A2
Platì 31 G8
Platiana 88 C4
Platičevo 81 B10
Platja de Nules 27 E10
Platone 68 B6
Plattling 41 G9
Platy 87 D7
Platykampos 87 F7
Platys Gialos GR 89 D10
Platys Gialos GR 89 E9
Plau 43 D8
Plaue 40 C6
Plauen 41 C8
Plav 81 G10
Plava 81 H11
Plaveč 73 F1
Plavecký Štvrtok 75 G7
Pļaviņas 69 B9
Plavna 82 C3
Plavni 79 G10
Plavnica 73 F1
Plavno 80 D4
Plavy 74 C5
Pławno 70 D5
Plazac 16 E6
Płazów 73 D5
Pleaux 17 E8
Plech 41 E7
Plecka Dąbrowa 71 F9
Pleine-Fougères 14 D6
Plekšni 69 B11
Plélan-le-Grand 14 E5
Plélo 14 D4
Plémet 14 E5
Plénée-Jugon 14 E5
Pléneuf-Val-André 14 D5
Plenița 82 C5
Plentzia 23 B12
Plérin 14 D5
Plescop 14 F4
Pleșcuța 77 E11
Pleșeni 79 E10
Plešivec 75 G12
Plesná 41 D8
Pleśna 73 D2
Pleșoiu 83 B7
Plessa 43 H10
Plessé 14 F6
Plestin-les-Grèves 14 D3
Pleszew 71 G7
Pleternica 76 G4
Plettenberg 11 F10
Pleubian 14 D4
Pleudihen-sur-Rance 14 D6
Pleumartin 16 A6
Pleumeur-Bodou 14 D3
Pleurs 12 D4
Pleuven 14 F3
Pleven 83 D7
Plevník-Drienové 75 F9
Pleyben 14 E3
Pleyber-Christ 14 D3
Pliego 29 C10
Plienciems 66 G4
Pliešovce 75 G10
Plieux 16 G6
Plikati 86 E4
Plisa 69 E11
Pliska 84 D2
Plitvica 80 B3
Pljevlja 81 E9
Ploaghe 32 D2
Plobannalec 14 F2
Ploče 80 F6
Ploce 68 B3
Pločica 82 B1
Płociczno 72 C5
Płock 71 F10
Plodovoye 65 F11
Ploemeur 14 F4
Ploeren 14 F4
Ploërmel 14 F5
Plœuc-sur-Lié 14 E5
Plogonnec 14 E3
Plogshagen 43 A9
Ploiești 83 A10
Plomari 85 G2
Plombières-les-Bains 13 F8
Plomeur 14 F2
Plomin 35 C12
Plomodiern 14 E2
Plön 42 B6
Plonéour-Lanvern 14 F2
Plonévez-du-Faou 14 E3
Plonevez-Porzay 14 E2
Płońsk 72 E2
Plop 79 A9
Plopana 79 D8
Plopeni 78 G6
Plopi 79 B11
Plopii-Slăvitești 83 C7
Plopșoru 82 B5
Plopu 78 G6
Plosca 83 C8
Ploscoș 78 D2
Ploska 78 B4
Płoskinia 71 B10
Płośnica 71 D10
Plößberg 41 E8
Płoty 70 C4
Plötzin 43 F9
Plötzky 43 F8
Plou 27 C9
Plouagat 14 D4
Plouaret 14 D4
Plouarzel 14 E2
Plouay 14 F4
Ploubalay 14 D5
Ploubazlanec 14 D4
Ploubezre 14 D4
Ploudalmézeau 14 D2
Ploudiry 14 E3
Plouescat 14 D3
Plouézec 14 D4
Ploufragan 14 E5
Plougasnou 14 D3
Plougastel-Daoulas 14 E2
Plougonven 14 D3
Plougonver 14 E4
Plougrescant 14 D4
Plouguenast 14 E5
Plouguerneau 14 D2
Plouguernével 14 E4
Plouguiel 14 D4
Plouguin 14 D2
Plouha 14 D4
Plouharnel 14 F4
Plouhinec F 14 E2
Plouhinec F 14 F4
Plouigneau 14 D3
Ploumagoar 14 D4
Ploumilliau 14 D3
Plounévez-Moëdec 14 D4
Plounévez-Quintin 14 E4
Plouray 14 E4
Plouvorn 14 D3
Plouyé 14 E3
Plouzané 14 E2
Plouzévédé 14 D3
Plovdiv 83 G8
Plozévet 14 F2
Pluck 6 E5
Plugari 79 C8
Plumbridge 6 E5
Plumelec 14 F5
Pluméliau 14 F4
Plumergat 14 F4
Plumlov 75 E7
Pluneret 14 F4
Plungė 68 C4
Pluszkiejmy 72 B4
Pluvigner 14 F4
Plužine BIH 81 E7
Plužine YU 81 F8
Płużnica 71 D8
Pluzunet 14 D4
Plwmp 8 C3
Plyeshchanitsy 69 F11
Plymouth 8 G3
Plympton 8 G3
Plymstock 8 G3
Plytra 88 E6
Plyussa 67 D11
Plyusy 69 D10
Plzeň 41 E9
Pniewo PL 70 D6
Pniewo PL 71 F9
Pniewo PL 72 E3
Pniewy PL 70 F5
Pniewy PL 72 G2
Poarta Albă 84 C4
Pobedím 75 G8
Pobedino 68 F5
Poběžovice 41 E9
Pobiedno 73 E3
Pobiedziska 70 F6
Pobierowo 70 C4
Pobikry 72 E5
Pobladura del Valle 23 D7
Poblete 26 G4
Pobłocie 71 A7
Poboru 83 B7
Pobožje 82 G2
Počátky 74 F4
Poceirão 24 F2
Pöchlarn 39 B10
Pociemes 66 F6
Počitelj 80 F6
Pociumbeni 79 B8
Pöcking 38 C5
Pocking 41 G9
Pocklington 5 F9
Pocola 77 D11
Pocrnje 81 F7
Pocsaj 77 C10
Pócspetri 77 B10
Poczesna 75 C10
Podareš 87 B7
Podari 82 C6
Podayva 84 D2
Podbiel 75 E10
Podbořany 41 D10
Podborov'ye 67 E10
Podbožur 81 F8
Podbrdo BIH 80 C5
Podbrdo SLO 39 F8
Podbrezová 75 F11
Podčetrtek 39 G11
Poddębice 71 G9
Poděbrady 74 D4
Podedwórze 72 G5
Podegrodzie 73 E1
Podelzig 70 F3
Podem 83 D7
Podeni 82 A4
Podenii Noi 78 G6
Podensac 16 F4
Podenzana 34 E5
Podenzano 34 D5
Podersdorf am See 76 B2
Podgajci Posavski 81 B8
Podgaje 70 D6
Podgora 80 E5
Podgorač 76 G4
Podgorac 82 C3
Podgoria 79 G7
Podgorica SLO 39 G9
Podgorica YU 81 G9
Podgorie 86 C4
Podgoritsa 83 E10
Podgórze 72 D4
Podgrab 81 D8
Podgrad 35 C12
Podgrade 80 D6
Podhoro28d 73 G4
Podhum 80 D5
Podivín 75 F7
Podkova 87 B11
Podkowa Leśna 72 F2
Podkrajewo 72 E2
Podkrepa 83 G9
Podkum 39 G10
Podlapača 80 C3
Podlehnik 39 F11
Podles 86 B5
Podlipoglav 39 G9
Podmilečje 80 C6
Podnanos 35 B12
Podnovlje 81 B7
Podochori 87 C9
Podogora 86 G5
Podoima 79 B10
Podoleni 79 D7
Podolí 75 F7
Podolie 75 G8
Podolínec 73 F1
Podorozhnye 73 F6
Podosoje 81 F7
Podrašnica 80 C5
Podravske Sesvete 76 E3
Podromanija 81 D8
Podsreda 39 G11
Podstrana 80 E4
Podtabor 39 G9
Podturen 76 E1
Podu Iloaiei 79 C8
Podujevo 82 E2
Poduri 79 E7
Podu Turcului 79 E8
Podvelež 81 E7
Podvrška 82 B4
Podvysoká 75 E9
Podwilk 75 E11
Poeni 83 B9
Poenița 79 A9
Pofi 33 D7
Pogăceaua 78 D3
Pogana 79 E8
Pogar 81 D7
Poggendorf 43 B9
Poggiardo 31 C12
Poggibonsi 35 G7
Poggio Berni 35 F9
Poggio Bustone 32 B6
Poggio Catino 32 C5
Poggiodomo 32 B6
Poggio Imperiale 33 D10
Poggio-Mezzana 19 F12
Poggio Mirteto 32 C5
Poggio Moiano 32 C6
Poggio Picenze 33 C7
Poggio Renatico 35 D8
Poggiorsini 31 B8
Poggio Rusco 35 D7
Pöggstall 39 B10
Pogny 12 D5
Pogoanele 84 A2
Pogoniani 86 E3
Pogorzela 70 G6
Pogorzelice 71 B7
Pogradec 86 C3
Pogrodzie 71 B9
Pohja FIN 64 D5
Pohja FIN 64 G4
Pohja-Lankila 65 D10
Pohjasenvaara 60 C6
Pohjaslahti FIN 61 E9
Pohjaslahti FIN 64 C5
Pohjavaara 63 E9
Pohjois-Ii 62 C6
Pohjoisjärvi 64 C5
Pohorelá 75 F11
Pohořelice 74 F6
Pohronská Polhora 75 G11
Pohronský Ruskov 76 B5
Poian 78 E6
Poiana 83 B9
Poiana Blenchii 78 C2
Poiana Câmpina 78 G5
Poiana Cristei 79 F7
Poiana Lacului 83 A8
Poiana Mare 82 C5
Poiana Mărului 78 F5
Poiana Sibiului 78 F2
Poiana Stampei 78 C4
Poiana Teiului 78 C6
Poiana Vadului 77 E12
Poibrene 82 F6
Pöide 66 D3
Poienari 79 D8
Poienarii Burchii 83 B10
Poienarii de Argeș 78 G3
Poienești 79 D8
Poieni 77 D12
Poienile de Sub Munte 78 B3
Poijula 63 C8
Poikajärvi 61 E8
Põikva 66 D6
Poing 38 C5
Pointis-Inard 21 C8
Poirino 34 D2
Poiseux 12 G4
Poissons 12 E6
Poissy 15 D11
Poitiers 16 B5
Poix-de-Picardie 15 B11
Poix-Terron 12 B6
Pojan 86 D4
Pojanluoma 64 B3
Pojatno 39 G11
Pojejena 82 B2
Pojo 64 G4
Pojorâta 78 B5
Pókaszepetk 76 D2
Poķi 68 B6
Pokka 59 G8
Poklečani 80 E6
Pokoj 80 B3
Pokój 75 B8
Pokrówka 73 B5
Pokupsko 80 A3
Polača 80 D4
Polače 80 F6
Pola de Allande 22 B5
Pola de Laviana 23 B7
Pola de Lena 23 B7
Pola de Siero 23 B7
Pola de Somiedo 22 C6
Polaincourt-et-Clairefontaine 13 F8
Połajewko 70 E6
Polán 26 E4
Polanica-Zdrój 74 C6
Połaniec 73 C2
Polanów 70 B6
Polch 11 H9
Polcirkeln 60 E3
Połczyno 71 A8
Połczyn Zdrój 70 C5
Polegate 9 F10
Polena 82 G5
Poleñino 20 E6
Polepy 74 C3
Polesella 35 D8
Polessk 68 F3
Polgár 77 B9
Polgárdi 76 C4
Polia 31 F8
Poliçan AL 86 D2
Poliçan AL 86 E3
Police 70 D3
Police nad Metuj 74 C6
Polichni 87 D7
Polichnitos 85 F1
Polička 74 E6
Policoro 31 C9
Policzna 73 A3
Polientes 23 C10
Polignano a Mare 31 B10
Poligny 36 D3
Polikrayshte 83 E9
Polisot 12 E5
Polistena 31 G8
Politika 87 H8
Pölitz 42 C6
Polizzi Generosa 30 E4
Põljä 63 G8
Poljana 82 B2
Poljanak 80 B3
Poljana Pakračka 76 G2
Poljane 39 G9
Poljčane 39 F11
Polje 81 B7
Poljica 80 C2
Poljice 81 C8
Poljice-Popovo 81 F7
Polkowice 74 A6
Polla 31 B7
Pölläkkä 65 C10
Pöllau 39 D11
Pöllauberg 39 D11
Polle 42 G5
Pollença 29 E10
Pollenfeld 40 F6
Pollenza 35 G11
Pollfoss 50 D5
Pollhagen 11 C12
Polliat 36 C4
Pollica 30 C6
Pollina 30 E4
Pollitz 43 E7
Pollos 23 F8
Polmak 59 D10
Polminhac 17 E9
Polmont 4 B6
Polo 63 C9
Polomka 75 F11
Polop 27 G10
Pölöske 76 D2
Połoski 72 G6
Polovragi 78 G2
Polperro 8 G3
Pöls 39 D9
Polsingen 40 F6
Polska Cerekiew 75 D9
Polski Gradets 83 G10
Polski Trŭmbesh 83 D9
Polsko Kosovo 83 D9
Polso 62 G5
Põltsamaa 67 D7
Põlula 67 B8
Polumir 81 E11
Polupìn 70 G4
Põlva 67 E8
Polvela 63 G10
Polvenkylä 64 B3
Polverigi 35 G11
Polvijärvi 65 B10
Polyana 73 G4
Polyanets'ke 79 A12
Polyantho 87 C11
Polyany 65 G10
Polyatsite 84 E2
Polydendro 86 D6
Polydroso 87 H7
Polygyros 87 D8
Polykarpi 86 C6
Polykastano 86 E4
Polykastro 87 C7
Polymylos 86 D6
Polyneri 86 E4
Polypotamo 86 D5
Polzela 39 F10
Pölzig 41 B8
Pomaluengo 23 B10
Pomarance 35 G7
Pomarão 25 J4
Pomarez 20 A5
Pomarico 31 B9
Pomarkku 64 D3
Pomârla 78 A6
Pomáz 76 B6
Pombal P 22 F4
Pombal P 24 C3
Pomer 20 E3
Pomeroy 6 F6
Pomezeu 77 D11
Pomezí 74 E6
Pomezia 32 D5
Pomi 78 B1
Pomiechówek 72 F2
Pömiö 62 B6
Pommard 12 G6
Pommelsbrunn 41 E7
Pommersfelden 40 E6
Pomol 81 D9
Pomorie 84 F3
Pomorsko 70 G4
Pompaire 16 B4
Pompei 30 B5
Pompey 13 D8
Pompia 89 G9
Pompignan 17 G11
Pomysk Mały 71 B7
Poncin 36 F3
Ponferrada 22 D6
Poniatowa 73 B3
Poniatowo 71 E10
Poniec 70 G6
Poniklá 74 C5
Poniky 75 G10
Ponoarele 82 A4
Ponor 78 E1
Ponoševac 81 G11
Pons 16 D4
Ponsa 64 D5
Ponsacco 34 F6
Pont-à-Celles 10 G5
Pontacq 20 B6
Pontailler-sur-Saône 13 G7
Pontaix 18 B5
Pont-à-Marcq 10 G3
Pont-à-Mousson 13 D8
Pontardawe 8 D4
Pontarion 17 C8
Pontarlier 13 H8
Pontassieve 35 F8
Pontaubault 15 D7
Pont-Audemer 15 C9
Pontault-Combault 12 D3
Pontaumur 17 C9
Pont-Aven 14 F3
Pont-Canavese 36 G6
Pontcharra 36 G4
Pontchâteau 14 G6
Pont-Croix 14 E2
Pont-d'Ain 36 F3
Pont-de-Buis-lès-Quimerch 14 E3
Pont-de-Chéruy 36 F2
Pont-de-Larn 21 B10
Pont-de-l'Isère 36 H2
Pont-de-Poitte 36 E3
Pont-de-Roide 36 C5
Pont-de-Salars 17 F9
Pont de Suert 21 D8
Pont-de-Vaux 36 E2
Pont-de-Veyle 36 E2
Pont-d'Hérault 17 G11
Pont-d'Ouilly 15 D8
Pont-du-Casse 16 F6
Pont-du-Château 17 C10
Pont-du-Navoy 36 D3
Ponte I 33 E9
Ponte P 22 F3
Ponte-Aranga 22 B3
Ponteareas 22 D2
Pontebba 39 F7
Pontecagnano Faiano 30 B6
Ponte Caldelas 22 D2
Ponte-Ceso 22 B2
Pontechianale 19 B8
Pontecorvo 33 D7
Pontecurone 34 D4
Ponte da Barca 22 E3
Pontedassio 34 F2
Pontedecimo 34 E4
Ponte de Lima 22 E2
Ponte dell'Olio 34 D5
Pontedera 34 F6
Ponte de Sor 24 E4
Pontedeume 22 B3
Ponte di Legno 37 E10
Ponte di Piave 35 B9
Ponte do Rol 24 E1
Pontefract 5 F9
Ponte Gardena 38 F5
Pontelagoscuro 35 D8
Ponteland 5 C8
Ponte-Leccia 19 E11
Pontelongo 35 C9
Ponte nelle Alpi 38 G6
Ponte Nizza 34 D4
Ponte Nossa 34 B5
Ponte Nova 38 F5
Pont-en-Royans 18 A5
Pontenure 34 D5
Pontenx-les-Forges 16 F3
Pontepedra 22 C2
Ponte San Nicolò 35 C9
Ponte San Pietro 34 B5
Ponte Valga 22 C2
Pontevedra 22 D2
Pontével 24 E2
Pont-Évêque 36 G2
Pontevico 34 C5
Pont-Farcy 15 D7
Pontfaverger-Moronvilliers 12 C5
Pontgibaud 17 C9
Pont-Hébert 15 C7
Pontinha 24 F2
Pontinia 32 D6
Pöntiö 62 F4
Pontivy 14 E4
Pont-l'Abbé 14 F2
Pont-la-Ville 12 E6
Pont-les-Moulins 13 G8
Pont-l'Évêque 15 C9
Pontlevoy 15 G10
Pontoise 15 C11
Pontokomi 86 D5
Pontones 29 C8
Pontonx-sur-l'Adour 16 G3
Pontoon 6 G3
Pontorson 14 D6
Pontpoint 12 C3
Pontremoli 34 E5
Pontresina 37 E9
Pontrhydfendigaid 8 C4
Pontrieux 14 D4
Pontrilas 8 D5
Ponts 21 E8
Pöntsö 60 B6
Pont-Ste-Marie 12 E5
Pont-Ste-Maxence 12 C3
Pont-St-Esprit 18 C4
Pont-St-Martin 34 C2
Pont-sur-Yonne 12 E3
Pontvallain 15 F9
Pontyberem 8 D3
Pontycymer 8 D4
Pontypool 8 D5
Pontypridd 8 E4
Ponyativka 79 D12
Ponza 30 B3
Ponzone 34 E3
Poola 64 B2
Poole 8 F6
Poolewe 2 D3
Pooley Bridge 5 D7
Pool of Muckhart 2 G6
Pootsi 66 E5
Pope 66 F2
Popeasca 79 D12
Poperinge 10 F3
Popești RO 77 C11
Popești RO 78 G2
Popești RO 79 C8
Popești RO 83 B8
Popești-Leordeni 83 B10
Popielów 75 B8
Popina 84 C2
Popintsi 83 F7
Popitsa 82 D6
Poplaca 78 F2
Popoli 33 C7
Popovača 76 F2
Popovica 82 C3
Popovitsa 83 G8
Popovo 83 D10
Popów PL 71 F10
Popów PL 75 B10
Poppenhausen 40 D5
Poppenricht 41 E7
Poppi 35 F8
Poprad 75 F12
Popricani 79 C8
Poproč 73 G2
Popsko 85 A1
Pópulo 22 F4
Populonia 32 A2
Porąbka 75 D10
Poraj 75 C10
Porcari 34 F6
Porcia 35 B10
Porcsalma 77 B11
Porcuna 28 C5
Pordenone 35 B10
Pordim 83 D8
Poręba 75 C10
Poręba-Koceby 72 E3
Poreč 35 C11
Pori 64 D2
Porice 80 D6
Porjus 60 D2
Porkhov 67 F12
Porkkala 64 G5
Porkuni 67 C7
Porlammi 65 F7
Porlezza 34 B4
Porlock 8 E4
Pornainen 64 F6
Pornassio 34 F2
Pornic 14 G6
Pornichet 14 G5
Poroina Mare 82 B5
Poros GR 88 B2
Poros GR 89 C7
Poroschia 83 C9
Poroshkove 73 G4
Poroszló 77 B8
Porozina 80 B1
Porpi 87 C11
Porplishcha 69 E11
Porqueres 21 D11
Porras 64 F5
Porraskoski 64 E6
Porrentruy 36 C5
Porreres 29 F10
Porretta Terme 35 E7
Porriño 22 D2
Porsangmoen 59 D7
Pörsänmäki 63 G8
Porsåsen 51 G10
Porsgrunn 49 D7
Porsi 60 E3
Porspoder 14 D2
Port 59 D8
Porta 21 D9
Portadown 6 F6
Portaferry 6 F8
Portaje 24 C6
Portalegre 24 E5
Portals Vells 29 F9
Portaria GR 87 E8
Portaria GR 87 F7
Portarlington 7 J6
Port Askaig 4 B3
Portavogie 6 F8
Portbail 14 C6
Port-Barcarès 21 C11
Portbou 21 D12
Port Brillet 15 E7
Portchester 9 F8
Port d'Andratx 29 F8
Port-de-Bouc 18 D5
Port-de-Piles 15 G9
Port de Pollença 29 E10
Port-des-Barques 16 C3
Port de Sóller 29 E9
Portel 24 G4
Portel-des-Corbières 21 C11
Portell de Morella 27 D10
Port Ellen 4 B3
Port-en-Bessin-Huppain 15 C7
Portencross 4 B4
Port Erin 4 E4
Portes-lès-Valence 18 B5
Portets 16 E4
Portet-sur-Garonne 21 B9
Port Eynon 8 E3
Port Glasgow 4 B4
Port Grimaud 19 E7
Porth 8 D4
Porthcawl 8 E4
Port Henderson 2 D3
Porthleven 8 H2
Porthmadog 8 B3
Porticcio 19 G10
Portici 30 B5
Portieux 13 E8
Portilla 27 D7
Portilla de la Reina 23 C8
Portillo 23 F9
Portillo de Toledo 26 E3
Portimão 25 K3
Portimo 63 B7
Portimojärvi 60 E6
Portishead 8 E5
Port-Joinville 16 A1
Portknockie 3 D7
Port Láirge 7 M6
Portland 7 K4
Port-la-Nouvelle 21 C11
Portlaoise 7 K5
Portlethen 3 E8
Port-Leucate 21 C11
Port Logan 4 D4
Port-Louis 14 F4
Portmagee 7 N2
Portmahomack 2 D6
Portman 29 D11
Portmarnock 7 J7
Portmuck 6 E7
Portnacon 2 B4
Portnacroish 2 F4
Portnaguran 2 C3
Portnahaven 4 B2
Portnalong 2 E2
Port-Navalo 14 F4
Port Nis 2 B3
Porto E 22 D5
Porto F 19 F10
Porto P 22 F2
Porto Alto 24 E2
Porto Azzurro 32 B2
Porto Botte 32 H2
Portobravo 22 C2
Porto Cervo 32 C3
Porto Cesareo 31 C11
Portocheli 88 D6
Porto Colom 29 F10
Porto Covo da Bandeira 25 H2
Porto Cristo 29 F10
Porto d'Ascoli 33 A8
Porto de Lagos 25 K3
Porto de Mós 24 D2
Porto do Barqueiro 22 A4
Porto do Son 22 C1
Porto Empedocle 30 F3
Porto Ercole 32 C3
Portoferraio 32 B2
Portofino 34 E4
Porto Garibaldi 35 D9
Portogruaro 35 B10
Porto Levante I 30 D6
Porto Levante I 35 D9
Pörtom 64 B2
Portomaggiore 35 D8
Portomarín 22 C4
Portopalo di Capo Passero 30 H6
Porto Petra 29 F10
Portør 48 E6
Porto Rafti 89 C8
Porto Recanati 35 G11
Porto Rotondo 32 D3
Portorož 35 C11
Porto San Giorgio 35 G12
Porto San Paolo 32 D3
Porto Sant'Elpidio 35 G12
Porto Santo Stefano 32 B3
Portoscuso 32 G1
Porto Tolle 35 D9
Porto Torres 32 D1
Porto-Vecchio 19 G11
Portovenere 34 F5
Portpatrick 4 D4
Portrane 7 J7
Portreath 8 G2
Portree 2 D3
Portroe 7 K4
Portrush 6 D6
Portsalon 6 D5
Portsmouth 9 F8
Portsoy 3 D7
Port-Ste-Marie 16 F5
Portstewart 6 D6
Port-St-Louis-du-Rhône 18 E5
Port St Mary 4 E4
Port-St-Père 14 G6
Port-sur-Saône 13 F8
Port Talbot 8 E4
Portugalete 23 B11
Portumna 7 K4
Portuzelo 22 E2
Port-Vendres 21 D12
Port William 4 D5
Poruba 75 F9
Porubne 78 A6
Porumbacu de Jos 78 F3
Porvoo 64 G6
Porządzie 72 E3
Porzuna 26 F4
Posada 32 D4
Posada de Llanera 23 B7
Posada de Valdeón 23 B8
Posadas 28 C4
Poșaga 78 E1
Poschiavo 37 E9
Posedarje 80 C3
Poseidonia 89 D9
Poseritz 43 B9
Posești 78 G6
Pösing 41 F8
Posio 63 B9
Positano 30 B5
Possagno 35 B8
Posseberg 46 C5
Possendorf 41 B10
Possesse 12 D6
Pößneck 41 C7
Posta 32 B6
Poșta Câlnău 79 G7
Postal 38 F4
Posta Piana 33 E11
Postau 41 G8
Posterholt 11 F8
Postiglione 30 B6
Postojna 35 B12
Postoliska 72 F3
Postoloprty 41 C10
Postomino 70 B6
Postřelmov 75 D7
Postupice 74 E4
Posušje 80 E6
Poświętne PL 72 E5
Poświętne PL 72 H2
Potamia GR 87 D10
Potamia GR 88 E5
Potamoi 87 B9
Potamos GR 86 F2
Potamos GR 88 F6
Potcoava 83 B7
Potęgowo 71 B7
Potenza 31 B7
Potenza Picena 35 G11
Potes 23 B9
Potidania 88 B4
Potigny 15 D8
Potkraj 80 D5
Potku 63 D7
Potlogi 83 B9
Potočac 82 C2
Potočani 80 D5
Potoci BIH 80 C5
Potoci BIH 81 E7
Potok Złoty 75 C10
Potsdam 43 F9
Pötsönvaara 63 G12
Potštát 75 E8
Pottendorf 76 B1
Pottenstein A 39 C11
Pottenstein D 41 E7
Potterne 8 E6
Potters Bar 9 D9
Pöttmes 40 G6
Potton 9 C9
Pöttsching 76 B1
Potworów 72 H2
Pouancé 15 F7
Pougny 12 G3
Pougues-les-Eaux 12 G3
Pougy 12 E5
Pouillon 20 B5
Pouilly-en-Auxois 12 G5
Pouilly-sous-Charlieu 17 C11
Pouilly-sur-Loire 12 G3
Pouilly-sur-Saône 12 G6
Poulaines 15 G11
Pouldreuzic 14 F2
Poulgorm Bridge 7 M3
Pouligny-St-Pierre 16 B6
Poulithra 88 D6
Poullaouen 14 E3
Poulnamucky 7 L5
Poulstrup 44 B3
Poulton-le-Fylde 5 F7
Pounta 89 D9
Poupas 16 G6
Pourcieux 18 D6
Pourio 87 F7
Pourrain 12 F4
Pousada 24 A5
Pousadela 22 G2
Pousos 24 C2
Poussan 18 D3
Poussay 13 E8
Poussu 63 B10
Pouxeux 13 E8
Pouyastruc 21 B7
Pouydesseaux 16 G4
Pouzauges 16 A3
Pouzay 15 G9
Považská Bystrica 75 F9
Povedilla 26 G6
Poviglio 34 D6
Povlja 80 E5
Póvoa de Lanhoso 22 F3
Póvoa de São Miguel 24 G5
Póvoa de Varzim 22 F2
Povoletto 39 G7
Povrly 74 C3
Powburn 5 C8
Power's Cross 7 K4
Powick 8 C6
Powidz 71 F7
Powmill 2 G6
Poyales del Hoyo 26 D2
Poyatos 27 D7
Poyntz Pass 6 G7
Poyrazcık 85 F3
Poyrazdamları 85 G5
Poysdorf 74 G6
Pöytyä 64 F3
Poza de la Sal 23 C11
Pozaldez 23 F8
Požaranje 82 F2
Požarevac 82 B2
Požarnica 81 C8
Požega HR 76 G3
Požega YU 81 D10
Požerė 68 D4
Pozezdrze 72 B4
Pozherevitsy 67 F12
Poznań 70 F6
Pozo Alcón 29 C7
Pozoamargo 27 F7
Pozoantiguo 23 F7
Pozoblanco 28 B4
Pozo Cañada 27 G8
Pozo de Guadalajara 26 D5
Pozohondo 27 G7
Pozo-Lorente 27 G8
Pozondón 27 D8
Pozořice 75 F7
Pozorrubio 26 E6
Poźrzadło Wielkie 70 D5
Pozuel del Campo 20 G4
Pozuelo 27 G7
Pozuelo de Alarcón 26 D4
Pozuelo de Aragón 20 E4
Pozuelo del Páramo 23 D7
Pozuelo del Rey 26 D5
Pozuelo de Zarzón 24 B6
Pozuelos de Calatrava 26 G4
Pozza di Fasso 38 F5
Pozzallo 30 G5
Pozzolo Formigaro 34 D3
Pozzomaggiore 32 E2
Pozzuoli 30 B5
Pozzuolo del Friuli 35 B11
Prabuty 71 C9
Prača 81 D8
Prachatice 41 F10
Prackenbach 41 F9
Prádanos de Ojeda 23 C9
Pradejón 20 D3
Pradelles 17 E11
Prádena 23 F10
Prades F 21 C9
Prades F 21 C10
Prades-d'Aubrac 17 F9
Pradillo 20 D2
Pradines 17 F7
Prado 22 E2
Prado de la Guzpeña 23 C8
Prado del Rey 25 L8
Pradoluengo 23 D11
Præstbro 44 B4
Præstø 44 F6
Pragelato 19 A8
Pragersko 39 F11
Prägraten 38 E6
Praha 74 D3
Prahecq 16 B4
Prahovo 82 C4
Praia a Mare 31 D7
Praia da Barra 24 A2
Praia da Rocha 25 K3
Praia da Tocha 24 B2
Praia de Esmoriz 22 G2
Praia de Mira 24 B2
Praiano 30 B5
Praid 78 D4
Prăjeni 79 B7
Prakovce 73 G2
Pralognan-la-Vanoise 36 G5
Pramanta 86 F4
Prambachkirchen 39 B8
Pranjani 81 D11
Prapatnica 80 E4
Prašice 75 G9
Praslay 12 F6
Praszka 75 B9
Prata di Pordenone 35 B10
Pratau 43 G9
Prat de Comte 21 G7
Pratdip 21 G8
Pratella 33 D8
Prato 35 F7
Prato allo Stelvio 37 D10
Pratola Peligna 33 C7
Pratovecchio 35 F8
Prats de Lluçanes 21 E10
Prats-de-Mollo-la-Preste 21 D10
Pratteln 36 C6
Prauliena 67 G8
Prauthoy 12 F6
Pravda 84 C2
Pravdinsk 72 B3
Pravets 82 E6
Pravia 22 B6
Prayssas 16 F5
Prazaroki 69 E12
Praz-sur-Arly 36 F4
Prebold 39 F10
Préchac 16 F4
Preci 32 B6
Précigné 15 F8
Prečín 75 F9
Précy-sous-Thil 12 G5
Predappio 35 E9
Predazzo 38 F5
Predeal 78 F5
Predeal-Sărari 78 G6
Predejane 82 E3
Predești 82 B6
Preding 39 E10
Predlitz 39 E8
Predmeja 35 B12
Předměřice nad Labem 74 D5
Predosa 34 D3
Pré-en-Pail 15 E8
Prees 8 B5
Preetz 42 B6
Préfailles 14 G5
Preganziöl 35 B9
Pregarten 39 B9
Pregrada 39 G11
Preignan 16 G6
Preiļi 69 C10
Preitenegg 39 E10
Preiviiki 64 D2
Preixan 21 B10
Prejmer 78 F5
Prekaja 80 C4
Preko 80 D2
Prekopa 80 A4
Preljina 81 D11
Prelog 76 E2
Prelošćica 76 G1
Přelouč 74 D5
Prem 35 B12
Premantura 35 D12
Prémery 12 G4
Premia 37 E7
Premià de Mar 21 F10
Premilcuore 35 F8
Prémilhat 17 B9
Premnitz 43 E8
Premosello Chiovenda 34 B3
Prenzlau 43 D10
Préporché 12 H4
Přerov 75 E8
Preseľany 75 G8
Preselentsi 84 D4
Preševo 82 G2
Presicce 31 D11
Prešov 73 F2
Pressac 16 C5
Pressath 41 E7
Pressbaum 39 C11
Presseck 41 D7
Pressel 43 G9
Pressig 41 C7
Prestatyn 4 G6
Prestbakken 57 C6
Prestbury 8 D6
Pre-St-Didier 36 F5
Prestebakke 49 E9
Presteigne 8 C5
Prestfoss 49 C7
Přeštice 41 E9
Preston GB 5 B7
Preston GB 5 F7
Prestwick 4 C4
Prettin 43 G9
Pretushë 86 C4
Pretzfeld 40 E6
Pretzier 43 E7
Pretzsch 43 G9
Pretzschendorf 41 B10
Preuilly-sur-Claise 16 A6
Preutești 78 C6
Prevalje 39 F10
Prévenchères 17 F11
Préveranges 17 B8
Preveśt 82 D1
Preveza 86 G4
Prevršac 76 G1
Prežganje 39 G9
Prezid 39 H9
Prez-sous-Lafauche 13 E7
Priaranza del Bierzo 22 D5
Pribelja 80 D5
Pribeta 76 B4
Pribinić 80 C6
Pribislavec 76 E1
Priboieni 83 A8
Priboj BIH 81 C8
Priboj YU 81 E9
Příbor 75 E9
Priborn 43 D9
Priboy 82 F5
Příbram 41 E10
Pribrezhnoye 68 F2
Pribude 80 D4
Pribylina 75 F11
Přibyslav 74 E5
Prichaly 68 E3
Prichsenstadt 40 D5
Pridvorci 81 E7
Priedaine 66 G2
Priedes 66 F6
Priego 27 D7
Priego de Córdoba 28 D5
Priekule 68 B4
Priekulė 68 D3
Priekuļi 66 F6
Prienai 68 F6
Prien am Chiemsee 38 C6
Prieros 43 F10
Prießnitz D 41 B7
Prießnitz D 41 B8
Priestewitz 41 B10
Prievidza 75 G9
Priežmale 69 C11
Prignac-et-Marcamps 16 E4
Prigor 82 A3
Prigoria 78 G2
Prigradica 80 F5
Prigrevica 76 F6
Prijeboj 80 B3
Prijedor 80 B5
Prijepolje 81 E10
Prikuļi 69 C10
Prilep 86 B5
Prilike 81 E10
Prillimäe 66 C6
Priluka 80 D5
Přimda 41 E8
Primišlje 80 B3
Primolano 35 B8
Primorsk RUS 65 G9
Primorsk RUS 68 F2
Primorsko 84 G3
Primor'ye 68 E2
Primošten 80 E3
Princes Risborough 9 D8
Princetown 8 G4
Prinos 87 D10
Prinsenbeek 10 E6
Prinzhöfte 42 E4
Priolithos 88 C4
Priolo Gargallo 30 G6
Prioro 23 C8
Priozersk 65 E11
Priponești 79 E8
Prirechnyy 59 F11
Prisăcani 79 C9
Priseaca 83 B7
Priseltsi 84 E3
Prisjan 82 E4
Prisoja 81 F10
Prisoje 80 E5
Příšovice 74 C4
Prissac 17 B7
Prissé 36 E2
Priština 82 F2
Pristol 82 C4
Prittriching 40 H6
Pritzerbe 43 F8
Pritzier 43 D7
Pritzwalk 43 D8
Privas 18 B4
Priverno 32 D6
Privlaka HR 76 G5
Privlaka HR 80 C2
Prizna 80 C2
Prizren 81 G11
Prizzi 30 E3
Prkosi 80 C4
Prnjavor BIH 80 B6
Prnjavor YU 81 C9
Proaza 22 B6
Proba 22 C5
Probištip 82 G3
Probota 79 C8
Probsteierhagen 42 B6
Probus 8 G2
Proceno 32 B4
Prochoma 87 C7
Prochowice 74 B6
Procida 30 B4
Prodromos 88 B6
Produlești 83 B9
Proença-a-Nova 24 C4
Proença-a-Velha 24 C5
Profesor-Ishirkovo 84 C2
Profilia 88 G3
Profitis 87 D8
Profitis Ilias 89 G9
Profondeville 10 G6
Progonat 86 E2
Prohn 43 B9
Prokhladnoye 68 E3
Prokopi 87 H8
Prokuplje 82 E2
Prolaz 83 E10
Prolog 80 D5
Promachoi 86 C6
Promna 72 G2
Promyri 87 G8
Pronsfeld 13 A8
Propriano 19 G11
Proseč 74 D6
Prosek 86 B2
Prosenik 84 E3
Prosenjakovci 76 D1
Prosetín 74 D5
Proshkava 69 E12
Proskynites 87 C11
Prosotsani 87 C9
Prosperous 7 J6
Prossedi 32 D6
Prostějov 75 E7
Prostki 72 C4
Prostřední Bečva 75 E9
Prószków 75 C8
Proszowice 75 D12
Proszówki 75 D12
Proti 87 C9
Protići 80 C5
Protivanov 75 E7
Protivín 74 F3
Protokklisi 85 B1
Protoria 89 G10
Prötzel 43 E10
Provadiya 84 E3
Provatas 87 C8
Provenchères-sur-Fave 13 E9
Provins 12 D4
Provo 81 C10
Prozor BIH 80 D6
Prozor HR 80 B2
Prrenjas 86 C3
Pruchnik 73 D4
Prudhoe 5 D8
Prudnik 75 C8
Prudzinki 69 D12
Prugovac 82 F2
Prügy 77 A9
Prüm 11 H8
Pruna 28 E3
Prundeni 83 B7
Prundu 83 C10
Prundu Bârgăului 78 C4
Prunières 19 B7
Pruniers-en-Sologne 15 G11
Prunișor 82 B5
Prusac 80 D6
Prušánky 75 F7
Prusice 75 A7
Prusinovice 75 E8
Prūsīši 67 G8
Pruszcz PL 71 D7
Pruszcz PL 71 D8
Pruszcz Gdański 71 B8
Pruszków 72 F2
Prutz 38 E4
Pružina 75 F9
Prvačina 35 B12
Pryamobalka 79 F11
Prymors'ke UA 79 F12
Prymors'ke UA 79 F12
Prymors'ke UA 79 F12
Pryozerne 79 F11
Prypruttya 78 A6
Prypyernaye 69 E11
Przasnysz 72 E2
Przechlewo 70 C6
Przeciszów 75 D10
Przecław 73 D2
Przedbórz 75 B11
Przedecz 71 F9
Przejazdowo 71 B8
Przelewice 70 E4
Przemęt 70 G5
Przemków 70 H5
Przemyśl 73 E4
Przerośl 72 B5
Przewale 73 C5
Przewłoka 72 G5
Przeworno 75 C7
Przeworsk 73 D4
Przewóz 74 A4
Przeździatka 72 F4
Przeździęk Wielki 72 D2
Przezmark 71 C9
Przine-Zdralovac 80 D4
Przodkowo 71 B8
Przybiernów 70 C3
Przyborów 70 G5
Przyborowice 72 F2
Przybranowo 71 E8
Przygodzice 71 H7
Przykona 71 G8
Przyłęk 71 G10
Przylep 70 G4
Przylesie 75 C7
Przyrów 75 B11
Przysieki 73 E2
Przystajń 75 B9
Przystałowice Duże 73 A1
Przysucha 73 B1
Przyszów 73 C3
Przytoczna 70 F4
Przytoczno 72 G4
Przytuły 72 D4
Przytyk 73 A2
Przywidz 71 B8
Psača 82 G3
Psachna 89 A7
Psara 89 A10
Psarades 86 C4
Psari GR 88 C5
Psari GR 88 D4
Psathopyrgos 88 B4
Psinthos 88 G4
Pskov 67 E10
Psychiko 87 C8
Psychro 89 G10
Pszczew 70 F5
Pszczółki 71 B8
Pszczonów 71 G10
Pszczyna 75 D10
Pteleos 87 G7
Ptolemaïda 86 D5
Ptuj 39 F11
Publier 36 E4
Puchaczów 73 B4
Puchenii Mari 83 A10
Puchheim 38 C5
Púchov 75 F9
Pucioasa 78 G5
Pučišće 80 E5
Puck 71 A8
Puckaun 7 K4
Puçol 27 E10
Pudasjärven kirkko 63 C7
Pudasjärvi 63 C7
Puddletown 8 F6
Puderbach 11 G10
Pudinava 69 B11
Pudsey 5 F8
Puebla de Albortón 20 F5
Puebla de Alcocer 26 G2
Puebla de Alfindén 20 E5
Puebla de Almenara 26 E6
Puebla de Beleña 23 G11
Puebla de Brollón 22 D4
Puebla de Don Fadrique 29 C8
Puebla de Don Rodrigo 26 G3
Puebla de Guzmán 25 J5
Puebla de la Calzada 24 F6
Puebla de la Reina 24 F7
Puebla del Caramiñal 22 C2
Puebla de Lillo 23 C8
Puebla del Maestre 25 H7
Puebla del Príncipe 29 B7
Puebla del Prior 24 F7
Puebla del Salvador 27 F8
Puebla de Obando 24 E6
Puebla de Sanabria 22 E5
Puebla de Sancho Pérez 24 G6
Puebla de San Miguel 27 E9
Puebla de San Xulián 22 C4
Puebla de Trives 22 D4
Puebla de Yeltes 22 G6
Puente de Domingo Flórez 22 D5
Puente de Génave 29 B8
Puente del Congosto 24 B8
Puente de Montañana 21 D7
Puente de San Miguel 23 B10
Puente-Genil 28 D4
Puente la Reina 20 C3
Puentenansa 23 B9
Puente Viesgo 23 B10
Puerto de Béjar 24 B7
Puerto de Mazarrón 29 D10
Puerto de San Vicente 26 F2
Puerto Lápice 26 F5
Puertollano 26 G4
Puerto Lumbreras 29 D9
Puertomingalvo 27 D10
Puerto Real 25 L7
Puerto Seguro 22 G5
Puerto Serrano 25 K8
Pueyo 20 D4
Pueyo de Santa Cruz 21 E7
Pufești 79 E8
Puget-Théniers 19 C8
Puget-Ville 19 E7
Pugnochiuso 33 D11
Puhja 67 D8
Puhoi 79 D11
Puhos FIN 63 C8
Puhos FIN 65 C10
Puhovac 81 C7
Pui 78 F1
Puiatu 66 D6
Puichéric 18 E1
Puiești RO 79 E8
Puiești RO 79 G8
Puig 27 F10
Puigcerdà 21 D10
Puigpunyent 29 F9
Puig-reig 21 E9
Puigverd de Lleida 21 F8
Puikkola 61 D9
Puikule 66 F6
Puimoisson 19 D7
Puiseaux 12 E2
Puisieux 12 A3
Puisseguin 16 E4
Puisserguier 21 B11
Puivert 21 C10
Pujaut 18 C4
Pujols F 16 E4
Pujols F 16 F6
Puka 67 E7
Pukanec 75 G9
Pukaro 65 F7
Pukavik 45 D9
Pukë 81 H10
Pukiš 81 B8
Pukkila 64 F6
Pula HR 35 D12
Pula I 32 H2
Puławy 73 A3
Pulborough 9 F8
Pulfero 39 G8
Pulgar 26 E4
Pulheim 11 F9
Pulju 59 G7
Pulkau 39 A11
Pulkkaviita 61 D11
Pulkkila 62 E6
Pulkkinen 62 G4
Pulkonkoski 63 G8
Pulpí 29 D9
Pulsa 65 E9
Pulsano 31 C10
Pulsen 43 H10
Pulskala 61 C10
Pulsnitz 41 B10
Pulsujärvi 58 G4
Pułtusk 72 E3
Pulversheim 36 B5
Pumpėnai 69 C7
Pumpuri 68 B4
Pumsaint 8 D4
Pūņas 66 F3
Punat 80 B1
Pundsvik 57 D5
Punduri 69 C11
Pungești 79 D8
Punghina 82 C5
Punia 72 B6
Punkaharju 65 D10
Punkalaidun 64 E4
Punkka 65 E8
Punta Ala 32 B2
Punta Križa 80 C1
Punta Sabbioni 35 C9
Punta Umbría 25 K5
Puokio 63 D8
Puolakkovaara 61 C9
Puolanka 63 D8
Puoliväli 63 G8
Puoltikasvaara 60 C3
Puottaure 60 F3
Pūpoli 69 B11
Puraći 80 B6
Puračić 81 C8
Purani 83 C9
Puras 63 D10
Purbach am Neusiedler See 76 B2
Purcari 79 D12
Purchena 29 D8
Pūre 66 G3
Purgstall an der Erlauf 39 C10
Purila 66 C6
Purkersdorf 39 B11
Purkijaur 60 E2
Pūrksi 66 C4
Purley 9 E9
Purmerend 10 C6
Purmo 62 G3
Purmojärvi 62 G4
Purmsāti 68 B3
Purnu 60 D4
Purnumukka 59 G9
Purnuvaara FIN 63 B9
Purnuvaara S 60 D4
Purola 65 F7
Purontaka 62 F5
Purujärvi 65 D10
Purujosa 20 E3
Purullena 29 D7
Pŭrvenets 83 G7
Purviniške 68 F6
Pŭrvomay BG 83 G8
Pŭrvomay BG 87 B8
Puša 69 C11
Pušalotas 69 C7
Puschendorf 40 E6
Pushkin 67 B12
Pushkinskiye Gory 67 G11
Pušmucova 69 B11
Püspökladány 77 C9
Püssi 67 B8
Pusterwald 39 D9
Pusté Úľany 76 A3
Pustków 73 D2
Pustomyty 73 E6
Pŭstrovo 83 F9
Pusula 64 F5
Puszcza Mariańska 72 G2
Puszczykowo 70 F6
Pusztaföldvár 77 D8
Pusztakovácsi 76 D3
Pusztamérges 77 E7
Pusztamonostor 77 B7
Pusztaszer 77 D7
Pusztavacs 76 C6
Pusztavám 76 C4
Putaja 64 D3
Putanges-Pont-Écrepin 15 D8
Putbus 43 B10
Putifigari 32 E1
Putignano 31 B10
Putikko 65 D10
Putinci 77 G7
Putineiu RO 83 C8
Putineiu RO 83 C9
Putkivaara 61 F9
Putlitz 43 D8
Putna 78 B5
Putnok 75 G12
Putte B 10 F6
Putte NL 10 E5
Puttelange-aux-Lacs 13 C9
Putten 11 D7
Puttgarden 43 A7
Püttlingen 13 C9
Putula 64 E6
Putyla 78 B4
Putzar 43 C10
Puukari 63 F9
Puukkokumpu 62 B6
Puumala 65 D9
Puurmani 67 D7
Puurs 10 F5
Puurtila 65 C9
Puutossalmi 65 B8
Puutturinjärvi 63 D7
Puybrun 17 E7
Puycasquier 16 G6
Puygouzon 17 G8
Puylaroque 17 F7
Puylaurens 21 B10
Puy-l'Évêque 16 F6
Puymirol 16 G6
Puymoyen 16 D5
Puyôo 20 B5
Puztaszabolcs 76 C5
Puzyry 69 F11
Pwllheli 8 B3
Pyaozerskiy 63 B12
Pyarshai 69 G10
Pyatidorozhnoye 71 B10
Pyatirech'ye 65 F11
Pyelishcha 72 F6
Pyershamayski 69 H8
Pyhäjärvi FIN 59 F8
Pyhäjärvi FIN 61 D9
Pyhäjoki FIN 62 E5
Pyhäjoki FIN 64 E3
Pyhäkylä 63 C9
Pyhältö 65 F8
Pyhämaa 64 E2
Pyhänkoski 62 E5
Pyhäntä FIN 63 E9
Pyhäntä FIN 63 F7
Pyhäntaka 64 E6
Pyhäranta 64 E2
Pyhäsalmi 62 F6
Pyhäselkä 65 B11
Pyhe 64 F2
Pyhra 39 C11
Pyhtää 65 F7
Pyle 8 E4
Pyli GR 86 F5
Pyli GR 88 F2
Pyli GR 89 B7
Pylkönmäki 64 B5
Pylos 88 E4
Pylypets' 73 G5
Pyntäinen 64 C3
Pyrbaum 40 F6
Pyrgetos 87 E7
Pyrgi 89 B11
Pyrgiotika 88 C6
Pyrgoi GR 86 D5
Pyrgoi GR 87 C9
Pyrgos GR 87 D7
Pyrgos GR 88 C3
Pyrgos GR 88 D2
Pyrgos GR 89 G10
Pyrgos Dirou 88 E5
Pyrrönperä 62 F6
Pyrsogianni 86 E4
Pyrzyce 70 D3
Pyšely 74 D4
Pyskowice 75 C9
Pyssyperä 63 D8
Pysznica 73 C3
Pytalovo 67 G10
Pythagoreio 88 D2
Pythio GR 85 B2
Pythio GR 86 E6
Pyykkölänvaara 63 D9
Pyykköskylä 63 C10
Pyyli 65 C9

Q

Qafzez 86 D3
Qelëz 81 H10
Qeparo 86 E2
Qerret 86 C2
Quadrazais 24 B5
Quadri 33 C8
Quakenbrück 11 C10
Qualiano 30 B5
Quargnento 34 D3
Quarona 34 B2
Quarrata 35 F7
Quarré-les-Tombes 12 G5
Quarteira 25 K3
Quartell 27 E10
Quarten 37 C8
Quartu Sant'Elena 32 G3
Quatre-Champs 12 C6
Quatretonda 27 G10
Quattro Castella 34 D6
Quedlinburg 43 G7
Queenborough 9 E10
Queensbury 5 F8
Queidersbach 13 C10
Queige 36 F4
Queiriga 22 G4
Quel 20 D3
Quelaines-St-Gault 15 F7
Quellendorf 43 G8
Queluz 24 F2
Quemada 23 E11
Quend 9 G12
Queralbs 21 D10
Quercianella 34 G6
Querenhorst 43 F7
Querfurt 43 H7
Quérigut 21 C10
Quern 44 G3
Quernheim 42 F3
Quero E 26 F5
Quero I 35 B9
Querrieu 12 B2
Quesa 27 F9
Quesada 29 C7
Quesnoy-sur-Deûle 10 G3
Quessoy 14 E5
Questembert 14 F5
Quettehou 15 B7
Quettreville-sur-Seinne 14 D6
Quevauvillers 15 B11
Queyrac 16 D3
Quézac 17 E8
Quiaios 24 B2
Quiberon 14 G4
Quickborn 42 C5
Quiévrain 10 G4
Quiliano 34 E3
Quillan 21 C10
Quillebeuf-sur-Seine 15 C9
Quimper 14 F3
Quimperlé 14 F3
Quin 7 K3
Quincinetto 34 C2
Quincy-Voisins 12 D3
Quingey 13 G7
Quinson 19 D7
Quinssaines 17 B9
Quintana de la Serena 24 F8
Quintana del Castillo 22 C6
Quintana del Pino 23 C10
Quintana del Puente 23 E10
Quintana de Rueda 23 D8
Quintana-Martín Galíndez 23 C11
Quintanapalla 23 D11
Quintanar de la Orden 26 F5
Quintanar de la Sierra 23 E11
Quintanar del Rey 27 F7
Quintana Redonda 20 E2
Quintanilha 22 E6
Quintanilla de Omesimo 23 E9
Quintenas 36 G2
Quintin 14 E4
Quinto CH 37 E7
Quinto E 20 F6
Quintos 25 H4
Quinzano d'Oglio 34 C5
Quiroga 22 D4
Quiruelas de Vidriales 23 E7
Quismondo 26 D3
Quissac 17 G11
Quittebeuf 15 C10
Qukës 86 C3

R

Raab 39 B8
Raabs an der Thaya 74 F5
Raahe 62 D5
Raajärvi 61 E9
Rääkkylä 65 C10
Raalte 11 C8
Raamsdonksveer 10 E6
Raanujärvi 61 E7
Raappananmäki 63 E8
Raasiku 66 B6
Raate 63 D10
Raattama 58 G6
Rab 80 B1
Rabac 35 D12
Rabaçal 24 C3
Rábade 22 B4
Răbăgani 77 D11
Rábahidvég 76 C2
Rábakecöl 76 C2
Rabanales 22 E6
Rábapaty 76 C2
Rabastens 17 G7
Rabastens-de-Bigorre 21 B7
Rábatamási 76 B2
Raba Wyżna 75 E11
Rabbalshede 46 D2
Rabča 75 E10
Rabčice 75 E11
Rabe 77 E8
Rabenstein an der Pielach 39 C10
Raben Steinfeld 43 C7
Råberg 55 E10
Rąbino 70 C5
Rabisha 82 D4
Rabivere 66 C5
Rabka 75 E11
Räbke 42 F6
Râbnița 79 B11
Rabrovo BG 82 C4
Rabrovo YU 82 B2
Rača YU 82 C1
Rača YU 82 E2
Răcăciuni 79 E7
Racale 31 D11
Rácalmás 76 C5
Racalmuto 30 F4
Răcari 83 B9
Răcășdia 82 A2
Racconigi 19 B9
Rače 39 F11
Rachanie 73 C5
Raches 87 G7
Răchiți 79 B7
Răchitoasa 79 E8
Rachoni 87 D10
Raciąż PL 71 C7
Raciąż PL 71 E10
Racibórz 75 D9
Raciechowice 75 D11
Racimierz 70 C3
Račinovci 81 B8
Račišće 80 F5
Râciu 78 D3
Răciula 79 C10
Ráckeve 76 C5
Racksätter 47 C7
Racksund 55 B10
Racławice 75 C12
Răcoasa 79 F7
Racoș 78 E5
Racova 79 D7
Racovița RO 77 F10
Racovița RO 78 F3
Racovița RO 79 G8
Racovițeni 79 G7
Raczki 72 C5
Rączki 72 D2
Rád 76 B6

Råda S 46 A4
Råda S 46 B4
Råda 46 E4
Rada de Haro 26 F6
Radalj 81 C9
Radanovo 83 D9
Radapole 69 B10
Rădășeni 78 C6
Radashkovichy 69 G11
Rădăuți 78 B6
Rădăuți-Prut 79 A7
Raddestorf 42 F4
Raddi in Chianti 35 G8
Raddusa 30 F5
Radë 86 B2
Rade 49 D8
Radeberg 41 B10
Radebeul 41 B10
Radeburg 41 B10
Radeče 39 G10
Radęcin 70 E5
Radefeld 43 H8
Radegast 43 G8
Rådelsbråten 51 F9
Radenci 39 F11
Rădeni 79 C9
Radensleben 43 E9
Radenthein 39 E8
Rădești 78 E2
Radevormwald 11 F9
Radibor 74 B3
Rađići 80 C6
Radicofani 32 B4
Radicondoli 35 G7
Radilovo 83 G7
Radiměř 74 E6
Radiovce 82 G1
Radis 43 G9
Rădiul Mare 79 A8
Radizelj 39 F11
Radko Dimitrievo 84 E2
Radków 74 C6
Radlje ob Dravi 39 F10
Radłów PL 73 D1
Radłów PL 75 B9
Radnevo 83 G10
Radnice 41 D10
Rădoaia 79 B9
Radoč 81 E7
Radohova 80 C6
Rădoiești 83 C8
Radojevo 77 F8
Radolfzell am Bodensee 37 B8
Radom 73 B2
Rådom 52 A5
Radomin 71 E9
Radomir 82 F5
Radomirești 83 C7
Radomirtsi 83 E7
Radomsko 75 B10
Radomyšl 41 E10
Radomyśl nad Sanem 73 C3
Radomyśl Wielki 73 D2
Radonice 41 C9
Radošina 75 G8
Radošovce 75 G7
Radoszyce 75 B12
Radoszyn 70 F4
Radovan 82 C6
Radovanu 83 C11
Radovets 83 G10
Radovići 81 G8
Radoviš 86 B6
Radovljica 39 F9
Radovnica 82 F3
Radowo Małe 70 C4
Radožda 86 C3
Radslavice 75 E8
Radstadt 39 D8
Radstock 8 E6
Răducăneni 79 D9
Radučic 80 D4
Raduil 82 F6
Radujevac 82 C4
Radun' 69 G8
Radvanice 74 C6
Radvaň nad Laborcom 73 F3
Radviliškis 68 D6
Radwanice 70 H5
Radymno 73 D4
Radzanów PL 71 E10
Radzanów PL 72 H2
Radzanowo 71 F10
Radzice Duże 75 A12
Radzicz 71 D7
Radzieje 72 B3
Radziejów 71 E8
Radziejowice 72 G2
Radziemice 75 D12
Radzików 70 F3
Radziłów 72 D4
Radzovce 75 H11
Radzymin 72 F3
Radzyń Chełminski 71 D9
Radzyń Podlaski 72 G5
Ræhr 44 C2
Rækker Mølle 44 E2
Raeren 11 G8
Raesfeld 11 E9
Rafelbunyol 27 F10
Raffadali 30 F3
Rafford 2 D6
Rafina 89 B8
Råforsen 51 G11
Râfov 83 A10
Rafsbotn 58 D6
Raften 57 D3
Raftsjöhöjden 55 G7
Ragaciems 66 G4
Rágama 23 G8
Ragana 66 G6
Rageliai 69 D9
Rägelin 43 D9
Raglan 8 D5
Råglanda 46 D4
Ragösen 43 F9
Raguhn 43 G8
Ragunda S 52 B4
Ragunda S 52 B4
Ragusa 30 G5
Raguva 69 D7
Rahden 42 F4
Rahkio 64 F4
Rahkonen 62 F5
Rahman 84 A4
Råholt 51 H8
Rahumäe 67 E9
Raiano 33 C7
Raikuu 65 C10
Räimä 65 A8
Rain D 40 G6
Rain D 41 F8
Rainbach im Mühlkreis 39 B9
Raippo 65 E9
Räisälä 61 E10
Raisdorf 42 B6
Raisio 64 F3
Raiskio FIN 63 B7
Raiskio FIN 63 F10
Raismes 10 G4
Raistakka 63 B9
Rait 2 F6
Raitajärvi 60 E5
Raja 67 C8
Raja-Jooseppi 59 G10
Rajala 61 C8
Rajamäki 64 F5
Rajastrand 55 E8
Rajcza 75 E10
Rájec 74 E6
Rajec 75 F9
Rajecká Lesná 75 F9
Rajgród 72 C5
Rajhrad 74 F6
Rajince 82 F2
Rajka 76 A3
Raka EST 66 C5
Raka SLO 39 G10
Rakamaz 77 A10
Rakaw 69 G10
Rakek 39 G9
Rakevo 82 D5
Rakhiv 78 A3
Rakh'ya 65 G11
Rakita BG 82 F5
Rakita BG 83 D7
Rakitna 39 G9
Rakitovec 35 C12
Rakitovo 82 G6
Rakke 67 C7
Rakkeby 44 B3
Rakkestad 49 D8
Raklitsa 84 F2
Rákóczifalva 77 C8
Rákócziújfalu 77 C8
Rakoniewice 70 F5
Rakoshyn 73 G4
Rakova Bara 82 B2
Rakovica 80 B3
Rakovina 81 G11
Rakovitsa 82 D4
Rakovník 41 D10
Rakovo 82 G4
Rakovski 83 G8
Raków 73 C2
Rakvere 67 B8
Ralingen 13 B8
Ralja 81 C11
Rälla 45 C12
Ram 82 A2
Ramacca 30 F5
Rämälä 64 B5
Ramales de la Victoria 23 B11
Ramalhal 24 E2
Ramatuelle 19 E8
Ramberg 57 D1
Rambervillers 13 E8
Rambin 43 B9
Rambouillet 15 D11
Rambrouch 13 B7
Rambucourt 13 D7
Ramelton 6 E5
Râmeț 78 E2
Ramingstein 39 E8
Ramirás 22 D3
Ramløse 44 E6
Rämma 51 F11
Ramme 44 D1
Rammelsbach 13 B10
Rammingen 40 G5
Râmna 77 G10
Ramnäs 47 B7
Ramnes 49 D7
Râmnicelu 79 G8
Rămnicelu 79 G8
Râmnicu Sărat 79 G7
Râmnicu Vâlcea 78 G3
Ramonville-St-Agne 21 B9
Ramosch 37 D10
Rämpsänkylä 63 E10
Rampside 4 E6
Ramså 57 B4
Ramsau im Zillertal 38 D5
Ramsberg 46 B6
Ramsbottom 5 F7
Ramsele S 55 F12
Ramsele S 55 G9
Ramsen 37 B8
Ramsey GB 9 C9
Ramsey IOM 4 E5
Ramsey St Mary's 9 C9
Ramsgate 9 E11
Ramsi 67 D7
Ramsing 44 D2
Ramsjö 52 D3
Ramsloh (Saterland) 11 B10
Ramstadlandet 54 E3
Ramstein 13 C10
Ramsund 57 D4
Ramučiai 68 D3
Ramundberget 51 C10
Ramvik 52 B6
Ramygala 69 D7
Råna 57 D5
Rånäs S 47 B9
Rånäs S 51 E11
Rånåsfoss 49 C8
Rance 12 A5
Randaberg 48 E2
Randalstown 6 E7
Randan 17 C10
Randaträsk 60 E3
Randazzo 30 E6
Rånddalen 51 D11
Randegg 39 C10
Randen N 50 E6
Randen N 50 G5
Randers 44 D3
Randijaur 60 D2
Randonnai 15 D9
Randsjö 51 D11
Randsverk 50 E6
Råne 57 E4
Råneå 56 B4
Rânes 15 D8
Rångedala 46 F4
Rangersdorf 39 E7
Rangsby 64 B2
Rangsdorf 43 F10
Ranhados 22 G3
Ranilović 81 C11
Ranis 41 C7
Ranizów 73 D3
Ranka 67 G7
Raņki 68 B4
Rankinen 62 E6
Rankweil 38 D2
Ranna 67 D8
Rannankylä FIN 62 F6
Rannankylä FIN 63 F7
Rannapungerja 67 C9
Rånnaväg 46 F4
Ränneslöv 45 D7
Rännö 52 C5
Rannsundet 51 D10
Rannu 67 E7
Ranovac 82 B2
Ransbach-Baumbach 11 G10
Ransberg 46 E5
Ransby 51 G10
Ranskill 5 G9
Ransta 47 B8
Ranta 59 F9
Rantajärvi 60 E6
Rantakangas 64 B5
Rantasalmen as. 65 C9
Rantasalmi 65 C9
Ranta-Töysä 64 B4
Ranten 39 E8
Rantsila 62 E6
Ranttila 59 E8
Rantum 44 G1
Rantzausminde 44 G4
Ranua 63 B7
Ranum 44 C2
Rånvassbotn 57 D5
Ranxë 86 A2
Raon-l'Étape 13 E9
Raossi 35 B7
Rapakkojoki 63 G7
Rapallo 34 E4
Raphoe 6 E5
Rapice 70 F3
Räpina 67 E9
Rapla 66 C6
Rapolano Terme 35 G8
Rapolla 31 B7
Rapoltu Mare 78 F1
Raposa 24 E3
Raposeira 25 K2
Rapotín 75 D7
Rapoula do Côa 24 B5
Rapperswil 37 C8
Räpplinge 45 C12
Rapsani 87 E7
Raron 36 E6
Raša 35 D12
Räsälä 65 B9
Rasanovci 80 C4
Râșca 78 C6
Rascafría 23 G10
Rascăieți 79 D12
Râșcani 79 B8
Raschau 41 C9
Rașcov 79 B10
Rasdorf 40 C4
Raseiniai 68 E5
Råsele 55 F9
Rasen 51 G9
Rasharkin 6 E6
Rašica 39 G9
Rasina 67 E9
Rășinari 78 F2
Rasines 23 B11
Rasinja 76 E2
Rasinkylä 63 D8
Rasinvaara 63 C10
Rasivaara 65 C10
Råsjö 52 C3
Raška 81 E11
Rask Mølle 44 E3
Raškovice 75 E9
Raslavice 73 F2
Răsmirești 83 C9
Rasno 81 F10
Râșnov 78 F5
Rasova 84 C3
Rasovo 82 D5
Raspenava 74 B4
Rasquera 21 G7
Rast 82 C5
Raštani 81 E7
Rastatt 40 F2
Rastdorf 11 B10
Rasteby 58 E3
Råsted 44 D3
Rastede 42 D3
Rastenberg 41 B7
Rastenfeld 39 B10
Raštević 80 D3
Rasti FIN 61 B7
Rasti FIN 65 C10
Rastinkylä 63 F10
Răstolița 78 D4
Rastošnica 81 C8
Rastovac 81 F8
Rastow 43 D7
Råstrand 55 D10
Răsuceni 83 C9
Rasueros 23 G8
Rasvåg 48 F3
Raszków 71 G7
Raszyn 72 F2
Rataje 82 D2
Ratamka 69 G11
Rätan 52 C2
Ratan 56 F3
Rätansbyn 52 C2
Ratasjärvi 60 E6
Ratasvuoma 60 E6
Rateče 39 F8
Ratekau 42 C6
Rătești 83 B8
Rathangan 7 J6
Rathconrath 7 H5
Rathcoole 7 J6
Rathdowney 7 K5
Rathdrum 7 K7
Rathenow 43 E8
Rathfriland 6 G7
Rathgormuck 7 L5
Rathkeale 7 L3
Rathkeevin 7 L5
Rathlee 6 G3
Rathluirc 7 L4
Rathmolyon 7 J6
Rathmore 7 M3
Rathmullan 6 E5
Rathnew 7 K7
Rathnure 7 L6
Ratho 4 B6
Rathowen 7 H5
Rathstock 70 F3
Rathumney 7 M6
Rathvilly 7 K6
Ratiboř 75 E8
Ratić 81 B9
Ratingen 11 F9
Ratíškovice 75 F7
Rátka 77 A9
Ratkovac 81 G11
Ratkovo 76 G6
Ratnieki 69 B11
Ratoath 7 H6
Rattelsdorf 40 D6
Ratten 39 D11
Rattenberg 38 D5
Rattosjärvi 61 D7
Rattray 2 F6
Rättsel 56 C2
Rättvik 52 F3
Ratvika 54 G2
Ratzeburg 42 C6
Rätzlingen 43 F7
Rauda 69 D9
Raudåna 48 E5
Raudanjoki 61 D8
Raudaskylä 62 F5
Raudasmäki 62 F5
Raudeberg 50 D2
Râu de Mori 77 G12
Raudėnai 68 C5
Raudondvaris 68 E6
Raudonė 68 E5
Rauen 43 F10
Raufoss 51 G8
Rauha 65 E9
Rauhala 60 B6
Raulhac 17 E9
Rauma 64 E2
Rauna 67 F7
Raunds 9 C8
Rauris 39 D7
Râu Sadului 78 F2
Rauschenberg 40 B3
Raussila 65 F7
Rautajärvi 64 D5
Rautalampi 65 B7
Rautaperä 59 E10
Rautas 60 B2
Rautavaara 63 G9
Rautenkranz 41 C8
Rautila FIN 62 E4
Rautila FIN 64 F2
Rautio 62 F5
Rautionmäki 65 B7
Rautjärven kk 65 E10
Rautjärvi 65 D10
Rautuskylä 61 B7
Rauvanniemi 65 C10
Rauzan 16 E4
Ravadinovo 84 F3
Ravanusa 30 F4
Rava-Rus'ka 73 D5
Ravasd 76 B3
Ravča 80 F6
Ravda 84 F3
Ravels 10 E6
Ravelsbach 39 B11
Rävemåla 45 D10
Ravenglass 4 E6
Ravenna 35 E9
Ravensburg 37 B9
Ravenstein 11 E7
Ravières 12 F5
Ravijoki 65 F8
Ravik 57 F2
Rävlanda 46 F3
Ravna Dubrava 82 E3
Ravna Gora 80 A2
Ravna Reka 82 C2
Ravne 39 F10
Ravne na Koroškem 39 F10
Ravnets 84 F2
Ravni 81 E7
Ravnište 82 D2
Ravnje 81 B9
Ravnkilde 44 C3
Ravno BIH 80 D6
Ravno BIH 81 F7
Ravnogor 83 G7
Ravno Selo 77 G7
Ravnshøj 44 B4
Ravnstrup 44 D2
Rävsön 52 B6
Ravsted 44 G2
Rawa Mazowiecka 72 G2
Rawicz 70 G6
Rawmarsh 5 G9
Rawtenstall 5 F7
Raykovo 87 B10
Rayleigh 9 E10
Rayol-Canadel-sur-Mer 19 E7
Räyrinki 62 G4
Ražana 81 D10
Ražanac 80 C2
Ražanj 82 D2
Războieni 79 C7
Razboj 76 G3
Razbojna 82 D2
Razdelna 84 E3
Razdol 87 B7
Razdrto 35 B12
Razès 17 C7
Razgrad BG 82 D5
Razgrad BG 83 D11
Ražljevo 81 B8
Razlog 82 G5
Razlovci 82 G4
Ražňany 73 F2
Ráztočno 75 G9
Răzvad 83 A9
Reading 9 E8
Reaghstown 6 G6
Real E 22 B3
Real P 22 F3
Réalmont 17 G8
Realmonte 30 F3
Réalville 17 G7
Rear Cross 7 L4
Réaup 16 G5
Reay 2 B6
Rebais 12 D4
Rebbenesbotn 58 D2
Rebecq 10 G5
Rébénacq 20 B6
Rebild 44 C3
Rebollo 23 F10
Rebollosa de Jadraque 20 F2
Reboly 63 F11
Rebordelo E 22 B3
Rebordelo P 22 E5
Rebra 78 C3
Rebricea 79 D8
Rebrișoara 78 C3
Rebrovo 82 E5
Rebŭrkovo 82 E6
Reca 75 H8
Recanati 35 G11
Rečane 82 G1
Recaș 77 F10
Recco 34 E4
Recea MD 79 B8
Recea MD 79 C10
Recea RO 78 B2
Recea RO 78 F4
Recea RO 83 B8
Recea-Cristur 78 C2
Recess 7 J2
Recey-sur-Ource 12 F6
Réchicourt-le-Château 13 D9
Rechlin 43 D9
Rechnitz 76 C1
Recht 11 G8
Rechtenbach 40 D4
Reci 78 F6
Rečica 39 G10
Rečice 80 F6
Recke 11 C10
Reckingen 37 E7
Recklinghausen 11 E9
Recoaro Terme 35 B7
Recoubeau-Jansac 18 B6
Recsk 77 B7
Recuerda 23 F12
Recz 70 D4
Ręczno 75 B11
Reda 71 B8
Redalen 51 G8
Redange 13 B7
Redcar 5 D9
Redcastle 6 D6
Redcross 7 K7
Reddelich 43 B8
Redditch 8 C6
Réde 76 C4
Redea 83 C7
Redefin 43 D7
Redhill 9 E9
Rédics 76 D1
Réding 13 D9
Redinha 24 C3
Rediu RO 79 C8
Rediu RO 79 D7
Rediu RO 79 F9
Rednitzhembach 40 F6
Redon 14 F6
Redondela 22 D2
Redondelo 22 E4
Redondo 24 F4
Redován 29 C11
Redpoint 2 D3
Redruth 8 G2
Redsted 44 C2
Rędzikowo 70 B6
Rędziny 75 B10
Reen 7 N2
Reens 7 L3
Reepham 9 B11
Rees 11 E8
Reeßum 42 D4
Reetz D 43 D8
Reetz D 43 F8
Refóios do Lima 22 E2
Reftele 45 B8
Regalbuto 30 F5
Regen 41 F9
Regensburg 41 F8
Regensdorf 37 C7
Regenstauf 41 F8
Reggello 35 F8
Reggio di Calabria 31 G7
Reggiolo 35 D7
Reggio nell'Emilia 34 D6
Reghin 78 D4
Reghiu 79 F7
Regil 20 B3
Regkini 87 H7
Regna 47 D7
Regnitzlosau 41 C8
Régny 17 C12
Regöly 76 D4
Regozero 63 C12
Regstrup 44 E5
Reguengo 22 D2
Reguengos de Monsaraz 24 G4
Rehau 41 D8
Rehburg (Rehburg-Loccum) 42 F4
Rehden 42 E3
Rehling 40 G6
Rehlingen-Siersburg 13 C8
Řehlovice 41 C10
Rehmsdorf 41 B8
Rehna 43 C7
Rehula 65 E9
Reibitz 43 G8
Reicheia 88 E6
Reichenau an der Rax 39 C11
Reichenbach CH 36 D6
Reichenbach D 41 C8
Reichenbach (Oberlausitz) 74 B4
Reichenberg 40 E5
Reichenfels 39 E9
Reichensachsen (Wehretal) 40 B5
Reichenthal 39 B9
Reichertsheim 38 C6
Reichling 38 C4
Reichmannsdorf 40 C6
Reicholzheim 40 E4
Reichraming 39 C9
Reichshoffen 13 D10
Reiden 36 C6
Reigada 22 G5
Reigate 9 E9
Reignac 16 D4
Reignier 36 E4
Reillanne 18 D6
Reillo 27 E7
Reims 12 C5
Reina 24 G7
Reinach CH 36 C6
Reinach CH 37 C7
Reinbek 42 C6
Reinberg 43 B9
Reine 57 E1
Reinfeld (Holstein) 42 C6
Reinheim 40 D3
Reinosa 23 C10
Reinøysund 59 D11
Reinsdorf 40 A6
Reinsfeld 13 B9
Reinskard 58 D3
Reinskloster 54 G2
Reinstad 57 C4
Reinsvik 50 B5
Reinsvoll 51 G8
Reipa 57 G2
Reisbach 41 G8
Reischach 41 G9
Reisjärvi 62 G5
Reiskirchen 40 C3
Reiss 2 B6
Reitan N 50 C5
Reitan N 51 C8
Reitano 30 E5
Reith bei Seefeld 38 D4
Reit im Winkl 38 D6
Reittiö 63 G8
Reivyčiai 68 C4
Rejmyre 47 D7
Rejowiec 73 B5
Rejsby 44 F2
Reka 76 E2
Rekava 67 G9
Rekavice 80 C5
Reken 11 D9
Rekijoki 64 F4
Rekken 11 D9
Reklynets' 73 D6
Rekovac 82 C1
Rekowo 71 C7
Rekvik 58 D2
Rėkyva 68 D6
Relíquias 25 H3
Relletti 62 D5
Relleu 27 H10
Rellingen 42 C5
Rém 76 E6
Remagen 11 G9
Rémalard 15 E10
Rembercourt-Sommaisne 12 D6
Remda 40 C6
Remels (Uplengen) 11 A10
Remennikovo 67 G10
Remeskylä 63 F7
Remetea RO 77 D11
Remetea RO 78 D5
Remetea Chioarului 78 B2
Remetea Mare 77 F10
Remeți 78 B2
Remetinec 76 E1
Remetské Hámre 73 G3
Remich 13 B8
Remiremont 13 E8
Remmam 55 G11
Remmen 52 D2
Remmet 52 D2
Remnes 54 C5
Remolinos 20 E4
Remoulins 17 G12
Remplin 43 C9
Remptendorf 41 C7
Remscheid 11 F9
Remte 68 B5
Remungol 14 F4
Rémuzat 18 B5
Rena E 24 E7
Rena N 51 F8
Renaison 17 C11
Renålandet 55 G8
Renazé 15 F7
Rencēni 66 F6
Renchen 13 D10
Renda 66 G2
Rende 31 E8
Rendsburg 42 B5
Renedo E 23 B10
Renedo E 23 E9
Renedo de la Vega 23 D9
Renens 36 E4
Renesse 10 E4
Renfrew 4 B5
Rengsdorf 11 G10
Rengsjö 52 E4
Renholmen 56 D3
Reni 79 G9
Renko 64 F5
Renkomäki 64 E6
Renndal 50 B5
Rennerod 11 G10
Rennertshofen 40 G6
Rennes 14 E6
Rennes-les-Bains 21 C10
Renningen 40 G3
Rennweg 39 E8
Renòn 38 F5
Rens 44 G2
Rensjön 60 B2
Reńska Wieś 75 C9
Renström 56 D2
Rentería 20 B3
Rentina 86 G6
Rentjärn 55 D11
Rentweins-dorf 40 D6
Renwez 12 B6
Renzow 43 C7
Repbäcken 52 G3
Répcelak 76 C2
Repedea 78 B3
Repino 65 G10
Repki 72 F4
Replot 62 G2
Repojoki 59 G8
Repolka 67 C12
Reposaari 64 D2
Repparfjord 58 C6
Reppelin 43 B8
Reppen 57 G2
Reppenstedt 42 D6
Reps 86 A2
Repton 9 B7
Repvåg 59 B8
Requejo 22 E5
Requena 27 F9
Réquista 17 G9
Resana 35 B9
Resarö 47 C10
Resavica 82 C2
Resele 52 A5
Resen BG 83 E9
Resen MK 86 C4
Resenbro 44 D3
Resende 22 F3
Rešetari 76 G3
Reșița 77 G10
Resko 70 C4
Resna 81 G8
Resolven 8 D4
Respaldiza 23 C11
Respenda de la Peña 23 C9
Resse (Wedemark) 42 E5
Ressons-sur-Matz 12 B3
Restelica 86 A3
Reston 5 B8
Resuttano 30 F4
Retamal 24 F7
Retford 5 G9
Rethel 12 B5
Rethem (Aller) 42 E5
Rethymno 89 G8
Retie 10 F6
Retiers 15 F7
Retje 39 G9
Retortillo 22 G6
Retortillo de Soria 23 F12
Retournac 17 D11
Rétság 76 B6
Retuerta del Bullaque 26 F3
Retunen 65 A9
Retz 74 G5
Reuden D 41 B8
Reuden D 43 F8
Reuilly 15 G11
Reurieth 40 C6
Reus 21 F8
Reusel 10 E6
Reut 41 G9
Reute 36 B6
Reuțel 79 B9
Reuterstadt Stavenhagen 43 C9
Reutlingen 40 G3
Reutte 38 D4
Reutuaapa 61 F7
Reuver 11 F8
Revel 21 B10
Revello 19 B9
Revest-du-Bion 18 C6
Révfülöp 76 D3
Revholmen 49 D8
Reviga 84 B2
Revigny-sur-Ornain 12 D6
Revilla de Collazos 23 C9
Revilla del Campo 23 D11
Revin 12 B6
Revine-Lago 35 B9
Řevnice 74 D3
Řevničov 41 D10
Revò 38 F4
Revonlahti 62 D5
Revsnes N 50 F4
Revsnes N 57 C4
Revsund 52 B3
Revúca 75 G11
Rewal 70 C4
Rexbo 52 G3
Reyrieux 36 F2
Rezé 14 G6
Rēzekne 69 B11
Rezi 76 D3
Rezina 79 B11
Rēzna 69 C11
Rezovo 84 G4
Rezzato 34 C6
Rezzo 34 F2
Rezzoaglio 34 E4
Rgotina 82 C3
Rhade 42 D4
Rhaunen 13 B9
Rhayader 8 C4
Rheda-Wiedenbrück 42 G3
Rhede 11 D8
Rhede (Ems) 11 B9
Rheinau 13 D10
Rheinbach 11 G9
Rheinberg 11 E8
Rheinböllen 13 B10
Rheinbreitbach 11 G9
Rheine 11 D10
Rheinfelden (Baden) 36 C6
Rheinsberg 43 D9
Rheinstetten 40 F2
Rhêmes-Notre-Dame 36 G5
Rhêmes-St-Georges 36 F5
Rhenen 11 D7
Rhiconich 2 B4
Rhinau 13 E10
Rhinow 43 E8
Rho 34 C4
Rhode 7 J6
Rhoden (Diemelstadt) 42 H4
Rhondda 8 D4
Rhoose 8 E4
Rhosllanerchrugog 4 G6
Rhos-on-Sea 4 G6
Rhossili 8 E3
Rhuddlan 4 G6
Rhydaman 8 D4
Rhyl 4 G6
Rhymney 8 D5
Riace 31 G8
Riachos 24 D3
Riaillé 15 F7
Rial 22 D2
Rialb de Noguera 21 D8
Riano 32 C5
Riaño 23 C8
Rians 18 D6
Riantec 14 F4
Rianxo 22 C2
Riaz 36 D5
Riaza 23 F11
Riba 23 B11
Ribadavia 22 D3
Ribadelago 22 D5
Riba de Mouro 22 E3
Ribadeo 22 B5
Riba de Saelices 20 G3
Ribadesella 23 B8
Ribaforada 20 E4
Ribafrecha 20 D2
Ribarci 82 F4
Ribare 82 D2
Ribari 81 B9
Ribaritsa 83 E7
Riba-roja d'Ebre 21 F7
Riba-roja de Turia 27 F10
Ribbåsen 51 F11
Ribchester 5 F7
Ribe 44 F2
Ribeauvillé 36 A5
Ribécourt-Dreslincourt 12 B3
Ribeira 22 E2
Ribeira de Pena 22 F4
Ribeirão 22 F2
Ribemont 12 B4
Ribera 30 F3
Ribérac 16 D5
Ribera del Fresno 24 F7
Ribesalbes 27 E10
Ribes de Freser 21 D10
Ribița 77 E12
Ribnica BIH 81 C8
Ribnica SLO 39 F10
Ribnica SLO 39 G9
Ribnica YU 81 E10
Ribnik 39 H10
Ribnitz-Damgarten 43 B8
Ribnovo 82 H6
Ribota 23 F11
Ricadi 31 F7
Říčany CZ 74 D4
Říčany CZ 74 F6
Riccia 33 D9
Riccio 35 G9
Riccione 35 F10
Riccò del Golfo di Spezia 34 E5
Richelieu 15 G9
Richhill 6 F6
Richka 78 A4
Richmond 5 E8
Richtenberg 43 B9
Richvald 73 F2
Rickebo 52 F4
Rickenbach 36 B6
Rickinghall 9 C11
Rickling 42 B6
Rickmansworth 9 D9
Ricla 20 F4
Ricse 73 H3
Ridala 66 C4
Ridasjärvi 64 F6
Riddarhyttan 46 B6
Ridderkerk 10 D5
Riddes 36 E5
Riđica 76 F6
Rīdzene 66 G6
Riebiņi 69 C10
Riebnesluspen 55 B10
Riec-sur-Belon 14 F3
Ried 36 E6
Riede 42 E4
Riedenburg 41 F7
Rieder 43 G7
Ried im Innkreis 39 B8
Ried im Oberinntal 38 E4
Ried im Zillertal 38 D5
Ried in der Riedmark 39 B9
Riedlingen 37 A8
Riegelsberg 13 C9
Riegersburg 39 E11
Riego de la Vega 23 D7
Riehen 36 C6
Riehe (Suthfeld) 42 F5
Rielasingen-Worblingen 37 B8
Riello 23 C7
Rielves 26 E4
Riemst 11 F7
Rieni 77 D11
Rieponlahti 65 B8
Riepsdorf 43 B7
Riesa 43 H9
Rieseby 42 A5
Riesi 30 F4
Riestedt 43 H7
Rietavas 68 D4
Rietberg 42 G3
Rieth 70 C3
Rieti 32 C6
Rietschen 74 A4
Rieumes 21 B8
Rieupeyroux 17 F8
Rieutort-de-Randon 17 F10
Rieux F 14 F5
Rieux F 21 B8
Rieux-Minervois 18 E1
Riez 19 D7
Rifiano 38 E4
Rīga 66 G5
Rigaio 87 F7
Rigaud 19 C8
Riggisberg 36 D6
Rignac 17 F8
Rignano Flaminio 32 C5
Rignano Garganico 33 D10
Rignano sull'Arno 35 F8
Rigny-le-Ferron 12 E4
Rigny-Ussé 15 G9
Rigside 4 B6
Rihtniemi 64 E2
Riihimäki 64 F5
Riihivaara 63 F11
Riikonkumpu 61 B7
Riipi 61 C8
Riippi 64 B2
Riisipere 66 C5
Riistavesi 65 A9
Riitiala 64 D4
Riječa 81 D8
Rijeka BIH 81 C8
Rijeka BIH 81 E9
Rijeka HR 80 A1
Rijeka Crnojevića 81 G9
Rijen 10 E6
Rijkevorsel 10 E6
Rijnsburg 10 D5
Rijsbergen 10 E6
Rijssen 11 C8
Rijswijk 10 D5
Rikava 69 B10
Riksgränsen 57 D6
Rila 82 G5
Rilhac-Rancon 17 C7
Rillé 15 G9
Rillieux-la-Pape 36 F2
Rillo 20 G5
Rillo de Gallo 20 G3
Rimavská Baňa 75 G11
Rimavská Seč 75 G12
Rimavská Sobota 75 G11
Rimavské Janovce 75 G11
Rimbach 41 F9
Rimbo 47 B10
Rimetea 78 E2
Rimforsa 47 E7
Rimicāni 69 C10
Rimini 35 F10
Rimjokk 60 E3
Rimmilä 64 E5
Rimóc 76 A6
Rimont 21 C8
Rimpar 40 D5
Rimsbo 52 F4
Rimšė 69 D10
Rimšėnai 69 E9
Rimske Toplice 39 G10
Rimsting 38 C6
Rinchnach 41 F9
Rincón de la Victoria 28 E5
Rincón de Soto 20 D3
Rinda 66 F2
Rindal 50 B6
Rindsholm 44 D3
Rineia 89 D10
Rinella 30 D5
Ringarum 47 E7
Ringaudai 68 F6
Ringe 44 F4
Ringebu 51 E7
Ringelia 51 G7
Ringen 51 H7
Ringford 4 D5
Ringhals 44 B6
Ringkøbing 44 E1
Ringleben 43 H7
Ringsend 6 E6
Ringsta 55 H7
Ringsted 44 F6
Ringvattnet 55 F8
Ringville 7 M5
Ringwood 9 F7
Rinkaby 45 E9
Rinkabyholm 45 C11
Rinkenæs 44 G3
Rinkilä 65 C10
Rinloan 2 E6
Rinn 46 A4
Rinneen 7 K3
Rinøyvåg 57 D4
Rintala 62 G4
Rinteln 42 F4
Rio 88 B4
Rio Caldo 22 E3
Rio de Mel 22 G4
Rio de Moinhos P 24 F4
Rio de Moinhos P 24 G3
Rio de Moinhos P 25 H3
Rio de Onor 22 E6
Rio di Pusteria 38 E5
Riofrío 26 D3
Riofrío de Aliste 22 E6
Ríogordo 28 E5
Rioja 29 E8
Riola Sardo 32 F2
Riolobos 24 C7
Riolo Terme 35 E8
Riols 21 B11
Riom 17 C10
Riomaggiore 34 F5
Rio Maior 24 D2
Rio Marina 32 B2
Rio Mau 22 F2
Riom-ès-Montagnes 17 D9
Rion-des-Landes 16 G3
Rionegro del Puente 22 E6
Rio nell'Elba 32 B2
Rionero in Vulture 31 B7
Rionero Sannitico 33 D8
Rions 16 F4
Riorges 17 C11
Ríos 22 E4
Rioseco de Tapia 23 C7
Rio Tinto 22 F2
Rio Torto 22 F4
Rioz 13 G8
Ripač 80 B3
Ripacandida 31 B7
Ripalimosano 33 D9
Ripanj 81 C11
Riparbella 34 G6
Ripatransone 33 A7
Ripe 35 F10
Ripi 33 D7
Ripiceni 79 B8
Ripley GB 5 E8
Ripley GB 5 G8
Ripoll 21 D10
Ripon 5 E8
Riposto 30 E6
Riquewihr 36 A5
Risan 81 G8
Risarven 52 E3
Risbäck 55 E8
Risberg 51 F11
Rișca 78 D1
Risca 8 D5
Riscle 20 A6
Risdal 48 E5
Risede 55 F8
Rish 84 E2
Risinge 47 D7
Risliden 56 E2
Risnabben 56 C2
Risnes 48 E4
Rišňovce 75 G8
Risør 48 E6
Risøyhamn 57 C4
Rissa 54 G2
Rissna 52 B3
Rissnaben 56 C2
Riste 64 E3
Risteli 63 F10
Risti 66 C5
Ristiina 65 D8
Ristijärvi 63 E9
Ristilä 61 E10
Ristilampi 61 D8
Ristinen 65 A7
Ristinkylä 65 B10
Ristioja 61 E7
Ristonmännikkö 61 C8
Risträsk 55 E10
Risudden 60 F6
Risum-Lindholm 44 G2
Rītausma 69 C7
Rite 69 C8
Rīteri 69 B8
Ritini 86 E6
Ritola 64 B4
Ritterhude 42 D4
Rittersgrün 41 C9
Riudarenes 21 E11
Riudecols 21 F8
Riudoms 21 F8
Riutta 62 F5
Riutula 59 F9
Rīva 66 G1
Riva del Garda 35 B7
Riva di Solto 34 B5
Riva di Tures 38 E6
Rivanazzano 34 D4
Rivardo Ligure 34 E4
Rivarolo Canavese 34 C2
Rivarolo Mantovano 34 D6
Rivas-Vaciamadrid 26 D5
Rive-de-Gier 36 G2
Rivedoux-Plage 16 C2
Rivello 31 C7
Riverchapel 7 L7
Rivergaro 34 D5
Rivero 23 B10
Riverstown IRL 7 K5
Riverstown IRL 7 M4
Rivery 12 B2
Rives 36 G3
Rivesaltes 21 C11
Rivière-sur-Tarn 17 G10
Rivignano 35 B10
Rivinperä 63 E7
Rivodutri 32 B6
Rivoli 19 A9
Rivolta d'Adda 34 C5
Rixensart 10 G5
Rixheim 36 B6
Rixö 46 E2
Riza 88 B5
Rizes 88 D5
Rizia 85 A2
Rizomata 86 D6
Rizomylos 87 F7
Rizziconi 31 G8
Rjånes 50 D2
Rjukan 48 C5
Rø 45 F10
Ro 35 D8
Rö 52 B6
Roa E 23 E10
Roa N 51 H8
Roade 9 C8
Roadford 7 K3
Roadside 2 B6
Roadside of Kinneff 3 F8
Roager 44 F2
Roaillan 16 F4
Roald 50 C3
Roan 54 F3
Roanne 17 C11
Roata de Jos 83 B9
Roath 8 E5
Röbäck 56 F2
Robănești 82 B6
Robbio 34 C3
Robeasca 79 G8
Robecco d'Oglio 34 C5
Röbel 43 D9
Robella 34 D2
Roberton GB 4 B6
Roberton GB 5 C7
Robertsfors 56 F3
Robežnieki 69 C11
Robiac 17 F11
Robilante 19 C9
Robin Hood's Bay 5 E10
Robion 18 D5
Robledo 26 G6
Robledo de Chavela 26 D3
Robledo del Mazo 26 E2
Robledollano 24 D8
Robles de la Valcueva 23 C7
Robliza de Cojos 23 G7
Robøle 51 F7
Robregordo 23 F11
Robres 20 E6
Robres del Castillo 20 D3
Roč 35 C12
Rocafort de Queralt 21 F8
Rocamadour 17 E7
Roca Vecchia 31 C12
Roccabianca 34 D6
Roccadaspide 30 C6
Rocca d'Evandro 33 E8
Rocca di Cambio 33 C7
Rocca di Mezzo 33 C7
Rocca di Neto 31 E9
Rocca di Papa 32 D6
Roccafranca 34 C5
Roccagloriosa 31 C7
Roccagorga 32 D6
Rocca Grimalda 34 D3
Rocca Imperiale 31 C9
Roccalbegna 32 B4
Roccalumera 30 E6
Roccamandolfi 33 D8
Rocca Massima 32 D6
Roccamena 30 E3
Roccamonfina 33 E8
Roccamontepiano 33 C8
Roccanova 31 C8
Roccapalumba 30 E3
Rocca Pia 33 C8
Roccaraso 33 D8
Rocca San Casciano 35 F8
Rocca San Giovanni 33 C8
Roccasecca 33 D7
Roccasecca dei Volsci 32 D6
Rocca Sinibalda 32 C6
Roccastrada 35 H7
Roccavione 19 C9
Roccella Ionica 31 G8
Rocchetta Sant'Antonio 33 E10
Rochdale 5 F8
Roche 8 G2
Rochechouart 16 C6
Rochefort B 12 A6
Rochefort F 16 C3
Rochefort-en-Terre 14 F5
Rochefort-Montagne 17 D9
Rochefort-sur-Nenon 13 G7
Roche-la-Molière 17 D12
Roche-lez-Beaupré 13 G8
Rochemaure 18 B4
Roches-Bettaincourt 12 E6
Rocheservière 14 H6
Rochester GB 5 C7
Rochester GB 9 E10
Rochetaillée 12 F6
Rochford 9 E10
Rochfortbridge 7 J5
Rochin 10 G3
Rochlitz 41 B9
Rociana del Condado 25 J6
Ročinj 39 G8
Rociu 83 B8
Rockcliffe 4 D6
Rockcorry 6 G6
Rockenberg 11 G11
Rockenhausen 13 B10
Rockesholm 46 C5
Rockhammar 46 C6
Rockhill 7 L4
Rockingham 9 C8
Rockmills 7 M4
Rockneby 45 C11
Röcknitz 43 H9
Rocourt-St-Martin 12 C4
Rocroi 12 B5
Rodach bei Coburg 40 C6
Roda de Berà 21 F9
Roda de Ter 21 E10
Rodalben 13 C10
Rodaljice 80 D3
Rödåsel 56 F2
Rodberg 48 B6
Rødbergshamn 57 B6
Rødby 44 G5
Rødbyhavn 44 G5
Rødding DK 44 C2
Rødding DK 44 D3
Rødding DK 44 F2
Rödeby 45 D10
Rodeiro 22 C3
Rødekro 44 G3
Rodel 2 D2
Rodellar 20 D6
Rodelle 17 F9
Roden 11 B8
Ródenas 20 G4
Rodenkirchen (Stadland) 42 D3
Rödental 40 D6
Rodewald 42 E5
Rodewisch 41 C8
Rodez 17 F9
Rodheim-Bieber 11 G11
Rodi Garganico 33 C11
Roding 41 F8
Rodingträsk 55 F11
Rödjebro 47 B8
Rødkærsbro 44 D3
Rodleben 43 G8
Rødlia 55 C7
Rödmyra 52 D4
Rodna 78 C4
Rododafni 88 B4
Rodolivos 87 C9
Rödön 52 A2
Rodopoli 87 C7
Rodopos 89 F7
Rodos 88 G4
Rødovre 44 E6
Rodrigas 22 B4
Rødsand N 57 B5
Rødsand N 59 E11
Rødseidet 54 E4
Rödvattnet 55 G10
Rødvig 44 F6
Roela 67 C8
Roermond 11 F7
Roeselare 10 F3
Roești 82 A6
Roetgen 11 G8
Röfors 46 D5
Rofrano 31 C7
Rogač 80 E4
Rogačica 81 D10
Rogaška Slatina 39 F11
Rogaszyce 75 A8
Rogate 9 F8
Rogatec 39 F11
Rogatica 81 D9
Rogätz 43 F8
Roggel 11 F7
Roggenburg 40 H5
Roggendorf 43 C7
Roggentin 43 D9
Roggiano Gravina 31 D8
Roghudi 31 G8
Rogienice Wielkie 72 D4
Rogil 25 J2
Rogliano F 19 D12
Rogliano I 31 E8
Rognac 18 D5
Rognan 57 F3
Rognes F 18 D5
Rognes N 51 B7
Rognonas 18 D5
Rogova 82 B4
Rogovka 69 B11
Rogovo 81 G11
Rogów 71 G10
Rogowo PL 71 E7
Rogowo PL 71 E9
Rogozen 82 D6
Rogoznica 80 E3
Rogoźnica 74 B6
Rogoźniczka 72 G5
Rogoźno 70 E6
Rogslösa 46 E6
Rogsta S 52 B2
Rogsta S 52 D5
Roguszyn 72 F4
Rohan 14 E5
Röhlingen 40 F5
Rohlsdorf D 43 D8
Rohlsdorf D 43 D8
Rohod 77 A11
Rohovce 76 A3
Rohožník 75 G7
Rohr 40 C5
Rohrau 76 A2
Rohrbach 41 G7
Rohrbach in Oberösterreich 39 B8
Rohrbach-lès-Bitche 13 C9
Rohrberg 43 E7
Rohr in Niederbayern 41 G7
Röhrmoos 41 G7
Röhrnbach 41 G10
Rohrsen 42 E4
Roiffieux 36 G2
Roisel 12 B3
Roismala 64 E4
Roivainen 61 B9
Roiz 23 B9
Roja 66 F3
Rojales 29 C11
Röjan 52 C2
Röjdåfors 51 H10
Rojewo 71 E8
Rökå 55 D11
Rokai 68 F6
Rokiciny 71 G10
Rokietnica PL 70 F6
Rokietnica PL 73 D4
Rokiškis 69 C8
Rokitno 72 F5
Rokksøy 57 C3
Røkkum 50 C5
Røkland 57 G3
Roklum 42 F6
Roknäs 56 C3
Rokycany 41 E10
Rokytnice 75 E7
Rokytnice v Orlických Horách 74 D6
Rolampont 12 F6
Rold 44 C3
Røldal 48 C3
Rolde 11 B8
Rolfs 56 B5
Rolfstorp 44 B6
Rollag 48 C6
Rolle 36 E4
Rolsted 44 F4
Rolvåg 54 B5
Rolvsnes 48 C2
Rolvsøy 49 D8
Rom D 43 D8
Rom F 16 B5
Roma I 32 D5
Roma RO 79 B7
Roma S 47 G10
Romagnano Sesia 34 B3
Romagné 15 E7
Romainmôtier 36 D4
Romakkajärvi 61 E7
Roman BG 82 E6
Roman RO 79 D7
Romana 32 E2
Românași 78 C1
Românești 79 B8
Români 79 D7
Romanija 81 D8
Romano d'Ezzelino 35 B8
Romano di Lombardia 34 C5
Romanones 26 D6
Romanovce 82 G2
Romanovo 68 F2
Romanowo 70 E6
Romanshorn 37 C8
Romans-sur-Isère 18 A5
Romanu 79 G9
Romazy 14 E6
Rombas 13 C8
Rombiolo 31 F8
Romeira 24 D2
Rometta 30 E6
Romford 9 E9
Romhány 76 B6
Römhild 40 C5
Romillé 14 E6
Romilly-sur-Seine 12 D4
Rommerskirchen 11 F8
Romont 36 D5
Rømonysæter 51 E9
Romorantin-Lanthenay 15 G11
Romos 78 F1
Romppala 65 A10
Romrod 40 C4
Romsey 9 F7
Rømskog 49 C9
Romsley 8 C6
Romstad 54 F4
Romuli 78 B3
Rona de Jos 78 B2
Rona de Sus 78 B2
Rönäs 55 C7
Rønbjerg 44 D2
Roncade 35 B9
Roncadelle 34 C6
Roncal 20 C5
Roncegno 35 B8
Ronce-les-Bains 16 C3
Roncesvalles 20 C4
Ronchamp 13 F8
Ronchi dei Legionari 35 B11
Ronciglione 32 C5
Ronco Canavese 36 G6
Roncone 34 B6
Ronco Scrivia 34 D4
Ronda 28 E4
Rønde 44 D4
Rondissone 34 C2
Rone 47 G10
Ronehamn 47 G10
Rong 48 B1
Rõngu 67 E7
Rönnäng 46 F2
Rönnäs 55 E9
Rönnbacken 52 F4
Rönnberg 56 C2
Rönnberget 56 C3
Rønne 45 G9
Rønnebæk 44 F6
Ronneburg 41 B8
Ronneby 45 D10
Ronnebyhamn 45 D10
Rønnede 44 F6
Ronnenberg 42 F5
Rönneshytta 46 D6
Rönnholm 56 G2
Rønningen 58 F2
Rönnliden 55 D11
Rönnöfors 54 G6
Rönö 47 E8
Ronov nad Doubravou 74 D5
Ronsberg 37 B10
Ronse 10 G4
Ronshausen 40 B4
Ronvik 57 F2
Rooaun 7 J4
Rookchapel 7 M3
Roordahuizum 11 B7
Roosendaal 10 E5
Roosinpohja 64 C5
Roosky 7 H5
Roosna-Alliku 67 C7
Ropa 73 E2
Ropaži 66 G5
Ropcha 78 A5
Ropczyce 73 D3
Ropeid 48 D3
Roperuelos del Páramo 23 D7
Ropienka 73 E4
Ropinsalmi 58 F4
Ropotovo 86 B5
Roquebillière 19 C9
Roquebrun 21 B11
Roquebrune-Cap-Martin 19 D9
Roquebrune-sur-Argens 19 D8
Roquecor 16 F6
Roquecourbe 21 A10
Roquefort 16 G4
Roquemaure 18 C4
Roquesteron 19 D8
Roquetas 21 G7
Roquetas de Mar 29 E8
Roquevaire 18 E6
Rørbakken 57 C5
Rörberg 52 G5
Rørby 44 E5
Rore 80 C5
Røros 51 C8
Rorschach 37 C9
Rörvattnet 54 G6
Rørvig 44 E6
Rørvik N 48 F3
Rørvik N 54 E4
Rørvik N 57 D2
Rörvik 45 B9
Rosà 35 B8
Rosala 66 A3
Rosal de la Frontera 25 H5
Rosans 18 C6
Rosapenna 6 D5
Rosário 25 J4
Rosarno 31 G8
Rosavci 80 B5
Rosbach vor der Höhe 40 C3
Roscanvel 14 E2
Rosche 42 E6
Roscigno 31 C7
Rościszewo 71 E10
Roscoff 14 D3
Roscommon 7 H4
Roscrea 7 K5
Rosdorf 42 H5
Rose I 31 E8
Rose YU 81 G8
Rosehearty 3 D8
Rosell 21 G7
Rosemarkie 2 D5
Rosen 84 F3
Rosenallis 7 J5
Rosendal 48 C3
Rosenfeld 40 H3
Rosenfors 45 B11
Rosengarten 42 D5
Rosenheim 38 C6
Rosenlund 45 B8
Rosenow 43 C9
Rosenthal 40 B3
Roserberg 47 C9
Roses 21 D12
Roseți 84 C3
Roseto Capo Spulico 31 D9
Roseto degli Abruzzi 33 B8
Roseto Valfortore 33 E10
Rosetti, C. A. RO 79 G8
Rosetti, C. A. RO 79 G12
Roshchino 65 G10
Rosheim 13 D10
Roshven 2 F3
Roșia RO 77 D11
Roșia RO 78 F3
Roșia de Amaradia 78 G2
Roșia de Secaș 78 E2
Roșia Montană 78 E1
Rosica 69 B11
Rosice CZ 74 D5
Rosice CZ 74 F6
Rosières 17 E11
Rosières-en-Santerre 12 B3
Roșiești 79 E9
Rosignano Marittimo 34 G6
Roșiile 82 A6
Roșiori RO 79 D7
Roșiori RO 84 A2
Roșiori de Vede 83 C8
Rositsa BG 84 C3
Rositsa BY 69 C11
Rositz 41 B8
Rosiyanivka 79 C12
Roskhill 2 D2
Roskilde 44 E6
Rosko 70 E5
Roskovec 86 D2
Roskow 43 F9
Röslau 41 D7
Roslev 44 C2
Rosmalen 11 E7
Rosmaninhal 24 C5
Rosnowo 70 C5
Rosolina 35 D9
Rosolina Mare 35 C9
Rosolini 30 G6
Rosoman 86 B6
Rosoy 12 E4
Rosporden 14 F3
Rösrath 11 F9
Rossano 31 D9
Rossano Veneto 35 B8
Roßbach D 41 B7
Roßbach D 41 G9
Rossbol 52 B2
Rosscahill 7 J3
Ross Carbery 7 N3
Rosscor 6 F4
Roßdorf 40 D3
Rosselló 21 E7
Rosses Point 6 F4
Rossett 5 G7
Rossfjord 58 E2
Roßhaupten 38 D4
Rossiglione 34 E3
Rossignol 13 B7
Rössing (Nordstemmen) 42 F5
Rossington 5 G9
Rossio ao Sul do Tejo 24 D3
Roßla 43 H7
Rosslare 7 M7
Rosslare Harbour 7 M7
Roßlau 43 G8
Rosslea 6 G6
Roßleben 41 B7
Roßleithen 39 C9
Rossnowlagh 6 F4
Rossön 55 G9
Ross-on-Wye 8 D6
Rossosz 72 G5
Rossoszyca 71 G8
Rossow 43 D9
Roßtal 40 E6
Røssvassbukta 54 C6
Rossvik 54 D4
Rossvoll N 50 B5
Rossvoll N 58 E2
Roßwein 41 B9
Röstabo 52 E4
Röstånga 45 E7
Rostarzewo 70 F5
Röste 52 E4
Rostellan 7 N4
Rostock 43 B8
Rostrenen 14 E4
Rostrevor 6 G7
Röström 55 F9
Rostrup 44 C3
Rostundelva 58 D3
Rosturk 7 H2
Rostuša 86 B3
Røstvollen 51 D9
Røsvik 57 F3
Rosvik 56 C4
Röszke 77 E7
Rot 51 F11
Rota E 25 L6
Rota N 57 E4
Rota Greca 31 E8
Rot am See 40 F5
Rot an der Rot 37 B9
Rotava 41 C8
Rotberget 51 G10
Roteberg 52 E3
Rotello 33 D9
Rotenburg an der Fulda 40 B4
Rotenburg (Wümme) 42 D5
Rötgesbüttel 42 F6
Rotgülden 39 E8
Roth 40 F6
Rothbury 5 C8
Röthenbach an der Pegnitz 40 E6
Rothenberg 40 E3
Rothenbuch 40 D4
Rothenburg ob der Tauber 40 E5
Rothenburg (Oberlausitz) 74 A4
Rothéneuf 14 D6
Rothenfels 40 D4
Rothenschirmbach 43 H7
Rothenstein 41 B7
Rotherham 5 G9
Rothes 2 D6
Rothesay 4 B4
Rotheux-Rimière 11 G7
Rothiesholm 3 E10
Rothley 9 B8
Rothrist 36 C6
Rothwell GB 5 F8
Rothwell GB 9 C8
Rothwesten (Fuldatal) 42 H5
Rotimlja 81 F7
Rotimojoki 63 F7
Rotnäset 55 F8
Rotonda 31 D8
Rotondella 31 C9
Rotselaar 10 F6
Rotsjö 52 B3
Rotsjön 56 E2
Rotsund 58 D3
Rott 38 C4
Rottach-Egern 38 D5
Rott am Inn 38 C6
Røttangen 57 E4
Rottenacker 40 H4
Rottenbach 40 C6
Röttenbach 40 F6
Rottenbuch 38 C4
Rottenburg am Neckar 40 G3
Rottenburg an der Laaber 41 G8
Rottendorf 40 E5
Rottenmann 39 D9
Rotterdam 10 D5
Rotthalmünster 41 G9
Röttingham 40 E5
Rottleberode 43 G7
Rottne 45 C10
Rottnemon 51 H10
Rottneros 46 B4
Rottofreno 34 D5
Rottweil 37 A7
Rotunda 83 C7
Rötviken 55 G7
Rötz 41 E8
Roubaix 10 G3
Rouchovany 74 F6
Rõude 66 D5
Roudnice nad Labem 74 C3
Rouen 15 C10
Rouffach 36 B5
Rouffignac 16 E6
Rõuge 67 F8
Rougé 14 F6
Rougemont 13 G8
Rougemont-le-Château 36 B5
Roughton 9 B11
Rougnac 16 D5
Rouillac 16 C4
Rouillé 16 B5
Roujan 18 D2
Roukala 62 E4
Roukalahti 65 B10
Roulans 13 G8
Roulers 10 F3
Roumazières-Loubert 16 C5
Roumoules 19 D7
Roundstone 7 J2
Roundway 8 E6
Roundwood 7 K7
Rouravaara 61 B7
Roure 19 A8
Rousínov 75 F7
Rousky 6 E6
Rousset 18 D6
Roussillon F 18 C5
Roussillon F 36 G2
Rousson 17 G11
Routot 15 C10
Rouvroy-sur-Audry 12 B5
Rouy 12 G4
Rovala FIN 61 C10
Rovala FIN 61 D9
Rovaniemi 61 E8
Rovanpää FIN 60 D6
Rovanpää FIN 61 C8
Rovapää 61 C9
Rovastinaho 63 B7
Rovato 34 C5
Rovegno 34 E4
Roverbella 35 C7
Roveredo 37 E8
Rovereto 35 B7
Rövershagen 43 B8
Roverud 51 H9
Roviano 32 C6
Rovies 87 G8
Rovigo 35 D8
Rovinari 82 A5
Rovine 76 G3
Rovinj 35 D11
Rovinka 76 A3
Rovišće 76 F2
Rovisuvanto 59 E8
Rovsättra 52 G6
Rów 70 E3
Rowde 8 E6
Równa 71 G8
Roxmo 47 C7
Roxton 9 C9
Royan 16 D3
Royat 17 C10
Roybon 36 G2
Roybridge 2 F4
Roydon 9 C11
Roye 12 B3
Royère-de-Vassivière 17 C8
Røyken 49 C7
Røykenes 57 C4
Röykkä 64 F5
Roylyanka 79 E12
Røyrvik 54 E6
Røyse 49 C7
Royston 9 D9
Royton 5 F8
Röyttä 62 B5
Roytvollen 54 D5
Royuela 27 D8
Roza 83 F10
Rožaje 81 F10
Rozalén del Monte 26 E6
Rozalimas 68 D6
Różan 72 E3
Różanki 70 E4
Rozavlea 78 B3
Rozay-en-Brie 12 D3
Rožďalovice 74 C4
Rozdil 73 E6
Rozdil'na 79 D12
Rozdrażew 71 G7
Roženica 39 H11
Rozes 67 F7
Rozhnyativ 73 F6
Rozino 83 F7
Rožmitál pod Třemšínem 41 E10
Rožňava 73 G1
Rożniatów 71 G8
Roznov 79 D7
Rožnov pod Radhoštěm 75 E9
Roznowo 70 E6
Rozogi 72 D3
Rozovets 83 F8
Rozoy-sur-Serre 12 B5
Rozprza 75 A11
Roztoka Wielka 73 E2
Roztoky CZ 41 D10
Roztoky UA 78 A4
Rozula 66 F6
Rožupe 69 C9
Roźwienica 73 D4
Rozzano 34 C4
Rrëshen 86 B2
Rrogozhinë 86 C2
Rromanat 86 C2
Rtkovo 82 B4
Rtyně v Podkrkonoší 74 C6
Ru 22 C3
Rua 22 G4
Ruabon 8 B5
Ruaudin 15 F9
Ruba 68 C5
Rúbaň 76 B5
Rubano 35 C8
Rubashki 69 E11
Rubayo 23 B10
Rubbestadneset 48 C2
Rubena 23 D11
Rübenau 41 C9
Rubene 66 F6
Rubeņi 69 C9
Rubí 21 F10
Rubiá 22 D5
Rubí de Bracamonte 23 F8
Rubielos de la Cérida 20 G4
Rubielos de Mora 27 D9
Rubiera 35 D7
Rubik 86 B2
Rublacedo de Abajo 23 D11
Rucăr 78 G4
Rucava 68 C3
Ruciane-Nida 72 C3
Rückersdorf 43 G10
Ruda PL 75 B9
Ruda S 45 B11
Rudabánya 73 H1
Ruda Maleniecka 75 B12
Rudamina LT 69 F8
Rudamina LT 72 B6
Ruda Różaniecka 73 D5
Rudartsi 82 F5
Ruda Śląska 75 D10
Rudbārži 68 B4
Rude LV 66 F3
Rude LV 68 C3
Rudelzhausen 41 G7
Rudersberg 40 F4
Rudersdorf 39 E11
Rüdersdorf Berlin 43 F10
Rüdesheim am Rhein 13 B10
Rudice 80 B4
Rudina 75 E9
Rūdiškės 69 F8
Rudka 72 E5
Rudkøbing 44 G4
Rudky 73 E5
Rudná 74 D3
Rudna 70 H5
Rudna Glava 82 B3
Rudňany 73 G1
Rudna Wielka 70 G6
Rudne 73 E6
Rudnica PL 70 E4
Rudnica YU 81 E11
Rudnik BG 84 E3
Rudnik PL 73 C3
Rudnik PL 75 D9
Rudnik YU 81 D11
Rudnik YU 81 F11
Rudniki 75 B9
Rüdnitz 43 E10
Rudno PL 72 H4
Rudno YU 81 E11
Rudnyky 73 E6
Rudnytsya 79 A11
Rudo 81 E9
Rudolfov 74 F3
Rudolstadt 41 C7
Rudozem 87 B10
Rudsgrendi 48 C6
Rudsjön 55 G8
Rudston 5 E10
Ruds Vedby 44 F5
Rudzāti 69 B10
Rudziczka 75 C8
Rudziniec 75 C9
Rudzyensk 69 H11
Rue 10 H1
Rueda 23 F8
Rueda de Jalón 20 E4
Rueil-Malmaison 12 D2
Ruelle-sur-Touvre 16 D5
Ruen 84 E2
Ruente 23 B9
Ruffano 31 D11
Ruffec F 16 B6
Ruffec F 16 C5
Ruffey-sur-Seille 13 H7
Ruffiac 14 F5
Ruffieu 36 F3
Ruffieux 36 F3
Rufford 5 F7
Rufina 35 F8
Rugāji 67 G9
Rugby 9 C7
Rugeley 8 B6
Rugge 57 C3
Rugince 82 G3
Ruginești 79 E8
Ruginoasa 79 C7
Rügland 40 E6
Rugles 15 D10
Rugvica 76 F1
Ruha 64 A4
Ruhala 64 C5
Ruhla 40 B5
Ruhland 43 H10
Ruhmannsfelden 41 F9
Rühn 43 C8
Ruhpolding 38 C6
Ruhstorf an der Rott 41 G9
Ruidera 26 G6
Ruikka 61 E7
Ruinas 32 F2
Ruinen 11 C8
Ruinerwold 11 C8
Ruiselede 10 F4
Ruismäki 64 B4
Ruivães 22 E3
Ruja 74 B6
Rūjiena 66 E6
Rujišta 81 E7
Ruka 61 F11
Rukajärvi 61 F11
Rukkisperä 62 E6
Rulbo 52 D2
Rullbo 51 G11
Rullnäs 55 G11
Rully 36 D2
Rülzheim 40 F2
Rum A 38 D5
Rum H 76 C2
Ruma 77 G7
Rumboci 80 D6
Rumburk 74 B3
Rumelange 13 C8
Rumelifeneri 85 B6
Rumenka 77 G7
Rumes 10 G4
Rumia 71 B8
Rumigny 12 B5
Rumilly 36 F3
Rummu 66 C5
Rummukkala 65 B10
Rumo 63 F9
Rumont 12 D6
Rumšiškės 69 F7
Rumskulla 46 F6
Rumst 10 F5
Rumyantsevo 83 E7
Runaberg 52 A4
Runcorn 5 G7
Runcu RO 78 G3
Runcu RO 78 G5
Runcu RO 84 B4
Rundēni 69 C11
Rundfloen 51 F10
Rundhaug 58 F2
Rundmoen 55 B7
Rundvik 56 G2
Rungsted 45 E7
Runhällen 47 B8
Runkel 11 G11
Runni 63 G7

Runović 80 E6
Runsten 45 C12
Runtuna 47 D8
Ruohokangas 59 G10
Ruohola 62 B6
Ruokojärvi FIN 60 D6
Ruokojärvi FIN 65 C10
Ruokojärvi S 60 E5
Ruokolahti 65 E9
Ruokoniemi 65 D9
Ruokotaipale 65 D9
Ruolahti 64 D6
Ruoms 17 F12
Ruona FIN 61 F9
Ruona FIN 64 B4
Ruonajärvi 61 D7
Ruopsa 61 E9
Ruorasmäki 65 D7
Ruotaanmäki 63 G7
Ruoti 31 B7
Ruotsalo 62 F4
Ruotsinkylä 65 F7
Ruotsinpyhtää 65 F7
Ruottisenharju 63 C8
Ruovesi 64 C5
Rupa 35 C12
Rupea 78 E4
Ruppovaara 65 C11
Rupt-sur-Moselle 13 F8
Rus E 28 C6
Rus RO 78 C2
Rusånes 57 G3
Rusănești 83 C7
Rusca Montană 77 F11
Ruscova 78 B3
Rusdal 48 F3
Ruse 83 C10
Ruše 39 F11
Rusele 55 E10
Ruseni 79 A8
Rușețu 84 A2
Ruševo 76 G4
Rush 7 H7
Rushden 9 C8
Rusiec 75 A10
Rușii-Munți 78 D4
Rusinovo 87 B7
Rusinów 73 A1
Rusinowo 70 D5
Ruskeala 65 C11
Ruskele 55 E11
Ruski Krstur 76 F6
Rusko 64 F3
Rusko Selo 77 F8
Ruskov 73 G2
Ruskträsk 55 E11
Rusnė 68 E3
Rusokastro 84 F2
Rušona 69 C10
Rüsselsheim 40 D2
Russeluft 58 D6
Russelv 58 D3
Russhaugen 57 D4
Russi 35 E9
Rust 76 B2
Rustad N 51 F8
Rustad N 51 H8
Rustrel 18 C6
Ruswil 37 D7
Ruszów 74 A4
Rutalahti 65 C7
Rute E 28 D5
Rute S 47 F10
Rüthen 42 H3
Ruthin 4 G6
Rüti 37 C8
Rutigliano 31 A9
Rutino 30 C6
Rutka-Tartak 72 B5
Rutki-Kossaki 72 E4
Rutledal 50 F2
Rutoši 81 E10
Rutten 11 B7
Rutvik 56 C4
Ruuhensuo 63 B8
Ruuhijärvi FIN 61 D7
Ruuhijärvi FIN 65 E7
Ruukki 62 D6
Ruunaa 63 G11
Ruurlo 11 D8
Ruusa 67 E9
Ruusmäe 67 F8
Ruutana FIN 63 G7
Ruutana FIN 64 D5
Ruuvaoja 61 C10
Ruvanaho 61 E11
Ruvaslahti 65 A10
Ruvo del Monte 31 B7
Ruvo di Puglia 33 E12
Ruy 36 G3
Ruynes-en-Margeride 17 E10
Rŭzhevo Konare 83 F8
Ruzhintsi 82 D4
Ružina 69 B10
Ružomberok 75 F10
Ruzsa 77 E7
Ry 44 E3
Ryabovo 65 G10
Ryakhovo 83 C10
Ryakhovtsite 83 E8
Rybachiy 68 E3
Rybany 75 G9
Rybczewice Drugie 73 B4
Rybitví 74 D5
Rybnik 75 D9
Rybno PL 71 D10
Rybno PL 71 F10
Rybno PL 72 C3
Ryboły 72 E5
Rychliki 71 C9
Rychnov nad Kněžnou 74 D6
Rychnowo 71 D10
Rychtal 75 B8
Rychvald 75 D9
Rychwał 71 G8
Ryczywół PL 70 E6
Ryczywół PL 72 G3
Ryd 45 D9
Rydaholm 45 C9
Rydal 45 B7
Rydboholm 46 F4
Ryde DK 44 D2
Ryde GB 9 F8
Rydet 44 B6
Rydöbruk 45 C7
Rydsgård 45 F8
Rydsnäs 46 F6
Rydułtowy 75 D9
Rydzyna 70 G6
Rye 9 F10
Ryen 48 F5
Ryeng 59 E11
Ryes 15 C8
Rygge 49 D8
Ryggesbro 52 E3
Ryglice 73 E2
Rygnestad 48 D4
Ryhälä 65 D9
Ryhall 9 B9
Ryjewo 71 C9
Rykene 48 F5
Ryki 72 G4
Rymań 70 C4
Rymanów 73 E3
Rýmařov 75 D7
Rymättylä 64 G3
Rymnio 86 E5
Ryn 72 C3
Rynarzewo 71 E7
Rynkeby 44 F4
Ryńsk 71 D8
Ryomgård 44 D4
Rypefjord 58 B6
Rypin 71 E9
Rysjedal 50 F2
Ryslinge 44 F4
Ryssby 45 C9
Rysum (Krummhörn) 11 A9
Rytel 71 C7
Rytilahti 61 E9
Rytinki 63 B8
Rytky 63 G7
Rytkynkylä 62 E6
Ryttylä 64 F5
Rytwiany 73 C2
Ržanovo 86 B3
Rząśnik 72 E3
Rzeczenica 70 C6
Rzeczyca PL 71 G8
Rzeczyca PL 72 H2
Rzęgnowo 72 D2
Rzejowice 75 B11
Rzekuń 72 E3
Rzepiennik Strzyżewski 73 E2
Rzepin 70 F3
Rzerzęczyce 75 B10
Rzesznikowo 70 C4
Rzeszów 73 D3
Rzgów 71 G9
Rzgów Pierwszy 71 F7
Rzuców 73 B1

S

Sääksjärvi FIN 62 G4
Sääksjärvi FIN 64 D4
Sääksjärvi FIN 64 F6
Sääksmäki 64 E5
Saal 43 B8
Saal an der Donau 41 F7
Saalbach-Hinterglemm 38 D6
Saalburg 41 C7
Saales 13 E9
Saalfeld 41 C7
Saalfelden am Steinernen Meer 39 D7
Saanen 36 E5
Saarbrücken 13 C9
Saarburg 13 B8
Sääre 66 E2
Saarela 63 F10
Saaren kk 65 D10
Saarenkylä 61 E8
Saaresmäki 63 F7
Saari 65 D10
Saariharju 63 B8
Saarijärvi 64 B6
Saari-Kämä 61 E8
Saarikoski FIN 58 F4
Saarikoski FIN 62 B6
Saarikoski FIN 62 D6
Saarikylä 63 C10
Saario 65 C11
Saaripudas 60 C6
Saariselkä 59 G9
Saarivaara FIN 63 D10
Saarivaara FIN 65 C11
Saarlouis 13 C9
Saarwellingen 13 C9
Saas 37 D9
Sääse 67 C7
Saas Fee 36 E6
Saas Grund 36 E6
Sääskjärvi 65 F7
Säävälä 63 D7
Šabac 81 B10
Sabadell 21 F10
Săbăoani 79 C7
Sabarat 21 B9
Sabatynivka 79 A12
Sabaudia 32 E6
Sabbionetta 34 D6
Sabero 23 C8
Sabile 66 G3
Sabiñánigo 20 D6
Sabinov 73 F2
Sabiote 29 C7
Sables-d'Or-les-Pins 14 D5
Sablé-sur-Sarthe 15 F8
Sablet 18 C5
Sabnie 72 F4
Sabres 16 G3
Sabro 44 D3
Sabrosa 22 F4
Sabugal 24 B5
Sabugueiro P 24 B4
Sabugueiro P 24 F3
Săcădat 77 C11
Săcălășeni 78 B2
Săcălaz 77 F9
Sacañet 27 E9
Săcășeni 77 C12
Sacavém 24 F2
Sacecorbo 20 G2
Sacedón 26 D6
Săcel RO 78 B3
Săcel RO 78 E4
Săcele RO 78 F5
Săcele RO 84 B5
Săcelu 78 G2
Săceni 83 C8
Saceruela 26 G3
Sachseln 37 D7
Sachsenberg (Lichtenfels) 11 F11
Sachsenbrunn 40 C6
Sachsenburg 39 E7
Sachsenhagen 42 F4
Sachsenhausen (Waldeck) 42 H4
Sachsenheim 40 F3
Sacile 35 B9
Sacoșu Turcesc 77 F10
Sacović 80 D5
Sacquenay 13 F7
Sacramenia 23 F10
Sacu 77 F11
Săcueni 77 C11
Săcuieu 77 D12
Săčurov 73 G3
Sada 22 B3
Sádaba 20 D4
Sadala 67 C8
Sadali 32 F3
Saddell 4 B3
Sadina 83 D10
Sadki 71 D7
Sadkowice 72 G2
Sadkowo 70 C5
Sadlinki 71 C8
Sadova MD 79 C10
Sadova RO 78 B5
Sadova RO 82 C6
Sadove 79 E11
Sadovets 83 D7
Sadovo 83 G8
Sadowie 73 C2
Sadowne 72 E4
Sadská 74 D4
Sadu 78 F3
Sădvaluspen 55 B9
Sæbo 48 B4
Sæbø 50 D3
Sæbøvik 48 C2
Sæby DK 44 B4
Sæby DK 44 F5
Sæd 44 G2
Saelices 26 E6
Saelices de la Sal 27 C7
Saelices del Rio 23 D8
Saelices de Mayorga 23 D8
Saerbeck 11 D10
Særslev 44 F4
Sæter 54 F3
Sætra 50 B6
Sætre 49 C8
Saeul 13 B7
Sævareid 48 B2
Safaalan 85 B5
Safara 24 G5
Säffle 46 C4
Saffré 14 F6
Saffron Walden 9 D10
Săg 77 C12
Șag 77 F9
Sagama 32 E2
Sagard 43 A10
Sage 42 E3
Săgeata 79 G7
Sågen 52 G2
Sagiada 86 F3
Sağırlar 85 F5
Sağlamtaș 85 C3
Sågmyra 52 F3
Sagna 79 D7
Sagone 19 F10
Sagres 25 K2
Sagstua 51 H9
Șagu 77 E9
Sagunto 27 E10
Sagvåg 48 C2
Ságvár 76 D4
Sagy 36 D3
Sahagún 23 D8
Sahaidac 79 D10
Sahalahti 64 D5
Sahankylä 64 B3
Saharna Nouă 79 B11
Săhăteni 78 G6
Șahin 85 B2
Șahinli 85 D2
Sahl 44 D3
Sahrajärvi 64 B6
Sahún 21 D7
Sahune 18 B5
Šahy 76 A5
Saiakopli 67 C7
Saighdinis 2 D1
Saija 61 D10
Säijä 64 E4
Saikari 65 B7
Saillagouse-Llo 21 D10
Saillans 18 B5
Sail-Sous-Couzan 17 C11
Saimaanharju 65 E9
Säimen 65 C10
Sains-Richaumont 12 B4
St Abbs 5 B8
St Aegyd am Neuwalde 39 C11
St-Affrique 17 G9
St Agata de'Goti 33 E9
St Agata del Bianco 31 G8
St Agata di Esaro 31 D8
St-Agnan 17 B11
St-Agnan-en-Vercors 18 A6
St-Agnant 16 C3
St-Agnant-de-Versillat 17 B7
St Agnes 8 G2
St-Agrève 17 E12
St-Aignan 15 G10
St-Aignan-sur-Roë 15 F7
St-Aigulin 16 E4
St-Albain 36 E2
St-Alban 14 D5
St-Alban-d'Ay 18 A4
St-Alban-Leysse 36 G3
St Albans 9 D9
St-Alban-sur-Limagnole 17 E10
St-Amand-en-Puisaye 12 F3
St-Amand-les-Eaux 10 G4
St-Amand-Longpré 15 F10
St-Amand-Montrond 17 A9
St-Amand-sur-Fion 12 D6
St-Amans 17 F10
St-Amans-des-Cots 17 F9
St-Amans-Soult 21 B10
St-Amant-de-Boixe 16 C5
St-Amant-Roche-Savine 17 D11
St-Amant-Tallende 17 D10
St-Amarin 36 B5
St-Ambroix 17 F11
St-Amour 36 E3
St-Andiol 18 D5
St Andrä 39 E10
St Andrä am Zicksee 76 B2
St-André 21 D11
St Andrea Apostolo dello Ionio 31 F9
St-André-de-Corcy 36 F2
St-André-de-Cruzières 17 F12
St-André-de-Cubzac 16 E4
St-André-de-l'Eure 15 D10
St-André-d'Embrun 19 B7
St-André-de-Sangonis 18 D2
St-André-de-Valborgne 17 G11
St-André-le-Gaz 36 G3
St-André-les-Alpes 19 C7
St-André-les-Vergers 12 E5
St Andrews 3 G7
St-Angel 17 D8
St Anna 47 E8
St Anna am Aigen 39 E11
St Annaland 10 E5
St Annaparochie 11 B7
St Anne 14 B5
St-Anthème 17 D11
St Anthonis 11 E7
St Anton an der Jeßnitz 39 C10
St-Antonin-Noble-Val 17 G7
St-Août 17 A8
St-Apollinaire 12 G6
St Arcangelo 31 C8
St-Arcons-d'Allier 17 E10
St-Arnoult-en-Yvelines 15 D11
St Asaph 4 G6
St-Astier F 16 E5
St-Astier F 16 E5
St Athan 8 E4
St-Auban 19 D8
St-Auban-sur-l'Ouvèze 18 C6
St-Aubin 13 G7
St-Aubin-Château-Neuf 12 F4
St-Aubin-d'Aubigné 14 E6
St-Aubin-de-Blaye 16 D4
St-Aubin-du-Cormier 14 E6
St-Aubin-lès-Elbeuf 15 C10
St-Aubin-sur-Mer 15 C8
St Augustin 11 G9
St-Aulaye 16 D5
St Austell 8 G2
St-Avé 14 F5
St-Avertin 15 G10
St-Avold 13 C9
St-Ay 15 F11
St-Aygulf 19 E8
St-Barthélemy-d'Agenais 16 F5
St-Barthélemy-de-Vals 36 G2
St-Bauzille-de-Putois 17 G11
St-Béat 21 C7
St-Beauzély 17 G9
St Bees 4 E6
St-Benin-d'Azy 12 G4
St-Benoît F 16 B5
St-Benoît F 21 C10
St-Benoît-du-Sault 17 B7
St-Benoît-sur-Loire 12 F2
St-Béron 36 G3
St-Berthevin 15 E7
St-Bertrand-de-Comminges 21 C7
St-Blaise 36 D5
St-Blaise-la-Roche 13 E9
St-Blin-Semilly 13 E7
St-Boil 36 D2
St-Bonnet-de-Bellac 16 C6
St-Bonnet-de-Joux 17 B12
St-Bonnet-en-Bresse 36 D2
St-Bonnet-en-Champsaur 19 B7
St-Bonnet-le-Château 17 D11
St-Bonnet-le-Froid 17 E12
St-Bonnet-sur-Gironde 16 D3
St-Branchs 15 G10
St Brelade 14 C5
St-Brevin-les-Pins 14 G5
St-Briac-sur-Mer 14 D5
St-Brice-en-Coglès 15 E7
St Brides Major 8 E4
St-Brieuc 14 D5
St-Bris-le-Vineux 12 F4
St-Brisson 12 G5
St Buryan 8 H1
St-Calais 15 F10
St-Cannat 18 D5
St-Céré 17 E8
St-Cergue 36 E4
St-Cergues 36 E4
St-Cernin 17 E9
St-Chaffrey 36 H4
St-Chamarand 17 F7
St-Chamas 18 D5
St-Chamond 17 D12
St-Chaptes 17 G12
St-Chef 36 F3
St-Chély-d'Apcher 17 E10
St-Chély-d'Aubrac 17 F9
St-Chinian 21 B11
St-Christol 18 C6
St-Christol-lès-Alès 17 G11
St-Christoly-Médoc 16 D3
St-Christophe 36 F5
St-Christophe-en-Bazelle 15 G11
St-Ciers-sur-Gironde 16 D3
St-Circq-Chalosse 20 A5
St-Cirq-Lapopie 17 F7
St-Clair-du-Rhône 36 G2
St-Clar 16 G6
St-Claud 16 C5
St-Claude 36 E3
St Clears 8 D3
St Clement 14 C6
St-Clément F 12 E4
St-Clément F 13 D8
St-Clément F 17 D7
St Columb Major 8 G2
St Combs 3 D8
St-Constant 17 F8
St-Cosme-en-Vairais 15 E9
St-Cyprien F 16 E6
St-Cyprien F 17 F7
St-Cyprien F 21 C11
St-Cyr-sur-Loire 15 G9
St Cyrus 3 F7
St David's 8 D2
St Day 8 G2
St-Denis 12 D2
St-Denis-d'Anjou 15 F8
St-Denis-de-Gastines 15 E7
St-Denis-de-Jouhet 17 B8
St-Denis-de-Pile 16 E4
St-Denis-d'Oléron 16 C2
St-Denis-en-Bugey 36 F3
St-Denis-lès-Bourg 36 E2
St Dennis 8 G2
St-Désert 36 D2
St-Didier-en-Velay 17 D12
St-Didier-sur-Chalaronne 36 E2
St-Dié 13 E9
St-Dier-d'Auvergne 17 D10
St-Dizier 12 D6
St-Dizier-Leyrenne 17 C7
St-Dolay 14 F5
St-Donat-sur-l'Herbasse 36 G2
St-Doulchard 12 G2
Sainte-Adresse 15 B9
Sainte-Alvère 16 E6
Sainte-Bazeille 16 F5
Sainte-Croix CH 36 D4
Sainte-Croix F 18 B5
Sainte-Croix F 36 E2
Sainte-Croix-Volvestre 21 B8
Sainte-Engrâce 20 C5
Sainte-Énimie 17 F10
Sainte-Eulalie d'Olt 17 F9
Sainte-Eulalie-en-Born 16 F3
Sainte-Feyre 17 C8
Sainte-Foy-de-Peyrolières 21 B8
Sainte-Foy-la-Grande 16 E5
Sainte-Foy-l'Argentière 17 C12
Sainte-Foy-lès-Lyon 36 F2
Sainte-Foy-Tarentaise 36 G5
Sainte-Geneviève 12 C2
Sainte-Geneviève-sur-Argence 17 E9
St-Égrève 36 G3
Sainte-Hélène 16 E3
Sainte-Hermine 16 B3
Sainte-Livrade-sur-Lot 16 F5
St-Élix-le-Château 21 B8
St-Élix-Theux 21 B7
Sainte-Lizaigne 15 G11
St-Éloy-les-Mines 17 C9
Sainte-Lucie-de-Tallano 19 G11
Sainte-Marie 21 C11
Sainte-Marie-aux-Mines 13 E9
Sainte-Maure-de-Peyriac 16 G5
Sainte-Maure-de-Touraine 15 G9
Sainte-Maxime 19 E8
Sainte-Menehould 12 C6
Sainte-Mère-Église 15 C7
St-Émiland 12 H5
St Endellion 8 G2
St Enoder 8 G2
Sainte-Orse 16 D6
Sainte-Pazanne 14 G6
Sainte-Radegonde 15 H8
St Erme-Outre-et-Ramecourt 12 B4
St Erth 8 G1
Saintes 16 C3
Sainte-Sabine 12 G6
Sainte-Savine 12 E5
Sainte-Sévère-sur-Indre 17 B8
St-Esteben 20 B4
St-Estèphe 16 D3
St-Estève 21 C11
Sainte-Suzanne 15 E8
St-Étienne 17 D12
St-Étienne-de-Baïgorry 20 B4
St-Étienne-de-Fursac 17 C7
St-Étienne-de-Montluc 14 G6
St-Étienne-de-St-Geoirs 36 G3
St-Étienne-de-Tinée 19 C8
St-Étienne-du-Bois 36 E3
St-Étienne-du-Rouvray 15 C10
St-Étienne-en-Dévoluy 18 B6
St-Étienne-les-Orgues 18 C6
St-Étienne-lès-Remiremont 13 E8
St-Étienne-Vallée-Française 17 G11
Sainte-Tulle 18 D6
Sainte-Vertu 12 F5
St-Fargeau 12 F3
St-Félicien 18 A4
St-Félix-Lauragais 21 B9
St Fergus 3 D8
St-Ferme 16 F5
Saintfield 6 F7
St Fillans 2 G5
St-Firmin F 13 E8
St-Firmin F 19 B7
St-Flavy 12 E4
St-Florent 19 E11
St-Florent-des-Bois 16 B2
St-Florentin 12 E4
St-Florent-le-Vieil 15 G7
St-Florent-sur-Cher 12 H2
St-Flour 17 E10
St-Flovier 15 H10
St-Fons 36 F2
St-Fort-sur-Gironde 16 D3
St-Frajou 21 B8
St-François-Longchamp 36 G4
St-Front-de-Pradoux 16 E5
St-Fulgent 16 A3
St Gallen A 39 C9
St Gallen CH 37 C8
St Gallenkirch 38 E3
St-Galmier 17 D12
St Gangloff 41 B7
St-Gaudens 21 B8
St-Gaultier 17 B7
St-Gein 16 G4
St-Gély-du-Fesc 17 G11
St-Genest-Malifaux 17 D12
St-Geniez 19 C7
St-Geniez-d'Olt 17 F9
St-Genis-de-Saintonge 16 D4
St-Genis-Laval 36 F2
St-Genis-Pouilly 36 E4
St-Genix-sur-Guiers 36 F3
St-Genou 15 H10
St-Geoire-en-Valdaine 36 G3
St Georgen am Walde 39 B10
St Georgen im Schwarzwald 37 A7
St-Georges-Buttavent 15 E8
St-Georges-d'Aurac 17 E10
St-Georges-de-Commiers 36 H3
St-Georges-de-Didonne 16 D3
St-Georges-de-Luzençon 17 G9
St-Georges-de-Mons 17 C9
St-Georges-de-Reneins 36 F2
St-Georges-des-Groseillers 15 D8
St-Georges-d'Oléron 16 C2
St-Georges-du-Vièvre 15 C9
St-Georges-en-Couzan 17 C11
St-Georges-lès-Baillargeaux 16 B5
St-Georges-sur-Baulche 12 F4
St-Georges-sur-Cher 15 G10
St-Georges-sur-Loire 15 G7
St-Geours-de-Maremne 20 A4
St-Gérand-le-Puy 17 B10
St-Germain-Chassenay 17 A10
St-Germain-de-Calberte 17 F11
St-Germain-de-la-Coudre 15 E9
St-Germain-des-Fossés 17 B10
St-Germain-d'Esteuil 16 D3
St-Germain-du-Bel-Air 17 F7
St-Germain-du-Bois 36 D2
St-Germain-du-Corbeis 15 E9
St-Germain-du-Plain 36 D2
St-Germain-du-Puy 12 G2
St-Germain-du-Teil 17 F10
St-Germain-en-Laye 15 D11
St-Germain-Laval 17 C11
St-Germain-Lembron 17 D10
St-Germain-les-Belles 17 D7
St-Germain-les-Vergnes 17 D7
St-Germain-l'Herm 17 D10
St Germans 8 G3
St-Germé 20 A6
St-Gervais F 14 H6
St-Gervais F 36 G3
St-Gervais-d'Auvergne 17 C9
St-Gervais-la-Forêt 15 F10
St-Gervais-les-Bains 36 F5
St-Gervais-les-Trois-Clochers 16 A5
St-Gervais-sur-Mare 21 A11
St-Géry 17 F7
St-Ghislain 10 G4
St-Gildas-de-Rhuys 14 F4
St-Gildas-des-Bois 14 F6
St Gilgen 39 C7
St-Gilles 18 D4
St-Gilles-Croix-de-Vie 16 B1
St-Gillis-Waas 10 F5
St-Gingolph 36 E5
St-Girons 21 C8
St-Girons-Plage 16 G2
St Goar 13 A10
St Goarshausen 13 A10
St-Gobain 12 B4
St-Guénolé 14 F2
St-Haon-le-Châtel 17 C11
St-Héand 17 D12
St Helens 5 G7
St Helier 14 C6
St-Herblain 14 G6
St-Hilaire 21 C10
St-Hilaire-de-Brethmas 17 G11
St-Hilaire-de-Riez 16 A1
St-Hilaire-des-Loges 16 B3
St-Hilaire-de-Villefranche 16 C4
St-Hilaire-du-Harcouët 15 D7
St-Hilaire-du-Rosier 36 G2
St-Hilaire-Fontaine 17 A11
St-Hilaire-le-Grand 12 C5
St-Hilaire-St-Florent 15 G8
St-Hippolyte F 13 E9
St-Hippolyte F 36 C5
St-Hippolyte-du-Fort 17 G11
St-Honoré-les-Bains 12 H4
St-Hostien 17 E11
St-Hubert 13 A7
St-Imier 36 C5
St Ingbert 13 C9
St-Ismier 36 G3
St Ive 8 G3
St Ives GB 8 G1
St Ives GB 9 C9
St-Izaire 17 G9
St-Jacques-de-la-Lande 14 E6
St Jakob im Rosental 39 F8
St Jakob im Walde 39 D11
St Jakob in Defereggen 38 E6
St-James 15 D7
St-Jean 21 A9
St-Jean-Bonnefonds 36 G1
St-Jean-Brévelay 14 F5
St-Jean-d'Angély 16 C4
St-Jean-d'Assé 15 E9
St-Jean-de-Bournay 36 G2
St-Jean-de-Braye 15 F11
St-Jean-de-Daye 15 C7
St-Jean-de-la-Ruelle 15 F11
St-Jean-de-Losne 12 G6
St-Jean-de-Luz 20 B4
St-Jean-de-Marsacq 20 A4
St-Jean-de-Mauréjols-et-Avéjan 17 F12
St-Jean-de-Maurienne 36 G4
St-Jean-de-Monts 16 A1
St-Jean-de-Muzols 18 A5
St-Jean-de-Sixt 36 F4
St-Jean-de-Védas 18 D3
St-Jean-d'Illac 16 E3
St-Jean-du-Bruel 17 G10
St-Jean-du-Falga 21 C9
St-Jean-du-Gard 17 G11
St-Jean-Pied-de-Port 20 B4
St-Jean-Poutge 16 G5
St-Jean-sur-Erve 15 E8
St-Jeoire 36 E4
St-Jeure-d'Ay 36 G2
St-Jeures 17 E12
St-Joachim 14 G5
St Johann am Tauern 39 D9
St Johann im Pongau 39 D7
St Johann im Walde 38 E6
St Johann in Tirol 38 D6
St John 14 C5
St John's Chapel 5 D8
St John's Town of Dalry 4 C5
St-Jores 14 C6
St-Jorioz 36 F4
St-Jory 17 G7
St-Jouan-des-Guérets 14 D6
St-Jouin-Bruneval 15 B9
St-Jouin-de-Marnes 16 A4
St-Julien F 21 B8
St-Julien F 36 E3
St-Julien-Beychevelle 16 E3
St-Julien-Boutières 17 E12
St-Julien-Chapteuil 17 E11
St-Julien-de-Concelles 15 G7
St-Julien-de-Vouvantes 15 F7
St-Julien-du-Sault 12 E4
St-Julien-du-Verdon 19 C7
St-Julien-en-Born 16 G2
St-Julien-en-Genevois 36 E4
St-Julien-l'Ars 16 B5
St-Julien-les-Rosiers 17 G11
St-Junien 16 C6
St-Just 18 C4
St Just 8 G1
St-Just-en-Chaussée 12 B2
St-Just-en-Chevalet 17 C11
St-Just-Ibarre 20 B5
St-Justin 16 G4
St Just in Roseland 8 G2
St-Just-la-Pendue 17 C12
St-Just-Luzac 16 C3
St-Just-Sauvage 12 D4
St-Just-St-Rambert 17 D12
St-Katelijne-Waver 10 F5
St Keverne 8 H2
St-Lambert-des-Levées 15 G8
St Lambrecht 39 E9
St-Lary 16 G5
St-Lary-Soulan 21 C7
St-Laurent-Bretagne 20 B6
St-Laurent-d'Aigouze 18 D4
St-Laurent-de-Carnols 17 F12
St-Laurent-de-Cerdans 21 D11
St-Laurent-de-Chamousset 17 C12
St-Laurent-de-la-Cabrerisse 21 C11
St-Laurent-de-la-Salanque 21 C11
St-Laurent-de-Neste 21 C7
St-Laurent-des-Autels 15 G7
St-Laurent-du-Pont 36 G3
St-Laurent-du-Var 34 F1
St-Laurent-du-Verdon 19 C8
St-Laurent-en-Caux 15 B10
St-Laurent-en-Grandvaux 36 E3
St-Laurent-les-Bains 17 F11
St-Laurent-Médoc 16 E3
St-Laurent-Nouan 15 F11
St-Laurent-sur-Gorre 16 C6
St-Laurent-sur-Sèvre 15 H7
St-Léger 13 B7
St-Léger-des-Vignes 17 A10
St-Léger-en-Yvelines 15 D11
St-Léger-sous-Beuvray 12 H5
St-Léger-sur-Dheune 12 H6
St-Léonard 13 E9
St-Léonard-de-Noblat 17 C7
St Leonards 9 F7
St Leonhard am Forst 39 C10
St Leonhard am Hornerwald 39 B11
St Leonhard im Pitztal 38 E4
St-Lizier 21 C8
St-Lô 15 C7
St-Lon-les-Mines 20 A4
St Lorenz 39 C7
St Lorenzen im Gitschtal 39 F7
St Lorenzen im Lesachtal 39 F7
St Lorenzen im Mürztal 39 D10
St Lorenzen ob Murau 39 E8
St-Lothian 13 H7
St-Loubès 16 E4
St-Loup-de-la-Salle 12 H6
St-Loup-Lamairé 16 A4
St-Loup-sur-Semouse 13 F8
St-Lubin-des-Joncherets 15 D10
St-Lunaire 14 D5
St-Lupicin 36 E3
St-Lyé 12 E5
St-Lys 21 B8
St Maartensdijk 10 E5
St-Macaire 16 F4
St-Macaire-en-Mauges 15 G7
St-Magne 16 F3
St-Magne-de-Castillon 16 E4
St-Maime 18 C6
St-Maixent-l'École 16 B4
St-Malo 14 D6
St-Malo-de-la-Lande 14 C6
St-Mamert-du-Gard 17 G11
St-Marcel F 15 C11
St-Marcel F 17 B7
St-Marcel F 36 D2
St-Marcel-d'Ardèche 18 C4
St-Marcel-lès-Annonay 36 G2
St-Marcel-lès-Sauzet 18 B5
St-Marcel-lès-Valence 36 H2
St-Marcellin 36 G3
St-Marc-sur-Seine 12 F5
St-Mards-en-Othe 12 E4
St Marein im Mürztal 39 D10
St Margarethen 42 C4
St Margarethen an der Raab 39 E11
St Margarethen bei Knittelfeld 39 D10
St Margarethen im Burgenland 76 B2
St Margaret's Hope 3 E10
St Märgen 36 B6
St-Maria-Lierde 10 F4
St-Marsal 21 D11
St-Mars-d'Outillé 15 F9
St-Mars-du-Désert 14 G6
St-Mars-la-Brière 15 E9
St-Mars-la-Jaille 15 F7
St-Martens-Latem 10 F4
St-Martial 17 G11
St-Martial-de-Nabirat 17 E7
St-Martial-de-Valette 16 D6
St Martin A 39 B10
St Martin A 39 D7
St Martin CI 14 C5
St Martin CI 14 C6
St-Martin 18 D6
St Martin an der Raab 39 E11
St-Martin-Boulogne 10 G1
St-Martin-d'Ablois 12 C4
St-Martin-d'Arrossa 20 B4
St-Martin-d'Auxigny 12 G2
St-Martin-de-Belleville 36 G4
St-Martin-de-Castillon 18 D6
St-Martin-de-Crau 18 D5
St-Martin-de-Landelles 15 D7
St-Martin-de-Londres 17 G11
St-Martin-d'Entraunes 19 C8
St-Martin-de-Ré 16 B2
St-Martin-des-Besaces 15 C7
St-Martin-des-Champs 14 D3
St-Martin-de-Seignanx 20 B4
St-Martin-de-Valamas 17 E12
St-Martin-de-Valgalgues 17 G11
St-Martin-d'Hères 36 G3
St-Martin-d'Oney 16 G3
St-Martin-du-Mont 36 E3
St-Martin-du-Var 19 D8
St-Martin-en-Bresse 36 D2
St-Martin-en-Haut 17 D12
St Martin im Mühlkreis 39 B8
St-Martin-le-Beau 15 G10
St-Martin-sur-Ouanne 12 F3
St-Martin-Valmeroux 17 E9
St-Martin-Vésubie 19 C9
St-Martory 21 B8
St Mary's 3 E10
St-Mathieu 16 C6
St-Mathurin 16 B2
St-Maur 17 A7
St-Maurice 36 E5
St-Maurice-de-Lignon 17 D11
St-Maurice-des-Lions 16 C6
St-Maurice-la-Souterraine 17 B7
St-Maurice-l'Exil 36 G2
St-Maurice-Navacelles 17 G10
St-Maurin 16 F6
St Mawes 8 G2
St-Max 13 D8
St-Maximin-la-Ste-Baume 18 D6
St-Médard-en-Jalles 16 E3
St-Méen-le-Grand 14 E5
St-Méloir-des-Ondes 14 D6
St-Memmie 12 D5
St-Menoux 17 B10
St Merryn 8 G2
St-Mesmin F 12 E5
St-Mesmin F 17 D7
St Michael im Burgenland 76 C1
St Michael im Lungau 39 E8
St Michael in Obersteiermark 39 D10
St Michaelisdonn 42 C4
St-Michel F 12 B5
St-Michel F 16 D5
St-Michel F 21 B7
St-Michel-Chef-Chef 14 G5
St-Michel-de-Castelnau 16 F4
St-Michel-de-Maurienne 36 G4
St-Michel-en-l'Herm 16 B2
St-Michel-sur-Meurthe 13 E9
St-Mihiel 13 D7
St Monans 3 G7
St-Mont 16 H4
St-Montant 18 B4
St Moritz 37 E9
St-Nabord 13 E8
St-Nazaire 14 G5
St-Nazaire-en-Royans 18 A5
St-Nazaire-le-Désert 18 B5
St-Nectaire 17 D9
St Neots 9 C9
St Nicolaasga 11 B7
St-Nicolas 10 G3
St-Nicolas-d'Aliermont 15 B10
St-Nicolas-de-la-Grave 16 G6
St-Nicolas-de-Port 13 D8
St-Nicolas-de-Redon 14 F6
St-Nicolas-du-Pélem 14 E4
St-Niklaas 10 F5
St Nikolai im Saustal 39 E10
St Nikolai im Sölktal 39 D8
St-Oedenrode 11 E7
St Olof 45 E9
St-Omer 10 G2
St-Orens-de-Gameville 21 B9
St-Ost 21 B7
St Oswald bei Freistadt 39 B9
St Oswald ob Eibiswald 39 E10
St Osyth 9 D11
St Ouen 14 C5
St-Ouen F 12 A2
St-Ouen F 15 F10
St-Ouen-des-Toits 15 E7
St-Pair-sur-Mer 14 D6
St-Palais 20 B5
St-Palais-sur-Mer 16 D3
St-Pal-de-Chalancon 17 D11
St-Pal-de-Mons 17 D12
St Pankraz 39 C9
St-Pantaléon 17 F7
St-Papoul 21 B10
St-Pardoux-Issac 16 F5
St-Pardoux-la-Rivière 16 D6
St-Parize-le-Châtel 17 A10
St-Parres-lès-Vaudes 12 E5
St-Paterne 15 E9
St-Paterne-Racan 15 F9
St-Paul 19 B8
St-Paul-Cap-de-Joux 21 A10
St-Paul-de-Fenouillet 21 C11
St-Paul-de-Jarrat 21 C9
St-Paul-en-Born 16 F3
St-Paul-en-Forêt 19 D8
St-Paulien 17 E11
St Paul im Lavanttal 39 E10
St-Paul-le-Jeune 17 F11
St-Paul-lès-Dax 16 G3
St-Paul-lès-Durance 18 D6
St-Paul-Trois-Châteaux 18 C4
St-Pé-de-Bigorre 20 B6
St-Pée-sur-Nivelle 20 B4
St-Péray 18 A5
St-Père 12 G4
St-Père-en-Retz 14 G6
St Peter am Kammersberg 39 D9
St Peter am Ottersbach 39 E11
St Peter-Freienstein 39 D10
St Peter in der Au 39 C9
St Peter in the Wood 14 C5
St Peter-Ording 42 B4
St Peter Port 14 C5
St Peter's 10 E1
St-Phal 12 E5
St-Philbert-de-Bouaine 14 H6
St-Philbert-de-Grand-Lieu 14 G6
St Philipsland 10 E5
St-Pierre 36 F5
St-Pierre-d'Albigny 36 G4
St-Pierre-de-Chignac 16 E6
St-Pierre-de-Côle 16 D6
St-Pierre-de-la-Fage 17 G10
St-Pierre-de-Maillé 16 B6
St-Pierre-de-Plesguen 14 E6
St-Pierre-des-Champs 21 C11
St-Pierre-des-Corps 15 G10
St-Pierre-des-Échaubrognes 15 G7
St-Pierre-des-Landes 15 E7
St-Pierre-des-Nids 15 E8
St-Pierre-de-Trivisy 17 G9
St-Pierre-d'Irube 20 B4
St-Pierre-d'Oléron 16 C2
St-Pierre-du-Chemin 16 B3
St-Pierre-du-Mont 16 G4
St-Pierre-Église 14 B6
St-Pierre-en-Faucigny 36 F4
St-Pierre-en-Port 15 B9
St-Pierre-le-Moûtier 17 A10
St-Pierre-lès-Elbeuf 15 C10
St-Pierre-lès-Nemours 12 E3
St-Pierre-Montlimart 15 G7
St-Pierre-Quiberon 14 F4
St-Pierre-sur-Dives 15 C8
St-Pieters-Leeuw 10 G5
St-Plancard 21 B7
St-Pois 15 D7
St-Poix 15 F7
St-Pol-de-Léon 14 D3
St-Pol-sur-Mer 10 F2
St-Pol-sur-Ternoise 10 G2
St Pölten 39 B11
St-Pompont 16 E6
St-Pons 19 B8
St-Pons-de-Thomières 21 B11
St-Porchaire 16 C3
St-Pourçain-sur-Sioule 17 B10
St-Prex 36 E4
St-Priest 36 F2
St-Priest-de-Champs 17 C9
St-Priest-Laprugne 17 C11
St-Priest-Taurion 17 C7
St-Privat 17 E8
St-Privat-d'Allier 17 E11
St-Privat-des-Vieux 17 G11
St-Prix F 17 B11
St-Prix F 17 E12
St-Projet 17 F7
St-Puy 16 G5
St-Quentin 12 B4
St-Quirin 13 D9
St Radegund 39 C7
St-Rambert-d'Albon 36 G2
St-Rambert-en-Bugey 36 F3
St-Raphaël 19 D8
St-Remèze 17 F12
St-Rémy 36 D2
St-Rémy-de-Provence 18 D5
St-Rémy-sur-Avre 15 D10
St-Rémy-sur-Durolle 17 C10
St-Renan 14 E2
St-Révérien 12 G4
St-Rhemy 36 F5
St-Riquier 15 A11
St-Romain-en-Gal 36 G2
St-Romain-sous-Versigny 17 B11
St-Romain-sur-Cher 15 G11
St-Romans 36 G3
St-Rome-de-Cernon 17 G9
St-Rome-de-Tarn 17 G9
St Ruprecht an der Raab 39 E11
St-Saëns 15 B10
St Sampson 14 C5
St-Saturnin-lès-Apt 18 C5
St-Saud-Lacoussière 16 D6
St-Saulge 12 G4
St-Sauves-d'Auvergne 17 D9
St-Sauveur F 13 F8
St-Sauveur F 14 E3
St-Sauveur-en-Puisaye 12 F3
St-Sauveur-Gouvernet 18 C5
St-Sauveur-Lendelin 14 C6
St-Sauveur-le-Vicomte 14 C6
St-Sauveur-sur-Tinée 19 C8
St-Sauvy 21 A8
St-Savin F 16 B6
St-Savin F 16 E4
St-Savinien 16 C3
St Saviour 14 C6
St-Sébastien-de-Morsent 15 C10
St-Sébastien-sur-Loire 14 G6
St-Seine-l'Abbaye 12 G6
St-Semin 17 F12
St-Sernin-du-Bois 17 A12
St-Sernin-sur-Rance 17 G9
St-Seurin-sur-l'Isle 16 E4
St-Sever 16 G4
St-Sever-Calvados 15 D7
St-Siméon-de-Bressieux 36 G2
St-Simon F 12 B3
St-Simon F 17 E9
St-Sorlin-d'Arves 36 G4
St-Soupplets 12 C3
St Stefan im Gailtal 39 F8
St Stefan im Rosental 39 E11
St Stefan ob Leoben 39 D10
St Stefan ob Stainz 39 E10
St-Sulpice 17 G7
St-Sulpice-Laurière 17 C7
St-Sulpice-les-Champs 17 C8
St-Sulpice-les-Feuilles 17 B7
St-Sulpice-sur-Lèze 21 B9
St-Sulpice-sur-Risle 15 D9
St-Sylvain 15 C8
St-Symphorien F 16 F4
St-Symphorien F 17 E11
St-Symphorien-de-Lay 17 C12
St-Symphorien-sur-Coise 17 D12
St Teath 8 G2
St-Thégonnec 14 D3
St-Thibéry 18 E2
St-Thiébault 13 E7
St-Thurien 14 F3
St-Trivier-de-Courtes 36 E2
St-Trivier-sur-Moignans 36 F2
St-Trojan-les-Bains 16 C2
St-Tropez 19 E8
St-Truiden 10 F6
St Ulrich bei Steyr 39 C9
St-Urcisse 17 G7
St-Uze 36 G2
St Valentin 39 C9
St-Valérien 12 E3
St-Valery-en-Caux 15 B10
St-Valery-sur-Somme 15 A11
St-Vallier F 17 B12
St-Vallier F 36 G2
St-Vallier-de-Thiey 19 D8
St-Varent 16 A4
St-Vaury 17 B7
St Veit am Vogau 39 E11
St Veit an der Glan 39 E9
St Veit an der Gölsen 39 C11
St Veit im Pongau 39 D7
St Veit in Defereggen 38 E6
St-Victor 36 G2
St-Victor-de-Cessieu 36 G3
St-Victoret 18 D5
St-Victor-la-Coste 18 C4
St Vigeans 3 F7
St-Vigor-le-Grand 15 C8
St-Vincent 36 F6
St-Vincent-de-Connezac 16 E5
St-Vincent-de-Paul 20 A5
St-Vincent-de-Tyrosse 16 H2
St-Vincent-les-Forts 19 B7
St-Vit 13 G7
St-Vite 16 F6
St-Vith 11 H8
St-Vivien-de-Médoc 16 D3
St Wendel 13 C9
St Willebrord 10 E5
St Wolfgang 41 H8
St Wolfgang im Salzkammergut 39 C8
St-Xandre 16 B3
St-Yan 17 B11
St-Ybars 21 B9
St-Yorre 17 C10
St-Yrieix-la-Perche 17 D7
St-Yrieix-sur-Charente 16 D5
St-Yvy 14 F3
St-Zacharie 18 E6
Sainville 15 E11
Saissac 21 B10
Saittarova 60 C4
Saivomuotka 58 G6
Saïx 21 B10
Šajaniemi 64 F5
Šajince 82 F3
Šajkaš 77 G7
Sajóbábony 77 A8
Sajókaza 73 H1
Sajókeresztúr 77 A8
Sajólád 77 A9
Sajószentpéter 73 H1
Sajószöged 77 B9
Sajóvámos 77 A9
Säjvis 56 B5
Saka 66 G1
Sakajärvi 60 D3
Šakaravaara 63 D9
Šakiai 68 E5
Säkinmäki 65 B7
Sakızköy 85 B3
Säkkilä 61 E11
Sakshaug 54 G4
Saksild 44 E4
Sakskøbing 44 G5
Saksun 3 B8
Saku 66 B5
Sakule 77 G8
Säkylä 64 E3
Šakyna 68 C5
Sala LV 66 G4
Sala LV 69 B9
Sala S 47 B8
Šaľa 76 A4
Salaca 66 E6
Sălacea 77 C11
Salacgrīva 66 F5
Sala Consilina 31 C7
Salagnac 17 D7
Salahmi 63 F7
Salaise-sur-Sanne 36 G2
Salakas 69 D9
Salakos 88 G4
Salakovac 81 E7
Salamajärvi 62 G5
Salamanca 23 G7
Salamina 89 C7
Salandra 31 B8
Salanki 59 G7
Salantai 68 C3
Salar 28 E5
Sălard 77 C11
Salardu 21 C8
Salarlı 85 B2
Salas 22 B6
Salaš 82 C4
Salas de los Infantes 23 E11
Salash 82 D4
Salaspils 66 G5
Sălașu de Sus 77 G12
Sălățig 78 C1
Sălătrucel 78 G3
Sălătrucu 78 G3
Salaunes 16 E3
Salberg 56 G1
Salbertrand 19 A8
Sälboda 46 B3
Salbohed 47 B7
Salbris 15 G11
Salbu 50 F2
Salcea 78 B6
Salching 41 F8
Salcia RO 78 G6
Salcia RO 82 C5
Salcia RO 83 C8
Salcia Tudor 79 G8
Sălciile 83 A10
Šalčininkai 69 G8
Šalčininkėliai 69 G8
Sălciua 78 E1
Salcombe 8 G4
Sălcuța MD 79 D11
Sălcuța RO 82 C5
Saldaña 23 D9
Saldenburg 41 G9
Saldón 27 D8
Salduero 20 E2
Saldus 68 B5
Sale GB 5 G7
Sale I 34 D3
Saleby 46 E4
Salem D 37 B8
Salem D 42 C6
Salemi 30 E2
Salen GB 2 F3
Salen GB 2 F3
Sälen 51 F11
Salernes 19 D7
Salerno 30 B6
Salers 17 E9
Salettes 17 E11
Saleux 12 B2
Salford 5 G7
Salgamlı 85 B3
Salgótarján 77 A7
Salgueiro 24 C4
Salhus 48 B2
Sali 80 D2
Salice Salentino 31 C11
Saliceto 34 E2
Saliena LV 66 G5
Saliena LV 69 D10
Salies-de-Béarn 20 B5
Salies-du-Salat 21 C8
Salignac-Eyvignes 17 E7
Salihli 85 H5
Salillas de Jalón 27 B8
Salinas E 23 B7
Salinas E 27 H9
Salinas de Añana 23 C12
Salinas del Manzano 27 D8
Salinas de Pamplona 20 C4
Salinas de Pisuerga 23 C9
Salin-de-Giraud 18 D4
Saline di Volterra 35 G7
Sälinkää 64 F6
Salins 17 E8
Salins-les-Bains 13 H7
Salir 25 K4
Salisbury 9 F7
Săliște 78 F2
Săliștea 78 F1
Săliștea de Sus 78 B3
Salka 76 B5
Sal'kove 79 A12
Sall 44 D3
Salla EST 67 C8
Salla FIN 61 D10
Sallanches 36 F4
Sallent 21 E9
Sallent de Gállego 20 C6
Salles 16 F3
Salles-Curan 17 G9
Salles-d'Angles 16 D4
Salles-d'Aude 18 E2
Salles-la-Source 17 F9
Salles-sur-l'Hers 21 B9
Sallgast 43 G10
Sälliku 67 C9
Sallingberg 39 B10
Sallins 7 J6
Sällsjö 51 B11
Sallypark 7 K4
Salme 66 E2
Salmerón 26 D6
Salmeroncillos de Abajo 26 D6
Salmi FIN 64 B4
Salmi S 60 F5
Salmijärvi 63 C8
Salminen FIN 61 F11
Salminen FIN 65 B8
Salmivaara 61 D10
Salmiyarvi 59 E11
Salmoral 23 G8
Salmtal 13 B9
Salnava 69 B11
Salnö 47 B10
Salo 64 G4
Salò 34 B6
Salobre 26 G6
Salobreña 28 E6
Saločiai 69 C7
Saloinen 62 D5
Salon 12 D5
Salon-de-Provence 18 D5
Salonpää 62 D6
Salonta 77 D10
Salorino 24 D5
Salornay-sur-Guye 17 B12
Salorno 38 F4
Salou 21 G8
Salouël 12 B2
Šalovci 76 D1
Salsadella 27 D11
Salsåker 52 B6
Salsbruket 54 E4
Salsburgh 4 B5
Salses-le-Château 21 C11
Sălsig 78 B1
Salsomaggiore Terme 34 D5
Salt 21 E11
Saltara 35 F10
Saltash 8 G3
Saltburn-by-the-Sea 5 D9
Saltcoats 4 B4
Salteras 25 J7
Salthill 7 J3
Salto 22 E3
Saltoniškės 69 F8
Saltrød 48 F6
Saltsjöbaden 47 C10
Saltum 44 B3
Saltvik FIN 53 G8
Saltvik S 52 E5
Saludecio 35 F10
Saluggia 34 C2
Salur 85 D4
Salussola 34 C2
Saluzzo 19 B9
Salva 78 C3
Salvacañete 27 D8
Salvagnac 17 G7
Salvaleón 24 F6
Salvaterra de Magos 24 E2
Salvaterra do Extremo 24 C5
Salvatierra 20 C2
Salvatierra de los Barros 24 G6
Salvatierra de Santiago 24 D7
Salve 31 D11
Salviac 17 F7
Sály 77 B8
Salzburg 39 C7
Salzgitter 42 F6
Salzhausen 42 D6
Salzhemmendorf 42 F5
Salzkotten 42 G4
Salzmünde 43 G8
Salzwedel 43 E7
Salzweg 39 B8
Samadet 20 A6
Samaila 81 D11
Samakhvalavichy 69 H11
Samarate 34 B3
Samarica 76 F2
Samarina 86 E4
Samarinești 82 B5
Samassi 32 G2
Samatan 21 B8
Sambade 22 F5
Sâmbăta 77 D11
Sambiase 31 F8
Sambir 73 E5
Samboal 23 F9
Samborzec 73 C3
Sambuca di Sicilia 30 F3
Sambuca Pistoiese 35 F7
Sambuco 19 C8
Sâmburești 83 A7
Samedan 37 E9
Sameiro 24 B5
Samer 10 G1
Sames 23 B8
Sami 88 B2
Samil 22 E5
Șamlı 85 E4
Sammakko 60 D4
Sammakkola 63 F9
Sammaljoki 64 E4
Sammatti 64 G4
Sammichele di Bari 31 B9
Samnaun 37 D10
Samobor 39 G11
Samoëns 36 F5
Samokov BG 82 F6
Samokov MK 86 B4
Samolaco 37 E8
Samora Correia 24 E2
Šamorín 76 A3
Samos E 22 C4
Samos GR 88 D2
Samoš 77 G8
Samothraki 87 D12
Samovodene 83 E9
Samper de Calanda 20 F6
Sampeyre 19 B9
Sampierdarena 34 E3
Sampieri 30 G5
Sampigny 13 D7
Șamșud 77 C12
Samswegen 43 F7
Samtens 43 B9
Samuelsberg 58 E3
Samugheo 32 F2
Samuil 83 D11
Samuilovo 83 G9
San Adrián 20 D3
San Agustín de Guadalix 23 G10
Sanaigmore 4 B2
San Amaro 22 D3
Sânandrei 77 F9
San Andrés del Rabanedo 23 C7
San Antolín de Ibias 22 C5
San Antoniño 22 D2
San Antonio 27 F9
San Antonio Abad 29 G7
Sanary-sur-Mer 18 E6
San Asensio 20 D2
San Bartolomé de las Abiertas 26 E3
San Bartolomé de la Torre 25 J5
San Bartolomé de Pinares 26 D3
San Bartolomeo al Mare 34 F2
San Bartolomeo in Galdo 33 D9
San Basilio 32 G3
San Benedetto dei Marsi 33 C7
San Benedetto del Tronto 33 A7
San Benedetto Po 35 D7
San Benito 28 B4
San Benito de la Contienda 24 F5
San Biagio di Callalta 35 B9
San Biago Platani 30 F3
San Bonifacio 35 C7
San Buono 33 C9
San Candido 38 E6
San Carlos del Valle 26 G5
San Casciano dei Bagni 32 B4
San Casciano in Val di Pesa 35 F7
San Cataldo I 30 F4
San Cataldo I 31 C12
Sâncel 78 E2
Sancellas 29 F9
Sancergues 12 G3
Sancerre 12 G3
San Cesario sul Panaro 35 E7
Sancey-le-Grand 13 G8
Sancheville 15 E11
Sanchidrián 23 G9
San Chirico Nuovo 31 B8
San Chirico Raparo 31 C8
San Cibrão das Viñas 22 D3
San Cipirello 30 E3
San Cipriano d'Aversa 30 B5
San Clemente 26 F6
San Clodio 22 D4
Sancoins 17 A9
San Colombano al Lambro 34 C4
San Cosme 22 B4
San Costantino Albanese 31 C8
San Costanzo 35 F10
Sâncrăieni 78 E5
Sâncraiu 77 D12
Sâncraiu de Mureș 78 D3
San Cristóbal de Entreviñas 23 E7
San Cristóbal de la Vega 23 F9
Sancti-Spíritus 22 G6
Sancti-Spiritus 26 G2
Sand N 48 D3
Sand N 51 G9
Sand N 57 D1
Sanda 47 G9
Sandager 44 F3
San Damiano d'Asti 34 D2
San Damiano Macra 19 B9
Sandane 50 E3
San Daniele del Friuli 39 G7
San Daniele Po 34 D6
Sandanski 87 B8
Sandared 46 F3
Sandarne 52 E5
Sandau 43 E8
Sandbach 5 G7
Sand (Bad Emstal) 42 H4
Sandberg 40 C5
Sandbukt 58 D4
Sandby 44 G5
Sande D 11 A10
Sande N 49 D7
Sande N 50 F2
Sandefjord 49 D7
Sandeggen 58 D2
Sandeid 48 D2
San Demetrio Corone 31 D8
San Demetrio ne Vestini 33 C7
Sander 51 H9
Sandersdorf 43 G8
Sandershausen (Niestetal) 42 H5
Sandersleben 43 G7
Sandes N 57 C3
Sandes N 57 C3
Sandfjord 59 C12
Sandfors 56 D3
Sandgarth 3 E10
Sandhausen 40 E3
Sandhead 4 D4
Sandhem 46 F4
Sandhult 46 F3
Sandhurst 9 E8
Sandiás 22 D4
Sandillon 15 F11
Sandkrug 43 E10
Sandl 39 B9
Sandland 58 C4
Sandnäset 52 B2
Sandnes N 48 E2
Sandnes N 48 E6
Sandnes N 54 F5
Sandneshamn 58 D1
Sandness 57 C4
Sandnessjøen 54 B5
Sando 22 G6
Sandomierz 73 C3
Sândominic 78 D5
San Donaci 31 C11
San Donà di Piave 35 B10
San Donato di Lecce 31 C11
San Donato di Ninea 31 D8
San Donato Milanese 34 C4
San Donato Val di Comino 33 D7
Sándorfalva 77 E7
Sandown 9 F8
Sandøy 50 C3
Sandplace 8 G3
Šandrovac 76 F2
Sandsele 55 D10
Sandsend 5 D9
Sandsjö 52 E2
Sandsjöfors 45 B9
Sandsjönäs 55 D10
Sandslån 52 B6
Sandstad 54 G1
Sandstedt 42 D4
Sandstrak 54 B5
Sandstrand 57 C5
Sandtangen 59 D11
Sandtorg 57 C4
Sandträsk 60 F4
Săndulenі 79 E7
Săndulești 78 D2
Sandur 3 B9
Sandvatn 48 F3
Sandved 44 F5
Sandvik FR 3 C8
Sandvik N 51 F9
Sandvik N 57 B6
Sandvik N 57 F2
Sandvik N 58 E2
Sandvik N 59 B8
Sandvik S 52 D4
Sandvika N 49 C8
Sandvika N 54 G5
Sandviken S 52 B6
Sandviken S 52 G4
Sandviken S 53 B7
Sandviksjön 55 G7
Sandvikvåg 48 C2
Sandwich 9 E11
Sandwick 3 C12
Sandy 9 C9
Sanem 13 B7
San Emiliano 23 C7
San Esteban de Gormaz 23 F11
San Esteban de la Sierra 24 A7
San Esteban de Litera 21 E7
San Esteban del Molar 23 E7
San Esteban del Valle 26 D2
San Fele 31 B7
San Felice a Cancello 33 E8
San Felice Circeo 32 E6
San Felices de los Gallegos 22 G5
San Felice sul Panaro 35 D7
San Ferdinando 31 G8
San Ferdinando di Puglia 33 E11
San Fernando 25 M7
San Fernando de Henares 26 D5
San Fili 31 E8
San Filippo del Mela 30 E6
Sanfins do Douro 22 F4
San Francisco Javier 29 H7
San Fratello 30 E5
Sanfront 19 B9
Sånga 52 B5
Sangalhos 22 H2
Sangarcía 23 G9
Sangaste 67 E8
Sangatte 10 F1
San Gavino Monreale 32 G2
Sångbäcken 52 C2
San Gemini 32 B5
Sângeorgiu de Mureș 78 D3
Sângeorgiu de Pădure 78 E4
Sângeorz-Băi 78 C3
Sânger 78 D3
Sângera 79 D11
Sângerei 79 B9
Sangerhausen 43 H7
San Germano Chisone 19 B9
Săngeru 78 G6
Sangijän 56 B5
San Gimignano 35 G7
San Ginesio 35 G11
Sanginjoki 63 D7
Sanginkylä 63 D7
San Giorgio a Liri 33 D7
San Giorgio della Richinvelda 35 B10
San Giorgio del Sannio 33 E9
San Giorgio di Lomellina 34 C3
San Giorgio di Nogaro 35 B11
San Giorgio di Piano 35 D8
San Giorgio Ionico 31 C10
San Giorgio la Molara 33 E9
San Giorgio Lucano 31 C8
San Giovanni a Piro 31 C7
San Giovanni Bianco 34 B5
San Giovanni d'Asso 35 G8
San Giovanni Gemini 30 F3
San Giovanni Incarico 33 D7
San Giovanni in Croce 34 D6
San Giovanni in Fiore 31 E9
San Giovanni in Persiceto 35 D7
San Giovanni Lupatoto 35 C7
San Giovanni Rotondo 33 D11
San Giovanni Suegiu 32 H2
San Giovanni Teatino 33 C8
San Giovanni Valdarno 35 G8
Sangis 56 B5
San Giuliano Terme 34 F6
San Giuseppe Jato 30 E3
San Giuseppe Vesuviano 30 B5
San Giustino 35 G9
San Godenzo 35 F8
San Gregorio 31 G7
San Gregorio Magno 31 B7
San Gregorio Matese 33 E8
Sangüesa 20 D4
San Guiliano Milanese 34 C4
San Guim de Freixenet 21 E9
Sanguinet 16 F3
Sanguinetto 35 C7
Sani 87 E8
San Ildefonso 23 G10
Sanislău 77 B11
Sanitz 43 B8
San Javier 29 C11
San Jorge 27 D11
San Jorge de Alor 24 F5
San José E 29 E9
San José E 29 G7
San José del Valle 25 L7
San José de Malcocinado 25 M7
San Juan Bautista 29 G7
San Juan de Alicante 29 B11
San Juan de Aznalfarache 25 J7
San Juan de la Nava 26 D3
San Juan del Puerto 25 J6
San Justo de la Vega 22 D6
Sankt Andreasberg 42 G6
Sankt-Peterburg 65 G11
San Lazzaro di Savena 35 E8
San Leo 35 F9
San Leonardo de Yagüe 23 E11
San Leonardo in Passiria 38 E4
San Lorenzo 31 H7
San Lorenzo al Mare 34 F2
San Lorenzo Bellizzi 31 D8
San Lorenzo de Calatrava 28 B6
San Lorenzo de El Escorial 26 D4
San Lorenzo de la Parrilla 27 E7
San Lorenzo di Sebato 38 E5
San Lorenzo in Campo 35 G10
San Lorenzo Nuovo 32 B4
San Luca 31 G8
Sanlúcar de Barrameda 25 L6
Sanlúcar de Guadiana 25 J5
Sanlúcar la Mayor 25 J7
San Lucido 31 E8
San Luis 29 E12
Sanluri 32 G2
San Maddalena Vallalta 38 E6
San Mamés de Campos 23 D9
San Marcello 35 G11
San Marcello Pistoiese 35 F7
San Marco Argentano 31 D8
San Marco dei Cavoti 33 E9
San Marco in Lamis 33 D10
San Marcos 22 B3
San Marino 35 F9
San Martín E 20 C3
San Martín E 23 B10
Sânmartin RO 77 C10
Sânmartin RO 78 C2
Sânmartin RO 78 E6
San Martín de la Vega 26 D5
San Martín de la Vega del Alberche 26 D2
San Martin del Pimpollar 26 D2
San Martín de Montalbán 26 E3
San Martín de Pusa 26 E3
San Martin de Unx 20 D4
San Martín de Valdeiglesias 26 D3
San Martino Buon Albergo 35 C7
San Martino di Castrozza 38 F5
San Martino di Lupari 35 B8
San Martino di Venezze 35 C8
San Martino in Badia 38 F5
San Martino in Passiria 38 E4
San Martino in Pensilis 33 D9
San Mateo de Gállego 20 E5
San Mauro Castelverde 30 E4
San Mauro Forte 31 C8
San Mauro Marchesato 31 E9
San Mauro Pascoli 35 E9
San Mauro Torinese 34 C2
San Menaio 33 C11
San Michele al Tagliamento 35 B10
San Michele Mondovì 34 E2
San Michele Salentino 31 B10
San Miguel de Arroyo 23 F9
San Miguel de Bernuy 23 F10
San Miguel de Salinas 29 C11
Sânmihaiu Almașului 78 C1
Sânmihaiu de Câmpie 78 D3
Sânmihaiu Român 77 F9
San Millán de la Cogolla 20 D2
San Miniato 35 F7
Sänna 46 D6
Sannahed 46 D6
Sannazzaro de'Burgondi 34 C4
Sannicandro di Bari 31 A9
Sannicandro Garganico 33 D10
Sannicola 31 C11
San Nicola dell'Alto 31 E9
San-Nicolao 19 F12
San Nicolás del Puerto 25 H8
Sânnicolau Mare 77 E8
San Nicolò 35 D8
San Nicolò d'Arcidano 32 F2
San Nicolò Gerrei 32 G3
Sanniki 71 F10
Sanok 73 E3
San Pablo de los Montes 26 F3
San Pancrazio 38 F4
San Pancrazio Salentino 31 C11
San Paolo di Civitate 33 D10
Sânpaul RO 78 D1
Sânpaul RO 78 E3
San Pedro 27 G7
San Pedro de Alcántara 28 F4
San Pedro de Ceque 22 E6
San Pedro del Arroyo 23 G8
San Pedro de Latarce 23 E8
San Pedro del Pinatar 29 C11
San Pedro del Romeral 23 B10
San Pedro de Rozados 23 G7
San Pedro Manrique 20 E3
San Pedro Palmiches 27 D7
San Pellegrino Terme 34 B5
Sânpetru 78 F5
Sânpetru de Câmpie 78 D3
Sânpetru Mare 77 E9
San Piero a Sieve 35 F8
San Piero Patti 30 E6
San Pietro 30 D6
San Pietro di Cadore 38 F6
San Pietro in Cariano 35 C7
San Pietro in Casale 35 D8
San Pietro in Guarano 31 E8
San Pietro Vernotico 31 C11
San Polo d'Enza 34 D6
San Prospero 35 D7
Sanquhar 4 C5
San Quirico d'Orcia 35 H8
San Rafael del Río 21 G7
San Remo 34 F2
San Román 22 C5
San Román de Cameros 20 D2
San Román de la Cuba 23 D8
San Román de los Montes 26 E3
San Roque E 22 B2
San Roque E 22 D3
San Roque E 28 F3
San Rufo 31 C7
Sansac-de-Marmiesse 17 E8
San Salvador de Cantamunda 23 C9
San Salvatore 32 F1
San Salvatore Monferrato 34 D3
San Salvatore Telesino 33 E8
San Salvo 33 C9
San Sebastián de los Ballesteros 28 D4
San Sebastián de los Reyes 26 D4
San Secondo Parmense 34 D6
Sansepolcro 35 G9
San Severa 32 C4
San Severino Lucano 31 C8
San Severino Marche 35 G11
San Severo 33 D10
San Silvestre de Guzmán 25 J5
Sânsimion 78 E5
Sanski Most 80 B5
Sansol 20 D3
San Sosti 31 D8
San Sperate 32 G2
San Spirito 31 A9
Șanț 78 C4
Santa Amalia 24 E7
Santa Ana 27 G7
Santa Ana de Pusa 26 E3
Santa Ana la Real 25 H6
Santa Bárbara 21 G7
Santa Bárbara de Casa 25 H5
Santacara 20 D4
Santa Catalina de Armada 22 C2
Santa Catarina 24 G3
Santa Catarina da Fonte do Bispo 25 K4
Santa Caterina dello Ionio 31 F9
Santa Caterina di Pittinuri 32 F1
Santa Caterina Villarmosa 30 F4
Santa Cesarea Terme 31 C12
Santa Cilia de Jaca 20 D5
Santa Clara-a-Nova 25 J3
Santa Clara-a-Velha 25 J3
Santa Clara de Louredo 25 H4
Santa Coloma de Farners 21 E11
Santa Coloma de Queralt 21 F9
Santa Colomba de Somoza 22 D6
Santa Columba de Curueño 23 C8
Santa Comba Dão 24 B3
Santa Comba de Rossas 22 E5
Santa Cristina d'Arco 21 E11
Santa Cristina de la Polvorosa 23 E7
Santa Croce Camerina 30 G5
Santa Croce del Sannio 33 E9
Santa Croce di Magliano 33 D9
Santa Croce sull'Arno 35 F7
Santa Cruz 25 H3
Santa Cruz da Tapa 22 G3
Santa Cruz de Bezana 23 B10
Santa Cruz de Campezo 20 C2
Santa Cruz de la Serós 20 D5
Santa Cruz de la Sierra 24 D7
Santa Cruz de la Zarza 26 E5
Santa Cruz de los Cáñamos 26 G6
Santa Cruz del Retamar 26 D3
Santa Cruz de Moya 27 E8
Santa Cruz de Mudela 26 G5
Santadi 32 H2
Santa Domenica Talao 31 D7
Santa Domenica Vittoria 30 E6
Santa Elena 28 B6
Santa Elena de Jamuz 23 D7
Santa Elisabetta 30 F3
Santaella 28 D4
Santa Engracia 20 D2
Santa Eufemia 28 B4
Santa Eugèni 29 F9
Santa Eugenia 22 D2
Santa Eulalia E 23 B7
Santa Eulalia E 23 B8
Santa Eulalia E 27 D8
Santa Eulália 24 E5
Santa Eulalia del Río 29 G7
Santa Eulalia de Oscos 22 B5
Santa Eulàlia de Riuprimer 21 E10
Santa Fe 28 E6
Santa Fiora 32 B4
Sant'Agata di Militello 30 E5
Sant'Agata di Puglia 33 E10
Sant'Agata Feltria 35 F9
Santa Giusta 32 F2
Santa Giustina 35 B9
Sant'Agostino 35 D8
Sant Agustí de Lluçanès 21 E10
Santahamina 64 G6
Santa Iria 25 H4
Santa Justa 24 E3
Sant'Alberto 35 E9
Santalha 22 E5
Santa Liestra y San Quílez 21 D7
Santa Luce 34 G6
Santa Lucia 32 E4
Santa Lucía 22 D2
Santa Lucia del Mela 30 E6
Santa Luzia 25 H3
Santa Magdalena de Pulpís 27 D11
Santa Mare 79 B8
Santa Margarida da Serra 24 G3
Santa Margarida de Montbui 21 F9
Santa Margarida do Sádão 24 G3
Santa Margarita 29 F10
Santa Margherita di Belice 30 F2
Santa Margherita Ligure 34 E4
Santa María 20 D5
Santa Maria 37 E10
Santa Maria Capua Vetere 33 E8
Santa Maria da Feira 22 G2
Santa María de Cayón 23 B10
Santa María de Corcó 21 E10
Santa María de Huertas 20 F3
Santa Maria del Berrocal 24 A8

Santa María del Camino 29 F9
Santa María del Campo 23 D10
Santa María del Campo Rus 26 F6
Santa Maria del Cedro 31 D7
Santa Maria della Versa 34 D4
Santa María de los Llanos 26 F6
Santa María del Páramo 23 D7
Santa María del Val 27 D7
Santa María de Nieva 29 D9
Santa Maria de Palautordera 21 E10
Santa Maria di Castellabate 30 C6
Santa Maria di Sala 35 C9
Santa María la Real de Nieva 23 G9
Santa Maria Maggiore 37 E7
Santa Maria Navarrese 32 F3
Santa Maria Nuova 35 G11
Sântămăria-Orlea 77 F12
Santa Maria Rezzonico 34 B4
Santa-Maria-Siché 19 G11
Santa Marina 31 C7
Santa Marina del Rey 23 D7
Santa Marina Salina 30 D5
Santa Marinella 32 C4
Santa Marta E 24 F6
Santa Marta E 27 F7
Santa Marta de Penaguião 22 F4
Santa Marta de Tormes 23 G7
Sant'Ambroggio 19 E11
Santana P 24 B2
Santana P 24 G2
Sântana 77 E10
Santana da Serra 25 J3
Santana de Cambas 25 J4
Santana do Mato 24 F3
Sant'Anastasia 30 B5
Sant'Anatolia di Narco 32 B6
Santander 23 B10
Sant'Andrea Frius 32 G3
Sântandrei 77 C10
Sant'Angelo 31 F8
Sant'Angelo di Brolo 30 E5
Sant'Angelo in Lizzola 35 F10
Sant'Angelo in Vado 35 F9
Sant'Angelo Lodigiano 34 C4
Santa Ninfa 30 E2
Sant'Anna Arresi 32 H2
Sant'Antioco 32 H1
Sant'Antonio Abate 30 B5
Sant'Antonio di Gallura 32 D3
Sant'Antonio di Santadi 32 F1
Santanyí 29 F10
Santa Olalla 26 E3
Santa Oliva 21 F9
Santa Ollala del Cala 25 H7
Santa Pau 21 D11
Santa Pola 29 C11
Santar 24 A4
Santarcangelo di Romagna 35 F9
Santarém 24 E3
Santa Severina 31 E9
Santas Martas 23 D8
Santa Sofia I 35 F9
Santa Sofia P 24 F4
Santa Sofia d'Epiro 31 D8
Santa Susana P 24 F4
Santa Susana P 24 G3
Santa Teresa di Gallura 32 C3
Santa Teresa di Riva 30 E6
Santău 77 C11
Santa Venerina 30 F6
Santa Vitória 25 H4
Santa Vitória do Ameixial 24 F4
Sant Boix de Llobregat 21 F10
Sant Carles de la Ràpita 21 G7
Sant Celoni 21 E10
Sant Cugat del Vallès 21 F10
Sant'Egidio alla Vibrata 33 B7
Sant'Elia a Pianisi 33 D9
Sant Elia Fiumerapido 33 D7
San Telmo 25 H5
Sant'Elpidio a Mare 35 G11
San Teodoro 32 D3
Santeramo in Colle 31 B9
Santervás de la Vega 23 D9
Santes Creus 21 F9
Santesteban 20 B4
Sant Feliu de Guíxols 21 E11
Sant Feliu de Palterols 21 E11
Sant Feliu Sasserra 21 E10
Santhià 34 C2
Sant Hilari Sacalm 21 E11
Sant Hipòlit de Voltregà 21 E10
Santiago de Alcántara 24 D5
Santiago de Calatrava 28 C5
Santiago de Compostela 22 C2
Santiago de la Espada 29 C8
Santiago de la Ribera 29 C11
Santiago del Campo 24 D6
Santiago do Cacém 25 H3
Santiago do Escoural 24 F3
Santiagomillas 22 D6
Santibáñez de Béjar 24 B8
Santibáñez de la Peña 23 C9
Santibáñez de la Sierra 24 A7
Santibáñez de Tera 23 E7
Santibáñez de Vidriales 22 E6
Santibáñez el Bajo 24 B7
Santibáñez Zarzaguda 23 D10
Sant'Ilario d'Enza 34 D6
Santillana 23 B10
Sântimbru 78 E2
Santiponce 25 J7
Santisteban del Puerto 29 B7
Santiuste de San Juan Bautista 23 F9
Santiz 23 F7
Sant Jaume del Mediterrani 29 E11
Sant Jaume d'Enveja 21 G8
Sant Joan de les Abadesses 21 D10
Sant Joan de Vilatorrada 21 E9
Sant Joan les Fonts 21 D11
Sant Julià de Lòria 21 D9
Sant Llorenç de Morunys 21 D9
Sant Llorenç des Cardassar 29 F10
Sant Martí de Tous 21 F9
Sant Martí Sarroca 21 F9
Sant Mateu 27 D11
Sant Miquel 29 G7
Santo Aleixo 24 E5
Santo Aleixo da Restauração 25 H5
Santo Amador 24 G5
Santo André 25 H2
Santo António dos Cavaleiros 24 F2
Santo Domingo de la Calzada 23 D12
Santo Domingo de Silos 23 E11
Santo Estêvão P 24 F2
Santo Estêvão P 25 K4
Santo Isidro de Pegões 24 F3
Santok 70 E4
Santomera 29 C10
Sant Omero 33 B7
Santoña 23 B11
Santo Pietro 30 G5
Santo-Pietro-di-Tenda 19 E11
Santo-Pietro-di-Venaco 19 F11
Santo Stefano al Mare 34 F2
Santo Stefano Belbo 34 D2
Santo Stefano d'Aveto 34 E4
Santo Stefano di Cadore 38 F6
Santo Stefano di Camastra 30 E5
Santo Stefano di Magra 34 E5
Santo Stefano Quisquina 30 F3
Santo Stino di Livenza 35 B10
Santo Tirso 22 F2
Santo Tomé 29 C7
Santovenia 23 E7
Santpedor 21 E9
Sant Pere de Ribes 21 F9
Sant Pere de Torelló 21 E10
Sant Pere Pescador 21 D11
Sant Pol de Mar 21 E11
Sant Privat d'en Bas 21 D10
Sant Quintí de Mediona 21 F9
Sant Quirze de Besora 21 D10
Sant Telm 29 F8
Santullano de las Regueras 23 B7
Santu Lussurgiu 32 E2
Santurtzi 23 B11
Sant Vicenç del Horts 21 F10
Sant Vincenç de Castellet 21 E9
San Venanzo 32 B5
San Vendemiano 35 B9
San Vero Milis 32 F2
San Vicente 22 C2
San Vicente de Alcántara 24 D5
San Vicente de Arana 20 C2
San Vicente de la Barquera 23 B9
San Vicente de la Sonsierra 20 D2
San Vicente del Raspeig 29 B11
San Vicente de Palacio 23 F8
San Vicente de Toranzo 23 B10
San Vincenzo 34 H6
San Vincenzo Valle Roveto 33 D7
San Vitero 22 E6
San Vito 32 G3
San Vito al Tagliamento 35 B10
San Vito Chietino 33 C8
San Vito dei Normanni 31 B11
San Vito di Cadore 38 F6
San Vito lo Capo 30 E2
San Vito Romano 32 D6
San Vito sullo Ionio 31 F8
San Vittoria in Matenano 35 H11
Sanxenxo 22 D2
Sanxhax 86 B2
Sanza 31 C7
Sânzieni 78 E6
Sanzoles 26 B1
São Barnabé 25 J3
São Bartolomeu 24 D4
São Bartolomeu da Serra 25 H3
São Bartolomeu de Messines 25 K3
São Bento do Cortiço 24 E4
São Brás 25 H4
São Brás de Alportel 25 K4
São Brás do Regedouro 24 G4
São Brissos 25 H4
São Domingos 25 H3
São Facundo 24 D4
São Francisco da Serra 25 H3
São Geraldo 24 F3
São Gregório 24 F4
São Jacinto 22 G2
São João da Madeira 22 G2
São João da Pesqueira 22 F4
São João da Venda 25 K4
São João do Campo 24 B3
São João dos Caldeireiros 25 J4
São José da Lamarosa 24 E3
São Lourenço de Mamporcão 24 E4
São Luís 25 H3
São Manços 24 G4
São Marcos da Ataboeira 25 H4
São Marcos da Serra 25 J3
São Marcos do Campo 24 G4
São Martinho da Cortiça 24 B3
São Martinho das Amoreiras 25 J3
São Martinho de Angueira 22 E6
São Martinho do Porto 24 D2
São Matias 24 G4
São Miguel de Acha 24 C5
São Miguel de Machede 24 F4
São Miguel de Rio Torto 24 D3
São Miguel do Outeiro 24 A4
São Miguel do Pinheiro 25 J4
Saône 13 G8
São Pedro da Cadeira 24 E1
São Pedro de Muel 24 C2
São Pedro de Solis 25 J4
São Pedro do Sul 22 G3
Saorge 19 C9
São Romão 24 F5
São Romão do Sado 24 G3
São Sebastião dos Carros 25 J4
São Teotónio 25 J2
Saou 18 B5
São Vicente 22 E4
São Vicente da Beira 24 C4
Sáp 77 C9
Sapanca 85 E2
Săpânţa 78 B2
Sapareva Banya 82 G5
Saparevo 82 G5
Săpata 83 B8
Sapes 87 C12
Sapna 81 C9
Sa Pobla 29 F10
Săpoca 79 G7
Sapotskin 72 C6
Sappada 38 F6
Sap'parjåkka 59 D8
Sappee 64 E5
Sappen 58 E4
Sappetavan 55 D10
Sappetsele 55 D10
Sappisaasi 60 B4
Sapri 31 C7
Sapsalampi 64 B4
Sapsoperä 63 F9
Sara 64 C3
Saraby 58 C6
Saracena 31 D8
Saračinec 76 E1
Sarafovo 84 F3
Saraiķi 68 B3
Säräisniemi 63 E7
Saraiu 84 B4
Sarajärvi FIN 63 B8
Sarajärvi FIN 65 D10
Sarajevo 81 D8
Saramo 63 F10
Saramon 21 B8
Saran 15 F11
Sáránd 77 C10
Sarandë 86 E2
Sarantaporo 86 E6
Sarantsi 82 F6
Sa Ràpita 29 F9
Sarasău 78 B2
Sarata 79 E12
Sărata Galbenă 79 D10
Sărata-Monteoru 79 G7
Sărata Nouă 79 E10
Sărăteni 79 D10
Sărătenii Vechi 79 B10
Saray 85 B4
Sarayakpınar 83 H11
Saraycık 85 G6
Saraylar 85 C4
Šarbanovac 82 C3
Sârbeni 83 B9
Sárbogárd 76 D5
Sarcelles 12 D2
Sarconi 31 C7
Şardara 32 F2
Šardice 75 F7
Sardinia 86 G4
Sardoal 24 D3
Sare 20 B4
S'Arenal 29 F9
Šarengrad 76 G6
Sarentino 38 F5
Särevere 66 D6
Sarezzo 34 B6
Sargans 37 D8
Sariai 69 E9
Sarıbeyler 85 F4
Sarıcaali 85 C2
Sarıçam 85 G3
Sarichioi 84 A5
Sarıdanişment 84 G2
Sariegos 23 C7
Sarıkemer 88 D3
Sarıköy 85 D4
Sariñena 20 E6
Šarišské Michaľany 73 F2
Sarıyer 85 B6
Sarjankylä 62 F6
Sarkad 77 D9
Sarkadkeresztúr 77 D9
Särkelä 63 B9
Sárkeresztúr 76 C5
Särkijärvi FIN 60 B6
Särkijärvi FIN 62 B6
Särkijärvi FIN 63 D8
Särkikorpi 63 G10
Särkikylä 62 G4
Särkilahti FIN 64 D6
Särkilahti FIN 65 D10
Särkiluoma 63 B10
Särkimo 62 G3
Särkisalmi 65 D10
Särkisalo FIN 64 G4
Särkisalo FIN 65 B7
Şarköy 85 C3
Sarlat-la-Canéda 17 E7
Sarliac-sur-l'Isle 16 D6
Sărmaş 78 D5
Şărmăşag 77 C12
Sărmaşu 78 D3
Sármellék 76 D2
Sarmijärvi 59 F10
Sarmizegetusa 77 F12
Särna 51 E10
Sarnadas do Ródão 24 C4
Sarnaki 72 F5
Sarnano 35 H11
Sārnate 66 G1
Sarnen 37 D7
Sarnıç 85 H3
Sarnico 34 B5
Sarno 30 B5
Sarnowa 70 G6
Särnstugan 51 E11
Särö 44 B6
Saronno 34 B4
Sárosd 76 C5
Sárospatak 73 H2
Šarovce 76 A5
Sarow 43 C9
Sarpsborg 49 D8
Sarracín 23 D10
Sarral 21 F8
Sarralbe 13 D9
Sarrance 20 C5
Sarrancolin 21 C7
Sarraquinhos 22 E4
Sarras 36 G2
Sarre GB 9 E11
Sarre I 36 F5
Sarreaus 22 E4
Sarrebourg 13 D9
Sarreguemines 13 C9
Sárrétudvari 77 C9
Sarre-Union 13 D9
Sarria 22 C4
Sarrià de Ter 21 E11
Sarrians 18 C5
Sarrión 27 D9
Sarroca de Segre 21 F7
Sarròch 32 H2
Sarród 76 B2
Sarrola-Carcopino 19 F11
Sarron 20 B6
Sarry 12 D5
Sarsina 35 F9
Sarstedt 42 F5
Sárszentágota 76 D5
Sárszentlőrinc 76 D5
Sartaguda 20 D3
Sarteano 32 A4
Sartène 19 G11
Sarti 87 E9
Sartilly 14 D6
Sartininkai 68 E4
Sartmahmut 85 H4
Sarud 77 B8
Şaru Dornei 78 C5
Saruhanlı 85 G4
Sarule 32 E3
Săruleşti RO 79 G7
Săruleşti RO 83 B11
Sárvár 76 C2
Sarvela 64 C3
Sarvijoki 64 B2
Sarvikumpu 65 B10
Sarviluoma 64 C3
Sarvinki 65 B11
Sarvisé 20 D6
Sarvisvaara 60 D4
Särvsjön 51 C10
Sar''ya 69 C11
Sarzana 34 E5
Sarzeau 14 F5
Sarzedas 24 C4
Sarzedo 22 G4
Sasa 82 G4
Sasallı 85 H3
Sasamón 23 D10
Sasca Montană 82 A3
Saschiz 78 E4
Săsciori 78 F2
Sascut 79 E8
Sásd 76 E4
Sasina 80 B5
Sasnava 68 F6
Sassali 61 C8
Sassano 31 C7
Sassari 32 D2
Sassello 34 E3
Sassen 43 B9
Sassenage 36 G3
Sassenberg 11 D10
Sassenheim 10 D5
Sassetta 34 G6
Sassnitz 43 A10
Sassocorvaro 35 F9
Sassoferrato 35 G10
Sasso Marconi 35 E7
Sassuolo 35 E7
Şástago 20 F6
Šaštín-Stráže 75 G7
Sas Van Gent 10 F4
Sáta 75 H12
Satão 22 G4
Şatchinez 77 F9
Šateikiai 68 C4
Såtenäs villastad 46 E3
Säter 52 G3
Sätervallen 51 C11
Sāti 66 G3
Satiķi 66 G3
Sätila 44 B6
Satillieu 36 G2
Satkūnai 68 C6
Satnica Đakovačka 76 G4
Sätofta 45 E8
Sátoraljaújhely 73 H3
Satovcha 87 B9
Satow 43 C8
Sätra brunn 47 B7
Satres 87 C11
Satriano di Lucania 31 B7
Satrup 44 G3
Sattajärvi FIN 62 B5
Sattajärvi S 60 D5
Sattanen 61 C8
Satteins 38 D2
Satteldorf 40 F5
Satter 60 D4
Sattledt 39 C8
Satulung 78 B1
Satu Mare 77 B12
Saubusse 20 A4
Săuca 77 C11
Saúca 20 G2
Saucats 16 F4
Săuceşti 79 D7
Sauclières 17 G10
Sauda 48 C3
Saue 66 B5
Sauerlach 38 C5
Sauga 66 D5
Saugnacq-et-Muret 16 F3
Saugos 68 D3
Saugues 17 E10
Saujon 16 D3
Sauk 86 C2
Şauka 69 C8
Šaukėnai 68 D5
Saukko 63 F9
Saukkoaapa 61 D9
Saukkojärvi 63 B7
Saukkola 64 G5
Saukkoriipi 60 D6
Saukonkylä 64 A4
Sauland 48 C6
Saulce-sur-Rhône 18 B5
Sauldorf 37 B8
Saulepi 66 D4
Săuleşti 82 A5
Saulgau 37 B9
Saulgrub 38 D4
Saulheim 40 D2
Şăulia 78 D3
Saulieu 12 G5
Saulkalne 66 G5
Saulkrasti 66 G5
Sault 18 C6
Sault-de-Navailles 20 B5
Sault-lès-Rethel 12 C5
Saulx 13 F8
Saulxures-sur-Moselotte 36 B5
Saulzais-le-Potier 17 B9
Saumos 16 E3
Saumur 15 G8
Saunajärvi 63 F10
Saunakylä 64 A5
Saunavaara 61 D9
Saundersfoot 8 D3
Saurat 21 C9
Saurieši 66 G5
Sauris 38 F6
Saursfjord 57 E3
Sausnēja 69 B9
Sausset-les-Pins 18 E5
Saussy 12 G6
Sautens 38 D4
Sautiņi 66 G5
Sautron 14 G6
Sautso Kraftverk 58 D6
Sauvagnon 20 B6
Sauve 17 G11
Sauveterre-de-Béarn 20 B5
Sauveterre-de-Guyenne 16 F4
Sauveterre-la-Lémance 16 F6
Sauviat-sur-Vige 17 C7
Sauvo 64 G3
Sauxillanges 17 D10
Sauzet 17 F7
Sauzé-Vaussais 16 C5
Sauzon 14 G4
Sava I 31 C10
Sava SLO 39 G10
Sävädisla 78 D1
Savalia 88 C3
Savaloja 62 E6
Sävar 56 F3
Săvârşin 77 E11
Sävast 56 C4
Savaştepe 85 F4
Savci 39 F11
Säve 46 F2
Savelli 31 E9
Savenay 14 G6
Săveni RO 79 B7
Săveni RO 84 B3
Saverdun 21 B9
Saverna 67 E8
Saverne 13 D9
Sävi 64 D3
Säviä 63 G7
Saviaho 63 F9
Savières 12 E5
Savigliano 19 B9
Savignac-les-Églises 16 D6
Savignano Irpino 33 E10
Savignano sul Rubicone 35 F9
Savigné-l'Évêque 15 E9
Savigneux 17 D11
Savigny-en-Sancerre 12 G3
Savigny-sur-Braye 15 F10
Savijärvi 63 F10
Savikylä 63 G9
Savilahti 65 E9
Savimäki 63 F7
Savines-le-Lac 19 B7
Săvineşti 78 D6
Savino Selo 76 F6
Saviranta 63 E8
Saviselkä 63 F7
Savitaipale 65 E8
Şävja 47 B9
Šavnik 81 F9
Savognin 37 D9
Savoisy 12 F5
Savona 34 E3
Savonlinna 65 D10
Savonranta 65 C10
Savran' 79 A12
Sävsjö 45 B9
Sävsjön 46 B5
Savudrija 35 C11
Savukoski 61 C10
Sawin 73 B5
Sawston 9 C9
Sax 27 H9
Saxdalen 46 A6
Saxen 39 B9
Saxhyttan 46 B5
Saxilby 5 G9
Saxmundham 9 C11
Saxnäs 55 E8
Saxon 36 E5
Saxthorpe 9 B11
Saxvallen 54 G5
Sayalonga 28 E5
Sayatón 26 D6
Sayda 41 C10
Säynäjä 63 B10
Säynätsalo 64 C6
Säyneinen 63 G9
Sázava 74 D4
Sazlı TR 85 E2
Sazlı TR 88 D3
Sazoba TR 85 D3
Sazoba TR 85 G4
Scaër 14 E3
Scăeşti 82 B6
Scafa 33 C8
Scalasaig 2 G3
Scalby 5 E10
Scalea 31 D7
Scaletta Zanclea 30 E6
Scalloway 3 C12
Scandale 31 E9
Scandiano 34 E6
Scandicci 35 F7
Scandriglia 32 C6
Scanno 33 C7
Scano di Montiferro 32 E2
Scansano 32 B3
Scânteia RO 79 D8
Scânteia RO 84 B3
Scânteieşti 79 F9
Scanzano Jonico 31 C9
Scapa 3 E10
Scarborough 5 E10
Scardovari 35 D9
Scarinish 2 F2
Scario 31 C7
Scărişoara 83 C7
Scarlino 32 A2
Scarperia 35 F8
Scartaglen 7 M3
Šćenica-Bobani 81 F7
Scerni 33 C9
Scey-sur-Saône-et-St-Albin 13 F7
Schaan 37 C9
Schaerbeek 10 F5
Schaesberg 11 F8
Schaffhausen 37 B7
Schafflund 44 G2
Schafstädt 43 H8
Schafstedt 42 B5
Schäftlarn 38 C5
Schagen 10 C6
Schalchen 39 C7
Schalkau 40 C6
Schalksmühle 11 F10
Schänis 37 C8
Schapen 11 C10
Schaprode 43 A9
Scharbeutz 42 B6
Schardenberg 39 B8
Schärding 39 B8
Scharendijke 10 E4
Scharnebeck 42 D6
Scharnitz 38 D4
Scharnstein 39 C8
Scharrel (Oldenburg) 11 B10
Scharwoude 10 C6
Schattendorf 76 B1
Schebheim 40 D5
Scheden 40 A4
Scheemda 11 B9
Scheer 37 B8
Scheeßel 42 D5
Schefflenz 40 E4
Scheggia e Pascelupo 35 G10
Scheggino 32 B6
Şcheia RO 78 B6
Şcheia RO 79 D8
Scheibbs 39 C10
Scheiblingkirchen 39 D11
Scheidegg 37 C9
Scheifling 39 E9
Scheinfeld 40 E5
Schela RO 78 G1
Schela RO 79 F9
Schelklingen 40 G4
Schellerten 42 F6
Schemmerhofen 37 A9
Schenefeld D 42 B5
Schenefeld D 42 C5
Schenkenfelden 39 B9
Schenklengsfeld 40 B4
Schermbeck 11 E9
Schermen 43 F8
Schermerhorn 10 C6
Scherpenheuvel 10 F6
Scherpenzeel 11 D7
Scherwiller 13 E10
Scherzingen 37 B8
Scheßlitz 40 D6
Schiavi di Abruzzo 33 D8
Schiedam 10 D5
Schieder-Schwalenberg 42 G4
Schieren 13 B8
Schierling 41 F8
Schiermonnikoog 11 A8
Schiers 37 D9
Schiffdorf 42 C4
Schifferstadt 40 E2
Schifflange 13 B8
Schiffweiler 13 C9
Schijndel 11 E7
Schilde 10 F5
Schillings-fürst 40 F5
Schilpario 34 B6
Schiltach 37 A7
Schiltigheim 13 D10
Schimatari 89 B7
Schinos 86 H5
Schinveld 11 F7
Schio 35 B8
Schipkau 43 G10
Schirmeck 13 E9
Schirmitz 41 E8
Schitu RO 83 B7
Schitu RO 83 C9
Schitu Duca 79 C9
Schitu Goleşti 78 G4
Schkeuditz 43 H8
Schkölen 41 B7
Schköna 43 G9
Schkopau 43 H8
Schlabendorf 43 G10
Schladen 42 F6
Schlangen 42 G4
Schlangenbad 13 A10
Schleching 38 C6
Schleiden 11 G8
Schleife 70 H3
Schleinbach 74 G6
Schleitheim 37 B7
Schleiz 41 C7
Schlema 41 C8
Schlepzig 43 F10
Schleswig 42 A5
Schleusingen 40 C6
Schlieben 43 G10
Schliengen 36 B6
Schlier 37 B9
Schlierbach 39 C9
Schlieren 37 C7
Schliersee 38 C5
Schlitters 38 D5
Schlitz 40 C4
Schloßberg 39 F10
Schloß Holte-Stukenbrock 42 G4
Schloßvippach 40 B6
Schlosswil 36 D6
Schlotheim 40 B6
Schluchsee 37 B7
Schlüchtern 40 C4
Schlüsselfeld 40 E6
Schmallenberg 40 B2
Schmelz 13 C9
Schmidgaden 41 E8
Schmidmühlen 41 F7
Schmiedeberg 41 B10
Schmölln D 41 B8
Schmölln D 70 D3
Schnabelwaid 41 D7
Schnackenburg 43 D7
Schnaittach 41 E7
Schneeberg 41 C8
Schneidlingen 43 G7
Schneizlreuth 39 D7
Schneverdingen 42 D5
Schobüll 42 A4
Schodnia 75 C9
Schoenberg 11 H8
Scholen 42 E4
Schollene 43 E8
Schöllnach 41 G9
Schömberg 40 H3
Schönau 41 G9
Schönau im Schwarzwald 36 B6
Schönbach 39 B10
Schönberg D 43 C7
Schönberg D 43 E9
Schönberg am Kamp 39 B11
Schönberg (Holstein) 42 B6
Schönberg im Stubaital 38 E5
Schönborn 43 G10
Schondra 40 D4
Schönebeck 43 D8
Schönebeck (Elbe) 43 F8
Schöneck 41 C8
Schönecken 13 A8
Schönermark 43 D10
Schönewalde 43 G9
Schönewörde 42 E6
Schönfeld 74 A2
Schongau 38 C4
Schönhausen 43 E8
Schöningen 43 F7
Schönkirchen 42 B6
Schönow 43 E10
Schönsee 41 E8
Schönstedt 40 B5
Schöntal 40 E4
Schönthal 41 E8
Schönwalde 43 G10
Schönwalde am Bungsberg 42 B6
Schönwies 38 D4
Schoondijke 10 E4
Schoonebeek 11 C9
Schoonhoven 10 D6
Schoorl 10 C6
Schopfheim 36 B6
Schopfloch 40 F5
Schöppenstedt 42 F6
Schoppernau 38 D3
Schöppingen 11 D9
Schörfling am Attersee 39 C8
Schorndorf D 40 F4
Schorndorf D 41 F8
Schortens 42 C3
Schoten 10 F5
Schotten 40 C3
Schramberg 40 H2
Schrecksbach 40 B4
Schrems 74 G4
Schrepkow 43 E8
Schriesheim 40 E3
Schrobenhausen 40 G6
Schröder 39 E9
Schrozberg 40 E5
Schruns 38 E3
Schübelbach 37 C8
Schuby 42 A5
Schulenberg im Oberharz 42 G6
Schull 7 N3
Schulzendorf 43 E10
Schüpfheim 36 D6
Schutterwald 13 E10
Schüttorf 11 C9
Schwaan 43 C8
Schwabach 40 E6
Schwäbisch Gmünd 40 G4
Schwäbisch Hall 40 F4
Schwabmünchen 38 C4
Schwabstedt 42 B4
Schwaförden 42 E4
Schwaigern 40 F3
Schwalbach 13 C9
Schwalmstadt-Treysa 40 B3
Schwalmstadt-Ziegenhain 40 B4
Schwanberg 39 E10
Schwanden 37 D8
Schwandorf 41 E8
Schwanebeck 43 G7
Schwanenstadt 39 C8
Schwanewede 42 D4
Schwangau 38 D4
Schwan-stetten 40 E6
Schwarme 42 E4
Schwarmstedt 42 E5
Schwarz 43 D9
Schwarza 40 C5
Schwarzach 41 F9
Schwarzau im Gebirge 39 C11
Schwarzenau 74 G4
Schwarzenbach 76 B1
Schwarzen-bach am Wald 41 D7
Schwarzenbek 42 C6
Schwarzenberg 41 C9
Schwarzenborn 40 B4
Schwarzenburg 36 D5
Schwarzenfeld 41 E8
Schwarze Pumpe 74 A3
Schwarzheide 43 H10
Schwaz 38 D5
Schwechat 76 A1
Schwedeneck 42 B5
Schwedt an der Oder 70 E3
Schweiburg 42 D3
Schweich 13 B9
Schweigen-Rechtenbach 13 C10
Schweinfurt 40 D5
Schweinitz 43 G9
Schweinrich 43 D9
Schwei (Stadland) 42 D3
Schwelm 11 F9
Schwendau 38 E5
Schwendi 37 A9
Schwepnitz 43 H10
Schwerin 43 C7
Schweringen 42 E4
Schwerte 11 E10
Schwichtenberg 43 C10
Schwieberdingen 40 F3
Schwiesau 43 E7
Schwindegg 41 H8
Schwinkendorf 43 C9
Schwoich 38 D6
Schwyz 37 D7
Sciacca 30 F2
Sciara 30 E4
Scicli 30 G5
Sciez 36 E4
Scigliano 31 E8
Scilla 31 G7
Ścinawa 74 A6
Scionzier 36 F4
Scoarţa 78 G1
Scobinţi 79 C7
Scoglitti 30 G5
Scolaticci 30 D6
Scole 9 C11
Sconser 2 E3
Scopello 34 B2
Scoppito 32 C6
Scorbé-Clairvaux 16 A5
Scordia 30 F5
Scorniceşti 83 B7
Scorrano 31 C12
Scorţaru Nou 79 G8
Scorţeni MD 79 C10
Scorţeni RO 78 G5
Scorţeni RO 79 D7
Scorţoasa 79 G7
Scorton 5 E8
Scorzè 35 C9
Scotch Corner GB 5 E8
Scotch Corner IRL 6 G6
Scotshouse 6 G5
Scourie 2 C4
Scousburgh 3 C12
Scrabster 2 B6
Screeb 7 J3
Screggan 7 J5
Scremerston 5 B8
Scribbagh 6 F4
Scrioaştea 83 C8
Sculeni 79 C8
Scundu 83 A7
Scunthorpe 5 F9
Scuol 37 D10
Scurcola Marsicana 33 C7
Scurtu Mare 83 B8
Scutelnici 84 A2
Seaca RO 83 C8
Seaca RO 83 D8
Seaca de Pădure 82 B5
Seaford 9 F9
Seaham 5 D9
Seahouses 5 B8
Seamer 5 E10
Seapatrick 6 F7
Seara 22 E2
Seascale 4 E6
Seaton GB 4 D6
Seaton GB 8 F5
Seaton Delaval 5 C8
Seaton Sluice 5 C8
Seaview 9 F8
Sebal 24 B3
Sébazac-Concourès 17 F9
Sebbersund 44 C3
Sebechleby 75 H10
Sebedražie 75 G9
Sebeş 78 F2
Šebetov 75 E7
Sebezh 69 C12
Sebiş 77 E11
Sebnitz 74 B3
Seč 74 D5
Sečanj 77 G8
Seča Reka 81 D10
Secăria 78 G5
Secaş 77 F10
Sece 69 B8
Secemin 75 C11
Seckach 40 E4
Seckau 39 D10
Seclin 10 G3
Secondigny 16 B4
Sečovce 73 G3
Sečovská Polianka 73 G3
Secu 82 B5
Secuieni RO 78 E4
Secuieni RO 79 D7
Secuieni RO 79 D7
Secusigiu 77 E9
Seda LT 68 C4
Seda LV 67 F7
Sedan 12 B6
Sedano 23 C10
Sedbergh 5 E7
Seddülbahir 85 D1
Şeden 44 F4
Šedere 69 C9
Séderon 18 C6
Sedgefield 5 D8
Sedico 38 G6
Sedilo 32 E2
Sedini 32 D2
Sedlarica 76 F2
Sedlčany 74 E3
Sedlec Prčice 74 E3
Sedlice CZ 41 E10
Sedlice SK 73 F2
Sedliská 73 G3
Sedlitz 74 A3
Sedlnice 75 E8
Şedrina 34 B5
Šeduva 68 D6
Sędziejowice 71 H9
Sędzin 71 E8
Sędziszów 75 C11
Sędziszów Małopolski 73 D3
See A 38 E3
See A 39 E7
Seebach 40 B5
Seebad Ahlbeck 70 C3
Seebad Bansin 70 C3
Seebad Heringsdorf 70 C3
Seebergen 40 B6
Seeboden 39 E8
Seebruck 38 C6
Seeburg 42 G6
Seedorf 42 C6
Seefeld D 38 C4
Seefeld D 43 E10
Seefeld in Tirol 38 D4
Seefeld (Stadland) 42 D3
Seeg 37 B10
Seehausen D 43 D10
Seehausen D 43 F7
Seehausen (Altmark) 43 E8
Seeheim-Jugenheim 40 E3
Seekirchen am Wallersee 39 C7
Seelow 70 F3
Seelze 42 F5
Seend 8 E6
Seeon 38 C6
Sées 15 D9
Seesen 42 G6
Seeshaupt 38 C4
Seethal 39 E8
Seevetal 42 D5
Seewiesen 39 D10
Séez 36 F5
Sefkerin 77 G8
Sefrivatn 54 D6
Seftigen 36 D6
Segalstad 51 F7
Şegarcea 82 C6
Şegarcea-Vale 83 C8
Segeletz 43 E9
Segersäng 47 D9
Segersta 52 E4
Segerstad 45 D12
Segesd 76 E3
Seggiano 32 A4
Séglien 14 E4
Seglinge 53 G9
Seglingsberg 47 B7
Seglodden 59 C12
Seglvik 58 C4
Segmon 46 C4
Segni 32 D6
Segonzac 16 D4
Segorbe 27 E10
Segovia 23 G10
Segré 15 F7
Ségrie 15 E9
Ségur 17 F9
Segura 24 C5
Segura de la Sierra 29 B8
Segura de León 24 G6
Segura de los Baños 20 G5
Segurilla 26 E2
Sehlde 42 F6
Sehma 41 C9
Sehnde 42 F5
Seia 24 B4
Şeica Mare 78 E3
Şeica Mică 78 E3
Seiches-sur-le-Loir 15 F8
Seiersberg 39 E10
Seierstad 54 E4
Seifhennersdorf 74 B4
Seignelay 12 F4
Seignelégier 36 C5
Seilhac 17 D7
Seillans 19 D8
Seimeni 84 B4
Seinäjoki 64 B3
Seini 78 B1
Seinsheim 40 E5
Seipäjärvi 61 D8
Seirijai 72 B6
Seissan 21 B7
Seitajärvi 61 C10
Şeitin 77 E9
Seix 21 C8
Seixal 24 F2
Sejerby 44 E5
Sejerslev 44 C2
Sejet 44 E3
Sejny 72 B5
Sekkemo 58 D5
Šekovići 81 C8
Sękowa 73 E2
Sękowo 70 F5
Sel S 52 B5
Sel S 55 H9
Sela 76 F1
Selånger 52 C5
Selanovtsi 82 D6
Selänpää 65 E7
Selargius 32 G3
Şelaru 83 B8
Selattyn 8 B5
Selaya 23 B10
Selb 41 D8
Selbekken 54 H2
Selbitz 41 C7
Selbu 51 B8
Selbustrand 51 B8
Selby 5 F9
Selcë 81 G10
Selce HR 80 B1
Selce SK 75 G10
Selci Đakovački 76 G4
Selde 44 C2
Selegas 32 G3
Selendi 85 G6
Selenicë 86 D2
Selent 42 B6
Selero 87 C11
Sélestat 13 E10
Selet S 56 C4
Selet S 56 F2
Seleuş 77 E10
Seleuš 77 G9
Selevac 82 B1
Seleznevo 65 F9
Selfjord 57 D1
Sēļi 66 E6
Selice 76 A4
Şelimbăr 78 F3
Selimiye 88 E3
Selimpaşa 85 B5
Selimşahlar 85 G3
Selishtë 86 B3
Selishte 82 G5
Selište 82 C3
Selitë 86 C2
Selja 52 F2
Selje 50 D2
Seljeli 54 B6
Seljelynes 58 E2
Seljenes 59 C7
Seljord 48 D5
Selkäjärvi 60 D4
Selkälä 61 E11
Selkirk 5 B7
Selkopp 59 B7
Selkoskylä 63 C10
Sella 27 G10
Sellano 32 B6
Sellasia 88 D5
Selles-St-Denis 15 G11
Selles-sur-Cher 15 G11
Sellia 89 G8
Sellia Marina 31 F9
Sellières 36 D3
Sellindge 9 E11
Selling 44 D4
Sellingen 11 B9
Sellrain 38 D4
Sellye 76 F4
Selm 11 E10
Selmes 24 G4
Selmsdorf 42 C6
Selnes N 54 G2
Selnes N 57 C5
Selnes N 58 E2
Selo 81 C8
Selommes 15 F10
Selongey 12 F6
Selonnet 19 C7
Selow 43 C8
Seløy 54 B5
Selsey 9 F8
Selsingen 42 D4
Selsjön 52 A5
Selsøyvika 54 A5
Selters (Westerwald) 11 G10
Seltjäm 55 G10
Seltz 40 F2
Selva E 29 F9
Selva I 31 B10
Selva N 54 G2
Selva dei Molini 38 E5
Selva di Progno 35 B7
Selva di Val Gardena 38 F5
Selvær 54 A5
Selvåg 54 G1
Selvazzano Dentro 35 C8
Selvino 34 B5
Selyatyn 78 B4
Selzthal 39 D9
Sem 49 D7
Seman 86 C1
Sembadel 17 D11
Sembrancher 36 F5
Sēme 66 G4
Séméac 21 B7
Sémelay 17 A11
Semeliškės 69 F7
Semeljci 76 G5
Semeni 79 C9
Semenivka 79 E12
Semerovo 76 A4
Semič 39 H10
Semide 24 B3
Semily 74 C5
Seminara 31 G7
Semizovac 81 D7
Semlac 77 E9
Semlow 43 B9
Semmenstedt 42 F6
Semoutiers-Montsaon 12 E6
Sempach 37 C7
Šempeter 35 B11
Semproniano 32 B4
Semriach 39 D10
Šemša 73 G2
Šemševo 82 G1
Semur-en-Auxois 12 G5
Semur-en-Brionnais 17 B11
Semussac 16 D3
Seňa 73 G2
Sena 20 E6
Senales 38 E4
Senarpont 15 B11
Sénas 18 D5
Šenčur 39 F9
Send 9 E8
Senden D 11 D10
Senden D 40 G5
Sendenhorst 11 D10
Sendim 22 F6
Şendreni 79 G9
Şendriceni 78 B6
Senec 75 H8
Seneffe 10 G5
Seneghe 32 F2
Senes 29 D8
Senez 19 C7
Senftenberg A 39 B11
Senftenberg D 43 G10
Sengouagnet 21 C8
Senhora do Rosário 24 E5
Senica 75 G7
Senice na Hané 75 E7
Senigallia 35 F11
Senis 32 F2
Senise 31 C8
Senj 80 B2
Senje 82 C2
Senjehesten 57 B5
Senjehopen 57 B5
Senjski Rudnik 82 C2
Sen'kava 69 C11
Šenkvice 75 G7
Senlis 12 C3
Sennan 45 C7
Sennariolo 32 E2
Sennecey-le-Grand 36 D2
Sennels 44 C2
Sennen 8 H1
Sennewitz 41 A7
Sennik 83 E8
Sennori 32 D2
Sennwald 37 C8
Sennybridge 8 D4
Senohrad 75 G10
Senokos 84 D4
Senonches 15 D10
Senones 13 E9
Senorbì 32 G3
Senouillac 17 G8
Senovo 83 D10
Senožeče 35 B12
Sens 12 E4
Sens-de-Bretagne 14 E6
Senta 77 F7
Sentein 21 C8
Senterada 21 D8
Šentilj 39 F11
Šentjernej 39 G10
Šentjur pri Celju 39 F10
Senuc 12 C6
Şeon 37 C7
Şepak 81 C9
Sepekov 74 E3
Sepino 33 D9
Sępólno Krajeńskie 71 D7
Sępolno Wielkie 70 C6
Seppois-le-Bas 36 C5
Şepreuş 77 D10
Septèmes-les-Vallons 18 D5
Septemvri 83 G7
Septemvriytsi 82 D5
Septeuil 15 D11
Septfonds 17 G7
Septmoncel 36 E3
Sepúlveda 23 F10
Sequals 39 G7
Sequeros 24 A7
Seraincourt 12 B5
Seraing 11 G7
Séranon 19 D8
Seravezza 34 F6
Şerbăneşti 83 B7
Şerbettar 85 B2
Şercaia 78 F4
Serdiana 32 G3
Sereď 75 H8
Seredka 67 E10
Seredyne 73 G4
Seredžius 68 E6
Seregélyes 76 C5
Seregno 34 B4
Séreilhac 16 C6
Sérene 69 B8
Sérent 14 F5
Serényfalva 75 G12
Serfaus 38 E4
Sergen 85 A4
Sergines 12 E4
Sergnano 34 C5
Serhat 85 E2
Serhiyivka 79 B12
Seriate 34 B5
Sérifontaine 15 C11
Serifos 89 D8
Sérignan 18 E2
Sérignan-du-Comtat 18 C5
Serina 34 B5
Serino 30 B6
Serinyà 21 D11
Sermaises 12 E2
Sermaize-les-Bains 12 D6
Sermano 19 F11
Sermenin 86 C6
Sermide 35 D8
Sermite 68 B4
Sermoneta 32 D6
Sermoyer 36 E2
Sērmūkši 67 G7
Sernancelhe 22 G4
Serno 43 G8
Serock PL 71 D7
Serock PL 72 F3
Serokomla 72 G4
Serón 29 D8
Serón de Nájima 20 F3
Seròs 21 F7
Serpa 25 H4
Serpins 24 B3
Serpneve 79 E11
Serqueux 13 F7
Serquigny 15 C10
Serra 27 E10
Serracapriola 33 D10
Serrada 23 F8
Serra de'Conti 35 G10
Serra de Outes 22 C2
Serradifalco 30 F4
Serra-di-Ferro 19 G10
Serradilla 24 C7
Serradilla del Arroyo 24 A6
Serra-di-Scopamène 19 G11
Serramanna 32 G2
Serramazzoni 35 E7
Serranillos 26 D2
Serra Riccò 34 E4
Serra San Bruno 31 F8
Serrastretta 31 E8
Serravalle 35 F9
Serravalle di Chienti 35 H10
Serravalle Scrivia 34 D3
Serre 30 B6
Serrejón 24 C7
Serrenti 32 G2
Serres F 18 B6
Serres GR 87 C8
Serres-Castet 20 B6
Serri 32 F3
Serriera 19 F10
Serrière-de-Briord 36 F3
Serrières 36 G2
Serrig 13 B8
Serritslev 44 B3
Serrungarina 35 F10
Sers 16 D5
Sersale 31 E9
Sertã 24 C4
Sertolovo 65 G11
Servance 13 F8
Serverette 17 E10
Servia 86 E6
Servian 18 D2
Serviana 86 F4
Servigliano 35 H11
Servon-sur-Vilaine 14 E6
Servoz 36 F5
Sery 12 B5
Serzedo 22 G2
Sesa 20 E6
Sesava 68 B6
Seseña 26 D4
Seskarö 56 C6
Seskinore 6 F5
Sesma 20 D3
Sessa Aurunca 33 E8
Sessa Cilento 30 C6
Ses Salines 29 F10
Seßlach 40 D6
Şesta Godano 34 E5
Şestanovac 80 E5
Sestao 23 B12
Sestino 35 F9
Sesto 38 F6
Sesto al Reghena 35 B10
Sesto Calende 34 B3
Sesto Campano 33 D8
Şesto Fiorentino 35 F7
Šeštokai 72 B6
Sestola 35 E7
Sesto San Giovanni 34 C4
Sestriere 19 A8
Sestri Levante 34 E4
Sestrimo 82 G6
Sestroretsk 65 G11
Şestu 32 G3
Šešuoliai 69 E8
Sesvete 39 G11
Şeta 89 A7
Šėta 69 E7
Sète 18 D3
Setenil 28 E4
Setermoen 58 F2
Seternes 50 C4
Setiles 20 G4
Şetivoho 81 E9
Šetonje 82 C2
Setter 3 C12
Settimo San Pietro 32 G3
Settimo Torinese 34 C2
Settimo Vittone 34 C2
Settle 5 E7
Setúbal 24 F2
Seubersdorf in der Oberpfalz 41 F7
Seui 32 F3
Seuil-d'Argonne 12 D6
Seulingen 40 A5
Seulo 32 F3
Seurre 12 G6
Seva 21 E10
Sevar 83 C11
Sevaster 86 D2
Sevel 44 D2
Sevenoaks 9 E9
Sevenum 11 E8
Sévérac-le-Château 17 F10
Sever do Vouga 22 G3
Severin 76 F2
Severinovca 79 A10
Severnyak 84 C3
Şeveso 34 B4
Ševětín 74 F3
Sevettijärvi 59 E10
Sevid 80 E4
Sévignacq 20 B6
Sevilla 25 J7
Sevilla la Nueva 26 D4
Sevilleja de la Jara 26 F2
Şevketiye 85 D4
Şevlievo 83 E8
Sevnica 39 G10
Sevojno 81 D10
Sévrier 36 F4
Sexdrega 45 B7
Seyches 16 F5
Seyda 43 G9
Seymen TR 85 B4
Seymen TR 85 B5
Seyne 19 C7
Seynes 17 G12
Seynod 36 F4
Seyrek 85 G3
Seyssel 36 F3
Seysses 21 B9
Sežana 35 B12
Sézanne 12 D4
Sezemice 74 D5
Sezimovo Ústí 74 E4
Sezze 32 D6
Sfaka 89 G11
Sfakia 89 G8
Sfântu Gheorghe RO 78 F5
Sfântu Gheorghe RO 84 B2
Sfendami 87 D7
Sfinţeşti 83 C8
Sgiogarstaigh 2 B3
's-Gravendeel 10 E6
's-Gravenhage 10 D5
's-Gravenpolder 10 E5
's-Gravenzande 10 D5
Sgurgola 32 D6
Shabla 84 D4
Shaftesbury 8 F6
Shalfleet 9 F7
Shalwy 6 F4
Shanacrane 7 N3
Shanagolden 7 L3
Shanavogh 7 K3
Shankill 7 J7
Shanklin 9 F8
Shantonagh 6 G6
Shanvus 6 F4
Shap 5 D7
Sharashova 72 F7
Sharavogue 7 K5
Sharkawshchyna 69 E11
Sharkovo 84 G2
Shats'k 73 A6
Shchomyslitsa 69 H11
Shchyrets' 73 E6
Sheddings, The 6 E7
's-Heerenberg 11 D8
Sheerness 9 E10
Sheffield 5 G8
Shefford 9 D9
Shelekhove 79 B12
Shëmri 81 H11
Shëngjergj 86 B3
Shëngjin 86 A2
Shepit 78 B4
Shepshed 9 B7
Shepton Mallet 8 E6
Sherborne 8 F6
Sherborne St John 9 E8
Sherburn in Elmet 5 F9
Shercock 6 G6
Sheringham 9 B11
Sherston 8 E6
's-Hertogenbosch 11 E7
Shetaj 86 B2
Shevchenkove 79 F11
Shieldaig 2 D3
Shifnal 8 B6
Shijak 86 B2
Shildon 5 D8
Shillelagh 7 K6
Shinfield 9 E8
Shinness Lodge 2 C5
Shinrone 7 K5
Shipka 83 F9
Shipkovo 83 E7
Shipley 5 F8
Shipston on Stour 9 D7
Shipton 8 C5
Shiroka Lŭka 87 B10
Shirokë 81 H9
Shivachevo 83 F10
Shkodër 81 H9
Shkorpilovtsi 84 E3
Shmoylovo 67 F11
Sho 69 E12
Shoreham-by-Sea 9 F9
Shotts 4 B5
Shrewsbury 8 B5
Shrewton 8 E6
Shrigley 6 F7
Shrivenham 9 D7
Shrule 7 H3
Shtëpaj 86 C2
Shtërmen 86 C2
Shtiqën 81 H11
Shtit 83 G10
Shtrŭklevo 83 D10
Shumen 84 E2
Shushicë 86 C3
Shymkove 79 B12
Shyroke UA 73 H5
Shyroke UA 79 F12
Shyryayeve 79 C12
Siabost 2 C2
Siamanna 32 F2
Sianów 70 B5
Şiatista 86 E5
Šiaulėnai 68 D6
Šiauliai 68 C6
Sibari 31 D8
Sibbhult 45 D9
Şibbo 64 G6
Šibenik 80 D3
Sibinj 76 G4
Sibiu 78 F3
Sible Hedingham 9 D10
Sibnica 81 C11
Sibo 52 E4
Şibot 78 F1
Šibsey 5 G10
Sic 78 D2
Sićevo 82 D3
Sicheviţa 82 B3
Sicienko 71 D7
Siciny 70 G5
Sickte 42 F6
Şicula 77 E10
Şiculeni 78 E5
Şiculiana 30 F3
Šid 75 H11
Šid 76 G6
Sidari 86 F2
Sidbury 8 F5
Sidcup 9 E9
Siddeburen 11 B9
Siddi 32 F2
Sideby 64 C2
Sidensjö 52 A6
Siderno 31 G8
Sidgunda 66 G6
Sidirokastro GR 87 C8
Sidirokastro GR 88 D4
Sidironero 87 B9
Sidmouth 8 F5
Sidrabiņi 67 G7
Sidsjö 52 B3
Sidskogen 52 E3
Sidzina 75 C8
Siebe 58 F6
Siebenlehn 41 B9
Siecieborzyce 70 G4
Sieciechów 72 H3
Siedlanka 73 D3
Siedlce 72 F4
Siedlec 70 F5
Siedlice 70 C4
Siedliska 73 E2
Siedlisko PL 70 E5
Siedlisko PL 70 G5
Siedliszcze PL 73 B5
Siedliszcze PL 73 B6
Siegburg 11 G9
Siegen 11 F10
Siegenburg 41 G7
Sieggraben 76 B1
Sieghartskirchen 39 B11
Siegsdorf 38 C6
Sieima 58 E4
Siek 42 C6
Siekasjärvi 60 E6
Siekkinen 63 B9
Sielec 73 B5
Sielnica 75 G10
Siemianowice Śląskie 75 C10
Siemianówka 72 E6
Siemiatycze 72 F5
Siemień 72 G5
Siemkowice 75 B10
Siemyśl 70 C4
Siena 35 G8
Sieniawa 73 D4
Sieniec 75 B9
Siennica 72 G3
Siennica Różana 73 B5
Sienno 73 B2
Sieppijärvi 60 D6
Siepraw 75 D11
Sieradz 71 H8
Sieraków PL 70 E5
Sieraków PL 75 C9
Sierakówek 71 F9
Sierakowice 71 B7
Sierck-les-Bains 13 C8
Sierentz 36 B6
Sierksdorf 42 B6
Siernczyno 70 D5
Sierndorf 39 B11
Sierning 39 C9
Sieroszewice 71 G7
Sierpc 71 E9
Sierra de Fuentes 24 D7
Sierra de Luna 20 E5
Sierra de Yeguas 28 E4
Sierra Engarcerán 27 D11
Sierre 36 E6
Sierro 29 D8
Siershahn 11 G10
Siersleben 43 G7
Siete Iglesias de Trabancos 23 F8
Sietow 43 D9
Şieu 78 C3
Şieu-Măgheruş 78 C3
Şieu-Odorhei 78 C3
Şieuţ 78 D3
Sieversdorf 43 E8
Sieverstedt 44 G3
Sievi 62 F5
Sievin asema 62 F5
Siewierz 75 C10
Sifferbo 52 G3
Sifjord 57 B5
Sig 44 E2
Sigean 21 C11
Sigerfjord 57 C3
Siggelkow 43 D8
Siggerud 49 C8
Sigglesthorne 5 F10
Sighetu Marmaţiei 78 B2
Sighişoara 78 E4
Sigillo 35 G10
Sigmaringen 37 B8
Sigmaringendorf 37 B8
Sigmen 84 F2
Sigmundsherberg 39 B11
Signa 35 F7
Signau 36 D6
Signes 18 E6
Signy-l'Abbaye 12 B5
Signy-le-Petit 12 B5
Sigogne 16 C4
Sigoulès 16 E5
Sigri 85 F1
Sigtuna 47 B9
Sigüeiro 22 C2
Sigüenza 20 G2
Sigües 20 C5
Sigulda 66 G6
Sihelné 75 E10
Sihtuuna 61 F7
Sihva 67 E8
Siikainen 64 D2
Siikajoki 62 D5
Siika-Kämä 61 E8
Siikakoski 65 D8
Siilinjärvi 65 A8
Siimusti 67 D8
Siironen 62 E4
Siivikko 63 C8
Sijarinska Banja 82 F2
Sijekovac 76 G4
Sikås 55 G8
Sikea 87 E9
Sikeå 56 F3
Sikfors 56 C3
Sikinos 89 E9
Sikirevci 76 G5
Siklós 76 F4
Siknäs 56 B5
Sikole 82 C4
Sikórz 71 E9
Sikovuono 59 F9
Sīkrags 66 F2
Siksele 56 E1
Siksjö S 55 E10
Siksjö S 55 F10
Siksjön 52 D2
Siksjönäs 55 E9
Sikšņi 68 C3
Sil 55 G9
Šilajāņi 69 C10
Šilalė 68 D4
Silandro 38 F4
Silanus 32 E2
Šilavėveri 69 C8
Šilavotas 68 F6
Silba 80 C1
Silbaš 76 G6
Silene 69 D10
Silenen 37 D7
Silenrieux 12 A5
Siles 29 B8
Silfiac 14 E4
Siligo 32 E2
Šilindia 77 E10
Siliqua 32 G2
Siliştea RO 79 G9
Siliştea RO 83 B9
Siliştea RO 84 B4
Siliştea Crucii 82 C5
Siliştea Nouă 83 B8
Silistra 84 C2
Silivaşu de Câmpie 78 D3
Silivri 85 B5
Siljan 49 D7
Siljansnäs 52 F2
Siljeåsen 55 F8
Silkeborg 44 D3
Silla 27 F10
Sillamäe 67 B9
Sillano 34 E6
Sillanpää 62 G4
Sillans-la-Cascade 19 D7
Sillebotten 46 C3
Silleda 22 C3
Sillé-le-Guillaume 15 E8
Sillerö 51 G11
Sillian 38 E6
Silloth 4 D6
Sillre 52 B4
Silnowo 70 C5
Silo 80 B1
Sils CH 37 E9
Sils E 21 E11
Silsjönäs 55 G9
Siltaharju 61 B9
Siltakylä 65 F7
Silte 47 G9
Šilukalns 69 B10
Šilutė 68 E3
Šiluva 68 D6
Silva 67 F7
Silvalde 22 G2
Silvalen 54 C5
Silvaplana 37 E9
Silvares 24 B4
Silveiras 24 F3
Silverdalen 45 B11
Silvermines 7 K4
Silverstone 9 D8
Silverton 8 F4
Silvi 33 B8
Silz 38 D4
Simala 32 F2
Simancas 23 F8
Şimand 77 E10
Simandre 36 D2
Šimanovci 81 B10
Simantra 87 D8
Simat de la Valdigna 27 G10
Simav 85 F6
Simaxis 32 F2
Simbach 41 G9
Simbach am Inn 41 H9
Simbario 31 F8
Simeå 52 E4
Simeonovgrad 83 G9
Simeria 78 F1
Simeri-Crichi 31 F9
Simested 44 C3
Şimian RO 77 C11
Şimian RO 82 B4
Simiane-la-Rotonde 18 C6
Simićevo 82 B2
Siminicea 78 B6
Simitli 82 G5
Simlångsdalen 45 C7
Şimleu Silvaniei 77 C12
Simmelsdorf 41 E7
Simmerath 11 G8
Simmerberg 37 C9
Simmern (Hunsrück) 13 B10
Simnas 72 B6
Simnicu de Sus 82 B6
Simo 62 B6
Simola 65 E9
Şimoneşti 78 E4
Simoniemi 61 G7
Simonkangas 63 B7
Simonkylä 62 B6
Simonsberg 42 B4
Simonstorp 47 D7
Şimontornya 76 D5
Simonys 69 D8
Simopoulo 88 C3
Simorre 21 B8
Simos 88 B4
Simpelveld 11 F7
Simplon 36 E6
Simremarken 45 F7
Simrishamn 45 F9
Simskardet 54 D6
Simuna 67 C8
Sinabelkirchen 39 E11
Sinaia 78 G5
Sinalepa 66 C4
Sinalunga 35 G8
Sinanlı 85 B3
Sinarades 86 F2
Sinarcas 27 E8
Şinca 78 F4
Sindal 44 B4
Sindel 84 E3
Sindelfingen 40 G3
Sindi 66 D5
Sindia 32 E2
Sındırgı 85 F5
Sindos 87 D7
Sinekçi 85 D3
Sinekli 85 B5
Sinemorets 84 G3
Sines 25 H2
Sineşti RO 79 C8
Sineşti RO 82 A6
Sineşti RO 83 B10
Sinetänsalmi 61 E7
Sinettä 61 E7
Sineu 29 F10
Singen (Hohentwiel) 37 B8
Singsjön 52 B3
Singureni 83 C10
Singusdal 48 D6
Sinimäe 67 B9
Siniscola 32 E3
Sinj 80 D5
Sinlabajos 23 G8
Sin-le-Noble 10 G3
Sinn 40 C2
Sinnai 32 G3
Sinnes 48 E3
Sinoie 84 B5
Sinole 67 G8
Sinopoli 31 G7
Sins 37 C7
Sinsheim 40 F3
Şintautai 68 F5
Šintava 76 A3
Sintea Mare 77 D10
Şintereag 78 C3
Şinteu 77 C11
Sintra 24 F1
Sinzheim 40 G2
Sinzig 11 G9
Sióagárd 76 E5
Siófok 76 D4
Sion CH 36 E5
Sion RO 78 G6
Sion Mills 6 E5
Şipca 79 C12
Şipinen 63 E9
Šipkovica 82 G1
Sipola 62 E6
Şipote 79 C8
Şipotina 79 C9
Šipovo 80 C5
Sipplingen 37 B8
Sippola 65 F8
Sira 48 F3
Sirač 76 F3
Siracusa 30 G6
Siran 17 E8
Siret 78 B6
Sireţel 79 C7
Sirevåg 48 F2
Sirgala 67 B9
Şiria 77 E10
Şirig 77 G7
Şirineasa 83 A7
Širitovci 80 D4
Siriu 78 G6
Sirkka 61 B7
Sirkkakoski 60 E6
Sirkkamäki 65 B7
Sirma 59 D9
Sirmione 34 C6
Şirna 83 A10
Sirnach 37 C8
Sirniö 63 B9
Sirnitz 39 E8
Sirod 36 D4
Sirogojno 81 E10
Sirok 77 B8
Sirolo 35 G11
Siròr 38 G5
Siruela 26 G2
Şirutiškis 68 E6
Širvintos 69 E8
Sisak 76 G1
Sisante 27 F7
Şişcani 79 D9
Šisco 19 E12
Sises 89 F9
Şişeşti RO 78 B2
Şişeşti RO 82 B4
Şişli 85 B6
Sissa 34 D6
Sissach 36 C6
Sissonne 12 B4
Şiştarovăţ 77 E10
Sistelo 22 E3
Sisteron 18 C6
Sistranda 54 G1
Sistrans 38 D5
Sita Buzăului 78 F6
Sitaniec 73 C5
Siteia 89 G11
Sitges 21 F9
Sitkówka-Nowiny 73 C1
Sitnica 80 C5
Sitochori 87 C8
Sitovo 84 C2
Sittard 11 F7
Sittensen 42 D5
Sittersdorf 39 F9
Sittingbourne 9 E10
Sittsy 69 F11
Sitzendorf an der Schmida 39 B11
Sitzenroda 43 H9
Siulaisiadar 2 C3
Siuntio 64 G5
Siuro 64 D4
Siurua 63 C7
Siurunmaa 61 C9
Sivac 76 F6
Sivakka 63 F10
Sivakkajoki 61 F7
Sivakkavaara 65 A9
Siverić 80 D4
Siverskiy 67 B12
Sivertgården 55 C7
Sivry 12 A5
Sivry-sur-Meuse 12 C6
Sixarby 52 G6
Sixmilebridge 7 K4
Sixmilecross 6 F6
Six Road Ends 6 F7
Sixt-Fer-à-Cheval 36 F5
Sizun 14 E3
Sjemeć 81 D9
Sjenica 81 E10
Sjetlina 81 D8
Sjoa 50 E6
Sjøåsen 54 F4
Sjöbo 45 E8
Sjöbotten 56 E3
Sjöbrånet 56 E2
Sjøholt 50 C3
Sjølund 44 F3
Sjömarken 46 F3
Sjonbotn 54 B6
Sjørring 44 C2
Sjørslev 44 D3
Sjørup 44 D2
Sjösa 47 D8
Sjösäter 47 A10
Sjötofta 45 B8
Sjötorp 46 D5
Sjoutnäset 55 E7
Sjøvassbotn 58 E2
Sjøvegan 57 C6
Sjövik 46 F3
Sjulsåsen 55 F7
Sjulsmark 56 C4
Sjunnen 45 B10
Sjuntorp 46 E3
Sjursvik 57 B5
Skademark 56 G1
Skælsør 44 F5
Skærbæk 44 F2
Skævinge 44 E6
Skaftung 64 C2
Skagen 44 A4
Skagersvik 46 D5
Skäggebyn 46 C3
Skagshamn 53 A7
Skaidi 59 C7
Skaidiškės 69 F8
Skaill 3 E10
Skaista 69 C11
Skaistgiriai 69 D7
Skaistgirys 68 C6
Skaistkalne 69 C7
Skala GR 87 H7
Skala GR 88 B2
Skala GR 88 E5
Skala GR 89 D12
Skała 75 D11
Skala Eresou 85 F1
Skala Kallonis 85 F1
Skala Marion 87 D10
Skålan 52 C2
Skaland 57 B5
Skala Oropou 89 B7
Skálavík 3 B9
Skalbmierz 75 C12
Skåle 54 F6
Skålevik 48 G5
Skälgården 52 B5
Skáli 3 B9
Skalica 75 F7
Skalice 74 C3
Skalité 75 E10
Skalitsa 83 G10
Skallelv 59 C12
Skällinge 44 B6
Skallvik 47 E8
Skalmodal 55 D7
Skalmsjö 55 G10
Skalná 41 D8
Skålö 52 G2
Skaloti 87 B9
Skals 44 D3

Skålsjön 52 F3
Skalstugan 54 G5
Skålsvik 57 F2
Skålvallen 52 D3
Skån 52 D4
Skanderåsen 52 B2
Skanderborg 44 E3
Skånes-Fagerhult 45 D8
Skåne-Tranås 45 E8
Skånevik 48 C2
Skåningsbukt 58 D3
Skaņkalne 66 E6
Skänninge 46 E6
Skanör med Falsterbo 45 F7
Skansbacken 52 G2
Skansen 54 G3
Skansholm 55 E9
Skansnäs S 55 C9
Skansnäs S 55 D8
Skansnäset 55 F8
Skåpafors 46 D3
Skąpe 70 F4
Skapiškis 69 D8
Skår 48 D3
Skara 46 E4
Skäran 56 F3
Skarberget 57 D4
Skärblacka 47 E7
Skarda 55 F11
Skardmodalen 55 D7
Skardmunken 58 D3
Skardstein 57 B4
Skardsvåg 59 A8
Skare 48 C3
Skåre 46 C4
Skärhamn 46 F2
Skarkdalen 51 C10
Skärkind 47 E7
Skarnes 51 H9
Skärplinge 52 G6
Skarp Salling 44 C3
Skarrild 44 E2
Skärså 52 E5
Skarsfjord 58 D2
Skärsjövålen 51 D11
Skarstad 57 D4
Skärstad 46 F5
Skarsvåg 57 B6
Skarszewy 71 C8
Skårup 44 G4
Skarv 58 C5
Skärvången 55 G7
Skarvfjordhamn 58 B6
Skarvsjöby 55 E10
Skaryszew 73 B2
Skarżysko-Kamienna 73 B1
Skasenden 51 G9
Skästra 52 D4
Skatamark 56 B4
Skatan 52 D5
Skattkärr 46 C4
Skattungbyn 52 F2
Skatvik 57 B5
Skaudvilė 68 D5
Skaugvoll 57 G2
Skaulo 60 C3
Šķaune 69 C11
Skavdal 57 B4
Skave 44 D2
Skavnakk 58 C4
Skawina 75 D11
Skebobruk 47 B10
Skebokvarn 47 D8
Skeda udde 46 E6
Šķēde 66 G3
Skede 45 B10
Skedevi 47 D7
Skedsmokorset 49 C8
Skee 46 D2
Skegness 5 G11
Skegrie 45 F7
Skei N 50 E3
Skei N 54 D4
Skela 81 C10
Skelby 44 F5
Skelde 44 G3
Skelhøje 44 D3
Skellefteå 56 E3
Skelleftehamn 56 E3
Skelmersdale 5 F7
Skelton 5 D9
Šķeltova 69 C10
Skelund 44 C4
Skelwick 3 E10
Skėmiai 68 D6
Skender Vakuf 80 C6
Skenfrith 8 D5
Skepasto 88 B4
Skępe 71 E9
Skepplanda 46 F3
Skeppshamn 52 C6
Skeppshult 45 B8
Skeppsmalen 53 A7
Skerries 7 H7
Skhidnytsya 73 F5
Ski 49 C8
Skiathos 87 G8
Skibbereen 7 N3
Skibbild 44 D2
Skibby 44 E6
Šķibe 68 B6
Skibinge 44 F6
Skibotn 58 E3
Skiemonys 69 D8
Skien 49 D7
Šķieneri 67 G8
Skierbieszów 73 C5
Skierniewice 71 G10
Šķilbēni 67 G9
Skillebotn 54 D5
Skillefjordnes 58 C6
Skillingaryd 45 B8
Skillinge 45 F9
Skillvassbakk 57 D4
Skinias 89 G10
Skinnarud 51 G7
Skinnskatteberg 47 B7
Skipagurra 59 C10
Skipmannvik 57 F3
Skipness 4 B4
Skipsea 5 F10
Skipton 5 F8
Skiptvet 49 D8
Skitenelv 58 D2
Skiti 87 F7
Skivarp 45 F8
Skive 44 D2
Skivjane 81 G11
Skivsjön 56 F2
Skiwy Duże 72 F5
Skjærhalden 49 E8
Skjåholmen 58 C6
Skjånes N 59 B10
Skjånes N 59 C9
Skjåvika 54 C6
Skjeberg 49 D8
Skjeggedal 48 E5
Skjelelv 57 C5
Skjellbreid 54 F6
Skjelman 58 D2
Skjelnes 58 E3
Skjelstad 54 G3
Skjelvik 57 F2
Skjern DK 44 E2
Skjern N 54 F3
Skjerstad 57 F3
Skjervøy 58 D4
Skjød 44 D3
Skjold 58 F2
Skjoldastraumen 48 D2
Skjolden 50 E4
Skjombotn 57 D5
Skjøtningberg 59 B9
Sklithro 87 F7
Skobelevo 83 F8
Skoby 47 B9
Skočivir 86 C5
Škocjan 39 G10
Skoczów 75 D9
Skodborg 44 F2
Skodje 50 C3
Skøelv 57 B6
Škofja Loka 39 G9
Škofljica 39 G9
Skog 52 F5
Skogaholm 46 D6
Skoganvarre 59 D7
Skoger 49 C7
Skogfoss 59 E11
Skoghall 46 C4
Skogly 59 E11
Skogmo 54 E4
Skogn 54 G4
Skogså 56 B4
Skogsby 45 C12
Skogsfjord 58 D2
Skogshöjden 46 E3
Skogstorp S 46 H3
Skogstorp S 47 C7
Skogstue 58 D6
Skogum 59 E11
Skoki 70 E6
Sköldinge 47 D7
Skole 73 F5
Skollenborg 49 C7
Sköllersta 46 C6
Skoltenes 57 C3
Skoltevatn 59 E11
Skołyszyn 73 E2
Skomlin 75 B9
Skonseng 55 B7
Skönvik 52 F5
Skopelos GR 85 F2
Skopelos GR 87 G9
Skopi 89 G11
Skopje 82 G2
Skopos GR 86 C5
Skopos GR 87 C10
Skopun 3 B9
Skórcz 71 C8
Skorica 82 D2
Skorild 50 B6
Skorogoszcz 75 C8
Skoroszyce 75 C7
Skorovatn 54 E5
Skorped 52 A6
Skorpetorp 45 B11
Skørping 44 C3
Skorstad 54 E4
Skórzec 72 F4
Skoteini 88 C5
Skotfoss 48 D6
Skotina 87 E7
Skotoussa 87 C8
Skotselv 49 C7
Skotterud 49 C9
Skottsund 52 C5
Skoura 88 D5
Skourta 89 B7
Skoutari GR 87 C8
Skoutari GR 88 E5
Skoutaros 85 F1
Skovby 44 D3
Skövde 46 E5
Skoved 52 B6
Skovlund 44 E2
Skovsgård 44 C3
Skra 86 C6
Skräddrabo 52 E3
Skradin 80 D3
Skråmestø 48 B1
Skranstad 57 E3
Skravena 82 E6
Skrea 45 C7
Skreia 51 G8
Skriaudžiai 68 F6
Skrinyano 82 F4
Skřipov 75 D8
Skrīveri 69 B8
Skröven 60 D4
Skrøytnes 59 E11
Skrudaliena 69 D10
Skrunda 68 B4
Skruv 45 C10
Skrwilno 71 E9
Skrzatusz 70 D6
Skrzyńsko 73 B1
Skrzyszów 73 D2
Skucani 80 D5
Skudeneshavn 48 D2
Skuhrov nad Bělou 74 D6
Skujene 66 G6
Skujetnieki 67 G9
Skuķi 69 C11
Skuldelev 44 E6
Skule 52 B6
Skulerud 49 C9
Skulgammen 58 D2
Skulsfjord 58 D2
Skulsk 71 F8
Skulte LV 66 F5
Skulte LV 66 G5
Skultorp 46 E5
Skultuna 47 B7
Skuodas 68 C3
Skurträsk 55 F11
Skurup 45 F8
Skuteč 74 D5
Skutskär 52 G5
Skutvik N 57 D3
Skutvik N 58 E2
Skwierzyna 70 F4
Skýcov 75 G9
Skydra 86 D6
Skyllberg 46 D6
Skylnäs 52 B3
Skyros 87 G10
Skyttmon 55 H8
Skyttorp 47 B9
Słabodka 69 D10
Słaboszów 75 C12
Sládkovičovo 76 A3
Slagavallen 51 D10
Slagelse 44 F5
Slagnäs 55 C11
Slaidburn 5 F7
Slaka 46 E6
Slampe 66 G4
Slane 7 H6
Slanec 73 G2
Slangerup 44 E6
Slănic 78 G6
Slănic Moldova 78 E6
Slano 81 F7
Slantsy 67 C10
Slaný 41 D10
Slap BIH 81 D9
Slap SLO 39 G8
Slap YU 81 G9
Šlapaberžė 68 D6
Šlapanice 75 F7
Släppträsk 55 D11
Slate 69 C9
Slatina BIH 80 B6
Slatina BIH 80 D6
Slatina BIH 81 C7
Slatina BIH 81 E8
Slatina HR 76 F3
Slatina RO 78 C6
Slatina RO 83 B7
Slatina YU 81 C10
Slatiňany 74 D5
Slatina-Timiș 77 G11
Slatino 86 B4
Slatinski Drenovac 76 F3
Slătioara RO 78 G2
Slătioara RO 83 B7
Slato 81 F7
Slättberg 52 F2
Slåttholmen 57 D3
Slättmon 52 B5
Slattum 49 C8
Slava Cercheză 84 A4
Slava Rusă 84 A4
Slaveino 87 B10
Slavičín 75 F8
Slavinja 82 E4
Slavkov 75 D8
Slavkovichi 67 F11
Slavkov u Brna 75 F7
Slavonice 74 F5
Slavonski Brod 76 G4
Slavošovce 75 G12
Slavotin 82 D5
Slavovitsa BG 82 F6
Slavovitsa BG 83 D7
Slavsk 68 E4
Slavs'ke 73 G5
Slavsko Polje 80 A3
Slavyani 83 E7
Slavyanovo BG 83 D8
Slavyanovo BG 83 E10
Slavyanovo BG 83 G9
Sława 70 G5
Sławatycze 72 G6
Sławęcin 71 C7
Sławków 75 C10
Sławno 70 B6
Sławoborze 70 C5
Sławsko 70 B6
Sleaford 5 G10
Sledmere 5 E10
Sleen 11 C9
Sleights 5 E9
Slemmestad 49 C7
Ślesin PL 71 D7
Ślesin PL 71 F8
Sletta 58 C5
Slevik 49 D8
Sliač 75 G10
Slidre 50 F6
Sliedrecht 10 D6
Šlienava 69 F7
Sligachan 2 E3
Sligeach 6 G4
Sligo 6 G4
Slimminge 44 F6
Slimnic 78 F3
Slinfold 9 F9
Slipra 54 G3
Slišane 82 E2
Slite 47 F10
Sliven 83 F10
Slivilești 82 B5
Slivnitsa 82 E5
Slivo Pole 83 C10
Śliwice 71 C8
Slobidka 79 B11
Slobozia MD 79 D12
Slobozia RO 83 B8
Slobozia RO 83 C9
Slobozia RO 84 B2
Slobozia Bradului 79 G7
Slobozia Ciorăști 79 F8
Slobozia Conachi 79 F9
Slobozia Mândra 83 C8
Slobozia Mare 79 F9
Slobozia Moară 83 B9
Slochteren 11 B9
Slöinge 45 C7
Słomniki 75 D11
Słonowice 70 C5
Słońsk 70 F3
Slootdorp 10 B6
Slotteskogen 47 B9
Slough 9 E8
Sloupnice 74 D6
Sløvåg 50 G1
Slovenj Gradec 39 F10
Slovenska Bistrica 39 F11
Slovenská Ľupča 75 G10
Slovenská Ves 75 F12
Slovenske Konjice 39 F10
Slovenský Grob 75 H7
Slovinci 76 G2
Slovinky 73 G1
Sløvra 57 D3
Slov''yanoserbka 79 D12
Słowik 71 G9
Słubice PL 70 F3
Słubice PL 71 F10
Sluderno 37 D10
Sluis 10 E4
Sluiskil 10 F4
Šluknov 74 B3
Slunj 80 B3
Słupca 71 F7
Słupcza 73 C3
Słupia PL 71 G10
Słupia PL 75 B11
Słupia PL 75 C11
Słupno 71 F10
Słupsk 70 B6
Slušovice 75 F8
Slussfors 55 D9
Słuszków 71 G8
Slyuda 61 C12
Smailholm 5 B7
Smålandsstenar 45 B8
Smalåsen 54 D6
Smalfjord 59 C10
Smalininkai 68 E5
Smalvos 69 D9
Smalyavichy 69 G12
Smârdan RO 79 G9
Smârdan RO 79 G9
Smârde 66 G4
Smârdioasa 83 C9
Smardzewice 75 A11
Smardzewo 70 F4
Smardzko 70 C5
Smarhon' 69 F10
Šmarje pri Jelšah 39 F11
Šmarjeta 39 G10
Šmartno SLO 39 F10
Šmartno SLO 39 F10
Smarves 16 B5
Smedby 45 C11
Smederevo 82 B1
Smederevska Palanka 82 B1
Smedjebacken 46 A6
Smedsbyn 56 B4
Smedvik 57 D2
Smeeni 79 G7
Smęgorzów 73 D2
Smelror 59 C12
Smelteri 69 B10
Smętowo Graniczne 71 C8
Smidary 74 D5
Smidstrup DK 44 D6
Smidstrup DK 44 E3
Śmigiel 70 G6
Smilavichy 69 H12
Smilčić 80 D3
Smilde 11 B8
Smilets 83 F7
Smilevo 86 C4
Smilgiai LT 68 F6
Smilgiai LT 69 C7
Smilgiai LT 69 D7
Smilgynai 68 D3
Smilovci 82 E4
Śmiłowice 71 F9
Śmiłowo 70 D6
Smiltene 67 F7
Smiltynė 68 D3
Smilyan 87 B10
Smines 57 C3
Smiřice 74 C5
Smirnenski BG 82 D5
Smirnenski BG 83 D10
Smiugard 50 F6
Smižany 73 F1
Smögen 46 E2
Smokvica HR 80 F5
Smokvica MK 86 C6
Smołdzino 70 A6
Smolenice 75 G8
Smolice 70 G6
Smolmark 46 C3
Smolnica 70 E3
Smolník 73 G1
Smolyan 87 B10
Smolyanovtsi 82 D5
Smørfjord 59 C7
Smulți 79 F9
Smyadovo 84 E2
Smygehamn 45 F8
Smyków 75 B12
Snagov 83 B10
Snainton 5 E10
Snaith 5 F9
Snålroa 51 G9
Snappertuna 64 G4
Snaptun 44 E3
Snarby 58 D3
Snåre 62 F4
Snartemo 48 F4
Snåsa 54 F5
Snave Bridge 7 N3
Snedsted 44 C2
Sneek 11 B7
Sneem 7 N2
Snejbjerg 44 D2
Snēpele 66 G2
Snerta 51 E9
Snertinge 44 E5
Snesslinge 52 G6
Snesudden 60 F3
Snettisham 9 B10
Śniadowo 72 E4
Sniķere 68 B5
Snina 73 F3
Šnjegotina Velika 80 C6
Snøde 44 G5
Snøfjord 59 B7
Snogebæk 45 G10
Snoghøj 44 F3
Snoldelev 44 F6
Soajo 22 E3
Șoarș 78 F4
Soave 35 C7
Søberg 57 C2
Sobernheim 13 B10
Soběslav 74 F4
Sobienie-Jeziory 72 G3
Sobieszyn 73 A3
Sobolew 72 G3
Sobota 71 F9
Soboth 39 F10
Sobotín 75 D7
Sobotište 75 G8
Sobotka 74 C4
Sobótka PL 71 G7
Sobótka PL 73 C3
Sobótka PL 75 B7
Sobowidz 71 B8
Sobradelo 22 D5
Sobradiel 27 A9
Sobrado E 22 C3
Sobrado E 22 D3
Sobral da Adiça 25 H5
Sobrance 73 G3
Sobreira 22 F3
Sobreira Formosa 24 C4
Søby 44 G4
Soča 39 F8
Sočanica 82 E1
Socchieve 39 F7
Sočerga 35 C12
Sochaczew 72 F2
Sochaux 36 C5
Sochocin 72 E2
Sochos 87 C8
Socodor 77 D10
Socol 82 A2
Socond 77 B12
Socovos 29 B9
Socuéllamos 26 F6
Sodankylä 61 C8
Söderåkra 45 D11
Söderala 52 E5
Söderås 52 F3
Söderbärke 46 B6
Söderboda 52 G6
Söderby-Karl 47 B10
Söderfors 52 G5
Söderhamn 52 E5
Söderköping 47 E7
Söderkulla 64 G6
Södersvik 47 B10
Södertälje 47 C9
Södra Åbyn 56 E3
Södra Brännträsk 56 C2
Södra Drängsmark 56 D3
Södra Harads 56 B3
Södra Johannisberg 55 D11
Södra Löten 51 F10
Södra Sandby 45 E8
Södra Sandträsk 60 G2
Södra Sunderbyn 56 C4
Södra Tresund 55 E9
Södra Vallgrund 62 G2
Södra Vi 47 F7
Sodražica 39 G9
Soerendonk 11 F7
Soest D 42 G3
Soest NL 10 D6
Sofades 86 F6
Sofia 79 B9
Sofiko GR 85 B2
Sofiko GR 88 C6
Sofiya 82 F5
Sofporog 63 B12
Șofrâncani 79 A8
Șofronea 77 E9
Sofronievo 82 D6
Søften 44 D3
Søftestad 48 D5
Sögel 11 B10
Sogndalsfjøra 50 F4
Søgne 48 G5
Soğucak TR 85 A4
Soğucak TR 85 F4
Soğucak TR 88 D2
Söğüt 88 F4
Söğütalan 85 D5
Söğütcük 85 F5
Soham 9 C10
Sohatu 83 B11
Sohodol 78 E1
Sohren 13 B9
Soidinkumpu 63 B9
Soidinvaara 63 E9
Soignies 10 G5
Soikko 62 B6
Șoimari 78 G6
Șoimi 77 D11
Șoimuș 77 F12
Soings-en-Sologne 15 G11
Soini 64 B5
Soinilansalmi 65 B9
Soinlahti 63 F8
Soire-le-Château 12 A5
Soissons 12 C4
Soivio 63 B10
Soizy-aux-Bois 12 D4
Sójkowa 73 D3
Söjtör 76 D2
Söke 88 D3
Soklot 62 G3
Sokna 51 H7
Soknedal 51 B7
Sokobanja 82 D3
Sokojärvi 63 G11
Sokolac 81 D8
Sokolany 72 D6
Sokolce 76 B4
Sokółka 72 D6
Sokółki 72 B4
Sokolnice 75 F7
Sokolniki 75 A9
Sokolov 41 D8
Sokolovac 76 E2
Sokolovce 75 G8
Sokolovici 81 D8
Sokolovo BG 83 E9
Sokolovo BG 84 D4
Sokolovo BIH 80 C5
Sokołów Małopolski 73 D3
Sokołów Podlaski 72 F4
Sokoły 72 E5
Sokorópátka 76 C3
Sokyrnytsya 78 A1
Sól 73 C4
Soľ 73 F3
Sola 48 E2
Solacolu 83 B11
Solana de los Barros 24 F6
Solana del Pino 28 B5
Solana de Rioalmar 23 G8
Søland 48 B6
Solarino 30 G6
Solaro 19 G11
Solas 2 D1
Solberg N 51 G9
Solberg N 57 B6
Solberg S 55 G9
Solberg S 55 G10
Solberga 46 F6
Solbjerg 44 E3
Solca 78 B5
Solčava 39 F9
Solda 37 E10
Șoldănești 79 B10
Șoldanu 83 C11
Soldatnes 59 D7
Sölden 38 E4
Soldeu 21 D9
Solec Kujawski 71 E8
Solec-Zdrój 73 D2
Solenzara 19 G11
Solesino 35 C8
Solesmes F 12 A4
Solesmes F 15 F8
Solești 79 D9
Soleto 31 C11
Solf 64 A2
Solférino 16 G3
Solferino 34 C6
Solfjellsjøen 54 B5
Soliera 35 D7
Solignano 34 D5
Solihull 9 C7
Solin 80 E4
Solina 73 E4
Solingen 11 F9
Solivella 21 F8
Soljani 81 B8
Sölje 46 C3
Solkei 65 E8
Söll 38 D6
Sollacaro 19 G11
Sollebrunn 46 E3
Sollefteå 52 B5
Sollenau 76 B1
Sollenkroka 47 C10
Sollentuna 47 C9
Sóller 29 F9
Sollerön 52 F2
Søllested 44 G5
Söllichau 43 G9
Solliès-Pont 19 E7
Solliès-Toucas 19 E7
Sollihøgda 49 C7
Söllingen 43 F7
Sollstedt 42 H6
Solms 40 C2
Solnice 74 D6
Solnik 84 E3
Solofra 30 B6
Solojärvi 59 F9
Solomiac 16 G6
Solomos 88 C6
Solopaca 33 E9
Solórzano 23 B11
Solosancho 26 D2
Sološnica 75 G7
Solothurn 36 C6
Solotvyna 78 B2
Soløy 57 C5
Solsem 54 D4
Solskjela 50 B5
Sølsnes 50 C4
Solsona 21 E9
Solsvik 48 B1
Solt 76 D6
Soltau 42 E5
Soltendieck 42 E6
Soltvadkert 76 D6
Soltzentimre 76 D6
Solumshamn 52 C6
Solva 8 D2
Solvalla 47 B9
Solvarbo 52 G3
Sölvesborg 45 E9
Solvorn 50 F4
Solymár 76 B5
Soma 85 F4
Somain 10 G4
Somberek 76 E5
Sombernon 12 G6
Sombor 76 F6
Sombreffe 10 G6
Șomcuța Mare 78 B1
Somercotes 5 G9
Someren 11 E7
Somerniemi 64 F4
Somero 64 F4
Someronkylä 62 E5
Somerovaara 63 C7
Sõmerpalu 67 E8
Somerton 8 F5
Sõmeru 67 B8
Someș-Odorhei 78 C1
Somianka 72 F3
Sominy 71 C7
Somlóvásárhely 76 C3
Sommacampagna 35 C7
Somma Lombardo 34 B3
Sommariva del Bosco 34 D2
Sommarøy N 57 C3
Sommarøy N 58 D1
Sommarset 57 E4
Sommatino 30 F4
Somme-Leuze 11 G7
Sommen 46 E6
Sommepy-Tahure 12 C5
Sömmerda 40 B6
Sommerfeld 43 E9
Sommersted 44 F2
Sommesous 12 D5
Somme-Suippe 12 C5
Sommevoire 12 E6
Sommières 17 G11
Sommières-du-Clain 16 B5
Somogyapáti 76 E3
Somogyjád 76 E3
Somogyszob 76 E3
Somogyudvarhely 76 E2
Somogyvár 76 D3
Somonino 71 B8
Somontín 29 D8
Somotor 73 G3
Somova 79 G10
Somovit 83 D8
Sompa 67 B9
Sompolno 71 F8
Sompujärvi 62 B6
Son N 49 D8
Son NL 11 E7
Sona I 35 C7
Sona N 54 H4
Șona 78 E2
Sonadell 27 B11
Sonceboz 36 C5
Soncillo 23 C10
Soncino 34 C5
Sonda 67 B8
Sondalo 37 E10
Søndeled 48 E6
Sønder Balling 44 C2
Sønder Bjerre 44 E3
Sønder Bjert 44 F3
Sønderborg 44 G3
Sønderby 44 E6
Sønder Dråby 44 C2
Sønder Felding 44 E2
Sønderho 44 F1
Sønderholm 44 C3
Sønder Hygum 44 F2
Sønder Nissum 44 D1
Sønder Omme 44 E2
Sønder Onsild 44 D3
Sønder Rubjerg 44 B3
Sondershausen 42 H6
Søndersø 44 F4
Sønder Stenderup 44 F3
Sønder Vilstrup 44 F3
Sønder Vissing 44 E3
Sønder Vium 44 E1
Sondori 69 B11
Sondrio 37 E9
Soneja 27 E10
Songe 48 E6
Songeons 15 B11
Sonim 22 E4
Sonka 61 E7
Sonkajärvi 63 F8
Sonkakoski 63 F8
Sonkamuotka 58 G6
Sonneberg 40 C6
Sonneborn 40 B5
Sonnefeld 40 D6
Sonnewalde 43 G10
Sonnino 32 D6
Sonntag 38 D2
Sonntagberg 39 C9
Sonseca 26 E4
Son Servera 29 F10
Sońsk 72 E2
Sonstorp 47 D7
Sonta 76 F6
Sontheim an der Brenz 40 G5
Sonthofen 37 C10
Sontra 40 B5
Soodla 66 B6
Söörmarkku 64 D2
Soorts-Hossegor 20 A4
Sopeira 21 D8
Sopelana 23 B12
Sopilja 81 E7
Sopište 82 G2
Șoponya 76 C5
Šoporňa 76 A4
Sopot BG 83 E7
Sopot BG 83 F8
Sopot PL 71 B8
Sopot RO 82 B6
Sopot YU 81 C11
Sopotnica 86 C4
Șopotu Nou 82 A3
Soppela 61 E9
Sopron 76 B2
Sopronkövesd 76 B2
Sopuerta 23 B11
Sora 33 D7
Soraga 38 F5
Soragna 34 D6
Söråker 52 C5
Söräng 52 E4
Sorano 32 B4
Sørarnøy 57 F2
Sør-Audnedal 48 G4
Sorbas 29 E9
Sorbie 4 D5
Sorbiers 36 G1
Sörbo 52 E4
Sörböle 52 C5
Sorbolo 34 D6
Sörby 46 B4
Sörbygden 52 B4
Sørbymagle 44 F5
Sörbyn S 56 B4
Sörbyn S 56 E3
Sorcy-St-Martin 13 D7
Sørdal 57 G3
Sorde-l'Abbaye 20 B5
Sore 16 F4
Sørebo 50 F2
Sören 56 B5
Søreng 58 E3
Soresina 34 C5
Sorèze 21 B10
Sörfjärden 52 D5
Sørfjord N 54 B6
Sørfjord N 57 C5
Sørfjorden 57 C4
Sørfjordmoen 57 E4
Sörflärke 55 H10
Sörfors S 52 C5
Sörfors S 56 F2
Sörforsa 52 D5
Sorge 42 G6
Sorges 16 D6
Sorgono 32 F3
Sorgues 18 C5
Sørheim 50 E4
Sori 19 C12
Soria 20 E2
Soriano Calabro 31 F8
Soriano nel Cimino 32 B5
Sorihuela 24 B8
Sorihuela del Gaudalimar 29 B7
Sorisdale 2 F2
Sørkjosen N 58 D4
Sørkjosen N 58 D4
Sorkwity 72 C3
Sørland 57 E1
Sørlenangen 58 D3
Sørli N 54 F6
Sørli N 57 B5
Sörmark 51 H10
Sörmjöle 56 G2
Sørmo 58 F2
Sorn 4 B5
Sornac 17 D8
Sörnoret 55 F10
Sorø 44 F5
Soroca 79 A9
Sorokino 67 F12
Soroni 88 G4
Sorradile 32 E2
Sørreisa 57 B6
Sorrento 30 B5
Sorring 44 D3
Sørrollnes 57 C5
Sorsakoski 65 B8
Sorsele 55 C10
Sörsjön 51 E10
Sorso 32 D2
Sörstafors 47 C7
Sørstraumen 58 D4
Sort 21 D8
Sortavala 65 D11
Sortelha 24 B5
Sortino 30 G6
Sörtjärn 52 C2
Sortland 57 C3
Sør-Tverrfjord 58 C4
Sørum 51 G7
Sorumsand 49 C8
Sorunda 47 D9
Sörup 44 G3
Sørvad 44 D2
Sørvær 58 B5
Sörvåge 53 A7
Sørvågen 57 E1
Sørvágur 3 B8
Sörvattnet 51 D10
Sørvik 57 C5
Sörvik 46 A6
Sørvika 51 C9
Sörviken 55 G8
Sorvilán 29 E7
Sos 16 G5
Sosandra 86 C6
Sösdala 45 E8
Sos del Rey Católico 20 D4
Sosedno 67 E10
Soses 27 B11
Soshe-Ostrivs'ke 79 C12
Sösjö 52 B3
Sóskút 76 C5
Sośnica 70 D5
Sośnie 75 A8
Sośno 71 D7
Sosnovka 68 F3
Sosnovo 65 F11
Sosnovyy Bor 65 H10
Sosnowica 72 H5
Sosnowiec 75 D10
Sosnówka 72 G5
Soso 62 D6
Sospel 19 D9
Sossonniemi 63 B10
Sost 21 C7
Šoštanj 39 F10
Sostis 87 C11
Sot 49 C9
Șotânga 83 A9
Sotés 20 D2
Sotiel Coronada 25 J6
Sotillo de la Adrada 26 D3
Sotillo del Rincón 20 E2
Sotin 76 G6
Sotkajärvi 63 D7
Sotkamo 63 E9
Soto 22 B6
Soto de la Vega 23 D7
Soto del Real 23 G10
Soto de Ribera 23 B7
Soto en Cameros 20 D2
Sotopalacios 23 D10
Sotos 27 D7
Sotoserrano 24 B7
Soto y Amio 23 C7
Sotres 23 B9
Sotresgudo 23 D10
Șotrile 78 G5
Sotrondio 23 B7
Sotta 19 G11
Sotteville-lès-Rouen 15 C10
Sottomarina 35 C9
Sottrum 42 D4
Sottunga 53 H9
Sotuélamos 26 G6
Soual 21 B10
Soubès 17 G10
Soucy 12 E4
Souda 89 F8
Soudan 15 F7
Soueix 21 C8
Souesmes 12 G2
Soufflenheim 13 D10
Soufli 85 B1
Sougia 89 G7
Souillac 17 E7
Souilly 12 C6
Soukolojärvi 60 E6
Soulac-sur-Mer 16 D3
Soulaines-Dhuys 12 E6
Soulatgé 21 C11
Souli 88 C5
Soullans 16 A1
Soulom 20 C6
Soultz-Haut-Rhin 36 B5
Soultz-sous-Forêts 13 D10
Soumagne 11 G7
Soumoulou 20 B6
Souppes-sur-Loing 12 E3
Souprosse 16 G3
Sourdeval 15 D7
Soure 24 C3
Sournia 21 C10
Sourpi 87 G7
Sours 15 E11
Sourzac 16 E5
Sousceyrac 17 E8
Sousel 24 E4
Soustons 16 G2
Southam 9 C7
Southampton 9 F7
South Anston 5 G9
South Bank 5 D9
Southborough 9 E10
South Cave 5 F10
South Chard 8 F5
Southend 4 C3
Southend-on-Sea 9 E10
Southery 9 C10
Southgate 9 D9
South Harting 9 F8
South Kelsey 5 G10
South Kirkby 5 F9
Southminster 9 D10
South Molton 8 F4
South Ockendon 9 E10
Southport 4 F6
South Queensferry 4 B6
South Shields 5 C8
South Skirlaugh 5 F10
Southwell 5 G9
Southwold 9 C12
South Woodham Ferrers 9 D10
Souto E 22 C3
Souto P 22 E2
Souto P 24 B5
Souto P 24 D3
Souto da Casa 24 B4
Soutuperä 62 F6
Souvala 89 C7
Souvigny 17 B10
Șovarna 82 A4
Søvassli 50 B6
Sovata 78 D4
Soveja 79 E7
Soverato 31 F9
Soveria 19 F11
Soveria Mannelli 31 E8
Sovetsk 68 E4
Sovetskiy 65 F9
Sovići 80 E6
Sovicille 35 G7
Søvik 50 C3
Søvind 44 E3
Sovra 80 F6
Sowno PL 70 B6
Sowno PL 70 D4
Soyaux 16 D5
Soyen 41 H8
Soylu 85 B3
Soymy 73 G5
Soyons 36 H2
Sozopol 84 F3
Spa B 11 G7
Spa IRL 7 M2
Spačince 75 G8
Spačva 76 G5
Spadafora 30 D6
Spaichingen 37 B7
Spalding 9 B9
Spálené Poříčí 41 E10
Spalt 40 F6
Spangenberg 40 B4
Spanish Point 7 K3
Spantekow 43 C10
Spanțov 83 C11
Sparanise 33 E8
Sparbu 54 G4
Spāre 66 G2
Sparreholm 47 D8
Spartà 31 D7
Sparti 88 D5
Sparto 86 G4
Spartylas 86 F2
Spasovo 84 D4
Spata 89 C7
Spay 11 H10
Spean Bridge 2 F4
Specchia 31 D12
Speen 9 E7
Speia 79 D11
Speicher 13 B8
Speichersdorf 41 D7
Spello 32 A5
Spenge 42 F3
Spennymoor 5 D8
Spentrup 44 D3
Spercheiada 86 G6
Sperlinga 30 E5
Sperlonga 33 E7
Spermezeu 78 C3
Spersboda 47 B10
Spetalen 49 D8
Spetses 88 D6
Spey Bay 3 D7
Speyer 40 E2
Spezzano Albanese 31 D8
Spiczyn 73 B4
Spiddal 7 J3
Spielberg bei Knittelfeld 39 D9
Spiez 36 D6
Spigno Monferrato 34 E3
Spigno Saturnia 33 E7
Spiiniigied'di 59 E7
Spijk 11 A9
Spijkenisse 10 D5
Spikberg 60 F3
Spilamberto 35 E7
Spili 89 G9
Spilimbergo 39 G7
Spilinga 31 F8
Spillersboda 47 B10
Spillum 54 F4
Spilsby 5 G10
Spinazzola 31 B8
Spincourt 13 C7
Špindlerův Mlýn 74 C5
Spinea 35 C9
Spineni 83 B7
Spinetoli 33 B7
Spink 7 K5
Spinuș 77 C11
Špionica 81 B8
Špišić-Bukovica 76 F3
Spiss 38 E3
Spišská Belá 75 F12
Spišská Nová Ves 73 F1
Spišská Stará Ves 75 E12
Spišská Teplica 75 F12
Spišské Bystré 75 F12
Spišské Podhradie 73 F1
Spišské Vlachy 73 F1
Spišský Hrušov 73 F1
Spital am Pyhrn 39 D9
Spital am Semmering 39 D11
Spitsyno 67 D9
Spittal 2 B6
Spittal an der Drau 39 E8
Spittal of Glenshee 2 F6
Spitz 39 B10
Spjald 44 D2
Spjelkavik 50 C3
Spjutsbygd 45 D10
Spjutsund 64 G6
Split 80 E4
Splügen 37 E8
Spodnja Idrija 35 B12
Spodnje Hoče 39 F11
Spodsbjerg 44 G4
Spofforth 5 F8
Spoleto 32 B6
Spoltore 33 B8
Spondigna 38 F4
Spontin 10 G6
Spora 41 B8
Spornitz 43 D8
Spotorno 34 E3
Spraitbach 40 F4
Sprakensehl 42 E6
Sprâncenata 83 C7
Sprängsviken 52 B6
Spreenhagen 43 F10
Spremberg 70 H3
Sprendlingen 13 B10
Spresiano 35 B9
Spriana 37 E9
Sprimont 11 G7
Șpring 78 F2
Springe 42 F5
Springholm 4 C5
Springliden 55 D11
Sproatley 5 F10
Sprockhövel 11 E9
Sproge 47 G9
Sprogi 69 C8
Sprova 54 F4
Sprowston 9 B11
Sproxton 5 E9
Spuņģēni 69 B9
Spuž 81 G9
Spychowo 72 C3
Spydeberg 49 C8
Spytihněv 75 F8
Spytkowice PL 75 D10
Spytkowice PL 75 E11
Squillace 31 F9
Squinzano 31 C11
Sranea 6 F4
Srbac 76 G3
Srbica 81 F11
Srbobran 77 F7
Srbovac 82 E1
Srdeviči 80 D5
Srebrenica 81 D9
Srebrenik 81 B8
Srebŭrna 84 C2
Sredets BG 83 G9
Sredets BG 84 F2
Središče 76 E1
Sredishte 84 C3
Srednje 81 D8
Srednjevo 82 B2
Srednogorie 83 F7
Sredno Gradishte 83 F8
Śrem 70 G6
Sremčica 81 C11
Sremska Kamenica 77 G7
Sremska Mitrovica 81 B10
Sremski Karlovci 77 G7
Srenica 80 C5
Srnice 81 B8
Srockowo 72 B3
Środa Śląska 74 B6
Środa Wielkopolska 70 F6
Srpska Crnja 77 F8
Srpske Moravice 80 A2
Srpski Itebej 77 F8
Srpski Miletić 76 F6
Sta 54 H5
Staatz 74 G6
Stabbfors 55 C7
Stabbursnes 59 C7
Stabroek 10 E5
Stabulnieki 69 B10
Staburags 69 B8
Staburnaäs 55 E9
Staby 44 D1
Stachy 41 F10
Stade 42 C5
Staden 10 F3
Stadhlaigearraidh 2 E1
Stadl-Paura 39 C8
Stadra 46 C6
Stadsbygd 54 H2
Stadskanaal 11 B9
Stadtallendorf 40 B3
Stadtbergen 40 G6
Stadthagen 42 F4
Stadtilm 40 C6
Stadtkyll 11 G8
Stadtlauringen 40 D5
Stadtlohn 11 D9
Stadtroda 41 B7
Stadtschlaining 76 C1
Stadum 44 G2
Stäfa 37 C7
Staffanstorp 45 E7
Staffelstein 40 D6
Staffin 2 D3
Staffolo 35 G11
Stafford 8 B6
Stahovica 39 F9
Stai 51 E8
Staicele 66 E6
Staig 40 G5
Stainach 39 D9
Staindrop 5 D8
Staines 9 E8
Stainforth GB 5 E7
Stainforth GB 5 F9
Staintondale 5 E10
Stainville 12 D6
Stainz 39 E10
Staiti 31 H8
Stakčín 73 F3
Stakevtsi 82 D4
Stāķi 67 G8
Stakiai 68 E5
Stakkvik 58 D3
Stakliškės 69 F7
Stakroge 44 E2
Stalać 82 D2
Stalbe 66 F6
Stålbo 52 G4
Stalbridge 8 F6
Stalden 36 E6
Staldzene 66 F2
Stalgėnai 68 D4
Staļģene 68 B6
Stalham 9 B11
Stalheim 50 G3
Stalidzāni 69 B10
Staliogargo 58 C6
Stall 39 E7
Stallarholmen 47 C8
Ställberg 46 B6
Ställdalen 46 B6
Stallwang 41 F8
Stalon 55 E8
Stalowa Wola 73 C3
Stâlpeni 78 G4
Stâlpu 79 G7
Stamboliyski 83 G7
Stambulčič 81 D8
Stamford 9 B9
Stamford Bridge 5 F9
Stamfordham 5 C8
Stammham 41 F7
Stamna 88 A3
Stamovo 83 F9
Stams 38 D4
Stamstik 57 E3
Stamsund 57 D2
Stânceni 78 D4
Stăncuța 84 A3
Standish 5 F7
Stănești RO 78 G1
Stănești RO 83 C9
Stånga 47 G10
Stângăceaua 82 B5
St'Angelo a Fasanella 31 C7
St'Angelo dei Lombardi 30 B6
St'Angelo Muxaro 30 F3
Stangnes 57 B5
Stångviken 55 G7
Stanhoe 9 B10
Stanhope 5 D8
Stănilești 79 D9
Stanin 72 G4
Stănișești 79 E8
Stanišić 76 F6
Stanišinci 82 D1
Stanisławów 72 F3
Stănița 79 C8
Štanjel 35 B12
Staňkov 41 E9
Stankovany 75 F10
Stanley GB 2 F6
Stanley GB 5 D8
Stanley GB 5 F8
Stannington 5 C8
Stanomino 70 C5
Stanos GR 86 G4
Stanos GR 87 D8
Stan'ovsti 82 F4
Stans 37 D7
Stansted Mountfitchet 9 D9
St'Antimo 30 B5
Stanton 9 C10
Stanzach 38 D3
Stanz im Mürztal 39 D11
Stapar 76 F6
Stapel 43 D7
Stapelburg 42 G6
Stapelfeld 42 C6
Staphorst 11 C8
Staplehurst 9 E10
Stąporków 73 B1
Stara Błotnica 72 H2
Stará Bystrica 75 E10
Starachowice 73 B2
Stara Gradina 76 F3
Stará Huť 74 E3
Stara Kamienica 74 B5
Stara Kamionka 72 D6
Stara Kiszewa 71 C8
Stara Kornica 72 F5
Stara Kul'na 79 B11
Stara Łubianka 70 D6
Stará Ľubovňa 73 F1
Stara Moravica 76 F6
Stara Novalja 80 C2
Stara Pazova 81 B10
Stara Plošćica 76 F2
Stara Reka 83 E10
Stara Rudnica 70 E3
Stara Sil' 73 E4
Stara Tsarychanka 79 E12
Stará Turá 75 G8
Stara vas 39 G11
Stará Ves nad Ondřejnicí 75 E9
Staravina 86 C5
Stara Wieś 73 B4
Stara Zagora 83 F9
Stara Zhadova 78 A5
Starčevo 81 B11
Starchiojd 78 G6
Starcross 8 F4
Stare Babice 72 F2
Stare-Bogaczowice 74 B6
Stare Budkowice 75 B8
Stařeč 74 F5
Stare Czarnowo 70 D3
Stare Dąbrowa 70 D4
Stare Hołowczyce 72 F5
Stare Kurowo 70 E4
Staré Město 75 D7
Staré Město u Uherského Hradiště 75 F8
Stare Miasto 71 F8
Stare Pole 71 C9
Stare Puchały 72 E5
Stare Selo 73 E6
Stare Strącze 70 G5
Stargard Szczeciński 70 D4
Star Huta 75 G10
Stari 67 G8
Stari Banovci 81 B11
Staříč 75 E9
Stari Dulići 81 F8
Starigrad HR 80 B2
Starigrad HR 80 C3
Starigrad HR 80 F5
Stari Gradac 76 F3
Stari Kuty 78 A4
Stari Log 39 G10
Stari Majdan 80 B5
Stari Mikanovci 76 G5
Stari Trg SLO 39 G9
Stari Trg SLO 80 A2
Stari Trg YU 82 E1
Stari Troyany 79 F11
Starkenberg 41 B8
Stärkesmark 56 F2
Starnberg 38 C5
Starogard 70 C4
Starogard Gdański 71 C8
Staroglavice 81 D9
Starokozache 79 E12
Staro Oryakhovo 84 E3
Staropatitsa 82 C4
Staro Petrovo Selo 76 G3
Starosel 83 F7
Staro Selo BG 83 C11
Staro Selo BIH 80 C6
Staro Selo YU 82 C1
Staroseltsi 83 D7
Starosiedle 70 G3
Starowa Góra 71 G9
Staro Zhelezare 83 F7
Staroźreby 71 E10
St'Arsenio 31 C7
Startforth 5 D8
Starup 44 F3
Stary Brus 73 A5
Stary Cykarzew 75 B10
Stary Dzierzgoń 71 C9
Stary Dzikowiec 73 D3
Stary Kisielin 70 G4
Stary Kobrzyniec 71 E9
Starý Kolín 74 D4
Stary Majdan 73 C4
Starynki 69 F11
Stary Pahost 69 D11
Starý Plzenec 41 E10
Stary Sącz 73 E1
Starý Smokovec 75 F12
Stary Szelków 72 E3
Stary Targ 71 C9
Stary Uścimów 73 A4
Staryye Haby 69 F11
Staryy Sambir 73 E4
Stary Zamość 73 C5
Starzyno 71 A8
Staškov 75 E9
Staßfurt 43 G7
Staszów 73 C2
Stathelle 49 E7
Statland 54 F4
Statsås 55 E9
Stăuceni MD 79 C10
Stăuceni RO 79 B7
Stauchitz 41 B9
Staufenberg 40 C3
Staupitz 43 G10
Štavalj 81 E10
Stavang 50 E2
Stavanger 48 E2
Stavaträsk 56 D3
Stave 57 B4
Staveley 5 G9
Stavelot 11 G7
Stavenisse 10 E5
Stavern 49 E7
Stavertsi 83 D7
Stavky 73 B6
Stavne 73 F4
Stavning 44 E1
Stavoren 11 B7
Stavre S 52 B3
Stavre S 55 H7
Stavreviken 52 C5
Stavrodromi 88 C4
Stavros GR 86 D6
Stavros GR 86 F6
Stavros GR 87 D9
Stavros GR 88 B2
Stavroupoli 87 C10
Stavrove 79 B12
Stavsätra 52 E3
Stavsnäs 47 C10
Stavtrup 44 D4
Staw 70 E4
Stawiguda 72 C2
Stawiski 72 D4
Stawiszyn 71 G8
Steane 48 D5
Stębark 71 D10
Steblevë 86 B3
Stebnyk 73 F5
Steccato 31 F9
Štěchovice 74 D3
Stechow 43 E8
Steckborn 37 B8
Stedesdorf 42 C2
Stedten 43 H7
Steeg 38 D3
Steenbergen 10 E5
Steenvoorde 10 F3
Steenwijk 11 C8
Steeton 5 F8
Stefanaconi 31 F8
Ștefan cel Mare RO 79 D7
Ștefan cel Mare RO 79 D8
Ștefan cel Mare RO 79 E7
Ștefan cel Mare RO 83 B8
Ștefan cel Mare RO 83 C7
Ștefan cel Mare RO 84 B3
Ștefănești MD 79 E12
Ștefănești RO 79 B8
Ștefănești RO 83 A8
Ștefănești RO 83 B11
Ștefăneștii de Jos 83 B10
Ștefani 89 B7
Štefanje 76 F2
Stefan Karadzha 84 D2
Stefan-Karadzhovo 84 G2
Štefanov 75 G7
Stefanoviki 87 F7
Stefanovo 84 D3
Stefanovouno 86 E6
Ștefan Vodă MD 79 D12
Ștefan Vodă RO 84 B2
Steffisburg 36 D6
Stegaurath 40 D6
Stege 44 G6
Stegelitz 43 F8
Stegersbach 39 E11
Stegna 71 B9
Stegny 71 B9
Stehag 45 E8
Ștei 77 D11
Steigen 57 E3
Steigra 41 B7
Steimbke 42 E5
Stein D 40 E6
Stein NL 11 F7
Steinach D 13 E10
Steinach D 40 C6
Steinach D 41 F8
Steinach am Brenner 38 E5
Stein am Rhein 37 B8
Steinau 42 C4
Steinau an der Straße 40 C4
Steinbach D 40 C3
Steinbach D 41 C9
Steinbach am Attersee 39 C8
Steinbach am Wald 41 C7
Steinbakk 59 E11
Steinberg D 41 F8
Steinberg D 44 G3
Steine N 54 G4
Steine N 57 C2
Steinen 36 B6
Steinfeld A 39 E7
Steinfeld D 13 C10
Steinfeld (Oldenburg) 42 E3
Steinfjord 57 B5
Steinfort 13 B7
Steinfurt 11 D9
Steingaden 38 D4
Steinhagen 42 F3
Steinheim D 42 G4
Steinheim N 58 E2
Steinhöring 38 C6
Steinhorst 42 E6
Steinigtwolmsdorf 74 B3
Steinkirchen 42 C5
Steinkjer 54 F4
Steinland 57 C3
Steinløysa 50 C4
Steinsdorf 70 G3
Steinsfeld 40 E5
Steinshamn 50 C3
Steinsholt 49 D7
Steinskjærnes 59 D11
Steinsland 48 B2
Steinsvik 50 D2
Steinwiesen 41 D7
Stejaru RO 83 C8
Stejaru RO 84 B4
Stekene 10 F5
Stelle 42 D6
Stellendam 10 E5
Stelnica 84 B3
Stelpe 69 B7
Stemland 57 F3
Stemmen 42 D5
Stemnes 57 D5
Stemshorn 42 F3
Stenåsa 45 D12
Stenay 12 C6
Stenbacken 58 G2
Stenbjerg 44 C1
Stenbo 45 B11
Stendal 43 E8
Stende 66 G3
Stenderup 44 E2
Steneset 54 B5
Stengelse 58 D6
Stenhammar 46 E4
Stenhamra 47 C9
Stenhousemuir 2 G6
Stenico 35 B7
Steni Dirfios 89 A7
Steninge 45 C7
Stenis 52 F2
Stenkumla 47 G9
Stenkyrka 47 F10
Stenlille 44 F5
Stenløse 44 E6
Stennäs 55 G11
Stenness 3 B11
Steno GR 88 C5
Steno GR 88 D5
Stensån 52 C3
Stensele 55 D10
Stensjö 52 A4
Stensjön 45 B9
Stenskär 52 G6
Stenstorp 46 E4
Stensträsk 56 D2
Stenstrup 44 F4
Stensund S 55 B11
Stensund S 55 D10
Stensved 44 G6
Stenton 5 B7
Stenträsk 60 E2
Stenudden 57 G5
Stenum 44 B3
Stenungsund 46 F2
Stenvad 44 D4
Stenzharychi 73 B6
Stepanci 86 B5
Stepanivka 79 D12
Štěpánov 75 E7
Stepen 81 F8
Stepnica 70 C3
Stepojevac 81 C11
Stepping 44 F3
Sterdyń 72 F4
Sterławki-Wielkie 72 C3
Sterna GR 85 A2
Sterna GR 88 C5
Sterna HR 35 C12
Sternberg 43 C8
Šternberk 75 E7
Sternes 89 F8
Sterup 42 A5
Stes-Maries-de-la-Mer 18 D4
Stęszew 70 F6
Štětí 74 C3
Stetten am kalten Markt 37 A8
Steuden 41 A7
Steuerberg 39 E9
Steutz 43 G8
Stevenage 9 D9
Stevenston 4 B4
Stevnstrup 44 D3
Stewarton 4 B5
Stewartstown 6 F6
Steyerberg 42 E4
Steyning 9 F9
Steyr 39 C9
Steyregg 39 B9
Stěžery 74 D5
Stezherovo 83 D8
Stężyca PL 71 B7
Stężyca PL 72 H3
Stia 35 F8
Stibb Cross 8 F3
Stickney 5 G10
Stidsvig 45 D7
Stiege 42 G6
Stiens 11 B7
Stienta 35 D8
Stigen 46 E3
Stigliano 31 C8
Stignano 31 G8
Stigsjö 52 C5
Stigtomta 47 D8
Stijena 80 B4
Stikli 66 F2
Stilling 44 E3
Stillington 5 E9
Stillorgan 7 J7
Stilo 31 G8
Stilton 9 C9
Štimlje 82 F1
Stimpfach 40 F5
Stintino 32 D1
Stio 30 C6
Štip 82 H3
Stirfaka 86 G6
Stiring-Wendel 13 C9
Stirling 2 G5
Štitar HR 76 G5
Štitar YU 81 B10
Štítina 75 D8
Štítnik 75 G12
Štíty 75 D7
Șdtiubieni 79 B7
Știuca 77 F10
Știvan 80 B1
Stjær 44 D3
Stjärnfors 46 B6
Stjärnhov 47 D8
Stjärnorp 46 E6
Stjørdalshalsen 54 H3
Støa N 51 F10
Støa N 51 G8
Stobiecko Miejskie 75 B10
Stobreć 80 E4
Stoby 45 D8
Stochov 41 D10
Stocka 52 D5
Stockach 37 B8
Stockamöllan 45 E8
Stockaryd 45 B9
Stöcke 56 G2
Stockelsdorf 42 C6
Stockenboi 39 E8
Stockerau 74 G6
Stockheim 40 C6
Stockholm 47 C9
Stockport 5 G8
Stocksfield 5 D8
Stockstadt am Rhein 40 D2
Stocks, The 9 F10
Stockton-on-Tees 5 D9
Stockvik 52 C5
Stoczek Łukowski 72 G4
Stoczek-Osada 72 F4
Stod 41 E9
Stöde 52 C4
Stoenești RO 78 G3
Stoenești RO 78 G4
Stoenești RO 83 C7
Stoenești RO 83 C10
Stoer 2 C4
Stoholm 44 D2
Stoianovca 79 E9
Stoicănești 83 C7
Stoilești 83 A7
Stoina 82 B6
Stojakovo 87 C7
Stojdraga 39 G11
Stojnci 39 F11
Stoke Ash 9 C11
Stoke-on-Trent 5 G8
Stokesay 8 C5
Stokesley 5 E9
Stokite 83 E8
Stokka 54 C5
Stokkasjøen 54 C5
Stokkdal 57 D5
Stokke 49 D7
Stokkemarke 44 G5
Stokkvågen 54 B5
Stokmarknes 57 C3
Štoky 74 E5
Stolac 81 F7
Stolberg (Harz) Kurort 43 G7
Stolberg (Rheinland) 11 G8
Stołczno 70 C6
Stoļerova 69 B11
Stollberg 41 C9
Stöllet 51 G11
Stolmen 48 C1
Stolniceni 79 D10
Stolniceni-Prăjescu 79 C7
Stolnici 83 B8
Stolnik 82 F6
Stolno 71 D8
Stolpe D 42 B6
Stolpe D 70 E3
Stolpen 41 B10
Stolzenau 42 E4
Stomio 87 E7
Stömne 46 C3
Ston 80 F6
Stone GB 8 B6
Stone GB 8 D6
Stonehaven 3 E8
Stonehouse 4 B5
Stong 48 D2
Stongfjorden 50 E2
Stonglandseidet 57 B5
Stonybreck 3 D11
Stoob 76 B1
Stöpen 46 E5
Stopiče 39 G10
Stopki 72 B3
Stopnica 73 C2
Storå N 57 D4
Storå S 46 B6
Stora Åby 46 E6
Storåbränna 55 G7
Stora Höga 46 F2
Stora Levene 46 E4
Stora Melby 46 E3
Stora Mellösa 46 C6
Storarmsjö 56 F1
Storås 50 B6
Storåsen 52 B4
Störåsen 55 G7
Stora Skedvi 52 G3
Stora Tallberg 56 C2
Stora Vika 47 D9
Storbäck 55 E8
Storbacka 62 G4
Storbäcken 51 E10
Storberg 55 C11
Stor-Blåsjön 54 E6
Storbo 51 E9
Storbogaren 55 G11
Storbränna 55 G7
Storbrännan 56 E2
Storbukt 58 C6
Storby 53 G8
Stordal 50 D4
Štore 39 F10
Storebø 48 C2
Storebro 45 B11
Storebru 50 E2
Store Damme 44 G6
Store Darum 44 F2
Store Heddinge 44 F6
Storeidet 57 E4
Storekorsnes 58 C6
Storelv 58 B5
Store Merløse 44 F6
Store Molvik 59 B10
Støren 51 B7
Storeng 58 D4
Store Rise 44 G4
Store Rørbæk 44 C3
Storfjäten 51 D10
Storfjord 58 E3
Storfjordbotn 59 C8
Storfors 46 C5
Storforshei 55 B7
Storhågna 51 C11
Storhallaren 54 G1
Stor-Hallen 52 C2
Storhogen 52 A3
Stor-Hullsjön 52 C4
Storje 35 B12
Storjola 55 E7
Storjord 57 G3
Storjorda N 57 C4
Storjorda N 57 G2
Storkow 43 F10
Storli 50 C6
Storlien 51 B9
Stormi 64 E4
Stornara 33 E11
Stornarella 33 E11
Stornäs S 55 D8
Stornäs S 55 D9
Stornäset 55 F8
Stornes 57 C4
Storneshamn 58 D4
Stornoway 2 C2
Storo 34 B6
Storobăneasa 83 C9
Storodden 50 B6
Storöhamn 56 C5
Storozhynets' 78 A5
Storrington 9 F9
Storrøsta 51 D8
Storsand S 52 D5
Storsand S 60 E3
Storsandsjö 56 E2
Störsätern 51 D10
Storsävarträsk 56 E2
Storsele 55 G11
Storseleby 55 E9
Storseløy 54 A5
Storsjö 51 C10
Storskog 55 C8
Storslett 58 D4
Storsletta 58 D3
Storsteinnes N 58 D3
Storsteinnes N 58 E2
Storsund 56 C3
Storuman 55 D10
Storvik N 57 C3
Storvik N 57 G2
Storvik N 58 C5
Storvik N 58 D4
Storvik S 52 G4
Storvorde 44 C4
Storvreta 47 B9
Štós 73 G1
Stössing 39 C11
Stoszowice 75 C7
Støtt 57 G2
Stötten am Auerberg 38 C4
Stotternheim 40 B6
Stouby 44 E3
Stoumont 11 G7
Stourbridge 8 C6
Stourport-on-Severn 8 C6
Støvran 57 F3
Støvring 44 C3
Støvset 57 F3
Stow 5 B7
Stowięcino 71 B7
Stowmarket 9 C11
Stow-on-the-Wold 9 D7
Stoyan Mikhaylovski 84 D2
Stoyanovo 83 E7
Stoykite 87 B10
Stozher 84 D3
Stożne 72 B4
Stra 35 C9
Straach 43 G9
Strabane 6 E5
Strabla 72 E5
Strachan 3 E7
Strachówka 72 F3
Strachur 2 G4
Stracin 82 G3
Stračiūnai 72 B6
Strackholt (Großefehn) 11 A10
Strączno 70 D5
Stradalovo 82 G4
Stradbally 7 K6
Stradbroke 9 C11
Stradella 34 D4
Stradi 67 G8
Stradishall 9 C10
Stradone 6 G5
Stradsett 9 B10
Straelen 11 E8
Stragari 81 D11
Strai 48 F5
Straimont 13 B7
Straja 78 B5
Strakhilovo 83 D9
Strakonice 41 F10
Straldzha 83 F11
Stralki 69 C12
Strallegg 39 D11
Straloch 2 F6
Strålsnäs 46 E6
Stralsund 43 B9
Strambino 34 C2
Stramproy 11 F7
Strâmtura 78 B3
Stráňavy 75 F10
Strančice 74 D4
Strand N 51 F9
Strand N 57 C3
Strand S 55 G8
Stranda 50 D4
Strandå 57 E3
Strandby DK 44 B4
Strandby DK 44 C2
Strande 42 B6
Strandnorum 46 F2
Strandval 54 E4
Strangford 6 F8
Stranghele 48 B2
Strängnäs 47 C8
Strangolagalli 33 D7
Strångsjö 47 D7
Strání 75 F8
Stranocum 6 D6
Stranorlar 6 E5
Stranraer 4 D4
Străoane 79 F7
Strasatti 30 E2
Strasbourg 13 D10
Strasburg 43 D10
Strășeni 79 C10
Strašice 41 E10
Stråssa 46 B6
Straßberg D 37 A8
Straßberg D 43 G7
Straßburg 39 E9
Strassen 13 B8
Straßengel 39 E10
Strasshof an der Norbahn 74 G6
Straßkirchen 41 F9
Straßwalchen 39 C7
Stratford 7 K6
Stratford-upon-Avon 9 C7
Strathaven 4 B5
Strathblane 4 B5
Strathpeffer 2 D5
Strathy 2 B5
Strathyre 2 G5
Stratinska 80 B5
Stratiyivka 79 A11
Stratoni 87 D9
Stratoniki 87 D9
Stratos 86 H5
Stratton 8 F3
Stratton St Margaret 9 E7
Straubing 41 F8
Straum N 54 C6
Straum N 54 G1
Straume N 48 E4
Straume N 57 C2
Straumen N 50 B5
Straumen N 54 G4
Straumen N 57 C4
Straumen N 57 F3
Straumen N 57 F3
Straumen N 58 D3
Straumen N 59 B11
Straumfjord 57 C3
Straumgjerde 50 D3
Straumnes 57 D2
Straumsnes N 57 B5
Straumsnes N 57 C3
Straumsnes N 57 F3
Straumstad 58 E2
Straunen 58 E2
Straupe 66 F6
Straupitz 70 G3
Strausberg 43 E10
Straußfurt 40 B6
Stravaj 86 C3
Strawczyn 75 B12
Straža 82 A2
Strazhitsa 83 E10
Stráž nad Nežárkou 74 F4
Stráž nad Nisou 74 C4
Strážnice 75 F7
Stráž pod Ralskem 74 C4
Strážske 73 G3
Štrba 75 F11
Streatley 9 E8
Strečno 75 F10
Streda nad Bodrogom 73 H3
Streek 42 D3
Street 8 E5
Strehaia 82 B5
Strehla 43 H9
Strejești 83 B7
Strekov 76 B5
Strelac 82 E4
Strelcë 86 D3
Strelcha 83 F7
Strēlnieki 69 B7
Strem 76 C1
Strembo 38 G4
Stremț 78 E2
Strenči 67 F7
Strendur 3 B9
Strengberg 39 C9
Strengelvåg 57 C3
Strengen A 38 E3
Strengen N 48 D6
Stresa 34 B3
Stretford 5 G7
Stretham 9 C10
Streufdorf 40 C6
Strezimirovtsi 82 F4
Strib 44 F3
Striberg 46 C6
Stříbro 41 E9
Strichen 3 D8
Strigno 35 B8
Štrigova 76 D1
Strijen 10 E5
Strimasund 55 B7
Strinda 57 E4
Strittjomvare 55 C11
Strizivojna 76 G5
Strmec 39 G11
Strmen 76 G2
Strmica BIH 80 D4
Strmica HR 80 D4
Ströbeck 43 G7
Strobl 39 C8
Strøby 44 F6
Strøby Egede 44 F6
Stroești 78 G2
Stroevo 83 G7
Strofylia 87 G8
Ströhen 42 E4
Stroiești 78 B6
Strokestown 7 H4
Ström 55 C7
Strömbäck 56 G2
Strömbacka 52 D4

Stromberg 13 B10
Stromeferry 2 E3
Strömfors 56 D2
Strömholm 55 C10
Stromiec 72 G3
Strommen 49 C8
Strömmer 46 B2
Strömnäs S 55 E8
Strömnäs S 56 C3
Stromness 3 E9
Strömsberg 52 G5
Strömsbro 52 G5
Strömsbruk 52 D5
Strömsholden 47 C7
Strømsmo 58 F2
Strömsnäs 52 B3
Strömsnäsbruk 45 D8
Strömstad 46 D2
Strömsund S 55 D9
Strömsund S 55 G8
Stronachlachar 2 G5
Stroncone 32 B5
Strongoli 31 E9
Stronie Śląskie 75 D7
Stronsdorf 74 G6
Strontian 2 F3
Stropi 69 D10
Stropkov 73 F3
Stroppiana 34 C3
Stroppo 19 B8
Stroud 8 D6
Strövelstorp 45 D7
Strovija 86 B5
Stróża 75 D11
Strpce 82 G1
Struer 44 D2
Struga 86 C3
Strugi-Krasnyye 67 E11
Strullendorf 40 D6
Strumë 86 D2
Strumica 87 B7
Strumień 75 D9
Strumkivka 73 G3
Strumok 79 F11
Strumyani 87 B8
Strunkovice nad Blanicí 41 F10
Strupli 69 B10
Struth 40 B5
Stružāni 69 B11
Stružec 76 F1
Stryama 83 G8
Stryków 71 G9
Stryksele 56 E2
Strymoniko 87 C8
Stryn 50 D3
Stryy 73 F6
Strzała 72 F4
Strzałkowo 71 F7
Strzebień 75 C10
Strzegocin 72 E2
Strzegom 74 B6
Strzegowo-Osada 72 E2
Strzelce 71 F9
Strzelce Krajeńskie 70 E4
Strzelce Opolskie 75 C9
Strzelce Wielkie 75 B10
Strzeleczki 75 C8
Strzelin 75 C7
Strzelno 71 E8
Strzepcz 71 B7
Strzyżewice 73 B4
Strzyżów 73 E3
Stubbæk 44 G3
Stubbekøbing 44 G6
Stubben 42 D4
Stubel 82 D5
Stubenberg 39 D11
Stubica 82 C2
Stubik 82 C4
Stubline 81 C10
Stubno 73 E4
Stuchowo 70 C4
Studena BG 82 F5
Studena BG 83 G10
Studená 74 F4
Studena UA 79 A10
Studenčane 81 G11
Studenci 80 E5
Studenec 74 C5
Stüdenitz 43 E8
Studénka 75 E8
Studienka 75 G7
Studina 83 C7
Studley 9 C7
Studsvik 47 D8
Studsviken 55 G11
Studzienice 71 C7
Studzieniec 70 G4
Studzyonka 69 G12
Stugubacken 52 F4
Stugufläten 50 D5
Stugun 52 B3
Stühlingen 37 B7
Stuhr 42 D4
Stukmani 69 B9
Stülpe 43 F10
Stulpicani 78 C5
Stumm 38 D5
Stumsnäs 52 F2
Stuorajavrre 58 F5
Stuorragår'ži 59 F8
Stupari 81 C8
Stupava 75 H7
Stupsk 72 E2
Stupurai 68 C6
Sturefors 47 E7
Stūri 68 B5
Sturkö 45 D10
Šturlić 80 B3
Šturmai 68 E3
Sturminster Newton 8 F6
Šturovo 86 B6
Štúrovo 76 B5
Sturry 9 E11
Sturzelbronn 13 C10
Stuttgart 40 G3
Stützerbach 40 C6
Styggedalen 58 E3
Stylida 87 G7
Stypsi 85 F1
Styra 89 B8
Styrkesnes 57 E3
Styrnäs 52 B6
Styrrmanstø 58 D3
Suances 23 B10
Suaningi 60 D5
Suatu 78 D2
Subačius 69 D7
Subaşı TR 85 B2
Subaşı TR 85 B5
Subate 69 C9
Subbiano 35 G8
Suben 39 B8
Subiaco 32 C6
Subkowy 71 C8
Subotica 77 E7
Subotište 81 B10
Subotniki 69 G9
Sučany 75 F10
Suceava 78 B6
Suceveni 79 E9
Sučevići 80 C4
Sucevița 78 B5
Sucha Beskidzka 75 E11
Suchacz 71 B9
Suchá Hora 75 E11
Suchá Loz 75 F8
Suchań 70 D4
Suchdol 74 D4
Suchdol nad Lužnicí 74 F4
Suchdol nad Odrou 75 E8
Suchedniów 73 B1
Suchowola 72 D5
Suchożebry 72 F4
Suchy Dąb 71 B8
Suchy Las 70 F6
Sucina 29 C11
Suciu de Sus 78 C2
Suckow 43 D8
Sucleia 79 D12
Sučuraj 80 F5
Sudargas 68 E5
Sudbury 9 D10
Suddesjaur 56 B1
Süden 42 B4
Süderbrarup 44 G3
Süderlügum 44 G2
Süderstapel 42 B4
Sudervė 69 F8
Sudiți 84 B3
Sudkov 75 D7
Südlohn 11 D9
Sudok 60 E3
Sudoměřice 75 F7
Sudova Vyshnya 73 E5
Sudovec 76 E1
Sudrabkalns 69 C9
Sudwalde 42 E4
Sueca 27 F10
Süedinenie 83 G7
Suelli 32 G3
Suèvres 15 F11
Şugag 78 F2
Suha BIH 81 C7
Suha BIH 81 E8
Suhaia 83 D8
Suharău 78 A6
Suhl 40 C6
Suhlendorf 42 E6
Suhmura 65 B11
Suho Polje 81 C9
Şuhopolje 76 F3
Šuica 80 D6
Şuici 78 G3
Suijavaara 58 G5
Suilly-la-Tour 12 G3
Suinula FIN 64 C5
Suinula FIN 64 D5
Suippes 12 C5
Sukeva 63 F8
Sukhindol 83 E8
Sukhodil UA 73 E6
Sukhodil UA 73 G6
Sukošan 80 D2
Sükösd 76 E5
Sukovo 82 E4
Sukow 43 C7
Sul 54 G4
Suldrup 44 C3
Sulechów 70 G4
Sulęcin 70 F4
Sulęcin Szlachecki 72 E4
Sulęczyno 71 B7
Sulejów 75 A11
Sulejówek 72 F3
Suleskar 48 E4
Sulesund 50 D3
Şuletea 79 E9
Süleymaniye TR 85 B2
Süleymaniye TR 85 C2
Süleymanlı 85 G4
Sulików 74 B4
Sulingen 42 E4
Suliszewo 70 D4
Sulița 79 B7
Sulitjelma 57 F4
Sulkava FIN 63 G7
Sulkava FIN 65 D9
Sulkavanjärvi FIN 63 G7
Sulkavanjärvi FIN 63 G7
Sulkavankylä 64 B4
Sułkowice 75 D11
Sullington 9 F9
Sully F 12 G5
Sully GB 8 E5
Sully-sur-Loire 12 F2
Sulmierzyce PL 71 G7
Sulmierzyce PL 75 B10
Sulmona 33 C8
Sulniac 14 F5
Süloğlu 84 H2
Sułoszowa 75 D11
Sułów PL 73 C4
Sułów PL 75 A7
Sulsted 44 B3
Sultaniça 85 C1
Sultaniye 85 D5
Sultanköy TR 85 B4
Sultanköy TR 85 C2
Suluca TR 85 C2
Suluca TR 85 D2
Sulvik 46 B3
Sulviken 54 G6
Sulz 38 D2
Sulz am Neckar 40 G3
Sulzbach am Main 40 D3
Sulzbach an der Murr 40 F4
Sulzbach-Laufen 40 F4
Sulzbach-Rosenberg 41 E7
Sulzbach/Saar 13 C9
Sulzdorf an der Lederhecke 40 D5
Sulzemoos 40 H6
Sulzfeld 40 D5
Sulzheim 40 D5
Sulzthal 40 D5
Sumartin 80 E5
Sumba 3 C9
Sumbilla 20 B4
Sumburgh 3 C12
Šumećani 76 F1
Sümeg 76 D3
Sumène 17 G11
Šumiac 75 F11
Sumiainen 65 B7
Šumice 75 F8
Sumiswald 36 D6
Summer Bridge 5 E8
Summerhill 7 J6
Šumperk 75 D7
Sumsa 63 E10
Šumvald 75 D7
Sumvitg 37 D8
Sunākste 69 B8
Šuňava 75 F11
Suncuiuș 77 D11
Sund FIN 53 G8
Sund N 57 D1
Sund N 57 D2
Sund N 57 F2
Sund S 46 F6
Sund S 52 B6
Sund S 52 D3
Sundborn 52 G3
Sundby DK 44 C2
Sundby DK 44 C2
Sundby FIN 62 F3
Sundby N 57 F3
Sunde N 48 C2
Sunde N 54 H2
Sunderland 5 D9
Sundern (Sauerland) 11 E10
Sundet 54 G5
Sundhultsbrunn 46 F6
Sundklakk 57 D2
Sundnäs 55 B10
Sundom FIN 64 A2
Sundom S 56 C4
Sundre 47 H9
Sunds 44 D2
Sundsbruk 52 C5
Sundsjö 52 B3
Sundsli 48 E5
Sundsvall 52 C5
Sundvollen 49 C7
Sungurlare 83 F11
Suni 32 E2
Sunja 76 G1
Sünna 40 C5
Sunnan 54 F4
Sunnanfors 47 B7
Sunnansjö S 52 A6
Sunnansjö S 52 G2
Sunnås 52 C5
Sunndal 48 B3
Sunndalsøra 50 C5
Sunne S 46 B4
Sunne S 52 B2
Sunne S 52 C6
Sunnemo 46 B4
Sunnersta 55 G10
Sunningen 46 E2
Suntaži 66 G6
Suodenniemi 64 D3
Suojanperä 59 E10
Suojoki 64 C2
Suolahti 64 B6
Suolijärvi 63 C9
Suolijoki 61 F7
Suoluvuobmi 58 E6
Suomela 62 C6
Suomenniemi 65 E8
Suomijärvi 64 C3
Suommu 61 E10
Suomusjärvi 64 G4
Suomussalmi 63 D9
Suonenjoki 65 B8
Suoniemi 64 D4
Suonnankylä 61 F10
Suontee 65 B8
Suopajärvi 61 D8
Suorajärvi 61 F11
Suorsa 61 E9
Šuosjav'ri 58 E6
Suostola 61 C9
Suovaara 63 E9
Suovanlahti 65 A7
Superdévoluy 18 B6
Supersano 31 C11
Supertarska Draga 80 B1
Supetar 80 E4
Supino 32 D6
Suplac 78 E3
Suplacu de Barcău 77 C11
Suplai 78 C3
Supraśl 72 D5
Supru 59 E10
Supur 77 C12
Súr 76 C4
Surahammar 47 B7
Suraia 79 F8
Şura Mare 78 F3
Şura Mică 78 F2
Şurani 78 G6
Šurany 76 A4
Suraż 72 E5
Surbo 31 C11
Surčin 81 B11
Surdegis 69 D8
Surdila-Găiseanca 79 G8
Surdila-Greci 79 G8
Surduc 78 C1
Surdulica 82 F3
Surfleet 9 B9
Surgères 16 C3
Surhuisterveen 11 B8
Súria 21 E9
Surier 36 G5
Surnadalsøra 50 B6
Sŭrnevets 83 F9
Sŭrnevo 83 F9
Sŭrnitsa 82 H6
Šúrovce 75 G8
Sursee 37 C7
Surte 46 F3
Surviliškis 69 D7
Surwold 11 B10
Surzur 14 F5
Susa 36 G5
Şuşani 82 B6
Šušara 82 A2
Susch 37 D9
Susegana 35 B9
Susek 76 G6
Süsel 42 B6
Suseni RO 78 D4
Suseni RO 78 D5
Suseni RO 83 B8
Sushitsa 83 E9
Sušice 41 F10
Susiec 73 C5
Šuškova 69 C12
Susleni 79 C11
Susort 48 D2
Susteren 11 F7
Sustinente 35 D7
Susurluk 85 E5
Susuzmüsellim 85 B3
Susz 71 C9
Sutera 30 F4
Şuţeşti 79 G8
Şuteşti 83 B7
Sutina 80 E6
Sutivan 80 E4
Sutjeska 77 G8
Sütlüce 85 A4
Sutri I 32 C5
Sutri LV 69 C10
Sutterton 9 B9
Süttő 76 B5
Sutton 9 C9
Sutton Bridge 9 B9
Sutton Coldfield 9 C7
Sutton in Ashfield 5 G9
Sutton-on-the-Forest 5 E9
Suure-Jaani 66 D6
Suurejõe 66 D6
Suuremõisa 66 C3
Suurimäki 63 G8
Suurmaki 65 B10
Suur-Miehikkälä 65 F8
Suurpea 67 B7
Suutarinkylä FIN 62 D6
Suutarinkylä FIN 63 E7
Suvainiškis 69 C8
Suvanto 61 D9
Suvantokumpu 61 C8
Suva Reka 82 F1
Suvereto 34 H6
Suviekas 69 D9
Suvodol MK 86 B4
Suvodol MK 86 C5
Suvorov 79 F10
Suvorove 79 F11
Suvorovo 84 D3
Suwałki 72 C5
Suystamo 65 C12
Suzzara 35 D7
Svabensverk 52 F3
Svalboviken 47 C7
Svalenik 83 D10
Svallerup 44 E5
Svalöv 45 E7
Svalsta 47 D8
Svalyava 73 G4
Svanå 47 B7
Svanabyn 55 F9
Svanberga 47 B10
Svaneke 45 F10
Svanesund 46 E2
Svängsta 45 D9
Svaningen 55 F7
Svannäs S 55 B11
Svannäs S 55 E9
Svansele S 55 E8
Svansele S 56 D2
Svanskog 46 C3
Svanstein 60 E6
Svanström 56 D3
Svantjärnåsen 52 C2
Svanträsk 56 C2
Svanvik N 59 E11
Svanvik S 46 E2
Svappavaara 60 C3
Svardal 51 B7
Svärdsjö 52 F4
Svarinci 69 C11
Svarstad 49 D7
Svartå FIN 64 G4
Svartå S 46 C5
Svartbo 52 E4
Svartbyn 60 E5
Svarte 45 F8
Svartemyr 50 F2
Svärtinge 47 D7
Svartisdalhytta 55 B7
Svartlä 56 B3
Svartnes N 57 F3
Svartnes N 58 E2
Svartnes N 59 C12
Svartöstaden 56 C4
Svärtträsk 55 D10
Svartvik S 52 C5
Svartvik S 52 C6
Svartvik S 52 E5
Svatava 41 D8
Svätuše 73 G3
Svätý Jur 75 H7
Svätý Peter 76 B4
Svebølle 44 E5
Svedala 45 F7
Svėdasai 69 D8
Svedja 52 D4
Svedje S 55 F8
Svedje S 55 G11
Svedjebo 52 D4
Švedlár 73 G1
Sveg 52 D2
Sveggesundet 50 B4
Šveicarija 69 E7
Sveindal 48 F4
Sveio 48 D2
Svejbæk 44 D3
Sveķi 67 G8
Švėkšna 68 D4
Svelgen 50 E2
Svellingen 54 G1
Svelvik 49 C7
Švenčionėliai 69 E9
Švenčionys 69 E9
Svendborg 44 G4
Svene 48 C6
Svenes 48 E5
Svenljunga 45 B7
Svenningdal 54 D6
Svensby 58 D3
Svensbyn 56 C3
Svenshögen 46 E2
Svenstavik 52 B2
Svenstrup DK 44 C3
Svenstrup DK 44 F5
Svenstrup DK 44 G3
Svente 69 D9
Šventežeris 72 B6
Šventoji 68 C3
Sverepec 75 F9
Sveta Marija 76 E2
Svētciems 66 F5
Svēte 68 B6
Sveti Nikola BG 84 D4
Sveti Nikola YU 86 A1
Sveti Nikole 82 G3
Sveti Rok 80 C3
Sveti Stefan 81 G8
Světlá Hora 75 D8
Světlá nad Sázavou 74 E5
Svetlen 83 D10
Svetlogorsk 68 E2
Svetlyy 68 F2
Svetogorsk 65 E9
Svetozar Miletić 76 F6
Svetvinčenat 35 D12
Svezhen 83 F8
Švica 80 B2
Svidník 73 F2
Švihov 41 E9
Sviibi 66 C4
Svilajnac 82 C2
Svilengrad 83 H10
Svindinge 44 F4
Svinesund 46 D2
Svingen 58 D3
Svingstad 51 F7
Svingvoll 51 F7
Svinhult 46 F6
Svinia 73 F2
Svinița 82 B3
Svinná 75 G9
Svinnersta 46 D6
Svinninge DK 44 E5
Svinninge DK 44 E5
Svinninge S 47 C9
Svínoy 3 B9
Svinvika 50 B5
Svir 69 F10
Svirkos 69 E10
Svishtov 83 D9
Svislach BY 69 H11
Svislach BY 72 E6
Svit 75 F11
Svitávka 74 E6
Svitavy 74 E6
Svitene 68 C6
Svitlodolyns'ke 79 E12
Svityaz' 73 A6
Svoboda BG 83 G9
Svoboda BG 84 D3
Svoboda RUS 72 B3
Svoboda nad Úpou 74 C5
Svobodinovo 83 H9
Svođe 82 E3
Svodín 76 B5
Svodna 76 G1
Svoge 82 E5
Svogerslev 44 E6
Svolvær 57 D3
Svorkmo 51 B7
Svratka 74 E6
Svrčinovec 75 E10
Svrljig 82 D3
Svullrya 51 G10
Swadlincote 9 B7
Swaffham 9 B10
Swalmen 11 F8
Swan 7 K6
Swanage 8 F6
Swanley 9 E9
Swanlinbar 6 G5
Swansea 8 D4
Swanton Morley 9 B11
Swarożyn 71 C8
Swarzędz 70 F6
Swatragh 6 E6
Sway 9 F7
Świątki 72 C2
Świbno 71 B9
Świderki 72 G4
Świdnica PL 70 G4
Świdnica PL 74 B6
Świdnik 73 B4
Świdwin 70 C5
Świebodzice 74 B6
Świebodzin 70 F4
Świecie 71 D8
Święciechowa 70 G6
Święciechów-Duży 73 B3
Świedziebnia 71 D9
Świekatowo 71 D8
Świeradów-Zdrój 74 B5
Świercze 72 E2
Świerczów 75 B8
Świerklaniec 75 C10
Świerklany Górne 75 D9
Świerzawa 74 B5
Świerże 73 B6
Świerzenko 70 C6
Świerzno 70 C4
Świeszyno 70 B5
Świętajno PL 72 C4
Świętajno PL 72 D3
Świętochłowice 75 C10
Świętoszów 74 A5
Swifterbant 11 C7
Świlcza 73 D3
Swindon 9 E7
Swineshead 9 B9
Swinford 6 G3
Świnna 75 E10
Świnoujście 70 C3
Swinton GB 5 B7
Swinton GB 5 F7
Swobnica 70 E3
Swords 7 J7
Swornegacie 71 C7
Sycewice 70 B6
Syców 75 A8
Sydalen 57 D2
Sydänmaa 64 B4
Sydänmaankylä 63 F7
Sydnes 48 C2
Syelishcha 69 E12
Syfteland 48 B2
Sykaminea 85 F2
Sykäräinen 62 F5
Syke 42 E4
Sykea 88 E6
Sykes 86 F6
Syki 87 G8
Sykia 86 E6
Sykkylven 50 D3
Sykorrachi 85 C1
Sykouri 87 F7
Sylling 49 C7
Sylte 50 D4
Symbister 3 B12
Symi 88 F3
Synej 86 C2
Synevyr 73 G5
Synevyrs'ka Polyana 73 G6
Synod Inn 8 C3
Synsiö 65 C7
Synyak 73 G4
Syötekylä 63 B8
Sypniewo PL 70 D6
Sypniewo PL 72 E3
Syrau 41 C8
Syre 2 C5
Syrgenstein 40 G5
Syri 62 G5
Syrjä 65 C9
Syrmezh 69 F10
Sysmä 64 D6
Sysslebäck 51 G10
Syston 9 B8
Syväjärvi 61 C8
Syvänniemi 65 B8
Syvärinpää 63 G8
Syvde 50 D2
Syvdsnes 50 D2
Syvota 86 F3
Syvros 86 H3
Syvsten 44 B4
Syyspohja 65 E9
Szabadegyháza 76 C5
Szabadhidvég 76 D4
Szabadkígyós 77 D9
Szabadszállás 76 D6
Szabolcsbáka 77 A11
Szabolcsveresmart 73 H3
Szada 76 B6
Szadek 71 G9
Szaflary 75 E11
Szajol 77 C8
Szakály 76 D4
Szakes 76 D4
Szakmár 76 D6
Szakoly 77 B10
Szákszend 76 B4
Szalánta 76 F4
Szalaszend 73 G2
Szalkszentmárton 76 D6
Szalonna 73 G1
Szamocin 70 E6
Szamosszeg 77 A11
Szamotuły 70 E6
Szank 77 D7
Szany 76 C3
Szár 76 C5
Szarvas 77 D8
Szászberek 77 C7
Szatmárcseke 77 A12
Szatymaz 77 E7
Szazhalombatta 76 C5
Szczaniec 70 F4
Szczawin Kościelny 71 F9
Szczawne 73 E3
Szczawnica 73 E1
Szczawno-Zdrój 74 B6
Szczebrzeszyn 73 C4
Szczecin 70 D3
Szczecinek 70 C6
Szczekociny 75 C11
Szczepankowo 72 D4
Szczepanowo 71 E7
Szczerców 75 A10
Szczucin 73 D2
Szczuczyn 72 D4
Szczurkowo 72 B2
Szczurowa 73 D1
Szczutowo 71 E9
Szczyrk 75 E10
Szczytna 74 C6
Szczytniki 71 G8
Szczytno 72 D2
Szécsény 76 A6
Szederkény 76 E5
Szedres 76 E5
Szeged 77 E7
Szeghalom 77 C9
Szegi 77 A9
Szegvár 77 D8
Székely 77 A10
Székesfehérvár 76 C5
Székkutas 77 D8
Szekszárd 76 E5
Szemud 71 B8
Szendehely 76 B6
Szendrő 73 G1
Szendrőlád 73 H1
Szentendre 76 B6
Szentes 77 D8
Szentgál 76 C3
Szentgotthárd 76 D1
Szentistván 77 B8
Szentkirály 77 D7
Szentlászló 76 E4
Szentőrinc 76 E4
Szentpéterfa 76 C1
Szepetnek 76 E2
Szepietowo 72 E4
Szerecseny 76 C3
Szeremle 76 E5
Szerencs 77 A9
Szerep 77 C9
Szerzyny 73 E2
Szestno 72 C3
Szigetbecse 76 C5
Szigetcsép 76 C5
Szigethalom 76 C5
Szigetszentmiklós 76 C6
Szigetvár 76 E3
Szigliget 76 D3
Szihalom 77 B8
Szikszó 73 H2
Szil 76 B3
Szilvásvárad 77 A8
Szirák 76 B6
Szirmabesenyő 77 A9
Szkaradowo 70 H6
Szklarska Poręba 74 B5
Szklary Górne 74 A6
Szlichtyngowa 70 G5
Szob 76 B5
Sződ 76 B6
Szögliget 73 G1
Szokolya 76 B6
Szolnok 77 C7
Szőlősgyörök 76 D3
Szombathely 76 C2
Szomód 76 B4
Szomolya 77 B8
Szówsko 73 D4
Szpetal Górny 71 E9
Szprotawa 70 H4
Szreńsk 71 E10
Szropy 71 C9
Sztabin 72 C5
Sztum 71 C9
Sztutowo 71 B9
Szubin 71 E7
Szűcsi 77 B7
Szudziałowo 72 D6
Szügy 76 A6
Szuhogy 73 H1
Szulborze Wielkie 72 E4
Szumowa 72 E4
Szurdokpüspöki 77 B7
Szydłów 73 C2
Szydłowiec 73 B1
Szydłowo PL 70 D6
Szydłowo PL 72 E2
Szymanów 72 F2
Szymonka 72 C3
Szynkielów 75 A9
Szypliszki 72 B5

T

Taagepera 67 E7
Taalintehdas 64 G3
Taapajärvi 61 D7
Tab 76 D4
Tabajd 76 C5
Tabaky 79 F10
Tabanera de Cerrato 23 E10
Tábara 23 E7
Tabarz 40 B5
Tabasalu 66 B5
Tabdi 76 D6
Taberg 46 F5
Tabernas 29 E8
Taberno 29 D9
Tabivere 67 D8
Taboada 22 C4
Taboadela 22 D3
Tábor 74 E4
Táborfalva 76 C6
Tabost 2 B3
Tábua 24 B4
Tabuaço 22 F4
Tabuenca 20 E4
Täby 47 C9
Tác 76 C5
Tacen 39 G9
Tacherting 38 C6
Tachov 41 E8
Tackåsen 52 E3
Tăcuta 79 D8
Tadasuni 32 E2
Tadcaster 5 F9
Tadley 9 E8
Taebla 66 C4
Tælavåg 48 B1
Taevaskoja 67 E8
Tafalla 20 D4
Tafers 36 D5
Taffs Well 8 E5
Tafjord 50 D4
Täfteå S 53 A7
Täfteå S 56 F3
Țaga 78 D2
Tagaranna 66 D2
Taggia 34 F2
Tâghira 79 C9
Taghmon 7 L6
Tagliacozzo 32 C6
Taglio di Po 35 D9
Taglio-Isolaccio 19 E12
Tagnon 12 C5
Tägsjöberg 55 G9
Tahal 29 D8
Tähemaa 67 D8
Tahilla 7 N2
Tahitótfalu 76 B6
Tähtelä 61 C8
Taibòn Agordino 38 F6
Tain 2 D5
Tainiemi 62 B6
Tainijoki 62 B6
Tain-l'Hermitage 18 A5
Taintrux 13 E9
Taio 38 F4
Taipale FIN 61 E8
Taipale FIN 62 C6
Taipale FIN 63 G7
Taipale FIN 63 G8
Taipale FIN 64 D3
Taipaleenharju 63 C7
Taipalsaari 65 E9
Taipalus 64 B4
Taivalkoski 63 C9
Taivassalo 64 F2
Taizé 36 E2
Tajmište 86 B4
Tajno Łanowe 72 C5
Takácsi 76 C3
Takamaa 64 D4
Takeley 9 D10
Takene S 46 B4
Takene S 46 C4
Taklax 64 B2
Takmak 85 H6
Taksony 76 C6
Taktakenéz 77 A9
Taktaszada 77 A9
Talairan 18 E1
Talais 16 D3
Talamantes 20 E4
Talamona 37 E9
Talamone 32 B3
Talant 12 G6
Talarrubias 26 G2
Talaván 24 C7
Talavera de la Reina 26 E2
Talavera la Real 24 F6
Talayuela 24 C8
Talayuelas 27 E8
Talea 78 G5
Talence 16 E3
Talensac 14 E6
Tales 27 E10
Taleža 81 F7
Talgarreg 8 C3
Talgarth 8 D5
Talhadas 22 G3
Tali 66 E6
Taliard 19 B7
Taliesin 8 C4
Táliga 24 F5
Tälje 52 C3
Talla 35 G8
Tallås S 52 F4
Tallås S 55 C10
Tallåsen 52 D4
Tällberg 52 F2
Tallberg 60 E4
Taller 16 G3
Tallinn 66 B6
Talljärv 60 E4
Talloires 36 F4
Tallone 19 F12
Tallós 22 C2
Tallow 7 M4
Tallsjö 55 F10
Talluskylä 65 A8
Tallvik 60 E5
Tállya 73 H2
Tălmaciu 78 F3
Talmay 13 G7
Talmaz 79 D12
Talmont 16 D3
Talmont-St-Hilaire 16 B2
Talpa 83 B8
Talsano 31 C10
Talsi 66 G3
Taluskylä 62 E5
Talviainen 64 D5
Talvik 58 D5
Tama 23 B9
Tămădău Mare 83 B11
Tamajón 23 G11
Tamames 22 G6
Tamarë 81 G9
Tamarino 83 F11
Tamarite de Litera 21 E7
Tamashowka 72 H6
Tamási 76 D4
Tamași 79 D7
Tambach-Dietharz 40 C6
Tâmboești 79 F7
Tåme 56 D3
Tamins 37 D8
Tamış 85 E1
Tamm 40 F3
Tammela FIN 63 B11
Tammela FIN 64 F4
Tammensiel 42 A4
Tammijärvi 64 D6
Tammiku 67 C8
Tammisaari 64 G4
Tammispää 67 C8
Tammneeme 66 B6
Tâmna 82 B5
Tamnay-en-Bazois 12 G4
Tamnes 51 C9
Tamnič 82 C4
Tampere 64 D4
Tamsalu 67 C7
Tamsweg 39 E8
Tamurejo 26 G2
Tamworth 9 B7
Tana Bru 59 C10
Tanacu 79 D9
Tanaji 69 D10
Tananes 59 C10
Tananger 48 E2
Tănăsoaia 79 E8
Tanaunella 32 D4
Tancarville 15 C9
Tandådalen 51 F10
Țăndărei 84 B3
Tandö 51 G11
Tandragee 6 F6
Tandsbyn 52 B2
Tandsjöborg 52 D2
Tang 7 H5
Tångaberg 44 B6
Tangaveane 6 E4
Tångböle 51 B10
Tange 44 D3
Tangen N 51 G7
Tangen N 51 G8
Tangen N 57 B6
Tångeråsen 54 G6
Tangerhütte 43 F8
Tangermünde 43 E8
Tängstamon 52 A5
Tangstedt 42 C5
Tängvattnet 55 C7
Tanhua 61 C9
Taninges 36 E4
Tankapirtti 59 G9
Tankavaara 59 G9
Tanlay 12 F5
Tann 41 G9
Tanna 41 C7
Tannadice 3 F7
Tännäs 51 C10
Tannay F 12 B6
Tannay F 12 G4
Tänndalen 51 C10
Tanne 42 G6
Tannenbergsthal 41 C8
Tanneron 19 D8
Tännesberg 41 E8
Tannhausen 40 F5
Tannheim 38 D3
Tannila 62 C6
Tånnö 45 C8
Tann (Rhon) 40 C5
Tannroda 40 B6
Tannsjön 55 G8
Tanowo 70 D3
Tansa 79 D8
Țânțăreni 82 B5
Tanumshede 46 D2
Tanvald 74 C5
Taormina 30 E6
Tapa 67 C7
Tapanikylä 63 E10
Tapfheim 40 G6
Tapia de Casariego 22 B5
Tápióbicske 77 C7
Tápiógyörgye 77 C7
Tapionkylä 61 D7
Tapionniemi 61 D9
Tápióság 77 C7
Tápiószecső 77 C7
Tápiószele 77 C7
Tápiószentmárton 77 C7
Tápiószőlős 77 C7
Táplánszentkereszt 76 C2
Tapojärvi 60 C6
Tapolca 76 D3
Tappeluft 58 D5
Tappenbeck 42 F6
Tappernøje 44 F6
Taps 44 F3
Tapsony 76 E3
Tar 77 B7
Târa 79 B10
Taracena 23 G11
Taraclia MD 79 D11
Taraclia MD 79 F10
Taradeau 19 D7
Taradell 21 E10
Taramundi 22 B5
Tarancón 26 E5
Tarano 32 C5
Taranto 31 C10
Tarany 76 E3
Tarare 17 C12
Tarascon 18 D4
Tarascon-sur-Ariège 21 C9
Tarashany 78 A6
Tarazona 20 E3
Tarazona de la Mancha 27 F7
Tárbena 27 G10
Tarbert GB 2 C2
Tarbert GB 4 B3
Tarbert GB 4 B3
Tarbert IRL 7 L3
Tarbes 20 B6
Tarbja 67 C7
Tarbolton 4 B5
Tărcaia 77 D11
Tarcal 77 A9
Tarcău 78 D6
Tarcea 77 C11
Tarcento 39 F7
Tarčin 81 D7
Tarczyn 72 G2
Tard 77 B8
Tardajos 23 D10
Tardelcuende 20 F2
Tardets-Sorholus 20 B5
Tardienta 20 E5
Tardona 77 A8
Tärendö 60 D5
Țareuca 79 B10
Târgale 66 F2
Targon 16 E4
Târgoviște 83 A9
Targowa Górka 71 F7
Târgu Bujor 79 F9
Târgu Cărbunești 82 A6
Târgu Frumos 79 C7
Târgu Jiu 78 G1
Târgu Lăpuș 78 C2
Târgu Mureș 78 D3
Târgu Neamț 78 C6
Târgu Ocna 79 E7
Târgu Secuiesc 78 E6
Târgușor 84 B4
Târgu Trotuș 79 E7
Tarhos 77 D9
Tarifa 25 N8
Țarigrad 79 A9
Tarján 76 B5
Tárkány 76 B4
Tarleton 5 F7
Târlișua 78 C3
Tarłów 73 B3
Târlungeni 78 F5
Tarm 44 E2
Tarmstedt 42 D4
Tärnaby 55 C8
Tärnafors 55 C8
Tarnala 65 D10
Tarnalelesz 77 A7
Tarna Mare 78 A1
Tarnaméra 77 B7
Tärnamo 55 C8
Tarnaőrs 77 B7
Tarnaszentmiklós 77 B8
Târnăveni 78 E3
Tarnawa Duża 73 C4
Tarnawatka 73 C5
Tarnazsadány 77 B7
Târnelv 57 B6
Tårnes 54 G2
Tårnet 59 D12
Tarnobrzeg 73 C3
Tarnogród 73 D4
Tárnok 76 C5
Tarnos 20 B4
Tarnoszyn 73 C6
Târnova MD 79 A8
Târnova RO 77 E10
Tarnow 43 C8
Tarnów PL 70 E4
Tarnów PL 73 D2
Tarnowiec 73 E2
Tarnówka 70 D6
Tarnówko 70 E6
Tarnowo Podgórne 70 F6
Tarnów Opolski 75 C8
Tarnowskie Góry 75 C10
Tärnsjö 47 A8
Tårnvik N 57 E3
Tårnvik N 59 C9
Taron-Sadirac-Viellenave 20 B6
Tarouca 22 G4
Tarouquela 22 G3
Tarp D 44 G3
Tarp DK 44 F1
Tarpa 77 A11
Tarprubežiai 72 B5
Tarquinia 32 C4
Tarquinia Lido 32 C4
Tarragona 21 F8
Tårrajaur 60 E2
Tàrrega 21 E8
Tarrel 2 D6
Tarrenz 38 D4
Tarrio 22 B3
Tarroja de Segarra 21 E8
Tårs DK 44 B4
Tårs DK 44 G5
Tarsele 55 G9
Tarsia 31 D8
Târșolț 78 B1
Tårstad 57 D4
Tartas 16 G3
Tărtășești 83 B9
Tartu 67 D8
Tårup 44 F4
Tarutyne 79 E11
Tarvaala 64 B6
Tarvasjoki 64 F3
Tarves 3 E8
Tarvisio 39 F8
Tarvola 62 G4
Taşağıl 85 A3
Tașca 78 D6
Tasch 36 F6
Tåsjö 55 F8
Tașlâc 79 C11
Tășnad 77 C11
Tass 76 C6
Tassagh 6 G6
Tassin-la-Demi-Lune 36 F2
Tåstrup 44 E6
Taszár 76 E4
Tát 76 B5
Tata 76 B4
Tatabánya 76 B5
Tataháza 76 E6
Tătărăni 79 D9
Tătărani 83 A8
Tătăranu 79 F8
Tătărăști 79 E8
Tătărăștii de Jos 83 B8
Tătărăștii de Sus 83 B8
Tătărăuca 79 A9
Tatarbunary 79 F12
Tătărești 79 E10
Tatarevo 83 G8
Tatarköy 85 B3
Tatarlar 84 G2
Tatárszentgyörgy 76 C6
Tating 42 B4
Tatlısu 85 D4
Tatranská Javorina 75 F11
Tattershall 5 G10
Tătulești 83 B7
Tau 48 E2
Tauberbischofsheim 40 E4
Taucha 43 H8
Tauche 70 F3
Tauer 70 G3
Taufkirchen D 38 C5
Taufkirchen D 38 C6
Taufkirchen (Vils) 41 G8
Taujėnai 69 E7
Țaul 79 A9
Taulé 14 D3
Taulignan 18 B5
Taunton 8 F5
Tauplitz 39 D8
Tauragė 68 E4
Tauragnai 69 D9
Tauralaukis 68 D3
Taurasi 33 E9
Taurene 67 G7
Tăureni 78 D2
Taurianova 31 G8
Taurisano 31 D11
Taurupe 66 G6
Tauste 20 E4
Tăuț 77 E10
Tăuteu 77 C11
Tăuții-Măgherăuș 78 B2
Tauves 17 D9
Tauvo 62 D5
Tavaco 19 F11
Tavagnacco 39 G7
Tavaklı 85 E1
Tavankut 76 E6
Tavannes 36 C5
Tavant 15 G9
Tavarnelle Val di Pesa 35 G7
Tavastila 65 F8
Tavastkenkä 63 E7
Tavaux 13 G7
Taveiro 24 B3
Tavel 18 C4
Tavelsjö 56 F2
Tavera 19 F11
Taverham 9 B11
Taverna 31 E9
Tavernay 12 G5
Tavernelle 35 H9
Tavernes 19 D7
Tavernes de la Valldigna 27 G10
Tavernspite 8 D3
Taverny 12 C2
Tavertet 21 E10
Taviano 31 D11
Tavira 25 K4
Tavistock 8 G3
Tavullia 35 F10
Taxenbach 39 D7
Taxiarchis 87 D8
Taxobeni 79 C8
Tayfur 85 D2
Tayinloan 4 B3
Taylor's Cross 7 J5
Taynuilt 2 F4
Tayport 3 F7
Taytan 85 G5
Tayvallich 2 G3
Tázlár 76 D6
Tazlău 78 D6
Tazones 23 B8
Tczew 71 B8
Tczów 73 B2
Teaca 78 D3
Teano 33 E8
Tearce 82 G1
Teasc 82 C6
Teba 28 E4
Tebar 27 F7
Tebay 5 E7
Tebstrup 44 E3
Techendorf 39 E7
Techirghiol 84 C4
Tecuci 79 F8
Teeriranta 63 C10
Teerivaara 61 F9
Tefeli 89 G10
Tegelen 11 E8
Tegelträsk 55 G10
Teggiano 31 C7
Téglás 77 B10
Teglio 37 E9
Tegnäset 56 F2
Teichwolframsdorf 41 C8
Teignmouth 8 G4
Teijo 64 G4
Teikosuvanto 60 D6
Teillay 14 F6
Teillet 17 G8
Teișani 78 G6
Teisendorf 39 C7
Teisko 64 D4
Teisnach 41 F9
Teistungen 42 H6
Teiu 83 B8
Teiuș 78 E2
Teixeiro 22 B3
Teixoso 24 B5
Tejadillos 27 D8
Tejado 20 F3
Tejeda de Tiétar 24 C7
Tejn 45 F9
Tekeriš 81 C9
Tekija BIH 81 C9
Tekija YU 82 B4
Tekirdağ 85 C3
Tekovské Lužany 76 A5
Teksdal 54 G2
Telaki 72 F4
Telatyn 73 C6
Telč 74 F5
Telciu 78 C3
Teldau 42 D6
Telečka 76 F6
Telega 78 G5
Telekgerendás 77 D9
Telenești 79 B10
Telerig 84 C3
Telese 33 E9
Telești 78 G1
Telford 8 B6
Telfs 38 D4
Telgárt 75 F11
Telgte 11 D10
Telhado 24 B4
Telish 83 D7
Teliu 78 F5
Teliucu Inferior 77 F12
Teljo 63 F10
Telkkälä 63 B7
Tellancourt 13 B7
Tellejåkk 56 B2
Tellin 12 A6
Tellingstedt 42 B4
Tellodar 79 D12
Telneset 51 D8
Telnice 75 F7
Telões 22 F4
Telšiai 68 C4
Telti 32 D3
Teltow 43 F9
Tembi 87 E7
Tembleque 26 E5
Temeleuți 79 C9
Temeni 88 B4
Temerin 77 G7
Temmes 62 D6
Tempio Pausania 32 D3
Temple Bar 8 C3
Templeboy 6 G3
Temple Ewell 9 E11
Templemore 7 K5
Templepatrick 6 E7
Temple Sowerby 5 D7
Templeton 8 D2
Templetuohy 7 K5
Templin 43 D10
Tempo 6 F5
Temse 10 F5
Temska 82 E4
Temù 37 E10
Tenala 64 G4
Tenay 36 F3
Ten Boer 11 B8
Tenbury Wells 8 C6
Tenby 8 D2
Tence 17 E12
Tende 19 C9
Tendilla 26 D6
Tendu 17 B7
Teneniai 68 D4
Tenevo 83 F11
Tengelic 76 D5
Tengen 37 B7
Tengesdal 48 D3
Tenhult 46 F5
Teningen 36 A6
Tenja 76 G5
Tenk 77 B8
Tennänget 51 F11
Tennenbronn 37 A7
Tennevik 57 C5
Tenneville 13 A7
Tennevoll 57 C6
Tennilä FIN 61 E8
Tennilä FIN 64 E6
Tennskjer 57 B6
Tennstrand 57 D3
Tenterden 9 F10
Tentúgal 24 B3
Teora 30 B6
Teovo 86 B5
Tepasto 61 B7
Tépe 77 C10
Tepeboz 85 G2
Tepecik TR 85 B5
Tepecik TR 85 E6
Tepeköy 85 H5
Tepelenë 86 E2
Teplá 41 D9
Teplice 41 C10
Teplice nad Metuj 74 C6
Teplička 73 F1
Teplička nad Váhom 75 F9
Tepsa 61 C8
Țepu 79 F8
Teramo 33 B7
Tĕrande 66 G2
Ter Apel 11 B9
Teratyn 73 C6
Tërbaç 86 E2
Terborg-Silvolde 11 D8
Terchová 75 F10
Terebești 77 B12
Tereblya 78 A2
Teregova 77 G11
Teremia Mare 77 F8
Terena 24 F5
Teresa 27 E9
Teresa de Cofrentes 27 F9
Teresin 72 F2
Terespol 72 G6
Teresva 78 A2
Terezín 74 C3
Terezino Polje 76 F3
Tergnier 12 B4
Tergu 32 D2
Terikeste 67 D8
Terjärv 62 G4
Terka 73 F4
Terlano 38 F4
Těrlicko 75 E9
Terlizzi 31 A9
Terme Luigiane 31 E8
Térmens 21 E8
Termignon 36 G5
Terminiers 15 E11
Termini Imerese 30 E3
Termoli 33 C9
Termon 6 E5
Termonfeckin 7 H7
Ternaard 11 A7
Ternavka 78 A6
Ternberg 39 C9
Terndrup 44 C3
Terneuzen 10 E4
Terni 32 B5
Ternitz 39 C11
Ternove 78 A2
Terovou 86 F4
Terpezița 82 C6
Terpni 87 C8
Terpsithea 86 F6
Terpyllos 87 C7
Terracina 32 E6
Terrades 21 D11
Terråk 54 D5
Terralba 32 F2
Terranova da Sibari 31 D8
Terranova di Pollino 31 D8
Terranuova Bracciolini 35 G8
Terras do Bouro 22 E3
Terrasini 30 E2
Terrassa 21 F10
Terrasson-la-Villedieu 17 E7
Terraube 16 G5
Terravecchia 31 E9
Terricciola 34 G6
Terriente 27 D8
Terrin 7 H6
Terrinches 26 G6
Terrou 17 E8
Terrugem P 24 F1
Terrugem P 24 F5
Terryglass 7 K4
Terslev 44 F6
Tertenia 32 F3
Teruel 27 D9
Tervajoki 64 A3
Tervakoski 64 F5
Tervavaara 63 D9
Tervel 84 D2
Terves 16 A4
Tērvete 68 B6
Tervo 65 A7
Tervola 62 B5
Tervolan as 62 B5
Tervuren 10 F5
Tés 76 C4
Tešanj 81 C7
Těšany 75 F7
Tesárske Mlyňany 75 G9
Tešedíkovo 76 A4
Tesero 38 F5
Tešica 82 D3
Tesimo 38 F4
Tesjoki 65 F7
Teslić 81 C7
Teslui RO 83 B7
Teslui RO 83 C7
Tespe 42 D6
Tessenderlo 10 F6
Tessin 43 B8
Tesson 16 D3
Tessy-sur-Vire 15 D7
Testa del Gargano 33 D11
Testa dell'Acqua 30 G6
Teşvikiye 85 C6
Tét 76 B3
Tetbury 8 D6
Tețcani 79 A7
Tețchea 77 C11
Teterow 43 C9
Tetétlen 77 C9
Teteven 83 E7
Teti 32 E3
Tetney 5 G10
Tetoiu 82 B6
Tetovo BG 83 C10
Tetovo MK 82 G1
Tettens 42 C3
Tettnang 37 B9
Tetyń 70 E3
Teublitz 41 F8
Teuchern 41 B8
Teufen 37 C8
Teufenbach 39 E9
Teulada E 27 G11
Teulada I 32 H2
Teunz 41 E8
Teupitz 43 F10
Teurajärvi FIN 60 C6
Teurajärvi S 60 D5
Teuro 64 F5
Teuschnitz 41 C7
Teutschenthal 43 H8
Teuva 64 B2
Tevaniemi 64 D4
Tevansjö 52 D3
Tevel 76 E5
Tēvenāni 69 B10
Tevfikiye 85 E1
Teviothead 5 C7
Tewkesbury 8 D6
Teyssieu 17 E8
Thal 40 B5
Thale (Harz) 43 G7
Thalfang 13 B9
Thalheim 43 G8
Thalheim bei Wels 39 C8
Thaljina 80 E6
Thallwitz 41 A8
Thalmässing 40 F6
Thalwil 37 C7
Thame 9 D8
Thamsbrück 40 B6
Thann 36 B5
Thannhausen 40 H5
Thaon-les-Vosges 13 E8
Tharandt 41 B10
't Harde 11 C7
Tharsis 25 J5
Thasos 87 D10
Thatcham 9 E7
Thaumiers 17 A9
Thaxted 9 D10
Thaya 74 F4
Thayngen 37 B7
Theale 9 E8
Thedinghausen 42 E4
Theillay 15 G11
Theißen 41 B8
Theix 14 F5
Them 44 E3
Themar 40 C6
Thenay 17 B7
Thénezay 16 A4
Thenon 16 E6
Theologos 87 D10
Théoule-sur-Mer 19 D8
Therma 87 D12
Thermi 87 D7
Thermisia 88 D6
Thermo 88 A4
Thermopyles 87 G7
Thérouanne 10 G2
Thespies 88 B6
Thesprotiko 86 G4
Thessaloniki 87 D7
Thetford 9 C10
Theth 81 G10
Theux 11 G7
Thèze 20 B6
Thiaucourt-Regniéville 13 D7
Thiberville 15 C9
Thibie 12 D5
Thiéblemont-Farémont 12 D6
Thiendorf 41 B10
Thiene 35 B8
Thierhaupten 40 G6
Thierrens 36 D5
Thiers 17 C10
Thiersee 38 D6
Thiersheim 41 D8
Thiesi 32 E2
Thießow 43 B10
Thiézac 17 E9
Thimert-Gâtelles 15 D10
Thin-le-Moutier 12 B5
Thionville 13 C8
Thira 89 F10
Thiron Gardais 15 E10
Thirsk 5 E9
Thise 13 G8
Thisted 44 C2
Thisvi 88 B6
Thiva 88 B6
Thivars 15 E11
Thiviers 16 D6
Thizy 17 C12
Thoirette 36 E3
Thoiry 15 D11
Thoissey 36 E2
Thoisy-la-Berchère 12 G5
Tholen 10 E5
Tholey 13 C9
Thomastown 7 L6
Thommen 11 H8
Thônes 36 F4
Thonnance-lès-Joinville 12 E6
Thonon-les-Bains 36 E4
Thorame-Haute 19 C7
Thoras 17 E10
Thoré-la-Rochette 15 F10
Thorenc 19 D8
Thorigny-sur-Oreuse 12 E4
Thörl 39 D10
Thorn 11 F7
Thornaby-on-Tees 5 D9
Thornbury 8 D6
Thorne 5 F9
Thorney 9 B9
Thornhill 4 C6
Thorning 44 D3
Thornton 5 F7
Thorpe-le-Soken 9 D11
Thorpe Market 9 B11
Thorpeness 9 C12
Thorsager 44 D4
Thorshøj 44 B4
Thorsø 44 D3
Thouarcé 15 G8
Thouaré-sur-Loire 14 G6
Thouars 15 H8
Thouria 88 D4
Thourotte 12 C3
Thrapston 9 C8
Threshfield 5 E8
Thropton 5 C8
Thrumster 2 C6
Thuès-entre-Valls 21 D10
Thueyts 17 F12
Thuin 10 G5
Thuine 11 C10
Thuir 21 C11
Thum 41 C9
Thun 36 D6
Thundersley 9 E10
Thüngen 40 D4
Thüngersheim 40 D4
Thuré 16 A5
Thuret 17 C10
Thurey 36 D2
Thüringen 38 D2
Thurins 36 F2
Thürkow 43 C9
Thurlby 9 B9
Thurles 7 L5
Thurnau 41 D7
Thursby 4 D6
Thurso 2 B6
Thury-Harcourt 15 D8
Thusis 37 D8
Thwaite 5 E8
Thyborøn 44 C1
Thyez 36 F4
Thymiana 89 B11
Thyregod 44 E2
Thyrnau 39 B8
Tia Mare 83 C7
Tiana 32 F3
Țibana 79 D8
Țibănești 79 D8
Tibble 47 C9
Tiberget 51 F11
Tibi 27 H10
Tibolddaróc 77 B8
Tibro 46 E5
Țibucani 79 C7
Tice 80 C4
Ticehurst 9 F10
Ticha 83 E10
Tichá 75 E9
Tichilești 79 G9
Tičići 81 D7
Ticknall 9 B7
Țicleni 82 A5
Ticușu 78 F4
Ticvaniu Mare 77 G10
Tidaholm 46 E5
Tidan 46 E5
Tiddische 42 E6
Tidenham 8 D5
Tidersrum 46 F6
Tiebas 20 C4
Tiedra 23 E8
Tiefenbach D 39 B8
Tiefenbach D 41 E8
Tiefenbronn 40 F3
Tiefencastel 37 D9
Tiefensee 43 E10
Tiel 11 D7
Tielt 10 F4
Tiemassaari 65 C9
Tienen 10 F6
Tiengen 37 B7
Tiercé 15 F8
Tierga 20 E4
Tierp 52 G5
Tierzo 20 G3
Țifești 79 F7
Țigănași 79 C8
Țigănești 83 C9
Tigare 81 D9
Tighina 79 D11
Tighnabruaich 4 B4
Tignale 35 B7
Tignes 36 G5
Tigy 12 F2
Tiha Bârgăului 78 C4
Tihany 76 D4
Tihemetsa 66 E6
Tihilä 63 F7
Tihusniemi 65 C8
Tiistenjoki 64 A4
Tiitilänkylä 65 B7
Tijesno 80 D3
Tijnje 11 B7
Tíjola 29 D8
Tikkakoski 64 C6
Tikkala FIN 64 C6
Tikkala FIN 65 C11
Tikkurila 64 G6
Tikob 44 E6
Tilburg 10 E6
Tilbury 9 E10
Til-Châtel 12 F6
Tildarg 6 E7
Tileagd 77 C11
Tilehurst 9 E8
Tilh 20 B5
Tilișca 78 F2
Tilisos 89 G9
Tillac 21 B7
Tillberga 47 B8
Tillicoultry 2 G6
Tillières-sur-Avre 15 D10
Tilloy-et-Bellay 12 C5
Tillyfourie 3 E7
Tilly-sur-Seulles 15 C8
Tilvikai 68 D4
Tilža 67 G9
Tim 44 D1
Timahoe 7 K6
Timár 77 A10
Timau 39 F7
Timelkam 39 C8
Timiryazevo 68 E4
Timișești 79 C7
Timișoara 77 F9
Timmele 46 F4
Timmendorfer Strand 42 C6
Timmernabben 45 C11
Timmersdala 46 E4
Timola 65 C8
Timoleague 7 N4
Timolin 7 K6
Timoniemi 63 E10
Timovaara 63 G10
Timrå 52 C5
Timring 44 D2
Timsgearraidh 2 C2
Tinahely 7 K6
Tinajas 26 D6
Tinalhas 24 C4
Tinca 77 D10
Tinchebray 15 D7
Tineo 22 B6
Tiņģere 66 F3
Tinglev 44 G2
Tingsryd 45 D10
Tingstad 47 E7
Tingstäde 47 F10
Tingvatn 48 F4
Tingvoll 50 B5
Tingwall 3 E9
Tinja 81 C8
Tinjan 35 C12
Tinn 48 C6
Tinnoset 48 C6
Tinos 89 C9
Tiñosillos 23 G9
Tinosu 83 A10
Tinqueux 12 C5
Tintagel 8 F2
Tinténiac 14 E6
Tintern Parva 8 D5
Țintești 79 G7
Tintigny 13 B7
Tīnūži 66 G5
Tione di Trento 35 B7
Tipasoja 63 F9
Tipperary 7 L4
Tiptree 9 D10
Tipu 66 D6
Tiranë 86 B2
Tiranges 17 D11
Tirano 37 E9
Tiraspol 79 D12
Tiraspolul Nou 79 D12
Tiream 77 B11
Tireļi 66 G4
Tirgo 23 D12
Tiriez 27 G7
Tirig 27 D11
Tiriolo 31 F9
Tirkšliai 68 C4
Tirrenia 34 F6
Tirro 59 F8
Tirschenreuth 41 D8
Tirstrup 44 D4
Tirteafuera 26 G3
Tirza 67 G8
Tisău 79 G7
Tišća 81 C8
Tishevitsa 82 E6
Tishono 72 B2
Tišice 74 D3
Tismana 77 G12
Tišnov 74 E6
Tisovec 75 G11
Tistrup Stationsby 44 E2
Tisvilde 44 E6
Tiszaalpár 77 D7
Tiszabecs 77 A12
Tiszabezdéd 73 H3
Tiszabő 77 C8
Tiszabura 77 C8
Tiszacsege 77 B9
Tiszadada 77 A9
Tiszaderzs 77 B8
Tiszadob 77 A9
Tiszaeszlár 77 A10
Tiszaföldvár 77 D8
Tiszafüred 77 B8
Tiszagyenda 77 C8
Tiszaigar 77 B9
Tiszajenő 77 C7
Tiszakanyár 77 A10
Tiszakarád 73 H3
Tiszakécske 77 D7
Tiszakerecseny 73 H4
Tiszakeszi 77 B9
Tiszakürt 77 D7
Tiszalök 77 A9
Tiszalúc 77 A9
Tiszanagyfalu 77 A10
Tiszanána 77 B8
Tiszaörs 77 B9
Tiszapalkonya 77 B9
Tiszapüspöki 77 C8
Tiszaroff 77 C8
Tiszasas 77 D7
Tiszasüly 77 C8
Tiszaszalka 77 A11
Tiszaszentimre 77 C8
Tiszaszentmárton 73 H3
Tiszasziget 77 E7
Tiszatarján 77 B9
Tiszatelek 77 A10
Tiszatenyő 77 C8
Tiszaug 77 D7
Tiszaújváros 77 B9
Tiszavárkony 77 C7
Tiszavasvári 77 B9
Titaguas 27 E9
Titel 77 G8
Țițești 78 G4
Tithorea 88 A5
Tito 31 B7
Titova Korenica 80 B3
Titov Drvar 80 C4
Titran 50 A5
Tittelsnes 48 C2
Titting 40 F6
Tittmoning 39 C7
Titu 83 B9
Titulcia 26 D5
Tiukuvaara 61 C7
Tiurajärvi 60 C6
Tivat 81 G8
Tivenis 21 G7
Tiverton 8 F4
Tivissa 21 G8
Tivoli 32 C6
Tizzano 19 G11
Tjæreborg 44 F2
Tjåkkjokk 55 C10
Tjällmo 46 D6
Tjåmotis 60 D1
Tjappsåive 60 F2
Tjärmyrberget 55 F8
Tjärn 55 G10
Tjärnäs 52 G4
Tjärnberg 55 D11
Tjärstad 47 E7
Tjäruträsk 60 F5
Tjautas 60 C3
Tjeldnes 57 D4
Tjeldstø 48 B1
Tjelle 50 C5
Tjentište 81 E8
Tjöck 64 C2
Tjøme 49 D7
Tjønnefoss 48 E5
Tjorhom 48 E3
Tjörnarp 45 E8
Tjøtta 54 C5
Tjuda 64 G3
Tjuvskjær 57 C5
Tkon 80 D3
Tleń 71 C8
Tlmače 75 H9
Tłuchowo 71 E9
Tlumačov 75 F8
Tłuszcz 72 F3
Toab 3 C12
Toaca 78 D4
Tóalmás 77 C7
Toano 34 E6
Toba 40 A6
Tobarra 27 H8
Tobermore 6 E6
Tobermory 2 F3
Tobo 52 G5
Tobyn 46 B3
Tocane-St-Apre 16 D5
Tocco da Casauria 33 C8
Tocha 24 B2
Töcksfors 46 C2
Tocón 28 D6
Todal 50 B5
Toddington 8 D6
Todi 32 B5
Todireni 79 B8
Todirești RO 78 B6
Todirești RO 79 C7
Todirești RO 79 D8
Todmorden 5 F8
Todolella 20 G6
Todorići 80 D5
Todor-Ikonomovo 84 D2
Todorovo 84 D2
Todtmoos 36 B6
Todtnau 36 B6
Toén 22 D3
Toft GB 3 B12
Toft N 54 D5
Tofta S 44 B6
Tofta S 47 G9
Tofte 49 D8
Töftedal 46 D2
Tofterup 44 E2
Toftir 3 B9
Toftlund 44 F2
Togher IRL 7 H7
Togher IRL 7 J5
Togher IRL 7 N3
Togston 5 C8
Tohmajärvi 65 C11
Tohmo 61 D9
Toholampi 62 F5
Toija 64 G4
Toijala 64 E4
Toila 67 B9
Toirano 34 E2
Toivakka FIN 63 B7
Toivakka FIN 65 C7
Toivala 65 A8
Toivola 65 D7
Tojaci 86 B5
Töjby 64 B2
Tök 76 B5
Tokachka 87 B12
Tokaj 77 A10
Tokarnia PL 75 C12
Tokarnia PL 75 E11
Tokod 76 B5
Tököl 76 C5
Tokrajärvi 65 B11
Toksovo 65 G11
Tolastadh Úr 2 C3
Tolbaños 23 G9
Tolcsva 73 H2
Toledo 26 E4
Tolentino 35 G11
Tolfa 32 C4
Tolga 51 C8
Toliejai 69 E8
Tolja 63 B7
Tolk 42 A5
Tolkmicko 71 B9
Tollarp 45 E8
Tollered 46 F3
Tollesbury 9 D10
Tollo 33 C8
Tølløse 44 E6
Töllsjö 46 F3
Tollwitz 41 B8
Tolmachevo 67 C12
Tolmezzo 39 F7
Tolmin 39 G8
Tolna 76 E5
Tolnanémedi 76 D5
Tolne 44 B4
Tolo 88 C6
Tolonen 61 D7
Tolosa E 20 B3
Tolosa P 24 D4
Tolosenmäki 65 C11
Tolox 28 F4
Tolšići 81 C8
Tolva E 21 D7
Tolva FIN 61 E10
Tolve 31 B8
Tomai MD 79 D10
Tomai MD 79 E10
Tomar 24 D3
Tomares 25 J7
Tomaševac 77 G8
Tomaševo 81 F10
Tomašica 80 B5
Tomášikovo 76 A3
Tomášov 75 H7
Tomášovce 75 G11
Tomaszów Lubelski 73 C5
Tomaszów Mazowiecki 71 H10
Tomatin 2 E5
Tombebœf 16 F5
Tomelilla 45 F8
Tomelloso 26 F5
Tomești RO 77 E12
Tomești RO 77 F11
Tomești RO 79 C8
Tomice 75 D10
Tomintoul 2 E6
Tomislavgrad 80 D6
Tømmerneset 57 E4
Tommerup 44 F4
Tomnavoulin 2 E6
Tömörkény 77 D7
Tompa 76 E6
Tomra 50 C4
Tomșani 83 A10
Tona 21 E10
Tonara 32 F3
Tonbridge 9 E10
Tondela 24 A4
Tønder 44 G2
Tonezza del Cimone 35 B8
Tongeren 11 G7
Tongland 4 D5
Tongue 2 B5
Tonkopuro 61 E10
Tonna 8 D4
Tonnay-Boutonne 16 C3
Tonnay-Charente 16 C3
Tonneins 16 F5
Tonnerre 12 F5
Tonnes 54 A5
Tönning 42 B4
Tønsberg 49 D7
Tönsen 52 F4
Tonstad 48 E3
Tonsvik 58 D2
Toombeola 7 J2
Toomebridge 6 E6
Tootsi 66 D6
Topalu 84 B4

Topana **83** A7
Topares **29** C8
Topchii **83** D11
Töpchin **43** F10
Topčic-Polje **81** C7
Topcliffe **5** E9
Töpen **41** C7
Topeno **64** F5
Tophisar **85** D5
Topleț **82** A4
Topliceni **79** G7
Topli Do **82** D4
Toplița *RO* **77** F12
Toplița *RO* **78** D5
Töplitz **43** F9
Topojë **86** D1
Topola **81** C11
Topolčani **86** C5
Topoľčany **75** G9
Topoľčianky **75** G9
Topolia **89** F7
Topólka **71** F8
Topolnica **82** B3
Topoľníky **76** B3
Topolog **84** A4
Topolovac **76** G1
Topolovățu Mare **77** F10
Topoloveni **83** A8
Topolovgrad **83** G10
Topolovnik **82** B2
Topolovo **83** G8
Topolšica **39** F10
Toponica **81** D11
Toporec **75** F12
Toporów **70** F4
Toporu **83** C9
Toporzyk **70** C5
Toppenstedt **42** D6
Topraisar **84** C4
Topsham **8** F4
Topusko **80** A3
Torá de Riubreós **21** E9
Toral de los Guzmanes **23** D7
Toral de los Vados **22** D5
Torano Castello **31** E8
Torasalo **65** C9
Toras-Sieppi **60** B6
Torbjörntorp **46** E4
Torbygget **51** C10
Torchiara **30** C6
Torchiarolo **31** C11
Torcy **17** A12
Torda **77** F8
Tordas **76** C5
Tordehumos **23** E8
Tordera **21** E11
Tordesillas **23** F8
Tordesilos **20** G4
Töre **56** B5
Töreboda **46** D5
Toreby **44** G6
Torekov **45** D7
Torellano **29** B11
Torelló **21** E10
Toreno **22** C6
Torestorp **45** B7
Torgau **43** G9
Torgelow **43** C10
Torgiano **35** H9
Torhamn **45** E11
Torhout **10** F3
Tori **66** D6
Torigni-sur-Vire **15** C7
Torija **23** G11
Torino **19** A9
Toritto **31** B9
Torkovichi **67** C12
Torla **20** C6
Torma **67** C8
Tormac **77** F10
Törmänen *FIN* **59** E9
Törmänen *FIN* **59** F9
Törmänki **61** D7
Törmänmäki **63** E8
Törmäsenvaara **63** B10
Törmäsjärvi **60** E6
Tormestorp **45** D8
Tormón **27** D8
Tormore **4** B4
Tornadizos de Ávila **23** G9
Tornaľa **75** G12
Tornavacas **24** B8
Tornby **44** B3
Tornemark **44** F5
Tornes **50** C4
Tørnes **57** D4
Tornesch **42** C5
Torneträsk **58** G3
Tornimäe **66** D4
Tornio **62** B5
Tornjoš **77** F7
Torno **34** B4
Tornos **20** G4
Tornow **43** D9
Tornyospálca **73** H3
Toro **23** F8
Torö **47** D9
Törökbálint **76** C5
Törökszentmiklós **77** C8
Torony **76** C1
Toros **83** E7
Toroshino **67** E10
Torp **53** H8
Torpa **46** F6
Torphins **3** E7
Torpo **50** G6
Torpoint **8** G3
Torpsbruk **45** C9
Torpshammar **52** C4
Torquay **8** G4
Torquemada **23** E9
Torraiba de Calatrava **26** G4
Torralba *E* **27** D7
Torralba *I* **32** E2
Torralba de Aragón **20** E5
Torralba de El Burgo **23** E12
Torralba de Oropesa **26** E2
Torralba de Sisones **20** G4
Torrão **24** G3
Torrböle **56** G2
Torre-Alháquime **28** E3
Torre Annunziata **30** B5
Torrebaja **27** D8
Torreblacos **20** E2
Torreblanca **27** D11
Torreblascopedro **28** C6
Torrebruna **33** D9
Torrecaballeros **23** G10
Torrecampo **28** B4
Torre Canne **31** B10
Torre-Cardela **29** D7
Torrecilla de Alcañiz **20** G6
Torrecilla de la Jara **26** E3
Torrecilla de la Orden **23** F8
Torrecilla del Rebollar **20** G5
Torrecillas de la Tiesa **24** D7
Torrecuso **33** E9
Torre da Gadanha **24** F3
Torre das Vargens **24** D4
Torre de Coelheiros **24** G4
Torre de Dona Chama **22** E5
Torre de Embesora **27** D10
Torredeita **24** A4
Torre de Juan Abad **29** B7
Torre de la Higuera **25** K6
Torre del Bierzo **22** C6
Torre del Burgo **23** G11
Torre del Campo **28** C6
Torre del Greco **30** B5
Torre del Mar **28** E5
Torredembarra **21** F9
Torre de Miguel Sesmero **24** F6
Torre de Moncorvo **22** F5
Torre de'Passeri **33** C8
Torre de Santa María **24** E7
Torredonjimeno **28** C6
Torre do Terrenho **22** G4
Torrefarrera **21** E7
Torregrossa **21** F8
Torreiglesias **23** F10
Torreira **22** G2
Torrejoncillo **24** C6
Torrejoncillo del Rey **26** E6
Torrejón de Ardoz **26** D5
Torrejón del Rey **23** G11
Torrejón el Rubio **24** C7
Torrelacarcel **20** G4
Torrelaguna **23** G11
Torrelapaja **20** F3
Torrelavega **23** B10
Torrellas **20** E3
Torrelles de Foix **21** F9
Torrelobatón **23** E8
Torrelodones **26** D4
Torremaggiore **33** D10
Torremanzanas **27** G10
Torremayor **24** E6
Torremegía **24** F6
Torre Mileto **33** C10
Torremocha **24** D7
Torremocha de Jiloca **27** D8
Torremolinos **28** F5
Torrenostra **27** D11
Torrent **27** F10
Torrente de Cinca **21** F7
Torrenueva **26** G5
Torre Nuovo Scalo **34** G5
Torreorgaz **24** D7
Torre Orsaia **31** C7
Torre-Pacheco **29** C11
Torre Pellice **19** B9
Torreperogil **29** C7
Torres **28** C6
Torresandino **23** E10
Torre San Giovanni **31** D11
Torres de Albánchez **29** B8
Torres de Berrellén **20** E5
Torres de la Alameda **26** D5
Torres del Carrizal **23** E7
Torres de Segre **21** F7
Torresmenudas **23** F7
Torres Novas **24** D3
Torre Sta Susanna **31** C11
Torres Vedras **24** E2
Torrevelilla **20** G6
Torrevieja **29** C11
Torrice **33** D7
Torricella **31** C10
Torricella in Sabina **32** C6
Torricella Peligna **33** C8
Torricella Sicura **33** B7
Torricella Taverne **34** B4
Torrico **26** E2
Torri del Benaco **34** B6
Torridon **2** D3
Torriglia **34** E4
Torrijas **27** E9
Torrijo **20** F3
Torrijo del Campo **27** C8
Torrijos **26** E3
Torrin **2** E3
Tørring *DK* **44** E3
Tørring *N* **54** F4
Torrita di Siena **35** G8
Torroal **24** G2
Torroella de Montgrí **21** E12
Torrox **28** E6
Torrubia del Campo **26** E6
Torrubia de Soria **20** E3
Tørrvika **54** F2
Torsåker **52** G4
Torsång **52** G3
Torsås **45** D11
Tørsbøl **44** G3
Törsbole **53** A7
Torsborg **51** C11
Torsby *S* **46** A4
Torsby *S* **46** B4
Torsebro **45** D9
Torshälla **47** C7
Tórshavn **3** B9
Torsholma **64** G2
Torsken **57** B5
Torslanda **46** F2
Torsminde **44** D1
Torsö **46** D5
Torsvåg **58** C3
Törtel **77** C7
Tortellà **21** D11
Torteval **14** C5
Torthorwald **4** C6
Tortinmäki **64** F3
Tórtola de Henares **23** G11
Tórtoles de Esgueva **23** E10
Tortolì **32** F3
Tortomanu **84** B4
Tortona **34** D3
Tortora **31** D7
Tortoreto **33** B8
Tortorici **30** E5
Tortosa **21** G7
Tortozendo **24** B4
Tortuera **20** G3
Tortuna **47** B8
Toruń **71** E8
Torun' **73** G5
Torup **45** C7
Tõrva **67** E7
Tor Vaianica **32** D5
Tõrvandi **67** D8
Torvenkylä **62** E4
Torvik **50** B5
Torvik **50** D2
Torvikbukt **50** B5
Tørvikbygd **48** B3
Torvinen **61** D8
Torvizcón **29** E7
Torvsjö **55** F10
Torysa **73** F1
Torzym **70** F4
Tosbotn **54** D5
Toscolano-Maderno **34** B6
Tossa **21** E11
Tossåsen *S* **51** B11
Tossåsen *S* **52** C2
Tossavanlahti **63** G7
Tosse **20** A4
Tösse **46** D3
Tossicia **33** B7
Tosside **5** E7
Tõstamaa **66** D5
Tostedt **42** D5
Tószeg **77** C7
Toszek **75** C9
Totana **29** C10
Totebo **47** F7
Tôtes **15** B10
Totești **77** F12
Tótkomlós **77** E8
Totland **9** F7
Totnes **8** G4
Totra **52** F5
Tótszerdahely **76** E2
Tøttdal **54** F4
Tottijärvi **64** E4
Totton **9** F7
Tótvázsony **76** C3
Touça **22** G4
Toucy **12** F4
Touffailles **16** F6
Touget **21** A8
Toul **13** D7
Toulon **18** E6
Toulon-sur-Allier **17** B10
Toulon-sur-Arroux **17** B11
Toulouges **21** C11
Toulouse **21** A9
Tounj **80** A2
Touques **15** C9
Toural **22** D2
Tourch **14** E3
Tourcoing **10** G3
Tourlaville **14** B6
Tournai **10** G4
Tournan-en-Brie **12** D3
Tournay **21** B7
Tournecoupe **16** G6
Tournefeuille **21** B9
Tournon-d'Agenais **16** F6
Tournon-St-Martin **16** A6
Tournon-sur-Rhône **18** A5
Tournus **36** E2
Tourny **15** C11
Tourouvre **15** D9
Tours **15** G9
Tourteron **12** B6
Tourtoirac **16** D6
Tourves **18** D6
Toury **15** E11
Tous **27** F9
Touvois **14** H6
Toužim **41** D9
Tovačov **75** E7
Tovariševo **76** G6
Tovarné **73** F3
Tovarnik **76** G6
Toven **54** B6
Tovrljane **82** E2
Towcester **9** C8
Tower **7** M4
Toymskardlia **54** D6
Töysä **64** B4
Trabada **22** B5
Trabanca **22** F6
Trabazos **22** E6
Traben **13** B9
Trąbki **75** D11
Trąbki Wielkie **71** B8
Traboch **39** D10
Trabotivište **82** G4
Traby **69** G9
Trachili **89** A8
Tradate **34** B4
Trädet **46** F4
Trædal **57** D5
Trafrask **7** N2
Tragacete **27** D7
Tragana **87** H8
Tragano **88** C3
Tragjas **86** D2
Tragwein **39** B9
Traian *RO* **79** D7
Traian *RO* **79** G9
Traian *RO* **79** G9
Traian *RO* **83** C7
Traian *RO* **83** D8
Traian Vuia **77** F11
Traid **20** G3
Traiguera **27** D11
Train **41** G7
Traînel **12** E4
Traînou **12** F2
Traisen **39** C11
Traiskirchen **76** A1
Traismauer **39** B11
Traitsching **41** F8
Trakai **69** F8
Traksėdžiai **68** E3
Tralee **7** M2
Trá Li **7** M2
Tramacastilla **27** D8
Tramagal **24** D3
Tramariglio **32** E1
Tramatza **32** F2
Tramayes **36** E2
Tramelan **36** C5
Trá Mhór **7** M6
Tramonti di Sopra **39** F7
Tramonti di Sotto **39** F7
Tramore **7** M6
Tramutola **31** C7
Tranås **46** F6
Tranbjerg **44** E4
Trancoso **22** G4
Tranebjerg **44** E4
Tranemo **45** B8
Trången **54** G6
Trånghalla **46** F5
Trångsviken **51** B11
Trani **33** E12
Trannes **12** E5
Tranovalto **86** E5
Tranøy **57** D4
Trans **14** E6
Trans-en-Provence **19** D7
Tränsglet **51** F11
Transtrand *S* **51** F11
Transtrand *S* **51** G10
Tranum **44** B3
Tranvik **47** C10
Trapani **30** E2
Trapene **67** F8
Traplice **75** F8
Trappes **15** D11
Trarbach **13** B9
Traryd **45** D8
Trasacco **33** C7
Träskvik **64** C2
Trasmiras **22** E4
Trasobares **27** A8
Tratalias **32** H2
Trate **39** E11
Traun **39** B9
Traunreut **38** C6
Traunstein *A* **39** B10
Traunstein *D* **38** C6
Traupis **69** D7
Trava **39** H9
Tråvad **46** E4
Travagliato **34** C5
Travanca do Mondego **24** B3
Travassô **24** A3
Travenbrück **42** C6
Travers **13** H8
Traversetolo **34** D6
Trávnica **76** A4
Travnik **80** C6
Travo **34** D5
Trawniki **73** B5
Trawsfynydd **8** B4
Trbovlje **39** G10
Trbuk **81** C7
Trebaseleghe **35** C9
Trebatice **75** G8
Trebatsch **70** G3
Trebbin **43** F9
Třebechovice pod Orebem **74** D5
Trebel **43** E7
Treben **41** B8
Třebenice **41** C10
Trebenow **43** D10
Trèbes **21** B10
Trébeurden **14** D3
Třebíč **74** F5
Trebinje **81** F7
Trebisacce **31** D9
Trebišov **73** G3
Trebnje **39** G10
Trebolle **22** C4
Třeboň **74** F4
Trebsen **41** B9
Trebujena **25** L7
Trebur **40** D2
Trecastagni **30** F6
Trecate **34** C3
Trecchina **31** C7
Trecenta **35** D8
Tredegar **8** D5
Tredington **9** D7
Tredozio **35** F8
Treehoo **6** G5
Trefaldwyn **8** C5
Trefeglwys **8** C4
Treffen **39** F8
Treffort-Cuisiat **36** E3
Treffurt **40** B5
Trefriw **4** G5
Trefynwy **8** D5
Tregaron **8** C4
Trégastel **14** D3
Tregde **48** G4
Tregnago **35** C7
Tregony **8** G2
Trégueux **14** E5
Tréguier **14** D4
Trégunc **14** F3
Tregynon **8** C4
Trehörna **46** E6
Trehörningsjö **55** G11
Treia *D* **42** A5
Treia *I* **35** G11
Treignac **17** D7
Treigny **12** F3
Treimani **66** E5
Treis **13** A9
Trekanten **45** C11
Treklyano **82** F4
Trélazé **15** G8
Trelech **8** D3
Trélissac **16** E6
Trelleborg **45** F7
Trelleck **8** D5
Trélon **12** A5
Tremadog **8** B3
Tremblay-les-Villages **15** D10
Tremedal de Tormes **22** G6
Tremelo **10** F6
Trémentines **15** G7
Tremês **24** D2
Tréméven **14** F3
Tremezzo **34** B4
Trémolat **16** E6
Třemošná **41** D9
Trémouilles **17** F9
Tremp **21** D8
Trenance **8** G2
Trenčianska Turná **75** F8
Trenčianske Jastrabie **75** G9
Trenčianske Stankovce **75** F8
Trenčianske Teplice **75** F9
Trenčín **75** F8
Trendelburg **42** G5
Trengereid **48** B2
Trensacq **16** F3
Trent **43** A9
Trenta **39** F8
Trentels **16** F6
Trento **35** B7
Tréon **15** D10
Trepča **80** A3
Treppeln **70** G3
Trept **36** F3
Trepuzzi **31** C11
Trequanda **35** G8
Trescléoux **18** C6
Trescore Balneario **34** B5
Tresenda **37** E9
Tresfjord **50** C4
Tresigallo **35** D9
Tresjuncos **26** E6
Treski **67** E9
Treskog **46** B3
Trešnjevica **81** E10
Tresnuraghes **32** E2
Trespaderne **23** C11
Tressait **2** F5
Třešť **74** F5
Tretower **8** D5
Trets **18** D6
Tretten **51** F7
Treuchtlingen **40** F6
Treuenbrietzen **43** F9
Treungen **48** E5
Trévé **14** E5
Trevélez **29** E7
Tréveray **13** D7
Trèves **17** G10
Trevi **32** B6
Treviana **23** D11
Trévières **15** C7
Treviglio **34** C5
Trevignano Romano **32** C5
Trévillers **36** C5
Treviño **20** C2
Treviso **35** B9
Trevllazër **86** D2
Trevões **22** G4
Trévoux **36** F2
Trézelles **17** B11
Trezzo sull'Adda **34** B5
Trgovište **82** F3
Trhová Hradská **76** B3
Trhové Sviny **74** F4
Třhoviště **73** G3
Trhový Štěpánov **74** E4
Triacastela **22** C4
Triaize **16** B3
Trianta **88** G4
Triantaros **89** C9
Tribalj **80** A1
Tribanj-Krušćica **80** C2
Tribehou **15** C7
Tribsees **43** B9
Tribunj **80** D3
Tricarico **31** B8
Tricase **31** D12
Tricesimo **39** G7
Trichiana **35** B9
Tricot **12** B3
Trieben **39** D9
Triebes **41** C8
Trie-Château **15** C11
Trier **13** B8
Trieste **35** B12
Trie-sur-Baïse **21** B7
Trieux **13** C7
Trifești *RO* **79** C8
Trifești *RO* **79** D7
Triftern **41** G9
Trigaches **25** H4
Trigance **19** D7
Triggiano **31** A9
Triglitz **43** D8
Trignac **14** G5
Trigrad **87** B10
Triguères **12** F3
Trigueros **25** J6
Trigueros del Valle **23** E9
Trikala **86** F5
Trikāta **67** F7
Trikeri **87** G7
Trilj **80** E5
Trillevallen **51** B10
Trillick **6** F5
Trillo **20** G2
Trilofo *GR* **87** D7
Trilofo *GR* **88** D4
Trilport **12** D3
Trim **7** H6
Trimdon **5** D8
Trimley St Mary **9** D11
Trimmis **37** D9
Trimsaran **8** D3
Trindade *P* **22** F5
Trindade *P* **25** H4
Třinec **75** E9
Tring **9** D8
Trinità d'Agultu **32** D2
Trinitapoli **33** E11
Trino **34** C3
Trins **38** E5
Trinta **24** A5
Trinwillershagen **43** B9
Triollo **23** C9
Triora **34** F2
Tripkau **43** D7
Tripoli **88** C5
Tripotama **88** C4
Tripotamos **86** D6
Triptis **41** C7
Tritenii de Jos **78** D2
Trittau **42** C6
Trittenheim **13** B9
Trivalea-Moșteni **83** C8
Trivento **33** D9
Trivero **34** B2
Trivigno **31** B8
Trizac **17** D9
Trnakovac **76** G3
Trnava *CZ* **75** F8
Trnava *SK* **75** G8
Trnava *YU* **81** D11
Trnavá Hora **75** G10
Trnjani **80** B5
Trnovci **86** C5
Trnovec Bartolovečki **76** E1
Trnovec nad Váhom **76** A4
Trnovica **81** E8
Trnovo **81** E8
Tro **54** C5
Troarn **15** C8
Tröbitz **43** G10
Trochtelfingen **40** G4
Trödje **52** F5
Troense **44** G4
Trofa **22** F2
Trofaiach **39** D10
Trofors **54** C6
Trogir **80** E4
Trøgstad **49** C8
Troia **33** E10
Tróia **24** G2
Troianul **83** C8
Troina **30** E5
Troisdorf **11** F9
Trois-Ponts **11** G7
Troissereux **15** C11
Trois-Vèvres **12** H4
Troisvierges **13** A8
Troițsoe **79** D11
Trojane **39** G10
Trojanów **72** G4
Troldhede **44** E2
Trollbukta **59** C9
Trollhättan **46** E3
Trollvik **58** E4
Tromello **34** C3
Tromsdalen **58** D2
Tromsø **58** D2
Tromvik **58** D2
Trondenes **57** C4
Trondheim **54** H3
Trones **54** E5
Trongisvágur **3** C9
Tronnes **57** G3
Trönninge **45** C7
Trönningeby **44** B6
Trönö **52** E5
Trontano **37** E7
Tronvik **54** G3
Tronzano Vercellese **34** C2
Troo **15** F10
Troon **4** B4
Tropaia **88** C4
Tropea **31** F8
Trory **6** F5
Trosa **47** D9
Troshan **86** A2
Trösken **52** G4
Troškūnai **69** D8
Trošmarija **80** A2
Trossin **43** G9
Trossingen **37** B7
Tröstau **41** D7
Trostberg **38** C6
Trostyanets' **73** F6
Troszyn **72** E3
Troubky **75** E7
Troubsko **74** F6
Troutbeck **5** E7
Trouville-sur-Mer **15** C9
Trouy **12** G2
Troviscal **24** C4
Trowbridge **8** E6
Troyan **83** E7
Troyanovo **84** F2
Troyes **12** E5
Troyits'ke *UA* **79** B12
Troyits'ke *UA* **79** D12
Troyon **13** C7
Trpanj **80** F6
Trpejca **86** C4
Trpezi **81** F10
Trpinja **76** G5
Trsa **81** F8
Trstená **75** E11
Trstené pri Hornáde **73** G2
Trstenik *HR* **80** F6
Trstenik *YU* **82** D1
Trstenik *YU* **82** F1
Trstice **76** A4
Trstín **75** G8
Trubar **80** C4
Trubia **23** B7
Truchas **22** D6
Truchtersheim **13** D10
Trud **83** G8
Trudovets **82** E6
Trujillanos **24** E7
Trujillo **24** D7
Trulben **13** C10
Trün **82** E4
Trun *CH* **37** D8
Trun *F* **15** D9
Trünchovitsa **83** D8
Truro **8** G2
Trușești **79** B7
Trusetal **40** C5
Trush **86** A1
Truskava **69** D7
Truskavets' **73** F5
Trüstenik *BG* **83** D7
Trüstenik *BG* **83** D9
Trustrup **44** D4
Trutnov **74** C5
Try **48** G4
Tryavna **83** E9
Trybusivka **79** A10
Tryfos **86** G4
Tryggelev **44** G4
Trygona **86** F5
Tryńcza **73** D4
Tryserum **47** E8
Trysil **51** F9
Tryškiai **68** C5
Tržac **80** B3
Trzcianka *PL* **70** E5
Trzcianka *PL* **72** E3
Trzcianne **72** D5
Trzciel **70** F5
Trzebiatów **70** C4
Trzebiechów **70** G5
Trzebiel **70** G3
Trzebielino **70** B6
Trzebień **74** A5
Trzebieszów **72** G4
Trzebieszowice **75** C7
Trzebież **70** C3
Trzebinia **75** D10
Trzebiszewo **70** E4
Trzebnica **75** A7
Trzebnice **74** A6
Trzebownisko **73** D3
Trzeciewiec **71** D8
Trzemeszno **71** F7
Trzemeszno Lubuskie **70** F4
Trześcianka **72** E6
Trześniów **73** E3
Trzeszczany Pierwsze **73** C6
Tržič **39** F9
Trzrcińsko-Zdrój **70** E3
Trzyciąż **75** C11
Trzydnik Duży **73** C3
Tsakartsianos **88** B2
Tsalapitsa **83** G7
Tsamantas **86** F3
Tsangarada **87** F8
Tsaparevo **82** H5
Tsareva Livada **83** E9
Tsarev Brod **84** D2
Tsarevo **84** G3
Tsarimir **83** F7
Tsaritsani **86** E6
Tsar Kaloyan **83** D10
Tsar-Petrovo **82** C4
Tschagguns **38** E3
Tschernitz **70** H3
Tsebrykove **79** C12
Tselina **83** G9
Tsenovo **83** D9
Tserovo *BG* **82** E5
Tserovo *BG* **82** F6
Tsiistre **67** F9
Tsirguliina **67** E7
Tsivaras **89** F8
Tsooru **67** F8
Tsotili **86** E5
Tsoukalades **86** G3
Tsürvaritsa **82** G4
Tsvetino **82** G6
Tsyatsyerki **69** D11
Tua **54** G3
Tuam **7** H3
Tuamgraney **7** K4
Tubbercurry **6** G4
Tubilla del Agua **23** C10
Tübingen **40** G3
Tubize **10** G5
Tubre **37** D10
Tučepi **80** E5
Tuchan **21** C11
Tüchen **43** D8
Tuchheim **43** F8
Tuchola **71** D7
Tuchomie **71** B7
Tuchów **73** E2
Tuchowicz **72** G4
Tuckur **62** G3
Tuczna **72** G6
Tuczno **70** D5
Tudela **20** E4
Tudela de Duero **23** E9
Tudora **79** B7
Tudor Vladimirescu **79** F8
Tudu **67** C8
Tudulinna **67** C8
Tudweiliog **8** B3
Tuejar **27** E9
Tuenno **38** F4
Tufeni **83** B8
Tufești **84** A3
Tuffé **15** E9
Tufjord **58** B6
Tuhkakylä **63** F9
Tui **22** E2
Tuili **32** F2
Tuin **86** B4
Tuiskula **64** B3
Tūja **66** F5
Tukhkala **63** B11
Tukhol'ka **73** G5
Tukums **66** G4
Tula **32** D2
Tulach Mhór **7** J5
Tulare **82** F2
Tuławki **72** C2
Tulca **77** D10
Tulce **70** F6
Tulcea **79** G10
Tulčík **73** F2
Tulette **18** C5
Tulgheș **78** D5
Tuli **81** G7
Tuliszków **71** G8
Tulje **81** F7
Tulka **47** A10
Tulla **7** K4
Tullaghan **6** F4
Tullamore **7** J5
Tulle **17** D7
Tullebølle **44** G4
Tulleng **58** D1
Tulleråsen **55** H7
Tullingsås **55** G8
Tullins **36** G3
Tulln **39** B11
Tullow **7** K6
Tully *GB* **6** F5
Tully *GB* **6** G5
Tullyallen **7** H6
Tullyvin **6** G6
Tulnici **79** F7
Tulos **63** F11
Tulovo **83** F9
Tułowice *PL* **72** F2
Tułowice *PL* **75** C8
Tulppio **61** B11
Tulsk **7** H4
Tulstrup **44** E6
Tulucești **79** F9
Tumba **47** C9
Tumbo **47** C7
Tume **66** G3
Tummel Bridge **2** F5
Tumšupe **66** G5
Tun **46** E3
Tunadal **52** C5
Tuna-Hästberg **52** G3
Tunari **83** B10
Tunbridge Wells, Royal **9** E10
Tunga **2** C2
Tungozero **63** B12
Tunnerstad **46** F5
Tunnhovd **48** B6
Tunnsjø-Røyrvika **54** E6
Tunsjön **52** B5
Tunstall **9** C11
Tuntenhausen **38** C6
Tunvågen **52** B2
Tuohikotti **65** E8
Tuohikylä **61** D11
Tuolluvaara **60** B3
Tuomikylä **64** B3
Tuomioja **62** E6
Tuorila **64** D2
Tuoro sul Trasimeno **35** G9
Tuovilanlahti **63** G8
Tupilați **79** C7
Tuplice **70** G3
Tuppurinmäki **65** B9
Tura **76** B6
Turany **75** F10
Turawa **75** C8
Turba **66** C5
Turbe **80** C6
Turbenthal **37** C8
Turburea **82** B6
Turceni **82** B5
Turcia **23** D7
Turčianske Teplice **75** F10
Turcifal **24** E2
Turcinești **78** G1
Turcoaia **79** G9
Turda **78** D2
Turdaș **78** F1
Turégano **23** F10
Turek **71** G8
Tureni **78** D2
Turenki **64** E5
Turew **70** G6
Turgeliai **69** F8
Türgovishte **83** E11
Turgutalp **85** F4
Turgutbey **85** B3
Turgutlu **85** H4
Turgutreis **88** F2
Türi **66** C6
Turi **31** B9
Turia **78** E6
Turić **81** B8
Turie **75** F9
Turija *BIH* **81** C8
Turija *YU* **77** F7
Turija *YU* **82** B2
Turís **27** F9
Turiya **83** F8
Turiz **22** E2
Türje **76** D2
Turka **73** F5
Túrkeve **77** C8
Türkgücü **85** B4
Türkheim **38** C4
Turki **69** B9
Türkmenli **85** E2
Turkova **69** D12
Turkoviči **81** F7
Turku **64** F3
Turlava **68** B4
Turleque **26** E5
Turmantas **69** D10
Turmenti **81** G8
Turna **67** F7
Türnak **82** D6
Turňa nad Bodvou **73** G1
Turnau **39** D10
Türnava **82** D6
Turnberry **4** C4
Turners Hill **9** E9
Turnhout **10** E6
Turnišče **76** D1
Türnitz **39** C11
Turnov **74** C4
Turnu Măgurele **83** D8
Turnu Roșu **78** F3
Turnu Ruieni **77** G11
Turobin **73** C4
Turośl *PL* **72** D3
Turośl *PL* **72** D3
Turów **72** G5
Turowo **70** C6
Turquel **24** D2
Turrach **39** E8
Turre **29** E9
Turri **32** F2
Turriff **3** D7
Tursi **31** C8
Turț **78** B1
Turtel **82** H4
Turtola **60** E6
Turulung **78** B1
Turup **44** F3
Tur"ya-Bystra **73** G4
Tur"ya-Polyana **73** G4
Turyatka **78** A6
Tur"ye **73** F5
Tur"yi Remety **73** G4
Turynka **73** D6
Turza Wielka **71** D10
Turzovka **75** E9
Tusa **30** E4
Tuscania **32** B4
Tuse **44** E5
Tuset **51** B8
Tušilović **80** A3
Tussenhausen **37** A10
Tüßling **41** H8
Tuszów Narodowy **73** D2
Tuszyma **73** D2
Tuszyn **71** G9
Tutbury **9** B7
Tutjunniemi **65** B10
Țuțora **79** C9
Tutova **79** E8
Tutow **43** C9
Tutrakan **83** C11
Tuttlingen **37** B8
Tütüncü **85** D4
Tutzing **38** C4
Tützpatz **43** C9
Tuudi **66** D4
Tuukkala **65** D7
Tuuliharju **61** C7
Tuulimäki **63** E9
Tuulos **64** E5
Tuupovaara **65** B11
Tuuri **64** B4
Tuusjärvi **65** B9
Tuusniemi **65** B9
Tuusula **64** F6
Tuv *N* **50** G5
Tuv *N* **57** F3
Tuvattnett **55** G7
Tuve **46** F2
Tuvnes **54** G1
Tuvträsk **55** E11
Tuxford **5** G9
Tuzburgazı **88** D2
Tuzculu **85** G3
Tūzha **83** F8
Tuzi **81** G9
Tužina **75** F9
Tuzla *BIH* **81** C8
Tuzla *RO* **84** C5
Tuzla *TR* **85** E1
Tužno **76** E1
Tuzora **79** C10
Tuzsér **73** H3
Tvååker **44** C6
Tvärålund **56** F2
Tvärån **56** C3
Tväråträsk **55** D10
Tvardița **79** E11
Tvärsele **55** E8
Tvärskog **45** C11
Tvede **44** D4
Tvedestrand **48** E6
Tveit *N* **48** D3
Tveit *N* **48** F5
Tverai **68** D4
Tverečius **69** E10
Tverråga **54** B6
Tverråmo **57** F4
Tverrelmo **58** F3
Tversted **44** B4
Tving **45** D10
Tvis **44** D2
Tvøroyri **3** C9
Tvorozhkovo **67** D10
Tvrdošín **75** E11
Tvrdošovce **76** A4
Tvürditsa **83** F9
Twardogóra **75** A8
Twatt **3** E9
Tweedmouth **5** B8
Tweedsmuir **4** B6
Twello **11** D8
Twist **11** C9
Twiste (Twistetal) **42** H4
Twistringen **42** E4
Twomileborris **7** L5
Two Mile Bridge **7** J5
Tworóg **75** C9
Twyford *GB* **9** E8
Twyford *GB* **9** F7
Twyning **8** D6
Tyachiv **78** A2
Tychówko **70** C5
Tychowo **70** C5
Tychy **75** D10
Tyczyn **73** D3
Tydal **51** B9
Tydavnet **6** G6
Tyfors **46** A5
Tygelsjö **45** F7
Tyinkrysset **50** F5
Tykhero **85** B1
Tykocin **72** D5
Tylawa **73** E3
Tyllinge **47** F7
Tylmanowa **75** E12
Tylösand **45** C7
Tylstrup **44** B3
Tymbark **75** E12
Tymień **70** B5
Tymowa **74** A6
Tympaki **89** G9
Tynderö **52** C5
Tyndrum **2** F4
Týnec nad Labem **74** D5
Týnec nad Sázavou **74** D3
Tynemouth **5** C8
Tyngsjö **51** H11
Tyniewicze Małe **72** E6
Týniště nad Orlicí **74** D6
Tynkä **62** E5
Týn nad Vltavou **74** F3
Tynset **51** D8
Typpö **62** E5
Typpyrä **61** D7
Tyrämäki **63** C9
Tyrävaara **63** C9
Tyrawa Wołoska **73** E4
Tyresö **47** C10
Tyringe **45** D8
Tyristrand **49** C7
Tyrjänsaari **65** B11
Tyrnävä **62** D6
Tyrnavos **86** F6
Tyros **88** D6
Tyrrellspass **7** J5
Tyrväntö **64** E5
Tysnes **57** D4
Tysse *N* **48** B2
Tysse *N* **50** F2
Tyssebotnen **50** G2
Tyssedal **48** B3
Tystberga **47** D8
Tyszowce **73** C6
Tytuvėnai **68** D6
Tyukod **77** B11
Tyulenovo **84** D4
Tywyn **8** C3
Tyykiluoto **62** C6
Tzermiado **89** G10
Tzummarum **11** B7

U

Uachdar **2** D1
Ub **81** C10
Ubby **44** E5
Úbeda **29** C7
Überherrn **13** C8
Überlingen **37** B8
Übersee **38** C6
Ubidea **20** C2
Ubli *HR* **80** F5
Ubli *YU* **81** G8
Ubli *YU* **81** G9
Ubrique **25** L8
Ubstadt-Weiher **40** F3
Ucciani **19** F11
Uccle **10** F5
Ucea **78** F3
Uceda **23** G11
Ucel **17** F12
Ucero **23** E11
Ucha **22** F2
Uchanie **73** B5
Uchizy **36** E2
Uchte **42** F4
Üchtelhausen **40** D5
Uchtspringe **43** E7
Ückeritz **43** B10
Uckfield **9** F9
Uckro **43** G10
Uclés **26** E6
Üçpınar **85** G3
Uda **83** A7
Udanin **74** B6
Udavské **73** F3
Udbina **80** C3
Udby **44** E6
Uddebo **45** B7
Uddeholm **46** B4
Uddevalla **46** E2
Uddheden **46** B4
Uddington **4** B5
Uden **11** E7
Udenhout **10** E6
Udenisht **86** C3
Uder **40** A5
Uderns **38** D5
Üdersdorf **13** A9
Udești **78** B6
Udiča **75** F9
Udine **35** B11
Udorpie **71** B7
Üdruma **66** C5
Udrycze **73** C5
Uebigau **43** G9
Ueckermünde **43** C10
Uehlfeld **40** E6
Uelsen **11** C9
Uelzen **42** E6
Uetendorf **36** D6
Uetersen **42** C5
Uettingen **40** E4
Uetze **42** F6
Uffculme **8** F4
Uffenheim **40** E5
Uffing am Staffelsee **38** C4
Uftrungen **43** G7
Ugāle **66** G2
Ugao **81** F10
Ugarana **20** B2
Uge **44** G3
Ugelbølle **44** D4
Ugento **31** D11
Ugerløse **44** F5
Uggdal **48** C2
Uggelheden **51** F10
Uggelhuse **44** D4
Uggerby **44** B4
Uggerslev **44** F4
Uggiano la Chiesa **31** C12
Ugíjar **29** E7
Ugine **36** F4
Üglen **83** E7
Uglev **44** C2
Ugljan **80** D2
Ugljane **80** E5
Ugljevik **81** C9
Ugod **76** C3
Ugŭrchin **83** E7
Uğurlu **87** E12
Uherské Hradiště **75** F8
Uherský Brod **75** F8
Uhingen **40** G4
Uhldingen **37** B8
Uhlířské Janovica **74** D4
Uhlstädt **41** C7
Uhniv **73** D6
Uhtna **67** B8
Uhyst **74** A3
Uig **2** D2
Uimaharju **65** A11
Uimila **65** E7
Uitgeest **10** C6
Uithoorn **10** D6
Uithuizen **11** A8
Uithuizermeeden **11** A9
Uivar **77** F9
Ujazd *PL* **71** G10
Ujazd *PL* **75** C9
Újezd *CZ* **75** E7
Újezd *CZ* **75** F8
Újfehértó **77** B10
Újhartyán **76** C6
Újkér **76** C2
Újkígyós **77** D9
Újléta **77** C10
Újpetre **76** F4
Ujście **70** E6
Ujsoły **75** E10
Újszalonta **77** D10
Újszász **77** C7
Újszentiván **77** E7
Újszentmargita **77** B9
Újszilvás **77** C7
Újtikos **77** B9
Újudvar **76** D2
Ukhozhany **79** A12
Ukkola **65** A11
Ukmergė **69** E7
Ukri **68** C5
Uland **52** B5
Ulan-Majorat **72** G4
Ulanów **73** C3
Ulaș **85** B4
Ulassai **32** F3
Ula Tirso **32** F2
Ulbjerg **44** C3
Ulbroka **66** G5
Ulbster **2** C6
Ulcinj **86** A1
Uldum **44** E3
Ulefoss **48** D6
Uleila del Campo **29** E9
Ülenurme **67** D8
Ulëz **86** B2
Ułęż **73** A3
Ulfborg **44** D1
Ulhówek **73** C6
Ulič **73** F4
Ulieș **78** E4
Uliești **83** B9
Ulila **67** D8
Uljanik **76** F2
Uljma **77** G9
Ullånger **52** B6
Ullapool **2** D4
Ullared **45** B7
Ullatti **60** D4
Ullava **62** F4
Ullbergsträsk **56** D2
Ulldecona **21** G7
Ulldemolins **21** F8
Ullerslev **44** F4
Ullervad **46** D5
Üllés **77** E7
Ulleskelf **5** F9
Ullisjaur **55** D9
Ullits **44** C3
Üllő **76** C6
Ullsfjord **58** E3
Ulm **40** G5
Ulma **78** B5
Ulmbach **40** C4
Ulme **24** D3
Ulmen **11** H9
Ulmeni *RO* **78** C1
Ulmeni *RO* **79** G7
Ulmeni *RO* **83** C11
Ulmi **83** A9
Ulmu *RO* **84** A2
Ulmu *RO* **84** C2
Ulog **81** E7
Uløybukta **58** D3
Ulricehamn **46** F4
Ulrichsberg **39** B8
Ulrichstein **40** C3
Ulrika **46** E6
Ulriksberg **46** A5
Ulriksfors **55** G8
Ulsberg **51** C7
Ulsta **3** B12
Ulsted **44** C4
Ulsteinvik **50** D2
Ulstrup *DK* **44** D3
Ulstrup *DK* **44** E5
Ulsvåg **57** D4
Ultrå **53** A7
Uluabat **85** D5
Ulucak *TR* **85** G3
Ulucak *TR* **85** H3
Uluyayla **85** G6
Ulvåker **46** E5
Ulvenhout **10** E6
Ulverston **4** E6
Ulvik **48** B4
Ulvila **64** D3
Ulvöhamn **53** B7
Ulvsjön *S* **52** C4
Ulvsjön *S* **52** E2
Ulvvik **52** C6
Ul'yanovo **68** F4
Umag **35** C11
Umberleigh **8** F4
Umbertide **35** G9
Umbrărești **79** F8
Umbriatico **31** E9
Umbukta **55** B7
Umčari **81** C11
Umeå **56** F2
Umfors **55** C7
Umgransele **55** E11
Umhausen **38** E4
Umin Dol **82** G2
Umka **81** C11
Umkirch **36** B6
Umljanović **80** D4
Ummeljoki **65** F7
Ummern **42** E6
Umnäs **55** D8
Umurbey **85** D2
Umurga **66** F6
Uña **27** D7
Uña de Quintana **22** E6
Unaja **64** E2
Únanov **74** F6
Unapool **2** C4
Unari **61** D8
Unbyn **56** C4
Uncastillo **20** D4
Undenäs **46** D5
Undereidet **58** D5
Underfossen **59** C8
Undersåker **51** B11
Undingen **40** G3
Undløse **44** F5
Undva **66** D2
Undy **8** E5
Unelanperä **63** E8
Ungerhausen **37** B10
Ungheni *MD* **79** C9
Ungheni *RO* **78** E3
Ungheni *RO* **83** B8
Ungra **78** F4
Ungurași **78** C2
Ungureni *RO* **79** B7
Ungureni *RO* **79** D8
Ungurpils **66** F6
Unhais da Serra **24** B4
Unhais-o-Velho **24** B4
Unhošť **74** D3
Uničov **75** E7
Uniejów **71** G8
Unieux **17** D12
Unín **75** G7
Unirea *RO* **77** F12
Unirea *RO* **78** E2
Unirea *RO* **79** G9
Unirea *RO* **82** C5
Unirea *RO* **84** C3
Unirea *RO* **84** C4
Unisław **71** D8
Unken **39** D7
Unlingen **37** A9
Unna **11** E10
Unnaryd **45** C8
Unntorp **52** E2
Unset **51** D8
Unsholtet **51** C8
Unstad **57** D2
Untamala *FIN* **64** A3
Untamala *FIN* **64** E2
Unțeni **79** B7
Unterägeri **37** C7
Unterammergau **38** D4
Unterdießen **38** C4
Untergriesbach **39** B8
Unterhaching **38** C5
Unterkulm **37** C7
Unterlüß **42** E6
Untermaßfeld **40** C5
Untermerzbach **40** D6
Untermünkheim **40** F4
Unterneukirchen **38** C6
Unterpleichfeld **40** D5
Unterreit **38** C6
Unterschächen **37** D7
Unterschleißheim **41** H7
Untersiemau **40** D6
Untersteinach **41** D7
Unterweißenbach **39** B9
Unterwössen **38** C6
Unverre **15** E10
Upavon **9** E7
Upenieki **68** B5
Upesgrīva **66** F3
Upgant-Schott **42** C2
Úpice **74** C6
Upinniemi **64** G5
Uplyme **8** F5
Upninkai **69** E7
Upper Knockando **2** D6
Upperlands **6** E6
Upphärad **46** E3
Uppingham **9** C8
Upplanda **52** G6
Upplands-Väsby **47** C9
Uppsala **47** B9
Uppsälje **52** G2
Uppsete **50** G4
Uppsjö **52** D4
Upton upon Severn **8** D6
Upyna *LT* **68** C5
Upyna *LT* **68** D5
Upytė **69** D7
Uradzhaynaya **69** E11
Urafirth **3** B11
Urago d'Oglio **34** C5
Uraiújfalu **76** C2
Uras **32** F2
Ura Vajgurore **86** D2
Uraz **75** B7
Urbania **35** F10
Urbe **34** E3
Urbino **35** F10
Urbisaglia **35** G11
Urbise **17** B11
Určice **75** E7
Urcuit **16** H2
Urda **26** F4
Urdari **82** B5
Urdax **20** B4
Urdorf **37** C7
Urdos **20** C5
Ure **57** D2
Urecheni **79** C7
Urechești *RO* **79** E7
Urechești *RO* **79** F7
Urë e Shtrenjtë **81** H10
Urepel **20** C4
Ureterp **11** B8
Urga **66** F6
Urganlı **85** G4
Úrhida **76** C4
Úri **76** C6
Uri **32** D2
Uricani **78** G1
Uringe **47** C9
Uriu **78** C2
Urjala **64** E4
Urk **11** C7
Úrkút **76** C3
Urlați **83** A10
Urlingford **7** K5
Urmeniș **78** D3
Urmince **75** G8
Urnäsch **37** C8
Urnieta **20** B3
Üröm **76** B6
Uroševac **82** F2
Urovica **82** B4
Urrea de Gaén **20** F6
Urrea de Jalón **20** E4
Urretxu **20** C2
Urriés **20** D4
Urros **22** F5
Urroz **20** C4
Urrugne **20** B4
Ursberg **40** H5
Ursensollen **41** E7
Urshult **45** D9
Ursviken **56** E3
Urszulin **73** B5
Urt **20** B4
Urtenen **36** D6
Urtimjaur **60** D3
Urueña **23** E8
Ururi **33** D9
Urville Nacqueville **14** B6
Urzędów **73** B3
Urzica **83** C7
Urziceni *RO* **77** B11
Urziceni *RO* **83** B11
Urzicuța **82** C6
Urzulei **32** F3
Urzy **12** G4
Usagre **24** G7
Ušari **80** B5
Ušće **81** E11
Uschlag (Staufenberg) **42** H5
Uście Gorlickie **73** E2
Uście Solne **73** D1
Uscio **34** E4
Usedom **43** C10
Usellus **32** F2
Uši **66** F3
Usingen **40** C3
Usini **32** D2
Usk **8** D5
Uskali **65** C11
Uskedal **48** C2
Uskhodni **69** G11
Üsküdar **85** B6
Üsküp **84** H3
Uslar **42** G5
Usma **66** G2
Úsov **75** E7
Uspenivka **79** E12
Ussana **32** G2
Ussassai **32** F3
Usseglio **36** G5
Ussel *F* **17** D8
Ussel *F* **17** E9
Usson-du-Poitou **16** B5
Usson-en-Forez **17** D11
Ustaoset **48** B5
Ustaritz **20** B4
Ust'-Chorna **73** H6
Úštěk **74** C3
Uster **37** C7
Ustibar **81** E9
Ustikotlina **81** E8
Ústí nad Labem **41** C10
Ústí nad Orlicí **74** D6
Ustiprača **81** D9
Ustirama **80** D6
Ustka **70** B6
Ust'-Luga **67** B10
Ustou **21** C8
Ustovo **87** B10
Ustrem **83** G10
Ustroń **75** E10
Ustronie Morskie **70** B5
Ustrzyki Dolne **73** E4
Ustyluh **73** C6
Usurbil **20** B3
Uszew **73** D1
Uszód **76** D5
Utajärvi **63** D7
Utåker **48** C2
Utakleiv **57** D2
Utanede **52** B4
Utanen **63** D7
Utansjö **52** B6
Utanskog **52** B6
Utarp **42** C2
Utbjoa **48** C2
Utebo **20** E5
Utelle **19** C9
Utena **69** D9
Utersum **44** G1
Uthaug **54** G2
Uthleben **42** H6
Uthlede **42** D4
Utiel **27** F9
Utne **48** B3
Utö **47** D10
Utrecht **10** D6
Utrera **25** K7
Utrillas **20** G5
Utrine **77** F7
Utro **54** F3
Utsjoki **59** D9
Utskor **57** C3
Uttendorf *A* **38** D6
Uttendorf *A* **39** C7
Uttenweiler **37** A9
Utterbyn **46** A4
Utterliden **56** C2
Uttersberg **47** B7
Uttersjö **55** G11
Utterslev **44** G5
Utti **65** F8
Utting am Ammersee **38** C4
Uttoxeter **9** B7
Utula **65** E9
Utvalnäs **52** F5
Utvik **50** E3
Utvorda **54** E3
Utzedel **43** C9
Uuemõisa **66** C4
Uukuniemi **65** D11
Uulu **66** E5
Uura **63** E8
Uurainen **64** B6
Uuro **64** C3
Uusikaarlepyy **62** G3
Uusikartano **64** F3
Uusikaupunki **64** F2
Uusikylä *FIN* **64** A5
Uusikylä *FIN* **65** E7
Uusi-Värtsilä **65** C11
Uva **63** E9
Uvac **81** E9
Uvåg **57** C3
Úvaly **74** D4
Uvanå **51** H11
Uvdal **48** B6
Üvecik **85** E1
Uvernet-Fours **19** C8
Uv'jaråtto **58** D6
Uxbridge **9** E9
Uxeau **17** B11
Üxheim **11** G9
Uyeasound **3** B12
Uza **16** G2
Užava **66** G1
Uzdin **77** G8
Uzel **14** E4
Uzerche **17** D7
Uzès **17** G12
Uzhhorod **73** G3
Uzhok **73** F4
Užice **81** D10
Uzlovoye **68** F4
Uznovë **86** D2
Užpaliai **69** D8
Uzrechcha **69** E11
Uzundzhovo **83** G9
Uzunköprü **85** B2
Uzunkuyu **89** B12
Užventis **68** D5

V

Vaadinselkä **61** D10
Vaajakoski **64** C6
Vaajasalmi **65** B7
Vääkiö **63** D9
Vaala **63** E7
Vaalajärvi **61** C8
Vaale **42** C5
Vaalimaa **65** F8
Vaals **11** G8
Vaarakylä **63** B9
Vaarankylä **63** E8
Vaaranniva **63** C9
Vaaraperä **63** B10
Vaaraslahti **63** G7
Väärinmaja **64** C5
Vaartsi **67** E9
Vaas **15** F9
Vaasa **64** A2
Vaassen **11** D7
Väätäiskylä **64** B5
Väätsa **66** C6
Vaattojärvi **60** C6
Vabalninkas **69** C7
Vabole **69** C10
Vabre **21** A10
Vabres-l'Abbaye **17** G9
Vác **76** B6
Văcărești **83** A9
Vaccarizzo Albanese **31** D8
Váchartyán **76** B6
Vacheresse **36** E4
Vachlia **88** C4
Väckelsång **45** C10
Vacov **41** F10
Vacqueyras **18** C5
Vácrátót **76** B6
Văculești **78** B6
Vad *RO* **78** C2
Vad *S* **47** B7
Vadakste **68** C5
Vadaktai **68** D6
Vădastra **83** C7
Vădăstrița **83** C7
Vaddas gruver **58** D4
Vădeni **79** G9
Väderstad **46** E6
Vad Foss **48** E6
Vadheim **50** F2
Vadla **48** D3
Vadocondes **23** E11
Vadokliai **69** D7
Vado Ligure **34** E3
Vadskinn **57** C4
Vadsø **59** D11
Vadstena **46** E6
Vadu Crișului **77** D11
Vadu lui Isac **79** F9
Vadu Izei **78** B2
Vadul lui Vodă **79** C11
Vadul Turcului **79** B11
Vadum **44** B3
Vadu Moldovei **78** C6
Vadu Moților **77** E12
Vadu Pașii **79** G7
Vaduz **37** C9
Vadžgirys **68** E5
Væggerløse **44** G6
Vafaiika **87** C11
Vafiochori **87** C7
Våg **48** D2
Vågaholmen **57** G1
Vågåmo **50** E6
Vagan **80** D5
Vågan **57** B6
Vågdalen **55** G8
Våge *N* **48** C2
Våge *N* **48** G4
Vaggatem **59** E11
Vaggeryd **45** B9
Vågholmane **50** C3
Vagia **88** B6
Văgiulești **82** B5
Vaglia **35** F7
Vaglio Basilicata **31** B8
Vagli Sotto **34** E6
Vagney **36** B5
Vagnhärad **47** D9
Vagnsunda **47** C10
Vagos **24** A3
Vågseidet **50** G2
Vågsele **55** E11
Vågsodden **54** C5
Vágur **3** C9
Vähäjoki **61** F7
Vähäkangas **62** F5
Vähäkyrö **64** A3
Vähäniva **58** G5
Vahanka **64** B5
Vahastu **66** C6
Vahenurme **66** D5
Vähikkälä **64** F5
Vahojärvi **64** C4
Váhovce **75** H8
Vahterpää **65** G7
Vahto **64** F3
Vaiamonte **24** E5
Vaiano **35** F7
Vaickūniškės **69** F7
Vaida **66** C6
Vaidava **66** F6
Vaideeni **78** G2
Vaidotai **69** F8
Vaiges **15** E8
Vaiguva **68** D5
Väike-Maarja **67** C7
Väike-Punperja **67** C9
Vaikijaur **60** E2
Vaikko **63** G9
Vailly-sur-Aisne **12** C4
Vailly-sur-Sauldre **12** G3
Vaimastvere **67** C7
Väimela **67** E8
Vaimõisa **66** C5
Vainikkala **65** F9
Vaiņode **68** B4
Vainotiškiai **68** E6
Vairano Patenora **33** E8
Vairano Scalo **33** E8
Väisälä **63** D9
Vaison-la-Romaine **18** C5
Vaïssac **17** G7
Vaišvydava **69** F7
Vaivio **65** B10
Vaivre-et-Montoille **13** F8
Vaja **77** B11
Vajangu **67** C7
Vajdácska **77** A10
Våje *N* **48** F6
Våje *N* **57** D2
Vajkal **86** B3
Vajmat **60** E2
Vajska **76** G6
Vajszló **76** F4
Vajta **76** D5
Vakarel **82** F6
Vakern **52** G2
Vakıflar **85** B4
Vaklino **84** D4
Vaksdal **48** B2
Vaksevo **82** G4
Vaksince **82** G2
Vál **76** C5
Valada **24** E2
Vålådalen **51** B10
Valadares **22** E3
Valajanaapa **62** B6
Valajaskoski **61** E7
Valaliky **73** G2
Valand **48** G4
Valandovo **87** B7
Vålånger **52** B6
Valanida **86** E6
Valanjou **15** G8
Valareña **20** D4
Vålåsjø **50** D6
Valaská **75** F11
Valaská Belá **75** F9
Valašská Bystřice **75** E8
Valašská Polanka **75** F8
Valašské Klobouky **75** F8
Valašské Meziříčí **75** E8
Vålax **64** G6
Valberg *F* **19** C8
Valberg *N* **57** D2
Vålberg **46** C4
Valbiska **80** B1
Valbo **52** G5
Valbom **22** F2
Valbona **27** D9
Valbondione **34** B5
Valbonë **81** G10
Valbonnais **18** B6
Valbonne **19** D8
Valbuena de Duero **23** E9
Valča **75** F10
Valcabrère **21** C7
Valcău de Jos **77** C12
Vâlcele *RO* **78** F5
Vâlcele *RO* **83** C7
Vâlcelele *RO* **79** G8
Vâlcelele *RO* **84** B2
Valdagno **35** B8
Valdahon **13** G8
Valdaora **38** E6
Valddak **59** C7
Valdealgorfa **20** G6
Valdeblore **19** C8
Valdecaballeros **26** F2
Valdecañas de Tajo **24** C8
Valdecarros **23** G7
Valdecilla **23** B10
Valdecuenca **27** D8
Valdefuentes **24** E7
Valdeganga **27** F8
Valdeķi **66** G3
Valdelacasa **24** A7
Valdelacasa de Tajo **26** E2
Valdelamusa **25** H6
Valdelinares **27** D9
Valdemanco del Esteras **26** G2
Valdemārpils **66** F3
Valdemarsvik **47** E8
Valdemeca **27** D8
Val-de-Meuse **13** E7
Valdemorillo **26** D4
Valdemoro **26** D4
Valdemoro-Sierra **27** D8
Valdenoches **23** G11
Valdeobispo **24** C7
Valdeolivas **26** D6
Valdepeñas **26** G5
Valdepeñas de Jaén **28** D6
Valderas **23** E7
Val-de-Reuil **15** C10
Valderice **30** E2
Valderiès **17** G8
Valderøy **50** C3
Valderrobres **21** G7
Val de Santo Domingo **26** E3
Valdestillas **23** F9
Valdetormo **20** G6
Valdetorres **24** E7
Valdeverdeja **26** E2
Valdevimbre **23** D7
Valdgale **66** G3
Valdice **74** C5
Valdidentro **37** E10
Valdilecha **26** D5
Val-d'Isère **36** G5
Valdisotto **37** E10
Valdivienne **16** B6
Val-d'Izé **15** E7
Valdobbiadene **35** B9
Valdoie **36** B5
Valdrôme **18** B6
Valdunquillo **23** E8
Vale **14** B5
Våle *N* **49** D7
Våle *S* **52** B2
Valea Adâncă **79** A10
Valea Argovei **84** B2
Valea Călugărească **83** A10
Valea Chioarului **78** C1
Valea Ciorii **84** B3
Valea Crișului **78** F5
Valea Danului **78** G3
Valea Doftanei **78** G5
Valea Dragului **83** C10
Valea Ierii **78** D1
Valea Largă **78** D2
Valea lui Mihai **77** B11
Valea Lungă *RO* **78** E2
Valea Lungă *RO* **78** G5
Valea Măcrișului **84** B2
Valea Mare *MD* **79** C9
Valea Mare *RO* **82** B6
Valea Mare *RO* **83** B7
Valea Mare *RO* **83** B8
Valea Mare-Pravăț **78** G4
Valea Mărului **79** F8
Valea Moldovei **78** C6
Valea Nucarilor **79** G11
Valea Râmnicului **79** G7
Valea Salciei **79** G7
Valea Sării **79** F7
Valea Seacă *RO* **79** C7
Valea Seacă *RO* **79** E7
Valea Stanciului **82** C6
Valea Teilor **79** G10
Valea Ursului **79** D7
Valea Viilor **78** E3
Valea Vinului **78** B1
Vale da Rosa **25** K4
Vale das Mós **24** D4
Vale de Açor *P* **24** E4
Vale de Açor *P* **25** H4
Vale de Cambra **22** G3
Vale de Cavalos **24** D3
Vale de Espinho **24** B5
Vale de Estrela **24** A5
Vale de Figueira **24** D3
Vale de Lobo **25** K4
Vale de Prazeres **24** B5
Vale de Reis **24** G3
Vale de Salgueiro **22** F4
Vale de Santarém **24** E2
Vale do Peso **24** D4
Válega **22** G2
Valeggio sul Mincio **35** C7
Valen **48** C2
Valença **22** E2
Valença do Douro **22** F4
Valençay **15** G11
Valence *F* **16** G6
Valence *F* **18** A5
Valence-d'Albigeois **17** G9
Valence-sur-Baïse **16** G5
Valencia **27** F10
Valencia de Alcántara **24** D5
Valencia de Don Juan **23** D7
Valencia de las Torres **24** G7
Valencia del Mombuey **24** G5
Valencia del Ventoso **24** G6
Valenciennes **10** G4
Văleni *RO* **79** D9
Văleni *RO* **83** C8
Vălenii de Munte **78** G6
Valensole **18** D6
Valentano **32** B4
Valentigney **36** C5
Valenza **34** D3
Valenzano **31** A9
Valenzuela **28** C5
Valenzuela de Calatrava **26** G4
Våler *N* **49** D8
Våler *N* **51** G9
Valera de Arriba **27** E7
Valernes **18** C6
Vales Mortos **25** H5
Valestrand **48** B2
Valevåg **48** C2
Valfabbrica **35** G10
Valfarta **20** F6
Valfroicourt **13** E8
Valfurva **37** E10
Valga **67** F7
Valgalciems **66** F3
Valgale **66** G3
Valgrisenche **36** F5
Valgu **66** C5
Valguarnera Caropepe **30** F5
Valgunde **68** B6
Valhelhas **24** B5
Valhermoso **20** G3
Vålhovd **51** F7
Välijoki **61** E8
Välikangas **61** E8
Väli-Kannus **62** F4
Valikardhë **86** B3
Välikylä **62** F4
Valimi **88** B5
Välitalo **61** C8
Văliug **77** G11
Väli-Viirre **62** F4
Valjala **66** D3
Valjevo **81** C10
Valjok **59** D8
Valjunquera **20** G6
Valka **67** F7
Valkeajärvi **64** C5
Valkeakoski *FIN* **64** E5
Valkeakoski *S* **60** D6
Valkeala **65** E7
Valkeiskylä *FIN* **63** F8
Valkeiskylä *FIN* **63** G9
Valkenburg **11** F7
Valkenswaard **11** E7
Valkininkai **69** G7
Valkla **66** B6
Valko **65** F7
Valkó **76** B6
Valla *S* **47** D7
Valla *S* **52** B4
Vallabrègues **18** D4
Valladolid **23** E9
Valladolises **29** C10
Vállaj **77** B11
Vallåkra **45** E7
Vallargärdet **46** C4
Vallata **33** E10
Vallauris **19** D8
Vallberga **45** D7
Vallbo **51** B10
Vallbona d'Anoia **21** F9
Vallda **44** B6
Valldal **50** D4
Vall d'Alba **27** D10
Valldemossa **29** F9
Vall de Uxó **27** E10
Valle *E* **23** B9
Valle *LV* **69** B7
Valle *N* **48** D4
Valle *N* **48** E6
Valle *N* **57** F2
Valle Castellana **33** B7
Vallecorsa **33** D7
Valle de Abdalajís **28** E4
Valle de la Serena **24** F7
Valle de Matamoros **24** G6
Valle de Santa Ana **24** G6
Valle di Cadore **38** F6
Valledolmo **30** E4
Valledoria **32** D2
Valleiry **36** E3
Vallelunga Pratameno **30** F4
Valle Mosso **34** B2
Vallen *S* **55** G9
Vallen *S* **56** E3
Vallenca **27** E8
Vallendar **11** G10
Vallentuna **47** C9
Vallerås **51** G11
Valleraugue **17** G11
Vallermosa **32** G2
Vallerotonda **33** D8
Vallersund **54** G2
Vallervatnet **54** E6
Vallet **15** G7
Valley *D* **38** C5
Valley *GB* **4** G5
Vallfogona de Balaguer **21** E8
Vallfogona de Riucorb **21** F8
Vallières **17** C8
Vallioniemi **61** E10
Vallmoll **21** F8
Valløby **44** F6
Vallo della Lucania **30** C6
Vallo di Nera **32** B6
Valloire **36** G4
Vallombrosa **35** F8
Vallon-en-Sully **17** B9
Vallon-Pont-d'Arc **17** F12
Vallorbe **36** D4
Vallorcine **36** F5
Vallouise **19** B7
Vallrun **55** G7
Valls **21** F8
Vallsbo **52** F4
Vallsjön **52** B4
Vallsta **52** E4
Vallstena **47** F10
Vallvik **52** F5
Valmadrera **34** B4
Valmadrid **20** F5
Valmen **51** F9
Valmiera **66** F6
Valmiermuiža **66** F6
Valmojado **26** D4
Valmont **15** B9

Valmontone 32 D6
Valmorel 36 G4
Valmy 12 C6
Valnes 57 F2
Valognes 14 B6Valongo P 22 F2
Valongo P 24 E4
Válor 29 E7
Valoria la Buena 23 E9
Valøy N 54 E3
Valøy N 54 F4
Valozhyn 69 G10
Valpaços 22 E4
Valpalmas 20 D5
Valpelline 36 F5
Valperga 36 G6
Valpovo 76 F5
Valpperi 64 F3
18 E2
Valréas 18 C5
Valros 18 D2
Vals 37 D8
Valsavarenche 36 G5
Vålse 44 G6
Valseca 23 G10
Valsequillo 28 B3
Valsgård 44 C3
Valsgarth 3 B12
Valshed 52 G3
Valsinni 31 C8
Valsjöbyn 55 F7
Valsjön 52 D4
Valška 81 C11
Valskog 47 C7
Vals-les-Bains 17 F12
Valsøybotn 50 B5
Välsta 52 D5
Valstagna 35 B8
Val-Suzon 12 G6
Valtablado del Río 20 G2
Valtero 87 C8
Valtesiniko 88 C4
Valtice 75 G7
Valtiendas 23 F10
Valtierra 20 D4
Valtimo 63 F9
Valtola 65 E8
Valtopina 35 H10
Valtos 85 A2
Valtotopi 87 C8
Valtournenche 36 F6
Valtura 35 D12
Valu lui Traian 84 C4
Valun 80 B1
Väluste 67 E7
Valverde de Burguillos 24 G6
Valverde de Júcar 27 E7
Valverde de la Virgen 23 D7
Valverde del Camino 25 J6
Valverde de Leganés 24 F5
Valverde del Fresno 24 B6
Valverde de Llerena 24 G7
Valverde del Majano 23 G9
Valverde de Mérida 24 E7
Valvika 57 F3
Valvträsk 60 F4
Valyra 88 D4
Vama RO 78 B1
Vama RO 78 B5
Vama Buzăului 78 F6
Vamberk 74 D6
Vamdrup 44 F2
Våmhus 52 F2
Vamlingbo 47 H9
Vammala 64 E4
Vammen 44 D3
Vamos 89 F8
Vámosmikola 76 B5
Vámospércs 77 B10
Vámosújfalu 73 H2
Vampula 64 E3
Vamvakofyto 87 C8
Vamvakou 86 F6
Vanaja 64 E5
Vana-Koiola 67 E8
Vânători RO 78 E4
Vânători RO 79 C7
Vânători RO 79 F9
Vânători RO 82 C5
Vânătorii Mici 83 B9
Vânători-Neamț 78 C6
Vanault-les-Dames 12 D6
Vana-Vigala 66 D5
Vana-Võidu 67 D7
Váncsod 77 C10
Vanda 64 G6
Vandel 44 E2
Vandellós 21 G8
Vandenesse 12 H4
Vandœvre-lès-Nancy 13 D8
Vandoies 38 E5
Vändra 66 D6
Vändträsk 56 C3
Vandzene 66 F3
Vandžiogala 68 E6
Väne 66 G3
Väne-Åsaka 46 E3
Vänersborg 46 E3
Vañes 23 C9
Vang 50 F5
Vånga 47 E7
Vangaži 66 G5
Vänge 47 G10
Vängel 55 G9
Vangshamn 57 B6
Vangshylla 54 G4
Vangsnes 50 F3
Vangsvik 57 B5
Vanha-Kihlanki 60 C6
Vanhakylä 64 C2
Vänjaurbäck 55 F11
Vänjaurträsk 55 F11
Vânjuleț 82 B4
Vânju Mare 82 B4
Vannareid 58 C3
Vännäs 56 F2
Vännäsberget 60 E5
Vännäsby 56 F2
Vannavalen 58 C3
Vånne 48 F5
Vannes 14 F5
Vannvåg 58 D3
Vannvikan 54 G3
Vänö 66 A2
Vansbro 52 G2
Vanse 48 G3
Vänsjö 52 D3
Vantaa 64 G6
Vanttausjärvi 61 E8
Vanttauskoski 61 E8
Vanvey 12 F6
Vanyarc 76 B6
Vanzone 34 B2
Vaour 17 G7
Vápenná 75 D7
Vaplan 52 A2
Vaqueiros 25 J4
Vara EST 67 D8
Vara S 46 E4
Vara del Rey 27 F7
Varades 15 G7
Vărădia 77 G10
Vărădia de Mureș 77 E11
Varages 18 D6
Varaire 17 F7
Varajärvi 61 E7
Varajoki 63 E10
Varakļāni 69 B10
Varallo 34 B2
Varangerbotn 59 C10
Varano de'Melegari 34 D5
Varapayeva 69 E11
Varapodio 31 G8
Vărăști 83 C10
Văratec 78 C6
Varaždin 76 E1
Varaždinske Toplice 76 E1
Varazze 34 E3
Varberg 44 B6
Vărbilău 78 G6
Varbla 66 D4
Varbó 77 A8
Varbola 66 C5
Varces 18 A6
Vârciorog 77 D11
Varda 88 B3
Vardali 86 G6
Varde 44 E1
Vardim 83 D9
Vardište 81 D9
Vårdö 53 G8
Vardø 59 C12
Várdomb 76 E5
Varejoki 61 F7
Varekil 46 E2
Varel 42 D3
Varėna 69 G7
Varengeville-sur-Mer 15 B10
Varenna 34 B4
Varennes-en-Argonne 12 C6
Varennes-St-Sauveur 36 E2
Varennes-sur-Allier 17 B10
Varennes-Vauzelles 12 G3
Vareš 81 D7
Varese 34 B3
Varese Ligure 34 E5
Varetz 17 E7
Vârfu Câmpului 78 B6
Vârfuri 78 G5
Vârfurile 77 E11
Vårgårda 46 F3
Vărgata 78 D4
Vărghiș 78 E5
Vargön 46 E3
Vargträsk 55 F11
Varhaug 48 E2
Vari GR 89 C7
Vari GR 89 D9
Variaș 77 E9
Variku 66 C4
Varilhes 21 C9
Varín 75 F10
Väring 46 E5
Variņi 67 F7
Variskylä 63 E8
Varislahti 65 B9
Varistaipale 65 B9
Varjakka 62 D6
Varjisträsk 56 B2
Varkaliai 68 D4
Varkaus 65 C8
Värkava 69 C10
Vârlezi 79 F9
Varlosen (Niemetal) 42 H5
Värme 66 G2
Värmlandsbro 46 C4
Varna BG 84 E3
Varna I 38 E5
Varna YU 81 C10
Värnamo 45 B8
Värnäs 51 G11
Varnavas 89 B7
Varnhem 46 E4
Varniai 68 D4
Varnja 67 D9
Varnsdorf 74 B4
Varntresken 55 C7
Varnyany 69 F9
Värö-backa 44 B6
Varonka 69 D11
Városföld 77 D7
Varoška Rijeka 80 B4
Városlőd 76 C3
Varpaisjärvi 63 G8
Várpalota 76 C4
Varpanen 65 E8
Varparanta 65 C9
Varpasalo 65 C10
Varpsjö 55 F9
Varpuselkä 61 D10
Varpuvaara 61 D10
Varrel 11 C11
Värriö 61 C10
Varrio 61 D9
Vars F 16 C5
Vars F 19 B8
Vărșand 77 D9
Varsány 76 A6
Värsås 46 E5
Varsi 34 D5
Värska 67 E9
Vărșolț 77 C12
Varsseveld 11 D8
Vårst 44 C3
Vårsta 47 C9
Varstu 67 F8
Varteig 49 D8
Vartemyagi 65 G11
Vârteșcoiu 79 F7
Vartholomio 88 C3
Vartius 63 E10
Vârtoape 83 C8
Vartofta 46 F4
Vårtop 82 C5
Värtsilä 65 C11
Varuträsk 56 D3
Varvara BG 83 G7
Varvara BG 84 G3
Varvara GR 87 D8
Varvarin 82 D2
Varvasaina 88 C3
Värve 66 F2
Varvikko 61 D10
Várvölgy 76 D3
Vârvoru de Jos 82 C6
Varyazh 73 C6
Vărzărești 79 C9
Várzea Čova 22 F3
Varzi 34 D4
Varzo 37 E7
Varzy 12 G4
Vasa 64 A2
Vasalemma 66 C5
Vasanello 32 B5
Vasaniemi 61 D9
Vasankari 62 E4
Vasaraperä 63 B9
Vasaras 88 D5
Vásárosdombó 76 E4
Vásárosnamény 77 A11
Vașcău 77 E11
Väse 46 C5
Vashtëmi 86 D4
Vasilați 83 C10
Vasilika GR 85 F1
Vasilika GR 87 D8
Vasiliki 86 H3
Vasiliko 89 B7
Vasilikos 88 C2
Vasilis 86 F6
Vasilishki 69 H8
Vasilitsi 88 E4
Vasil Kolarov 87 B10
Vasil Levski 83 G9
Vasilopoulo 86 H4
Vasilovtsi 82 D5
Vasil'yevo 67 F10
Vaškai 69 C7
Vaski 66 G3
Vaškiai 68 D3
Väskinde 47 F10
Vaskio 64 F4
Vaskivesi 64 C4
Vasknarva 67 C9
Vaskút 76 E5
Vaskuu 64 C4
Vasles 16 B4
Vaslui 79 D9
Vasmegyer 77 A10
Vassbo 51 D10
Vassbotn 57 C5
Vassbygdi 50 G4
Vassdalen 57 C5
Vassdalsvik 57 G2
Vassenden 50 E3
Vassieux-en-Vercors 36 H3
Vassmolösa 45 D11
Vassnäs 54 G5
Vassor 62 G3
Vasstrand 58 D1
Vassy 15 D8
Vasszécseny 76 C2
Västanå S 52 D5
Västanå S 55 H11
Västana 52 B4
Västanbäck 55 G10
Västanfjärd 64 G3
Västannäs 60 F5
Västansjö S 52 B5
Västansjö S 52 C5
Västansjö S 52 D4
Västansjö S 55 C7
Västansjö S 55 D8
Västansjö S 55 F10
Västansjön 52 C4
Västanvik 52 F2
Vastemõisa 66 D6
Västerås 47 B8
Västeråsen 52 B4
Västerberg 52 G4
Västerby 52 G4
Västerbyn 52 G6
Västerfärnebo 47 B7
Västerhållan 51 C11
Västerhaninge 47 C9
Västerhejde 47 G9
Västerhus 52 A6
Västerlandsjö 55 H11
Västerljung 47 D8
Västermyckeläng 51 F11
Västerottna 46 B4
Västertråsjö 52 D4
Västervik 47 F8
Västilä 64 D5
Vastinki 64 A6
Västinniemi 65 A9
Vasto 33 C9
Vastorf 42 D6
Västra Ämtervik 46 B4
Västra Bodarna 46 F3
Västra Eneby 47 F7
Västra Fagelberget 55 F7
Västra Harg 46 E6
Västra Hjäggböle 56 E3
Västra Husby 47 E7
Västra Karup 45 D7
Västra Kiilisjärvi 60 E5
Västra Lainejaure 55 D11
Västra Ormsjö 55 F8
Västra Sjulsmark 56 F3
Västra Stugusjö 52 C3
Västra Tåsjö 55 F8
Västra Torup 45 D8
Västra Yttermark 64 B2
Vastse-Kuuste 67 E8
Vastseliina 67 F9
Vasvár 76 C2
Vasylivka UA 79 F10
Vasylivka UA 79 F11
Vaszar 76 C3
Vatan 15 G11
Vätava 78 D4
Väte 47 G10
Vatera 85 F1
Vaterholmsbru 54 G4
Vatero 86 E5
Vaterstetten 38 C5
Vathia 88 F5
Vathy GR 88 D2
Vathy GR 89 B7
Vathy GR 89 E12
Vathylakkos GR 86 E6
Vathylakkos GR 87 D7
Vathys 88 F2
Vatici 79 C10
Vatio 88 G3
Vatjusjärvi 62 F6
Vatla 66 D4
Vatland 48 F4
Vatnahalsen 50 G4
Våtnas 52 E5
Vatne N 48 E2
Vatne N 50 C3
Vatolakkos 86 E5
Vatoussa 85 F1
Vatra Dornei 78 C5
Vatra Moldoviței 78 B5
Vats 50 G5
Vatta 77 B8
Vattholma 47 B9
Vattjom 52 C5
Vattlång 52 D5
Vattrång 52 D5
Vattukylä 62 E6
Vatula 64 D4
Våtvoll 57 C4
Vaubadon 15 C7
Vaubecourt 12 D6
Vauchassis 12 E5
Vauclaix 12 G4
Vauconcourt-Nervezain 13 F7
Vaucouleurs 13 D7
Vaudémont 13 E8
Vaugneray 36 F2
Vauldalen 51 C9
Vaulx-en-Velin 36 F2
Vaulx-Milieu 36 F2
Vauvenargues 18 D6
Vauvert 18 D4
Vauvillers 13 F8
Vaux-le-Pénil 12 D3
Vaux-sur-Mer 16 D3
Vaux-sur-Sûre 13 B7
Vavdos 87 D8
Vawkalata 69 E11
Vawki 69 E11
Växbo 52 E4
Vaxholm 47 C10
Växjö 45 C9
Våxtorp 45 D7
Väylä 59 F9
Väylänpää 60 D6
Vayrac 17 E7
Väyrylä 63 D8
Vaysal 84 G2
Väystäjä 60 E6
Včelná 74 F3
Veäskoonjarga 59 F9
Veauche 17 D12
Veavågen 48 D2
Vebbestrup 44 C3
Veberöd 45 E8
Veblungsnes 50 C4
Vebomark 56 E3
Vebron 17 F10
Vecate 66 F6
Vecauce 68 B5
Vecchiano 34 F6
Vechelde 42 F6
Vechta 42 E3
Vecinos 23 G7
Veckerhagen (Reinhardshagen) 42 H5
Veckrape 69 B8
Veclaicene 67 F8
Vecmikeļi 68 B5
Vecpiebalga 67 G7
Vecpils 68 B3
Vecsaikava 69 B9
Vecsalaca 66 F5
Vecsaule 69 B7
Vecsés 76 C6
Vecskulte 66 F5
Vecslabada 69 C11
Vecumnieki 69 B7
Veda 52 B6
Vedde 44 F5
Veddelev 44 E6
Veddige 44 B6
Veddum 44 C4
Vēde 66 F2
Vedea RO 83 B7
Vedea RO 83 D9
Vedelago 35 B9
Vedène 18 C5
Vedevåg 46 C6
Vedjeön 55 F8
Vedra 22 C2
Védrines-St-Loup 17 E10
Vedro Polje 80 C4
Vedsted 44 F3
Vedum 46 E4
Veendam 11 B9
Veenendaal 11 D7
Veenhusen 11 B10
Veensgarth 3 C12
Veflinge 44 F4
Vegacervera 23 C7
Vega de Espinareda 22 C5
Vegadeo 22 B5
Vega de Pas 23 B10
Vega de Tirados 23 G7
Vega de Valcarce 22 C5
Vega de Valdetronco 23 F8
Veganzones 23 F10
Vegaquemada 23 C8
Vegarienza 22 C6
Vegarshei 48 E6
Vegas del Condado 23 C8
Vegas de Matute 23 G9
Vegby 46 F4
Végegyháza 77 E9
Veggen 57 D5
Vegger 44 C3
Veghel 11 E7
Vegi 66 G3
Veglie 31 C11
Vegset 54 F5
Vehkajärvi 64 D5
Vehkalahti FIN 65 D7
Vehkalahti FIN 65 F8
Vehkataipale 65 E9
Vehlow 43 D8
Vehmaa FIN 64 F2
Vehmaa FIN 65 C8
Vehmasjärvi 63 F8
Vehmersalmi 65 B9
Vehniä 64 B6
Vehu 64 B5
Vehvilä 65 B8
Veidholmen 50 A5
Veidnes 59 B8
Veigy-Foncenex 36 E4
Veihtivaara 63 D10
Veikkola 64 G5
Veimo 54 G4
Veinge 45 D7
Veiros 24 E4
Veisiejis 72 C6
Veitastrond 50 E4
Veitsbronn 40 E6
Veitsch 39 D11
Veitservasa 61 B7
Veiveriai 68 F6
Veiviržėnai 68 D3
Vejano 32 C5
Vejby 44 E6
Vejbystrand 45 D7
Vejen 44 F2
Vejer de la Frontera 25 M7
Vejle DK 44 E3
Vejle DK 44 F4
Vejprnice 41 E9
Vejrum 44 D3
Vejstrup 44 F4
Vekilski 84 D2
Vela 82 C5
Velagići 80 C5
Vela Luka 80 F5
Velamazán 20 F2
Velanda 46 E3
Velanidia 88 F6
Veľaty 73 G3
Velaux 18 D5
VelbastaŽur 3 B9
Velbert 11 E9
Velburg 41 F7
Velçë 86 D2
Velden 41 G8
Velden am Wörther See 39 F8
Veldhoven 11 E7
Velefique 29 E8
Velehrad 75 F8
Velen 11 D9
Velence 76 C5
Velenje 39 F10
Veles 82 H3
Veleševec 76 F1
Velešín 74 F3
Velešta 86 C3
Velestino 87 F7
Vélez-Blanco 29 C9
Vélez de Benaudalla 28 E6
Vélez-Málaga 28 E5
Vélez-Rubio 29 D9
Velgast 43 B9
Velika 76 G3
Velika Brijesnica 81 B7
Velika Drenova 82 D2
Velika Gorica 39 G11
Velika Greda 77 G9
Velika Ilova 80 B6
Velika Ivanča 81 C11
Velika Kladuša 80 B3
Velika Kopanica 76 G4
Velika Krsna 82 B1
Velika Kruša 81 G11
Velika Mlaka 39 G11
Velika Obarska 81 B9
Velika Pisanica 76 F2
Velika Plana YU 82 B1
Velika Plana YU 82 D2
Velika Račna 39 G9
Velika Slatina 82 F1
Velika Trnovitica 76 F2
Velike Lašče 39 G9
Veliki Crljeni 81 C11
Veliki Drvenik 80 E4
Veliki Gaj 77 G9
Veliki Grđevac 76 F2
Veliki Kupci 82 D2
Veliki Preslav 84 E2
Veliki Prolog 80 F6
Veliki Radinci 77 G7
Veliki Šiljegovac 82 D2
Velikiy Lyubin' 73 E6
Veliki Zdenci 76 F2
Veliko Gradište 82 B2
Veliko Laole 82 B2
Veliko Središte 77 G9
Veliko Trojstvo 76 F2
Veliko Tŭrnovo 83 E9
Veliköy 85 B4
Velilla de Cinca 21 F7
Velilla del Río Carrión 23 C8
Veli Lošinj 80 C1
Velimeșe 85 B4
Velimlje 81 F8
Vélines 16 E5
Velingrad 82 G6
Velipojë 86 A1
Velise 66 D5
Veliuona 68 E6
Velje Duboko 81 F9
Veljun 80 A3
Velká Bíteš 74 F6
Velká Bystřice 75 E7
Velká Dobrá 41 D10
Velká Hleďsebe 41 D8
Veľká Ida 73 G2
Veľká Lehota 75 G9
Veľká Lomnica 75 F12
Veľká Mača 76 A3
Veľká nad Ipľom 75 H11
Velká nad Veličkou 75 F8
Velká Polom 75 D9
Velké Bílovice 75 F7
Velké Březno 74 C3
Velké Heraltice 75 D8
Veľké Kapušany 73 G3
Velké Karlovice 75 E9
Veľké Leváre 75 G7
Velké Losiny 75 D7
Veľké Lovce 76 A4
Veľké Ludince 76 B5
Velké Meziříčí 74 E6
Velké Němčice 74 F6
Velké Opatovice 74 E6
Velké Pavlovice 75 F7
Veľké Rípňany 75 G8
Velké Svatoňovice 74 C6
Veľké Trakany 73 H3
Veľké Uherce 75 G9
Veľké Úľany 76 A3
Veľké Zálužie 75 G8
Velký Beranov 74 E5
Veľký Blh 75 G11
Veľký Četín 75 H9
Veľký Ďur 75 H9
Veľký Krtíš 75 H10
Veľký Kýr 76 A4
Veľký Lapáš 75 G9
Veľký Meder 76 B3
Veľký Osek 74 D4
Veľký Slavkov 75 F12
Velký Týnec 75 E7
Velký Újezd 75 E8
Vellahn 43 D7
Vellberg 40 F4
Velletri 32 D6
Vellevans 13 G8
Velling 44 E1
Vellinge 45 F7
Vellisca 26 D6
Vellmar 42 H5
Velo 88 C5
Velosnes 13 B7
Velpke 43 F7
Velten 43 E9
Veltruby 74 D4
Veltrusy 74 D3
Velturno 38 F5
Velušina 86 C5
Velvary 74 D3
Velvendos 86 E6
Velyatyn 78 A1
Velyka Horozhanna 73 E6
Velyka Kisnytsya 79 A10
Velyka Kopanya 78 A1
Velyka Mykhaylivka 79 C12
Velyka Tur"ya 73 F6
Velyki Kom"yaty 73 H4
Velyki Luchky 73 G4
Velyki Mosty 73 D6
Velykokomarivka 79 C12
Velykopoloske 79 C12
Velykozymenove 79 C12
Velykyy Bereznyy 73 G4
Velykyy Bychkiv 78 B2
Velykyy Rakovets' 73 H5
Velžys 69 D7
Vemb 44 D1
Vemdalen 51 C11
Vemdalsskalet 51 C11
Véménd 76 E5
Vemhån 51 D11
Vemundvik 54 E4
Vena 45 B11
Venaco 19 F11
Venafro 33 D8
Venansault 16 B2
Venarey-les-Laumes 12 F5
Venaria 36 G6
Venarotta 33 B7
Venås 52 D4
Venasca 19 B9
Venčane 81 C11
Vence 19 D8
Venciūnai 72 B6
Venda Nova 22 E3
Vendargues 18 D3
Vendas Novas 24 F3
Vendays-Montalivet 16 D3
Vendeuvre-du-Poitou 16 A5
Vendeuvre-sur-Barse 12 E5
Vendinha 24 G4
Vendœuvres 17 A7
Vendôme 15 F10
Veneheitto 63 E7
Venejärvi 60 C6
Venelles 18 D6
Vénès 17 G8
Venesjärvi 64 D3
Veneskoski 64 B4
Venetmäki FIN 63 G7
Venetmäki FIN 65 C7
Venetpalo 62 F6
Venets BG 83 F11
Venets BG 84 D2
Venevere 67 C8
Venezia 35 C9
Vengasaho 63 C7
Vengsoy 58 D2
Venhuizen 10 C6
Venialbo 23 F7
Vénissieux 36 F2
Venizel 12 C4
Venjan 51 F11
Venlo 11 E8
Venna 87 C12
Vennesla 48 F5
Vennesund 54 D4
Venosa 31 B7
Venoy 12 F4
Venray 11 E7
Vensac 16 D3
Venta LT 68 C5
Venta LV 66 G2
Venta de Baños 23 E9
Venta de las Ranas 23 B7
Venta del Charco 28 B5
Venta del Moro 27 F8
Venta de los Santos 29 B7
Venta Nueva 22 C5
Ventas de Huelma 28 E6
Ventas de Zafarraya 28 E5
Ventava 66 G2
Ventavon 18 C6
Venteuges 17 E10
Ventimiglia 19 D9
Ventiseri 19 F11
Ventnor 9 G7
Ventry 7 M2
Ventschow 43 C7
Ventspils 66 F2
Venzone 39 F7
Vép 76 C2
Vepriai 69 E7
Vepsä FIN 63 D7
Vepsä FIN 63 F10
Vepsä FIN 65 C11
Vera 29 D9
Vera Cruz 24 G4
Vera de Bidasoa 20 B4
Verba 73 B6
Verbania 34 B3
Verberie 12 C3
Verbicaro 31 D8
Verbier 36 E5
Verbița 82 B5
Verbka 79 A11
Verceia 37 E8
Vercelli 34 C3
Verchen 43 C9
Verd 39 G9
Verdaches 19 C7
Verdalen 48 E2
Verdalsøra 54 G4
Verden (Aller) 42 E4
Verdikoussa 86 F6
Vërdovë 86 C3
Verdun 13 C7
Verdun-sur-Garonne 17 G7
Verdun-sur-le-Doubs 36 D2
Verebiejai 72 B6
Veresegyház 76 B6
Verești 78 B6
Verfeil F 17 G8
Verfeil F 21 A9
Vërgale 68 B3
Vergato 35 E7
Vergel 27 G11
Verges 21 E11
Vergèze 17 G12
Verghereto 35 F9
Vergi 87 C8
Vergigny 12 F4
Vergina 86 D6
Vergongheon 17 D10
Vergt 16 E6
Verguleasa 83 B7
Verići 80 B5
Verín 22 E4
Veringenstadt 37 A8
Veriora 67 E9
Verkebro 52 G5
Verkhni Petrivtsi 78 A5
Verkhniy Yaseniv 78 A4
Verkhnya Vysots'ke 73 F5
Verkhnya Vyznytsya 73 G4
Verkhnya Yablun'ka 73 F4
Verkhnye Syn'ovydne 73 F5
Verkhovyna 78 A4
Verl 42 G4
Verla 65 E7
Verlaine 11 G7
Verma 50 D5
Vermand 12 B3
Vermenton 12 F4
Vermeș 77 F10
Vermiglio 38 F4
Vermiosa 22 G5
Vermoil 24 C3
Vermosh 81 G10
Vermuntila 64 E2
Vernante 19 C9
Vernantes 15 G9
Vernayaz 36 E5
Vern-d'Anjou 15 F7
Verneřice 74 C3
Vernești 79 G7
Vernet 21 B9
Vernet-les-Bains 21 D10
Verneuil-sur-Avre 15 D10
Verneuil-sur-Vienne 16 C6
Vernier 36 E4
Verningen 49 E7
Vernio 35 F7
Verniolle 21 C9
Vernole 31 C12
Vernon 15 C11
Vernouillet 15 D10
Vernoux-en-Vivarais 18 B4
Vern-sur-Seiche 14 E6
Verny 13 C8
Vero 19 F11
Verőcemaros 76 B6
Veroia 86 D6
Verolanuova 34 C5
Veroli 33 D7
Verona 35 C7
Verosvres 17 B12
Verpelét 77 B8
Verrabotn 54 G3
Verran 54 G3
Verres 34 B2
Verrières 16 B5
Versailles 12 D2
Verseg 76 B6
Vers-en-Montage 36 D3
Versmold 42 F3
Versoix 36 E4
Verson 15 C8
Vert 16 G4
Verteillac 16 D5
Vértesacsa 76 C5
Vértesboglár 76 C5
Vértessomló 76 B4
Vértesszőlős 76 B4
Verteuil-d'Agenais 16 F5
Vertheuil 16 D3
Verton 10 G1
Vertou 14 G6
Vertus 12 D5
Verucchio 35 F9
Verviers 11 G7
Vervins 12 B5
Verwood 9 F7
Verzino 31 E9
Verzuolo 19 B9
Verzy 12 C5
Vesajärvi 64 D3
Vesala 63 D7
Vesamäki 65 A7
Vesanka 64 C6
Vesanto 65 A7
Vescovato 34 C6
Vése 76 E3
Vesela Dolyna 79 E11
Veselava 66 G6
Veselé 75 G8
Veselets 83 C11
Veselie 84 F3
Veselí nad Lužnicí 74 F4
Veselí nad Moravou 75 F7
Veselinovo 84 E2
Vesijako 64 E6
Vesijärvi 64 C2
Vesilahti 64 E4
Vesime 34 D2
Vesivehmaa 64 E6
Vesløs 44 C2
Vesnovo 68 F4
Vesoul 13 F8
Vespolate 34 C3
Vessa 89 B11
Vessem 10 E6
Vessigebro 45 C7
Vestad 51 E8
Vestbjerg 44 B3
Vestby N 49 D8
Vestby N 51 F9
Vestbygd 57 D3
Vester Åby 44 G4
Vesterås 54 F5
Vesterby 44 G5
Vester Hæsinge 44 F4
Vester Hassing 44 C4
Vester Herborg 44 E2
Vester Hjermitslev 44 B3
Vester Hornum 44 C3
Vestermarie 45 F9
Vester Nebel 44 F3
Vesterø Havn 44 B5
Vestertana 59 C9
Vester Torup 44 B2
Vester Vedsted 44 F2
Vestervig 44 C1
Vestfossen 49 C7
Vestiena 67 G7
Vestmanna 3 B8
Vestnes 50 C4
Vestone 34 B6
Vestpollen 57 D3
Vestre Gausdal 51 F7
Vestre Jakobselv 59 C11
Vestvågen 54 C5
Veszkény 76 B2
Veszprém 76 C4
Veszprémvarsány 76 C4
Vésztő 77 D9
Vețca 78 E4
Vețel 77 F12
Veteli 62 G4
Veternik 77 G7
Vetersko 82 G3
Vétheuil 15 C11
Vetiș 77 B12
Vetlanda 45 B10
Vetlefjorden 50 F3
Vetovo BG 83 D10
Vetovo HR 76 G4
Vetralla 32 C4
Vetren BG 82 G6
Vetren BG 83 F9
Vetren BG 84 F2
Vetrino 84 D3
Vetrișoaia 79 E9
Větřní 74 G3
Vetschau 43 G10
Vetsikko 59 D9
Vettasjärvi 60 C4
Vetterslev 44 F6
Vetto 34 E6
Veulettes-sur-Mer 15 B9
Veurne 10 F3
Vevang 50 B4
Vevčani 86 C3
Veverská Bítýška 74 F6
Vevey 36 E5
Vevi 86 D5
Vex 36 E6
Vexala 62 G3
Veynes 18 B6
Veyre-Monton 17 D10
Veyres 16 C6
Vėžaičiai 68 D3
Vezdemarbán 26 A2
Vézelay 12 G4
Vézelise 13 E8
Vézénobres 17 G11
Vézins-de-Lévézou 17 F9
Vezza d'Oglio 37 E10
Vezzani 19 F11
Vezzano 35 B7
Vi 52 C5
Viadana 34 D6
Viala du Tarn 17 G9
Vialas 17 F11
Viana 20 D2
Viana de Cega 23 F9
Viana do Alentejo 24 G4
Viana do Bolo 22 D5
Viana do Castelo 22 E2
Vianden 13 B8
Viane 17 G9
Vianen 10 D6
Viaño Pequeno 22 C2
Vianos 26 G6
Viantie 62 B5
Viareggio 34 F6
Viarmes 12 C2
Vias 18 E2
Viasvesi 64 D2
Viatodos 22 F2
Viator 29 E8
Viazac 17 F8
Vibble 47 F9
Vibbyn 56 B4
Vibonati 31 C7
Viborg 44 D3
Vibo Valentia 31 F8
Vibraye 15 E10
Viby DK 44 F6
Viby S 45 E9
Vic 21 E10
Vícar 29 E8
Vicari 30 E3
Vicarstown 7 K6
Vicchio 35 F8
Vicdessos 21 C9
Vicedo 22 A4
Vic-en-Bigorre 20 B6
Vicenza 35 C8
Vic-Fezensac 16 G5
Vichy 17 C10
Vickan 44 B6
Vic-le-Comte 17 D10
Vico 19 F10
Vico del Gargano 33 D11
Vico Equense 30 B5
Vicoforte 34 E2
Vico nel Lazio 33 D7
Vicovaro 32 C6
Vicovu de Jos 78 B5
Vicovu de Sus 78 B5
Vicq-Exemplet 17 B8
Vic-sur-Cère 17 E9
Vic-sur-Seille 13 D8
Victoria RO 78 F4
Victoria RO 79 C8
Victoria RO 84 A3
Victor Vlad Delamarina 77 F10
Vidaga 67 F8
Vidago 22 E4
Vidais 24 D2
Vidāle 66 F3
Vidamlya 72 F6
Vidángoz 20 C5
Viðareiði 3 A9
Vidauban 19 D7
Vidče 75 E8
Viddal 50 D3
Viddalba 32 D2
Videbæk 44 E2
Videle 83 C9
Videm SLO 39 F11
Videm SLO 39 G9
Videmonte 24 A5
Videniškiai 69 E8
Vidhas 86 C2
Vidigueira 24 G4
Vidin 82 C4
Vidiná 75 G11
Vidiškiai 69 E8
Vidlin 3 B12
Vidnava 75 C7
Vidovec 76 E1
Vidovice 81 B8
Vidra RO 77 E12
Vidra RO 79 F7
Vidra RO 83 C10
Vidrare 82 E6
Vidrek 57 D5
Vidrenjak 76 F1
Vidrieres 21 E11
Vidriži 66 F5
Vidsala 69 C9
Vidsel 56 B3
Vidstrup 44 B3
Viduklė 68 E5
Vidzy 69 D10
Viechtach 41 F9
Vieira de Leiria 24 C2
Vieira do Minho 22 E3
Vieki 63 G10
Viekšniai 68 C5
Vielank 43 D7
Vielha 21 C8
Vielle-Aure 21 C7
Vielle-Brioude 17 D10
Vielle-St-Girons 16 G2
Vielmur-sur-Agout 21 A10
Vielsalm 11 H7
Vienenburg 42 G6
Vienība 66 G4
Vienne 36 G2
Viereck 43 C10
Vieremä 63 F8
Viereth-Trunstadt 40 D6
Vierlingsbeek 11 E7
Viernau 40 C5
Vierheim 40 E3
Vierraden 70 D3
Viersen 11 F8
Vierumäki 65 E7
Vierville-sur-Mer 15 C7
Vierzon 15 G11
Viesecke 43 D8
Viesīte 69 C8
Vieste 33 D11
Viešvėnai 68 C4
Viešvilė 68 E5
Vietas 60 C1
Vietri di Potenza 31 B7
Vietri sul Mare 30 B6
Vieux-Boucau-les-Bains 16 G2
Vieux-Condé 10 G4
Vievis 69 F8
Vif 18 A6
Vig 44 E5
Viganti 69 C10
Vigarano Mainarda 35 D8
Vigasio 35 C7
Vigaun 39 D7
Vigdenes 54 G4
Vigeland 48 G4
Vigeois 17 D7
Vigevano 34 C3
Vigge S 52 B2
Vigge S 52 C4
Viggianello F 19 G11
Viggianello I 31 D8
Viggiano 31 C7
Vigľaš 75 G10
Vigliano Biellese 34 C2
Vignacourt 12 A2
Vignale Monferrato 34 D3
Vignanello 32 C5
Vigneulles-les-Hattonchâtel 13 D7
Vignola 35 E7
Vignola Mare l'Agnata 32 C2
Vignory 12 E6
Vigny 15 C11
Vigo 22 D2
Vigodarzere 35 C8
Vigo di Cadore 38 F6
Vigo di Fassa 38 F5
Vigone 19 B9
Vigonza 35 C9
Vigo Rendena 35 B7
Vigrestad 48 F2
Viguzzolo 34 D4
Vigy 13 C8
Vihalsen 50 B5
Vihanti 62 E5
Vihiers 15 G8
Vihtari 65 C10
Vihtasuo 63 G10
Vihtavuori 65 C7
Vihteljärvi 64 D3
Vihti 64 F5
Vihtijärvi 64 F5
Vihula 67 B7
Viiala 64 E4
Viiksimo 63 E11
Viile Satu Mare 77 B12
Viimsi 66 B6
Viinamäki 63 F9
Viinijärvi 65 B10
Viinikka 62 G4
Viinikkala 63 G7
Viinikoski 63 C7
Viiratsi 67 D7
Viirinkylä 61 E8
Viirre 62 E5
Viisarimäki 65 C7
Viișoara MD 79 B8
Viișoara RO 77 C11
Viișoara RO 78 D2
Viișoara RO 78 D6
Viișoara RO 78 E3
Viișoara RO 79 A7
Viișoara RO 83 D8
Viisoara 79 E9
Viitaila 64 E6
Viitala 64 B4
Viitamäki 63 F7
Viitaniemi 63 G9
Viitapohja 64 D5
Viitaranta FIN 61 C10
Viitaranta FIN 61 F10
Viitasaari 64 A6
Viitavaara FIN 63 D10
Viitavaara FIN 63 E9
Viitka 67 F9
Viitna 67 B7
Viivikonna 67 B9
Vijciems 67 F7
Vik N 48 B2
Vik N 48 F5
Vik N 54 D5
Vik N 57 D2
Vik N 57 F3
Vik S 45 E9
Vika FIN 61 E8
Vika N 51 C9
Vika S 52 G3
Vikajärvi 61 E8
Vikan N 50 B6
Vikan N 54 E4
Vikarbyn S 52 F3
Vikarbyn S 52 G4
Vikartovce 75 F11
Vikbyn 52 G4
Vike N 50 G2
Vike S 52 B4
Vikebukt 50 C4
Vikedal 48 D2
Viken S 45 D7
Viken S 52 C3
Viken S 52 C4
Vikersund 49 C7
Vikeså 48 E3
Vikevåg 48 D2
Vikholmen 54 B5
Vīķi 66 E6
Vikingstad 46 E6
Vikmanshyttan 52 G3
Vikna 54 E3
Vikoč 81 E8
Vikøyri 50 F3
Vikran N 57 C4
Vikran N 58 B6
Vikran N 58 E2
Viksberg 47 B7
Viksjö 52 B5
Viksjöfors 52 E4
Viksmon 52 B5
Vīksna 67 G9
Viktarinas 68 G6
Vikten 57 D1
Vikýřovice 75 D7
Vila 22 E3
Vila Boa 24 B5
Vila Boa de Quires 22 F3
Vila Boa do Bispo 22 F3
Vila Caiz 22 F3
Vila Chã de Sá 22 G3
Vila Chão do Marão 22 F3
Vila Cova da Lixa 22 F3
Vilada 21 D10
Vila da Igrexa 22 A3
Viladamat 21 D11
Vila da Ponte 22 E3
Viladecans 21 F10
Vila de Cruces 22 C3
Vila de Frades 24 G4
Vila de Punhe 22 E2
Vila de Rei 24 D3
Vila do Bispo 25 K2
Vila do Conde 22 F2
Viladrau 21 E10
Vila Fernando 24 E5
Vila Flor 22 F5
Vila Franca das Naves 22 G4
Vilafranca del Penedès 21 F9
Vila Franca de Xira 24 E2
Vilagarcía de Arousa 22 C2
Vilajüiga 21 D12
Viļaka 67 G9
Vilalba 22 B4
Vilallonga 21 D10
Vilamartín de Valdeorras 22 D5
Vilamarxant 27 F9
Vilamoura 25 K3
Vilanant 21 D11
Viļāni 69 B10
Vila Nogueira de Azeitão 24 F2
Vila Nova da Baronia 24 G4
Vilanova d'Alcolea 27 D11
Vilanova de Arousa 22 D2
Vilanova de Bellpuig 21 E8
Vila Nova de Cacela 25 K4
Vila Nova de Cerveira 22 E2
Vila Nova de Famalicão 22 F2
Vila Nova de Foz Coa 22 G5
Vila Nova de Gaia 22 F2
Vilanova de l'Aguda 21 E8
Vilanova de Lourenzá 22 B4
Vilanova de Meià 21 E8
Vila Nova de Ourém 24 D3
Vila Nova de Paiva 22 G4
Vila Nova de Poiares 24 B3
Vilanova de Prades 21 F8
Vila Nova de São Bento 25 H5
Vilanova de Sau 21 E10
Vilanova i la Geltrú 21 F9
Vila Pouca da Beira 24 B4
Vila Pouca de Aguiar 22 F4
Vila Praia de Âncora 22 E2
Vilar 24 E2
Vilarandelo 22 E4
Vilarchao 22 D3
Vilar da Veiga 22 E3
Vilar de Andorinho 22 F2
Vilar de Barrio 22 D4
Vilar de Santos 22 E4
Vilardevós 22 E4
Vila Real 22 F4
Vila-real de los Infantes 27 E10
Vila Real de Santo António 25 K5
Vilarelho da Raia 22 E4
Vilar Formoso 22 G5
Vilarinho da Castanheira 22 F5
Vilarinho do Bairro 24 B3
Vilariño de Conso 22 D5
Vila-rodona 21 F9
Vila Ruiva 24 G4
Vila Seca 22 F2
Vilaseca de Solcina 21 F8
Vilassar de Mar 21 F10
Vilasund 55 B7
Vila Velha de Ródão 24 D4
Vila Verde P 22 E2
Vila Verde P 22 F4
Vila Verde P 24 B2
Vila Verde da Raia 22 E4
Vila Verde de Ficalho 25 H5
Vila Viçosa 24 F5
Vilce 68 B6
Vilches 28 B6
Vildbjerg 44 D2
Vilémov 74 D5
Vilgale 66 G2
Vilhelmina 55 E9
Vilia 88 B6
Viljakkala 64 D4
Viljandi 67 D7
Viljevo 76 F4
Viljolahti 65 C9
Vilkaviškis 68 F5
Viļķene 66 F5
Vilkija 68 E6
Vilkjärvi 65 E9
Vilkyškiai 68 E4
Villa Bartolomea 35 C8
Villabate 30 E3
Villablanca 25 K5
Villablino 22 C6
Villabona 20 B3
Villabrágima 23 E8
Villabuena del Puente 23 F7
Villac 17 E7
Villacañas 26 E5
Villa Carcina 34 B6
Villacarlos 29 E12
Villacarriedo 23 B10
Villacarrillo 29 C7
Villa Castelli 31 B10
Villacastín 23 G9
Villach 39 F8
Villacidro 32 G2
Villaciervos 20 E2
Villaconejos 26 D5
Villaconejos de Trabaque 27 D7
Villada 23 D8
Villa d'Almè 34 B5
Villa del Prado 26 D3
Villa del Río 28 C5
Villa de Ves 27 F8
Villadiego 23 D10
Villadose 35 D8
Villadossola 34 B2
Villaeles de Valdavia 23 D9
Villaescusa de Haro 26 E6
Villaescusa la Sombría 23 D11
Villafáfila 23 E7
Villafamés 27 D10
Villafeliche 20 F4
Villaflores 23 G8
Villafranca d'Asti 34 D2
Villafranca de Bonany 29 F10
Villafranca de Córdoba 28 C5
Villafranca de Ebro 20 F5
Villafranca del Bierzo 22 C5
Villafranca del Campo 20 G4
Villafranca del Cid 27 D10
Villafranca de los Barros 24 F6
Villafranca de los Caballeros 26 F5
Villafranca di Verona 35 C7
Villafranca in Lunigiana 34 E5
Villafranca-Montes de Oca 23 D11
Villafranca Tirrena 30 D6
Villafranco del Guadalquivir 25 K7
Villafrati 30 E3
Villafrechos 23 E8
Villafruela 23 E10
Villafuerte 23 E9
Villagarcía de Campos 23 E8
Villagarcía de la Torre 24 G7
Villagarcía del Llano 27 F7
Villagio Mancuso 31 E9
Villagonzalo 24 F7
Villagrande Strisaili 32 F3
Villaharta 28 C4
Villähde 64 E6
Villahermosa 26 G6
Villahermosa del Campo 27 B8
Villahermosa del Río 27 D10
Villaherreros 23 D9
Villahizán 23 D10
Villahoz 23 E10
Villaines-en-Duesmois 12 F5
Villaines-la-Juhel 15 E8
Villajoyosa 27 H10
Villala FIN 65 C10
Villala FIN 65 F9
Villa Lagarina 35 B7
Villalago 33 C7
Villalar de los Comuneros 23 F8
Villa Latina 33 D7
Villalba 30 F4
Villalba de Duero 23 E10
Villalba de Guardo 23 C8
Villalba del Alcor 25 J6
Villalba de la Sierra 27 D7
Villalba de los Alcores 23 E8
Villalba de los Barros 24 F6
Villalba del Rey 26 D6
Villalba dels Arcs 21 F7
Villalba de Rioja 20 C2
Villalcampo 22 F6
Villalcázar de Sirga 23 D9
Villalengua 20 F3
Villalgordo del Júcar 27 F7
Villa Literno 33 E8
Villalobos 23 E7
Villalón de Campos 23 D8
Villalonga 27 G10
Villalpando 23 E7
Villalpardo 27 F8
Villaluenga de la Sagra 26 E4
Villalumbroso 23 D9
Villamalea 27 F8
Villamañán 23 D7
Villamandos 23 D7
Villamanrique 29 B7
Villamanrique de la Condesa 25 K7
Villamanta 26 D4
Villamar 32 F2
Villamartín 25 L8
Villamartín de Campos 23 E9
Villamassargia 32 G2
Villamayor 23 G7
Villamayor de Calatrava 26 G4
Villamayor de Campos 23 E8
Villamayor de Santiago 26 E6
Villamayor de Treviño 23 D10
Villamblard 16 E5
Villamediana 23 E9
Villamediana de Iregua 20 D2
Villamejil 22 D6
Villamesías 24 E7
Villamiel 24 B6
Villa Minozzo 34 E6
Villamo 64 C3
Villamor de los Escuderos 23 F7
Villamuelas 26 E4
Villamuriel de Cerrato 23 E9
Villandraut 16 F4
Villanova 31 B10
Villanova d'Albenga 34 F2
Villanova d'Asti 34 D2
Villanova del Battista 33 E10
Villanovafranca 32 F2
Villanova Monferrato 34 C3
Villanova Monteleone 32 E1
Villanova Truschedu 32 F2
Villanova Tulo 32 F3
Villanterio 34 C4
Villanúa 20 C5
Villanubla 23 E8
Villanueva de Alcardete 26 E6
Villanueva de Alcorón 20 G3
Villanueva de Algaidas 28 E5
Villanueva de Argaño 23 D10
Villanueva de Bogas 26 E4
Villanueva de Cameros 20 D2
Villanueva de Castellón 27 G10
Villanueva de Córdoba 28 B4
Villanueva de Gállego 20 E5
Villanueva de Gómez 23 G9
Villanueva de la Cañada 26 D4
Villanueva de la Concepción 28 E5
Villanueva de la Fuente 26 G6
Villanueva de la Jara 27 F7
Villanueva de la Reina 28 C6
Villanueva del Arzobispo 29 C7
Villanueva de las Cruces 25 J5
Villanueva de la Serena 24 E7
Villanueva de la Sierra 24 B6
Villanueva de las Torres 29 D7
Villanueva de la Vera 24 B8
Villanueva del Campo 23 E7
Villanueva del Duque 28 B4
Villanueva del Fresno 24 G5
Villanueva de los Castillejos 25 J5
Villanueva de los Infantes 26 G6
Villanueva del Rey 28 B4
Villanueva del Río Segura 29 C10
Villanueva del Río y Minas 25 J7
Villanueva del Rosario 28 E5
Villanueva del Trabuco 28 E5
Villanueva de Mesía 28 D5
Villanueva de San Carlos 26 G4
Villanueva de San Juan 28 E4
Villanueva de Tapia 28 E5
Villanueva de Valdegovia 23 C11
Villanuño de Valdavia 23 D9
Villány 76 F5
Villa Opicina 35 B12
Villapalacios 29 B8
Villaperuccio 32 G2
Villapiana 31 D8
Villapiana Lido 31 D8
Villa Poma 35 D7
Villapourçon 12 H5
Villaputzu 32 G3
Villaquejida 23 D7
Villaquilambre 23 C7
Villaralbo 23 F7
Villaralto 28 B4
Villarcayo 23 C11
Villar-d'Arêne 19 A7
Villard-Bonnot 36 G3
Villard-de-Lans 18 A6
Villar de Cañas 26 E6
Villar de Chinchilla 27 G8
Villar de Ciervo 22 G5
Villardeciervos 22 E6
Villardefrades 23 E8
Villar del Arzobispo 27 E9
Villar del Buey 22 F6
Villar del Cobo 27 D8
Villar del Humo 27 E8
Villar de los Barrios 22 D6
Villar de los Navarros 20 F5
Villar del Pedroso 26 E2
Villar del Rey 24 E6
Villar del Salz 20 G4
Villar de Olalla 27 E7
Villar de Peralonso 22 G6
Villar de Rena 24 E7
Villar de Torre 20 D2
Villardompardo 28 C5
Villarejo de Fuentes 26 E6
Villarejo de Montalbán 26 E3
Villarejo de Orbigo 23 D7
Villarejo de Salvanés 26 D5
Villa Rendena 34 B6
Villarente 23 D7
Villares de la Reina 23 G7
Villargordo 28 C6
Villargordo del Cabriel 27 F8
Villarino de los Aires 22 F6
Villarluengo 20 G5
Villarosa 30 F4
Villarquemado 27 D8
Villarramiel 23 E8
Villarrasa 25 J6
Villarreal de Huerva 20 F4
Villarrín de Campos 23 E7
Villarrobledo 26 F6
Villarrodrigo 29 B8
Villarroya de la Sierra 20 F3
Villarroya de los Pinares 27 D9
Villarrubia de los Ojos 26 F5
Villarrubia de Santiago 26 E5
Villarrubio 26 E6
Villars F 16 D6
Villars F 17 D12
Villars del Saz 26 E6
Villars-les-Dombes 36 F2
Villars-sur-Var 19 C8
Villar-St-Pancrace 19 B8
Villarta 27 F8
Villarta de los Montes 26 F3
Villarta de San Juan 26 F5
Villasalto 32 G3
Villasana de Mena 23 B11
Villasandino 23 D10
Villa San Giovanni 31 G7
Villa San Pietro 32 H2
Villa Santa Maria 33 C8
Villasante de Montija 23 C11
Villa Santina 39 F7
Villasarracino 23 D9
Villasavary 21 B10
Villasayas 20 F2
Villasdardo 22 G6
Villaseca de Laciana 22 C6
Villaseca de la Sagra 26 E4
Villaseco de los Gamitos 22 G6
Villaseco de los Reyes 22 F6
Villaseco del Pan 23 F7
Villasequilla de Yepes 26 E4
Villasimius 32 G3
Villasmundo 30 F6
Villasor 32 G2
Villaspeciosa 32 G2
Villasrubias 24 B6
Villastar 27 D9
Villasur de Herreros 23 D11
Villatobas 26 E5
Villatoro 26 D2
Villatoya 27 F8
Villatuerta 20 C3
Villaturiel 23 D7
Villaumbrales 23 E9
Villaurbana 32 F2
Villava 20 C4
Villavallelonga 33 D7
Villavelayo 23 D12
Villaverde de Guadalimar 29 B8
Villaverde del Río 25 J7
Villaverde y Pasaconsol 27 E7
Villavernia 34 D3
Villaviciosa de Asturias 23 B7
Villaviciosa de Córdoba 28 C4
Villaviciosa de Odón 26 D4
Villavieja 27 E10
Villavieja de Yeltes 22 G6
Villaviudas 23 E9
Villayón 22 B5
Villazanzo de Valderaduey 23 D8
Villé 13 E9
Villebois-Lavalette 16 D5
Villebrumier 17 G7
Villecomtal-sur-Arros 21 B7
Villecomte 12 F6
Villecroze 19 D7
Villedaigne 21 B11
Villedieu-la-Blouère 15 G7
Villedieu-les-Poêles 15 D7
Villedieu-sur-Indre 17 A7
Ville-en-Tardenois 12 C4
Villefagnan 16 C5
Villefontaine 36 F2
Villefort 17 F11
Villefranche-d'Albigeois 17 G8
Villefranche-d'Allier 17 B9
Villefranche-de-Lauragais 21 B9
Villefranche-de-Lonchat 16 E5
Villefranche-de-Panat 17 G9
Villefranche-de-Rouergue 17 F8
Villefranche-du-Périgord 16 F6
Villefranche-sur-Cher 15 G11
Villefranche-sur-Mer 19 D9
Villefranche-sur-Saône 36 F2
Villefranque 20 B4
Villegas 23 D10
Villel 27 D9
Villelaure 18 D6
Villemandeur 12 F3
Villemorien 12 E5
Villemoustaussou 21 B10
Villemur-sur-Tarn 17 G7
Villena 27 G9
Villenauxe-la-Grande 12 D4
Villeneuve CH 36 E5
Villeneuve F 17 F8
Villeneuve F 18 D6
Villeneuve-au-Chemin 12 E4
Villeneuve-d'Allier 17 E10
Villeneuve-d'Ascq 10 G3
Villeneuve-de-Berg 17 F12
Villeneuve-de-Marsan 16 G4
Villeneuve-de-Rivière 21 B7
Villeneuve-la-Guyard 12 E3
Villeneuve-l'Archevêque 12 E4
Villeneuve-lès-Avignon 18 C5
Villeneuve-lès-Béziers 21 B12
Villeneuve-sur-Allier 17 B10
Villeneuve-sur-Lot 16 F6
Villeneuve-sur-Yonne 12 E4
Villeneuve-Tolosane 21 B9
Villepinte 21 B10
Villercomtal 17 F9
Villeréal 16 F6
Villerías 23 E8
Villerouge-Termenès 21 C11
Villers-Bocage F 12 B2
Villers-Bocage F 15 C8
Villers-Bretonneux 12 B3
Villers-Carbonnel 12 B3
Villers-Cotterêts 12 C3
Villers-Écalles 15 B10
Villers-en-Argonne 12 C6
Villersexel 13 F8
Villers-Farlay 13 G7
Villers-lès-Nancy 13 D8
Villers-Outréaux 12 A4
Villers-Semeuse 12 B6
Villers-sur-Glâne 36 D5
Villers-sur-Mer 15 C8
Villerville 15 C9
Villery 12 E5
Villeseneux 12 D5
Ville-sur-Tourbe 12 C6
Villetta Barrea 33 D8
Villeurbanne 36 F2
Villeveyrac 18 D3
Villevocance 17 D12
Villié-Morgon 36 E2
Villiers-Charlemagne 15 F8
Villiers-en-Lieu 12 D6
Villiers-en-Plaine 16 B4
Villiers-le-Sec 12 E6
Villiers-St-Benoît 12 F4
Villiers-St-Georges 12 D4
Villieu-Loyes-Mollon 36 F2
Villikkala 65 F7
Villingen 37 B7
Villingsberg 46 C6
Villoldo 23 D9
Villora 27 E8
Villorba 35 B9
Villoria 26 C2
Villoruela 23 G8
Villotte-sur-Aire 13 D7
Villshärad 45 C7
Villvattnet 56 E2
Vilmány 73 G2
Vilnius 69 F8
Viloví d'Onyar 21 E11
Vilppula 64 C5
Vilpulka 66 E6
Vils A 38 D4
Vils DK 44 C2
Vilsbiburg 41 G8
Vilseck 41 E7
Vil'shanka 79 A10
Vilshofen 41 G9
Vilshult 45 D9
Vilslev 44 F2
Vilsted 44 C2
Vilsund Vest 44 C2
Vilusi BIH 80 B6
Vilusi YU 81 F8
Viluste 67 E9
Vilvestre 22 F5
Vilvoorde 10 F5
Vilyeyka 69 F10
Vilzēni 66 F6
Vima Mică 78 C2
Vimbodi 21 F8
Vimeiro 24 E1
Vimercate 34 B4
Vimianzo 22 B1
Vimieiro 24 F4
Vimioso 22 F6
Vimmarvattnet 55 G8
Vimmerby 47 F7
Vimory 12 F3
Vimoutiers 15 D9
Vimpeli 62 G4
Vimperk 41 F10
Vimy 10 G3
Vinac 80 C6
Vinadio 19 C8
Vinaixa 21 F8
Vinařice 41 D10
Vinaròs 27 D11
Vinarsko 84 F2
Vinäs 52 F2
Vinassan 21 B11
Vinay 36 G3
Vinberg 45 C7
Vinça 21 C11
Vinča 81 B11
Vincey 13 E8
Vinchiaturo 33 D9
Vinci 35 F7
Vind 44 D2
Vindblæs 44 C3
Vindeballe 44 G4
Vindeby 44 G4
Vindel-Ånäset 56 F2
Vindelgransele 55 D11
Vindeln 56 F2
Vinderei 79 E9
Vinderslev 44 D3
Vinderup 44 D2
Vindhella 50 F5
Vindinge DK 44 E6
Vindinge DK 44 F4
Vindsvik 48 D3
Vinebre 21 F7
Vineuil F 15 F10
Vineuil F 15 H11
Vinga 77 E9
Vingåker 47 D7
Vingäng 51 G10
Vingrau 21 C11
Vingrom 51 F7
Vingsand 54 F3
Vinhais 22 E5
Vinhas 22 F5
Vinica HR 39 F11
Vinica MK 82 G4
Vinica SK 76 A6
Vinica SLO 80 A2
Viničné 75 H7
Viniegra de Arriba 20 D2
Vinine 81 F7
Vinišće 80 E4
Vinje N 48 C5
Vinje N 50 G3
Vinjeøra 50 B6
Vinkovci 76 G5
Vinliden 55 E10
Vinné 73 G3
Vinnes 48 B2
Vinnesvåg 48 C2
Vinni 67 B8
Vinninga 46 E4
Vinningen 13 C10
Vinodol 76 A4
Vinograd 83 D9
Vinogradets 83 G7
Vinon-sur-Verdon 18 D6
Vinsa 60 D5
Vinslöv 45 D8
Vinsternes 50 B5
Vinstra 51 E7
Vintervollen 59 D12
Vintilă Vodă 79 G7
Vintjärn 52 F4
Vintrosa 46 C6
Vintturi 62 F4
Vințu de Jos 78 E1
Viñuelas 23 G11
Vinuesa 20 E2
Vinzelberg 43 E7
Viöl 42 A4
Violay 17 C12
Violès 18 C5
Viols-le-Fort 17 G11
Vipava 35 B12
Vīpe 69 B9
Viperești 78 G6
Vipiteno 38 E5
Vipperød 44 E6
Vipperow 43 D9
Vir BIH 80 E6
Vir HR 80 C2
Vir SLO 39 G9
Vira 47 D7
Virazeil 16 F5
Virbalis 68 F5
Virbi 66 G3
Virče 82 G4
Vire 15 D7
Vireši 67 F8
Vireux-Wallerand 12 A6
Virgen 38 E6
Virginia 7 H6
Viriat 36 E2
Virieu-le-Grand 36 F3
Virigneux 17 D12
Virignin 36 F3
Viriville 36 G2
Virje 76 E2
Virkby 64 G5
Virķēni 66 E6
Virkkala 64 G5
Virkkula 61 F11
Virkkunen 63 B8
Virklund 44 D3
Virmaanpää 65 B8
Virmaila 64 D6
Virmutjoki 65 E9
Virolahden kk 65 F8
Virolahti 65 F8
Viron 89 C7
Virovitica 76 F3
Virpazar 81 G9
Virpe 66 F2
Virrat 64 C4
Virsbo 47 B7
Virserum 45 B10
Virtaniemi 59 F10
Virtasalmi 65 C8
Virton 13 B7
Virtsu 66 D4
Virttaa 64 E3
Viru-Jaagupi 67 C8
Viru-Nigula 67 B8
Viry 36 E4
Vis 80 F4
Visaginas 69 D10
Višakio Rūda 68 F6
Visan 18 C5
Vișani 79 G8
Visåsen 52 B5
Visbek 42 E3
Visborg 44 C4
Visby DK 44 G2
Visby S 47 F9
Visé 11 G7
Višegrad 81 D9
Visegrád 76 B5
Viserba 35 F10
Viseu 22 G3
Vișeu de Jos 78 B3
Vișeu de Sus 78 B3
Vishnyeva 69 G9
Vishovgrad 83 E9
Visiedo 20 G5
Vīsikums 67 F9
Vișina RO 83 B9
Vișina RO 83 C7
Vișinești MD 79 E10
Vișinești RO 78 G5
Visingsö 46 F6
Visjövalen 51 B9
Viskafors 46 F3
Viskan 52 C4
Višķi 69 C10
Vislanda 45 C9
Visnes 48 D2
Višnja Gora 39 G9
Višnjićevo 81 B9
Višňová 74 B4
Višňové CZ 74 F6
Višňové SK 75 F9
Visoca 79 A9
Viso del Marqués 28 B6
Visokë 86 D2
Visoko 81 D7
Visone 34 D3
Visonta 77 B7
Visp 36 E6
Vissac-Auteyrac 17 E11
Vissani 86 E3
Visselfjärda 45 D10
Visselhövede 42 E5
Vissenbjerg 44 F4
Visso 32 A6
Vissoie 36 E6
Vist 54 G4
Vistabella del Maestrazgo 27 D10
Vistbäcken 56 C3
Viștea 78 F4
Vistheden 56 C3
Visthus 54 C5
Vištytis 72 B5
Visuvesi 64 C5
Visznek 77 B7
Vita 30 E2
Vitå 56 B4
Vitaby 45 E9
Vitåfors 56 B4
Vitanová 75 E11
Vitanovac YU 81 D11
Vitanovac YU 82 D4
Víťaz 73 F2
Vitberget 56 B2
Viterbo 32 B5
Vitez 80 D6
Vítězná 74 C5
Vitigudino 22 G6
Vitina BIH 80 E6
Vitina YU 82 F2
Vītini 68 B5
Vitis 74 G4
Vítkov 75 E8
Vitkovići 81 E8
Vītoliņi 68 B6
Vitolište 86 C5
Vitomirești 83 A7
Vitomirica 81 G11
Vitorchiano 32 B5
Vitoria-Gasteiz 20 C2
Vitoševac 82 D2
Vitovlje 80 C6
Vitré 15 E7
Vitrey-sur-Mance 13 F7
Vitrolles 18 D5
Vitry-en-Artois 10 G3
Vitry-en-Perthois 12 D6
Vitry-la-Ville 12 D5
Vitry-le-François 12 D5
Vitry-sur-Loire 17 B11
Vittangi 60 C4
Vittaryd 45 C8
Vitteaux 12 G5
Vittel 13 E7
Vittikko FIN 61 D10
Vittikko FIN 61 E7
Vittikkovuoma 60 D6
Vittinge 47 B8
Vittjärv 56 B4
Vittoria 30 G5
Vittorio Veneto 35 B9
Vittsjö 45 D8
Vitulano 33 E9
Vitulazio 33 E8
Vitvattnet S 52 C2
Vitvattnet S 56 B5
Vitvattnet S 56 F2
Vitzenburg 43 H7
Viuruniemi 65 B10
Vivario 19 F11
Vivastbo 47 A8
Viveiro 22 A4
Vivel del Río Martín 20 G5
Viver 27 E10
Viverols 17 D11
Viveros 26 G6
Vivier-au-Court 12 B6
Viviers 18 B4
Viviez 17 F8
Vivild 44 D4
Viv-le-Fesq 17 G11
Vivonne 16 B5
Vix 16 B3
Vizantea-Livezi 79 F7
Vize 85 A4
Vizille 18 A6
Vižinada 35 C12
Viziru 79 G9
Vizitsa 84 G3
Vizovice 75 F8
Vizslás 77 A7
Vizsoly 73 H2
Vizzini 30 G5
Vlaardingen 10 D5
Vlachata 88 B2
Vlacherna 88 C5
Vlachia 87 H8
Vlachiotis 88 E5
Vlachokerasia 88 D5
Vlachovice 75 F8
Vlădaia 82 B5
Vladaya 82 F5
Vlădeni RO 79 B7
Vlădeni RO 79 C8
Vlădeni RO 84 B3
Vlădești RO 78 G3
Vlădești RO 78 G4
Vlădești RO 79 F9
Vladičin Han 82 F3
Vlădila 83 C7
Vladimir RO 82 B6
Vladimir YU 81 H9
Vladimirci 81 C10
Vladimirescu 77 E10
Vladimirovac 77 G9
Vladimirovo BG 82 D5
Vladimirovo BG 84 D3
Vladinya 83 E8
Vladislav 74 F5
Vlad Țepeș 84 B2
Vladychen' 79 F10
Vlăhița 78 E5
Vlahovići 81 F7
Vlanduk 81 C7
Vlaole 82 C3
Vlase 82 F3
Vlasenica 81 D8
Vlašici 80 C2
Vlašim 74 E4
Vlasina Okruglica 82 F4
Vlăsinești 79 B7
Vlasotince 82 E3
Vlatkovići 80 C6
Vlčany 76 A4
Vlčnov 75 F8
Vledder 11 B8
Vleuten 10 D6
Vlijmen 10 E6
Vlissingen 10 E4
Vlochos 86 F6
Vlorë 86 D1
Vlotho 42 F4
Vlycho 86 H4
Vnanje Gorice 39 G9
Vnorovy 75 F7
Voćin 76 F3
Vöcklabruck 39 C8
Vöcklamarkt 39 C8
Voden BG 83 D11
Voden BG 84 G2
Voderady 75 G8
Vodica 80 D6
Vodice HR 35 C12